U0039366

騙文化

林其泉 著

臺灣商務印書館 發行

高序

余與林其泉教授同庚、同年（同學、同銜），同留校任教，志趣學問同，簞瓢屢空，互為事業許，朝夕一起講學、論道，共同度過這極不平凡的二〇世紀的後半個世紀，可謂飽經風霜矣！

在這個世紀即將結束之時，我們走下站了將近整整一生的講壇，退休多閒，有暇回顧自己的學問、經歷，善始善終。撫今追昔，感慨萬千。時事滄桑，人道牛馬。推愴於懷，猶見雪泥鴻爪之遺，悟有所得。可謂此生未有虛度矣！

林教授決心撰寫《騙文化》，已醞釀數年，常商於余，有時撰寫出得意之章念於余聽。「文化」原為褒義，是講以文教化。林教授把「騙」亦稱作文化，是從廣義上講的，是把「騙」作為一種學問來研究，其不完全只是貶義。綜觀全書的內容，諸如騙的界定、歷史、內容、騙術，以及意義、價值等，大凡古今中外社會人際有關騙的問題、事例等都概括在一起，並上升到世界觀和認識論的高度。把「騙」作為一種學科來進行研究，應自林教授始。

騙學的創立和李宗吾發明厚黑學，具有同等的意義和價值，是本世紀興起的兩大學問，並駕齊驅矣！

中國古人常說知人論事，余與林教授可謂知己、知人。其嗜書一生，十方之事無所不窺，成於文字者數百萬，才華橫溢；而賦性疏直，常觸時弊，為某些人所不容。此書乃其知悟之力作。

《易》曰：「作易者其有憂患乎！」識者亮之。余對此書說了上邊這些不三不四的話，以表達余與林教授的半個世紀的深情厚意。

高令印　序於廈門大學海濱寓舍
二〇〇〇年二月

莊序

～拓展文化空間的別緻新作～

置身於當今世界，無論是現代化與全球化，西方化與東方化，商業化與世俗化……無不帶上文化的色彩，甚至可以說皆是一種文化策略上的表徵；而生存方式的選擇趨於自由而紛繁，無時不在的誘惑和前所未有的機遇同樣令人眼花撩亂，商品大潮的席捲如狂濤駭浪不斷湧向人們的腳跟，世俗化的重壓則如沉重的「十字架」壓得人們氣喘吁吁，更多的人只能帶上面具，在相互凝視中妝飾著自己，於是，「目下崇高理想在相對無言沉默中黯淡下去，誠實坦率成了遙遠的回憶，童叟無欺格言不明不白地死去，誠懇待人不死不活地躺在偏僻的角落裡，不通生活門道的人，成了魂不附體的絕望者。」（林其泉語）面對著如此複雜而尖銳、尷尬而無奈的生存現實和社會現象，敢於針砭時弊，坦露心跡，品嚐那深長的寂寞，而無悔無恨的文化堅守者尤爲顯得難能可貴。廈大歷史系林其泉教授歷數年之積累、探討、整合而編寫的著作《騙文化》，堪稱一部研究性的煌煌巨著。林教授給人的第一印象是學術架勢：調查研究，資料翔實，論據充分，語言樸實，思路清晰，邏輯性強，既保持他作爲一名史學家嚴謹紮實的學風，又執著於自己的趣味性選擇，並且逐漸呈現出他對現實、歷史和文化眞義的分析性理解，讓人細讀之下，發現這位風度儒雅、鶴髮童顏的老學者，其溫和中充滿智慧、老到的字裡行間，隱約露出犀利與敏銳的端倪。這部著作，運用了社會文化與訊息接受的轉型系統來加以集中考察，呈現出其獨特的來龍去脈，而所選擇的訊息資源，都非同一般，與其說他是把「騙」當作一種學術來進行研究，莫如說是用「騙」來洞察歷史、觀照現實、解讀文化。正是在這個意義上，他的《騙文化》具有了拓荒式的性質，可謂填補了當代文化研究和建設中的一個空缺。

作者首先是以整體意識來建構其自成一家之言的特定話題，即「把騙與文化聯在一起」，由是表明出「文化的不僵死和不凝固」，「文化的求實和順變」，並將它放置到一個宏闊的參照體系，而不是孤立地就騙文化本身去加以闡發。「騙」居然成爲「文化」，這可能是人們讀到該書時普遍產生的第一感覺。出於國人長期以來對「騙」這字眼習慣成自然的戒備心和畏懼感，讀者對「騙文化」這一說法以及揭櫫這一「文化」的學說，在意識和潛意識裡總是持疏離和規避立場，在學術態度上便表現爲不輕易予以認同而持詳察細究的謹愼態度。

其次是作者順應潮流，更新觀念，廣泛吸收爲我所用的眞實資料，擴大包容性和涵蓋面，較全面地展示了騙文化的歷史面貌。騙本來是一種難以啓齒的經歷或行爲。打開歷史冊頁，儘管揭露行騙的文字或民間傳說多如牛毛，但皆屬被騙者和同情被騙者的人所作。林教授這部巨著的妙處是，既沒有迴避有關歷史方面的記載，又直指現實中人們熟悉的事實。所謂言之有物，本來是較低的標準，可是現在的流行做法差不多使這個自然屬於題中之義的較低標準變得舉足輕重。那些似乎過時的舊事、軼聞、材料和正在產生的輿論訊息，只要與騙有關，在史學家的筆下都能派上用場。該書第二章騙在生活中所例舉的各種騙如「公開騙和速成騙」、「宗教和迷信之騙」與「洋騙、土騙和跨國騙」等，既是單列的，又編織成一張網，分類得當，探賾索隱，有條不紊，無疑體現出一種新的思維定勢；第四章騙文化衆生態中在論述「自騙」的現象、手法、安慰時大體勾勒出其整體輪廓，有自身發展的線索清晰可尋，那是歷史的產物，也必然帶有時代和人爲的烙印。作者在不偏不倚中，眞切地傳遞出一種能觸動我們去觀察思考自身所處的文化情境和生存境況。

此外，在現實、史料和文化相交融的基礎上，作者把「騙文化」上升至爲一種「騙學」，不僅建立在大量事實論據上自圓其說，而且當作是一項嚴肅的課題，在學術範圍內儼然自成一個相對完整的理論體系。縱觀全書，處處讓事實說話，近五十萬字的龐然結構和篇幅，高起點、大視角、全方位的說明闡述可謂旁徵博引，溯源析流，而對敘述中出現的有關問題進行論證考辨，無不令人感到新穎而厚重。

誠然，「騙」是否可以成爲一種文化和作爲一種學問來研究？或者是否可稱「社會病態文化」？對此，作者謙遜地表白：「把它做爲一個問題提出來，並請教諸先進。」依愚淺見，這可能要從批判和創造的統一命題中尋找答案。一方面，批判的現實性與創造的非現實性，爲文化保留必要的言說性和操作性提供了條件，同時也拓展了文化內涵空間；另一方面，批判結果的創造性也保證了文化的個性的眞正實現，並可尋求一種屬於個體的對知識的追尋，來構成自在理論的依托。也許，這能爲「騙文化」成爲一個學術話題，提供可能的增長點也是最重要的保證。

無論是人、還是社會、時代、文化，都是處在永不停息的運動、變化、發展中間前行的，在這個過程中，如果說「騙是正常的社會現象，普遍存在著，不管人們喜歡不喜歡它，它總要與人們打交道」，那麼，騙文化成爲人類永在思考，永在探索的重大課題，終究是一種存在。《騙文化》一書對此作出了貢獻，儘管它所提出的問題尚不足成爲最終結論，但有一點可以肯定，那就是該書以其所具有的觀點的鮮明性、取材的廣泛性和內在的系統性等特徵，凝聚著作者深思熟慮的記錄和煞費苦心的思考結晶，同時亦爲浮躁的時代，複雜的現實和多彩的人生提供一份文化意義上的深刻啓示，由是觀之，該書至少可視爲拓展當代文化空間的別緻新作。

於是，當《騙文化》的書稿抵達筆者的案頭時，作爲編者也是讀者，本人愉快地答應將該書納入國際華文出版社二〇〇一年年度的出版計劃。出乎意料的是，該書問世後所產生的效應比我們事先想像的還要理想，許多專家學者紛紛給予高度的評價，而在海內外讀者群中同樣引起強烈的反響。台灣商務印書館以本書別出心裁，自成體系，經多次協商後同意於台灣發行。作爲該書最先的出版者，本人有感於斯，便不揣淺陋，在這部巨著即將於寶島重新亮相之際，斗膽饒舌一番，旨在向讀者們推荐拜讀該書之後的感受和啓發，並趁機謹向作者和有關行家討教，不妥之處望海涵。是幸！

莊偉傑　二〇〇二年金秋寫就

前　言

人說造假行騙這玩藝「最不趨時媚俗」，這話不無道理。

世界上各行各業都有傳授技巧的學校，扒手、乞丐雖無專門學校，可有師授，卻未見行騙者有專門培養訓練的場所和師承。各種思想學說都有其經典或文獻，強盜雖無經典卻可有其行動邏輯，唯未見造假行騙者奉行什麼假經或騙典，騙者多按自己的章法和祕訣去行騙。

多數冒險者都愛著書講述自己的經歷，但很少行騙者公開著書介紹自己的騙術。中國人很喜歡吹噓祖傳法寶：諸如祖傳技藝、祖傳醫學、祖傳祕方等等，卻很少有祖傳騙術的說法。這倒不一定是擔心自己的騙術被人學去，主要因爲有的騙是不恥於人的，講出來不僅有損自己的人格，而且以後再行騙就難了。無疑地，對自己的騙招夸夸而談的亦大有人在，那不在直銷騙技，主要講講那種屬於作弄別人的玩騙，講出來大體會令受騙者難堪，爲取樂也。就因此，行騙經驗沒有文字，不成篇章。

揭露行騙的文章、戲劇、小說和民間口頭傳說等多如牛毛，那多是被騙者或同情被騙者的人所作。專門講騙術的著作似不太多，但並非沒有。據筆者所知，早在明代，有浙江人張應俞寫過《鼎刻江湖歷覽杜騙新書》，明萬曆年間陳懷軒存仁堂刻，全書分二十四類：如脫剝騙、丟包騙、摸銀騙等，後面有按語，告誡世人避免受騙。清末小說家吳趼人有《瞎騙奇聞》一書，揭露迷信之害。他如雷君曜的《繪圖騙術奇談》，許慕義的《古今騙術大觀》亦屬於揭露行騙的書。到了今天，這類書仍可看到一些，如多稔編著《騙術大觀——百種騙術揭祕》，日人多湖輝原著，陸林編譯《欺騙與反欺騙——八十五種騙術剖析》，涂爭鳴著《欺騙論——社會交往中的蜜制「砒霜」識鑒》，丁曉禾著《謊言研究》，王海著《王海自述：我是「刁民」》等，也很引人注目。

揭露行騙的文字，雖然每每產生敲警鐘的作用，使一大批人避免受害，只是在一些大誠大善的人身上，仍不斷地上當受騙，這大體上可看成是因爲騙子太多的緣故。

一般說，善良的人，心都比較軟，騙子多愛在他們身上打主意，每每得逞。爲此，善良的人常受到嘲笑。吃過苦頭之後，善良人自也會得到教訓，想出避免受騙之法。大體說，騙子增加，必導致善良人的減少，結果，世道愈益變得冷漠了。冷漠會減少被騙，但增加人們互相間的不信任。這樣，人們看到了：欺騙善良乃人類自己跟自己過不去，自己給自己設障礙。

有人在受騙之後再來查字典，瞭解什麼叫受騙，雖然可笑，可亦屬通情達理者，至少可避免以後再受騙，當個事後諸葛亮。這種黔驢技窮，退而求其次的做法，還算是實事求是的。最可悲的，是那些一再受騙永無認識的人。

世界充滿騙，到處有騙子。歷史上「少有說眞話之人，而多行虛造假之士」，至今仍然如此。此乃不足爲奇，由於人性不完善，所以看不到騙子，倒是奇怪的。不過，古代騙子已經死去，再無行騙可能，而當今的騙子還活著，還有行騙機會。千百個死去的騙子不如一個活著的騙子可怕。就因此，我們不可忘記古之騙子的做惡，更要提防今之騙子的危害。

有人說過，你若想瞻仰「混蛋」是什麼樣子，只要頌讚幾聲，即會有一個「混蛋」擺在你眼前。同樣，你若想知道誰是騙子，只要聽聽他的講話，便不難判斷。人說，聞香認女人，看衣冠識官員，觀察言行舉止可知哪個是行騙者。專說一些假話、謊話和套話的，即使不是職業騙子，也絕不是無可令人懷疑者。

有人說，世界愈文明，物質愈增多，可人格愈墮落。筆者以爲，還可加上一句：造假行騙也愈普遍。不是嗎？人們不時可見說假話吃香，辦眞事遭殃的報導，那是說，你不騙人，就會被人騙。在華麗外表下，各種欺詐行騙隨處可見，其手法千變萬化，集古今之大成，聚中外之「精華」。社會正陷於彼此戒備之中。如今靠造假行騙而發而闊的絕非僅有，或說此乃順應潮流的報賞。多麼不可思議啊！

騙在早期主要用於軍事鬥爭上面，人謂「用兵本仁義，取勝多用詐」。詐就是騙。儘管騙一開始就被看成是下流的手段，但許多軍事家多靠它而贏得了榮譽。

後來，騙被用於商業上、官場上，所謂「無商不奸，無官不貪」，「不說假話當不了大官」，即是寫照。商與官合作行騙，效果尤其突出，一個發了，一個闊了。這便是商業社會的文明史。可見造假行騙曾是經商者、爲官者的法寶。而接著出現的學問造假，與之相比，也毫不遜色，不但騙了讀書人，且令一些「勞心者」飛黃騰達，在商和官的擁戴和支援下很快成了「人上人」，對此，誰敢不刮目相看？

近年來，人們可看到，昔日的刀光劍影黯淡了，鼓角錚鳴遠去了，只是想不到，造假行騙隨之而來，在創收熱潮中，騙也成了創收的一種手段。設圈套造假行騙成了有本領、能幹的表現。世事紛繁騙爲高，人們爭著在這方面表現自己。如今，埋頭做事未必有成，造假行騙多見發達；誠者多成無用輩，騙徒少有不神氣。大概有人早預料到這局面，所以有的語言乾脆把騙與仙相等同：閩南話把騙人錢說成「仙人錢」即是明證。

市場經濟下，錢和權成了兩根如同揮動著的鞭子，抽打得人們像陀螺般滴溜溜地轉個不停。爲了錢和權，不知多少人在騙字上狠下功夫。

以錢爲目標的黃金浪不知捲翻了多少人的崇高信仰。這時，眞理沉默，邪道暢通，行騙橫行，腐敗發展。腐敗年代騙子多，誰能行騙誰得鎮。

行騙可以說是腐敗年代的寵兒。在廉明政治下，人們想的是如何爲人民建功立業，爲社會造福，而腐敗年代，正義呼聲得不到回應，許多人爭著走邪道，爭著撈錢。造假行騙日益發展。善於作騙者在腐敗殿堂大展其「才」。

金錢曾被認爲乃萬惡之源，多少人咒罵過它。可在商品經濟活躍起來後，它卻以美人身姿招搖過市，頤指氣使，張牙舞爪，使曾懷高尚信仰的人眼花撩亂，一些肩負神聖使命的人酥碎了脊梁骨。多少人因想錢而發了瘋！「古時孔方比阿兄，今日阿兄勝阿父」。原來的「死要面子」變成了「死要票子」，爲了爭富，匍匐依附在大款門下的人絕非個別。

生活邏輯向人們指明，宣揚不擇手段的求富，弄錢，勢必鼓勵不勞動而享受思想，勢必加劇業已存在的造假行騙，刺激一些人去造假行騙。有首套格的詩寫道：「眞貨誠可貴，誠實價更高，爲了多賺錢，兩者皆可拋」。造假行騙成了一些人弄錢求富的手段。

金錢是人類文明最早也最廣泛的精神數學處理，到了今天仍是社會中最大的數據和信號處理的一種。它是財富的代表，而積累財富的願望和行動乃是人類社會向前發展的動力之一。金錢受人重視自是可以理解的。只是，過分了難免不出問題。在商品社會，出現了「金錢傲慢」現象，金錢成了拜物教，爲了金錢，人們不擇手段，出賣職權，出賣良心和靈魂，出賣美貌和貞操，甚至典當子孫的幸福。有人竟不顧這些，而洋洋自得地說：管他眞本領還是假本領，能弄到錢的都是好本領。這可說是拜金主義者不講人格的表白。

如今，一擲千金，名酒靚車，豪華別墅，可說是大款的同義語，而大款也是金錢撐起來的。財大調門高，有了金錢就有了時裝、洋車、別墅、派頭，就有睥睨衆人的資本。……總之，金錢可以讓某些人鶴立雞群，一夜之間身價倍增，而最能輕而易舉地拿到大筆金錢的訣竅，大體是走行騙這條路了。騙是無本萬利的神通，就因此，有些人傾全力於騙取金錢上。

騙權也還是行騙的一個重要目標，不少人熱衷於此道。只是，在這方面古今中外多是只做而不說出的。

在一些國家裏，不知多少人先用錢買權，而後再用權賺錢，靠此發大財，名利雙收。就是說，錢權交換利潤豐厚。賄賂大體也屬騙權的一種。所謂賄賂，就是以厚禮送給權勢者，核心是錢權交換，即需要權者，用錢（以禮物形式）購買權。這從交換本身說，似也是公平的，問題是如今權力並非私有的，用它來換錢是不合法的，因此，人們不敢名正言順地用錢買權，而要通過其他方式去騙權。

錢與權一旦互相利用，互相結合，勢必發出令人難以忍受的惡臭，但更能產生難以想像的吸引力。如今隨時可見的是，良知在權力面前走樣，信仰在金錢壓力下崩潰，權力在貪婪中變形，德行在私慾膨脹中扭曲。由此而來的是，造假行騙之藤蔓延了。

儘管行騙爲業必會導致人生殘缺，因而是人生的誤區，可相當多的人樂此不疲。

現代生活的特點：一是銅臭薰天，二是面具滿地。隨著二者而來的是造假行騙的流行。造假行騙不但獲利豐厚，而且安全係數大，許多人愈做愈歡。而造假行騙的惡果是善惡錯位，是非顛倒，使奸險詭計的惡徒更加神氣，知巧權利者進，篤厚忠正者退。社會上充斥著邪惡和無恥，那些安分守己，潔身自好的老實人，每每遭受打擊而不斷被淘汰。而造假行騙者大獲其利，大吃其香。

造假行騙一般多在沒有血淚模糊的慘毒與恐怖中、在未見殺氣騰騰的拼搏，並在未聞威嚇霸唱的平靜而自然之氣氛中進行的，受騙者多在受騙之後才感到行騙者猙獰魔影的可惡和可恨。

造假行騙總的說是一種損人利己的可惡又可笑的「巧計」，對於這種巧計，聰明人多不願做，糊塗人多不會做，唯自以爲聰明的人熱中此術，但大凡作騙者其下場多是很可悲的，「善騎者墜，善游者溺，善擊者傷」，「自作自受」，那都是明證。

騙包括物質和精神兩方面，其功能主要有：一是以無代價或微小代價而騙取財物、職權、榮譽（包括地位及名聲）和快樂；二是爲一部分人在生活中提供幽默和歡愉；三是幫助在軍事、政治和經濟等的鬥爭中取勝。就其內容講，又可分爲給人帶來痛苦的和給人帶來快樂的兩部分。損害他人利益的騙，必然給人帶來痛苦，有益於人的騙可給人帶來快樂。一般講，騙取財物、榮譽和自身快樂，多是建立在別人痛苦上；幽默雅騙常令人開心地笑，帶有娛樂味道；此外，以騙形式表現出的機智和謀略，可說是一種智力的較量，其意義的判斷，視其是否屬於正義，是否有利社會發展和歷史前進。

人類社會，人們生活，不可能完全沒有作騙和反作騙現象，沒有任何作騙和反作騙，就會沒有歷史，沒有新聞，枯燥無味，人們沒有壓力便會失去警惕和推動力，社會就會停止發展，人的智力就會衰退。損人利己，給人帶來痛苦的騙，雖然可恨，但往往也可促使人們提高認識，振作精神，促進思維，進而與之鬥爭；幽默的雅騙，則可活躍和豐富人們的生活，增長智慧。

騙是正常的社會現象，普遍存在著，不管人們喜歡不喜歡它，它總要與人們打交道。如今造假屢創的「新紀錄」，非常人所敢想像；行騙手段之「新穎」更是一般人做夢也夢不出來的。目下崇高理想在相對無言沉默中黯淡下去，誠實坦率成了遙遠的回憶，童叟無欺格言不明不白地死去，誠懇待人不死不活地躺在偏僻的角落裏，不通生活門道的人成了魂不附體的絕望者。造假行騙幾乎折磨著所有神經脆弱的人。人們提心吊膽地東張西望地移動步子，有人傷心，有人埋怨，只是並非每個人都能坦然地面對現實。人們不滿各種作騙，但又不敢說，擔心一旦說出會惹來不錯之錯，因爲誰說出誰會遭來白眼。這是一種何等的尷尬！像一種無形的推波助瀾之力，讓作騙之風刮得更加猛烈。無疑，不能只看到騙而不談論騙。可以這麼說，生活中的許多秘密，恐怕都能從騙字裏找到破譯的鑰匙，即對騙字分析透了，其他難理解的事，也就能悟到三分了；也就是說，研究騙並不是多餘的，更不是爲了譁衆取寵。我們來到這個世界就得認識這個世界，當然要認識存在於這個世界裏的騙，進而研究它，而研究它，正是爲了揭露它的隱祕，提高人們識騙杜騙的能力。筆者關於騙的文字之寫作，即基於此。「知我者謂我心憂，不知我者謂我何求」。

筆者之所以把騙與文化聯在一起，理由有三：其一，文化是文明的標誌，是物質文明和精神文明的總稱，而行騙也包括物質方面和精神方面；其二，人是文化動物，人群創造歷史的同時，也就創造了文化，文化是人類生活中創造出來的，是一種普遍的現象，而騙同樣是從生活中產生的，同樣是普遍現象；其三，文化有精華和糟粕的區別，騙同樣有高雅和卑俗之分，有令人痛苦和給人快樂的不同。

高雅的騙，通過機智的語言或舉動，表現出某種謀略，達到意想不到的良好效果；卑俗的騙以假言、假文、假感情、假表演、假事、假物等造假手段，達到騙財、騙物、騙職權、騙榮譽、騙快樂等目的。可以這麼說，機智謀略係人的心靈長果實，造假行騙乃人之良心長野草，前者顯出智慧無窮，後者表現人格低下。這裏，騙文化糟粕與精華的分野，在於其對人群的有害和有益的不同，對人群有害部分來源於卑劣邪惡意識，而對人群有益部分則來源於人類智慧，來源於高尚情操。

把造假行騙與文化相聯繫，似正好表現出文化的不僵死和不凝固，似正好表現出文化的求實和順變，且開拓文化的發展空間。

這裏需要指出，因受不同汁液浸潤，騙文化分成兩大部分，即造成不同部分的精神分野：機智運用成就了良性部分發展；造假行騙則促進其惡性部分的蔓延。就是說，騙文化本身由兩個不同部分組成，包含著兩種不同的內容。只是，本書的分析，側重於造假行騙部分，至於機智謀略部分，僅稍帶而過。

關於騙文化這個說法，作者還是受各方面啓發的結果。在市場經濟下，文化進入消費時代，蛻變成商業行爲，涵義擴大了，到處出現泛文化現象，似是而非：消費文化、貨幣文化、飲食文化、茶文化、酒文化、煙文化、藥文化、生態文化、手機文化、流行文化、官場文化、世故文化、旅遊文化、企業文化、商業文化、陶瓷文化、辦公桌文化、鬥雞文化、魚文化、蟲文化、蟋蟀文化、貓文化、犬文化、鬼神文化、沐浴文化、服裝文化、鞋文化、嘴文化、性文化、娼妓文化、廁所文化、羞恥文化、夢文化、死文化……，最近還出現有告密文化、小人文化、表態文化和腐敗文化的說法。人們用文化衣衫包裝各種商業活動，這是文化消費時代的泛化，文化成了萬能的標籤，有的與人們高尚的精神生活沒有多大關係也稱文化，自不免對文化貶抑，因此有人稱之爲「社會病態文化」。騙文化無疑屬於泛文化範疇，但是否可稱爲「社會病態文化」，筆者把它做爲一個問題提出來並請教諸先進。

把種種造假行騙的事實加以暴露，絕不是爲了迎合某些人的好奇心，更不是爲了宣傳它們，而是引發人們做一些深入的思考，提醒善良的人們要提防和阻止它們，向不文明告別。就因此，研究騙文化，不僅在學術方面有意義，而且對社會物質文明和精神文明建設也有現實意義。就個人講，研究騙文化，猶如服用一種鎮靜藥劑，有益於長期沉浸於麻痹思想中的人，使之腦子清醒、健康。而這方面的研究還是一片待開發的處女地。

這裏筆者想做的，不單搜集一些有關造假行騙的資料，也不單透過現象陳述，過濾生活，更重要的，希冀一方面通過事實，喚起人們共同來修築一道阻止造假的電網，擋住那些損人利己的行騙；另一方面，通過對智謀和善騙的敘述，發揚人們的機智，活躍生活中的各種幽默，繁榮文化生活。

騙是一個古老的巧計，也是一個現代說不完道不盡的話題，通過對它的分析，本質地講也是一種對知識的追尋，試圖讓人們體味到的不僅是身邊的造假行騙事，而且是文明進程中的奇特現象——一種發展中不可避免的騙文化現象，而我的這種追尋，說不定還是一次「靈魂的冒險」。何以言之？人們記憶猶新，昔日若一言犯忌諱，便被視爲異端邪說，即遭批判或鬥爭，何等可怕！如今不同了，但誰敢說就沒有捕風捉影者！筆者這些關於騙文化的文字，就沒有人說它是一種妄談？當然，有也不要緊；即使挨罵也不在意。任何人都可以反對我的說法，而我也有我說話的權利。不過，筆者還是歡迎來自各方面的各種批評和指正。

目錄

高序 …… i
莊序 …… iii
前言 …… vii
第一章 騙與騙文化 …… 1
一騙的兩面性和騙意識 …… 1
二騙的分類及行騙的目的和影響 …… 11
三騙與搶、偷、訛詐以及讓與、贈送的區別 …… 16
四騙是社會發展的產兒 …… 18
五騙文化是人類社會的一種特有現象 …… 22
六媚在騙文化中的作用 …… 26
七浮誇在騙文化中的意義 …… 36
八社會教育與騙文化 …… 39
第二章 騙在生活中 …… 45
一鼓勵作騙、幫助作騙 …… 46
二騙吃騙喝和騙人吃喝 …… 49

三免費服務的陷阱和「喜報」的陷阱……54
四購房騙、運輸騙和騙賠……57
五金融騙——鷹卡、洗錢和預付金……65
六「騙子城」和「騙子家庭」……73
七庸醫假藥和聽錄音治病……77
八「氣功」和「特功」……79
九文學藝術和翻譯作騙……83
一〇公開騙和速成騙……90
一一宗教和迷信之騙……94
一二洋騙、土騙和跨國騙……101
一三爲小利而作騙，因貪得而受辱……109
一四男騙女、女騙男和大人騙小孩、孩子騙父母……111
一五騙搶和騙偷……121
一六搶時間找機會合作行騙……125
一七尚待弄清楚的昏迷騙……128
一八承諾、虛報和瞎吹……130
一九騙官和官騙……132
第三章　假與騙……149
一造假爲了行騙……149

二假冒僞劣商品……156
三假冒僞劣文憑和假冒僞劣職稱……165
四假報紙、假新聞和假記者……174
五假文章、假著作、假字畫……185
六假郵票、假磁卡和假花卉……192
七假抽獎、假廣告和假交通月票……195
八假公開、假招聘和應聘假……205
九假唱、假啞巴和假瞎子……208
一〇假文明、假貧困和假先進……210
一一假檔案和假鑑定……213
一二假學校、假學生和假教師……215
一三假年齡、假姓名、假移民和假雙胞胎……218
一四假產量、假破產和假病退……225
一五假病、假死和假遺囑……228
一六假男人、假女人、假寡婦和假爸媽……232
一七假夫妻、假丈夫、假第三者和假丈母娘……238
一八假徵婚啓事、假應婚書信和假媒人……245
一九假證券公司、假致富資訊、假科學技術和假科學家……250
二〇假名人、假證人、假公證和假法律文書……254

二一假共產黨員、假模範人物和假會議、假金獎……259
二二假和尚、假尼姑、假道士……263
二三保姆假、假保姆和假護士……265
二四假洋鬼子和假港臺同胞……267
二五假原始部族、假外星人、假古代女屍和假假人……271
二六假官員和假權力……274
二七假公安和假部隊……278
二八假貪官、假罪犯和假炭疽熱……284
二九打假之假……285
三〇世界造假名家、裏手……290
第四章　騙文化衆生態……297
一自騙，生活中一種普遍現象……297
二自騙，提高身價和自我安慰的手法……303
三自卑、自賤與裝闊……309
四自騙與騙人……311
五自騙、被騙與合作行騙……317
六如此「勇鬥歹徒」——自騙者的表演……319
七與恩怨有關的自騙……321
八騙己騙人也害己……323

九信不信？無人不騙人……326
一〇信不信？史學家、科學家也騙人……336
一一信不信？統治者多是行騙老手……339
一二自騙、騙人中的疏忽和遺忘……344
一三能找到不受騙的人嗎？……348
一四受騙最多的是誰？……351
一五權勢者也常受騙……356
一六皇帝老倌也有受騙時……359
一七貪利者、爲名者、好色者和迷信者是主要受騙對象……363
一八死人家屬、罪犯家屬也成爲被騙對象……369
一九賊騙賊，騙子受騙子騙……371
第五章　騙術和騙子……375
一行騙術及其對心理因素的利用……376
二名片、電話和假信——明騙（一）……378
三標籤、名稱和數字——明騙（二）……383
四減價、加價和哄抬——明騙（三）……388
五借用騙術和罵街推銷術——明騙（四）……391
六「祖傳祕方」和「祖傳醫術」——明騙（五）……394
七上門騙、定點騙和招搖騙——明騙（六）……396

八拉大旗當虎皮——明騙（七）……400
九包裝、假冒和眞藏假中——僞裝（一）……405
一〇禁書和憑票——僞裝（二）……414
一一調包術和僞造現場——僞裝（三）……415
一二誘子和誘餌——僞裝（四）……420
一三乞討之騙——僞裝（五）……423
一四異性交往騙術——僞裝（六）……427
一五借冠戴，冒充官員或英雄——僞裝（七）……430
一六幾椿奇案——預謀騙（一）……435
一七供銷雙簧和換錢騙款——預謀騙（二）……440
一八謀「知己」、騙兩頭和合法佔有——預謀騙（三）……442
一九算命和特異功能……445
二〇名義合資和假公司、假合同……448
二一集資和「破產」的騙局，股市騙招……452
二二官場騙術和女人陷阱……456
二三騙術的綜合運用……465
二四騙子……468
第六章　騙文化與智謀……475
一從某些作騙中看古今婦女的機智……476

二空城計和草船借箭——軍事智謀之一……481
三假回師、假投降——軍事智謀之二……483
四「慰勞」敵軍和矇騙敵方——軍事智謀之三……485
五聲東擊西騙敵讓路——軍事智謀之四……489
六謠言取勝——軍事智謀之五……490
七假裝和試探……491
八冒充……497
九機智除惡……500
一〇智辨淫盜和以騙制騙……506
一一以騙的手法去完成某項任務……511
一二以大誆大和「狡智」……515
一三文字和語言機智……519
一四醫療機智……522
一五堵漏機智和治髒機智……526
一六殺價機智……527
一七一些令人稱道的善騙……529
一八掉價中的誠實、智謀，騙文化的發展……534
第七章　防騙意識……539
一仿眞與識假的較量……541

二防騙：找出受騙原因……547
三防騙：注視做騙祕密……556
四防騙：看別人如何反騙……568
五透過表象看本質……576
六科技發展與防騙……582
七騙文化之未來……593
後　記……597

第一章 騙與騙文化

騙可說是世界性的傳統文化組成部分。傳統不等於過去，也不與現代相對立。它從過去傳延到現在，還會延續到將來。就是說，騙是不易改變的文化現象，是社會發展中特有的歷史沉澱。

社會進步是由科學的發展和文化的繁榮來推動的。科學由少數人所發明，文化則是多數人的創造。文化是多數人在生活中創造出來的，包含著人類生活的全部狀況。生活是一代一代傳下來的，所以文化具有傳統性。文化大體可分爲物質文化、社會文化和精神文化幾個部分，騙文化一般來講屬於精神文化方面，不過多與物質相聯繫。騙文化的最大特點是思維方式和行爲方式結合在一起。現代人類，除了與世隔絕者，哪個人不接觸騙文化，哪個人不時時在呼吸騙文化空氣？

一 騙的兩面性和騙意識

古人所說的妖怪，多被歲月的塵埃封存無處覓，只有在書中可見到一些影子，而古人所說的騙子行騙術則一代一代傳下來，且在不斷發展中豐富了，成了一種文化現象，這便是騙文化。

歷史上應時而出現過許多主義，多因沒有深厚的文化基礎做背景，只如一陣狂風，吹過之後便無影無蹤了，而騙文化因有深厚底蘊一直活躍在人們生活中，近年又有新發展。

有人說，如今騙文化之所以有了新發展，跟社會開放有關，即把騙文化的發展，看成是開放型文化的特徵。這種看法是值得商榷的。在中國，騙文化之所以有了新的發展，與其說是開放的產物，毋寧說是在西方文明挾帶著滾滾而來的多種激流撞擊形成的一種心理秩序，即在急劇變化的現實中鑄成的一種心態。這種心態改變了過去的心理習慣，使得以誠實、坦率爲主體的風格成了過時的、無用的說教。人們看到，西方文明中的許多學問，有的一到中國就走樣了，唯造假行騙，相互結合，相互補充，愈益發展。這大體可看成與價値觀、得失觀的變化相聯繫著。實行市場經濟後，社會上越來越多的人對價値觀、得失觀有了新的嚮往和追求，如今富有成了博得他人尊敬的不可或缺的條件，求富成了相當多人的奮鬥目標。「要想富，找門路」，這是許多求富者的共同心態。爲了富，一些人把自己命運之船的航向遠離理性之洋駛進錢財之溪川，他們不擇手段，偷、搶、騙，鋌而走險。這當中，行騙似乎更名正言順。對於某些人來講，行騙不但成爲一種謀生方式而且成爲求富達貴的捷徑，成了顯耀某種才能的新氣魄。有些騙原還是潛伏中待發的種芽，當有了生長土壤和氣候時，便勃然成長，蔚爲風氣。一些人似是在急起直追，結識騙，超越騙，甚至創造新的騙，以豐富騙文化內容。可見，在整個社會處於價値轉型期，各方面都發生了大變化，優秀的傳統文化受到了貶抑，主導的良善意識受到衝擊，對未來前途又缺乏信念，這時以上這些也許是難免的。看來，騙文化的發展並不是偶然的。

騙文化的核心是騙字，而騙在所有辭彙中是唯一很難下完整定義的詞，因爲它不是千篇一律的行爲，也不爲誰所專用：可被惡棍用來詐取、作弄善良的人，也可被善良的人用來懲治惡棍；可爲統治者用來愚弄民衆，亦可爲民衆用於嘲諷統治者。就是說，騙不全是消極的，也有其積極的方面，最明顯的可舉謀略的運用，對悲傷者的安慰，對騙子的反騙，那可說是善良人的智慧的表現。有的騙還是智謀的組成部分，成爲文化的積澱。《水滸》中智取生辰綱，是吳用用騙而取得。人們一再歌頌吳用智謀，就因爲生辰綱乃不義之財，吳用把它騙取來屬於正義舉動。就是說，騙因人而異，對一部分人說，常是奪取不屬於自己的錢財、榮譽和快樂的手段，那是不道德和不法的行爲；對另一部分人說，有時還是機智的表現，即以騙的手法來實施某種謀略。因目的不同，意義也就不一樣，這猶如人的眼淚，可能是心中流出來的恨，也可能是愛的表達。又猶如人的沉默，可能蘊含深情厚意，也可表示無聲的抗議。就因此，同是在「行騙」，有的被稱爲妙棋，人多稱頌；有的被視爲無賴，人皆臭罵。還有，若把爲同一目的而採用不同手段：暴力劫奪與機智騙取的做法加以相比，不免還會讓人感到，騙至少不那麼殘酷和驚險，還多少帶有幾分浪漫，有時甚至可以入詩入畫。

騙還表現出：既有庸俗鄙劣的一面，又有幽默文雅的一面，既存在令人痛心疾首的時刻，又包含令人美感的神祕。就是說，在騙的字眼裏，世俗與高雅、下流與智慧並存。有人說，生活離不開幽默，也離不開騙字，騙有時是最大幽默，發人深思，既叫人痛苦，也讓人開心地笑，那可說是生活中的一種詼諧，可洗滌痛苦和煩惱，可縮短人與人之間的距離。明人馮夢龍在《笑府》中載，有一棋手與人賽棋，連輸三局。後被人問及勝負如何時，他的回答是：第一局我不曾贏，第二局他不曾輸，第三局我要和他不肯。這些帶有騙人意味，也算一種幽默，不免令人好笑，也可說是帶有玩笑性質的雅騙。幽默的雅騙如同一本好書、一篇美文，意味深長，令人忘憂，發人深省，可益智，可調節人的七情六欲，可醫治平淡無奇的刻板生活，是活躍性情，促進身心健康，延年益壽的一種妙藥，是生活的添加劑。也正是這種幽默的雅騙，有時逗得人們適度嘲諷的笑。人們在笑後的冷靜思考中淨化靈魂，昇華思路，走出困境，邁向新的前程。因此，有些騙，表面看似是人類智慧的枯澀，而實際講，還是社會所需要，是人們向上的推動力。可見，在卑下中不時隱含著博大的光輝。這便是騙文化。猶如一枚由完整而眞實的兩面圖案所構成的硬幣一樣，騙文化由造假行騙和機智謀略兩種因素所組成。

騙文化是一種多少有點被扭曲了的生活藝術。所謂騙，就是製作和提供虛假，有意以虛假當眞實並設法讓人接受；或者，給人不合理的做法以合理的解釋；或者，不加任何舉證，企圖推翻某種公認的結論並強加給別人。這種騙以及與之有關的現象，無疑屬於文化範疇，我們稱之爲騙文化。講到騙文化很容易使人想起騙術，然而騙文化與騙術不是一個概念，不過也很難截然分開，因爲在騙文化中所表達的行騙活動，也同樣是騙術本身所表達的行騙活動，只是在騙術本身撇開了一般的騙的共性，而集中於行騙手法。講騙文化自不能離開對騙術的分析。不過，比起騙術，騙文化的內涵更深刻，外延更廣大。因此，騙術不能代表甚或涵括騙文化。

社會在競爭中發展，人類在行騙中爭勝。有的騙還是一部分人爲確保自己優勢而採用的法寶。

把行騙說成是「聰明人的權謀」的西方哲學家休謨（David Hume 一七一一—一七七六年）說過：「古往今來的人都是好撒謊的」，「在無知的人民之間來發起騙局，是很佔便宜的」，因爲在那裏任何荒謬的騙，他們都會信以爲眞。①

騙無所不在。你看，日常生活中誰都會聽到一些無可無不可的含糊用語，你怎麼理解都可以，那多是一種應付，說它行騙也未嘗不可。就是說，在我們的周圍，時時有人受騙：小孩受騙，大人也受騙；富者受騙，窮人也受騙；警惕性不高的人常受騙，小心謹愼者也會受騙。騙是一股狂濤巨瀾，是一個沒完沒了的過程，人們難得阻止行騙，但可研究它，找出某些帶有規律性的現象。

騙乃成事祕訣，凡能出人頭地者，無不在騙字上下功夫。林彪曾說過轟動一時的話：「不說假話，辦不成大事。」「誰不說假話，誰就垮台。」這裏大事是指政治，假話就是騙。辦「大事」要靠騙，辦小事呢？同樣也要用騙。孔子主張「父爲子隱，子爲父隱」，父子互相包庇，就是行騙。荀子講得更明白，「善者，僞也」。僞即假，假即騙，要把事辦好，非作假行騙不可。事實上，在人們生活中一直存

---

①《人類理解研究》第十章「神蹟」。

在著騙。「做媳婦要兩頭瞞」，即謂：家庭和睦要靠騙。平時人們互相間的交往，也無不用騙，「逢人只說三分話，不可全拋一片心」，是說不可全講眞話，不講眞話自是爲了騙。他如見人說人話，見鬼說鬼話等，也多含有騙的成分。「做人就得圓，唯圓才能玩得轉」，圓即圓滑，也就是有騙人的本領。總之，騙而無往不勝，循規蹈矩的老實人一向被視爲無用之輩。

說謊是騙的一種，而且是人們最常見到的騙。有人說，說謊是「萬罪之始」，可也有人說，說謊是生活的一部分，沒什麼大不了。美國作家馬克．吐溫說過：「我們都說過謊，也都必須說謊」。法國社會學家盧梭也說過：「我經常不得不羞愧在說些謊話」。而在中國，有人把說謊說成是「中國人有教養的表現」。事實不正是如此嗎？每人幾乎都有說謊的紀錄。美國心理醫生研究發現，美國成年人每周平均說謊一三次，其中一二次是對配偶說的。根據有人對五〇五名美國人調查表明，百分之九一的人自稱經常說謊，百分之二〇的人表示，要不說謊，一天都難以打發。有人分析了三一、五〇〇多則謊話後發現，大學生平均每三次交談中就有一次說謊話；美國夏洛茲維爾居民則每五次交談中就有一次說謊。在不同場合，說謊內容自不一樣。在飛機上與陌生人打交道時，百分之七九的人會捏造假姓名和假電話號碼。一般場合，多是虛報體重和年齡等，約四分之一的人在金錢方面說假話，那當然多是無傷大雅的。

說謊話除了損人利己的動機和虛榮心的促使，更多的則是出於從衆，被逼而說，大家都那麼說，一個人不說不行。爲了避免衆怒衆責，只好跟著說謊，結果形成了集體說謊局面，大家皆大歡喜。也有的因說了眞話接二連三挨打，被打怕了；也有人因聽說蘇格拉底敢講眞話而丟了性命，再也不敢講眞話了，那只好說謊話。還有的緣於本能的防範，因爲生活經驗告訴人們，輕易與陌生人說眞話，弄不好會吃虧。人們看到，同性戀者，因其行爲多不爲周圍人所理解，便多產生一種防範心理，爲避免別人的非議，他們常說謊話。這可說是特殊的。就是在一般的情況下，什麼謊話都不說，有時反會吃苦頭甚至危及生命。有一首打油詩寫道：「人人都說誠實好，實話實說惹人惱，言觸領導傷疤處，小鞋幾年穿不了。」所以必要的、善意的謊話，有時是護身的需要，是生存和生活的需要。做爲醫師，說些謊話，有時還是職業道德的表現，因爲在某種情況下，爲了安慰和鼓舞病人，說一萬句眞話還不如說一兩句謊話來得有用。還有，爲維護朋友間的友誼，必須互相諒解、互相包涵，這些有時也要靠謊話來調劑。彼此心照不可說眞，否則會破壞那種只可意會不可言語的一種美感。

說謊話不一定就是壞事，特別是說些「善意」的謊話，有的可保持自尊，贏得別人尊重，即可維持說謊者的本人形象或個人利益，或避免某些尷尬；有的可讓別人好過，即不傷害別人的感情。就是說，說謊話既可利己也可利他。①

《雜文報》二〇〇二年五月一七日一篇文章中提到，一九九六年夏天，北京二十二中某班七位同學想參加全國中學生數學夏令營。老師孫維剛擔心學生無力負擔費用而耽誤了，又怕學生不願接受自己的贈助，因此，他對學生謊稱，費用由學校負責。這個美麗的謊言，使學生高高興興地去參加夏令營活動。結果，五名學生獲得全國高中數學聯賽一等獎，有一位同學還捧回第三十七屆國際奧林匹克數學競賽的金獎。……

由於人類的天性嚮往美好，喜歡富有刺激、帶有浪漫色彩的生活，所以許多人愛聽謊話勝過愛聽眞理。魯迅的一篇文章中曾說到：有一人家生了一孩子，許多親戚朋友前往祝賀，有人說這孩子將來會當官，有人說這孩子將來會發財，有人說這孩子將會長壽等等。這些都是好話，也都是假話，主人聽了甚爲高興。後來有個客人說了眞話：這孩子將來是會死的，主人聽了甚不高興，大罵一頓把他轟走。……

① 以上見《海外文摘》一九九六年第一一期、一二期：〈美國人愛扯謊〉、〈說點謊話〉。

可見說謊有時可調節人們之間的不平衡。就因此，它還是一種人際交往所需要的場面話。

不難看出，這裏指的謊話，多是不致構成大害的。正因爲如此，有人把它稱做「白色謊話」。人說，這類白色謊話，還是一種做人的技巧，有時非說不可，雖然聽者未必有益，但亦無害。

不但這樣，在美國還舉辦過謊言大賽，人們將謊言拿出去參評。除了政客，誰都可以參賽，大概因爲政客的謊言太過出格了，不好評比。

有意思的，美國總統競選也在進行謊言競賽。《海外文摘》二〇〇二年第四期一篇文章講到，二〇〇一年美國總統大選，幾位選民用以色列軍用測謊儀檢測戈爾和小布希兩人的電視辯論，結果發現，戈爾說謊二十三次，小布希說謊五十七次。說謊多的當選。

爲了幫助人們提高說謊水平，能巧妙地將眞實與謊言混合，使之帶有恰如其分的幽默感，法國蒙克拉伯鎭還辦有「說謊學院」。

與白色謊話不同的是黑色謊話，那是用意不良的謊話，由別有用心者所說出，有意騙人。這就是假話。這類假話，因爲用心不良，且多具「創造性」，多要打「草稿」，所以說起來會比說眞話、實話更不容易。還因爲有些人是靠說假話往上爬的，所以假話向不被認爲是美德，不爲多數人所讚賞，有打油詩寫道：「今年說了假，明年得了獎，後年升個長，但終會很慘。」——儘管假話受人責罵，受到抵制甚至受到批判，但因其生命旺盛，時時春風得意，人們幾乎到處可見到假話的幽靈，講假話者發迹於官場，出盡風頭。不是嗎？假話播下腐敗種子，衍生出假政績、假典型、假先進、假模範，那可說是假話瞞天過海。在日常經濟生活中，每樁騙案幾乎無不以假話揭開序幕，每一起假冒僞劣品的製作和銷售，也多以假話來引導。無疑，假話風光，必然封殺眞話。如果許多人不得不經常說假話，那表明「正不壓邪」，即邪的力量在威脅著社會。

也有說假話乃出於打擊競爭對手的需要。因此，說假者多會把假話通過各種渠道加以擴散和傳佈，其中通過口頭擴散和傳佈的，是謂謠言。謠言古時稱妖言，是一種假資訊，多是出現於社會動蕩不安時，自也是騙人的，並欲把對手置於死地。所以有人說它是以唾沫爲原料製造的傷人子彈。謠言如係一般人所造，避一避或乾脆不予理睬，多不會產生大影響，但若出自握有權柄的大人物之口，情況就大不一樣了，其騙的作用就很難估量了。有時，有的人除了散播和傳佈謠言，還向對手的上司或主管部門進讒言。讒言和謠言一樣，都帶有誹謗性的，都是針對不在場的對手而發的。但兩者內容不盡相同，讒言有時也有假的成分，但多是有事實做根據的誹謗，謠言則多是以假當眞，誇大其詞。

一般講，眞話、實話有時會得罪人，而讒言、謠言多會欺騙人，不過，那多只是一時的。

還需要提到的，說假和假說，乃屬完全不同的概念。

說假，如前所述，其目的是爲了騙人。假說呢？是一種科學研究的方法，故也稱爲科學假說。那是爲了揭示自然和社會發展規律而創立的科學理論體系。人們根據自己掌握的原理、事實，在自己腦子中作出一些假定性的解釋，就是對未知的自然或社會現象及規律性作出一種假定性的說明。之所以稱假說，就是指對某種事物尚未取得完全確認的意思。這種假說，一要有事實根據，二要有一定的推測性，而不是隨便提出的。儘管如此，這假說仍和確實可靠的理論不同，因爲是否把握客觀眞理，還有待於實踐證實。如果實踐證明它是客觀規律的正確反映，便可認定是科學的理論，否則是錯誤的假說；也有可能在加以補充修正後可成爲科學的理論。這些自然都與說假行騙不同。

說假亦與科學的預言不同。科學的預言是對預計設想之事的表達，目的在於鼓舞鬥志，振奮人心，而說假則爲了讓人不明眞相而引其上當。

除了假話，還有套話、廢話，那同樣是一種行騙。套話、廢話與假話一樣，都是在不願說、不敢說和不能說的環境中盛行起來的。說謊話、假話大體上不論誰都會，只是效果不盡相同而已。而套話、廢話呢？那多是當官者說的，多是當官的在開會時、向上彙報時、寫官樣文章時用的。人說官書容易出版也好賣，但不好讀，就因爲書中講的是官話即套話和廢話，許多人讀不懂。官員如演員，演員出場要化妝，說話要帶腔調，否則就演不好戲；官員上任要講套話和假話，否則就很難在官場中混下去。有說，這是身不由己的。如果說，說謊話不一定是壞事，那麼，說套話、廢話則絕對大有好處。有時，當官的不說套話、廢話就難得往上升遷，甚至當不成官。就是說，在某種情況下，當官的絕對離不開造假和行騙。

套話、廢話與權勢是一對雙胞胎，人分等官論品，套話、廢話亦有級別，越是位顯權大，越有說套話、廢話的資格，其套話、廢話的級別也越高。只因位顯權大，其人變成超凡入聖，其套話、廢話會變成「重要講話」，變成「理論」，甚至可變成「權威理論」，變成理論發展的「里程碑」。就因此，對於權勢者的套話、廢話，人多尊重，蒙昧者奉爲至寶，畢恭畢敬，聰明者裝傻充愣，不敢戳穿。這裏尊重的，自不是套話、廢話本身，而是說話者的權勢。因爲尊重它不但可消災避禍，且可得利益。就因此故，社會愈發展，套話、廢話愈益盛行。

當然，騙不光表現在說假話和說套話上。大致說來，凡事、凡物、凡言情，皆有度，失度便失眞，失眞便成假，有意以假當眞者，便是騙。因此，那些有意掩蓋或隱瞞事物眞相的做法，都是騙。對這種做法，自覺接受的叫自騙，被迫接受的叫受騙，強迫別人接受的叫行騙。行騙手法也多種多樣：以無說有，以次充正，以劣冒優，以假當眞，以非爲是等等，都是屬於行騙範疇。而那些誇耀或隱瞞自已實力的則多在伺機取勝，兩者也都帶有騙的成分。

世界就這麼怪，多少人靠造假出名，多少人靠行騙走紅！對某些人來說，造假是發迹的手段，行騙是往上爬的天梯。行騙愈多，爬得愈高。那可說是騙神通。

有人說，一部人類的歷史，從某種意義講，就是造假和行騙的紀錄。許多大人物的傳記，或多或少摻雜著假和騙的成分。大多富者靠騙而發，甚至是大騙大發，小騙小發，不騙不發。可謂是萬般皆下手，唯有行騙高。千本領萬本領，造假行騙有時被看成是最大的本領。

不是嗎？不造假不行騙而能飛黃騰達的有幾個？即使有也不會多。不造假行騙能混進官場統治衆人？即使有人僥倖混進去，但長期混下去也不容易。有人說，進官場必備條件有二：其一是虛僞；其二是行騙。前者爲官場大員的必備品格，後者乃官場大員的必用大手段。有的大吏原還是老實人，走上官場後，便不敢講眞話辦眞事，那是騙之始；進而欲保住官位並求得升遷，既享鴻福又揚名於世，便在騙字上加工；若想將官爵之位傳於後代或親信，還得發展騙術。大體說來，官場中最得勢者，多半是善於行騙者。這般人多有各種假面具，隨時可以應付各種局面，以求行騙順利。有人說，某些官員，官當越大，行騙本領越大，的確如此。造假行騙自不只官場大吏，那批英雄好漢，又哪個不跟造假行騙結緣？少矣！因此，從某種意義講，要全面瞭解人類社會的歷史，就不能不研究騙文化。

講騙文化，不能不提騙意識。而騙意識似是無法寫的，它是個矛盾修辭。怎麼說？很簡單，靠造假行騙而取得本來不該得的財物、職權、榮譽和快樂等等，是騙意識促使的結果；而靠造假行騙打敗對手取得軍事上政治上勝利的謀略，不同樣是騙意識的運用？儘管前者叫行騙，後者稱機智的謀略，但從意識方面講，本質是一樣的。人類文明的發展，本來就包含有各種因素，而人們的生活也很難簡單地用是或非兩字所能完全概括得了的。就因此，廣義講，日常生活中出現的各種各樣的騙行爲以及軍事上、政治上的機智謀略，都是騙意識的產物。從某種意義講，騙意識是社會生活經驗的濃縮。它不但浸透那些慣於行騙之騙子的血液，且也植根於相當多數一般人的頭腦。誠實與行騙相伴而行。「騙意識」三個字是智慧和無賴的混合，既含褒義也含貶義，只是更多的是人們用慣了的一個帶貶義的用語。有人說，智慧給人帶來機智和謀略，也製造出各種假和騙。當有人把人類智慧當爲資源加以錯位的開發時，造假行騙便發展了。

騙意識的運用，可以給人帶來巨大成就和歡愉，也可以留給人無限罪惡和苦難。有人說，人間之所以有罪惡和苦難，之所以難以消除罪惡和苦難，就因爲缺乏趨於至善的良知。筆者以爲，所謂至善的良知，就是該用騙的時候用騙，不該用騙的時候不用騙。亂行騙者就是缺乏這種良知。在人心變得浮躁和行騙盛行的年代裏，正確運用騙意識，保持清明的理性和趨於至善的良知，對維護社會秩序是至關重要的。

二騙的分類及行騙的目的和影響

人際間的關係，多半是通過手與手、嘴與嘴之間來展開的；世間的許多事幾乎都由手和嘴之間引起的。當一個人在手與嘴上造假時，行騙也就跟著來了，於是原來單純的人際關係變得複雜了。這從騙的種類中也不難看出一些眉目來。

騙的種類多如牛毛，佛家把它們歸爲兩大騙，即：名和利。「許大乾坤傳二騙，一名一利轉輪流」。這夠引人注目了，近代林語堂認爲這種歸納還不夠完全，應爲三大騙：名、利、權。而這三大騙又可概括在美國人慣用的一個字——「成功」（Success）中。他把這些稱爲世界上時髦的騙。成功的希望和失敗的恐懼，兩者是差不多的東西：越是成功，就越怕失敗。就因此，在名、利、權——成功的迷惑下，一個人很容易成爲騙子的奴隸而永無盡日。

仔細想想，人們不難發現，騙有騙人眼光，騙人感覺和騙人胃口的不同功能；又可分爲公開的騙和隱形的騙（人們看不見的騙）；還可分爲事實上的騙、理論上的騙和心理上的騙等等，形式不同，產生的效果也不一樣。

人們看到，外國對罪犯的判刑，有幾百年、上千年的，甚至有上萬年、上十萬年的，最多達三十幾萬年的，顯得不眞實，有騙人之感，但那又是維護法律的手段，是法律所需要的。人們明知不眞實，仍可接受。對民衆來說，這叫理論上說得通，心理上接受得了，只是事實上受了騙，其效果也未必不好。有一種叫父母拐騙子女罪，聽來不免令人費解，可確有其事。父母離異，子女判給一方，另一方因感情作怪，暗地支走子女，對方告到法院，於是有以上罪名。這種騙自要從法律上、理論上來理解。

有人說，世上最大的騙，是贏得別人好感的假話和行動。那大體是屬於心理上的騙。好感是一種擋不住的感覺。在商品社會中，好感往往決定一樁重大的買賣成交；決定一種粗製濫造的次品貨，甚至假貨走俏；使一個平庸的演員一夜之間紅得發紫；使一個不學無術的吹牛家登上政治舞臺，指揮千百萬民衆；使一個騙子、流氓成爲英雄。而騙取視覺上的好感，也是上算的騙，扭扭屁股賺大錢，就是騙人視覺的豐碩成果。新近在法國街頭興起的「裸竊」，也是通過騙人視覺來進行的。報載，法國一些時髦女賊，脫得一絲不掛，來到公衆場合遊蕩。初到那裡遊觀的遊客見此不免目瞪口呆。而就在他們魂不附體時，女賊同夥見機行事，把遊客偷個精光。也有人說，對眞理壟斷才是最大的騙，那屬於權騙的一種，即掌權者把自己的意圖強加給別人，控制眞理的解釋權。如此等等。

對於騙的分類，我們不妨把它分得更細些，可這麼說，騙是總稱，因目的不同，對象有別，做法相異，故有名稱上的差別：

大人叫小孩按自己的意志去做某件事（如叫小孩收住哭聲等）而使用的騙（包括嚇唬等），稱哄騙；小孩對大人、下級對上級爲隱瞞某種事實眞相而使用的騙，叫瞞騙；上級對下級、長輩對晚輩、強者對弱者，爲取得某種財貨或榮譽而採用的騙，多叫欺騙；設圈套、陷阱來行騙的叫圈騙，也叫設騙局；爲引誘別人上當而採用的騙，通稱誆騙或誘騙；引誘對象若是婦女或小孩可稱拐騙；做生意的商人用引誘坑害消費者的騙，稱坑騙；冒充某種機構進行各種詐騙活動，叫撞騙；靠蠱惑人心的假話來行騙的，叫造謠行騙；商店、計程車爲宰顧客而採用的騙，叫宰騙或簡稱「宰」；靠吹牛而行騙的叫吹騙；靠謊報敵情、災情和虛報成績而進行的騙叫謊騙；在一片掌聲和讚揚聲中騙取財物或榮譽的騙，稱鬧笑之騙；以玩耍變戲法來行騙的叫玩騙或戲騙；以嚇唬手法來行騙的稱嚇騙；以捉弄別人爲目的的騙，是謂尋開心之騙；引經據典、信口開河，騙得滿座人驚服的，稱才騙，也稱以大誆大；尋找藉口，拖而不還借來的財物，以達到騙的目的，稱拖騙；以媚的手段騙取上級信任的騙，稱媚騙。

一些單位以招聘人才爲幌子，通過設騙局將應聘者寫在試卷上的才華竊爲己有，即騙取無形財產，這類騙稱盜騙；爲提高個人名聲，自己出錢，以名人名義購買自己的作品（字、畫、藝術品等），亦屬一種騙，叫假名騙；以可憐相行乞行騙，叫乞騙；在路邊以各種手段行騙的，通稱路騙；爲應付上頭逼迫而造假的騙，叫逼騙；有意製造假象欺蒙群衆者稱矇騙；以權力或在權力保護下的行騙，稱權騙；行騙時由官員出面進行的叫官騙；以賭博形式來行騙的，叫賭騙；以掩人耳目的方式偷竊，如把溶於水的糖精、味精及人參原汁等吸到棉衣棉被裏或毛巾上，避過檢查後再用水洗下來還原爲原物，這種騙、偷結合的做法，叫偷騙；男女間有意玩弄感情而騙對方者，稱情騙或性騙；半搶半騙或連搶帶騙者，稱搶騙；爲滿足某種虛榮心或爲保住個人面子，倒貼錢財而行騙的，稱虧本騙；出於報復或其他動機而採用了帶有侮辱性之騙，是爲辱騙；以假自殺來騙取別人同情心和騙取金錢者，稱自殺之騙；並非爲了組織家庭，而是爲了掩蓋未婚先孕而領取結婚證書的行騙，稱爲假結婚騙；仿冒別人口音行騙，稱假聲騙，也叫「口技之騙」；不擇手段不看物件的亂騙，叫瞎騙；一向從事行騙活動的叫慣騙；只是偶而行騙一兩次，稱偶然騙；一眼就能看穿的行騙術，稱簡單之騙；行騙手法比較隱諱、曲折的，稱複雜之騙；一次裏完成的行騙，稱一次性行騙；在一個地點，採用同樣的手法多次反覆行騙，稱重複性行騙；在不同地點行騙，有就地騙、異地騙和流串騙之別；一個接一個展開，前後互相發生影響的行騙，稱連環騙；在暗地裏偷偷摸摸地行騙，稱暗騙；在公開場合，明目張膽地行騙，稱明騙，也叫公開騙；以騙騙騙者叫反騙；專爲弱者和受騙者抱不平的騙，叫義騙；爲行騙而合夥擬定騙術，通稱模擬騙；一群人串通一氣合夥騙一個人者，稱群體騙。這當中，半眞半假的行騙，可稱爲半騙或部分騙；而各種行騙手法混合使用者，可稱爲混合騙；臨死前以遺書造假騙人或臨死刑前以「坦白重大案件」爲由捏造事實以行騙者，是謂臨死還騙，稱死騙。其他等等。

從行騙者的角度看，行騙又可分爲職業性的和業餘性的兩種，前者以行騙爲業，後者則把行騙作爲本職以外的，附帶的「業餘活動」。

不同名稱正好表現騙文化的蘊涵。以不同名稱表達的文化，在其他方面同樣可以見到。

不管哪種騙，都是有目的的。

行騙要達到的目的，大體有：

一從別人（包括集體）身上取得一定數量的金錢或財寶。

二得到職權或某種榮譽、某種快樂。

三打扮自己，掩蓋自己的缺陷甚至醜陋面目，騙取別人的好印象。假牙、假髮（包括禿頭裝假髮，白髮染黑髮，黑髮染紅髮或藍髮等）、假鬍子、假睫毛、假手、假腿、假眼睛、假鼻子、假胸部以及假屁股，均因此而作，其中除假牙兼有吃食功能，假腿可助行走，假手可助活動，其餘多在打扮；也有在於掩飾自己工作、學習、生活等方面的失誤或掩蓋自己見不得人的醜事等。

四表示高明和推卸責任：有些話有些事確是某人所說所做，但在時間上提前或推遲了。提前表示其高明和預見性，推遲則在於推卸責任。這是一種眞事假和狡猾騙。

五當替身：政治家爲避免危險或擺脫自己的事務性禮節，軍事家爲迷惑敵人，演員爲達到某種特殊效果，都採取了替身做法，騙人視覺，收取某種效果。

六安慰傷心者：用善良的謊言安慰和鼓勵傷心者，以提高其勇氣。

七尋開心：故意用惡作劇的玩笑，如假資訊、假聲明、假訃告等，以期達到玩騙、捉弄某個人甚至某些人爲目的。

八從政治上、軍事上打敗對手。其他等等。

一般講行騙都有具體的所得所求，可也有極少數行騙很特殊，沒有具體的所得所求，行騙目的就是行騙本身：爲尋求表現自己的智慧，即給人以「智慧感」。這種行騙自不能與一般行騙等同看待。還有一種可說是因環境逼迫而行騙。如同平庸輩因走後門而雞犬升天會給有才幹者以巨大心理創傷一樣，造假行騙者的趾高氣揚也會給誠實者心理不平衡，他們在沉不住氣時，有時也會來一下。就是說環境逼迫一些人以行騙來尋找心理平衡。這種行騙雖也有目的，但與前述不同。

受騙者所造成的損失，大體可數：金錢財物的損失；名譽、地位的損失；自尊心、自信心的受損。對婦女來講還可能造成貞操的損害，甚至人身被拐賣。對小孩來說，多是被拐賣，受殘害。當然，尋開心的雅騙和玩騙，自不存在以上這些問題。

翻開稗官野史，記載損人利己之行騙的文字，比比皆是，不知多少人受其害。充滿造假行騙的社會，必然讓那些缺德又無才的小人得勢。中國幾千年的歷史，主要是德才兼備之君子遭殃和缺德又無才之小人得志史。小人得志常使社會潛伏危機，處於動蕩不安之中。歷史是一面鏡子，只是它不爲後人所欣賞。造假行騙經久不衰，其災禍一直蔓延。結果，降低了社會信用值，人們潛在的生產積極性和創造精神受到衝擊。行騙者不去動生產勞動的腦筋而致力於行騙活動；受騙者則因受騙上當而感到灰心喪氣。行騙者和受騙者都喪失勞動熱情，人們喪失安逸和自在，整個社會喪失向上的朝氣。因此，充滿行騙的社會，是不健康的社會，它破壞人們之間的相互信任和團結，阻礙社會生產力的向前發展。它破壞人間美好的生活環境，使之充滿陰霾。怪不得早有人把欺騙與驕傲一起看成是「人類的原始罪惡。」

三　騙與搶、偷、訛詐以及讓與、贈送的區別

在一個秩序良好的社會裏，人們多只是從戲劇或文藝作品中瞭解各種騙的行爲，人們咒罵的是歷史上的騙子。如果戲劇和文藝作品的體裁來自當前的現實生活中，那說明該社會是一個病態的社會，一個不完善的社會。在不完善的社會裏，實行獨裁政治，冤假錯案層出不窮，甚至人們對現實生活中的騙子行騙行爲，連說都不敢說，以致讓騙子橫行無阻。

大致說來，人心善良與否，跟社會法制與教育關係頗大。騙子是否橫行行騙，誠者誠與不誠，全看社會法制健全與否。在法制不健全的腐敗社會中，騙子行騙，誠者不誠；反之，在健全而完善的法制下，誠者爲誠，騙子也可能被改造成誠者。

社會法制完善與否，看庶民敢不敢說話。人謂：天下有道庶民議，天下無道庶民避。庶民避則騙子無所顧忌。除了騙子，還有盜賊、貪官污吏橫行霸道。

騙子、盜賊、貪官污吏可以說都是統治者的直接或間接的幫手。他們都是歷史的產物。歷史——多是盛衰交替，周而復始，是統治者的舞台，也是墳墓。他們在那裏充分表演各種騙術，不停地被趕下台或被淘汰。當然，新上台的統治者，爲取得自己的統治權，往往也花出了代價。而他們爲了鞏固統治

權，無不採用騙的手段，無不保護各類騙子。

人世間物各有主，即所有權屬於不同的人，只要金錢、財富、權力和榮譽等等做爲人們主要的奮鬥目標的時候，就必然會存在搶劫、偷盜、訛詐和行騙等，也必然會存在讓與和贈送等。不論哪一種行爲，都是要達到所有權的轉移這個目的，就是說，所有權的轉移是上述幾種行爲的共通點，不過在概念和做法上，它們卻是不一樣的。

搶，即搶劫，用強力將別人或集體的金錢、財物和榮譽等占爲己有。

偷，即偷竊，暗地窺測，乘主人不在或防備不周時，將其金錢、財物取走；或將別人的文章、各種文學、藝術作品改頭換面後加以占有，比如用自己的名字加以發表或出版，通常稱剽竊。而用併機等辦法偷電話機號碼的，叫新科技之偷。

訛詐，就是敲詐勒索。即用恐怖或惡劣手段，如威脅、恐嚇等迫使對方交出金錢、財物，或放棄自己應得的財物和榮譽等等。

讓與，即將自己的錢財和榮譽等轉讓給別人，或有償或無償。讓與通常有主動和被動之分，不待索取而讓與的屬於主動的，經索取而讓與的屬於被動的。

贈送，出於友好或紀念等原因，所有主將自己的錢財、榮譽等等送給別人——親戚或同好、同遊等。

騙呢？那是把別人稱「我的」變成我自己的。說贈不是贈，像偷不叫偷，訛詐未用恐嚇，讓與非自願，似搶但非用強力。騙和欺有別：眞貨賣高價謂欺，假手於假貨稱騙。騙的特點是，使用了正常途徑無法達到目的的做法，通過做假的方法鑽了別人疏忽的空子，而取得不屬本人的錢財、職位、榮譽和快樂等。表面上看，合情合理，被騙者容易接受，因而上當。對行騙者來說，可稱爲非強力的主動，對被騙者來說則是非強迫的「自願」。簡言之，騙是在假的掩護下進行和平的公開的搶奪。

需要提到的，利是私有財產制度的社會基礎，幾乎所有社會活動都圍繞利來展開，全都在爲利服務，爲利而來，爲利而往。騙與搶、偷、訛詐以及讓與、贈送等，雖然有區別，但都跟利有關，都被利所驅使。

騙與搶、偷以及讓與、贈送的關係，有時還是密不可分的。「欲行搶行偷，先行騙」，是說騙是搶和偷的引行動作。有些強盜或竊賊，欲進入某處行搶或行偷，事先把大門的大鎖調換，騙過管理人員的眼睛，而後乘夜入內行搶或行偷，自會容易得多。爲叫人將某些財物或某種榮譽，加以讓與或贈送，有時也通過用各種假話，即通過行騙使其「自願」，事情就會順利得多。就是說，騙每每對搶、偷、讓與、贈送都起了幫助、推動作用。

儘管騙與偷、搶、訛詐一樣，都是要把別人或公共的財物、職位、榮譽變爲己有，是謂殊途同歸，但因手段不同，所以稱呼也有異。偷、搶者可稱爲賊或強盜、匪等；而行騙者呢？有些文雅之態，通稱騙子或雅痞。

四　騙是社會發展的產兒

騙是社會歷史發展的產兒。人類一開始並非互相征服，而是互相親近，因爲只有互相親近才能保護自己。早期社會，準確說原始社會初期，人們以血緣關係相聯繫著，共同生產，共同生活，沒有私有財產，不存在不公平的分配，也沒有榮譽感和妒嫉心，在那種時代不可能有騙的存在，不可能騙到什麼；而長期漂泊於原始森林中的野蠻人，沒有住所，沒有農業，沒有戰爭，沒有語言，彼此間也沒有聯繫，甚至有的不會辨認同類中的人，對同類既無所求，也無加害的意圖，他們過著「山中無甲子，寒盡不知年」的日子和無求於人的孤獨生活。沒有強者和強者的權力，滿街皆聖人，行騙毫無意義，也是無法進行的，那裏不存在行騙現象。

西元前二世紀巴勒斯坦的猶太人，甚是嚮往這種沒有騙文化的年代。他們反對追求富有，而把節欲和知足看成就是財富。他們不製造弓矢、槍矛、刀劍，即不從事戰爭工具的製造。商業、航海業等也進不到他們夢中。他們總是避免任何會引起貪欲的東西，他們輕視統治者，反對官署，認爲那是破壞平等的，違反公義的。

發展到了一定階段，社會物質增多了。有些人不願花勞動代價又要把許多東西變成自己的，讓自己來享受，於是出現了爭奪，用戰爭來奪取財富和榮譽。只是戰爭需要力氣，多要合夥進行，弄不好還會有犧牲。怎樣做到不用力氣，不通過戰爭的手段也能得到某種財貨和榮譽等等，人們考慮到了騙的手法。就是說，人類思維複雜之後，有人開始用「智謀」來坑宰自己的同類了。他們不願付出代價又想得到某種財貨、榮譽和快樂等，自是只有通過傷害別人的行騙而達到目的。

就因此，可以這麼說，那些未爲社會提供更多的勞動，從而未創造更多的價值，卻有比別人更高的收入，更多的財富者，除了因爲冒險的結果或某種壟斷的產物，再就是造假行騙所帶來的。無疑，這造假行騙，比起強力搶劫的做法，自是來得文雅些。

爲了有效進行騙的活動，有人想出不可知的力量，想出了利用神和宗教。神和宗教的出現，可說是騙的產物；而行騙加上暴力，可說是政治的產生因素。

所謂政治，在專制時代實是少數人對多數人的欺騙和專政；在民主時代較透明些，但仍離不開騙。社會分化，人間出現種種的差別，這可說是騙文化的源頭。社會進一步發展了，源頭也擴大了，騙文化更複雜了。

大體說來，文人行騙爲了名，商人行騙在於錢，官員行騙多把目標集中於權。這些可以說是騙文化的主體部分。

大自然創造人類時，爲了要使之成爲智者，賦給了人們許多適於發揮智慧的特點，騙是其中之一。人說經商者常透支金錢，達官者多透支權力，文人則愛透支智力，這些多是通過行騙來完成的。

任何一種事物的產生，都有其相應的社會背景。騙也一樣，它的出現從物質方面考察，那就是消費高過生產，缺少物質保證，因而從騙入手。

歷史的、實事求是的分析一下，人們不難發現：造假和行騙都有功用和過錯。造假的最大功用，造了該造的假；造假的最大過錯，造了不該造的假。行騙的最大功用，騙了該騙的人；行騙的最大過錯，騙了不該騙的人。被騙者，猶如交了學費進入課堂上了難得的一課；它使你認識到自己當了什麼樣的傻瓜，以後應如何避免。

騙不像熊貓、金絲猴是中國獨有的，它遍佈全世界，不過中國向來騙術特別發達，騙子特別多。這跟中國長期實行封建專制政治有關。有人說，在專制政治下，民衆沒有自由，不能揭露事物眞相，人們要嘛當啞巴，不講話；要嘛當騙子講假話騙人，否則日子不好過。那些統治者更不用說了，他們行騙乃司空見慣的。儘管行騙的方法不盡相同，但目的都很明確：爲了爭奪權和利，爲了爬在人民群衆的肩背上，即爲了統治和奴役人民大衆。

行騙的主要目的之一是爲了取得錢財。那當然因爲錢財有用，不僅可換取生活資料，而且可換取權力，有了權力就有了「眞理」，令衆人俯首聽命。

隨著生產的發展，人的生活水平提高了，因此營養增加了，人的腦量增大了，智力更發達了，過去想不出來的事，這時輕而易舉地做出來了。這當中，行騙的技巧也達到了新的水平。

歷史上曾有過這類事：因爲肚子不飽才去行騙，而行騙的手段也低下，引得衆人怒目而視，被認爲是可恥的行爲。但爲了肚皮，有人還是要那麼幹，有所謂臉皮和肚皮很難同時顧及的說法。後來情況不同了，由於騙的內涵擴大了，由於行騙技巧提高了，多數場合，行騙不被認爲是可鄙的行爲。相反，有時還被視爲是一種有本事的表現。有人說，在早期中國，騙是源於詭智，而詭智則是在軍事鬥爭和爭奪人才（謀士）中發展起來的，在這基礎上擴展成騙文化。

實事求是的深入分析一下，人們不難發現，社會發展到了今天，騙文化比以往任何時候都更加「繁榮」，這與騙術發展有關。而騙術發展，則與以下三方面因素有關：（一）以前行騙流傳下來的經驗；（二）當代騙子在行騙中總結起來的經驗；（三）各不同騙子在行騙中的「創新」。這三方面的結合，造成騙文化的繁榮。這自不是沒有原因的，最重要的可提及跟機會不均、分配不合理等關係相當密切。

人們看到，如今有些國家的改革，其原意多是要改變原來的人才使用和財貨分配的不合理狀況，可誰也想不到，結果出現的多半是人們之間機會獲得的差別。得到各種機會優越的人，多成了頂尖人才，其利得如天文數字般的爆炸性的增長，與其相比，其他人顯得可憐。本來各人間的知識技藝相差無幾，只因機遇不同，收益有著天壤之別。碰上機會的「才智之士」，握有絕對優勢的籌碼，佔據高位，捷足先登，占盡風光，而留給他人的利益空間甚小。同台演戲，主演者得重金，其他人儘管同樣獻技，只因角色稍遜，利得相差巨大，這裏主要是機會不同所造成的，這可說是吃大鍋飯的平均主義的另一極端，就因此，有人說，那些優越機會的佔有者是社會中的贏家，其他人多是輸家敗者，他們本該得到的利益，皆被贏家一口吃掉。這自是跟按勞分配毫不相干。這種局面的發展，自會引起人心不古，作假行騙也就難以避免。爲對抗優越機會的贏家，一些輸家敗者，不擇手段作假行騙。結果，騙術發展了，騙文化「繁榮」了。

可以這麼說，社會越有生機，人的思想也就越遠離僵化狀態，即思路越寬廣。推而廣之，文化的內容也越豐富。對於騙文化，人們同樣可以這麼思考。有人說，「物競天擇，適者生存」的「適者」，在不同時代有不同的涵義。在傳統的低頭種田，抬頭吃飯的農業社會，這「適者」通常指那些誠實的人。在那裏，誠實是智者生存與發展的機制。誠實引人向上，令人尊敬；而詭詐導致毀滅，被人唾棄。這可說是小農經濟的「人生智慧」，可到了後來，這些變成了與社會生活格格不入。在市場經濟下，雖然還需要誠實，但誠實者多受到嘲諷，他們弄不好常常會沒有飯吃。這裏誠實在跌價，善謀者才是時代的寵兒。而「善謀」的謀，有時很難與騙截然分開來。

簡言之，騙文化事實上乃是社會生活的一個方法，一個結果，一個精神產物。

五　騙文化是人類社會的一種特有現象

人類社會因有貧富之差，強弱之殊，貴賤之別，常常處於不平等之中，而這不平等乃人爲的，它造成人們之間的紛爭和行騙。動物界也有不平等，那是自然生成的，使之產生不同的分工，構不成互相行騙的因素。

無疑，騙的動作並非人類獨有。其他動物同樣也會行騙。蟲類的保護色，魚類的噴射黑汁，蛙類身上長著有色斑點即假眼，蝴蝶翅膀上的眼狀斑，大熊貓的假懷孕……等等，都是旨在行騙時用的。有些動物慣用的行騙法是設氣味陷阱。科學家觀察表明，有的小魚喜歡脂肪香味，結果經常上當受騙。一種長嘴青鷺鷥投其所好，單腳站在淺水裏，用翅膀拍打水面，會從體內分泌出一種具有強烈脂肪香味的物質傳入水中，小魚聞其味而來，青鷺鷥用長嘴一叼，很方便地把它變成自己的美味食品。猴子更是善騙者。據英國著名動物學家湯普生的記述，猴子爲報復烏鴉搶奪食物而採用的騙術，簡直可令那些高明的騙子自歎不如。①

只是各種動物的行騙，多是出自本能，無師自通。它們的行騙主要爲了對付異類，保護自己，即爲了自己的生存。所以動物的行騙只是一種適應性。而人類的行騙，是後天的，是經過學習和社會實踐而來的。或者說是從生活經驗中概括出來的。其主要目的在於騙同類，損害他人，自己受益，或說是爲了自己的發展。雖然人類也設陷阱、佈羅網，誘捕飛禽走獸，但就行騙講，主要用於同類，人類是世上最貪心的動物，也是世上最會騙同類的動物，他們騙同類，表現爲人與人之間：包括個人、群體、階級、民族、國家之間的虛僞動作。那是有意識的。可以這麼說，有意識的行騙和有意識的勞動一樣，是人類社會獨有的，是一種創造性表現，也是人類社會進步的表現。因爲行騙總比以牙還牙、以血還血的殘酷的蠻力較量來得文明。儘管如此，它仍是人類社會最不可思議的、最說不清的一種現象。

其他動物有的也和人類一樣有肢體、有面孔，會發出聲音（會叫、會唱），有喜、怒的感情表露。有的動物甚至有些地方還是人類所不及的：如牛、馬的力氣比人大，狗的嗅覺比人靈，蝙蝠的聽覺和其他某些動物的視覺、觸覺都超過人。有的動物（如鷓鴣）會忍住嗅跡，鳥會飛，魚能潛水游，鱷魚和針鼴可以用尾巴當武器，蜜蜂的眼睛能導航，有的蟲會脫皮、冬眠，還有兩棲動物同時能適應水陸兩種世界的生活。和人類相比，大多動物是「早慧」的，都是在很小時就能獨立生活……等等。但所有動物幾乎都不懂得通過掩飾來行騙。這自是它們不諳文明的結果。人們看到，幾乎所有動物雌雄交尾多在白天，不避人、獸、禽、蟲的耳目。人類則不同，懂得掩飾，講文明，交配多在夜間或選擇僻靜場所，不僅避人之耳目，且亦不爲獸、禽、蟲類所聽聞。就因此，有人說動物乃坦率的物類，人是虛僞的動物。

①《中華周末版報》一九九六年一〇月一一日。

由於虛僞，會想出各種有意識的行騙手段。諸如安撫、嚇唬以及其他各種與實際不相符的說教、說大話、講假話等，都是有意識的舉動，都起了騙的作用，這都是多數動物所辦不到的。意識是人類特有的功能，靠著它，人類做出許多與一般動物不同的舉動。

動物不如人還表現在它們不懂得推理和論證。誰都清楚，大多動物也和人類一樣，都會通過觀察得到某些知識，都會憑著經驗，推斷某些事情的原因。就因此，幼小動物顯得無知，老大動物表現得乖巧。只是，動物的推斷本領，跟推理和論證掛不上鈎。因爲它們壓根兒就不會推理和論證，所以，再聰明的動物也培養不出和人類一樣的騙子來。

動物不及人類的地方，還可以提到：一般講，弱小動物之間，多是互爲因果，相依爲命；強大動物之間，則多是彼此克制和忍讓；而強大動物與弱小動物之間情況就不同了，多是吃和被吃的關係。以上這些，在人們之間兼而有之。此外，人還有人的樣子，即人類有自己特色的生活內容，那就是相互行騙。當然，如前所述，從廣義講，動物也會行騙，儘管是無意識的，因此，騙行爲並非人類所專有。不過就行騙的智力講，它是人類區別於其他動物的一種重要的能力。

只是，就防騙的本能講，人似乎還不如其他動物。清末民初翻譯家林琴南有一篇隨筆〈湖之魚〉，說的是他在杭州西湖邊的觀魚情趣。爲了引來魚群，他將嚼細的豆腐乾吐於水中，群魚游來爭食，煞是好看。只是魚兒一邊爭食，一邊游去，留下極少。他再吐下一口碎豆腐乾，不見成群魚兒來爭食了。這爲什麼？是因爲它們都食飽了嗎？不是。是因爲釣魚的人在下鈎前必先投下魚餌以誘魚，後來魚因貪食就一併將帶鈎的餌吞食下去。久而久之，魚兒也知道釣魚者的這種騙招，所以當大量食物投下去時，多數魚兒會避開去。

前幾年法國有人做過試驗，把一種新鼠藥放入巴黎某下水道中，毒死幾隻老鼠。幾小時後，消息傳遍鼠群，此後，再無一鼠去接觸那鼠藥。何因？怕上當，怕中毒。

人間行騙，有的也如釣魚、毒鼠，但有幾個能在大量下餌大量下毒之前就離去？少矣。就是說，人的防騙本能還不如魚、鼠啊！其實，魚、鼠再聰明也只不過是動物的刺激、反應的低級條件反射，談不上什麼智慧，在防騙上人反而不如魚、鼠，大體可看成是防範意識鬆懈的結果。這便是多數人常常受騙的原因。事實難道不是這樣嗎？

騙雖然不是人類所專有，但騙在人類正如吃在人類，同樣合倫理。就是說，人類不但離不開吃，也離不開騙。有人群的地方就有騙。過去有句話，「食色性也」，現在看來，騙雖非人性，但可說是人的文化。

人類生存和發展的最基本事實是人類脫離了動物界，超出了動物的本能適應性，超出了自然（儘管仍是自然的一部分）。人類天生愛動，愛動手、愛動嘴、愛動腦子。靜坐不動，一言不發，不想事情，對多數人來說是難受的。愛思考是人類所特有，行騙就是從思考中來的。人的特點在於以語言與同類打交道，行騙多半就在以語言打交道的過程中展開的。

人們知道，任何人要想學好一門手藝，都得專心致志，即集中精力，否則就難以求精。行騙者一般說也需要精神集中，否則難得達到預期的目的。不過，學手藝多有師授，而行騙者主要靠自我琢磨和現場實踐。行騙就是一種騙手段付諸實現。儘管行騙總是在騙的具體實踐中實現，但有個總的概念——騙文化存在。

由於人類不同於其他動物，因此，有些詞句只能人類專用，其他動物不配享用。比如：做愛，這是人類專用的性行爲，其他動物只能叫交配或交尾；寢室、房間，是人類專用的睡覺地方，其他動物只能叫窩或巢；騙文化呢？看來也應屬於人類專用的。它是人類諸多「成就」中的重要一項。

當然，人類除了騙同類，也騙異類，即也騙其他動物，騙其他智慧較高的動物。有句成語「朝三暮四」就是明證。據《莊子·齊物論》記載，有個稱狙公的人，平時愛養猴子，且與猴子之間能相互瞭解對方的心意。爲了節省養猴用糧，他先對猴子說，給它們吃的粟子，早上三粒，晚上四粒，即朝三暮四，猴子聽了不滿意，於是改說早上給四粒，晚上三粒，即朝四暮三，猴子滿意了，即騙了猴子。

其他如：以誘餌引魚兒上鈎，設陷阱抓捕獸類，用羅網捕捉鳥雀等，也都是採用騙的方法對異類。

六 媚在騙文化中的作用

踩失意人、捧得志者，即落井下石、錦上添花，乃人生之弱點，行騙者多加以利用，以施展其騙技，這便是媚。

媚在騙文化中一直扮演甚重要的角色。

懾人於權，恭之於威，是謂媚或諂媚，也叫阿諛奉承，就是以不善先人者，亦即用甜言蜜語引誘別人走上邪惡或不與人爲善的路。

媚如同壯陽藥，會使人產生興奮感，媚的公開露骨的表現是吹捧和拍馬屁。古代宋玉寫的《風賦》，把大自然的風說成因人而異，令王者感到芳香清爽，使之快哉，而庶民不得共之。這是借風來歌頌統治者的，故有人稱之爲馬屁文章的典範。吹捧古稱「送高帽」，就是歌功頌德，用於語言則句句鏗鏘，寫於文章則字字輝煌。歌功頌德既是表忠心，也爲騙取榮譽、重賞和重用，屬於語言上精神上的賄賂，因以語言爲禮物，所以是無本的投資。歌功頌德的對象主要是權勢者。拍馬屁是舐權勢者屁股之謂，那多是以臭爲香。也有的只要權勢者放個屁，他便演一場戲，以討取歡心。這種人天生一副奴才相，平時可能記不清自己父母的生日，可忘不了首長夫人寵物在哪天打針、洗澡。在家裏，他可能是個油瓶倒了也不扶的丈夫，可在首長面前則是個小媳婦，首長一摸煙，他即遞上火；有時首長隨便講一兩句應景的話，這種人便會把握時機，從理論上加以概括和歸納，甚至設法佈置下去開展學習領會。過些時候，講話人自己都忘了，可在有些地方正在掀起貫徹首長講話的熱潮。大概因爲諂媚者有種種報賞，所以愈做愈歡喜。

吹、拍的目的既爲推銷自己假話，更爲了附上。而附上權勢者，猶如蚊虻附於驥尾：驥行千里，蚊虻亦跟著行千里。是故，吹拍求附乃小人得志的最捷徑。怪不得有人說，諂媚是重要的生產力。吹、拍是等級的產物，哪裡有等級，哪裡就有吹、拍，因爲吹、拍可提高自己的地位，即有好處，所以許多人都愛那麼做。

吹、拍者得到好處的，在歷史上隨時可見。唐代有個叫朱前疑的，曾對武則天說，臣夢見陛下做八百年的皇帝。武則天聽了大爲高興，即給予重賞，大加提拔。馬屁功能立即見效。朱氏一言輕易得官，因此大富大貴，贏得世人另眼相看，啓發了許多人的思路。東晉時有個叫殷仲文的，也是吹、拍能手。當年桓玄篡奪了皇位，甚是得意。一天，他的座床陷進地下，衆大臣大爲驚慌，殷仲文與衆不同，講了準備好的奉承話：陛下聖德深厚，連大地都載不動。桓玄聽了心中美滋滋的。就因此，殷氏大受重用。表忠心也是媚：傳說，唐玄宗見安祿山大腹便便，問說：你肚子裏都裝些什麼呢？安答：無他物，唯忠心耳。唐玄宗聽了甚高興，於是更加重用安氏。明初有個叫杜衡的，專給明太祖朱元璋梳頭和修剪手指甲、腳趾甲。他每次都把朱元璋的手指甲、腳趾甲碎屑拿回家中供奉，平時燒香禮拜以示尊崇。朱元璋得知後大爲感動，即任命他爲太常寺卿，位居上品。傳說朱元璋兒子明成祖朱棣於某年元宵節微服出遊，遇一秀才，談得很投機，朱出一上聯試他才情，聯云：燈明月明，燈月長明，大明一統。那秀才即對了下聯：君樂民樂，君民同樂，永樂萬年。「永樂」乃明成祖年號，朱棣聽了大樂，遂賜之爲狀元。

清末，天津有個道員叫段芝貴的，由於平時善於吹拍，又在權貴親王載振壽誕時送上十萬兩白銀和一名絕色美妓做壽禮，一下子被提拔當黑龍江省的巡撫（一省之長）……如此等等。諂媚大有實惠。

也有人諂媚以「批評」權勢者的形式來進行。人們看到，有人常當著衆人的面對其上級首長說：「你沒日沒夜地拼命工作，不顧自己的身體健康，這是對革命的不負責的表現啊！」「你對子女要求那麼嚴格，太不近人情了」，「你太不重視文娛活動了，連跳舞都不會」，「你太過節儉了，會影響到單位甚至國家的形象」云云。看去像是批評，實乃頌揚，被「批評」者自不會不高興，相反，心裏樂滋滋。

這裏人們看到一個事實，有諂媚者也有悅媚者，兩者是互相依存共同得益的。有句話說：「千錯萬錯，馬屁勿錯」。這話道出了一個眞理：有人善於拍馬屁，有人樂意吃馬屁，這是媚風不絕的最重要的原因。

悅媚者多如皮膚發癢的患者，諂媚者則像搔癢的能手，其搔癢術每每令悅媚者舒服無比；他們用高明的諂媚術——把高帽子戴到對方的心窩裏，使之飄飄欲仙。儘管有人說諂媚者的奉承話（諛言）實是一種罵人不帶髒字的譏評，但人們多喜歡聽，何因？因爲那種用柔和語調及溫和態度說出來的話，入人耳猶如打了嗎啡，使之周身舒暢無比，日久成癮。正因爲如此，悅媚者總是把諂媚者引爲知己，看成心腹，大加重用。

媚是一種官場文化，爲許多官員必修課，乃其步步亨通所不能不掌握的一門關鍵技術，比文憑更重要。媚在官場中的表現，除了撓癢癢，還有燒冷灶趨熱灶，即對上頭權勢者投其所好，下本錢長期投資，花時間勤快跑動，終有一天回報巨大，所謂「苦幹實幹撤職查辦，溜須拍馬勳章滿排」，「不跑不送，降級使用；光跑不送，原地不動；又跑又送，提拔重用」，即指此舉。

曾有人問我：「先生，你喜歡別人對你說些奉承話嗎？你喜歡有人向你諂媚嗎？」我答：「怎麼不喜歡？問題是，我乃一介平民書呆子，誰會對我說奉承話，誰會向我諂媚？即使那麼說了，那麼做了，又有什麼用呢？誰會做這類無用功？」可以這麼說，吃馬屁、受諂媚得有資格才行。

諂媚者之所以向某些人諂媚，就因爲對方是手握權柄者即對方有個人「資源」。權這玩藝，既有勢又有威，即有能量，可使人精神振奮。權愈大，能量也愈大，吸附力也愈強，吸引許多勢利眼的宵小即跟屁蟲。那些跟屁蟲多工於揣磨意圖，曲媚邀寵，對權勢者順之，捧之，吹之，拍之，哄之，擡之，甚至纏之。他們以如簧的巧舌和善拍的手腕，把權勢者弄得迷迷糊糊，暈頭轉向。此類諂媚者可稱爲「政治娼妓」，諂媚邀寵，賣身投靠，爲腐敗官場推波助瀾。

諂媚者的諂媚舉動有兩方面作用：其一是，從悅媚者那裏得到自己想得的錢財、職權、榮譽和快樂等等；其二是，讓悅媚者犯錯誤，昏其智，亂其神，即將其打垮，好讓自己取而代之。如此而已，豈有他哉！有的國家最高統治者（如美國總統）也愛使用諂媚術，吹捧民衆，那主要爲撈取政治資本，自也是欺騙民衆的一種手段。

吹、拍常跟虛假浮誇聯繫在一起。因爲虛假浮誇會出成績，每每引得一些當權者的興趣。有些當權者本身就喜歡講成績、講優點。行騙者捉住這種心理，抓住各種機會，投其所好，博取歡心，每每大興諂媚之術，以虛假的產值冒充效益，用誇大的數據顯示成績，媚之騙之。有的當權者本身也是靠諂媚起家的，更熱衷此術。下屬行騙成功之時，正是上司賞心悅目一同受益之日。就因此，下屬謊報成績，上司閉目認可，並往上轉報，一層騙一層，層層皆受益。

謊報成績，數據和經驗是關鍵。爲了報假成績，一般都用浮誇數據。有了浮誇數據，成績就可靠了，造假者便成了能幹的幹部了，這便是人們說的「幹部出數據，數據出幹部」。

經驗呢？那自是「創造」出來的。所謂「創造」，並非實際工作中總結起來的，而是靠想像編造出來的。因爲經驗寫得愈多，愈受上級重視，就愈有可能受到提拔，這是所謂「幹部出經驗，經驗出幹部」。

「滿紙荒唐言，一把辛酸淚」，通常是作家感情的傾洩。而「滿口說假話，一味吹牛皮」，則多半是爲官者求升遷的手法。所謂村騙鄉，鄉騙縣，一直騙到國務院。看來這話是經驗的總結，甚合實際。

謊報成績，如果與新聞媒體相聯繫，會很容易得到社會承認。只要做到「報紙上有名，電視裏有影，廣播中有聲」，就會引起當權者的注目，就有可能受重視，得重用。這叫「新聞出幹部」。

對於浮誇數據，虛報成績，無中生有的經驗，一旦成了問題，與之有關的首長，當然有責任，能推就推，推不了就來個檢討，應付了事，事情過後照老一套。這叫能屈能伸。一旦遇到形勢不對，只好採用殘酷手段開展鬥爭，以壓服反對者。那會出現另外一種局面，那種局面下，獻媚用不上了，使用的是揭發和鬥爭的手段。那屬於另一種文化了。

潑婦罵街如同噪音，人多討厭。而講假話行騙實不比潑婦罵街好，相反更壞，可未必令人討厭。何因？就因爲講假話騙人常與諂媚——吹、拍結合在一起，而諂媚——吹、拍則是一些當權者所喜歡的。人謂：「忠言令人恨，諛言讓人喜」，自有根據。

媚——吹、拍，有人說是一種禮貌，其實不如說那是一種生活藝術，一門博大精深的公關藝術。通此藝術者一通百通，受益無窮。儘管無學問又缺德，文不會提筆，不會治國，武不會上馬，更不能安邦，但能通過媚術取悅上司，結果得到了常人所得不到的榮譽和地位等等。悟不透此術者，處處碰壁，常常吃虧。古今中外，多少耿耿義士，多少莘莘學子，由於不諳此術，在人際關係上栽跟斗，有的窘態百出。那多是史有記載，有目共睹的。當然，也有些人，雖然精通媚術，善於吹、捧、拍，可得不到好處，甚至有的還丟了腦袋，那又爲什麼？因爲媚術運用上也存在著競爭，你會、我會、大家會，那就看被媚者支援誰了。

就因此，現代化的諂媚與以前相比，有新的特點。在以前有人說，諂媚跟談戀愛一樣，最忌第三者冷眼旁觀，因爲第三者冷眼旁觀會使諂媚者的興致大減。如今在競爭條件下，得有一種不顧第三者冷眼旁觀的精神，才有希望在競爭中取勝。

媚和騙表面看有矛盾，但不相悖，運用得體，還可以相得益彰。媚上得計之時，也就是騙上得逞之日。世界上許多事都是在矛盾——統一的發展中精彩紛呈。媚騙也如此。媚可取悅，可邀寵，可掩騙。媚騙並用，往往可產生意想不到的效果：功德、政績出現了；仕途、財源暢通了；權錢一起來，是謂名利雙收。媚和騙只要運用得當，可達到和諧統一。

正因爲媚有所得，也有競爭，所以，爲了取勝，諂媚者多抱成一團，結成死黨。明末魏忠賢不過一太監，但因把持朝政，權傾朝野，無恥之徒競相以認之爲父、認之爲祖父以爲榮，自己甘當乾兒義孫。就因此，他的門下有一大批諂媚者：文臣有崔呈秀等「五虎」，武臣有田爾耕等「五彪」，還有「十豹」、「十孩兒」、「四十孫」等。那批無恥之輩蠅集蚊附，被稱爲「閹兒媚子佈滿天下」。那可算諂媚的典型。雖被稱爲宵小之術，可神氣極了。

媚的方法多種多樣，各具特色。有的通過文章歌功頌德，有的用嘴巴說得讓主子聽了舒服無比，那可稱爲諛言，這些可謂精神上的諂媚。他如點頭哈腰，曲意奉迎，也都是媚的表現。以財物進貢的形式取悅於權勢者，可謂物質上的諂媚。

諂媚者要想得到如願以償的報答，還得下些本錢，有時要下血本，即得花大本錢，甚至要做出一些痛苦的犧牲。傳說，古代有個善於諂媚者欲討好縣官，打聽到縣官生肖屬鼠，在縣官的生日時特地製作一隻金鼠送上。縣官見了甚爲高興，囑說縣官太太屬牛，希望在她生日時能送上一隻金牛。這不免令諂媚者爲難了。這是傳說。不過，歷史上以實際行動去諂媚的大有人在：春秋戰國時春申君將自己懷孕的愛妾李姬送給了楚考烈王，討其歡心，以鞏固自己地位；呂不韋以其妾嫁給秦王，取得秦王的信任，讓他當了宰相；吳起殺了自己的妻子以換取魏侯對他的重用；易牙（雍巫）把自己兒子蒸了給齊桓公做菜吃，爭取得齊桓公的賞識；董賢、彌子瑕化男爲女，以妾婦之道討取君王開心；漢初鄧通，在漢文帝劉恒背上長毒瘡時，常常爲之舔舐瘡裏流出來的膿血，博得劉恒極大歡心；唐代郭霸以嚐糞便取悅於權勢者；元代時，爲了討好有權勢而又好色的大官阿合馬，竟有一百多大小官員競獻上自己的妻女或姐妹等等。《二十年目睹之怪現狀》中講到，有個苟觀察，爲了巴結制台大人，竟與老婆一起向新寡媳婦下跪，要媳婦服下春藥同意嫁給制台大人當小妾。當今有些官員還更進了一步：報載，湖北天門市某局長，爲求升官，主動把自己老婆「敬獻」給原市委書記張二江。亦可算是「壯舉」。這些大體可稱得上諂媚「典範」和「大師」了。一般的感情投資者，自是無法與之相比的。聽來不免令人不可思議。

諂媚者要花本錢，而悅媚者則有時會很慘。這跟諂媚的目的有關。諂媚多爲某種私利，多離不開爲了升官發財，即離不開爲了提升，爲了加薪或爲了住房問題、孩子升學問題、工作問題等。爲達到目的，有的會不擇手段，你有權時，他會說盡好話，討你歡心，即使內心不願，也會笑臉奉承；當你失去權勢時，他會採取同樣手段去討好新的當權者；在你丟烏紗時參你一本，在你落井時給你添上幾塊重重的石頭，讓你永世不得翻身。你看這時悅媚者慘不慘？

諂媚者有時也會碰釘子，那多不是因爲悅媚者不愛媚，主要的或因諂媚者做法老套，效果自不佳，「諂媚之言須萬變，只會一句誰不怪？」北宋趙匡胤陳橋兵變後回到京都，被擁立爲皇帝，將登基，後周恭帝近臣陶穀從懷中拿出早擬好的恭帝退位詔書獻上。這個馬屁拍得夠響了。可是趙不高興，不重用他。何因？因爲馬屁拍得太早些，不但把趙的野心和陰謀暴露了，而且在趙看來，你陶氏今天這麼快叛舊主，明天難免也會叛新主，還是不用爲好。這樣，陶氏拍馬屁並沒有得到什麼報賞。也有的則因悅媚者無知所造成的誤會。傳說元朝末年，全國各地反元起義風起雲湧，張士誠隊伍是反元起義軍中的一支比較大的勢力。張士誠部下有個姓李的將軍，因有戰功受到提拔，晉升爲元帥，李氏神氣極了。有人得知這消息，寫了一首詩向他表示祝賀，其詩中有一句：「黃金合鑄李將軍」，把李氏與歷史上的飛將軍李廣相提並論。這原是在恭維李氏，即拍其馬屁，可李氏是個不學無術的武夫，不懂這典故，又不願向別人瞭解看是何意思，讀了此詩便大怒說：「我李某辛苦了幾年好不容易才晉升爲元帥，你這小子還想把我降級爲將軍，辦不到！」說著即叫手下人將來獻詩的人趕出去，以維護自己的尊嚴。多可悲！只因悅媚者不懂歷史，不通詩句，鬧出如此笑話。還有比這更慘的。明洪武六年，朱元璋下令修建南京城，可經費不足，江南巨富沈萬三主動請纓，願出資助建都城三分之一，並出錢犒三軍。這自是爲了拍朱明王朝的馬屁。可朱元璋不領情，說沈有野心，乃「亂民」，「宜誅之」，結果把他發配充軍。也是明初，杭州有個教授叫徐一夔的，爲了討好明太祖朱元璋，在賀表中寫了：「光天之下天生聖人爲世作則」。這原是很標準的奉承拍馬之辭，可沒想到觸犯了朱元璋的忌諱。原來朱元璋早年當過和尚也做過賊，對光、生一類的字眼甚爲憎惡，因爲光者光頭也；生者僧之同音；「則」與「賊」也同音。最恨別人揭其老底的朱元璋，見此自是冒火三丈，降旨將徐氏斬首示衆。還有縣學教諭許元在《萬壽賀表》中有「藻飾太平」句，被朱元璋讀爲「早失太平」；州學訓導周冕在賀表中有「壽域千秋」句，因壽與獸近音，也都引起朱元璋惱怒而被誅殺。喜事反成悲劇。這自是不得要領的拍馬屁者的下場。

此類因不得要領而得不到報賞的，每每可見。清末文人樊山，入民國後爲袁世凱所重用，自視尊榮，後袁氏倒台，頗感失落，想改投靠黎元洪。於是，他修書一封，把黎元洪大吹一番：「大總統（黎元洪）大居正位，如日方中，朱戶重用，黃框再造，國家威登，人民歌頌」云。其目的自是爲了得到重用，當個總統府顧問之類，以爲效勞。爲求一官，樊氏可謂不顧老臉。只是黎元洪不買他賬，將其信遍示左右，大加嘲諷，讓老貨丟盡了臉皮。這也是不得法所致。

有的未必是不得法，只因被諂媚者正視事實，也使諂媚者得不到什麼好處。據傳宋代王安石當宰相時，有位下屬發現他鬍子上蝨子在蠕動，便上前把它捏住並扔到地上，說：我以爲是蝨子，誰知不是。意在諂媚。可王安石看了則說：是蝨子，誰說不是？弄得該下屬反而不好意思起來。

不得要領的馬屁，在外國人那裏也有一些例子。有說當年蘇聯史達林對高爾基一本小說有一批示，而批示中「愛情」一詞少寫了一個字母。準備發表批示的《眞理報》編輯見此有些爲難。時有兩教授特因此撰寫了論文，說史達林對這個詞的寫法有深刻含義，即：無產階級的愛情與資產階級的愛情截然不同，所以在寫法上少一個字母云。史達林看了論文後又批示：「笨蛋，此係誤筆！」①

也有諂媚者因悅媚者的垮台而遭殃。清初錢名世，在年羹堯得勢時投詩獻媚，年倒了他亦獲罪，稱「名教罪人」，受到大討伐。

以上所提到的這些，也只是極個別的現象，就一般說來，諂媚與悅媚多還是心心相通的。

舊中國，多是無權無勢者拍權勢者的馬屁，而有權勢者官員則多拍外國人的馬屁，可憐的還是窮苦的老百姓。《二十年目睹之怪現狀》中寫上海一鄉下放牛者，因不小心，讓牛跑到靜安寺附近一外國人家，把草地上的花踐踏了。外國人見了，把牛連人一齊交給上海巡捕，原只是希望他們申斥農民幾句，以後小心點。誰想到，該巡捕爲了拍外國人馬屁，即討好外國人，竟對鄉下人百般凌辱，枷鎖遊街七、八天，因此引起外國人吃驚，叫趕快給放下。這巡捕自也不敢違拗。放人時又怕外國人看不見，再次特

①引《雜文報》一九九九年六月一五日。

地叫人押著鄉下人到外國人家叩謝，如此等等。爲了拍外國人馬屁，不顧中國百姓死活，這可說是由一些下賤者製造的民族悲劇。一個民族中的下賤貨被當成國寶看待時，人們無論如何是笑不起來的。

媚風之盛久久不衰，其原因何在？在於權力之集中使用，在於權哥和錢姐的結合。這點確是帶有中國的特色，外國比較少些。在中國，向來是權力集中於少數人甚至個別人手中，皇帝金口玉言，一個人說了算。皇帝要誰死，誰就不得活；皇帝喜歡誰，誰就位極人臣。爲了個人或小集團利益，便出現依附權勢者的局面。爲了依附權勢者，人們爭相諂媚。善媚者所得到的好處，乃有目共睹的。清代佞臣和珅，如果不是極力向乾隆皇帝諂媚逢迎而得到乾隆皇帝的寵愛，能爬到那麼高的位置上去嗎？爬不到那麼高的位置能恣意弄權耍奸嗎？

當然，除了像乾隆皇帝以外，一般講，喜歡別人吹拍和諂媚的，或者是些野心家，或者是有病態的，或者是智力低下者。

歷史上那些皇帝多是智力低下的，「十帝九庸」，多愛別人吹捧和諂媚。晚唐時餘姚人董昌，在黃巢起義時爲保家財而辦團練，事後受封越州（紹興一帶）刺史，還封爲隴西王。有人編童謠進獻，說他會當皇帝。董看了甚高興。一些神棍巫婆紛紛向他吹風，有人還畫了一隻怪鳥，四眼三腿，形如昌字，說乃神鳥，董大王當登帝王位。董氏在衆多吹捧諂媚者擁立下登上了皇位，叫「大越羅平國皇帝」，稱「七縣天子」。可好景不長，不久在藩鎮兵力進攻下董氏被殺。

智力較強的人，一般不愛別人公開吹捧和諂媚。清朝康熙皇帝八歲登上皇位，五十七歲時頭上出現白髮，鬍子也白了幾根。一個工於心計的大臣，不知從何處弄到一小盒藥丸進獻，說是可使白髮白鬚再黑。他以爲這下可討取康熙的歡心，可邀功升遷。可沒想到康熙拒絕了，說：「古來白髮白鬚天子有幾人？朕有白髮白鬚可謂有福氣，豈不令萬世美談！何必讓其再黑」！馬屁精見諂媚不成，只好灰溜溜地退出。

皇帝以外各級官員，也多喜歡諂媚，即喜歡吹、捧、拍。有人套用劉禹錫的《陋室銘》而做《當官銘》寫道：「才不在高，有官則名；學不在深，有官則靈。這個衙門唯我獨尊。前有吹鼓手，後有馬屁精。談笑有心腹，往來無小兵。可以搞特權，結幫親。無批評之刺耳，唯頌揚之諧音，青雲能直上，隨風顯精神。」

阿諛奉承即拍馬屁，被許多人稱之為「晉身之梯」，不少人樂此不疲。其實，那是一把一邊插著鮮花，另一邊佈滿陷阱的利刃，不知多少「能幹者」墜馬身亡；因它而生的陰霾氣息，不知吞噬了多少人間無價之人格和尊嚴，致使許多人墮落下去，一旦醒覺過來，多是噬臍莫及。

諂媚乃佞者所為，因衆佞競相仿效，形成佞風，文章多炒媚上語，辦事少講屬下情，結果，模糊是非界限，助長各種腐敗現象。

諂媚在民間也有所表現，比如：一般男人多會恭維漂亮的女子，而醜陋的女子則多會向男人獻殷勤。如此等等。

諂媚本身不一定全是騙，至少不一定全是惡性的騙。而它的存在和運作，可讓人們加深對騙的理解。就因此，講騙文化時絕不可把它遺忘了。

七　浮誇在騙文化中的意義

講騙文化自不能忽視浮誇風。

浮誇也叫虛誇，即以虛誇當眞實，以少報多，以芽算果，以無算有，以假象迷人，以假數據取勝。

浮誇的實質不是別的，就是以假行騙。這是在特定環境下出現的一種騙。在那裏，讓人看到的不是勞動創造生活，而是以騙來展示生活。

浮誇的特質在於以腫充胖，其突出表現是在數據方面。

爲顯示自己的成績，行騙者多在數據上下功夫，動手腳，讓數據膨脹、發腫。這在五十年代的大躍進中表現甚突出：那時有人把幾畝、十幾畝甚至幾十畝地上的糧食產量合在一起計算成一畝地的產量，有人將全村的牛、豬、鴨集中在一起算爲一戶的飼養數，以突顯其先進。浮誇數據在一九五八年叫大躍進，不但畝產糧食十幾萬斤，甚至出現幾個女孩一齊坐在田裏稻穗上而稻桿不會彎的騙人事。更不可思議的還有，有個報告說，某省有個農民把一隻正在生長的蘋果摘下，經過處理，直接插到正在生長的南瓜裏，結果南瓜和蘋果都長得老大老大。……這類造假，後來縮了一陣，近幾年又有了。一九九四年河南曾出現過已撤消了兩年多的一個鄉，竟報出了幾千萬元產值的笑話，並沒引人注意。這幾年爲了縣改市，鄉改鎭，假報產值更爲嚴重。報載，萬餘人口，萬把畝地的小鄉，把鄉鎭企業產值浮誇到二四〇〇萬元，這已屬行騙了，還不夠，「在上級啓發下」，翻了一番成四八〇〇萬元，報上去又被斥爲保守，再改爲六六八八萬元，結果還是挨批評，重報爲九六〇〇萬元，仍不夠，最後才知道上級下達的數據是一．一七億元。①據報載，一九九四年全國各地虛報出欄牛總數達一〇〇〇多萬頭，一九九五年好些，仍有五〇〇萬頭之多。一九九五年湖南省查辦了虛假數據案一一四九起，那可說是一種消腫和縮水，其中單邵陽市農科所虛報銷售收入三三〇萬元，利潤七六萬元。②這些恐怕不過是個把小小的例子罷了。

浮誇在作法上還有它的特點：

①《新民晚報》一九九六年一二月一四日。

②《廈門日報》一九九六年八月九日。

其一，以蛋說成雞。以種籽可能的產量說現實產量，把還在計劃中的事說成事實——諸如計劃一年可養一萬隻雞、二萬隻兔，說成已飼養了一萬隻雞、二萬隻兔；把預計的經濟安排說成實現了的經濟效益。

其二，借花獻佛、畫花獻佛。爲了突出自己的成績，把別人做出的成果移到自己的名下，把他方的事蹟統計在自己一方的項下。更甚者，把不見影子的計劃安排也列爲成果加以統計。那何止是不結果的泡沫，簡直是在水中撈月。

其三，臨場應變。如果臨時出問題，發現事故，說成是實驗中的必然，或爲解決某問題故意這麼做；推託不了的，說是一個指頭和九個指頭的關係，大方向是對的，成績不可抹殺，云云。如有人與之辯論，嚚者多是言之誾誾，目的在於騙過衆人。

其四，不留憑據。爲避免事後受到揭露和批判，行騙者多採取不留憑據的辦法，不論動員報告、亂攤派、亂集資、亂花費等，不留紀錄和單據，不但無把柄可抓，且便於必要時的改口更張。

其五，對不服者、好議論者（包括幹部、群衆）採用甜蜜的拉攏和狠狠打擊兩者並用的做法，亦即用騙和嚇的手段：騙，給予一定好處，以利誘之；嚇，威脅、處分並用。威脅不起作用時，可以種種藉口，找個適當時間，數案並處，嚴厲懲戒，以確保浮誇的順利進行。

在假數據、假相面前，那些懶於動腦子又怕麻煩且恥於下問的首長，常常上當受騙。可悲的是，即使受騙，他們既不知道，也不懷疑，因此，對那些浮誇者多表示滿意並加以鼓勵。結果，越來越多的人參加搞浮誇，知情者不願說、不敢說。浮誇成了風。

社會上之所以會出現浮誇風，通常與上頭首長的喜好不無關係。或說，浮誇風會給掌權者以某種支撐點，所以他們多需要它。比如，有些首長好大喜功，愛吹牛皮，下屬便投其所好，跟著胡吹瞎吹。更甚者，有的首長還會暗示下屬虛報成績，多報戰果，因爲下屬愈有成績、戰果，自己則愈是領導有方有功。這自是在無形中鼓勵了浮誇，使浮誇風愈刮愈猛。

本質的講，浮誇乃是某些人維護自己既得利益的招術，也是一種新包裝的假貨，當民衆醒悟時，它便成了人們的笑料。這裏人們看到了這樣的事實：浮誇風造就了一批低智商、低素質的人群。

但不管怎樣，在某種意義上講，浮誇增加和豐富了騙文化的內涵。這可否說現代中國人對騙文化做了貢獻呢？不妨提出來供討論。

八 社會教育與騙文化

誠實乃各種思想中最純潔的思想；行騙是各種行爲中最卑鄙的行爲。

人類社會不可能單是誠實者，也不可能全是弄虛作假的騙子，往往是兩者同時並存，在歷史發展中互相襯托，互相表現。騙文化正是在這當中發展起來的。

這裏，人們應注意的，騙文化的發展，跟社會環境關係極大。這裏講的社會環境，主要指社會風氣。道德風尚是社會風氣的重要內容。

事實清楚表明，一個心地善良、人格純潔即道德高尚的人，自是不會去幹那些惡意的造假行騙的事；相反，一個虛僞狡詐、人格卑劣即道德墮落的人，不擇手段造假行騙，乃很難避免的。這裏環境起著重要作用。社會上一些行業的不正之風不加糾正或糾正不力時，勢必使行騙者更加有恃無恐。整個社會正氣上升，人心趨向正，邪惡分子也有可能得到改造；一旦社會邪氣燃熾，便會有相當的人趨於邪，有些正派者也可能墮落；每遇騙風盛行，也必然會引人趨騙。人們看到，相當一段時間裏，道德滑波，由高尚而墜落，由誠實而欺詐，並以騙的形式來掩蓋行騙，導致騙文化很快得到「繁榮」。可見，道德風尚和環境與騙文化緊密相聯。

道德風尚多跟社會教育有關。社會教育，包括家庭教育、學校教育以及生活中、工作中的互相教育，對健全社會機體、提高民衆素質、培養高尚人格等，都起著重要的作用。就因此，騙文化與社會教育狀況關係密切。良好的社會教育，無疑會宣揚誠實，擴大誠實者隊伍；會貶抑行騙，減少行騙行爲。可以這麼說，社會教育程度愈高，造假行騙愈少；反之，社會教育程度愈低，造假行騙愈多，兩者成反比例。有些看起來十分可笑而幼稚的行騙，在文化落後的地方，卻十分順利得手。這因爲那裏教育不普及，民衆缺少文化知識，對各種的造假行騙不易識別，更談不上抵制了。在那裏騙子隨便打出什麼旗號，都可能矇騙一部分人。而在教育普及從而文化知識較多的地方，不但使那些用迷信等騙人把戲失去市場，而且還因爲人們能用科學方法分析和解答各種生活中的問題，騙子行騙就不容易得手。

當然也有這樣情況：有的人儘管受過教育，文化水平甚高，可也很會造假行騙。甚至還有這樣局面出現：有的人文化水平愈高，愈會造假行騙，即行騙本領愈高。這是人們常說的文化人行騙。人說刀槍厲害，筆桿也厲害，就是指耍弄筆桿的文化人會行騙。

文化人行騙的原因是多方面的，從根本上講，不外兩點。

其一，屈從於專制制度和高壓政策。人們都明白，在專制制度和高壓政策下，民主被踐踏，文化被玷污，人的思想和各種文化都離開自己的軌道，文化人也只好在那裏喘息和呻吟。爲了生活，他們都只好說些違心話，幹些違心事，也就是昧著良心去騙人，或者抄別人的話來當自己的話，所謂「小報抄大報，大報抄報告」，應付以自保，跟著行騙。或說，這是不得已的行騙，即由環境造成的。

其二，人格卑劣所造成的。有些文化人，爲了某種利益，心甘情願地當專制制度和高壓政策的「御用文人」，在文明面紗下做著吹牛騙人的文章，堂而皇之招搖過市。這種文化人，爲求得自己的生存和發展，不管什麼時候，都會討好權勢者。無疑，此乃「降志辱身」的做法，乃無能、無聊、無恥的表現。

文化人行騙豈止一反傳統的士子的人格與傲骨，更糟的還在於污染社會環境，敗壞社會風氣。這是事情的一面，可另一面，由於教育普及，人的素質提高了，民衆識別眞假的能力增強了，文化人的行騙行徑，常常會遇到各種阻力，會被遏制，至少不敢那麼理直氣壯地公開講假話來騙人。

教育普及從而人的素質的提高，還可改變一部分人的縱慾奢華生活，阻止惡性的造假行騙的燃擴。

誰都明白，爲了擺脫貧困落後的局面，實現富國富民，自不能不發展生產，繁榮經濟，增加物質財富。這是毫無疑義的。這裏的問題是，如果只強調增加物質財富而忽視教育，那勢必出現這種狀態：即經濟發展從而物質豐富後，會使社會上一部分人私欲膨脹，不擇手段地追求物質享受、縱欲、奢華。其結果必然是，社會物質財富增加，只不過在擴大少數人的享樂範圍和縱欲程度，而降低了大多數人的安寧環境。這時，社會出現了病態：風氣敗壞，人們變得自私、貪婪、殘忍了，道德精神墮落了。人際關係岌岌可危。人謂：欲海有涯社會定，欲海無涯社會病，事實正是如此。還由於人們之間的差別不斷擴大，造成心理壓力，有的人深怕自己在競爭中被淘汰；爲了取勝，必須壓倒對手。因此，人們想出各種手段。這當中，損人利己的惡意造假行騙等不道德手段都被採用起來。各類騙子大施其行騙本領。社會上你詐我欺，觸目驚心的暴力事件不斷出現，到處是一片混亂。這種局面的進一步發展，勢必造成良善人性關係的喪失，人的價值的喪失。建業艱難，破敗輕鬆。何等的可怕！

反之在發展經濟增加物質財富的同時，注意加強社會教育，局面自會不一樣。要知道，人們的生活追求不僅僅在於物質享受，而是多種多樣多方面的。有說，人的天性在於瞭解新世界，探尋新事物，豐富生活內容。實施和發展教育事業，正是可以滿足人們的這一天性。它會引導人們重視人的價值，重視人的物質創造力和精神境界，改變那種自私、貪婪和圖享受思想，關心社會、關心他人，謀求共同富裕，共享美好生活。那樣，社會上那些損人利己的造假行騙的醜惡行爲，必將大受遏制，人們之間互相戒心的現象亦將大爲減少。

加強教育還將在改變腐敗官風和遏制騙風中起積極作用。

社會風氣與官場風氣關係甚爲密切，而官場風氣又極大地影響著騙文化。民諺：民窮盜賊無從行盜，政廉騙子難得行騙；還說：蒼鷹獨立時，惡鳥不敢飛。這些都恰好不過地說明了這個問題。大致說來，官場風氣良好即清廉政治，是埋葬各類騙子的墳墓，這時騙文化的惡性部分，勢必蕭條；而官場風氣惡濁即腐敗政治，多是騙子的搖籃，就是當官衙臭味、腐味與社會上醜惡味比濃烈時，騙文化的惡性部分特別繁榮。

人們看到，官吏貪得、無恥，必導致腐敗，而腐敗之風盛行，正好是各種騙子大顯身手競相行騙的絕好時機。一些人眼看官場賄賂大行，官員造假、公款吃喝、公費旅遊等，先是不滿，進而憤怒，可無奈其何。也有一些人眼看社會上千軍萬馬走官道，也想擠進去撈一把，有的得逞了，有的不得逞。得逞者與貪官污吏同流合污，不得逞者轉向其他造假行騙方向發展，力爭從別的門路撈一把。整個社會風氣處於腐敗中，這時原還是隱避的各種騙子，再也不用躲躲閃閃，而急起公開地在人們之間騙來騙去，有的獨來獨往行騙，有的結夥行騙。從頹廢的靈魂中滋生的邪惡——惡意行騙盛行起來。因此有人說：權民腐敗，良民無奈，刁民造假，歹民行騙。那些誠實人，無不受到種種的威脅。可見，社會上行騙並非孤立的現象，乃是官場腐敗發展到相當程度的一種延伸。各種騙案不過是腐敗現象蕩起的一道道漣漪。

善良的人們用盡法子無補於事。社會上正面點子不夠，幽默點子來了，笑話來了，關於笑話的笑話來了。整個社會無處不幽默。

相反，如果官員清廉，官場風氣良好，勢必帶動民風純樸，民衆各務正業。正氣得伸張，人有羞恥感，騙風歪風無處可刮得起來。這時騙文化的惡性部分枯萎，良性部分繁榮。官場風氣所以良好，最重要的是官員做到公和廉。「公生明，廉生威」，就是說，當官的廉潔奉公，辦事公道，就會有威信，老百姓就會服從他們，聽他們指揮，同心同德建設家園。

不難想像，腐敗的官場風氣保護了行騙，使惡性的造假行騙之風不斷蔓延開來，而良善的官場風氣則會遏制騙文化的惡性部分，助長其良性部分。而要使官員都能公而廉，培養良善的官場風氣，除了接受群衆監督，執行嚴明的法紀，最重要的就是加強對官員的教育，開官智，樹官德，讓各級官員提高思想和道德的修養。

可以這麼說，騙文化惡性部分的繁榮，可視爲人之高尙道德脫水，而加強社會教育，則在爲之補充水分。

社會教育中，直接關係騙文化方面，主要有法制教育和道德教育。

法制教育自不是法制本身。法制雖也起教育作用，但它主要是對已發生的違法之行騙者的懲治，法制教育則是讓人們充分認識造假行騙在觸及法律時是要受到制裁的，讓受騙者認識如何運用法律武器來保護自己的權益，所以屬於反騙方面。

道德教育則更多呼喚人們在心中築起防騙圍欄，防範於未然，屬於防騙方面。

道德教育會教人誠實，而誠實是治理造假行騙的良方妙藥。

反騙的法制教育，至關重要，而旨在防騙的道德教育，更爲重要。加強兩者教育，有望使騙文化中惡性部分得到抑制，而使其良性部分得到發展。

總而言之，騙文化是人類文化的組成部分。正道之中有歪道，誠實之中有行騙，只是在不同的社會風氣下，正道與歪道、誠實與行騙所占的比重不盡相同而已。騙文化突出表現在騙術上，而騙術發展到了今天，還很難說已達到了頂峰，只是聰明的人類如此欺騙自己的同類，可說是人類文明最不可思議也最說不清的現象。騙文化是歷史發展的產物，也是歷史發展的必然。歷史不會重演，但發展原則是一樣的。就因此，懂得歷史，也就更懂得今天；懂得了今天，也就大體瞭解到明天發展的趨向。大體說來，要想避免歪道，減少行騙，最重要的一條，要造成並保護好的社會風氣。這一點不論是社會主人還是僕人，都有自己的責任。

第二章　騙在生活中

人間充滿愛，也充滿騙。古往今來，有關愛的話題時時可見，而有關騙的手法也處處展現。愛是一種令人快樂的給與，騙是一種令人痛苦的榨取。這令人痛苦的騙就在每個人的身邊。人們生活在騙的世界裏。在物質文明甚為發達的今天，到處充斥著變味的生活，行騙竟成了一種時髦。

騙，不論是個人的或是有組織的，從得益的目的看，一般多指在為騙取金錢、財寶、各種有用之物或榮譽；特殊的，主要在騙取權力。騙取金錢、財寶等，為了不勞而得，增加享受；騙取權力多為了統治衆人，駕馭社會，歸根到底還是為了自己的享受和快樂。

有人說過，人的生命充滿利己的本能衝動，騙就是從這種利己的本能衝動中產生的。它幾乎成了一些人生活中不可缺少的活動。

行騙，明的暗的，大的小的，智的拙的，有形的無形的，如同水銀瀉地，滲透於人們生活的各個角落。從某種意義講，人類社會就是在各式各樣的騙和反騙活動中發展的。

古來多少人和事，過眼成風雲，唯有騙字一直供笑談。

在商品經濟的社會中，騙表現得最為淋漓盡致。行騙者為騙取錢財和權力，喪盡良心，恬不知恥地把行騙成功引為驕傲。

一鼓勵作騙、幫助作騙

朗朗乾坤，花花世界，生活著各種各樣的人群，其中有一種是謂善於作騙者。騙，有人說它是智者與魔鬼合作的產物，常常受到一些人的稱道。

平時，人們經常可見到這樣的場面：有些單位或部門，每當議論如何去完成一件難辦的事時，便有人想到平時善於作騙的人員，說：「某某有辦法，讓她（他）多發揮些作用吧」。會作騙的人受到重視這裏不難看到一斑。當某人在弄虛作假從而從行騙方面取得某些「成就」時，也每每誇耀自己：「這事要不是本人動腦子，那有這等局面？」很明顯這在以騙報功。還有，人們經常可聽到這樣的話：一個人要想在社會上混，且能混出一個模樣來，就得有作騙的本領。騙被看成是一種才能，非但不以為恥，反而引以為榮。

有的還公開強迫別人接受騙。人們似都可記得這樣一句話：「理解的要執行，不理解的也要執行」。那就是說，即使受騙，也不能表示異議，而要甘心受騙。

人們自甘受騙也並非僅有。戲劇、魔術表演、小說的描寫，多是假的，然而人們還是要觀看要閱讀，這因為可以從中得到娛樂，受到教育。看電視也一樣，儘管如今電視知識含量稀薄，電視劇拖泥帶水，娛樂節目也多千台一面，互相抄襲，可人們多喜愛這種「文化速食」，因為它可豐富人們的文化生活。就是說，雖是受騙但有收益。日常生活中，有時明知受騙上當，但仍樂而接受，並不迴避。

有人以騙為榮，有人甘願受騙，騙在人們稱頌中日益延發起來。社會上的時尚和流行，既在點撥有心人，更多的還在欺騙無知者，那不也就是在人們的認可和鼓動下展開的？

生活是很複雜的，有時明知不對，卻要說對，就是要作騙。有的明明在騙人，卻說：「我不騙你」。這當中有個權衡利害得失問題。孔子學生仲由與一個買縞者爲了三個八是二十四還是二十三問題爭論不休。他們打賭，買縞者以腦袋爲賭注，仲由以新買頭盔相壓。他們請孔子評判輸贏。——有何好判？三八當然是二十四而不是二十三。可孔子卻評仲由錯了，而買縞者對。這不是公然騙人？是的，但若不是那樣，買縞者要丟腦袋。孔子這麼做是基於人道主義方面考量的。

與此相反，也有以錯爲對的作騙，主要爲了懲罰謬誤者。據傳，有兩個人打賭《水滸傳》中的一位英雄好漢是叫李達還是李逵？二〇元輸贏。他們找到一位古典文學權威做裁決。權威說叫李達。主張叫李逵的輸了二〇元錢，自不甘願，於是找權威理論。權威說，你不過輸了二〇元錢，而不學無術的小子會因此出醜一輩子。這裏的作騙實是在懲罰謬誤。①

不管哪一種，都無形中在鼓勵作騙行爲，使之更加猖獗恣肆。

在「誰還能相信誰」的誠信危機的濁浪中，每個人都可問問自己：「我是否也注入了不乾淨的水滴？」

鼓勵作騙在官場亦有所表現。有人說，如今當官的智商似在退步。如：有些貪官的一旦貪得事發，多會出現一副狼狽相，有的賴老婆手長，有的說子女混帳，有的稱朋友陷害，有的說爲親戚所累，東拉西扯，被人笑破肚皮。這時，有的人爲了助其解圍，也大講爲官者之所以會出現貪，因爲內助不賢，子女貪得，秘書不好，親友所逼等等，以減輕其罪責。這裏何止在鼓勵作騙，簡直在幫助行騙！這種做法自不是什麼新發明，古代封建王朝腐敗到不可收拾時，總是有人把造成那種局面的責任推給後宮、奸臣、太監或夷狄之類，從不責怪最高統治者皇帝。那自是在幫助皇帝作騙。

---

① 王蒙：《不爭議的智慧》，《讀者》一九九六年第一期。

有人說，人際間的各種關係，多可以歸結為遊戲關係，而造假行騙則是最富有戲劇性的遊戲關係。問題是，當造假行騙充滿世界時，人群便失去生活和思想的單純，而生活和思想的單純，乃是文明與文化的「最崇高最健全的理想」。當一種文明失掉它的單純性，入世已深的人們不再回到天眞純樸的境地時，文明就會充滿了困難，日益退化下去，於是人類便會變成在他自己所產生的觀念、思想、志向和社會制度下的奴隸。①

人們看到，在我們中國，有的時候，在先富起來的口號下，有些人不講手段地求富，於是行騙一下子被注意到了。向來講誠實的人，也躍躍欲試。少數人試得成功，引得許多人羨慕和仿效，一種行騙的浪潮被鼓起來了。過去誠實受到尊重，騙子無從得勢，這時誠實受到冷遇，騙子成了崇拜的偶像。歷史上有謂萬般皆下品，唯有讀書高的說法。後來眼看行騙可發財，又引來了新口號：條條都是路，唯有行騙先致富。

古今中外，幫助作騙的大有人在，常見的有兩種，其一，有些家長因子女在學校違規，怕受處分，自己也面子難受，便想出種種理由幫助子女騙老師騙學校；其二，個別單位因其成員做了些錯事會影響集體榮譽，於是單位人員群起為之公證，不會有那種事，自也是在幫助作騙。而最典型的幫助作騙則是「謊言公司」的作業。德國有個叫布利斯·波蘭德的，開了一家「藉口服務公司」，專門幫助需要者編造謊言，每次收費一〇—二五馬克，生意很不錯。有個汽車裝配工因連續幾天上班遲到，謊稱牙痛看牙醫，可老闆有懷疑。因此，他求助於「藉口服務公司」。波蘭德即給汽車廠老闆打電話，自稱某診所，

① 林語堂：《生活的藝術》第七六—七七頁。

說你廠某人幾天來都在這裏看病，今天把身分證留在這裏了，叫他下班來取。結果老闆信以爲眞。①

這樣，無形中把騙捧了起來。人們稍不留心就會成爲「恷鬼」。

二騙吃騙喝和騙人吃喝

吃喝是人類生存和從事活動的最基本保證，誰都離不開吃喝，騙也離不開它，且往往從這裏騙起，這叫做：民以食爲天，騙者以騙食爲先。

騙吃騙喝者，通稱「混吃者」或「職業吃客」，也稱「嘴闊」。

吃客在歷史上早已有了，而職業吃客似可算當今的特色。

關於騙吃騙喝，首先要提一筆的，人們看到，流行於國內外的某些學術研討會、鑑定會、評比會、慶祝會等逢會必宴，都是吃喝的主要場所。有些「學者」、「專家」、「名流」，爲了參加某些會，隨便湊上一篇不知所云的學術論文，成了入桌吃喝的憑證，堂而皇之參吃；而某些當權的領導則作爲關懷會議而到桌作陪，陪吃陪喝。從某種角度講，這種場合多有騙吃騙喝者。人說，不斷更新豪華轎車會造成「屁股腐敗」，公款大吃大喝的「消費文化」會造成「嘴巴腐敗」。前者多令封建帝王自歎弗如，後者可讓騙吃騙喝者大施展其騙吃騙喝的本領。這是帶挖苦的批評。而這裏要說的，主要指混進吃喝隊伍中的騙吃騙喝者和騙取別人花錢供其享受的行騙者。

混進吃喝隊伍的騙吃騙喝者，其行騙的場所主要有二，一是公款宴席的高級酒樓餐廳，二是喜慶的宴會廳。他們或自己單個去參與，或跟著個別與會與宴的熟人混進去。公款宴席，多是會議、慶典的飲

①引《每周文摘》一九九九年一二月三日。

宴，是謂「公吃」或「吃阿公」，有時因參辦單位多，赴宴人多，誰也不認得誰，吃了就走，甚至吃不完的還可以兜著走。這是職業吃客騙吃騙喝的最佳去處。喜慶宴會，因係喜事，充滿恭喜、祝賀、乾杯的氣氛，主辦者滿心歡喜，也不在乎宴席上多一兩個人，有的還因有人到場「作賀」而感到高興，自也是他們騙吃騙喝的好地方。報載，山東濰坊市有個姓徐的打工仔，不到半年時間裏順利地到婚宴席上白吃白喝了二十餘場，且從中琢磨出了混吃混喝的門道：即使有人懷疑，但也不會因此破壞大家的情緒而有損大吉大利日子。就是說，盡可放膽地去混吃混喝。①《北京青年報》一九九九年二月二五日載，北京有個叫王小京的，經常冒名去「聽會」（即當「會狐」），自一九九三年至一九九八年出入高級賓館聽會二○○多次，除了混吃混喝，還獲得價值十幾萬元的禮品，其中有手提電腦、皮包、彩色印表機、禮品表、禮品筆及襯衣、領帶等。《雜文報》二○○一年七月二四日在一篇文章中提到，北京楊某夫婦以「蹭會」爲業，常在大賓館、大飯店冒名參加各種會議，領取禮品，後因偷別人公事包而曝光，公安人員從其家中搜出各種禮品一卡車（價值二○多萬元），據說那還只是他們近年所得禮品的三分之一。放滿鮮花美酒的地方，往往是行騙的最理想場所。

騙吃騙喝要騙得成功，自也得掌握騙的技巧或祕訣，那主要在於行騙時要膽大心細，赴宴時穿著高級且入時，大大方方，準備好名片，名片上印著誰也不知道的單位和頭銜，以爲亮相和應酬之需；必要時給服務人員一些小費，聯絡感情，可幫你帶路進座。這樣，便可任你逢公吃公，逢喜吃喜，一回生二回熟，不用多久便可成爲名符其實的「職業吃客」。

還有比這種更冠冕堂皇的騙吃騙喝者。自開展學雷鋒做好事後，各地都出現一些做好事不留名的年

①《廈門晚報》一九九八年一月一一日。

輕人，人稱「活雷鋒」。爲了尋找不留名的活雷鋒，便有感謝和答謝舉動。這當中有眞也有假。報載，滕州市出現過「專門送錦旗」感謝活雷鋒的人。被送的單位多是效益較好的企事業部門，領導看到本單位有人受到讚揚甚感高興，每多特置酒席款待來客，陪同遊玩，相送路費等以示闊氣。事後一查，那些送錦旗者，多是在尋找活雷鋒名義下，騙吃騙喝騙取路費。如此而已。①

與此相近的，還有所謂「取經」、「送寶」活動，那也多是有選擇的騙吃騙喝騙玩活動，既飽口福也飽眼福。

最令人吃驚的，有一種專靠報假案來騙吃騙喝者。《當代政法報》一九九九年二月二五日載，貴州一名五十六歲的無業者林某，專門向警方報假案，除了騙吃騙喝，還索取「資訊費」。林氏自一九九六年以來，先後作案三十多次，騙吃騙喝累計六〇多天，騙取現金五千多元。

與此不同的是卡別人油水的騙吃騙喝者。報載，福建龍海市蘇某曾某，平時不勞動又貪圖高檔享受，於是合夥行騙，把目標放在計程車司機身上。他們常用電話招來司機，並與司機一道包廂胡吃海喝，輪流將司機灌醉，而後向服務人員要了各種高檔香煙迅速離開，留下司機付清花費用款。②

跟這差不多的還有揩異性油水，那多是在男女交朋友過程中，女方讓男方請客，吃飽喝足後說聲拜拜。男方不便發火。有的女子，爲了騙吃騙喝，不斷更換男友，騙過一個又一個。也有是男方騙女方。那些男子多勾結高級餐廳工作人員，配合行騙。他們從舞廳或其他場合帶來剛認識不久（甚至連姓名都不清楚）的女子，到高級餐廳點了高級酒菜，吃到差不多時，自已藉故從邊門先溜走，留下女方結賬付

①《法制文摘》（福建的，後同）一九九五年九月一四日。

②《廈門晚報》一九九六年九月四日。

款，有的女子因沒帶現款只好以首飾作抵押。眞可謂啞巴吃黃連有苦說不出。原想向男方揩點油水，沒想到反賠了本。

騙吃騙喝在外國同樣存在。《廈門晚報》二〇〇二年六月一六日載，有個三一歲的吉耐科，竟冒充沙特王子，長期在美國騙吃騙喝，不久前在佛州曝光。

人的任何一種行爲，都可視爲其思想的發聲，人格的表白。這類騙吃騙喝者，該屬於何種思想、何種人格，人們似不必多想即可有答案。

與騙吃騙喝一起還有騙人吃喝。這騙人吃喝主要表現在市面上各種飲食業中的菜肴名稱上。

湖南衡陽渣江有一種叫假羊肉湯的小吃，用豬頭肉、豬瘦肉做原料佐以八角、桂皮、花椒和荷折片，熬成湯，荷折片用紅菇澱粉摻水攪成。假羊肉湯麻辣鮮香醇厚可口，令人大開胃口，傳說當年宋徽宗被金兵擄去時，皇后在此避難，身受風寒，食欲不振，喝了假羊肉湯後，渾身出汗，頓覺舒適。這事傳出後，假羊肉湯名聲大揚。

這假羊肉湯，說它騙，只是騙人胃口，與一般行騙在本質上是不同的。

六十年代國家經濟困難時期，有一種「雙蒸飯」，先將米燜熟，再放進蒸屜裏蒸一遍，飯量增多了近一倍，吃起來毫無胃口，可能在胃裏多佔空間，讓人有飽的感覺，乃騙人胃覺，也與通常說的騙有所不同。

假蟹黃也屬於騙人胃口的。狡猾的廚師，將鹹蛋的蛋黃摳出剁碎，再抖入麵糊中調勻，而後將一隻隻一般般的海蟹浸入此「塗料」中加以油炸，顆顆粒粒的鹹蛋黃末冒充蟹黃，肥美豐腴，騙過食客嘴巴，賣出了高價。

還有一種誘人食慾的做法是：在火鍋、滷菜中加進罌粟殼，或把罌粟殼與其他佐料一起製成混合用料，投進食品中。人們吃了混有罌粟殼的食物，會產生快感，處於一種特殊的愉快狀態，久了會成癮，有人因此走上吸毒之路。就因此，這既是一種騙，也是一種毒害人的做法。

另有一種給平常的商品冠以彎彎繞，狡猾地變換名稱，其用意也是在騙顧客、食客。人們看到，在一些飯店、餐館等商業部門，將油煎豆腐美其名金鑲白玉板，芥菜炒肚絲稱情人的眼淚，肉末炒粉絲稱螞蟻上樹，扒豬頭肉叫天蓬下凡，有的還叫國際天王菜，切成條條的紅白青蘿蔔被冠以群英薈萃之名。他如「情侶歡」、「勿忘我」、「紅粉知己」、「玉女知己」、「翡翠鴛鴦帶」、「鳳凰朵牡丹」、「小蜜傍大款」、「六盤山雪花」等等，引人遐思，無不在騙你胃口，猛掏你的腰包。

此外，一些食品業中，以洋字怪招騙人，也是名副其實的作騙。人們看到，明明是中國傳統的風味，經過洋人文化的包裝，即經過西方服務的經營方法處理，變成了洋式食品，或者來個朦朧化的西化加工成了「準洋味」品。然後，理所當然地高價出售。這便是明白地用洋字來行騙。

他如假洋水果，假洋蔬菜，明明是中國出產的，卻加上外國名字，冒稱洋貨。例如，我國有一種生產於西北地區的「首紅」蘋果，銷到廣州後，商家加以改裝，一大部分貼上洋文標籤，變成美國的「蛇果」，重新流向內陸賣高價。他如什麼「富士蘋果」、「美國白菜」，多以同樣手法製作而成，這自也是騙，既是騙人食欲，更是爲了賣高價，騙金錢。

六十年代經濟困難時期的「高級品」政策，也帶有騙的味道。那時物品極端匱乏，爲了緩和民衆的不滿情緒，也爲了回籠貨幣，物資供應部門根據「高級品」政策，用一般物品充當高級品賣高價，可說是有組織的騙吃騙喝，有人編了這樣的順口溜：

高級水果高級糖，高級老頭進廚房；廚房沒有高級飯，氣得老頭住醫院；醫院沒有高級藥，氣得老頭想上吊；上吊沒有高級繩，氣得老頭肚子疼。①

三　免費服務的陷阱和「喜報」的陷阱

如今隨處可見到各種免費維修、免費諮詢、義診等名目，有的是眞，有的是陷阱，藉以招攬顧客甚至公開行騙。聳人聽聞嗎？事實勝過雄辯。

商品經濟下，從事商業和各種以盈利爲目的的活動，無不力爭多賺錢。爲了多賺錢，有人想出了「免費服務」的手段。只是免費服務往往會擋住多賺錢的門路。這樣，人們便動腦子想到了「兩全其美」的辦法：既可多賺錢又有「免費服務」之美名，因此，人們求助於假和騙。

報載，有人掛牌免費維修家電，一位姓馮的師傅信以爲眞，拖出家電讓他們修理。可修後索費一八〇元。這是怎麼回事？說是收取材料費。什麼材料？無非換個保險釘，不過幾塊錢。馮師傅因輕信而被玩了。

衡陽市街頭懸有免費諮詢脫髮的布幌，不免有人上前諮詢。他們講了幾句脫髮原因後向脫髮的諮詢者頭上灑了幾滴藥水。之後要諮詢者向他購買高價的藥水。你若不買，對不起，要交剛才用的藥水費——因爲只免費諮詢而不能白送藥水。諮詢者爲難了，買嗎，藥水太貴，不買嗎，要交一筆灑頭的藥水費。又是被玩了。

某市一餐廳自助餐告示：每客三八元，任食任飲，免費供火鍋，可謂免費消費。誰想到結賬時每客二五〇元。服務小姐說，我們免費提供火鍋，佐料是要收費的。咋的收這麼貴？那是餐廳老闆訂的。還

---

①《讀者》一九九九年第一二期〈關於吃的假話〉。

是被玩了。①

免費服務的咖啡廳、音樂廳的花招更爲高明：門票只收五元，進去後再收高價的座位費、茶水費，叫無準備的入場者有的以首飾做抵押還不夠。可謂挨宰了。

免費是誘餌，多是暫時讓你嘗到一些無實際意義的「甜頭」，使你欲罷不能，終接受有償消費。

免費服務中，有一種掛上「義」字，更顯得有派頭，更便於行騙。

近年來打著「義」字招牌而行騙的每有所聞，「義演」撈錢，「義賣」逃稅等等，那都是見諸報端的。「義診」曾是神聖的字眼，可如今也悄悄地打起「擦邊球」，發出銅臭味。

報載，八六歲的吳兆連老人到《揚子晚報》反映，他在西安某皮膚科義診處看皮膚病，醫生開了三種藥，標價二六五．六〇元。他看過藥價後，轉往中國醫學科學院皮膚病醫院診治，醫生開三種同樣的藥，同樣的劑量，另加一種藥，標價總共爲三〇．二〇元。兩者相差八．八倍。這八．八倍差價究竟從何而來的呢？無疑離開騙字是無法找到答案的。②

「義診」，這是吸引病人的招搖旗，名曰免費治病，實是售賣高價藥品。那些高價藥品，有的是倉庫積壓品，有的乃非法生產的「特效藥」。民諺：嘴上親吻孩子，心裏想著孩子的媽。某些「義診」，爲了賣高價藥甚至假藥，其目的在騙取錢財。到義診處就醫的病人，省了一點掛號費，可在藥品方面大受宰割，大受其騙。

那些「特效藥」，多是「專治疑難病症」的自製中草藥。因爲疑難病症是世界性的，治得好治不

①《亞太經濟時報》一九九六年九月四日。

②《廈門晚報》一九九六年一二月一九日。

好，自難不倒他們。這樣，有些人從義診字眼中找到了致富的門路。某些江湖騙子，乘機加入義診隊伍，推銷神丹妙藥。爲了讓義診旗號舉得更高，有人甚至不時打著編有番號的軍醫牌子。而那些製藥廠和保健品產家，也多藉著與某些正規醫療機構聯合義診之名，推銷某些新藥和保健品。就因此，眞正舉辦義診的單位多是些藥品廠和保健品廠，醫院招牌不過是利潤分成的事前約定下拉出來做大旗的虎皮。令人可笑的，有些藥廠或保健品廠在找不到協作的醫院時，爲了推銷藥品或保健品或儀器，竟讓本廠職工穿上白大掛，充當起「醫師」來，沿街「義診」。可謂作騙有術。

如今，不知多少部門、多少人假「義」字而行騙！不知多少醜惡假以「義」字而行之。這是借名稱和形式來施展騙術的。當然，名稱和形式並不是事物的本質，臭花稱香花並不會發出香味，猴子穿上衣服仍是猴子。問題是，名稱和形式常常會叫人產生錯覺，引人上當受騙。形形色色的「免費」服務，設下防不勝防的陷阱，其目的只有一樣：欺騙消費者，宰割消費者。至少表示不承擔質量方面的責任，出了問題不管你。善良的人們不可忘記這樣的眞理：貪小便宜吃大虧！記住：如今想免費，想不要花錢的事，最好到夢裏尋找會比較安全些。

比免費服務更令人不可思議的可提「喜報」陷阱。近年來，人們不時會收到各種「喜報」，其中有一種稱你中了什麼獎，你若按地址寄「郵資包裝費」若干，便可以換來高出幾十倍的獎品，豈不是天上掉下來的餡餅？

筆者曾幾次收到河南某購物中心寄來的這類「喜報」，稱本人因常向他們購物而中了二等獎，可獲價值九〇多元的高級化妝品和一〇〇多元的科技致富資料一套，但得匯去多少元的郵資才能得到它。筆者從未向此購物中心及其分店購買過什麼物，何來的購物二等獎？如不是作騙，也是一種惡作劇。

近看報紙，廈門還不少人收到這類「喜報」，看樣子，此乃屬於別開生面的作騙，我們不妨稱之爲

「喜報」陷阱。「喜報」陷阱除了購物得獎，還有電話號碼得獎。《廈門晚報》二〇〇〇年八月四日載，方先生於八月二日接到電話，通知他家裏號碼中了二等獎，獎得一部手機，在福州發獎，而獲獎者需在八月二日上午一〇時前在按其指定的銀行賬號匯去一〇〇元，不然就當作棄權。聯繫電話爲〇五九一—三三七二四二六。經查，並無此事。其所提供的聯繫電話，是一部街頭的IC公話。可謂「喜報」作騙的新體裁。

四購房騙、運輸騙和騙賠

住房與人們生活關係密切，行騙者很自然把眼睛盯住它。

長期以來，我國住房分配制度不健全，社會住房不公平，多數人住房緊張，少數人利用職權，超標準佔用公房，不僅自己住房寬裕，而且用公房搞私下交易（所謂買賣公房使用權），非法牟利。因爲這種公房使用權私下交易的價格一般低於商品房的價格，購買者多想從中得到便宜，行騙者從中撈一把。買賣公房使用權是屬於不合法的交易，不能公開進行，多要通過一些中介公司來牽線，這樣行騙的事就難以避免了。有的出售烏有的住房，或把自己住房以「一女嫁二夫」的做法，在騙取到買方的定金後，逃之夭夭。買方發現自己受騙上當，連告都告不得，只好自認倒楣。也有以虛假的房屋產權證和假身份證將別人房屋加以租賃，騙取租金。不久前《今晚報》曾報道，天津有個姓孫的，就用這種手法騙取租金二八〇〇元，案發被判刑六年。

近年有了私房買賣後，一些騙子利用假房產證和假身分證出賣假房子的事時有發生。《中國消費者報》二〇〇〇年一月二九日載，一九九九年一二月一〇日，鄭州陳振夫婦和一名叫「陳德林」的，一起到鄭州市房管局私房交易科進行私房交易，辦理買賣手續。交易科人員仔細審查了賣房者「陳德林」

提供的房產證和身分證，又從電腦中調閱了有關資料，表明該房無查封、抵押的記錄，可以出賣，便讓雙方塡寫了私房買賣協議書，留下房產證和協議書後開具了「證書齊全、核對無誤，同意辦理」的字據，並說過幾天來領取過戶後的新房產證，之後，陳振夫婦將購房款一二萬元交給了賣方「陳德林」，陳氏寫了收據並交了房間鑰匙。

第二天，陳振帶其兒子去看新買的房子，這時他們碰上了眞正的房主陳德林，陳說此房二十天前已出租了。陳振意識到自己上當受騙，即報告派出所。經鑑定，賣房的「陳德林」係假貨。陳振夫婦白白被騙走一二萬元。

購房騙更多表現在房地產廣告的做假方面。假廣告在優雅動聽的甜言蜜語中隱藏「美麗的陷阱」、「溫柔的欺騙」，有的騙說，只要你購買了房子，入住者即可解決轉遷戶口、就業、升學等問題，以引誘購房者上鉤。也有通過廣告搞變相的非法集資，人們發現上當時，錢已被騙去了。

運輸騙是利用汽車等交通工具，爲貨主運送貨物而騙走貨物，行騙者多半以假的證件（駕駛證和身份證），騙取貨物上路而後將貨物加以轉賣。最典型的例子可舉安徽宿州市五四歲的李保民。經常搞運輸行騙且每每得逞的李保民，一九九七年五月夥同其女婿趙大斌化名朱軍、趙坤，以假身份證和假駕駛證，於五月二〇日攬到一宗從浙江運貨到天津的生意，貨主準備將價値一五〇萬元人民幣的貨物運至天津港口而後出口俄國，由一個姓童的隨車押運。當車開到鄒城時，李保民以汽車缺水爲由，支走押運人員，叫姓童的下車找水。童氏下車後，李保民即將車開走，欲配合同謀者把貨物轉賣。行騙者很快被查獲。①

①《法制文摘》一九九七年五月一五日。

至於利用水路貨船運輸騙賣貨物的，更是每有所聞，舉不勝舉。

社會保險，是人們生時爲死時做的準備，可說是一種愛心與責任的表現，其實質在於發揮人類互助合作精神。反映出人與人的關係，但它屬經濟組織。

市場經濟下的保險業，不但對發展經濟安定生活起促進作用，而且也是一項創收，只是人們想不到，行騙者很快把手伸進了保險業，用各種手段騙取賠償。騙賠的犯罪活動逐年上升，八十年代末，保險騙賠犯罪占詐騙犯罪的百分之二，一九九四年上升到百分之六；一九九七年僅廣州市的騙賠案件就比上一年增長百分之三○。保險騙賠，在西方早已成了跨國界跨地區的活動。在美國，保險索賠支出的百分之一○—二○往往由詐騙者所得，每年保險業因此損失二○○億美元；英國一九九四年因保險詐騙損失四億多英鎊；法國一九九五年被騙的保險賠款達九○億法郎；澳大利亞保險業欺騙性賠款超過百分之二○。①

不論國外還是我國，保險的詐騙，都是多種多樣的。

本來獲取賠償的基礎是投保，可有的人平時不參加投保，或者有意不全部投保，一旦出了事，採用偷樑換柱或張冠李戴的做法，即冒用已參加投保的單位或個人的名義，向保險部門索賠；有的人一家中一人投保，全家享用。一旦家中隨便哪個人出事，就都通用投保人名義騙賠。爲了騙賠，有的甚至將活人說成死人。

有的人只因發生了事故損失巨大，才想起投保，於是通過關係，採用各種手法，把投保日期提前，或把出事日期推遲，爲了達到騙取賠償的目的。

①《廈門日報》一九九九年一月一七日。

也有的人經過檢查發現自己患有不治之症，不久人世，可有意隱瞞病情，急忙投保，目的在於騙取賠償。

還有的人，自傷身體，自造事故，故意放火燒屋、燒廠房、燒山林，故意沉船、撞車等，誇大損失，騙取保險金。台灣花蓮三三歲的林某，於一九九九年五月到福州旅遊，走前到台灣某保險公司投了鉅額旅遊意外保險。到福州後，林想請人故意撞車，斷其手臂未成，後竟自行斷臂。因被查出，騙賠不成，反成殘廢。

自造事故自不是今天才有的。《北京經濟報》一九九八年九月五日載，解放前天津有一位五〇多歲的女乞丐，沿街行乞。一天，有一年輕人見了熱情地稱她爲「嬸母」，將她請到家裏加以供養。乞婦明知對方認錯了人，仍跟著去。不久，乞婦死於年輕人家裏，年輕人得了一筆鉅額賠償。原來年輕人把乞婦騙到家裏後爲之辦了人身鉅額保險，然後把她折磨致死。

自造事故騙取保險金，最觸目驚心的莫過於放火燒死親娘和殺死妻子的做法了。丹東市初志剛，在家人事先不知曉的情況下，到兩家保險公司爲其母陸氏辦理了總額達一一九萬元的人身意外傷害保險。爲了取得保險賠償，初於一九九七年一一月一二日深夜，用事先準備好的三瓶酒精澆在酣睡中的母親身上，放火點燃後將門關死，活活燒死其母，而後要求保險公司賠款。殺死妻子詐騙保險金的，可舉寧波市的劉岳做例子。劉岳曾在保險公司工作過，先後在兩家保險公司爲其妻趙某各投保一份賠償金額分別爲五·九萬元和一一萬元的人身傷害保險。爲了得到高額賠償金，他於一九九七年一二月一四日將其妻子活活卡死並僞造了被害死的假象。① 還有爲騙賠而殺害親生兒女的。報載，日本有個母親叫阪中由

---

①《法制文摘》一九九七年一二月一一日、一九九八年一月九日。

紀子，為了騙取鉅額保險金，把自己的兩個親生女兒毒死。可謂殘忍。

有人以真殺人假自殺騙保。撫順市某中介所總經理董慶利，因欠債，想以殺人混騙自殺來騙取保險金。因此，他於一九九七年一〇月、一一月兩次到人壽保險公司投保兩個一〇萬元的人身保險，之後於一二月初尋覓到一個與自己相像的同學徐某，將他邀到自己租住的房中，加以殺害後將屍體裝進一大編織袋內並與女友韓靜一起抬到自己的家門口，用鋅鈉水加以焚燒，同時將自己用的鑰匙棄放在現場，製造本人自殺假象。然後，董自己躲避起來，等著保險公司的賠償。當然，他絕不會想到，這起殺人案很快被破獲了。①他得到的並不是保險賠償，而是法律的嚴厲審判。

《法制文萃報》二〇〇二年五月一三日載，日本佐賀縣水產公司老闆酒井隆，因負債達四億多日元，走投無路，想假裝自殺，騙取保險金。他找到一個相貌與自己相似的福岡市民森下隆基做替身，於一八九一年一月二二日夜裏將他騙上汽車，打死後連車帶人一起推入海中。……在案件快了結時，酒井感到對不起替身的家屬，於是決定以死贖罪。他於一月二八日晚臥軌自殺並留下了遺書。這樣，騙保殺人案才水落石出。

也有的自造事故為臨時騙取某些賠款。報載，北京有個女子，經常在購買的商品中製造事故，把事先準備的繡花針放到購買的香腸和蛋糕中，並故意刺傷自己的嘴唇等處，然後與廠商「私了」，取得一定的賠償，少則幾百元多到千元。一次在買蛋糕時她故技重演引起廠家懷疑，終曝了光。②四川有個農民在啤酒瓶內事先裝進死老鼠，而後向啤酒廠詐騙鉅額賠款。也很快被揭露。《法制日報》二〇〇二年

①《遼瀋晚報》一九九八年一月四日。

②《法制文摘》一九九八年一月九日。

三月四日載，在石家莊製藥部門做質檢工作的張國欣，三次從醫藥商店買來青黴素針劑，而後將捉來的蒼蠅和蜘蛛裝入瓶內並重新封好，後交親友出面騙賠。第一二次數目小，私了成功，第三次要求賠一〇——三〇萬元，引起懷疑，藥物集團在公安部門配合下，終破了案。《廈門晚報》一九九九年一二月一六日載，吉林張某結夥來到長春，先讓幾個人服用一種會讓人嘔吐的藥物，然後到飯店吃飯，嘔吐時稱食物中毒。嘔吐者送進醫院後，張又雇來幾個婦女冒充「中毒者」的家屬，向店主勒索，前後作案九起，騙款三萬多元。不多久曝了光。

有一種屬於誣賴性質的騙賠。日常生活中，人們有時可看到，在公衆場合竟有人故意拿易碎破物品，看準目標後，有意去碰之撞之，使之破碎，而後要求賠償，這種做法，在舊日的天津市有一個專用名詞——「碰瓷」。也有的則故意拿著容易傷人的器具，有意引人碰之，讓自己受點輕傷，而後要求賠償。還有的專找車輛在路口改道時，故意去碰車，造成由車輛負責的交通事故，要求私了或報警，得到某種賠償。以上均屬誣賴做法，目的均在騙賠。

冒充死人家屬去騙賠的亦每有所聞。《北京法制報》在一九九九年二月二三日載，一九九三年冬天，有人在江西石城橫江鎭丹陽橋頭扔下一棄嬰，被一老媪收留，取名陳聰，六年後的一九九九年一月四日下午，陳聰在丹陽橋頭玩耍時被過路汽車壓死。幾天裏來了二十幾個死者的「親人」，或稱爲「父親」、「母親」，或稱爲「舅舅」，或稱爲「哥哥」、「姐姐」，有人還要衝擊交警大隊。這是爲什麼？要「討公道錢」，爲了騙賠。

自造事故騙取保險金的做法，外國同樣可見到，韓國有一雜貨店老闆，爲了騙取一五〇萬美元的保險賠償，竟雇人砍掉自己的腳板。《紐約時報》報導，美國各地有數十個團夥雇傭他人故意製造撞車事故並買通律師和醫生，幫助他們提出鉅額傷害賠償。一九九二年保險業的一項調查發現，美國幾乎三分之一的車禍有詐騙證據，每年造成損失在八〇億美元。①在美國，有一批人甚至把騙取保險金看成是一夜之間暴富的良機。就因此，近年來詐騙保險公司的案件越來越多，花樣不斷翻新，其中開假的死亡證明和租用陵墓騙取保險金的甚多，單加州，每年有四〇——五〇起死亡詐騙案。有的人以出國爲背景，到地震頻發地區、水災區、爆發內戰地區開列死亡證明，回國內騙取保險金。②如此等等。

真自殺騙賠的亦有例子。飛行員孫偉明，因投機證券失敗，負債累累。一九九七年底，他買了數百萬美元的保險，指定其妻和兒子爲受益人。是年一二月一九日，他在新加坡駕駛一架波音七三七客機，自己在機上自殺，致使飛機在蘇門答臘墜毀。孫氏的騙賠，使機上一〇四名乘客和機組人員全部罹難，可謂冤枉。③試想，一個人連死都敢，誰會有什麼辦法對付他？

造假騙賠亦非僅有，曾轟動一時的廣州荔灣胡氏兄弟的保險詐騙案，則是比較典型的。胡氏兄弟於一九九七——一九九八年間，用借來的各種型號車輛資料，到幾個保險公司投保車輛和第三者責任險，而後編造故事，虛構交通事故，僞造公安交警部門開具的交通事故責任認定書、道路事故損害賠償調解書、機動車輛出險通知書以及車禍死亡者的醫院診斷證明、死亡通知書等文件，向保險部門索賠。在那些僞造的材料中，有的人「死」了多次，或「死」了又「傷」；有的車輛多次重複發生交通事故，重複撞死撞傷多人；有的交警分身幾人；有的不同人的證言出自一人之筆，等等。《廈門日報》二〇〇一年五月二三日載，台商胡文忠，到大陸前向台灣一〇家保險公司投保合計八六一〇萬元新台幣，後以「車

①《法制文萃報》一九九九年一月四日，《廈門晚報》一九九七年一月六日。

②《法制文摘》一九九七年八月一四日。

③《法制文摘》一九九八年一一月一三日。

禍」死亡，通過醫院出了證明，由殯儀館用空棺火化。自是爲了騙賠，因內幕曝光而被逮。台灣還有過出國買屍體回台騙賠事。一九九七年，台北蘇某等連續向三個壽險公司投保六項保險，金額達八五七七萬新台幣，年底向菲律賓葬儀社購買一具溺斃之無名屍，混充蘇某屍體，在菲警方備案後拿著證明回台灣辦理保險金的申請。可謂造假手段無所不用其極。

騙賠自是要通過理賠人員來辦理。爲了達到目的，騙賠者往往還要搞些小動作，如向理賠者行賄、威脅等，讓其就範。有些理賠人員，面對親友、熟人，每每睜一眼閉一眼，反正損失阿公的，自己撈得做好人，不但該賠的從寬賠償，而且不該賠的也賠了。還有的因收受騙賠者的賄賂，更是有意爲其遮掩，幫其說話，促其騙成。最糟的，有的理賠人員也參加作假行騙。《廈門晚報》一九九八年三月二七日載，福建永定湖雷保險站負責人張某，從一九九四年至一九九六年，利用職便，爲當地已死亡的十五名老人進行虛假投保，而後再僞造死亡證明等材料，冒領保險賠償金達二萬九千元。……凡此種種，使得近年來保險騙賠日趨增多，一些保險部門賠付的冤枉錢不斷加大。

當然，保險部門爲增加收入，採用「誘保」做法，實也是在作騙，騙民衆。而一些騙子則以設假保險公司來行騙。

報載，一九九七年三月到六月間，在北京市北方汽車交易市場爲汽車保險的保戶，有二〇〇多戶的保險全是假的。一家名爲「中保財產保險有限公司營業部代辦處」，實是無業人員劉軍在未辦理任何手續、無任何單位批准的情況下開辦的一家假保險。劉軍憑著自己曾幹過保險業的「經驗」，拉上同夥趙夢軍，租了套房，購置了一些辦公用具，這公司就算成立了。劉、趙二人找人印製了汽車保險單，私刻中保代辦處的公章，然後雇人到汽車貿易市場去拉保戶來掙錢，僅幾個月的時間，劉軍的公司就掙了八

○多萬元。①可謂高明的騙招。

五　金融騙——鷹卡、洗錢和預付金

諸多騙案中，金融作騙尤其引人關注，它不僅使大量的國家和集體的資財蒙受損失，而且嚴重地干擾了金融秩序，污染整個社會經濟環境，成了社會一大公害。

在我國，現代的金融詐騙始於八十年代初，從利用掛失、偷盜、塗改旅行支票和信用卡等低級詐騙形式發展到僞造銀行鉅額支付憑證或資信文件等高級形式，金額從數百美元、幾千美元到百萬、千萬甚至上億美元。

陳國平，江蘇鹽都縣人，因辦商場虧本，於一九九五年四月一八日找到中國銀行鹽城營業部的酒肉朋友丁中陽，以一○○元現金在營業部開了戶，並從丁的手中拿到了蓋有當日三角戳的空白進賬單兩份，自行塡寫了「陳國平進款四○萬元」和黃某進款一八萬元的字樣，爾後又在會計和複核欄蓋上了私刻的印章，再通過丁中陽的熟人關係，到某審計事務所將兩份假進賬單進行驗資，驗資通過後，由工商局頒發營業執照，批准成立了「穆和公司」。該公司有營業執照而沒有資金，有會計而沒有賬目，有倉庫而沒有貨物。他們根據企業資訊，以電話向國內數以百計的工廠企業發出求購和銷售產品的資訊。電話中，他們任意滿足對方的所有要求，以種種謊言騙取信任，以騙取錢財。從一九九七年五月到一九九八年四月，穆和公司集體作案二七起，騙取價值一四五．六九萬元，所騙物資達幾百種。②

①《檢察日報》一九九八年一月八日。
②《經濟消息報》一九九九年二月三日。

畢立君，黑龍江人，幾度易名，兩次負案潛逃，一九九四年二月初與名叫顧紅冬的同夥從海南竄到武漢市，向某區外經委提交成立經營房地產爲主的外資獨資企業——合創公司的申請，因缺少驗資報告，在工商行政管理部門只辦了臨時執照。不久，畢竄到某銀行，騙取假資金進賬單做驗資憑證，以此換領了註冊資金四〇〇萬美元的獨資企業工商執照。自此，畢立君一夥以合法的外衣做掩護，進行金融詐騙活動。一九九四年六月至一九九五年五月，畢立君、顧紅冬及熊濤等人，用非法手段雕刻某銀行印章、法人代表私章，以辦理貸款和拆資金爲名，詐騙案一一起，騙了七家非銀行金融單位和其他公司的資金七七〇〇萬元，實際轉移到合創公司賬上的資金共五〇〇〇萬元。同時，一九九四年一二月至一九九五年六月，畢氏一夥從該證券中心二四家會員單位詐騙一·六三八億元。可謂觸目驚心。一九九五年五月一一日，有人來到某銀行要求將一張面值一〇〇〇萬元的大額可轉讓定期存單辦理轉讓手續，並拿出五月八日該銀行與該公司證券部簽訂的一份金額爲一〇〇〇萬元的存款協定，畢的詐騙事才曝了光。①一九九六年四月，畢氏出逃泰國，花錢買了日本護照，化名「龍青立德」並於一九九九年四月回到北京，想以合資辦企業名義騙一筆後再逃，沒料到被逮住。

而這之前的北京長城機電科技公司的騙案更是典型。

一九九二—一九九三年的幾個月時間裏，由一個極爲普通的小人物攪刮起了「長城旋風」。三九歲的沈太福，一個水庫工程局的幹部，從東北到北京，以發展電機爲名，以高利息爲誘餌，以簽訂「技術開發合同」的形式，向社會廣泛集資。通過一個伴舞小姐，從舞廳那裏拉來投資者，創下集資二千萬元的奇蹟。一時間「長城債券」炙手可熱，幾個月時間裏波及全國一七個城市一〇萬多人，籌集到十億元

---

①《法制與心理》一九九七年第一期。

社會資金。

這筆鉅額資金並未被用於經營生產，而用於誇富資本、揮霍保證。

他如成都人王光智（原爲廣州某研究院處長，因經濟問題停職審查），一九九三——九四年間，停職期間去經商，僞造身份，私刻印章，編造虛假投資專案，先後騙取投資達一·二五億。①某電影院售票員麻琳，二〇世紀九十年代初離職下海經商，與姜保林等合夥經營柳州市三騰工貿有限公司，自任董事長，採用貸款詐騙和票據詐騙手段，從一九九四年底到一九九六年初的一年多中，從柳州八家金融機構騙取二·七億元，案發追回一·一億，還有一億多去向不明。②

一九九八年一一月查出的浙江金華鉅額虛開增殖稅專用發票案，被稱爲我國建國以來最大的騙稅案，涉案企業達二一八戶，虛開票價稅款六三·一億。

《海峽生活報》二〇〇二年一月二六日載，福州程翔，化名依程，自一九九八年四月後糾集一夥人專門從事假發票活動，到二〇〇一年案發，虛開僞造增值稅發票四六五份，計稅款三三三萬元，涉案金額二二九〇多萬元。《廈門日報》二〇〇二年一月一三日載，一個叫劉勝的冒充中國銀行處長，於一九九八年——二〇〇〇年僞造中行海南分行公章、印鑑等，僞造了二二張總面值五·五億美元的存單，提供給某公司。《法制文摘》二〇〇一年一一月二日引《檢察日報》文章，北京中恒公司總經理陸鋒等一四人，勾結銀行人員，採用虛假抵押手段，於一九九六年後的三年中，騙走了五七億人民幣。

金融騙在國外亦經常可見。不久前，有人透露，有個外匯交易員通過至少千次的虛假期貨交易，從

① 《檢察日報》一九九八年一月四日。

② 載《南方周末》，引《每周文摘》一九九九年八月六日。

愛爾蘭在巴爾的摩的美國分行騙走了七．五億美元。《廈門晚報》二○○二年五月二五日載，四名來自新澤西州的印度裔商人，僞裝成印度大公司高官，向美國數家銀行貸款，被騙金額總數達六億美元。

不久前，還有所謂「鷹卡」認購活動。鷹卡認購也稱「擁有一片美國」活動，一九九二年一○月開始在深圳、珠海、海南、北京、上海升溫，很快席捲全國，掀起另一股狂潮。這鷹卡，據解釋是花一定的金錢可以購得一分美國土地財產擁有權證書。此後，購買者將會擁有約五○平方英寸的美國土地，獲得產權證書——包括正卡和土地契約。因證書上印有美國象徵——鷹，故有此名。

鷹卡是一張做工精美，價格昂貴的印刷品，其發售從重慶發起，本是做爲一次義賣集資活動，可轉眼成了金融投資。一九九三年五月二三日，幾小時內一○元一張的認購證上漲了千元，接著又扶搖直上，最高價達四○○○元並出現了假冒認購證。這便是人們所稱的「鷹卡」發財夢。①

比鷹卡更進一步的是購買美國住宅地。不久前，美國英康公司在中國刊出廣告，出售美國佛羅里達州住宅基地，每塊九○○多平方米，地價三萬美元。英康公司駐北京代表還爲購買者做出獲得赴美的承諾。三○多名北京市民爲買地花出一千多萬人民幣，拿到的僅是不完全的土地產權證書，而英康公司駐北京代表徐國強則在騙到錢後捲之而去。受騙者悔之莫及。②

值得提到的，金融詐騙中，內部人員作案佔相當分量。企事業內部人員利用手中職權便利，以本職爲掩護進行活動，每每得手，且時間快。比如直接或間接保管支票的人員，可以很快從銀行透支大量公款，加以侵吞。報載，工商銀行青島分行信用卡業務部職員曾以菲於一九九七年一二月一天在某個電腦

① 參見《福建企業管理》一九九三年第一一期。

② 《廈門晚報》一九九八年一一月一六日。

程式運行中突然發現可以破解的密碼，便很快編出了D程式，利用單位機房設備製造白卡，勾結某公司業務員王鵬等人，到外地提取現款。在半年時間內，曾氏利用職便，陸續製造了一五〇多張信用卡，在杭州、上海、廈門等地取走七〇多萬現款。①《溫州晚報》一九九九年七月八日載，安徽某些管理國庫券的幹部勾結不法之徒，印製假國庫券達二億元人民幣，在全國一六個省市銷售。

內部作案有一種叫「洗錢」的詐騙，有時連司法機關也不容易追查出來。所謂「洗錢」，也叫洗黑錢，黑道術語叫「打數」，是指不管金錢來源合法與否，都可通過合法途徑，將錢運用「輾轉」的方式，通過資金轉賬，資金轉移的複雜的金融手段而送到客戶指定的國外賬戶中去，最後進入預定對象的手中。原來即便是非法的錢，等到再度到你手中時，便成了合法的錢了。

「洗錢」一詞起源於二十世紀二十年代，美國芝加哥黑手黨一金融專家購買一台投幣式洗衣機，開了洗衣店。每晚計算當天洗衣收入時，他把非法所得的贓款，也加入其中，成了合法收入。此後，人們將處理非法資本和轉移非法收入所得的手段，都稱爲洗衣錢。洗錢做法中，最重要的是通過地下錢莊把錢匯出。《二十世紀經濟報導》二〇〇一年一一月一一日載，我國每年通過地下錢莊「洗白」的黑錢，金額高達二千億元之鉅。洗錢最佳方法是利用信譽進行假貿易活動，將大筆錢作爲資金迅速轉移。

一九八九年二月二三日，中國銀行北京分行麗都分理處營業員，二八歲的吳大鵬，盜走四張匯票，價值三三四萬美元，那就是通過「洗錢」方法作案的。②媒體傳，一位美籍俄裔夫婦皮特·博林與露西·愛德華茲，從一九九五年一二月到一九九九年九月，從俄國做了一六萬筆電匯業務，通過紐約銀

---

①《齊魯晚報》一九九九年一月四日。

②《騙術大觀》第三一頁。

行，從俄國非法轉移七〇億美元，被稱爲美國有史以來最大的洗錢案，皮特夫婦自己則從俄國人手裏得到一八〇萬美元的好處費。

洗錢之所以能順利進行，至少表明一個國家金融體制不完善。

信用證作騙是金融騙中另一種手法。信用證是進出口貿易中委託銀行代收、付款的一種憑證，原是爲了安全而便捷結算貸款，可屢屢被騙子所利用，被騙金額往往高達數以百萬元、千萬元。

在這方面作騙，騙子常用手法多以僞造或變造的信用證附隨單據套取銀行資金，多由進口商與信用證受益人合夥進行——他們或根本沒進口貨物，或雖有進口貨可質次價高、短斤缺兩，受益人以僞造或變造的信用證附隨單據；也有一些進口商對信用證受益人提供的與信用證條款不符的單據，不管眞假全盤照收。這樣，騙子很容易騙得銀行資金。

受騙者大多是代理進出口貿易公司，他們多因貪圖騙子開出的高額代理費，答應爲之開具遠期信用證，沒有去跟蹤整個進出口過程，結果不明不白受騙；也有一些單位因經辦人員業務不熟，或因玩忽職守，稀裏糊塗地替騙子代墊資金，最後由金融部門自呑苦果。

金融詐騙中，不乏有境內外人員勾結以假銀行開遠期匯票來進行的。《廈門日報》一九九九年四月二五日載，一九九九年一月，張劍豪等以自製匯票，私刻「美國創業集團貸款銀行」、「美國創業集團貸款銀行遠東代表處」印章，公開向社會招攬融資業務，謊稱持「代表處」開出的遠期匯票，可以在中國內地銀行抵押貸款，條件是收取二．五萬美元的開戶費和八千美元的手續費。——一九九九年一月份，張劍豪等人先後開出八張自製匯票，三份擔保函，總金額達二〇〇〇萬美元。

近年由於世界範圍內貨幣和金融自由化，使得一些金融詐騙者每每得手。

被稱爲金融界最新騙局的「投資計劃」和「預付金」計劃，常在世界各地出現。所謂「預付金」計劃，就是行騙者向客戶發放僞造的銀行憑證（如信用證、期票），然後在收取客戶傭金之後逃之夭夭。當客戶們發現其假時，預付金已被騙走了。

假冒台商融資詐騙每有所聞。《廈門日報》一九九九年一一月一六日載，河南光山縣農民李玉森，幾年前曾在上海一家公司打工，非法獲取了爲該公司融資貸款的一家台灣公司的營業執照複印件和公司董事長的簽字底樣。一九九八年下半年，李氏糾集幾個退休人員和無業者，假冒台商，從事詐騙活動。他們將高價買來的海外銀行的假支票，列印上求貸單位的名稱和款數，再簽上模仿的「董事長」名字來行騙。一九九九年六月，李玉森自稱是台灣港滬華企業公司中方首席代表，通過新疆當地一退休農墾工人，承諾向新疆昭蘇縣雲母開發實業公司等融資貸款四〇六〇萬港元。六月一〇日，雲母開發實業公司經理張忠等人來到對方指定的南京紅山會議中心賓館與李玉森簽訂了《意向書》和《協定》，李玉森答應首期開出一張四六〇萬港元的香港金城銀行現金轉賬支票支付第一筆款項。在索取了五萬元開票費後，李「趕往」上海的公司總部開支票；按約，在其後交付支票時，李將再收取十五萬元現金做爲首期貸款的「傭金」。——可事實證明，李玉森等所謂台商純屬作騙。因張忠懷疑而報案，這夥假台商才曝了光。

金融詐騙還有騙取貸款，其方式一般是行騙者先拉一筆款存入金融機構，接著虛構了購銷合同，以什麼公司名義申請貸款，爲了騙得貸款，僞造、變造金融部門及負責人的印章，或僞造房產權證明，並辦理了虛假的擔保等手續，這樣便可騙取貸款。吳茲虎、白民強、白玫等三人曾於一九九四年的半年中用這類手法作案八起，騙取金額達二一六〇萬元。①

①《廈門晚報》一九九六年一二月二〇日。

也有通過銀行以假期票做抵押騙取現金的。一九九六年初，河南鞏縣六一歲的劉家仁化名劉邦，私刻國務院章，僞造國務院公文，組織假「中國國際銀行」，於二〇〇〇年初用一張假的美國花旗銀行的五〇〇萬美元的期票做抵押，騙走上海一單位的一二・五萬元人民幣。

還得提到的，有人以假單據提取貨款的單據詐騙。由於單據作假十分容易，貿易公司的買方，在L／C付款下，因單據詐騙而蒙受損失的每有發生。報載，不久前廈門市某進出口公司與香港某公司簽訂一份貿易合同，約定港方供應農產品，廈門方面以L／C付款。合同簽訂後，廈方公司依約申請廈門某銀行開出以港方公司受益人的遠期信用證，可港方公司根本不履行交貨義務，而僞造一份已停用多年的船務公司提單，申請開證銀行承兑遠期匯票，並在香港銀行提前貼現，騙取走幾十萬美元的貨款。廈方公司受騙後雖向法院起訴，可按信用證國際慣例，有關銀行到期對外付款已難避免，即使單據是僞造的，也不負責任。這是信用證操作性質所決定的。①

塗改存款單據騙錢，亦時有出現，其中引人注目的可提二〇〇〇年一〇月河南人李匡懷將三〇〇元一張存款改成一九六〇萬元，通過四二歲的長春人李宏利到長春農村一銀行分理處做抵押企圖行騙，當然未達目的。②

金融詐騙中有一種是騙購外匯。《檢察日報》一九九九年一二月七日載，一九九六年九月至一九九八年八月，肖洪彬（上海某實業公司原總經理）糾集二十多人，虛構貿易事實，採取騙取和僞造報關單、僞造進口合同和發票的手段進行騙匯，先後騙取和僞造海南三亞等海關報關單四二份。他們在兩年

---

①《廈門晚報》一九九八年三月二五日。

②見《人民公安報》二〇〇〇年一一月二三日。

內分別以上海萬源、三亞恒昌和天津潤海等八家公司名義，在上海、三亞和天津等地九家銀行騙購外匯達七·八億美元和四六六〇萬港幣，使國家蒙受巨大損失。

《檢察日報》二〇〇〇年七月八日載，青海省機電設備進出口有限責任公司等五家單位，一九九八年一月以後，多次利用虛假的報送單、提貨單、發票和業務合同等手續，騙取外匯約三·七六億美元，折合人民幣約三十億元，被稱爲全國第一大騙匯案。

報載，廣東惠州太亞灣新經濟技術開發公司總經理利斌，從一九九六年五月起，僞造和變造進口報關單三〇二份：即或將眞的進口報關單加大金額，或將其他公司的報關單進行變造、塗改。靠這三〇二份假報關單，利斌向銀行騙購七〇〇〇萬美元匯往香港，再做爲外方的購貨款回流入境，利用優惠政策來鑽空子，從國家手中騙取出口退稅款五九〇萬人民幣。①

金融詐騙案的處理，自是嚴厲的。《經濟晚報》一九九九年四月一一日載，濰坊海州實業公司四〇歲的女總經理曹婭莎，在不到兩年的時間裏，多次變造金融憑證，詐騙資金達二五〇〇萬元之鉅，雖經公安機關全力追款，仍給國家造成三〇〇萬元直接經濟損失。案發後的一九九九年三月一一日，曹被執行槍決。這是我國第一個因犯金融憑證詐騙罪而送命的女人。

六「騙子城」和「騙子家庭」

經濟大潮中經濟騙案層出不窮，逐年增多，騙款數額巨大，揮手之間，一個公司、一個企業因受騙而淹沒在經濟海洋中，敢於行騙的大款、鉅款體面地浮出海面。

①《法制文摘》二〇〇〇年七月二八日。

被稱爲「騙子城」的河北涿州，原本寸鐵不產，一九九二年後的一年多時間裏，冒出了大小不同的經銷鋼材公司三八八家，多半是玩「空手道」的，以價格低廉、現貨供應和中間人高提成等爲誘餌，進行行騙活動，詐騙金額數以億計。在不到一年時間裏，騙子們用僞造的公章、營業執照和鋼材提貨單等，將全國二〇多個省市、自治區客戶的貨款誘騙而去，連國家工商局、最高人民法院、解放軍總參謀部等的公司都被騙了。他們以收了款不交貨和各種違約形式騙取鉅款。

涿州騙風特盛，騙子猖獗的原因，與當地執法機關及其有關人員的參與不無關係。那裏公、檢、法、司、工商等執法部門競相大辦公司，經銷鋼材，參與行騙活動。一九九三年前後在全國各地被騙單位投訴索款當中，涉及涿州公安局下屬公司的有二九件，涉及檢察院下屬公司的一〇件，涉及法院下屬公司的七件，涉及工商管理局下屬公司的九件，合起來占全部投訴案件百分之六四。

掌權者與騙子緊密合作，並非偶然，而是司空見慣的。騙子的坐車掛用司法機關的牌照，而權力部門和個別領導的豪華坐車是由行騙公司提供的。

討債者說，他們之所以被騙，之所以有債不敢討，其中重要原因之一是，有礙於一些人「頭上戴著國徽」。①

與騙子城相應的是「騙子家庭」，即一家人分工作騙。

報載，長沙市龍楚成於一九九五年二月在該市西城百貨大樓盜得一本「牡丹卡」空白簽購單，欲加以利用，因此，他們舉行了秘密的家庭會議。龍氏動員其大小兒子、大小女兒及女婿分工合作，利用這張信用卡來行騙。

① 李岸冰：《駭人聽聞：騙子城原來警匪一家》，《海峽經貿》一九九四年第三期。

用信用卡行騙，首先要選定目標。目標選定後，一家人分頭瞭解該單位信用卡操作程式、壓卡部作業人員姓名、筆跡和簽字習慣部位以及該單位財務專用章形狀、大小；然後用事先僞造的財務章和壓卡數碼印在空白簽購單第四聯存聯上，再塡上假姓名、假身份證號碼。當他們從櫃枱上選中貨物後，便利用單獨去壓卡的空檔，乘機在購貨憑證上簽上壓卡部作業人員姓名和「已收款」字樣，緊接著返回櫃枱，將僞造的簽購單存根聯和購貨憑證第三聯交給櫃枱營業員，再將貨物提取而去。

這一家人就是用這種伎倆先後在長沙、湘潭、株州、婁底、武漢五市十餘家商場作案達一六起，詐騙金器、彩電、音響以及高檔的服裝等價值二〇餘萬元的商品。一九九七年四月，騙術被識破，「騙子家庭」參騙成員落入法網。①

有的一家人合作作騙。據《重慶晚報》報導，丁玉珊，女，三七歲，某公司經理，其夫某銀行支行工作人員，其夫弟熊涇輝，二三歲，某銀行工作人員。三個人均通曉金融業務，電腦操作，早已策劃到銀行騙倫，以假身份證在重慶七家儲蓄所開了戶頭，準備作案。一九九九年一二月二五日晚，丁氏使用複製的重慶某商業銀行內部管理卡和配製的鑰匙，利用那裏無人値班機會，潛入內部，使用終端機在電腦中虛存了二七〇萬元人民幣。第二天，他們分別到前述七家儲蓄所提走了現金。達到騙倫目的，也很快曝了光。②

《廈門晚報》二〇〇二年九月二八日載，頭戴「市勞模」、「優秀教師」的五六歲退休教師張淑鳳，夥同女兒、女婿合作行騙，謊稱自己是「市領導秘書」、「軍代表」，瘋狂騙取熟人、朋友錢財，受騙者

① 《法制文摘》一九九八年一月三〇日。
② 《重慶晚報》二〇〇〇年一月一八日。

達四〇多人，涉案金額百餘萬元。

也有夫婦合作行騙。《人與法》一九九七年第一二期載，廣東陳滿雄、陳秋園夫婦（陳秋園原爲銀行人員後下海）辦了實業公司，各領了長城卡，通過中山人民銀行存匯科長馮偉權、副科長池維奇，內外合作，從一九九三——一九九五年透支公款四·二億元，馮等爲沖減二陳透支額，挪用資金七·三億元以彌補「黑洞」，被稱爲中國第一號金融大案。

至於一般利用信用卡作騙，即惡意透支信用卡的家庭，每有所聞。

報載，浙江臨海有一無業青年金某，一九九五年五月到建設銀行領了一張龍卡，後便拿它到杭州、寧波等地透支，從五月至七月的兩個月中，透支了六六筆，透支金額達三·八萬元，因此這龍卡被停止使用。可金某並不因此停止作騙，他又於七月底，到中國銀行申領了長城信用卡一張，接著又故伎重演，再到各地惡意透支了五四筆，共四·七萬元。①

另據《廈門晚報》一九八八年五月一三日載，龍海浮宮農民沈某，一九九五—一九九六年間，利用金穗卡、信用卡、牡丹卡和長城卡，到廈門、漳州等地惡意透支多起，價值十三萬九千元人民幣。

這類利用信用卡作騙即惡意透支信用卡的，自不是個別的。

使用假購物券行騙，亦爲常見的家庭行騙內容。《企業市場報》一九九九年七月一五日載，浙江衢州一修理工林某，利用單位發給的「購物券」做樣本，印製了總面額達六〇萬元的購物券，於一九九九年一月份到商場騙購了約四萬元的物品。

---

①《法制周報》一九九七年八月五日。

七庸醫假藥和聽錄音治病

一些自稱什麼專科醫師的江湖騙子，聲言專治各種疑難病症，使用祖傳秘方，藥到病除，一次性治癒，等等。那多是不學無術的庸醫，他們通過廣告宣傳，引得一些病人就範，患有某些不好啓齒之病症的男女青年，受騙尤多，往往花了錢，又延誤治病時間，到頭來後悔莫及。

假藥多是未經審批的僞劣品，標以國家級新藥、國內領先、無副作用等，以春藥、性病用藥和抗菌素爲多，有的甚至冒充進口藥，混進藥品市場，危害民衆健康。歌舞廳中、按摩室內的小姐們多是性病高發人群，因急於求醫，最容易受騙。

假藥中有一種假農藥，用於農作物不起作用，用於人毒不死。純粹爲了騙人用。

江蘇東台富安鎮陳鳳村七八歲的陳貞淦，有三個兒子、一個女兒，都已成家且都有兒女了，但他們對老人不敬，老人覺得人生無意義，想喝農藥結束生命，只是該農藥是假的，沒效用，因而老人沒致死，兒女們見老人不死反而惱火，不知是怪人還是怪農藥，此後對老人更不敬了，最後逼得老人只好用繩子吊死。①

《羊城晚報》二〇〇〇年一〇月二六日載，吉林東豐縣二一歲的孫國利，因想報復後娘，於八月三十一日買了一瓶殺蟲農藥和三瓶安眠藥，回家後將殺蟲藥倒入父母喝的酒中，自己則服了大量安眠藥，要讓自己與父母同歸於盡。哪知兩種藥全是假的，父母輕度中毒，自己一點反應也沒有。事後有人說應感謝假藥救了一家三口人。

① 《法制周報》一九九二年一〇月二二日。

還有一對夫婦吵架，女的想不開，也去喝農藥，農藥也是假的，同樣沒有死。此後夫妻和好如初，兩人很感激假農藥，一起到該農藥製造廠致謝，感謝他們造了假農藥，救了他們的命，也救了他們一家。①那自不會是有意的諷刺。

與庸醫、假藥一起的還有聽錄音治病。一九九五年七月五三歲的張有，經檢查，患晚期肝癌，起先還只長一個四．二三釐米的瘤，大夫要他住院手術，可他聽說有一種練功可治好肝癌且會立竿見影，便去練功了。所謂練功，就是聽錄音，錄音說想生病就有病，想治好就治好，腫瘤想消除就消除，具有神醫性質。做法是讓人閉上眼睛隨意想象。想到膽結石就喊「下來，下來」，結石就自動掉下；想到鼻、咽喉喊「通暢、通暢」就通暢；如果是腫瘤，連喊四聲「沒有」，就會消除，但要多練幾次，要心誠。錄音還說，人人都有特異功能，只要練習就能開發出來。張有到練功地方，專心練功，負責人很同情他，要發功把他的腫瘤抓出來。他用手在靠近腹部地方比劃並喊叫：「腫瘤出來，腫瘤出來」。後來負責人還說一個人功力不行，要七、八個練功者圍著他比劃發功，把腫瘤抓出來。場面眞熱鬧，張有也很激動，很高興，心情還很舒暢。但沒見什麼效果。他自己回家後還繼續練，總感效果不好。九月份再到醫院檢查，肝部腫瘤變成兩個了；一〇月四日又去檢查，肝臟已長出三個瘤了；一〇月底肝部長了四個腫瘤，且出現黃膽，肝部劇疼。這時張有感到後悔，當初住院時只一個瘤，不聽大夫話去手術，聽信練功，給耽誤了，受騙了。②

也有一些社會痞子，冒稱武林弟子，借行醫名義，走街串巷，打起「獻藝賣藥」旗號，騙財騙色。

①《法制文摘》一九九七年一〇月二日。

②《八小時以外》一九九六年第七期。

有些良家婦女不察其僞，每每上當，過後懊悔莫及。

如今行騙如同遊戲，可給民衆帶來種種災難。許多騙子的騙術並不高明，甚至十分蹩脚，可每每輕易得逞，使許多人上當，這是何因？其一，環境給行騙者提供了行騙的「土壤」。許多人找不到自己精神安慰與寄託，產生了迷信與盲從，心甘情願受騙，有的人送了錢還要當幫助騙子數錢的角色。其二，管理部門的麻木不仁，聽之任之，則使那些騙子膽大妄爲，無所顧忌，得寸進尺。結果行騙氣氛越來越濃厚。

更令人不解的，還有正規醫院中有些醫生以「合理合法」手段騙取病人的錢。比如一般感冒發燒，通常服些治感冒藥片，多喝開水，即可痊癒。有的醫生爲了創收，硬要病人進行一系列的化驗檢查：驗血、肺透、心電圖、腸胃鏡透視、肝腎B超、腦CT……幾乎醫院中能用得上的檢查手段，都加以運用，直到病人腰包掏得差不多了，才甘願開幾粒感冒靈之類讓病人帶回家服用。這種風氣引發病人與醫師的緊張關係。

八 「氣功」和「特功」

有個時期，氣功浪潮漫捲中華大地，人們爭相以氣功來治病。

氣功不是練氣，而是通過自我精神調節鍛鍊經絡，協調臟腑，平衡陰陽，防治疾病，造福於人類，這是人所共知的。而不可阻擋的氣功熱潮，把氣功師們推到前台，氣功迷們的盲目崇拜，又逼著許多氣功師走上了一條本不情願的行醫之路；而在這條路上豐厚的收入，又誘使許多人以氣功行騙的犯罪行爲——有些人根本不懂氣功，更不通醫道，卻以氣功師自詡，樹幡行醫，以「氣功」來騙人。這是人們想象不到的。報載，杭州市有個揀破爛的騙子叫徐民，眼看社會上刮起氣功熱，也學幾手，盡找婦女治病，將他們中樞神經麻痹，然後猥褻姦污。①

其他以氣功騙取錢財的更非個別。那些騙子行騙手法大多是經不起推敲的，且不說他們信口雌黃，漏洞百出，單是那些不倫不類的證書、錦旗以及昂貴的藥價，本已夠令人生疑了，可有些人急於求醫，往往不察以致受騙，直至案發才大吃一驚。

報載，張子龍原是湖南龍山縣水電局幹部，自稱是峨嵋山陰陽功第十八代傳人，說自己會氣功並有特異功能，於一九九〇年組織「中國精武氣功協會」，自任副理事長，弄到高級氣功師和高級氣功醫師二本證書，此後便打著「東方氣功學院」牌子到處講學。講學時，張總要表演雙手握電棒節目。有一次有一電工看了表演認爲有假，要求當場檢查，可被張拒絕了，因爲張是在作騙。

張以氣功名義行騙達七年之久，遍及半個中國，受騙者達幾十萬人，當中辦各種氣功培訓班上百期，發出結業證書數萬本，發出東方氣功學院的初、中、高級氣功師證書數萬本，發出介紹弟子在國內傳功講學介紹信多份，到處騙取培訓費和贊助費，單一九九七年一月至六月就騙取了二〇萬元。②

李洪志，原係長春市糧油供應公司的工作人員，一九九一年停薪留職，外出傳功。主持一種叫「法輪功」的氣功。

爲了傳功，李洪志自稱「佛祖」，吹噓自己「四歲起由佛家獨傳大法第十代傳人全覺法師親自傳功」，可以「洞察人生，預知人類過去未來」，並聲稱：地球即將爆炸，只有他才能使爆炸推遲發生，還提出用法輪功來消孽等等。

---

①《民主與法制》（畫報），一九九一年一一月六日。

②《民主與法制》（畫報）一九九七年九月三日。

李氏所謂法輪功，也叫法輪修練大法，通常含有對人身的許諾、引誘和威脅，其手段有精神暗示和心理強化。學功者有時會感到疾病症狀減輕，多出於心理作用。

或說李氏通過法輪功的傳授，其目的還主要在於搞創收，在於騙取錢財。報載，單一九九三和一九九四兩年李在長春市教功、出售教材等創收了四二萬元，在全國各地辦班收入更多達七八萬元。兩項相加高達一〇〇多萬元。①

法輪功成員因在各地組織靜坐、示威反對政府，不久前被定爲邪教組織，受到取締，此後轉入祕密活動。

《湖南經濟報》一九九九年六月二五日載，湖南洪江市四十八歲的農民易銀堂，自稱得某大師眞傳，練就四步功，能脫胎換骨。

一九九八年一二月，洞口縣農民張雲寶十八歲兒子得腎病，求醫無效。易氏爲之醫治了二十多天，要走一五〇〇元，但張子還是死去。在張家埋了兒子後，易氏趁人不備將自己的兒子易某（容貌與張子有些相似）藏入張家，代替張子，並宣佈脫胎換骨術成功了。張家親友向這個張家「新子」提了許多問題，「新子」對答如流，衆人「皆大歡喜」。後張家埋葬的死子被人發現，易氏騙術才曝了光。

也有以魔術表演冒充氣功的，所謂意念產生力量。一九七一年轟動世界的氣功師尤拉・傑勒到處表演用意念使金屬彎曲，多次獲得成功。人們爭先恐後觀看表演，無不拍手叫好。一九七二年有位叫冉迪的魔術師破了密。當傑勒偷偷將湯匙頂在大腿上進行拗曲時，被逮住了手腕子。他一陣心慌意亂，連褲子也撕破了。美國科技界說這事是最創傷心的「水門事件」。對此有人寫文章加以評論，最吸引人的文

① 原載《錢江晚報》，引《廈門日報》一九九八年三月三〇日。

章題目是《匙子彎了，褲子也撕破了》。①

氣功大師的一些荒唐事令人哭笑不得。報載，有個中國科學院院士說到，某「氣功大師」口出狂言，宣稱自己發功能讓飛馳的列車停下來。他站在鐵軌上向迎面呼嘯而來的列車手舞足蹈地發功。火車見前方有人便緊急煞車，但已經來不及，巨大的慣性還是把這位「氣功大師」送到九泉之下。事後，居然還有人散佈怪論，說是那位被軋死的「氣功大師」的外氣讓火車停了下來。②騙人騙得過於離奇了。所以有人懷疑此人是精神病患者。

特功是近幾年新上市的詞兒，甚爲鮮美，有說這特功爲沈昌（號稱爲「人體科技大師」）所擁有，它既非氣功也非特異功能，而是意識調控的「資訊」。心想事成，意識可以決定存在，疾病能被人的意識所調控。你想腫瘤沒有就沒有了；想胃潰瘍長好，就長好。因此，這種資訊，可以促進人類健康、社會進步。而這資訊從何而來？據說是沈氏腦袋生來結構與常人不同所造成。普通的東西如跟他聯繫上即可得到他的資訊。因而其身價大增，比如普通茶葉，只要標上「沈昌資訊茶」，可提高十餘倍價格。沈氏特功無師自通，基本理論有二，其一是服氣論，即不吃飯可如常人一樣工作；其二是想像論，想什麼成什麼。沈氏在一次報告中說他想象事例：其一，北京昌平縣養雞農民想讓雞少吃東西而多生蛋，結果產蛋量提高了四倍。其二，該縣種瓜農民想讓瓜多開花多結果，果然每畝產量增加二千到三千斤。其三，天津某小學學生每天聽二次沈昌特功帶，一個月後學習成績由全校倒數第一成爲正數第一。……

對沈昌的特功奇蹟，《工人日報》曾派專人進行調查，結果是：昌平縣政府說未接到此類報告，縣

①《中國青年報》一九八一年一〇月三一日。

②《廈門晚報》一九九七年二月二日。

農業局蔬菜科、縣畜牧局家禽科也不知道此事。天津市教育局負責人也否認某學生成績變化事。《工人日報》於一九九六年一月二六日刊登《常州日報》記者秋雲飛文章：《聽沈昌吹牛「心想事成」大荒唐》。沈昌因此上告，說該報和作者侵害名譽權，但被北京東城區人民法院駁回。①因此，沈氏特功被認爲是一種作騙。

上述作騙者把愚昧稱科學，在科學旗號下兜售僞科學。僞科學的吹鼓手，說謊行騙的「能人」，多在弘揚科學幌子下，抓住一些常識解釋不了，科學未能論證的怪異現象，散佈怪論，欺騙民衆。人們不察，上當受騙，結果造成僞科學泛濫，而僞科學的泛濫，勢必使文明遭受破壞，這是人們不能不認眞對待的問題。

九　文學藝術和翻譯作騙

文學藝術作品的抄襲，通稱剽竊，實也是一種造假行騙。

文學作品的造假行騙，古代多半在詩文方面的抄襲，就連名作家名詩人也不例外。唐代王之煥的《登鸛雀樓》一詩：「白日依山盡，黃河入海流，欲窮千里目，更上一層樓」，連剛受啓蒙的小孩都會背得出來，可謂流傳之廣了。同時代的朱斌亦有《登樓》詩：「白日依山盡，黃河入海流，欲窮千里目，更上一重樓」。兩詩只差一個字即層和重不同，其他全都一個樣，究竟誰抄誰，也就是誰在騙人，似還沒人說個清楚。

到了近現代，抄襲情況更嚴重。如今主要抄襲那些有名氣，但不是十分出名的人的作品。由於這類

①福建《每周文摘》一九九六年一二月二〇日。

人的作品知者不多或不很多，不易被識破，可欺騙更多的人。求名心切者，多選擇在這方面動手腳，或者整篇整段的抄襲，或者改頭換面的抄襲，然後署上自己的名號，堂而皇之地加以發表或出版，既騙得名也得到利，叫做名利雙收。被抄襲的作品，既有當代的，也有古代的，令人防不勝防。一九九五年六月在溫州舉行的「鹿鳴杯」全國詩詞大獎賽中，有人寫一首《哭道姻》的七絕，一字不易地抄襲明人王次回《疑雨集．歸途自歎》一詩，冒充自己的創作，竟獲得二等獎，所有「公心、鐵面、慧眼、熱懷」的資深評委都給騙過去了，後來還是福建福鼎一位姓周的業餘愛好者從公佈的得獎作品中發現了這首抄襲的古詩，才把騙局曝了光。

詩是詩人借助豐富想像力，運用凝煉的語言反映生活，一向被認爲是文學作品中最具感染力和生命力的一種，一直站在文學之巓，鼓舞著民衆的生活和戰鬥。有些人不惜抄襲別人的作品，無非想早點當上詩人，可他們爲什麼不想想，這是作騙啊！

抄襲歌詞也很常見。《法制文萃報》一九九九年七月一九日載，一九九六年亞特蘭大奥運會主題歌之一的《返樸歸眞》，有一半是抄襲自台灣高山族雅美人夫婦郭英男和郭秀珠所創作的《飲酒歡樂歌》。

不但詩歌抄襲，**小說也抄襲**。報載，葉蔚林的中篇小說《秋夜難忘》，從背景、構思、視角、故事到人物設置乃至主要情節，大量細節甚至人物語言環境、營造氛圍等等，都與山東作家尹世林發表於一九九〇年第四期《莽原》上的中篇小說《遍地螢火——我在一個秋夜的經歷》一個樣，如出一轍，有人明確指出，這《秋夜難忘》「純屬抄襲」而來的，並不是一般的參考。①又如《中外黑社會大觀》（中州古籍出版社出版）一書中的〈賭博〉等篇，都是整篇或整段地抄襲《賭海沉浮》（李小兵、章麗婭著）

①《作家報》一九九七年三月二〇日。

一書中的有關章節。①

漫畫也存在抄襲現象。有個叫馮貴波的抄襲阿爾巴尼亞的作品，在國內得了獎；也有的抄襲作品還走出國門，參加國際比賽，成了國際醜聞。不但大人抄襲，小孩也抄襲。一九九六年獲日本讀賣新聞國際漫畫賽海外少年特別獎作品《自得其樂》，署名高藝峰（九歲）作，竟是抄襲人民美術出版社一九九一年第一期《兒童漫畫》雜誌上劉勇的同名漫畫。有人懷疑會不會是成人代替孩子的意志。②抄襲作品一路順通，騙了編委也騙了評委，令人深思。至於個別地方、某些情節、個別段落和語言運用方面的抄襲，則是經常可見到，俯拾即是，舉不勝舉。廣告作品自也是一種藝術，一樣也存在抄襲現象。這種抄襲現象，報紙上時有披露。一九九六年十二月結束的「第二屆全國報紙廣告大賽」和「中華好風尙」主題公益廣告設計獎，《深圳商報》在評比競賽中，一舉捧回兩個最高獎：一等獎和平面設計獎。令人啞然失笑的，這兩個大獎作品，都是作假的。一等獎的作品題爲《文匯花園》，全部圖案取自日本福田繁雄爲《都市的實驗》一書設計的封面；獲「中華好風尙」平面廣告金獎的作品題爲《飛》，圖案則從台灣森磐聳設計的《台灣山區鳥類生態繪畫展》廣告中「拿來」。兩幅作品除文字不同和第一幅圖形相反外，與原作品無任何區別。就是說，兩幅得獎作品都是抄襲來的，自然，這是在作假騙人。③

不但文學藝術作品，連理論研究也有抄襲。一九九六年山東某出版社出版的《漢語史》一書，有人指出是抄襲北大中文系二教授於一九六二年編印的《漢語史教學大綱》（初稿）這本講義的。通訊報導

①《法制文萃報》一九九七年八月一八日

②《海上文壇》一九九七年第期。

③《重慶晨報》一九九七年一月一一日。

也抄襲。《收藏》一九九六年第一〇期的〈古董虎豹走四方〉文，抄襲《揚子晚報》一九九五年一〇月二八日的〈古董騙術面面觀〉一文如此等等。眞可謂：「莫道小生無學術，乾坤之間任我抄」。

在各種的抄襲中，最令人結舌的是**大作家抄襲小作者的文章**，那猶如億萬富翁偷竊小百姓的錢財，從不會有人懷疑，更不會受到指責。大作家使用別人研究成果而不加說明的，則可視爲是一種變相的抄襲。丁東在《難以澄清的「謎團」》中①說到，大學者郭沫若寫《李白出生於中亞碎葉》時，研究中國邊疆史專家馮家升，曾提供了個人研究成果，郭利用了它，可不置一詞。這類事絕非僅有。而有組織的抄襲，即組織一幫人馬集體抄襲，你抄一章，我抄一章，他抄幾節，然後匯總起來，成了一本大著，有目共睹，不但不會受到指責，多半還會得到表揚。何樂而不爲？還有，改革開放後，抄襲洋作品、洋文章，也成了一種時髦。那些稍通外文者，把一些名聲不大的洋人著作，翻譯成中文，堂而皇之署上自己名字，有的一舉成名，成了大教授、大學者，這猶如小偷爆富成了大款爺，人們雖然也感到驚訝，但怎敢不承認事實？

外國也一樣存在剽竊事。被稱爲英國小說之父的丹尼爾·迪福，於一七一九年出版的《魯賓遜漂流記》，向被譽爲世界文學的一朵奇葩，可前不久，葡萄牙歷史學家費南達·費雷拉在其最新研究成果《魯賓遜·克魯索的原型是葡萄牙人》一書中，提出：迪福的小說《魯賓遜漂流記》無論在語言、人物性格，或在情節上，都與葡萄牙的旅行文學如出一轍，其故事是「不折不扣地剽竊自葡萄牙旅行文學」，「有的地方甚至一字不改」。②

① 《南方周末》一九九八年五月一五日。
② 《法制文萃報》一九九八年五月一一日。

這裏涉及到一部名著。名著之所以爲名著，或因回答並解決了時代提出的某種問題，或因有其政治、經濟、歷史、文學、美學等方面的特殊價值，經得人們閱讀欣賞，經得歷史淘汰驗證。誰會想到？名著也存在剽竊，其他更是可想而知。

連諾貝爾文學獎得主的作品也有剽竊現象。《法制文摘》一九九九年七月一六日載，一九八九年西班牙何塞·卡米洛·塞拉的小說《聖安德魯的十字架》得了諾貝爾文學獎。一個中學女教師卡爾曼·福爾莫索讀到後表示：小說的主題、特點、歷史背景、人名、地名、場景等都與她的作品有諸多相同。她曾利用業餘時間寫過一部小說，投寄文學獎評委會參賽，幾個月後手稿被退回。沒想到，內容被剽竊了。爲了討回公道，這位女教師後來訴諸法律。

還可以提到的，電影、電視劇藝術興起後，在這方面也很快颳起了抄襲風。香港《A計劃》抄襲大陸的《智取威虎山》，不但主要情節，而且有的場景、對話也差不多。抄襲外國的就更多了，只是把洋人改爲中國人而已。人們看到，電影界不久之前抄襲卓別林的《摩登時代》、《淘金記》等就是這麼做的。也有從外國影片中選取一些故事情節、場面、動作等，經過改頭換面，套上自己「創作」的影片中①。曾獲過兩次大獎的影片《像春天一樣》，與外國同名的小說「驚人相似」，連講話和若干細節也一樣，只是故事主要場景從紐約的地鐵換成了上海黃浦江上的輪渡。有人說，這裏除了騙人的抄襲，很難有別的解釋。②

對於後面的這些，也許有人會說是一種模仿吧。當然模仿未必不可，但如果把模仿之作任加吹捧，

---

① 參見《戲劇電影報》一九八七年三月一五日。

② 《法制文萃報》一九九七年一月二日。

說成是「前無古人」的「傑作」，那就顯得有些有意騙人的味道了。

至於思想方面的抄襲亦即思想剽竊，更多。人們看到，有的人靠著自己熟悉某種外語，把別人作品、論著翻譯成中文，稍加調整、改動，署上自己的大名，成了自己的作品或論著，謊報自己創作或研究成果。更有可笑的，有些「名人」竟把別人研究成果占爲己有：如在助手或別人寫的作品或文章上署自己的名字，成了自己的成果。有時，在一些會議上，有人爭先發言，權威自居。其實，其發言的內容，或是從報刊上引來的，或是道聽途說，並沒有自己的見解，也不說明其來源。這自是一種剽竊別人思想的作法。也有些人，在研討會上一直保持沉默，等到會議接近尾聲時，他（她）便把前面的發言稍加歸納，當成自己的見解，甚至說是自己的「創新」。這可說是剽竊別人思想的另一種作法。不論哪一種，都是作騙的手法。

文藝思想的行騙更多表現在製作和販賣文化垃圾，以騙取稿酬等。

人們看到，如今文藝界荒誕離奇的作品屢見不鮮，荒唐無稽的故事情節隨處可見，三角四角以至多角的戀愛、奸殺淫殺玩性殺，比比皆是，更有一些以名家自詡的文人，每以自己的豔遇、怪癖、奇好、敢於離婚、敢於同居等等寫成充滿「趣味」的回憶錄、雜感集，吸引讀者。有人諷刺說，這是嚴肅和庸俗的糅合，可稱爲藝術的通俗。這些豈止在賺騙讀者的金錢，且浪費讀者的時間，污染讀者的思想！

文藝思想的騙，還表現在一些文藝刊物重名不重文，在名家響亮的名字掩護下，販賣文字廢料。有人一針見血地指出：有的文學雜誌簡直成了名家的痰盂和夜壺，專等一些不自愛的專家來吐痰和小解，彌漫著一股腥臊之味。①發表作品唯名是問，說穿了也是造假行騙。

①《廈門晚報》一九九七年一月十九日。

文學藝術方面的作騙，還要提到歪曲事實的加工。藝術加工可使人物更加典型化，那是藝術情節的需要，其中有的歪曲了事實，也起了騙的作用。這在《三國演義》、《水滸》中可見到不少，武大郎的藝術形象又矮又醜，可事實上他高大威猛，是個進士出身的，當過縣令。潘金蓮被描寫成不可多見的淫婦，其實她是個大家閨秀，知書達理的賢妻良母。包公戲中的陳世美、龐吉，與歷史上的陳世美、龐籍相差何啻千里！當然，這是藝術加工，與抄襲和販賣文化垃圾是不同的，不能同日而語。

還有一種，把小說當成傳記作品，自也是在作騙。當代英國小說家威廉．博伊德於一九九八年出版了一本叫《納特．泰特：一名美國藝術家》的書，稱是傳記作品，可世界上根本就不存在泰特這個人。那只是虛構的小說，不但情節是虛構的連照片也是借用的。騙了英美藝術界和傳媒。後來有個名爲大衛．萊斯特的英國《獨立報》記者，把騙局揭露了出來。

翻譯界同樣作騙。署名「梁虹」翻譯、時代文藝出版社出版的《呼嘯山莊》，與老翻譯家方平於上世紀八十年代出版的譯本，不論分段、譯文、注解、譯名等一模一樣。如不是抄襲怎能這麼巧合？人們看到，有的名著原已有譯本，可有人偏要重譯，儘管舊譯本已是全譯的，可在重譯本卻加上「全譯」字樣，讓讀者誤以爲舊譯本少了什麼精彩的，不免產生欲睹新的「全譯本」的念頭。這就是騙所產生的作用。由於已有舊譯本，重譯者方便地參考舊譯本，甚至抄襲舊譯本，改動個別字句，或者把原來的多義字改用了新詞：如叔叔改成伯伯，妹妹改成姐姐，《湯姆叔叔的小屋》改成《湯姆伯伯的小屋》，《嘉莉妹妹》改成《嘉莉姐姐》，然後大大方方地署上自己的大名。有些無處參考，無處抄襲的譯作，無疑就要動些腦子了，自己懂得的部分，自然翻譯起來較方便，遇有不懂的部分就猜，猜不了的就蒙，蒙不住的就丟開，翻譯個大概就算大功告成了，一般不懂外文的諒你也不會來指指點點，也無法挑三撿四！

①這些，除了用騙字稱之，還能有別的解釋嗎？

魯迅曾說過，中國人向來不敢正視人生，只好瞞和騙，由此也就生出瞞和騙的文藝來。——事實不正是如此嗎？文學藝術的眞諦在於展示眞善美，作假騙人，自是玷污了眞善美。

一〇公開騙和速成騙

公開騙就是當衆作騙。而這種當衆作騙，多是掌權者經常採用的手法。有些掌權的領導喜歡發指示、作報告。有時在作報告時錯誤連篇，非但不認錯，還要美化一番，如：把詞不達意的話語，稱爲「別有新意」，把語無倫次說成「不拘一格」，把顚三倒四的話稱爲「反覆強調」。如此等等。可謂強詞奪理的公開騙。公開爲自己歌功頌德，則是不知羞恥的公開騙。有個叫張二江的貪官，不但貪污鉅款，玩弄一百多個女人，而且還叫人爲他編造所謂民謠，以歌頌他的功績。可謂露骨的作騙。

爲應付上頭的各種檢查和進行各種形式的假檢查，通稱搞形式主義，也叫「花架子」，自也是一種作騙，那多是公開進行的，是謂公開騙。舉個例子：爲了創建衛生文明城市，迎接上級檢查，有些地方不惜人力財力對城市主幹道兩旁所有建築物（謂城市窗口）大力加以粉飾，連路中的護欄也都重新粉刷一遍，令人耳目一新，而非城市窗口的背街小巷，因不是檢查重點，滿路是廢紙、塑膠袋、砂石碎磚，甚至有風乾的大便，有的垃圾堆成如小山，蒼蠅麇集，污水橫流，無人過問，其衛生文明狀況與主幹道迥如徑庭。這麼做無非在應付檢查和欺騙上級。《中國青年報》一九九九年九月二一日載，南京一些地方在創建全國衛生城市活動中，應付檢查，大搞形式主義，頗爲典型：市衛生管理部門一邊通知所有攤

①劉少勤：《翻譯奇招》，《廈門晚報》一九九六年一二月二九日。

檔，在上級檢查團在寧期間（九月八日至一二日）一律歇攤，違者懲罰；一邊砌牆圈圍，遮掩大片垃圾。九月一三日，檢查團離開了，早點攤、夜排檔、修車攤、瓜果攤又呼啦地冒了出來，一切都恢復了原樣。爲了爭當先進，衛生主管部門既騙檢查團，也騙自己。

負責檢查的也作騙。《雨花》一九九九年第九期載，某縣爲應付環保大檢查，對於凡會造成環境污染的工廠，限期整改。和平鄉一條小河仍被小造紙廠廢水嚴重污染，鄉政府對整改一無資金，二無決心，又希望檢查時能順利過關，遂想到在河邊樹公益廣告圍欄的辦法。他們在那裏刷上大字標語：「還我青山綠水，造福子孫萬代！」檢查團到鄉時，在一頓豐盛宴席之後，寫了檢查報告：「和平鄉把治理污染提到造福子孫萬代的高度，值得讚揚和推廣」云。騙出了水平。

公然把集體成果竊為己有，自是一種公開騙。二十世紀五十年代，某大學有一單位負責人，爲應付某課程教學的需要，組織一干人馬分頭編寫不同章節教材，後合爲一本講義，油印成冊，分送有關教師參考使用。不久，因該負責人個人歷史問題，講義停止使用。八十年代初，有個參編者，私下對該講義稍加修改，補充一些資料，以個人名義公開加以出版，隻字不提原來的負責人（時個人歷史問題已弄清楚），而自己一躍成爲該學科的開拓者，由講師而教授而博導而什麼長，而勞模。可謂高明的公開之騙。

抄襲別人成果又不加註明，是謂剽竊，亦屬公開騙。不久前報刊公開披露的北大名教授王某，安徽某大學教授揚某等，都大量地抄襲別人的、外國的成果。

抄襲中令人回味的，竟有學生抄別人，導師再來剽竊學生的怪事。重慶某大學李某把學生交的論文（作業），稍加改動後用自己的名義拿去發表，而學生的論文（作業）又是抄襲某工程師的文章。何等的公開！

這類公開騙，外國也有。《中國圖書商報》二○○二年三月五日載，美國著名歷史學家史蒂芬·阿姆布羅斯一九九九年出版的暢銷書《絕世無雙》，使用了許多來源不明的資料，據查實，書中大量篇幅與一九七○年出版的戴維·拉文德的《偉大的勸服者》完全雷同。

社會上所謂「政績工程」、「形象工程」，不少是某些官員騙人手段，其中一些論證會，邀請一些專家為其唱頌歌，堵住反對者的嘴巴，更是一種公開騙。

他如，有些人冒稱某名校畢業的，冒稱得過什麼博士學位等，都是為了某種目的而公開作騙。

有一種被稱為「網上蒙面人」作騙，也屬於公開騙。他們利用網上交易異地性強，交易數額小因而人多不會因此花費精力、財力去追究的特點，處心積慮行騙。他們經過精心準備後，以提供貨物交易資訊的方式，騙取錢財。因受騙者少加認眞追究，所以「網上蒙面人」，「愈幹愈歡」，甚至無所顧忌。

公開作騙最令人玩味的可提印度的一無賴青年了。

印度前總理拉·甘地女兒普麗揚卡，在拉·甘地死後因其美貌引來無數求婚者，家無寧日。一九九九年二月五日，普麗揚卡公開登報宣佈結婚。沒料到因此在全印度引起軒然大波。癡迷者紛紛到她家門前示威甚至絕食，以示抗議。安得拉邦一無賴青年叫拉馬，聲稱自己與普麗揚卡於一九九六年一一月三○日依印度習俗與普麗揚卡已舉行過婚禮，因此請求法院永久性禁止她與他人結婚。雖係無稽之談的公開作騙，可法院還得接受其起訴。這事讓普麗揚卡傷心透了。①

跨世紀的時代，人們緊迫感加強了。為了跟上時代的步伐，速成被提到日程上來了：速種速收，速成進財，速成致富，速成悟性。一切從快，晚一點就沒你的份。在各種速成廣告招引下，各式各樣速成

---

①引《廈門日報》二○○○年八月二一日。

訓練班紛紛開設。

沒有文憑的，進速成班訓練幾天即可得到各自所需的文憑；想成大款的，進速成班稍加訓練即可掌握儘快賺錢的門路；想當明星、專家、醫師、氣功師的亦可進速成班解決；連找不到對象的，也可以到速成班訓練速決的戀愛戰。

速成班可神啊！你想快點掌握電腦技術嗎？到速成班，包你三天會打字。你想看外文書嗎？到速成班，學習幾個月便可閱讀外文原著。有的更快，有一本書叫《五分鐘學會說英文》，可神啊！你想當書法家和繪畫家嗎？只要進速成班，每天練幾個漢字，每月繪它一兩幅花鳥畫，三個月就是書法家、繪畫家。各種技術更快，駕駛汽車一星期，當菜館廚師三天，裁縫師一天到三天，理髮師一天半。有些技藝，稍加開導即會。還有的觸類旁通，一通百通。只要繳納一定的培訓費什麼都可速成。可謂速成學問。

速成中還有技術轉讓，想成材者，花點錢買一份資料，連速成班也不用去，即可坐享其成，到時技藝門門通，財源滾滾來。

這類騙人把戲，有時也講出一些道理：過去人們花那麼多時間和精力才學得一兩門技藝，那又爲什麼呢？考其原因，是過去人不明白這樣一個道理：即人的潛力是無限的，可以無限制地調動起來。過去人不注意這一點。如今越來越多的兒童早熟早慧，更可證明成年人可用速成辦法成材。而現代快節奏的生活，人們都忙於各種工作，都急於求取成就，急於發財致富，花太多時間和精力去拼搏，不免太累了，不合算，要找個捷徑，找個速成辦法。於是各種速成班應運而生，它既是時代的要求，也是時代的產物。

許多人在冠冕堂皇的字眼下行騙。上述當然是騙。這騙可稱爲速成騙。

爲了速成，以期在短時間內獲取好名聲，有人不惜弄虛作假，剽竊成果，把集體成就據爲己有，突破做人的道德底線，終難免身敗名裂。

一一　宗教和迷信之騙

講騙不能不提到宗教、迷信。

宗教是社會性的文化現象和精神現象，是人類以特殊方式反映某種意志、情感和追求，是一種完整的世界觀，影響著人類社會的生活，是人類文明的一個重要組成部分，對人類文化有過積極作用。但是，宗教是不科學的世界觀，在發展過程中，摻雜著許多騙人的東西。陳獨秀早已指出：「一切宗教都是騙人的偶像。」

宗教騙人實也是人騙人，即一部分人騙另一部分人，一般講是少數人利用宗教名義騙多數人。宗教騙人最明顯表現在神創造人的故事中。關於神創造人，在基督教的經典《聖經》中說得最離奇：七千多年前，萬能的上帝耶和華用六天時間創造了萬物，第一天創造了光明；第二天創造了空氣；第三天創造了大地、海洋和各種植物；第四天創造了日月星辰；第五天創造了水中的游魚和空中的飛鳥；第六天創造了牲畜、昆蟲、野獸，並用泥土捏了個男人（取名亞當），在伊甸園裏從事耕作。上帝耶和華創造了萬物，算是完成了任務，而他感到美中不足的是，一個男人太孤獨了，於是又趁亞當熟睡時，從其身上抽出一根肋骨，用以造出一個女人（取名夏娃）。這一對男女是人類的祖先，他們在大地上生活，生兒育女，繁衍子孫後代。

中國也有盤古造人造天地萬物之傳說：農曆正月初一造雞，初二造狗，初三造豬，初四造羊，初五造牛，初六造馬，初七造人，初八造穀。是謂「八造」。後來道教加上說他初九造天、初十造地。合起來稱「十造」。

在相當長的時間裏，許多人把這種騙人的說法看成是眞理，後來科學發展了，人們終於瞭解到，人不是由神創造的，而是從猿猴進化而來的，宗教騙人的謎被揭開了。

宗教騙人還表現在「原罪」說上。按這原罪說，人類祖先犯了罪，傳給了後代子孫，因此，後來出生的人，一到人世就是一個有罪的人，要永遠受到懲罰。就因爲人生來就有罪，所以人生的目的在於贖罪，洗去罪惡。贖罪的辦法有：齋戒、懺悔、禁欲、出家修行等，而最重要的是忍受苦難，順從命運的安排，這些做到了，來世就有希望了。

爲了騙取人們相信原罪說，有的宗教編造了地獄和天堂。關於地獄，有的宗教說有九層，有的宗教分成十八層，不論怎麼分，那地方總是個陰森可怖的，生前做過壞事、惡事的人都逃脫不了到地獄受扒皮、抽筋、上刀山、下油鍋、大卸八塊等的懲罰。只有積德行善者有希望進入黃金鋪地、百花盛開、果實纍纍的天堂即極樂世界。

勸人行善，反對作惡，至少可在憤怒中消除殺機，維持社會秩序，無疑是好事，問題是不該用騙來達到目的，就是不該假借死後入天堂的話來騙人。

其實，講透了，歌頌世外天堂，不過爲了證明人間地獄的合理。所以宗教與其說是一種幫助人們追求天堂的入場劵，不如說是宣傳現實社會合理性的宣傳品。

宗教行騙直至今日仍在進行。所謂世界末日即將來臨的嚇人傳言，可說是近年宗教作騙主要內容之一。那就是邪教的騙人術。

當二十世紀即將結束，二十一世紀即將來臨之際，有關千年會發生大災難的傳言，越來越多，越說越離奇。或說，世界末日將從一九九九年開始，是年七月，有「恐怖大王」從天而降，八月有九大行星與太陽構成「恐怖十字架」，加上電腦千年蟲，世界會大為混亂；是時亞洲將爆發一場核災難，台灣島內的三座核電站將發生爆炸，給世界帶去死亡氣息；二〇〇八年將有小行星撞擊地球，二〇四三年整個地球將滅亡云云。信奉世界末日的邪教是謂「末日教」，越來越多，他們神祕地迎接「世界末日」的到來，有的邪教還宣傳說，到時仁慈的上帝將派出「飛碟」把地球上所有的生命都救去。而在這之前，上帝將於一九九七年三月三一日下凡到美國德克薩斯州達拉斯市郊區加蘭鎮迎接世人。比這早幾天的三月二五日，上帝將在全世界所有十八頻道電視上露面，先讓人們看到他的形象，六天後，他化為人身形出現在加蘭鎮里奇代爾街三五一三號房子裏，化成千百萬超人，與在場人握手並用各種語言回答問題。上帝為什麼要選擇在加蘭鎮做為救助人類的基地呢？邪教代言人說，因為那裏是地球上所有生命的發源地，所以也要從那裏把人類接回去。

說得有根有據有眼有板，怪不得吸引了許多信從者。台灣有相當的醫生、教師、商人（約一五〇多人），於不久前不惜賣掉經營多年的產業和世代居住的房屋，而後帶著畢生的積蓄，追隨台灣「天救教」教主陳和明來到美國，等候與上帝見面並隨上帝升天。只是不知怎的，上帝竟失約了，二五日沒在十八頻道電視上露面，三一日更沒有來美國。信徒們不免失望，有的哭，有的罵，有的笑，有的叫。在局外人看來，問題很簡單，這是邪教騙人，可對於那些毫無防騙思想準備的信徒們，甚是想不通，受不了。

這種千年災難的傳言，或說與將於二〇〇〇年前後出現的群星連線的天文奇觀有關。群星連線是指金星、木星、火星、土星及太陽、月亮、地球這幾大星球處於同一平面的一條直線上，結果因巨大引力，引發地球上的地震、海嘯、火山爆發等。這些自然災難，將造成世界範圍內混亂，但不會是世界的末日。宗教職業家把某些自然現象加以誇大，蠱惑人心，自是騙人的。

宗教騙人特別表現在宗教職業者和神職人員的作騙上。這不論在歷史上、現實中都舉不勝舉。比如，我國北魏時盛行佛教。北魏孝文帝年間，濟州沙門統領道研是個貪僧，擁有鉅額資產，怎麼來的？自是靠勾結官府而得來的。他利用寺院財產放高利貸，然後打著普度衆生的旗號斂財聚寶，又用寺廟前一鍋稀粥，打發窮人，博得樂善好施的好名聲。在宗教行騙方面，這可說是比較典型的。到了今天，一些反社會反人類的邪教，更是利用悲天憫人的詞藻，道貌岸然的裝飾和匪夷所思的「神力」來誘惑一些天眞無知和善良的人們，導演了一個又一個的人間慘劇。

對於宗教欺騙作法，早已有人明確指出了。

被稱爲法國十八世紀第一個唯物主義思想家的梅葉（一六六四—一七二九年），在他的《遺書》中說到：「任何宗教儀式，任何敬神行爲都是迷誤、舞弊、錯覺、欺騙和奸詐行爲。所有利用上帝和諸神名義以及利用他們的聲威發佈的規則和命令都不外是人捏造出來的東西」。「所有這一切先是由奸猾狡詐的陰謀家虛構出來，繼而由僞預言家、騙子手和江湖術士予以渲染擴大，而後是由無知無識之人盲目加以信奉，最後是由國王和世上強暴者用法律來加以維持和鞏固。他們這班人利用這些捏造出來的東西，很容易迫使人民就範，很容易爲所欲爲：因爲像蒙台涅所說的，所有這些捏造出來的東西實質上都不外是拴住牛鼻的繩子，其作用只不過是限制愚者和無知者的智慧而已」。「那些捏造宗教的人，之所以冒用神的名義及聲威，只是爲了更容易貫徹它自己的法律及規則，同時迫使人民更加尊敬、崇拜和害怕自己。他們需要靠這種陰謀詭計來統治人民，也希圖靠這種陰謀詭計來欺騙人民」。①

這裏得提一筆的，一般講，我們反對的是各種邪教和利用宗教名義來行騙的作法，而不是反對各種宗教和宗教信仰。宗教信仰屬於清高而純潔的行爲，與各種作騙絕不能相混同。

①《歐洲哲學史原著選編》，福建人民出版社一九八五年第四三九—四四〇頁。

與宗教作騙一起的是**迷信之騙**。迷信之騙在早期表現爲「智者行騙」。

早期社會有一種稱「智者」的，利用當時人們知識貧乏和對自然現象不甚瞭解的空子，一再施展其騙人把戲。比如古代埃及，早在西元前三千多年，人們已注意到一種自然現象：當天空中最亮的一顆星星（天狼星）在隱沒兩個月之後又在清晨出現於東方，以後不久便是尼羅河河水氾濫期。僧侶便利用這種規律來行騙。當他們見到天狼星出現，便向人們「預言」：尼羅河神在發怒。果眞不久，尼羅河氾濫成災，他們的預言實現了。就這樣，人民大衆一直受著僧侶們的騙。

與僧侶一起行騙的還有巫師、算命師、神漢等，通過占卜、算命、抽籤、看風水等進行騙人活動，騙取錢財。這類騙人活動，在舊日中國隨時可見，到了今日仍有市場，中國人向來既泛神主義也泛鬼主義，迷信盛行，受騙受害者絕非僅有。

報載，廣東某地有個叫劉桂容的婦女，於一九九六年初一神婆對她說：「你今年運氣不好，你屬牛丈夫屬鼠，牛鼠不合，以後天天會吵架」。這可苦壞了劉桂容，她想起剛結婚時也曾在街頭給看相先生看過相，說婚後十年必有大難。這使她更加相信自己「配錯郎」。加上她曾夢見孩子從天上掉下來，越想越不安。她決定殺死小孩。一九九六年一〇月五日早上，當劉的丈夫不在她身邊時，她便把七歲和八歲的兩個孩子一起叫來，用事先準備好的菜刀，把他們活活砍死，然後拿兩個頭顱擺在神龕前祭拜。令人慘不忍睹。

也是在廣東，這前後還發生另一個慘劇，一個叫吳榮晃的，迷信思想作怪，受到風水書籍影響，把曾在他門口敲打鐵器和玩籃球的十四歲小孩吳錫思看成是禍害，欲除之而後快。爲了除掉吳錫思，吳榮晃於一九九六年二月二六日下午在吳錫思放學回家時，用菜刀把他殺了。

至於因迷信而被巫婆、神棍騙走金錢財物的，每有所聞。報載，廣東海豐縣海城鎮有個四三歲的家庭婦女陳賽，因迷信神靈，受了大騙。三五歲的巫婆翁小明抓住她善心迷神的心理，使用種種裝神弄鬼伎倆，在一九九六年三月——六月的四個月中，騙走了現金八七．三萬元，還有價值數萬元的金銀首飾等。①

這些都是受迷信騙所造成的悲劇。

這類迷信騙人，在世界各地亦每有所聞。

報載，近幾年馬來西亞刮起一股「精神治療」風，巫師到處招搖撞騙。有一名男子兜售所謂「魔石」，說把它放在枕頭下，可治療各種慢性病。有一位老太太花了五一、○○○元馬幣買了這塊魔石，可什麼病也不能治。一位男子聽信巫師說詞，認爲女兒生病是因鬼魂纏身，爲了去鬼，他請巫師與十六歲的女兒住在一個房間裏，三個月後，女兒及妻子雙雙跟著巫師跑了。一名叫戴維．唐的，相信了巫師的話，結果被巫師騙走一○萬馬幣。②

以迷信行騙者有時也害了自己，這類事並非僅見，過去有過，今天還有。

報載，江湖遊醫王某，被患有糖尿病的二七歲的周冬梅請到家中治病。王見周十分迷信，騙她說，你是三魂跑了一魂，要陰陽結合才能治此病。王把周騙姦了。周被騙姦心裏不甘，想報復一下。一九九五年二月二一日夜間，周冬梅突然對王某說，她自己是眞如來佛附身，今見王氏眼裏有兇氣，是邪惡。她讓丈夫拿繩子將王某捆綁起來，然後令他跪下懺悔。王某面對「如來佛附身」的周冬梅一口氣連磕了一百多個響頭，並交代了自己以行醫爲名騙姦婦女的罪惡行徑。到了第二天清早，周問王對她的如來佛

①《勞動報》一九九七年十二月二九日。

②《廈門晚報》一九九七年三月一五日。

的化身服不服，王說不服，周甚惱怒，叫她丈夫拿來菜刀，把王某右耳朵的肉割下一塊。王仍說不服。周又將王某的外生殖器割下剁碎。王慘叫不停，周的丈夫將他送去醫院搶救，人救活了，但落個終身殘廢下場。周冬梅夫婦呢？他們用憤怒的行動來塡補自己理智的空白，當然受到法律制裁。①誰害了他們？當然只能從迷信方面去尋找答案。

迷信騙人，在以前有所謂人死後有輪迴和轉世，說：人死後變成鬼，在地獄各殿受刑受苦後轉去投生，而在投生前要在陰間灌一回迷魂湯，以便忘去前生之事。

這些自是騙人的，可至今仍有人宣傳這類騙人的說法，他們把這種投生說成再生，並說再生是一種普遍現象。爲了證明再生現象的存在，有人還舉出例子說，有的人再生後還會記得前世的事，云云。他們把這類騙人的迷信，冠以「新的生命科學」名稱，在科學外衣的包裹下，繼續行騙。

迷信何止騙人，有的還有意侮辱人。

傳說，以前有人去看相，相命師看了之後說了四句話：

兩眉直八事事發達，二目有神好事必成，鼻子玄田口袋有錢，嘴大如一牛凡事有人求。

這四句隱含四個字，即：直八爲眞字，二目爲木目是相字，玄田乃畜字，一牛爲生字，「眞相畜生」是也。相信命的人被侮辱了還感到得意，可謂愚啊！

宗教和迷信對統治者來說有兩重意義，一方面是統治者借助上天神靈來鎮懾廣大民衆，以維護其統治秩序，另一方面，對統治者說來既是騙人也是一種自騙，一種自我麻醉，即爲自己空虛的心靈尋找精神上的寄託。就因此，宗教和迷信多受到統治者的保護。歷史發展到了今天，宗教和迷信有時還剩下一

① 《羊城晚報》一九九六年一〇月二五日。

種作用，即：提醒人們學會敬畏，不可肆無忌憚，傷天害理。對某些人來說，學會敬畏，或許會少去欺壓和愚弄民衆，那樣，百姓會多一點希望，少一點怨恨。從這點看，宗教和迷信的騙似還有些好的作用。

一二 洋騙、土騙和跨國騙

近幾年來，從國外引進一些洋技術、洋資金和洋管理經驗，洋騙也跟著在中國出現了。洋人向中國行騙，通稱洋騙。

洋騙中婚騙佔相當比例，那叫洋婚騙。洋婚騙中被騙者以年輕美貌女子爲多，也有老嫗被騙。這報載，天津七三歲的老嫗宋某，死去丈夫後留下一雙女兒，兩女兒到日本留學後留在日本工作。這樣宋某一人在家不免感到孤獨和寂寞。一九八四年，經人介紹，她結識了日本的渡邊陸義，兩人在天津民政部門登記結婚，約定四個月後宋到日本與渡邊相會。可當她到日本後，見不到渡邊，並被告知：她和渡邊的婚姻關係已被解除了——渡邊回日本後冒用了宋的名義去辦理了離婚手續。就因此，日本的入境管理部門拒絕給宋簽證並以違反出國管理及難民認定法，把她加以逮捕。宋某被騙到日本後吃盡了苦頭。這是洋婚騙給她帶來的災難。①

還有更不可思議的。報載，五三歲的史庭強，係加拿大籍華人，身材矮胖，頭髮斑白了，可憑他加拿大國籍和加拿大B．M．H公司駐亞洲地區總代表的牌子，三年中娶了三個中國妻子，拿到三張結婚證書。②豈止騙了三個中國女人，而且騙了中國婚姻登記機關，可謂有一套洋騙招。

①《民主與法制》（畫報），一九九一年一一月六日。
②《雜文報》一九九七年二月一一日。

更多的洋騙是爲騙錢。不知何時開始，中國土地上彌漫著崇洋風氣，洋人只要說自己有如何雄厚的資金，或把投資前景說得天花亂墜，便可以使一些「公僕」大人以爲趙公元帥大駕光臨而拜倒在地，於是出現一個又一個的洋人洋騙案。

洋人洋騙最令人深思的，大體可舉加泰對華投資的事了。自稱是墨西哥莊園主的加泰，一次到新疆考察牧場，只說一句要投資即受到隆重歡迎和接待，一〇〇多個大小官員爭相陪同，轎車成隊，警車開道。加泰受寵若驚，但仍不失其外商風度。他在中國官員面前揮動一根竹藤，在大草原上指指點點，出口這裏一〇〇萬，閉口那裏二〇〇萬，一下子地位升高，受招待的規格也陡然增高，賽馬、刁羊、雪山跳傘、馬上競射等這些一般中國人難得見到的精彩場面，他都領略了。

加泰其實並非莊園主，是個身無分文的流浪漢，只因他會故弄玄虛，學會江湖術士那一套，引得一些中國人的加倍敬重。看到他發火，有人便以因此乃預示幾百萬甚至幾千萬外資要告吹。地方大小官員簇擁著將他送回賓館，招喚來幾名服務小姐，要不惜一切代價去喚回他那顆要冰冷的心。經過上上下下多方努力，加泰臉色由陰轉晴，玩了幾天後，帶著大包小包禮品，登上了飛機，離開中國。

半年過去了，當時陪同加泰的服務小姐腆起了肚子，而加泰則一去不復返了。這時人們才產生了某種懷疑，對方許諾的投資可能成了泡影。就這樣人們嘗到洋騙的風味。①

洋人假護照、假匯票行騙的事亦時有發生。《中華工商時報》一九九九年五月一九日載，加納國籍的伊瑪努爾於一九九八年一二月一〇日持僞造的新加坡華僑銀行匯票，到中國銀行總行營業部騙匯人民幣一・六五萬元；一二月一六日下午，用同樣的方法到新加坡華僑銀行天津分行騙匯新加坡幣四五〇〇

---

①《時代潮》一九九六年第五期。

元；一二月二三日再次作案時在華僑銀行上海分行被逮住。

與洋騙一起的還有半洋騙和假洋騙，即港人到內地行騙，假冒洋人或洋人親屬行騙。報載，港商林龍、林少華兄弟，於二十世紀九十年代的十年中，先後在鞍山市、深圳市及四川等地，以合作名義，連環騙取地方政府和銀行超過七億人民幣。不法港商陳金興、趙淑芹、黃永龍等二十多人，於一九九二年至一九九五年間勾結廣東、河北、江蘇等省七十多名不法分子，分別與全國二十四省、市、自治區的六十餘家外貿公司，做豬（羊）幹腸衣出口生意，指定貨物在湘陰、湘潭兩地購買，詐騙一億多元人民幣。①可謂半洋騙。

《南京晨報》二〇〇〇年一二月三十一載，南京某大學三位外國籍教授，曾被蘇北地方政府請去參加「投資招商洽談會」，充當外商。地方官員以此來顯示自己的「政績」。這是借用洋人弄虛作假，亦可謂半洋騙。

也有冒充港商即以假港商行騙，那是假洋騙。據中央電視台一九九八年二月一四日焦點訪談報導，工人出身的龍瑞，僞造證件，冒充港商，勾結李國光，到新疆八一毛紡廠，通過賄賂廠領導，以贈送繡花機爲誘餌，騙取了七五〇萬元，造成經濟損失一千多萬元。

另據《解放日報》載，有個蘇北農民，叫楊定宇，既不會講外語，也不會說上海話，憑一張僞造的葡萄牙籍護照，改名尹棠，在上海當了三星級賓館的總裁，成了上海的闊老，僅三年時間獲得各種款項五五九〇萬元，其中有四〇〇萬元進入了自己的腰包。②也可算是一個假洋騙。

①《北京娛樂資訊報》二〇〇二年二月八日，《解放日報》一九九七年五月一二日。

②《解放日報》一九九七年一月一八日。

報載，化名「林孝梁」的梁國權等四人，以僞造的出入境身份證明、美國亞洲銀行的鉅額匯票、美國柏發威公司的授權書等，流竄全國各地，抓住一些公司引資迫切的心理，以外商的身份，利用投資提取先期費用的手段，大肆進行詐騙活動，在短短五個月中，作了數起大案：一九九七年一月一〇日，以日本東海銀行美國三藩市分行開出的一五〇萬美元的假匯票，以提取投資先期費用的手段，騙取遵義市山山水泥廠人民幣六〇萬元；一九九七年三月份，與湖北黃岡市某公司簽訂協議書，以日本東海銀行美國紐約分行開出的二〇〇萬美元的假匯票作誘餌以行騙，因對方提出匯票款項到位後再付先期費用而未遂；一九九七年四月份，與湖北宜昌市某公司簽訂協定，以美國亞洲銀行開出的三五〇萬美元的假匯票，用同樣手法行騙，因當地銀行不辦理託收而告吹；一九九七年四月五日，以日本東海銀行美國紐約分行開出二〇〇萬美元的假匯票，利用同樣手法騙取河北保定易縣獵槍廠現金四〇萬元人民幣。由於假匯票騙局屢屢得逞，使得他們得意忘形，當他們正在策劃更大的騙局時，在黃驊被逮住，①戴上「鐵鐲子」，送進不收住宿費的「大賓館」。

白傳典的行騙也屬於假洋騙。②白傳典，一九四九年出生於山東鄆城縣，五十年代隨家人遷居山西大寧縣，於一九六八年—一九七八年當過建築工，兩度結婚生有二男二女，七十年代末因偷渡出境被抓獲，關了三個月後送回山西，被判六年徒刑，出獄後從廣西偷渡越南，靠打工賺了一筆錢後又偷渡去馬來西亞，以非法手段買到一本馬國護照。一九九〇年，白從馬來西亞去菲律賓，買了菲國護照。

一九九〇年六月，白傳典以外商身份回國，並以台灣某董事身份在北京參加一個會議，其間還到山

① 原載《河北法制報》，引《法制文萃報》一九九七年七月一〇日。

② 《法制文摘》，一九九七年一一月六日。

西、山東、寧夏等地進行業務考察，每到一地不是簽合同就是訂協定。當然是行騙。一九九一年，白與廣西某地區農委下屬的一公司簽訂了一份進口一萬噸化肥的「合同」，金額爲九百二十萬元人民幣。合同簽訂後，白向對方提出需要活動經費，該公司即給他九萬元，可人走後不見下文，化肥更是無影無蹤。一九九四年白來到了山東濟寧，改變行騙手法，從原先的流動行騙改爲固定行騙，即在濟寧開設固定的「詐騙公司」，張開騙網等魚兒上網。在那裏，白炫耀說，自己有六億美元的財產，要用來爲國家民族做點好事。許多單位和個人得知來了這麼一個大款，紛紛上門請他捐款或投資，白則有求必應，滿口承諾投資蓋樓房、建國際機場等，與好些單位簽訂了合同，只是簽訂合同時需先付給他一定的訂金，每次在五十萬、一百萬元。就這樣，白坐鎭那裏騙走了一大批款項。爲了撈取更多油水，白又把手伸向了廣東四會市。一九九五年七月，白帶女翻譯楊永萍，以馬來西亞某股份公司的名義與四會市簽訂了投資四千萬美元搞公路建設的合同。簽訂合同後，白仍使用他那一套用熟了的騙技，以去香港籌款需路費名義騙走十七萬港元，並以四會市民身份辦了身份證和赴港所需的一切證件。一九九五年一〇月，白傳典在帶領女翻譯外逃離境時事敗被逮。

女的假洋騙亦可舉些例子。一九八四年，二八歲的黃莉莎帶著比她小四歲的丈夫黃某，開始在國內行騙。黃莉莎自稱其父是法國巴黎日麗公司的總裁，其哥哥是香港分公司的經理，而黃莉莎本人呢？準備接受父親委託在國內投資，開設外資總行。她印製了「法國巴黎日麗園總公司廣西外資永華總行、中國廣西龍崗實業開發總公司龍崗養殖場董事長黃莉莎」名片到處分送。爲顯示其派頭，她在高級賓館租用套間，包租小轎車，帶著丈夫到處「接洽生意」，「簽訂合同」，目的在騙錢，半年內騙到二十六萬元。

一些付交訂金的公司，遲遲不見貨物到手，不免引起懷疑，通過公安機關一查，發現她既無資金也無商品，她的投資方案、投資接收書、投資申請報告等，都是不具法人資格的一紙空文；再查，她所說的父親並非她的父親，也不是巴黎日麗園總公司總裁，她所說的哥哥與她無任何聯繫。黃氏捏造不存在的事實，與國內經貿部門掛鈎進行行騙活動，許多單位輕易與之簽訂合同，上當受騙。①

《錢江晚報》一九九八年五月三一日載，年過五〇的黑龍江村婦張靜，僅小學文化程度，自一九九四年起假冒日本豐田汽車公司董事長的女兒「島崎佳子」，謊稱手中握有一八〇億元人民幣，可低利貸款給中國企業，先後在黑龍江、吉林、遼寧、山東、河南等二二個省市行騙，騙取貸款保證金九〇餘萬元，涉及「貸款」金額達六〇〇億元人民幣。

冒稱洋貨也是假洋騙。在一些人看來，貼上洋招牌，便可身份大增，可快掙錢，掙大錢，因此不擇手段冒稱洋貨，報載，國內有一種叫「香武仕」的音響，明明是廣東東莞盧林地方生產的，可冒充丹麥貨；山水音響乃廣東中山小欖鎮生產的，卻冒稱日本貨。

洋名行騙也可算是假洋騙。近幾年來各種古怪稀奇的洋名——半洋半土的中外合資產物，隨處可見。有些人捨近求遠，千方百計挨洋邊，取洋名，在名稱上大作文章，美其名爲了更好走向世界，與世界接軌，其實骨子裏是爲了有效行騙。人取洋名假裝洋人，物取洋名冒充洋貨。如此而已。

洋名行騙最引人注目的可提一九九八年七月曝光的以國外企業駐中國辦事處名義作騙案。《廈門晚報》一九九九年四月二六日載，有個叫陳洪濤的，在國外待過二一年，回國後與周揚善等二二人合夥，以外國公司（皮包公司）名義，以國內還未正式投產的項目（即國內空白產品），找不景氣企業，以優惠條件搞「合作」：資金雙方出，技術提供幫助，產品由本公司推銷，進行機械騙銷的詐騙活動。從一

①《金色青年》一九八六年第五期。

九九三年開始，被騙企業達八一家，波及十幾個地區，被騙合同金額達四億多元，直接經濟損失爲四千萬元。這個用洋名詐騙活動，被稱爲「超級詐騙」圈套。

還有那些讓國貨穿上「西裝」，借洋貨來推銷低劣貨的，也是假洋騙。

與洋騙相反的是土騙：土辦法行騙。本國人騙本國人，都可稱土騙，而以洋貨冒充土貨，即讓洋貨穿上「旗袍」，以便順利進入中國市場作騙，則乃是假的土騙。人們看到，近年不時出現洋車假冒土車，即以外國車冒充本國車，那多是走私車輛，或進口全車而冒充本國車，或進口散件裝修而成，之所以這麼做，爲了便於掛牌，目的在欺騙有關人員逃避檢查，偷漏稅。報載，山東濟南市，一九九六年一—七月份，對八批六四輛國產汽車、摩托車進行檢查，結果發現，全都是進口車：即以進口車假冒本國車來行騙。①這種以洋車假冒土車行騙法，近年來在北京、海南也多次發現。此外，還有一種從國外進口洋車部件，而後在國內組裝，冒充合資名牌車在國內銷售。按規定，只有經過嚴格審批並上了《全國汽車、民用改裝車和摩托車生產企業及產品目錄》，企業才能生產與目錄一致的產品。上述進口部件在國內組裝並冒充合資名牌銷售，自屬於假土騙。

以上不管是洋騙還是土騙，都跟國際交往相聯繫。

隨著國際交往的頻繁，騙也越過國境，跨過海洋，跨洋騙、跨國騙日益增多。《新聞匯報》一九九六年一月五日載，住美國紐約只一個人的「世界華人經濟共同體」主席潘亞平（四川人），在跨洋騙中，得益最多，他以幫人辦綠卡等名目，先後詐騙十多個國家和地區的一萬多個藝術家，騙取參賽作品三萬多幅（件）（或說一．五萬幅），價值三千八百多萬美元，折合人民幣約三．二三億元，受騙者除了

①《國際商報》一九九六年九月四日。

中國大陸的藝術家，還有台港同胞和新加坡、歐洲地區的華僑等。

與跨洋騙相近的是**跨國行騙**。《中外書摘》一九九一年第二期載，一九七〇年僅十歲的義大利小孩漢斯．彼德羅．阿馬爾菲，把兩個妹妹（八歲和六歲）從挪威騙到義大利，成了最年輕的跨國拐騙者。

小漢斯的父親是義大利人，母親是挪威人，婚後不和，離異，漢斯歸父親，兩個妹妹歸母親。漢斯捨不得妹妹，決心將她們騙到義大利來。他瞞著母親，預先買好機票，拿著妹妹護照，用母親名義在旅館訂了房間，先將兩個妹妹帶到旅館，第二天清早上飛機。按規定，小孩乘飛機需大人保護。漢斯巧妙地利用一婦女在打電話的機會與之交談了幾句，向機場騙取了登機證，乘上飛機。飛機飛出挪威國境後，機長才得到國際刑警組織的通知，機長只好將他們交給義大利警察，而漢斯達到了目的，將他妹妹騙到了義大利。當然，這裏騙的是自己親人，與拐騙別人有所不同，但仍是一種騙。

有些跨國騙是通過跨國假實現的。

人們看到，國內有些企業有意無意與他國一些不法商人聯手仿冒國際品牌，定牌加工，假冒名牌，那就是跨國製假。有些企業主明知對方所委託加工品是假冒別人品牌，但爲了搶生意，只好按客戶訂單加工；也有些人則不知情，糊裏糊塗地淪爲跨國製假幫手。《中國質量報》二〇〇二年三月十二日載，紹興步鑫生製衣公司於一九九七年與阿聯酋一商店建立業務往來關係，阿商店指定品牌，下定單，由步鑫生公司生產後運往阿聯酋，再由阿運往中東地區，中間商賺取豐厚利潤。

僞造國際信用卡也屬跨國騙的一種。《檢察日報》二〇〇二年四月四日載，二〇〇一年在珠海破獲一起代號爲ＪＫＩ的製售假國際信用卡案，繳獲一批僞造的各類假信用卡，那些假卡可造成經濟損失三．二億人民幣。

與跨國行騙一起的還要提到**出國騙局**。近年來，國內一再出現出國熱，一些出國迷千方百計想鑽出去。一些騙子抓住時機，設下香餌，投其所好，迎合出國迷的需要，引其上鈎。那些騙子，或是花大血本到國外混到定居證，然後回國以某國旅行社經理身份，或身在國內而搭上個把老外（或從國內出去的移民）以代理人的名義，私刻圖章，僞造護照，出入境卡等，以辦理出國旅遊、勞務出口、探親等名堂，收取所謂「代辦費」，騙取鉅款，每每得逞。當出國迷通過檢驗，各種證件現出僞造原形時，才發現自己受騙上當，空歡喜一場，勞神又破財。

出國騙局，是近十幾年來出現的行騙新內容，受害者絕非僅有。

還可提到國際騙。三八歲的波蘭人澤西．K，化名瑪麗西娃，在國際刊物上登了一則徵婚廣告，說自己年輕、漂亮、賢慧而溫柔，杜撰了令人眼紅的三圍：九一—六〇—九一（相當於世界選美冠軍水平），收到許多來自世界各地的求愛信，與世界各地三一〇〇名男子保持聯繫，在他們身上騙取了近一七〇〇〇美元、一〇〇〇〇馬克以及成堆的糖果和女士服裝。直到一位荷蘭的「癡情王子」來到瑪麗西娃故鄉，才戳穿了這個騙局：原來自稱年輕漂亮的瑪麗西娃居然是一個又矮又胖，其醜無比的中年男子。①國際騙子終現出了眞面目。

一三為小利而作騙，因貪得而受辱

有人作騙僅爲佔一些小便宜。《二十年目睹怪現狀》說一個破落戶，拾到一個鬥死了的鵪鶉拿回家開了膛，拔了毛，想炸油吃，可家裏沒那麼多油，便想出一絕妙的辦法即去行騙。他拿著鵪鶉來到油炸膾店，假裝要買油條，故意「不小心」讓它掉在沸騰的油鍋裏，很快炸熟了。騙的目的達到了，可他卻

①《海南日報》一九九六年一二月二一日。

裝著驚訝樣子，說：我原要做五香雞的，這下五香雞吃不成了。油炸膾店夥計幫撈起來，他還裝著埋怨一番。那可謂騙到家了。

也有因貪得而作騙，結果反受其辱。傳說，清末時，洪湖新提鎮綢緞鋪小夥計，在門口撿到一張當票，上寫「寶壺一把，當銀三十兩」，忙交老闆葛掌櫃。葛掌櫃看了甚高興，叫他去把它回當來。第二天一早，小夥計來到當鋪找聶掌櫃要回當。聶掌櫃得知他乃綢緞鋪葛掌櫃的小夥計，便說要葛掌櫃自己來取。不一會葛掌櫃來了。兩個掌櫃說來還有點親戚關係。聶掌櫃說：「咱們沾親帶故的，那寶壺算我三十兩銀子從你手裏買來的，一筆勾銷如何？」可葛掌櫃聽了大怒，說那寶壺是祖傳寶物，上次古董商出三百兩銀子我還不賣呢，我怎會賣祖宗遺產呢？聶掌櫃碰了釘子，閉口不說了，心想：這人給他面子他不要，還蠻橫粗俗誇海口，就讓他買個教訓也好。

於是聶掌櫃接過當票收了三十兩銀子和利息，拿出一個壺，用一塊紅布包好，遞給了葛掌櫃，說：請接好，看要不要打開檢查一下？葛說，不用了，即提著包喜滋滋地走了。走到一僻靜處，他解開一看，原來是撒尿用的夜壺一個，氣得臉上鐵青，臭罵一聲，老子受騙了，隨即把夜壺砸了個粉碎。

過了些日子，葛掌櫃見到聶掌櫃，責問他爲何戲謔人。聶掌櫃說，我有言在先，暗示你不要算了，你不聽勸，硬要回當，自然怨不得我。

原來有個叫費教通的商人到新提鎮做生意，正想回家，被竊賊盜個精光，回不了家，在無法可想中，到一姓聶朋友（在鎮上當鋪當掌櫃）家來求借。聶掌櫃說，你到街上隨便買件什麼東西給我，我馬上給你十兩銀子。

費教通剛走不遠見一個攤子在賣夜壺，心想就買個夜壺給掌櫃。開頭他還不好意思，但聶掌櫃倒無所謂，把它收下並開了一張當票，上寫：「寶壺一把，當銀三十兩」，交給費教通，說：你找個人多的地方把它扔出去。費教通千恩萬謝，出門走了，走到一個綢緞鋪門口，見那裏有不少人，便把它扔了，適好該鋪小夥計看到，便拾了回去交給了葛掌櫃。葛掌櫃因貪得，結果受騙，自受其辱。①

一四 男騙女、女騙男和大人騙小孩、孩子騙父母

男女間互相騙來騙去，時有所聞，大體說，男人騙女人多爲色，也有爲財；女人騙男人，也有爲了玩弄感情，而多數爲了騙錢財。不論男騙女或女騙男，多以假冒身份來進行，以冒充大款大腕者爲多。《光明日報》二〇〇〇年七月一八日載：北京市四一歲的衛燕東，家有妻兒，因犯貪污罪兩次入獄，坐了一三年的牢，出來後不思悔改，裝成大款樣子，憑藉租來的黑色奧迪和由一姓徐的幫助假造的各種假證件（假身份證、假戶口籍、假離婚證、假大額存款單、假海關出入證等），穿上外地買來的警服，冒充「緝私警副局長」，同時騙取幾個女子的愛情和錢財；從這個女子身上騙了幾萬元那個身上騙來幾萬元。騙局曝光後，被騙者大吃一驚，可遲了。

報載，一九九一年一〇月二八日，廣州黃埔某電視台播音員H姑娘接到一封快信。信是名導演謝某寫的，信中說，他爲籌拍一部中日合資片《走出沼澤》，正在物色一女主角，《澎湃》一劇導演推薦了H姑娘，現讓該監製人日方投資者李濤走一趟。H姑娘看了信產生幾處疑問，便打長途電話到上影廠。十一月九日，信中說的李濤來到了廣東該電視台找到H姑娘，介紹說自己乃日籍華人，畢業於北京電影學院，前幾年去日本繼承祖父遺產，從一億元家產中拿出一千萬元人民幣拍一部電視連續劇，內容是反映祖父的坎坷奮鬥一生。準備請H姑娘擔任從二〇歲到六〇歲大跨度年齡的女主角。李濤行騙很快曝了

① 參《山海經》一九九七年第二期。

光，經查，他無任何證件，身上只有七元錢，還有撿來的「五五五」香煙盒子放在口袋裏裝樣子。①這是爲女色而未得逞的行騙。

除了假冒大款大腕，還有以**假冒大學生、研究生、博士生甚至博士後來行騙**。報載，四川有個叫岳秀欽的，二九歲，高中畢業後沒考上大學，四處流浪，還因犯法被公安部門收審過，後冒充在校就讀的大學貧困生，混跡於車站碼頭，向同情他的大學生、軍人騙取錢財；一九九三年後冒充上海復旦大學本科生、研究生、博士後在重慶、成都、北京、上海、南京等地行騙，以談戀愛爲名，騙取女大學生感情，前後有三〇多個女大學生上其當受其騙。②這類行騙得逞者，絕非個別。報載，一九九七年二月一四日，上海某大學一年級女生，剛走出車站站台，碰上一個自稱「思源」的男青年，說是深圳大學學生，到滬調查，返程去機場路上與同學走散，現舉目無親又身無分文，想借錢給學校打電話。該女大學生聽了便動惻隱之心，不但請對方吃午飯，而且把家裏給她的三千元全部都「借」對方。當晚，她按對方留下的地址給對方掛電話，這時她才知道自己上當了。另一個女大學生則將家裏賣豬所得的一千五百元錢稀裏糊塗地「借」給了另一個外地「大學生」。……後來人們得知，那些所謂大學生，係來自安徽的騙子，他們是專找女大學生行騙的。③

也有**專騙風塵生意女子**。《廈門日報》一九九九年一一月二八日載，廣東五華縣張遠輝、曾番友，在廈門假冒香港客人，專找夜總會娛樂陪侍小姐，對她們風塵生意之艱辛表示同情，用特大方、特溫柔

---

①《羊城晚報》一九九一年一一月二八日。

②《法制文萃報》一九九七年三月一三日。

③《廈門晚報》一九九八年三月七日

手法把小姐捧上了天，許諾從香港匯來一筆款，讓她們不再幹這類事。陪侍小姐以爲遇到知己，相見恨晚，即將自己的銀行賬號、密碼和眞實姓名告訴了對方。騙子用下有麻醉藥的椰子汁讓她們喝下，使之昏然入睡，然後劫其貴重物品並用騙到的存摺趕到銀行早班第一班，取走存款後逃逸。小姐醒來已是日上中天，黃粱夢破，自知受騙被劫，又不敢報案。就因此，類似的採花騙子每每得手。報稱，至少在廣州、深圳、廈門三地發生多起手段十分相似的騙招。

慣於作騙的男子，多利用一些女子愛虛榮、愛面子和膽小怕事的弱點，施展其騙技。他們在看準目標後，多採用先兵後禮手法即先以蠻橫態度震住她的心，再以小恩小惠籠絡她，使之乖乖就範。也有的，故意借題接近她，與之交談，轉彎抹角地讚美她，在她放鬆警惕時，引之上鈎，使之失身又失財。

《廈門晚報》二〇〇二年一月二八日載，北京無業者李永，一九九七年三九歲時，謊稱自己是某公司經理，國外歸來，有車有房，向北京五家婚介所投寄了登記表，尋找再婚女子爲伴，迷惑了一批女性，四年中二〇餘位少婦受騙，不但人被玩弄，且被騙去了三十五萬多元錢財。直到二〇〇一年一二月，與之交往三年多的某女士，發現了李的騙術，聯合其他姐妹到京追蹤，終把李氏同時與二〇餘位女士「作秀」行騙的罪行揭開。

男騙女中，最滑稽的可提**男扒手騙女扒手**。《廈門晚報》二〇〇二年三月二一日載，一女扒手在中山路偷了一婦女錢包，一男子快速衝過去，對女扒手說：我是她的男友。女扒手只好將錢包交給他。男扒手毫不費勁地得到一錢包。可他沒想到，自己早被民警跟蹤了，最後便與女扒手一道進拘留所。

以上是男騙女的例子。

女騙男，主要為錢財，騙取男人的「美色消費」，亦可舉許多例子。

報載，上海奉賢縣有個叫孫鳳仙的，從小好逸惡勞。一九七〇年，孫嫁了丈夫，丈夫待她甚好，可她並不滿意，不願待在家裏。一九八一年，她開始離家出走，先後到了川沙等地，以丈夫已死或丈夫待她不好爲由，博取男人同情，先後與幾個男人同居，騙取錢財。①有的女騙子騙得男人走投無路，被迫自殺。山西忻州四六歲的黃光棍，爲人老實，花了三千五百元買了二十一歲的妙齡女子爲妻。該女子與人販子以叔侄關係唱雙簧，說自己自幼父母雙亡，靠叔父拉大，只要三千五百元給叔父做養育之恩的報答，即可成親。黃光棍久旱逢雨，又迷上女子姿色，即付了三千五百元給該女子以成親。婚後，女人白天做家務事，待黃光棍體貼入微，黃光棍甚滿意。兩個月後，女子提出要與丈夫一道回貴州老家遷移戶口，並以做生意爲由要丈夫提取存款四〇〇〇元出來，黃滿口答應，即日上路。到了一旅館裏，女子以安眠藥將黃灌倒，攜款而逃。黃氏於藥性退後醒來，身無分文，走投無路，到一家醫院賣血，以得來的錢爲路費回到家。因受騙不甘，見到母親後自己上吊自殺，弄得人財兩空。②

爲了騙錢，有些女人以肉體爲賭注，不斷開發和經營自己的姿色，把女色用到了淋漓盡致的地步。還有些三陪女，全然不知羞愧事，只要有錢便獻身。她們不想想「以色事他人，能得幾時好？」

《法制文摘》一九九七年十一月六日轉載《羊城晚報》的報導，皖南大別山區有個叫楊玉萍的，早年婚姻失敗後逃出，從一九八四年開始的十幾年中，以婚姻爲保護傘，北嫁南離，東合西散，走過八個省市，化了八九個名字，憑著自己女人美貌，與廠長、經理、老闆、個體戶、司機等十八個男人結婚又離婚，離婚再結婚，騙了大量錢財。一九九七年與某家皮鞋老闆離婚，老闆因拒付十萬元離婚費，她竟雇人綁架他，事發被逮，沒收其所騙的錢財百餘萬元，才結束了專騙男人的生活。

① 《上海法制報》一九八五年一月二一日。
② 《法制周報》一九九一年一二月三一日。

《廈門晚報》一九九九年五月八日載，山東滕州已婚多年的超京鳳，爲騙取錢財，用謊話（如說丈夫死於車禍等）騙取男子同情，三年中做了七次新娘，不久前事情敗露，被判刑並罰款。

假冒軍人妻子行騙的女人亦有所聞。《每周文摘》二〇〇〇年八月二〇日摘自簡嘉的文章說，簡是個軍人，在當了七年兵後的一九九七年被調去機關代理書記員職務，報到之前回家探親一次。回家路上在南京站遇上一女人帶著一小孩，說自己丈夫也在北京某部隊工作，自己因被小偷偷了，身無分文。簡姓軍人給她五元錢以示同情。女人要他留下地址以便還錢，他不肯；而當女人說要向他單位領導寫表揚信時，他留下眞實姓名和單位地址。回到部隊後，他收到某步兵學校一位班長的信，說：在武漢火車站碰到你的老婆、孩子，錢被小偷偷了，我接濟她五十元，但不知母子平安到達與否？——原來該女子乃一騙子。不久，簡又收到某部司務長信，說：在長沙火車站遇到簡的愛人和孩子，錢包被小偷偷了，司務長給了一百元，女人說回家後把錢寄還，司務長寫這信的目的自是在討錢。……這類事舉不勝舉。

《通俗小說報》一九九二年六月號有一篇關於拐賣婦女的「紀實」，其中第一章就講到一個婦女出賣自己進行詐騙的事。頗令男人唏噓不已。

梁山縣有一個叫成本的農民，模樣長得醜，身材也矮小，爲人誠實，年過三十還是沒能娶上媳婦。母子二人相依爲命地過著平淡的生活，直到有錢就能買媳婦的風刮到這一方之後，成本便拼命積攢錢和娘商量買一個媳婦，當娘的自然同意。

一天，成本母子正在吃飯，忽然一個穿戴不整的女子慌慌張張地闖進家來，撲到成本母親面前就磕了個頭，口中說：「你老人家收下我吧，我是從人販子手裏逃出來的，無家可歸了……」。說完又哭起來。成本母子做夢也沒想到會有這樣的事：白撿個媳婦！

跪倒在地的女人，一五一十地向成本母子訴說了她的遭遇，末了又聲淚俱下地說：你只要不打我不罵我不給我氣受，逃荒要飯我也不反悔！

幾句話說得成本心發熱，鼻子也有些酸，只是，他心裏又有些不踏實，吱唔著說：「我這樣子太難看，跟了我實在委屈你……」。

那女子不等成本說完，就打斷他的話頭：「瞧你說的，男婚女嫁是過日子哩，好看能貼到牆上當畫看嗎？你不瞎不瘸，心又這麼實，俺一個姑娘家遇上你我是福哩！」

女人幾句雲罩霧籠的話語，給老實巴交的農民帶來了歡快。成本笑了，他的娘也笑了。鄰居們同樣高興，當下便一齊動手，幫成本置辦喜事用品。

為了給姑娘爭口氣，同時也為了撈回自己多少年的晦氣日子，成本把婚事鋪擺得跟明媒正娶的人家一樣，因此他花了一〇〇〇多塊錢，請本村有頭有臉的人都來喝了喜酒。

新婚之夜，兩口子說不盡的親熱。

第二天，新媳婦早早起來，掃院子、餵豬羊，接著又把可口的飯菜親手端到婆婆面前。

當天她就跟著成本下地幹活。

收工回家，她一路上見草就割見柴就拾，儼然一個治家能手。

知足的婆婆逢人就誇。

轉眼過了十幾天，這天夜裏兩口子又說起悄悄話。

媳婦說：這幾天我就盤算，咱們不能光指望這幾畝地過日子，種得再好無非一畝地多收個百八十斤的糧食，值不了幾個錢。咱們最好幹些家庭副業，這樣地裏活兒不誤，還能有些活錢花。你說呢？

成本為妻子的實心實意大感動，但是他卻不知道幹什麼副業好。

「我看買一套多用掛麵機就可以，春夏秋三季加工掛麵、麵條，冬天還可以做豆腐，加工豆腐皮。」

「要用多少錢？」

「加上動力機，有六千塊差不多。」

「喲……」成本一聽，立刻爲難地吸了一口涼氣，好半天沒吱聲。

新媳婦好像摸透了他的心，更加體貼地說：「家裏拿不出，咱可以借，有本才能求利，只要咱們肯吃苦，半年就能賺回本來，聽我的話，沒錯！」

成本終於下了決心：借錢！

他東討西借，簽字畫押，終於把六千元湊齊，迫不及待地和媳婦搭車到了縣城。

常年難得進一次城的成本把錢放到妻子的皮包裏，自己樂呵呵地跟著進了農機公司。

兩個人在庫房裏轉了一會，新媳婦說：「你先仔細挑著，我到後邊辦提貨手續。」

新媳婦出去了，成本一台一台地挨著看了一遍，他什麼也不懂，搖搖輪子摸摸把，哪兒都新鮮，最後他在最裏邊的一台機子上坐下來，他想裏邊的肯定沒人挑，沒人挑的不就是好的嗎？

他樂滋滋地抽著煙，等著媳婦回來，然而到了下班關門時間，他的媳婦也沒來。他這才慌了神。

他跑到辦公室、會計室，見人就問，問誰誰搖頭。

他又像掐了頭的螞蟻似地從這條街撲到那條街，還是不見媳婦的蹤影！

太陽落下去，路燈亮了。

絕望了的成本一個人蹲在街上，抱著頭大哭。

他的悲劇只換來幾聲同情的歎惜……

女人出賣自己，主要也爲了騙錢，但從某種意義講，還是爲了醫治痛苦心理創傷，那可看成是對男人的一種報復。

《西安晚報》一九九八年六月十七日載，貴州女子徐小雲，因先後與幾個大學生同居而被拋棄，後決心來個報復。因此，她化名「加藤枯子」，冒充外國駐華大使的女兒，說著別人聽不懂的語言，在北京、南京等地騙錢財，後在武漢師院行騙引起懷疑，曝了光。

女人爲報復男人而行騙，最令人驚奇的可舉瑞典女護士蘇珊娜。蘇珊娜在中東工作時看到那裏男人多妻，產生了「女人爲什麼不可以享有同樣特權」的想法。從中東回國後，她同時在兩家婚姻介紹所進行徵婚登記，並在報紙上刊登徵婚廣告，雙管齊下。結果，非常奏效，她每隔兩個月便與一個男子結婚。在一年零兩個月中，先後與七名男子結婚，一下子有了七個家。她在七個家裏輪流做主婦，每以通宵值班或加班爲藉口，輪流應付七個丈夫。要同時騙七個男子，當然不那麼順當，終於東窗事發，被騙的丈夫們紛紛上告法庭。①這自是比較典型的。

有人說，女人以火帶給寒冷的世界，使之溫暖，以水令浮躁混亂的世界得以清涼和寧靜，以柔韌的線縫補世界的空隙，使之完美。這自是有根據的。可也正是女人，施展騙人手段，以自己的身體讓世界不得安寧。因此有人說，狡猾女人的行騙本領比任何聰明的男人都來得高明。男騙女，十個騙半個，女騙男，十個騙十個。這話自不無道理。舊式女子遵守「三從四德」，係受騙者；而今一些新式女子實行「三縱四得」（縱性、縱欲、縱身；得財、得勢、得名、得男友）則是騙人者。不過，儘管如此，它仍多只是男性行騙活動的補充，且多是受到男性行騙活動的影響。

兩性人作騙則既騙男也騙女。《廈門晚報》一九九九年一一月二九日發表的〈一個騙財騙色的兩性人〉一文，揭露了一姓李的兩性青年（二十五歲），十七歲時以女人之身與一姓劉的男子打得火熱，發

①《廈門日報》一九九八年二月二四日。

生兩性關係，而這種關係多年一直保持著，儼如夫婦；到了二三歲時，結識一個三〇歲的有夫之婦田氏，李則以男人之身與之發生兩性關係，從田氏身上騙走了一萬多元，又以爲田氏兒子驅魔名義，再騙走二萬元；後眼看從田氏身上再不能騙到什麼時，李又去打一姓徐女子的主意，以爲之辦戶口、找工作和準備與之結婚等名目，在不到一年時間裏騙走了近三萬元。最後因田氏告發，李的面目才曝了光。

男女聯合作騙主要是騙社會。一九八九年，高密市王家與郭家換親，約定兩對新人必須在同一時間結婚。只是當時郭家女才十七歲，不到結婚年齡。因此，兩家聯合作騙，郭家用郭女的二四歲的姑姑代替十七歲的郭女與王某去登記、拍婚照，先騙領結婚證，而後由郭女持著這假的結婚證與王某步入洞房。後因感情破裂，這荒唐事才露了餡。①

也有男女合作或夫妻合夥，以女色來設陷阱，引男人上鈎，然後以「捉姦」、「抓嫖」、「打醜」等名目相威脅，再以私了相制，達到騙財的目的。古人稱這種騙爲「仙人跳」。這些既是小說戲劇中常見的節目，也在現實生活中每有所聞。《廈門晚報》一九九八年三月二六日載，江蘇人陸某與浙江人洪某，均係無業民，一九九七年九月到廈門，住旅社合作行騙。洪女主動到一房間爲旅客黃某提供色情按摩服務，陸某穿起警服冒充公安人員，以抓色情爲由，要黃某交出四千元以私了。不愼曝了光，雙雙被逮。《廈門日報》二〇〇〇年一一月二五日載，一〇月四日濱海人鄭開祥，眼看三十三歲的老鄉王某老實又有錢，便以自己妻子支國英扮成「小李」姑娘並介紹給王某，收取四六〇〇元禮金，而後逃之夭夭。此類騙術，民間有一種說法：「放白鴿」。

有的官員爲了紅帽子，甘戴綠帽子，把老婆當爲買官的「硬通貨」，以今日之犧牲，換取明日之顯

① 原載《海口晚報》，引自《法制文摘》一九九七年十二月十一日。

達。那也是夫妻合作行騙的一種。報載的湖北天門市某局長爲求升官而奉獻嬌妻給上級即是人們所熟悉的一個例子。無疑此種作法甚危險，因爲上級一旦出事，不但白獻了老婆，弄不好連原來的官也保不住，眞可謂：「老婆誠可貴，官帽價更高，上級一垮台，兩者皆白拋。」

至於夫妻互騙，也絕非僅有。《法制文摘》二〇〇一年六月二十九日載，安徽天長王某到甯尋妻時，因見到感情陪護熱線，便去撥打，半小時後趕到莫愁湖公園門口，只見陪護小姐竟是自己的妻子，兩人都極爲尷尬，接著對罵起來，夫罵妻下賤，竟幹這一行；妻罵夫沒出息，竟來找陪護小姐。……

大人騙小孩，通稱拐騙，古今中外每有所聞。每當小孩單獨活動時，騙子多以小利引誘其上鈎；若遇大人在旁，便設法支走大人後再下手騙小孩。被騙去的小孩，多被賣到異國他鄉，或當苦力，或賣給無子嗣者當兒子。如今拐騙小孩用以販賣的愈來愈多。

報載，有一從安徽到廈門找工作的中年婦女，帶著兩個五、六歲的孩子在路邊行走，一下子成了騙子的目標。一個騙子以幫該婦女介紹工作爲誘餌，在該婦女表示感激後，於第二天進一步叫她去檢查身體，證實健康無傳染病後，可到某食堂工作，每月工資六百元。該婦女喜出望外，同意留著兩孩子讓騙子中一女的代爲看管，自己跟著兩個男的去體檢。她萬沒想到，這是騙子的詭計。結果工作沒找到，反被拐騙走兩個孩子。①

爲了找工作的外地來廈門的婦女，上當受騙失去愛子的不知有多少！騙子們拐騙到小孩後，一般都加以轉賣。在轉賣小孩時，他們上演「揮淚送兒郎」的假戲，瞎編故事，說爲生活所逼，走投無路，只好出賣親兒云云。那些無子嗣者，急於得到養子每每也上當。每當拐騙案被破獲，收買養子者不免空歡

①《廈門晚報》一九九七年一月一九日。

喜一場，大喊上當受騙。

孩子講假話騙父母，常有發生，一般多發生在生活方面；也有以出走、裝病甚至裝死來騙嚇父母，以換取父母在某些問題上的讓步。也有爲敲詐父母錢財，謊稱自己被歹徒綁架。報載，南京一中學初中學生邵某，想玩遊戲機，可口袋沒錢，想向父母要一筆錢，於一九九八年二月二四日謊說自己被歹徒綁架，要父母即拿八〇〇〇元錢來解救自己。父母得報慌了手腳，即向公安部門報案。民警花了許多時間未發現嫌疑人，最後審問了該學生，終才瞭解到眞相。①至於有些小孩認某人爲乾爸乾媽而後對他們行騙的，亦時有發生。

也有大學生自導自演綁架案來騙自己的父母。《京華時報》二〇〇二年三月一六日載，一月中旬，在北京某大學讀三年級的河北女學生劉麗，爲了幫助男友還債，自己導演了一起麻醉搶劫案，讓男友「搶」走了她以出國名義向父母騙來的十八萬元人民幣。由於綁架案演得逼眞，劉氏女差點被凍死在「搶劫」現場。後經民警細心調查，才露出了眞相。

一五 騙搶和騙偷

爲取得不屬於自己的錢財，有人採用了騙和搶相結合的做法，以騙達到搶的目的，可謂之騙搶。這類騙搶，隨處可見，只是多少不同而已。

上海《生活周刊》一九九〇年二月號有一篇文章介紹上海青年女工劍蕾跟其丈夫出差廣州，住宿新大地賓館。二月三日，她到該賓館樓下「名仕髮廊」理髮，上髮廊小姐當，燙了髮，花半小時收費七六

①《廈門晚報》一九九八年三月一六日。

三元（後得知其中燙髮藥水五八〇元、捲髮杠一四〇元、洗髮八元，手工費三五元，還未計加熱定型處理費，如加進須上千元），劍蕾一聽嚇呆了。她告到賓館經理那裏，雙方爭執許久，最後交四〇〇元不給發票。這事被稱爲「中國第一髮」。它比其他第一流理髮廳收費標準高出三二倍，上海人聽了，把這「近乎瘋狂」的收費稱爲「搶顧客的口袋」。這事大概可以用騙搶來概括。

以騙帶搶也是騙搶。在歷史上這類騙搶每有發生。傳說，以前有人叫尤五的無賴，專事欺騙活動，人稱之爲刁民。一天尤五乘舟去縣城，同船有個後生姓丘的，在閒談中說到，要把刁民尤五除了才可安寧。尤五聽到這些話，心想，我若不騙你一場，會枉得此名。他拿出自己隨身帶的木印，挨近丘生，暗地在其行李上打了印記。晚上船到縣城，乘客各自提著行李走了。尤五則跟著丘生，走到縣衙前時，突然上前搶拿丘的行李，說：「勞駕了，讓我自己拿吧！」丘生莫名其妙，不讓他搶拿，二人爭吵起來，鬧到縣堂。官家聽了二人爭辯後問說，你們都說行李是自己的，有什麼記號嗎？尤五說，我在行李上打有我的印記。打開一看，果然有尤五的印記。官家即決定將行李歸尤五，罰打丘生十個大板子後放行。出來後，丘對尤大罵：你是何方騙子？尤答：我就是你在船上所說的刁民尤五！丘生自認晦氣，遇上騙賊。

《廈門日報》一九九九年一二月二六日載，一二月一五日，五名安徽男女在廈門湖旁富士美茶館以兌換美金爲名，強行搶走一位叫張剛的男子人民幣三萬多元。這是典型的騙搶。

報載，廈門有個二五歲的張姓青年，吸毒成癮，沒錢花，便想出了以騙帶搶的絕妙騙術。騙搶時，張氏身著西裝革履，舉止氣派，騎著摩托車呼嘯而至小店鋪門口，先掏出手機，嘟嘟按鍵「經理嗎？我到了。讓他們送貨上門吧。你們準備好錢。」像是在跟單位老闆通話，然後進店，要這要那。小店老闆以爲來了大主顧，天上掉下大元寶，喜出望外，自己用一部自行車，將來客所要的貨運送上門去。張氏順手把貴重物品拿放自己摩托車上，說是幫拿。之後小店老闆跟著上路，到了三叉路口，大客戶突然加快速度，轉眼消失無蹤，小店老闆傻了眼，棄車追，手上貨無處寄放，只好自認倒楣，被騙搶去一批貨。張氏於一九九六年八月到一九九七年三月，先後以同樣手法光顧了三二家食雜店，騙搶了價值在五萬元左右的貨物。①

《廈門晚報》一九九九年一〇月三〇日載，在廈門街頭，不時出現青年男子騎自行車追趕騎自行車婦女，用手示意她的後車輪出了問題。當婦女下車查看時，男子即將她車前筐裏的提包拿走。一九九九年一〇月二八日傍晚，在小學路的騙搶中，一婦女被搶走了一九七〇元現款和一金墜子以及證件等。

以假貨坑人，騙取鉅款，同樣屬於騙搶。

一九九三年慈溪市觀城供銷社釀造廠因釀造原料價格上漲，出現虧損局面，廠長方達挺想出了一種扭虧爲盈的辦法。

他們用水泵將廠邊一條小河裏又臭又髒的水抽到該廠一個大池裏，不經任何淨化，就以七分水加二分鹹鹽和一分色素配製成假醬油七五．五萬公斤，在該市銷售。同時還用該小河的水加醋製成假米醋七萬公斤出售。②他們以這種方法，向消費者騙取了鉅款，這不叫騙搶又是什麼？

歷史上暴發戶多靠搶劫起家，如今除了搶還靠騙，而騙比搶更快暴發。比如走私，這是黑色經濟活動，跟騙緊緊聯繫一起，其暴富是最成功的大盜也望塵莫及。一九九九年廈門破獲一起歷史上最大的走私案——遠華走私案，主謀者賴昌星從一九九四年起通過和「特種企業」合作走私電腦晶片、汽車、各

①《廈門晚報》一九九七年三月二三日。

②《法制文摘》一九九五年六月十五日。

種油類、建築材料及武器等，走私價值數百億元，到一九九九年案發，賴個人積聚了二十億財產，前後不過五年時間。而差不多同時間的香港搶劫案頭子張子強，從一九九一年到一九九八年落網，前後八年也才積聚八億元財產。

以騙助偷者是為騙偷。報載廣東某地一女士被偷走裝有銀行取款卡的錢包。過後有個自稱是銀行職員的人打電話對她說，剛才有人用你的取款卡冒領存款，已被抓獲，現在請你把密碼告訴我，好幫助你辦掛失手續。這女士即把密碼告訴了對方。她自沒想到，對方乃小偷加騙子，得知密碼後把她取款卡的餘款取走了。另據報載，一九九八年五月九日上午，四川某大學學生有人存摺和牡丹卡被偷。下午來了個自稱「校公安處」的人，調查失竊案，簡單問了失竊情況後即查問存摺和牡丹卡密碼，爾後憑密碼到銀行取錢。原來這傢伙就是竊賊。因被竊者及時趕到銀行，當場抓住了他。①有一種用「讀碼機」祕密讀取持信用卡人資訊卡的磁條資訊資料，是僞造金融票證的行爲，屬於用高科技的騙偷手法，這類騙偷手法，時有發現。

有一種以假身份證行騙助偷。《新聞晨報》一九九九年三月二九日載，石泉地區有一姓閔的中年人，專門到儲蓄所尋找別人廢棄的存款單，按線索瞭解存款人及存款數目，而後造假身份證，先來個掛失，把別人賬號裏的存款轉劃到自已名下，然後再將錢取走。

也有的以偷助騙。《廈門日報》二〇〇〇年八月一三日載，二月二二日，清晨天還未亮，一輛大巴客車在廈門罐口菜市場邊公路上停靠，安徽人安某下車後把裝有一獼猴的鐵籠放在車邊轉身去解手。時在此拉客的中巴經營者楊某，以爲鐵籠中是一小狗，偷偷把鐵籠拎去藏在附近小巷裏，而後返身現場。

---

①《廈門晚報》一九九九年四月二九日和一九九八年五月十三日。

而安某以爲鐵籠被售票員取走，正在吵鬧，這樣，楊某明白了鐵籠裏裝的是獼猴而非小狗。本地風俗，養猴是不吉利的。楊某心想不要它。再看安某手中還攜有兩隻松獅狗，大喜過望，向前聲稱，自己可幫對方找到獼猴，但須將兩隻松獅狗做爲酬勞。安某心算一下，獼猴比兩隻松獅狗價值來得高，便答應了。這樣，楊某以偷助騙，騙取了價值一四〇〇元的兩隻松獅狗。

一六　搶時間找機會行騙

香港回歸中國，是一件大事。回歸前夕，舉國上下盼望著回歸日子早日到來。而善於作騙者也把眼睛盯住這日子，動起作騙的腦筋。報載，還在香港回歸前半年多，在山西市場上出現了「一九九七年香港回歸祖國二四K鍍金紀念幣」。該紀念幣做工粗糙，既無生產合格證也無生產廠家和生產日期，那顯然在作騙。爲了作騙成功，他們盜用中國人民銀行和中國造幣廠名義出售。澳門回歸前夕，又有所謂「紀念」九九澳門回歸世紀珍郵己卯年生肖純金郵卡，只是噴金粉的塑膠卡，再貼上印有郵票圖案的透明膠，每套出廠價不過九八元，可要賣二五〇〇元。①　這是兩起典型的搶時間作騙。

搶時間作騙，在學習貫徹「三個代表」中也有表現。《廈門晚報》二〇〇二年五月二五載，河南淅江縣金河鎮黨委書記黃某，爲了表明自己在貫徹三個代表中有成績，在一篇文章中吹噓自己如何幫助、感化全村出名的「難纏戶」全宗良，四進其家，幫助種地、打水、抱柴燒鍋，爲他處理宅基地糾紛等。這使全氏大受感動，主動補交了所欠稅費。……可全宗良看到後說，這些話全是瞎說。我稅費年年交，咋是難纏戶？黃氏從沒登過我家門，咋幫我種地、做飯、調解宅基地糾紛？——黃氏還說曾幫殘

---

①《現代工人報》一九九六年十二月二十一日；《經濟晚報》一九九九年第二九三三期。

疾人景炳禮解決二千元貸款，可景妻說，家裏連貸款的影子也沒見到。群衆說，黃氏說的比唱的還好聽，可他下村爲了錄影登報，玩花架子。全宗良對黃氏和媒體的騙人作法氣難平，他要上告黃氏和媒體作假。爲了息事寧人，黃氏與全宗良私了，願賠他一．五萬元名譽損失費。

找機會行騙亦每有所聞。一九九六年夏季奧運會上奪得金牌的王軍霞、孫福明，不但自己獲得榮譽，也給家裏帶了極大光榮，許多親朋好友紛紛登門道賀。這對於善騙者說來，自是一個好機會。報載，自稱保險公司的兩個男子，以上門服務、辦理人身保險爲名，急忙開始行騙活動，一個從王軍霞家中騙走五〇〇元，一個從孫福明家騙去一八〇〇元。①《生活時報》二〇〇〇年一〇月二四日載，普法教育期間，河北一女農民夏鳳銀夥同一名叫白海龍的合夥以低價買進一批法規書籍，而後冒充紀檢人員，向北京一批街道辦事處和鄉政府賣高價；先以紀委會或勞動局名義以電話通知對方，之後將書送去並收取書款，不到半年，騙到一萬七千多元。另據《廈門晚報》一九九九年二月一九日載，一九九八年夏季抗洪鬥爭中，有個叫褚東的於九月間在某衛生院騙取了十多種抗菌素到薛城籍戰士所在地推銷，從中探聽到一些戰士老家的具體地址後，偷走戰士的迷彩服並把它穿上，化名「劉東」，於一〇月三日來到戰士們的老家，自稱是某連衛生員，由部隊派遣護送在抗洪中犧牲的戰士的骨灰盒，還說受某某戰士的委託，要家裏給他們捎去一些錢用以治病，云。聽說兒子生病須用錢，家長們只好東借西湊了一些錢讓這「劉東」帶去。褚氏用此騙法，騙走了上萬元錢。「三講」中攤派「三講」叢書，也是利用時機行騙的一種。《遼寧晚報》一九九九年九月六日載，河北農民楊某張某，在「三講」中冒充某組織部從當地書店以低價買入「三講」叢書，然後以高價賣給專門指定的企業單位，牟取暴利。還有冒充「三講」

---

①《廈門晚報》一九九六年八月三〇日。

巡視員、工作人員而騙錢騙物的亦有所聞。

也有利用自然災害和各種事故來行騙。一九九八年百年罕見的洪水過後，傳說某地發生了霍亂。某鎮防疫站認爲騙錢的時機到了，機不可失。他們開出防疫車，用每支價値八角的藥液注射四個人身上，每人收一○元，牟利五○倍。共騙多少錢未見報導。

不久前有些人打起了西部開發的旗號，以合資興辦開發項目為誘餌大肆詐騙。《法制文摘》二○○○年八月一日載，四七歲的上海無業遊民曾凱，初中文化，曾因賭博、詐騙兩度被公安機關處理，不思悔改。不久前弄到一份假護照，自稱美籍華人，憑空捏造一個「金鷹國際投資（美國）公司」，自任中國商務聯絡處負責人，請來幾個年紀較大的人爲之當說客，四處「誠徵」合作夥伴，以支援西部開發尋找投資項目爲名，以每家企業三萬——五萬的項目評估費來騙錢，被騙企業達二二家，騙取金額近百萬元人民幣，行騙蹤跡涉及一○多個省市。

二○○二年五月七日北航飛機事故噩耗傳出，全國民衆都爲遇難者唏噓不已，而這時竟有人自稱北航事故領導小組組長，在新浪網上要求人們捐款，借名騙錢。此可謂抓住機會，及時行騙。

如今西部開發已經開始，國人忙於奉獻自己的聰明才智和力量，而各類騙子眼看又是一次機會，躍躍欲試，準備大顯行騙本領。到時說不定又會有人大呼上當受騙。如若不信，人們不妨拭目以待。

行騙者如果互相攜手合作，往往可取得意想不到的效果。報載，有一輛長途汽車進入北京近郊，忽然停車，從下面上來一個賣眼鏡的，說是美國貨，原價每副七○元，現減價爲五○元，以引發旅客的購買欲。大概人們仍嫌貴，沒人買。這時又來了兩個人，穿便服的，自稱是工商局的，對賣眼鏡者說，私賣眼鏡犯法，全部沒收，並當場處理，每副一○元，這下有人感到合算，買了。可後來他們才發現，這類眼鏡在地攤上每副不過〇・八〇元。人們還是給騙子們坑了。原來那幾個是一夥的，合作行騙。①

有的雖不同夥，爲了各自的目的和利益，同樣也可合作行騙。胡長清，原爲江西省副省長，當副省長期間常爲他人題詞寫字，每次收費三〇〇〇——六〇〇〇元。據《文匯報》載，幾年中，胡爲他人寫過近千幅牌匾，收入約百萬元，被稱爲「雅貪」。胡借寫字騙賺別人錢財，而請他寫字的人則用他副省長的招牌來炫耀自己，也爲騙他人，收取利得——一個收金錢，一個取榮譽。這是一種特殊的合作行騙。

通過合作行騙得利最多的，大體可數巴西里約熱內盧民事律師若吉娜。她於一九八九年—一九九一年間夥同其他律師、法官和保險協會人員等二五人合作，以代人申訴的名義，通過冒領、僞造和調整退休金、撫恤金和工傷補貼金等手段，詐騙福利基金五億多美元，其中若吉娜獨得一・一二億美元，被稱爲近年巴西最大詐騙頭目。②

一七 尚待弄清楚的昏迷騙

據傳，舊日經常出現拐騙小孩的事，騙子用一種藥在小孩頭上一摸，小孩即處於迷昏狀態，稀裏糊塗地跟著騙子走。時下，不時聽到有些大人，有的因喝下騙子的迷魂藥，被騙走財物。報載，台北有個四五歲的女尼觀慧（俗名夏秀麗），出家五、六年，常在台北化緣，讓多名信徒服「改運水」（迷魂湯），待信徒昏迷後，取走她們身上錢財，到一九九八年案發，共騙取新台幣一八〇萬元。也有的只因跟騙子接觸，也處於迷昏狀態，失去理智，自動將身上貴重東西送給騙子，甚至帶到自己家取走金錢財

① 《團結報》一九八二年八月二六日。

② 原載《粵港周末》，引《廈門日報》一九九八年三月二〇日。

寶。騙子走後，被騙的人很快清醒過來。報載，湖南有位劉翠蓮老太太，於一九九七年九月二四日晨外出早鍛鍊後回家，路上被一個四〇多歲說南方口音的瘦女人攔住。問她是否認得附近一位神醫。正說間，來了一個五〇歲上下的胖女人，自稱認得該神醫，並熱情地帶她們去找他。在附近，三個女人遇到一位三〇多歲說南方話的男子，胖女人指著他說，這就是神醫張大夫。寒暄之後，張大夫對劉老太太說，你不宜披金戴銀。說完，他把她身上首飾全部取走，還讓她到家把金錢全部拿來。男子說，要給劉老太太「發發福」，方可平安，否則有天災人禍，並說到了一〇月一日會把首飾和金錢全都還她。……劉老太太後來說，在去找「神醫」的路上，胖女人熱情地拍著我（劉老太太）的肩膀，並還用一塊手絹把我的頭髮往後攏，我只覺得頭暈，對胖女人的話句句聽從，任其擺佈，回家拿了存摺到銀行取了錢給他們。①……這類事，《三湘都市報》曾多次報導過。一九九六年一〇月一六日載，武岡縣易某把身上一二〇〇元大大方方地送給一個陌生人；一九九六年一〇月二四日載，益陽市某廠長拱手把六五〇〇元現金給了一青年人；一九九六年一〇月二五日載，懷化地區一外貿職工將七〇〇元錢和一包衣服等，高高興興地送給了登門的四個人。還載，一陌生男子當眾拍了一下老大娘，叫她回家拿存摺取錢還他。老大娘眞那麼做了。下午清醒過來，驚得目瞪口呆。

類似的還可舉出一些。騙子勾結一起，在行騙前還是使用了動作的。有人說這是一種「主靈術」。那還是通過藥起作用。有人指出，若在香煙內放入海洛因、特巴克特爾，點燃可使人聞味而醉倒，而行騙者因口含生薑片則不受影響。可也有人，把這類事說得神祕莫測。

舊小說中，古代有一種蒙汗藥，可使人處於昏迷狀態，那是通過呼吸道作用的結果。如今說的騙子

①《齊魯晚報》一九九七年一〇月三日。

只要接觸皮膚、頭髮甚至衣服即可使人迷昏，那是什麼藥？有人說，時下能使人昏迷的藥物不多，最常見的是乙醚，而乙醚氣味特濃，且需用大量才能奏效，而使用後迷昏者有生命危險，一般騙子不敢亂用。

爲什麼有人昏迷受騙後都沒有什麼危險呢？據分析，有的受騙者是清醒的，因貪得或貪小便宜吃了大虧，由於愛面子，不願說出眞話，有意編造了近於離奇的情節。如果眞是這樣，被騙者不也在騙人嗎？也有人說，一些聰明人，有時近於癡，近於呆，往往受騙而不知；也有自作聰明者，想捉弄別人，結果自己反吃虧。有人有意編造那些離奇的情節，大體是在諷刺「聰明人」。

或說，確有一種迷身術。有人指出，若用乙醚加百合花、羊花、迷身草以及馬尾松根，混合起來用，可讓人跟你走，聽你指揮。

還有一種讓人精神失常術。據說，將酒精、花椒、白糖加麻香，按比例配合，讓人吃下會引起精神失常，這時失常者會任你指揮而行動，若用風油精塗其臉部再用涼水沖洗，又可恢復正常。

是否眞的如此，還有待於弄清楚。

一八承諾、虛報和瞎吹

一九九六年下半年後，在商業和服務行業，開始實行「承諾制」，一時各行各業大興承諾風，承諾服務大爲時髦。其中有眞也有假。承諾可遇不可求，不可全信。

君不見，在承諾中，有的部門和單位，把自己本來應盡的職責、應遵守的法紀，也列爲承諾服務的內容，用以標榜自己。這種做法無疑猶如母雞承諾：「我會生蛋，我生的蛋定會有蛋黃和蛋清」云。這種承諾有何意思？也有的把承諾當成廣告噱頭和促銷行爲，這豈不使承諾服務變了味？

尤其需要提到的，有的承諾根本就不想兌現。某些商場、商店，隨處可見「顧客是上帝」、「視顧客如親人」一類公開承諾的標語，可實際呢？上帝遭白眼，親人如路人，一問三不知，再問不耐煩，多問不理睬。這類承諾有何意思？某商業大廈貼了名牌承諾的大幅標語：「若不是名牌，我用大廈償還」。這是一種既騙人也嚇人的誇海口。誰能相信，整個大廈就沒一件非名牌商品？

最糟的，有的商店來了個假貨包換的承諾。這原是很得人心的，問題是，買來的是假貨換回來的仍是假貨。這樣的承諾，跟不承諾還不是一樣的？這叫「輕諾寡信」，有人將它比爲官場上的應酬語、江湖套話、酒席間熱情話，爲湊熱鬧說說而已。瘦狗出門嘴在先，答應爽快，說了不算數。這能說是嚴肅的做法嗎？有人說，商業的學問就在於作騙的成功，而承諾可幫助作騙順利。一語道破了承諾的奧祕。古有「一諾千金」的說法，可如今承諾卻如飈風，看上去很熱鬧，可收效甚微，兌現率等於零甚至還有副作用。更糟的，承諾的語言雖美，可多在作騙。

看來，在一些人那裏，承諾如金玉，多作裝飾用；就是說，承諾服務也有在作騙。他們打著「爲民著想」的旗號，用「文明窗口」、「服務承諾」加以包裝，隨心所欲地從老百姓口袋中掏取錢財。這種失信於民的承諾，只是美麗的謊言，不但欺騙了民衆，也毀滅自己的靈魂。

在實行民主選舉的地方，承諾常被用於騙取選民的選票。爲了在競選中壓倒對手而取勝，參加競選者多向選民承諾（許諾）諸如減免什麼稅收，增加什麼福利等，可一到當選，不見實施，選票騙到手，其他不管了，這就叫「跳票」。

在我國，人們都熟悉的瞎吹風，那是從政界飈到商界和服務行業的，而承諾風則是從商界到服務行業再刮到政界的。

一些企業，經營乏術，可經營者精通於虛報冒算，將虧報盈，小盈報大盈，甚至大虧報大盈。就因此，人們看到，一個企業年年虧，可利潤年年長，紅旗年年掛。結果，不但騙取高額承包獎，且爲一些人撈取先進、明星企業家等的桂冠。這可說是虛報的效應。

有的工廠，雖然專門生產劣質飲料，但交了數千元參評費，卻被評爲優等產品。報載，錦州北山蓬萊飲料廠既無天然果汁、蜂蜜，又無一點糖分，用自來水加甜味素加色素，生爲一種「天然高級飲料」，於一九九六年五月交了五千元參評費，獲「國際金獎」的獎杯和證書。①

還有更離奇的。有家工廠，因經常虧損，連工人工資都發不出，只好停產整頓。時適物價上漲，廠裏庫存原料比原來的貴了一倍。他們便以此虛報說增產了一倍。可謂無奇不有。

虛報中有一種是人員的虛報，那是爲了騙領工資。中央電視台一九九九年六月一五日「焦點訪談」報導，山東荷澤地區水利局系統空餘一〇五個編制，當領導的來個虛報人員，在虛報的三四個人員中，副科級以上幹部子女佔二十一人，其他九人爲在校學生。這三四個虛報人員，兩個月中冒領工資達三四〇〇〇元。可見，虛報就是爲了作騙。

如今，「過頭話」隨時可見。稍有一些成績，就吹爲「天才」、「奇才」；剛剛在銀幕上、舞台上閃現過幾次的演員，就稱之爲「名星」、「全國著名藝術家」；更甚者把錯誤百出的詞典稱爲「當代之最」，其主編也成了「超人」之才，把言不成理的論文譽爲全方位、多層次的超前意識的理論等等。

瞎吹還不是作騙？

一九　騙官和官騙

①《遼寧日報》一九九六年九月一〇日。

高層次的騙文化可提到騙官和官騙。人說，金錢、美色固然吸引人，而權力吸力更大，因此，「眼光遠大」的騙子多傾全力於騙官即騙權上。

騙官不是欺騙官員，也不是假官，而是騙取官職。中國傳統的官文化是「萬般皆下品，唯有爲官高」，自古以來，官是權力的象徵，是「通靈寶玉」。人說權力乃世界上最不可思議的最具魔力的怪胎，有了權力就有一了切：風險可立刻消除，利得可大爲膨脹，罪犯可變成功臣，流氓可一下子瀟灑起來。……因此，人們不擇手段要官、跑官、買官、騙官。這可是當今的「終南捷徑」。而騙官的目的，多是爲了官騙，就是說只有騙到了官位和官銜，才會有資格進行官騙，即以官謀騙。古今中外，買官賣官，絕非僅有，那無疑也是一種騙，不過名符其實的騙官，是不用錢買，而是通過騙得到官職。以騙得官與其他手段得官一樣，也是政治戰利品。這種事不僅以前有過，即使今天仍不難見到。據載，貴州無業人員周葉（周昌平），在廣州做生意時，認識了中央某領導人的妹妹，對她百般侍候。當有人問周氏和老太太是什麼關係時，周順水推舟：「老太太的兒子」。這樣，周搖身一變，成了中央某領導人的「外甥」了，因此逗得不少當領導的垂涎三尺。於是，這個什麼證件也沒有的周葉，從一九九〇年十一月到一九九三年八月先後順利地當上了廣東清遠市經濟技術引進開發辦公室主任，大連某軍事學院企管局副局長（副師級、上校軍銜），江西吉安地區副專員，他雖不是中共黨員，可被任命爲行署黨組成員，最後被任命爲成都軍區下屬某公司副董事長。在不到三年的時間裏，周葉連騙五個要職，官至廳級，騙蹤達廣東、江西、遼寧、雲南、貴州、四川六省。①周氏行騙如此順手，還不是由掌權人說了算？平時所說什麼工作需要、群衆推薦、組織考察、黨委研究、上級審批等等，全都免了。這裏主要靠那些身居高位、

①《雜文報》一九九七年三月二八日，「借權行騙與以權幫騙」。

有權爲之開綠燈的領導，他們爲了巴結「皇親國戚」，不擇手段，大幫了騙子的忙。

在這裏，人們罵周氏，把他稱爲騙子，只因爲他不是中央某領導的親屬。但如果周氏眞的是中央某領導的親屬，是否就該如此便捷地得到官銜？是否就該如此受到重用？——這是另外的問題，這裏且不去講它。這裏要說的，寧是類似的做法不只是一兩個。

劉柏松，因行騙於一九九〇年被周口市公安部門逮捕，不久取保候審。後來劉到了吉林，於一九九二年一〇月被任命爲吉林省交通廳副廳長、黨組成員，被派去俄羅斯簽署建設和開發鐵路港口的協定。可謂滑稽。① 如果不是某些掌權者爲之開綠燈，一個候審的犯人怎會如此神通？

報載，一九九五年六月，山西汾西縣一個貪污犯被任命爲縣反貪局局長。②那也是騙官。消息傳出，民衆譁然，人稱此乃是「共產黨的奇恥大辱」，天大笑話。

這個反貪局長叫孟永明，原是一個鄉的黨委書記，任職期間因貪污被縣檢察院起訴，作出有罪判決，免於刑事處分；後到某公司當經理，又貪污八萬元。由於他會花錢收買縣領導，故受重用，據說他花了二十六萬元的「壓歲錢」才被任命爲縣反貪局局長。孟氏這個反貪局長桂冠的取得，無疑是上下行騙的結果。首先是孟本人的行騙，即媚上騙衆，其次是領導的行騙，騙衆人。孟因貪污受到法律判決，縣領導當然不會不知道。既然如此，爲什麼還要做出任命的決定呢？因爲受到孟的賄賂，得到了好處，吃人嘴短，不但不敢講，且還要給予回報。於是昧著良心欺騙衆人。這似是官場中的陳年老釀，不足怪。

也有通過造假手段來騙官。《公安月刊》一九九八年第四期載，湖北隨州市郊區農民文家山，一九

---

①《法制文摘》一九九八年一月九日。

②《光明日報》一九九六年七月六日。

九六年通過作騙手法混到製藥廠當上了銷售員。第二年，該廠主要領導要調動，文氏又想通過作騙當上廠長。他花了五〇〇元私刻了隨州市委組織部和隨州市人事局兩枚公章，僞造了「幹部調配通知函」。接著，他先假冒市人事局領導給隨州市供銷社打了電話，推薦文家山到藥廠當副書記、副廠長，而後冒充市委組織部多次催問文的調動事。市供銷社受騙後果然正式任命文氏爲藥廠副書記、副廠長。

《中國青年報》一九九九年四月一二日載，內蒙準格爾煤炭工業公司人員郭愛宏於一九九五年到內蒙卓資縣聯繫土豆片加工項目時，得知該縣一掛職副縣長也在搞此項目，便萌生掛職之念頭。他與王玉璽等人僞造了「推薦報告」、「個人鑑定」等掛職鍛鍊的公文、函件，編造虛假的經歷，騙取了集甯市委副書記之職達二年之久，直到辦理工作調動手續時才曝光。

《法制日報》二〇〇二年八月一九日載，騙子李眞假冒高幹子弟，靠假文憑、假檔案和拼造的與中央領導人合影，到處行騙，在七年中由一般幹部升到正廳級——河北省國稅局局長。

《新聞周刊》第一三二期載，一九五二年出生，大學文化程度的山東人丌傳新，原在海軍某部任司令員，後轉業到地方工作，平時沒小車，連摩托車也沒有，威風大減，甚感委曲。數次給上級領導寫信，要求從優安排，未能如願，於是想到騙官下策。因此，他不但僞造部隊印章、證件、公文，還僞造國家領導人的信件和批示。從一九九八年四月起，他先後冒用原全國人大副委員長葉飛之名給廣西領導寫信，冒用兩位退休將軍之名給中央軍委領導人在信上圈批，試圖讓自己升官。案發，被判三年徒刑。想騙官沒騙成。

另據報載，河南新野縣北工集團的團委副書記劉家銘嫌自己地位不高，職權太小，想弄個大的官職。他從垃圾堆中揀來一張印有「國務院辦公廳擬文稿紙」字樣的行文紙，以高價複印了國務院辦公廳公章空白信紙，僞造了國務院辦公廳王某致河南省委領導的信，信中提出請設法將劉調到市委工作，後再模仿省委某領導人的字跡，寫下推薦信，以爲這樣可以騙到官了，沒想到迎接他的是一副手銬。①這是騙官也沒騙成的例子。

一般講，官品愈高，排場層次和得利規格也就愈高，就因此，騙者也多設法騙取晉升，就是說，騙取升官也是騙官的一個內容。而這類騙取晉升事，隨時代發展，其手段也愈益高明。舊時官員有時不免笨拙，小官衙內的小官老是把眼睛盯住大一些的官銜，想盡辦法通過各種管道擠進去做大一點的官兒，但往往因僧多粥少，有些人難得如願以償。現代官員的腦袋瓜活絡多了，他們知道，在官職上做文章使自己晉升，不但花時間，而且不容易，於是有人設法在官衙上動腦筋，讓自己所在的衙門提升即機構升格，這樣，衙門變大了，不但自己的官職官階也自然而然地跟著升上去，而且機構升格還可以增編增員，可以滿足一大批求職求官者的願望。人們看到，許多地方部門，一方面大喊人員超編，一方面大興機構升格，似正是這類騙官的需求。眞可謂：升官有道，謀官有路。

當官原本是苦事，爲官者原本是苦人。這因爲官員以天下爲己累。因此，古代中國曾有人提出「以官爲師」。後來情況變了，當官的可借人民名義施大騙、弄大權，官職高一步權勢大一步，享樂高一層，官當愈大，愈可不負責任。於是，當官被看成是享樂，許多人爭著擠進官場。二十世紀以來官的名稱有所變化，原來稱父母官，後改稱「人民公僕」；而老百姓呢？原叫「草民」，後尊爲社會主人。那當然僅是字面兒戲，實質上仍是官貴重。就因此，並沒有那個官會去計較名稱問題，即使稱官員爲「下賤貨」，仍會有人想方設法混個官當。

而就官來講，大體有幾種人：一是用自己的血和淚寫成自己官績的官員，是謂清官，可稱得上人民

---

①《中國青年報》一九九七年二月二四日。

的公僕或人民的兒子；二是用人民的血和淚撐起自己官威的官員，那是通稱的貪官、昏官、污官；三是無所作爲的庸官、混官，在官場中屬於濫竽充數者。

貪官、昏官、污官通稱爲官痞，或「權匪」，即掌握權力之匪徒，是萬惡所歸，最大的竊賊和騙子，他們手中的權就是對準民衆腦殼的槍口，就是架在民衆頸項上的利刃。他們以權行騙謀私，乃是順理成章的。因此西方有人提出「以官爲賊」，時加提防。

當官的——特別是那些用人民的血和淚撐起自己官威的貪官、昏官、污官，其最拿手的好戲，除了顯耀官威，大致可提其官騙了。

我國古代有「兵不厭詐」之說，其實還有一句人們不敢說，那就是「官更善騙」。

官騙也叫權騙，即以權謀騙。權騙配合利誘和脅迫、威嚇，乃是最有把握的、不留漏洞的、最圓整的騙。如果把一般人的行騙稱爲用鳥槍衝殺，那麼，官員行騙則可稱爲用大炮、原子彈攻擊，效率自是高的。所以有人說，民騙不如官騙。官騙的本質是，官員對權力的濫用和對資訊的封鎖、壟斷。官騙的最大特點是，以極低的權力成本，取得甚高的市場效益甚至超額利潤。不免令一般騙子眼饞。

當官的，特別是那些貪得無厭的大官，大多是家有萬貫，富甲一方。其財富是怎麼來的？他們多會編造種種神話，用以證明其來路合理合法。舉個例子：國民黨政府四大家族之一的孔家，曾以豪富著稱於世。孔家的家財是從何而來呢？孔祥熙說，他之所以擁有巨富，除了本來就有的錢和做官積聚了一點點外，其餘都是平時省吃儉用的結果。

做官時怎麼積聚？是否包括利用職權套取外匯和發國難財，自己雖不說，可人們都很清楚。怎麼省吃儉用？就是由當家人宋藹齡把自家的一切費用開支，想方設法列入公費開銷範圍。抗日戰爭期間，物價上漲幾乎以天文數字計算，可孔家始終每日以三元錢來支付全家伙食費，不夠的由中央銀行報銷。一九四〇年，孔祥熙在一次視察財政時對金融界訓話曰：「大家都說現在的物價高，公務員薪水低，入不敷出，我看不見得。……我家伙食費每天三塊錢，十幾口人吃飯，小菜很好，你們收入也不少，怎麼老是有人叫苦，說不夠用呢？」①

再舉個現實例子。據中央電視台一九九八年四月的一次焦點訪談披露，浙江平陽縣組織部長董根順，在位五年間，一下子買了五套房子，家財達百餘萬。怎麼來的？董說是朋友贈送的。這都是官話和官騙，一般老百姓講不出來，更騙不出來。

不少當官的隨著地位、權力的攀升，其智商也在上升，變得多才多藝，甚至無所不通無所不能的全才、天才，天下事無所不懂，無所不能，科學軍事，文化藝術無不包藏於胸，樣樣內行，也就是說，當了官有了權，什麼都變了，醜變美、錯變對、舊變新、平變奇、難變易、非變是、拙變巧、俗變雅、空話套話變成重要講話、隨便講話變成重要指示，等等。他們多半靠著秘書的筆頭，到處做報告發指示，這叫做以權保護其騙。

現實生活中的官騙或權騙，特別可提到「搭便車」現象。

「搭便車」，指利用界定不清而進行的侵佔與轉嫁，那是在不付出任何代價（成本）情況下從別人或社會獲得好處（收益），最主要表現是某些人免費使用公共資源，甚至把自己經濟活動中的代價、成本轉移給產權界定不清的部門或地方，就是侵佔國有和集體財產的權益。主要做法有：（一）利用公款炒股、炒房地產和期貨，風險、虧損由公家承擔，盈利由個人或小集團獲得。（二）「借雞生蛋」。由國有經濟單位提供擔保，出資辦「三產」，資產增殖的絕大部分被「承包」、「租賃」者據爲己有。有的甚至

① 轉引：《雜文選刊》一九九七年第二期〈富貴者視民情〉。

把成本以各種形式轉移給國有企業承擔，收入則作爲「三產」的「純利潤」，由個人和小集團佔有。（三）一些經營者可憑藉自己手中的權力獲得好處，爲躲避風險，變個人賺錢爲集體「創收」，集體私分。（四）公家付費個人消費，包括公款吃喝、旅遊、考察、購買使用超標準豪華轎車等。（五）黨政機關和職能部門利用權力及影響佔用企業財物，包括借用、攤派、報銷、佔用及收取贊助費等。①以上這些，一般民衆，無權無勢者能做到嗎？顯然唯有權勢才可能，那可說是「權力資本」賺取各種利潤，自是權騙的產物。

撈也是權騙的手段。撈中有一種是自我獎勵。《遼瀋晚報》二〇〇〇年七月一九日載，遼寧興城市城東東六村，六位村官從一九八七年到一九九八年在村裏還欠貸款三百多萬元情況下，爲自己發了獎金一五二萬元。獎金名目達一百多項：完成指標獎、按時完成任務獎、計生獎、治安幫教獎、滅蟲獎、結紮工作會戰獎等。他們稱，這是「黨給的」，「合情合理」，「不能不要」。利用手中權力強行增加工資和獎金，也是自獎勵的一種，這類事每有所聞。有些官員爲使自己高收入合法化，不講按勞分配原則，而似是而非地提出：「高薪養廉，低薪出貪」的口號，意是要不貪得給我高薪，我所以貪就因薪不夠高。如此等等。

有的官員因爲家財富足，常成爲劫匪行劫目標。可令人大跌眼鏡的，劫後報案，官報數目總是大大小於劫匪坦白的數字。難道是被劫官員有意拿大頭賞給劫匪？非也，在於有意隱瞞其來歷不明的家財，有意作騙。

權騙中有一種叫考察，多是爲論證領導正確性而找材料；更有的則是借名堂騙取新的刺激新的享

①《文匯讀書周報》一九九六年一二月一四日。

受。重慶市原某副市長和經委主任，一九九〇年一二月到美國舊金山、洛杉磯等地考察一個月，玩賭場、看裸體表演等花去了二六天，考察才四天；一九九二年九月一〇月間，他們又去美國考察設備，在二二天中，看設備才花去二〇分鐘，聽人家講解花去三〇分鐘，然後用六七〇萬美元買了價值八〇萬美元的產品，還是不能使用的廢鐵。①類似的還可提到陝西。《廈門日報》二〇〇〇年一〇月三一日載，陝西省政府機關某培訓中心，一九九八年組織「考察團」一行一五人赴西歐五國，一五天中只用二天時間參觀賓館設施等，其他時間全是去玩；一九九八年底——一九九九年初，二七人「考察團」赴東南亞和港澳地區，一七天中僅一天參觀酒店設施，其他時間均爲遊玩。考察團出訪理由冠冕堂皇：學習先進，爲我所用。結果多是播下龍種，收穫跳蚤。這能不叫騙？

有些當官的，平時對自己家裏的活從不沾手，諸事由別人代勞，門口衛生別人打掃，衣服雇人洗，連一塊手帕自己也不動手，可說是過著飯來張口、衣來伸手的寄生生活，可不時卻紆尊降貴裝模作樣地參加外頭的義務勞動，有時還率衆到街頭清理垃圾、打掃環境衛生等，那當然是象徵性的，爲了讓人拍照，讓媒體報導，爲了上電視電影，贏得好名聲。這種做法，實在也是在騙人，也是一種官騙。自己一屋不掃能掃天下嗎？

引火燒身也曾是當官者騙人的手段，名爲叫別人給自己提意見，實是在爲整人找對象，先把有意見的人找出來，而後加以整肅，無疑這是一種帶有陰謀的手法。

比這更高明一些的是自查自糾中的作騙。自查自糾本是自覺地找出問題和缺點，並在這基礎上加以糾正，這大體跟歷史上的整風差不多。可笑的是，有人借自查之名大擺自己的成績和好事，用以表現自

①引《雜文報》二〇〇〇年七月四日。

己。他們以神妙之筆將自己螞蟻般的政績描寫成大象般卓著，同時把許多嚴重問題淡化成不值一提的小事。就是說他們不認爲自己有什麼問題和缺點。對此，有人說是見臭不臭，有意掩臭。實在也還是在作騙。

官騙或權騙，還可以提到蠱惑宣傳和虛假報告。

蠱惑宣傳就是宣傳虛妄的東西，沒有事實做根據，因而是騙人的。虛假報告是指厚著臉面無所顧忌地胡騙亂造，胡喊亂叫。講做法一二三，講經驗甲乙丙，講收效ＡＢＣ。數據一大串，口號響連天，令人不得不歎服，可到群衆中一瞭解，這些慷慨激昂的能幹官員們，其所管轄的部門、企業，人浮於事，虧損巨大，甚至靠借貸發工資，人謂：「笑著談經驗，哭著過日子」。職工們日子難過，可當官的因成績顯著，步步高升。

虛假報告的特點在於，事情未做，宣傳先行，八字未動一撇，或事情剛開始，便大吹大擂，明明辦不了那麼多大事，硬誇海口，明明生產力水平還不高，硬要在經濟指標上增長百分之幾，再由筆桿子加油添醋，鼓動人心，其目的在於冒功，以騙取更大的烏紗帽甚或白帽。

有序無文作法，亦屬一種虛假報告的官騙。

有序無文，有人稱之做半篇文章，也就是不見下文，那是以聲勢騙人的一種手法。人們看到，有些事聲勢造得很大，氣氛也很濃，如舉行什麼活動日、報告會，横幅標語滿目，廣播聲充耳，宣傳品滿天飛，簡直令人熱血沸騰，激動萬分，可過後什麼行動也沒有，什麼措施也不見，不免令人不解，人們議論紛紛，甚至表示不滿。於是又來了，猶如重新寫起序來，重新做半篇文章，還是原來內容，開大會、訂計劃、興宣傳，不過上次的重複而已，只是加了幾句新的詞兒。過後照樣，還是只有半篇文章，不見下文。這樣反覆幾次後，人們悟出了一個道理：有序無文，騙人手法。

這種有序無文的騙人法，隨時可見，只提個頭，什麼也不做；只發個通知文件，有無執行從不檢查；只開個造聲勢大會，從不組織落實；只作計劃，並無行動……。之所以這樣，主要爲了應付。應付也是一種騙，騙上騙下騙輿論。與此差不多的是拖。能辦的事不辦，能快辦的事，慢慢來，什麼事都要研究研究，拖而不辦。那也是一種官騙。這類作法，似是官場中常見的。

三把火還不是作騙？人說新官上任三把火，清查這個清查那個，大興這個大興那個，人們讚聲不絕，一下子贏得好名聲。人們歡欣之後發現，那多是新官爲顯示政績，爲取信於民，有的也爲給某些人來個下馬威而採用的手法，騙中帶壓，好讓人們多爲之唱頌歌。

對策騙亦屬官騙中的一種。所謂「上有政策，下有對策」，人稱爲「貪污政策」，是下級欺騙上級的一種騙術。上級通知辦一件什麼事，有些做爲下級的，不是認眞加以貫徹執行，而是看對自己是否有利，有利的貫徹，無利的不貫徹，至多只是開個會佈置一下應付了事，過後憑想象寫出彙報，說得頭頭是道。有時上頭組織檢查某些事貫徹情況，有些作爲下級的也每每想辦法加以應付：或者偷梁換柱以桃代李，或者找一兩個能拿得出手的讓你檢查。報載，河南某村，當上頭派人要當面抽考脫盲人員的文化程度時，當領導的不免心慌，但很快想出了辦法，叫上過初中的人去應考。結果當然成績顯著，受到表揚。①他如檢查計劃生育情況，有些地方也採取事先佈置好，統一了口徑對策。當檢查人員到時，先安排看一些事先準備的虛假數據，再帶他們到獨生子女家中訪問一番，然後請他們吃喝一頓，送一些土特產意思意思，檢查人員滿載而歸，到上頭去彙報好事，結果上下皆大歡喜。如此而已。

把喪事當成喜事辦，也是官騙的一種手法。人們看到，面對所屬單位或部門的某些悲慘事件，嚴重

---

①《半月談》內部版一九九一年第一二期。

事故，有些官員深怕因此丟官，大傷腦子。他們不去調查原因，分析責任，認眞整改，以防再犯，而千方百計封鎖消息，隱瞞眞相，推卸責任，轉移人們注意力；甚至，來個「正面宣傳」，把「壞事變成好事」。他們急忙造冊申報事故中的「烈士」，召開隆重的慶功大會，表彰見義勇爲的英雄人物並號召民衆都來學習。把喪事變成了喜事。

樹典型，本應通過培養，可有的只是摘桃子，拿現成的，若無現成的，則把別的典型改頭換面後使用，再不，就來個拔高，把一般成績拔高後充數當典型，既爲應付，也在騙人，亦屬官騙一種。

當官多愛開會，開會也是官騙的重要內容。

開會可以說是普遍現象。人說無稅不成爲政府，無會不像個官署。可開會是什麼呢？統一思想，佈署任務，解決問題是最常見的。此外，還辦了一些其他方法不能辦成的事，比如，想去哪裏遊玩，可能弄不到錢，沒錢就玩不成，如用開會名義就好辦了。無怪有人說，開會就是「慨惠」：慷公家之慨，與會者有實惠。明明去遊玩，卻說是開會，也有的明明爲了吃喝，爲了跳舞，甚至爲了玩娼妓，也說是開會，這不是騙又是什麼？而這類騙如不是當官的出面自不能幹得出來的。

深入基層呢？名曰加強調查研究，克服官僚主義。其實，有的只是聽聽彙報，看看現場，坐車兜兜風，然後拿一些估計和猜想的數據，打道回府，讓媒體廣爲宣傳。也有的官員利用假日節日深入基層收取紅包。報刊披露大貪官成克傑一九九五年春節一次就收取一〇萬元；而廣東徐聞縣的蘇鳳娟，五個春節下基層，共收紅包六〇萬元。這不叫騙又叫什麼？

官騙中最可笑的莫過於官員冒充中小學生了。一九九六年七月一三日《工人日報》採訪文章談到，河南省舉辦「第三屆青少年愛國主義讀書活動深港夏令營」活動，主題是迎接香港回歸祖國，選拔成績突出和平日表現好的學生赴港參觀。這時許多「成熟面孔」的官員不惜與少年兒童軋堆，也當起中小學生來。這夏令營共有二五〇餘人，其中中小學生只五〇餘名，多數營員是各市縣的有關部門的部長、局長、處長、主任等。這些有官階的大人混到中小學生的夏令營幹什麼的？當學生來的。活到老學到老，革命到老學到老，隨時都可以當學生的。問題是他們這時來當中小學生，爲的能出境看看花花世界。①眞是滑稽又可笑。

一般講，當官的多有兩張臉、兩種語言：一是對上的，卑躬和裝笑的臉，奉承和吹捧的語言；二是對下的，傲慢和自以爲是的臉，輕蔑和訓斥的語言。此外，還有一樣，對上對下都相同，那就是騙，裝著道貌岸然的樣子，不停地說著言不由衷的話語，騙上也騙下。騙下主要是騙老百姓。每當這種場合，他們通常是話到嘴邊留半句，既可藏拙，又可給人高深莫測的印象，達到騙人的最佳效果。掌權的官長每以君臨民衆，親自參加什麼會，發表講話並和與會代表握手、合影留念等使那些代表感到無比高興，有人還會流出了熱淚。有時，某些官員裝模作樣地擠出一點點微笑，也讓好些小百姓激動得吃不下飯。這些一方面說明小百姓的可憐處境，另一方面說明當官者騙術高明，他們高高在上，百姓可聞不可見。如果他們經常深入民間，老百姓見到他們又有什麼稀罕？只有與民衆保持距離，讓民衆望之儼然，他們可故弄玄虛，製造神秘，使人感到像個官，使人感到尊貴，這樣可以施展出各種騙招。

官騙若通過官商互相依靠，往往效果更佳。官商互相依靠，在歷史上經常可見。小說《金瓶梅》中講到西門慶買通權貴，勾結官府，暴發變富，成了大款，後來許多官員反過來依傍他，索金撈銀，吃喝淫樂。

官員傍大款爲了錢，妓女也傍大款，也爲了錢。只是兩者手法不同：一是以權換錢，一是以色換

---

①《杭州日報》一九九六年九月二四日。

錢。有時當官的與妓女合作一起傍大款，於是出現一種新局面，即妓女成了當官的包二奶，共同揩大款的油水。這種局面往往加劇官場的腐敗，而官場腐敗則又滋長了各種騙。僞裝的隱形的迷彩遮掩、粉飾社會上各種僞劣，使之變「優秀」和「先進」，結果官場墮落與青雲同步，劣僞與官位同升。

有人說，世上當官的不少是先天下之有而有。這大體是從先天下之騙而騙來的。這話自不無根據。向來手握權柄的一些官員，總喜歡以「人民公僕」自稱。這人民公僕，實在應寫成「人民供僕」，因爲他們多半是住必美屋，衣必華貴，食必珍味，出入乘坐高級小車和飛機，前呼後擁，祕書警衛隨時伺候，一切費用公庫支付，嫖賭玩樂也報銷；平時巧於營私拙於奉公，善於刮樓拙於盡職；台上大講清廉，台下盡力撈錢，講一套做一套；功勞是自己，有錯推別人；置那些被尊稱爲「主人」的勞苦大衆的死活於不顧。最令人結舌的，他們權力管到哪裏，就騙到哪裏。這種人何止有辱於「公僕」二字，而且是借「公僕」名詞來行騙。這種行騙，是最大的官騙，是萬騙之首。所謂腐敗，這是最大的腐敗。這也就是禍國殃民和社會的不安定因素。

按理，各類官員的工作和生活，猶如閱覽室中供人閱讀的圖書，民衆可隨時加以研讀，從中尋找問題的答案，吸取精神營養。問題在於這類圖書，不少缺乏內容，以致人們翻來翻去如墜雲裏霧中。無所收益，只好走遠些。就因此，有些官員便無所顧忌，大展行騙才能。

官騙通常得力於兩個條件：其一是官騙的氣候；其二是官騙吹鼓手的存在。官騙氣候包含的面甚寬，其中民怕官最爲重要，民怕官自不敢揭官短，不敢頂官騙，這樣官騙便可越騙越起勁。吹鼓手的存在，對鼓吹官騙、促進官騙所起作用甚大。人們看到，有的官員雖無書法修養，所寫字跡連自己也不忍入目，可鼓吹者稱之爲獨具一體的書法家，把錯別字連篇的題詞視爲難得的墨寶，以索取其字爲榮。有些官員滿口粗話、髒話且像潑水一樣潑向群衆，可官場吹鼓手卻以爽直、快言之美名加以吹捧。如此而已。

官騙是官場病的一種表現。關於官場病，十九世紀英國人諾斯古法．帕金森在其《帕金森定律》（又稱《官場病》）一書中，曾做了深刻的揭露，他指出：那些被不稱職官員把持的官衙，多任用胸無點墨者。他們上行下效，惡性循環，結果官僚機構膨脹臃腫，人浮於事，扯皮推諉，效率低下，官員們在互相作騙中混日子。——這種官場病近來還發展成「官場綜合症」。所謂官場綜合症，是指一些官員不講道德，不顧廉恥，不擇手段地去攫取權力、財富以及二奶三奶等等，以供自己享受。這種「官場綜合症」，一直無法加以根治，其原因恐怕就因爲騙字作怪。

當今世界，不論哪個國家，作騙差不多都成了生活中的一個組成部分，而存在於官員中的官騙，則把作騙合法化、擴大化了。

不知誰說過這樣的話：官之誘人，令其忘生死；官之可人，讓爾錯陰陽；官之騙人，使世界秩序混亂。官騙表明官格的墮落，而官格墮落乃人格墮落所造成的。由於人格墮落，造成一些官員惡欲膨脹，理智更喪失，胡作非爲。

官騙偌多，百姓可不可以罵他幾句？一般說是不可以的。一定要罵的話要注意：罵古不罵今，罵外不罵內，罵小不罵大。若要罵大的，則可罵死的，不可罵活著的；非罵活的不可的話，要罵已倒台的或即將倒台的。

過去有人主張「開民智」，近來有人主張「開官智」，哪個爲是？看來兩者都需要，開官智可減少貪贓枉法，減少官騙；開民智可保護民衆，減少受騙。開官智不能只針對那種行騙的騙官，不少用騙混入官場而還未開展官騙的人，也多帶有騙的因子，也屬於開智之列。通過開智教育人們做人做官道理，先做好人再當好官，這樣就會天下太平。

古人云：害民，國將亡；治官，國必興。竊以爲，開官智，正是一種治官的好法子。有人提出，給民衆以充分的言論自由並發揮其監督作用，可極大地限制各級官員的造假行騙。自是有道理的。只有民衆自覺起來監督各級官員時，才能克服騙官和官騙現象。

第三章　假與騙

行騙的目的甚不相同，內容甚爲廣泛，方式多種多樣，手段層出不窮，但有一點是共同的，就是都離不開假字：假話、假動作、假貨、假榮譽等，假字當頭騙在其中，有一首詩這樣寫道：

造假行騙屬同夥，兩者結出同樣果；

造假目的在行騙，行騙要靠假來裹。

假和騙二者是一對雙胞胎，扮演一而二，二而一的角色。無假不爲騙，無騙不用假。假因騙通，騙靠假行。騙是推銷假的藝術，假是實現騙的法寶。可以這麼說，假文化造就了騙文化，而騙文化乃是假文化的發展，二者關係密不可分。崇騙善騙者必然細讀並熟練掌握「假字經」，運用於行動中。騙就是以假亂眞。研究騙，不能不瞭解假，不能不瞭解假與騙之間的因果關係：騙多要依仗假而得以順利進行，而假的最終目的是爲了騙的成功。假是手段，騙是動機和目的。瞭解和認識假和騙的關係，可幫助人們把騙文化的特質理會得更爲透徹。

一　造假為了行騙

老鼠令人惱怒，可貓高興。有人說，老鼠只有讓貓吃上，才獲得其存在的價値和意義。造假也這樣。任何時候都造假，沒有什麼意義，只有在行騙時才發揮其作用，才表現出它的價値。假貨可賺錢，假政績可升官，假老婆可當排場。在交換場合，假的價値表現得最爲充分。

騙的目的在於要得到不應得的財貨、職權、榮譽和快樂等等，因此要瞞住被騙者的視覺、聽覺和感覺，這只有通過造假才能達到。可見，造假是行騙的手段。一旦打算行騙，不假也得假。

所謂假就是名不副實，不具備眞的所應有的功能，表現出仿眞，即仿造如眞的表象，用以包藏與實不符的內容和實質。

誰要想騙得財貨、職權、榮譽和快樂，至少必須具備兩個條件：第一要有造假的本領，第二要會把良心擱在一邊，做到說假話臉不紅，辦假事、造假物心不跳。果如是，便能旗開得勝，所向披靡。再精明的人見了也會方寸大亂，神迷魂散，束手就擒。若這兩件做不到，就別想行騙，更別想騙到什麼了。

如今假的太多了，涉及到社會生活的方方面面，有人說：世界上有多少眞，就有多少假，猶如世上有多少美好就會有多少遺憾一樣。前不久看到一幅漫畫：有一女人被老公左看右看，看得不好意思起來，問爲什麼這樣看她。老公答，現在假的太多了，不知你是眞的還是假的，所以才這麼看。連老婆都怕有假，眞可謂無所不假。更有意思的，有人說，現在除了親娘是眞的，老爹也得打個問號。多不可思議啊！

令人可笑的，有些假有時給人的印象比眞的還像。冒牌品勝過原汁原味。美國有一則笑話：一次某城舉行模仿卓別林的比賽，剛巧，卓別林本人路過此地，爲湊熱鬧，也去參賽，結果得了第二名。獲得第一名的呢？當然不是卓別林，可他比卓別林還卓別林。這自是笑話，可也正好說明了這樣的現象：有時假的竟比眞的還更像。還有，不少假是在反對假的聲音中出現的。前幾年香港某商場臨時攤檔出售一種新鮮燕窩，在售貨的傳單上寫著「信譽保證」、「提防假冒」、「如發現假冒，要追究其法律責任」云云。誰敢懷疑這裏有假？可事實總是事實！那些所謂新鮮燕窩，是用馬來西亞的桃膠加些化學藥品炮製而成的假貨！可謂令人哭笑不得。①

除了假燕窩，香港造假的還不少，其中造中國古代假瓷器最爲有名，被稱爲中國古代瓷器的造假中心。

造假自不止香港，全國及世界各地都可見到。

造假在「包裝」的保護下得到迅速發展。如今是謂推銷的年代，件件物、個個人、句句話均以包裝來展示自己。各行各業、各方各面，都十分講究包裝。原只是使用於商品上的包裝，如今遍及到日常生活的各方面，物、屋、人、名都加以包裝，掩蓋了人和物的本來面目，眞假難辨，爲假的開路。假冒僞劣商品經過包裝，順利進入市場，素質差勁的人，由於包裝精緻，得到各層掌權者的器重，進入官場後利用職權大肆貪污、受賄，欺壓廣大民衆。一些社會渣滓，經過包裝後鑽入要害部門，進行各種犯罪活動，殘害不知多少善良的人！

在重視新科技和發展市場經濟時代，想造假行騙者，一般很注意：一、市場風行什麼就抄襲什麼。二、往高科技靠，比如，當今流行納米、基因，便來個什麼納米內褲、基因胸罩之類，不用擔心有人查眞假，更不用擔心人們對新名詞不理解，誰大膽，誰敢「創新」，誰就騙得過去。

造假要達到行騙目的，要在人們發生互相關係時，或互相需要，互相交換自己的勞動成果時才有可能；互相不聯繫不交往、不交換，儘管也造假，可達不到行騙的目的。

造假爲了行騙，行騙得先自騙，而後騙人、害人。造假成了甩不掉的毒蛇，時刻咬噬人們的心靈。

以造假藥爲例，人們可看到這樣的公式：

① 《香港風情》一九九一年第六期。

造假——害人。

這裏害人有個騙人過程。所以這公式應是：

造假——騙人——害人。

這裏騙人的目的爲了賺錢，而爲了賺錢，必須販假，所以這公式還可這麼寫：

造假——販假——騙人——賺錢——害人。

如果假貨受到抗拒，行騙不得，無從害人，賺錢的目的也達不到，爲了賺錢，中間有個行賄、受賄在起作用，這樣造假害人的完整公式應是：

造假——行賄——販假——騙人——賺錢——害人。

在人類社會，除了槍炮、棍棒和巴掌，造假實也是一種可怕的暴力。

造假的主體是人，而不是假本身。這因爲，假是人造出來的，有什麼樣的假人就會造出什麼樣的假。有些人專靠造假行騙過日子，不造假行騙就會失去活力。滿腦子男盜女娼者最愛講貞潔的重要性，戰爭販子，喊要和平的口號比誰都響亮，最精通封建專制的人最會宣傳民主、自由和平等，那便是假話騙人；最會弄虛作假者，最會叫別人講誠實、講良心等，這便是兩面派的假人。這種假人，言假言，事假事，文假文。其言既假，則無所不假矣。①既是無所不假，當然是無所不騙了。

假——假言、假事、假文、假撇清，曾是一些人升官發財的「絕活」，可幫助他們編織出似錦的前程，所以，許多人都樂而不疲。

不停地迎新送舊的妓女，滿街拉客，其目的在於賺取苟合之資；昧著良心到處造假、售假的騙子，

① 李贄《焚書．童心說》。

無非爲了騙取錢財、職權、榮譽和快樂。

造假的結局大體有以下幾種：

一是，假被揭露，受到唾棄，或成了笑料。造假者達不到行騙的目的。

二是，自我暴露，眞相大白，人們如夢初醒，對所造的假不相信或少相信之。造假者達不到或不全達到行騙的目的。

據傳，有個小偷偷了一頭黃牛，用墨水加以塗染，成了黑牛，牽到牛市出賣，連失主也認不出來，後因遇上大雨，洗掉牛身上的墨水，黑牛還原爲黃牛，現了原貌，騙局才曝了光。

三是，被人當成眞的加以接受，造假者達到行騙目的。報載，假的「可蒙牌」化妝品在市場上比眞的「可蒙牌」化妝品多出好幾倍，眞的爭不過假的，眞的只好向假的投降。假的戰勝眞的。

四是，不了了之，永遠不爲人所知那些假是怎麼回事。造假者基本上或部分達到了行騙的目的。四十年代上海有家滬幫飯店，叫「老正興」，很有名氣；後來冒出一家假的老正興，叫「眞正老正興」。爲了讓人區別兩家不同，原來「老正興」加上兩個字叫「老牌老正興」，也叫「百年老店老正興」，老上加老，結果弄得食客搞不清哪是老的哪是新的。①又比如，北京王麻子剪刀，那是北京傳統名牌產品。據說，有個時候也眞眞假假上市，什麼「老王麻子剪刀」、「祖傳正宗老王麻子剪刀」、「天字第一號老資格王麻子剪刀」、「天下唯一，人間獨有，舉世無雙之老老王麻子剪刀」，等等。無疑眞正的只有一個至多還有個把分號，一下子出現那麼多王麻子而且都標說自己是正宗的，一時令顧客難以分辨，一般人多無閒情去考證看何者是正宗的，只好隨便買它一把。這樣，眞假就很難一下子能分清楚。人們愛老字型

①《交際與口才》一九九六年第一一期，「找幾個貨眞價實的釘子來」。

大小名牌，不是因爲廣告爲之宣傳的結果，主要是它有自己的獨創性及爲大衆所樂於接受的品質，具有相當的實力和魅力。那多是歷經數十年乃至上百年商海沉浮，可說是大浪淘沙的優勝者，無不積澱著自己獨特的經營技巧，擁有相當多穩定的消費群體，享有甚高的信譽，招牌本身就是一筆巨大的無形財富，別人假冒它，就是爲了騙取這筆巨大的無形財富，並使之成爲自己的搖錢樹。

造假是不勞而食思想的具體表現。造假者以其所造出的假來掠奪攫取別人，因此，假不是別的，乃是某些人爲利己而以其巧計去損害別人乃至整個社會所使用的手段。因此有人說：英雄不說當年勇，騙子牢記面前假。

正直德性以勞動熱情來表達人類勞動成果；而造假呢？是人類正直德性的反面。它以投機取巧來刻寫自己的「功勞」。因此，當造假盛行的時候，正好表明這樣的事實：人類的正直德性至少在某些方面已走向死亡。

舞台上所演的戲，幾乎全是假的，那是藝術，爲了教育人。社會生活也如演戲，也有假，越是顯赫人物，越會演戲，越會作假，那是爲了騙人。

必須申明一句，這裏筆者絕不是說，任何人平時一句假話也說不得，一件假事也做不得。說了一兩句假話、辦了一兩件假事的人，未必就是騙子。一般說，只要不是存心行騙，平時說一兩句假話，做一兩件假事，並不是惡德，有些應急措施的「假」：如沒牛拿狗來耕田，自不能算是有意造假，只有那種存心說假話，時時辦假事造假物賣假貨者，才是騙子的慣用伎倆。就是說，凡事要看問題的本質。

還有，假的東西未必毫無價值可言。人們看到，古書中不少是假的，有的託古人之名而作，有的竊古人之作爲己有。那都有騙人之意味。不過那些騙人之作未必都是劣等品。《列子》一書作者是假的，但書中不少作品價值甚高，「愚公移山」就是很突出的佳作。《詩經》的序乃漢代人作假的，但當中有千古名論。有說諸葛亮的《後出師表》亦是後人僞作，即係假的。即使這說法可靠，仍不能低估本文的價值，其中「鞠躬盡瘁，死而後已」乃千古名句。又比如，無錫歷史上有個醫學家姚球（一六五四—一七三五），歷時二十年寫成《本草經解要》四卷，立論嚴謹，實用價值甚高，但刊印出來後問津者寥寥。姚氏聽人勸說，託名葉天士之作，結果，人們爭相購買。雖也屬造假，但仍是有價值的。再比如，在岳陽樓的一樓和二樓的大廳裏，都樹有范仲淹的《岳陽樓記》，檀木壁刻，兩面一模一樣。一樓的那面係假的，即仿製的贋品，但其藝術價值向被認爲毫不遜色於眞品。在日常生活中，人們看到，被稱爲園林工藝奇葩的假山，也是假的，是能工巧匠取玲瓏剔透之石，採用透、漏、瘦等方法堆砌而成的，大可豐富城裏人的生活，其價值不言而喻。

這裏得提一提附會。附會也是一種假，有的也起到騙的作用。所謂附會，是把風牛馬不相及的事扯在一起。比如，一見某地有一形如大腳印的痕跡，就說是古時某神仙過境時留下的足跡；一見山下有塊形如棋盤的大石，就說是某些神仙曾在此下過棋；一見到某地一時無法解釋的大片人文景觀，就說是外星人造訪地球時所留下的。如此等等，讓人非信不可。不過，這附會與通常所說的造假行騙不同，它不是爲了獲取本不屬於自己的財貨、職權、榮譽和快樂等等，而主要在抒發個人思想感情，滿足自己審美需求，豐富文化生活。所以，儘管附會也是一種假，可它一直成爲民間文學創作的一種手段，受到人們的歡迎和喜愛，絕不能與通常所說的假等量齊觀。

還要提一筆，造假和虛假並不是一碼事。所謂虛假是指不合乎事實的指數，比如虛假消費，那是由高消費造成的，即商品在被購進消費領域後沒有被利用或沒有被充分利用，其使用價值沒有得到正常或充分的實現。虛假消費由各種原因所造成，其主觀原因是：消費者在獵奇或虛榮心指使下，購買消費品時超過實際需要；或由於佔有欲、生利欲的促使，多儲存某種商品。客觀原因多跟社會輿論宣傳有關，也有是由住房、設備問題造成的。虛假也是一種假，但與爲了行騙而造的假不相同，或者不很相同。

至於瘋子、精神病者的亂說話、亂打電話，所說的話也多是假的，有的也會攪亂人心，但那是無意的，也與通常說的造假行騙不同。一般說來，假的眞實含義，人們只有在受騙之後才能眞正體味得出來。

二 假冒僞劣商品

假冒僞劣商品早已存在，不過似沒有現在這麼多。

二十世紀以來，隨著市場競爭激烈，假冒僞劣商品氾濫成災。那些假冒僞劣商品，最先出現的主要是假藥、假酒和假煙等，以後涉及範圍越來越廣，食品、食油、調味品、茶葉、水果、服裝、家電、棉花、煤炭、汽油、種籽、飼料、農藥、化肥、滅鼠藥以及避孕藥具等應有盡有，無所不假。它們多是失效、變質、危及人體健康的物品，令人談假色變。

假藥是比較早出現的假貨，近幾十年一直沒有停止過。據報導，近年來全球出售的藥物中，至少百分之七是冒牌貨，巴西高達百分之三〇，非洲一些國家更高至百分之六〇。數以萬計非洲人因假藥致死。一九九〇年尼日利亞在藥物市場上，約四分之一是假藥或劣貨。一家醫院一〇九名兒童因喝了用汽車防凍劑製成的止咳藥水後迅速死亡。孟加拉一九九〇年——一九九三年間因服假藥使近二五〇名兒童喪命。印度一家醫院因使用不潔甘油使十四名病人斷送了性命。墨西哥當局曾沒收了一萬五千種摻有鋸末、咖啡和塵土的假冒燒傷藥。歐洲發現數以百計的冒牌心臟病特效藥。不久前，倫敦一家公司接辦了六十多件涉及假藥案子，每個假藥案都牽連六、七個國家。美國一位叫納赫迪的青年藥劑師，仿造一種專治關節炎的暢銷藥，一次就賣了一二〇一瓶，總計五〇多萬片，還與有關部門簽訂了出口七十萬瓶的假藥合同。《廈門晚報》二〇〇二年二月二八日載，美國四九歲藥劑師羅伯特．考特尼自己在法庭上承認，曾通過稀釋、換標籤等手法，在抗癌藥中作假，製造過價值一千萬美元的假藥。香港三〇〇多家藥房出售一種假「救心」藥，每月數萬人買這種藥，上當者多是內地的旅遊者。據世界衛生組織估計，全球假藥工業，每年營業額高達一六〇億美元。①在我們中國，近年來假藥也多在貴重藥品方面，且多是有組織進行製造和銷售。不久前，福建漳州查獲一起假「片仔癀」案，共一萬三千多粒，價值一五〇萬元。

一九九九年五月三〇日，瀋陽市公安局打假辦查了一千四百瓶「速效救心丸」，發現其成份只是食用蠟。一九九九年一一月，湛江市有人以劣質感冒膠囊冒充新型的速效「戒毒新藥」。《廈門日報》二〇〇一年一一月二三日載，國家藥品監管局緊急通知：上海萊士血製品公司批號二〇〇〇三一二A三，規格百分之二〇、一瓶五〇ＭＬ人血白蛋白不含人的蛋白質，為假藥，即假冒人血白蛋白，可謂無孔不入。假冒時髦藥品，每有所聞。「偉哥」（也叫「威爾剛」）是一種時髦的男性性刺激藥，以枸櫞酸西那非為原料製成，美國最先生產，至一九九九年，我國尚未生產和進口，可市場上早已出售了，可稱趕時髦的假冒。而這假冒猶如野火迅速蔓延，因此，國家藥品監督管理局於一九九九年三月二九日通過媒體向全國下達了關於查處假藥「偉哥」的緊急通知，可見問題嚴重。腦白金，開頭時衛生部僅批准珠海一家公司生產，可到一九九九年底，市場上居然出現十幾種腦白金。出售假貨隨處可見。據傳，有的地方甚至連紅十字會也出售假藥品，而且在衛生廳內出售，可謂怪事。大致說來，只要假藥同眞藥一樣大小一樣顏色，那麼，病人、醫生、藥劑師就很難鑑眞僞。媒體報導，國家藥監局曾組織有關專家對一

① 以上見《中國青年報》一九九一年五月八日，《青年參考》一九九六年一二月六日，《廈門晚報》一九九六年一〇月三〇日及一九九七年一月二日。

九九八年度申報的二、七五六種化學藥品、中藥新藥品的原始資料進行全面復查，結果發現，符合要求的僅占百分之五．五九，其他或不合格或存在不同程度的問題。

與藥品相近的保健品，同樣造假。《廈門晚報》二〇〇〇年七月二五日載：福州技術監督部門一技術人員指出，福州街頭的保健品，多是假冒僞劣品，大部分「口服液」是由糖水加醬油加醋混合而成的。有一名爲有「改善睡眠功效」的口服液，除上述原料和配方外，再加上些安眠藥粉，如此而已。那些保健品，讓人喝起來有點酸，有點甜，有點糯，有點辣，有點西藥味，有點中藥味，反正喝不壞人，喝不死人。如果有人服了拉肚子，則說是「藥效」所致，「瀉火下毒」，造假有招，行騙有術。

假酒比假藥更嚴重。不久前的數據表明，在我國流入市場的假茅台酒不少於一二〇〇噸，價值四億元人民幣；假煙達一〇〇萬件，價值一〇億元人民幣。①報載，一九九〇年全國第五屆名酒評比，有二七家企業二八種冒牌貨參評。一九九四年夏天，佔天津百分之五〇市場的「麗都」牌啤酒，有一半是假的。陝西省技術監督局於一九九六年一〇月對西安一〇多個批發市場、大商店、涉外賓館及二〇〇多家酒樓出售的茅台酒、五糧液、劍南春等名酒進行了檢查，發現在二〇〇多個酒樓中百分之七〇以上都售假酒。一九九七年，合肥市檢查了五〇家賓館、酒店和酒類批發部，並從三七家經銷單位抽取五糧液、劍南春和瀘州老窖三種白酒四三組樣品，發現假冒國家名酒的有二七組，假品率爲百分之六三。其中五糧液的假率爲百分之七三。②另據《服務導報》載，一九九八年二月一七日，海南打假辦在官窯厚福村一六號，當場查獲假冒洋酒達二六七瓶之多。造假者梁潤松從一九九五年底開始，到官窯租房製造假洋

---

①《民主與法制》一九九六年第一七期。

②《羊城晚報》一九九七年一〇月三日。

酒，其所造的假酒全是價格昂貴的藍帶、軒尼詩、人頭馬、長頸、名仕、金牌馬爹利，甚至價格高達八〇〇元一瓶的路易十三也敢「製造」。其製造法：從酒樓購買來已用過了的洋酒酒瓶和包裝盒，再以國產酒用大號注射器抽出勾兌，搖身一變，就成數百或數千元一瓶的「洋酒」。①比這更令人作嘔的還有。在邯鄲的拉網式市場大檢查中，辦案人員現場分析，有一批假茅台酒竟是用人尿和夏津散酒勾兌而成的。②

假酒太多了，連竊賊也怕上當。據傳，有個姓李的竊賊，在武漢作案時，看到某家藏有大量的茅台酒和五糧液，懷疑有假，不敢亂偷，後經同夥檢驗係眞貨，才下手。

假煙也隨處可見，有說目前市場上流行的「萬寶路」多達三五種，全是國內僞造的，根本找不到在美國本土包裝的。其他劣等煙假冒好煙的，舉不勝舉。國家煙草專賣局提供的資料表明，一九九九年不到一年中，全國有一、〇〇〇萬件（二〇〇萬大箱）假煙衝擊國內捲煙市場，國家稅利因此損失六〇億元。

造假自不只是在藥、酒和煙方面。根據報導，某地毛紡廠假冒有三〇多年歷史的「天鵝」牌毛毯商標，以劣充優出售，一下子營業額達四〇〇多萬元。礦泉水也假，有人統計，香港四〇多種本地牌的礦泉水，其中有一四種只是在自來水中加些蘇打粉。③珠寶、首飾造假亦每每可見，福建省寶玉石質量監督檢驗站和廈門技術監督局，曾對一些大型商場的珠寶玉石商品專櫃及旅遊定點商店進行過檢查，一九

---

①《服務導報》一九九八年二月一七日。

②《廈門晚報》一九九八年一二月二一日。

③《文摘旬刊》一九九一年五月一日、《中國食品報》一九九六年一二月一日。

九七年一月二九日在廈門假日皇冠海景大酒店一樓珠寶店檢驗，結果發現一隻標價八八〇〇元人民幣的翡翠手鐲，竟是玻璃製品！檢查人員抽查該店商品另一件標價二、六〇〇元人民幣的翠玉馬鞍戒面，也是玻璃製品。檢查人員跟蹤追跡，查了貨源，他們會同漳州技術局檢查了龍海角美鎮東山村的供應廠家——龍海市榮益玉雕公司，查了手鐲一七件，戒指一六件，掛件二三只，戒面九七粒，全是玻璃製品。現場還有一塊約五公斤的原料石，那是價值極低的玻璃渣。①原來他們以價值極低的玻璃渣假冒寶玉石製作各種貴重的裝飾品以行騙。

假手錶以前主要在機械錶方面冒稱名錶。後來因電子石英錶興起，在相當一段時間裏機械錶造假失去意義。近來又有一些人興趣傳統的機械錶，市場上不時出現冒牌的外形酷似以前名錶的錶，人稱仿製錶，克隆得唯妙唯肖，難辨眞假。除了一些潮流派比較興趣外，一般民衆多不大過問機械錶，因此名錶造假不大引人注意。

那些假冒僞劣品，多半都有固定的生產地和固定的批發銷售市場。人皆知道的福建晉江陳棣曾是假藥的生產地，福建雲霄縣曾是全國最大的假煙生產基地，全國百分之三〇以上的假煙是這裏生產的。山西文水縣是假酒生產的大本營，山西省百分之七〇的假酒出自這裏。此外，還可以提到一些：如浙江瑞安有個村子，二〇〇戶人家，專門生產假冒的「司麥脫」等名牌襯衫。河北廊坊文安縣陳黃甫村，三〇〇多戶人家，被稱爲製造假冒名牌的專業村，許多家都生產假的法國、日本、韓國名牌化妝品。還有廣東的「花都機」現象，幾乎假冒了全國所有的名牌VCD。江西文鎭的製筆市場，是批發冒牌「一〇一永生金筆」的大本營。浙江蒼南則是假商標、標誌的製造地，國內八成的假商標、標誌來自該地。另據

①《廈門晚報》一九九七年一月三〇日及二月一日。

傳，某地有一村子，沒半個蜂農，可卻是蜂蜜生產的專業村，「不見一隻蜂採蕊，一夜釀出蜜千斤」：用白糖加水加香精和色素熬製而成。在銷售方面，除了個體戶，就連杭州某市場、南昌某百貨大樓以及廣西、福建、雲南的一些國營商店，也都曾銷售過假冒僞劣貨。

據統計，一九九五—一九九八年，各地查獲假冒僞劣產品價值一〇〇多億元。一九九六年全國共查處製假售假案件五萬八千件，查獲假冒僞劣商品近千種，價值一五億元人民幣。僅北京，就查獲假酒八萬瓶，假煙七千條，假冒商標標誌一二九萬套，假服裝八千件，等等。①

統計還表明，目前市場上銷售的各類「高級補品」，約有二千多種，假的佔相當的比例，比如：有的把蘿蔔當人參；所謂「燕窩」製品，有的連麻雀窩的成份也沒有。

假冒僞劣商品的製造和出售，其目的是爲了賺錢，就因此，那些冒牌貨所假冒的必然是：首先，名牌品，價格高，銷路好；其次，民衆大量需求的，吃、穿、用方面的消費品；再次，生產成本不高且容易仿造的物品；復次，有可供假冒的原料資源。冒牌貨的特點，其一，外觀上仿造得與眞貨差不多，甚至唯妙唯肖，以外表眞實掩蓋全部假象，可謂仿眞；其二，包裝上、牌號上魚目混珠，讓人乍看之下，區別不出來，容易上當。消費者之所以會購買冒牌貨，也有其原因：一是有的冒牌貨價格低廉，顧客明知其假仍願意買；二是，以假爲眞，或以高價爲榮，或以低價爲省，結果上當受騙。據《世界經濟導報》的估計，世界每年假貨即冒牌貨的交易，早在本世紀七十年代末八十年代初就已達十億美元之鉅。在我國，有人統計，每年生產的假冒僞劣商品市場流通額達三〇〇〇億元人民幣。

假冒僞劣商品除了通過出售來行騙，也有以典當形式來作騙。在台北曾有人用假鑽石（人造）冒充

①《法制文萃報》一九九七年四月一〇日。

眞鑽石向當鋪典當，被騙的當鋪達百餘家，被詐金額在五千萬元新台幣。①

假冒僞劣商品氾濫成災，給經濟帶來巨大損失。有關數據表明，全世界製藥工業因假藥每年損失三六〇億馬克。有人估計，二〇〇〇年全世界銷售三一七〇億美元藥品中，假藥佔百分之五到百分之一五即占一六〇億至四八〇億美元。美國每年因假冒產品花費二千億美元。法國每年因冒牌貨的損失在二十億法郎。瑞士每年因出售冒牌錶約一千萬只使它工業少收入十億瑞士法郎。我國呢？據對六〇家知名企業的調查顯示，這些企業每年用於打假的經費達一．五三億元人民幣，年利稅損失七．三七億元。五年中共查處假冒僞劣商品價值二〇〇億元。②全國每年因僞劣和冒牌貨的損失達二千億元人民幣。據《雜文報》一九九八年一月一六日引用的一份資料表明：一九九七年受僞劣產品損害的消費者平均每戶損失在四四七元。另據《中國改革報》二〇〇〇年七月一〇日的數據，一九九八年假冒商品造成的稅收損失達二四五．七億元人民幣。而《廈門日報》二〇〇〇年一一月二五日的數據，近年來我國假冒僞劣品的年均產值在一三〇〇億元左右，國家年均損失稅收爲二五〇多億元人民幣。可謂假貨猛於虎，損公又害民。

爲了讓人們瞭解假冒僞劣商品的存在及其對經濟、對消費者的損害，也爲了讓假冒僞劣商品的經營者明白自己的風險與責任，法國早於一九五一年在巴黎成立了贋品博物館，收集了三百種以上的假冒僞劣商品，包括香水、食品、刀具以及食具、鐘錶、皮件製品、汽車配件、運動器材等。在那裏，人們看到高價名牌商品被假冒的機率最高，在全球市場也最猖獗。這種名牌假冒品，每年銷售量高達一〇〇〇

① 《廈門晚報》一九九八年一二月二四日。

② 據《廈門晚報》一九九七年一二月一日。

億美元（佔全球貿易總額的百分之五〇）。①

我國也曾於一九九〇年在成都舉辦了僞劣商品展覽會，展出煙、酒、藥材、農藥、化肥、種籽、電器、食品、飼料、服裝、飲料等幾十種假冒僞劣商品，人們看到，草紙充塞的成條香煙，爛棉絮和稻草製作的床墊，用針織布塗膠而成的「羊皮夾克」等等。一個農民出售的假蛇藥，使三二人中毒，二人死亡；重慶某化工廠生產的增產靈，銷往十三省，給農民造成巨大損失。

假冒僞劣商品的出現，從社會方面考察，是低生產和高消費的產物。由於低生產高消費，缺乏物質保證，有人想到從假冒入手，既可滿足一部分人需求，又使自己能賺到大錢。

假冒僞劣商品氾濫的原因不是單一的，跟消費者、經營者以及管理部門都有關係。

從消費者看，由於高消費、攀比、推崇名牌貨成風，許多年輕人到市場買東西，每每認爲越貴越好，越是買到貴的東西，就越顯出自己的派頭和身份，故有「寧貴勿濫」的說法。更有些人用高消費、假名牌包裝自己羸弱的內心，好讓自己扮演「敢爲天下先」的角色。那些牟取暴利者，投其所好，放膽生產冒牌貨和僞劣商品。

從經銷者看，爲了謀利即賺錢，明知是假貨和僞劣商品，可視若無睹，有人甚至更喜歡賣假貨，據說「不賣假貨掙不到大錢」，因此只要能賺錢，什麼貨都通行無阻。

從生產家看，爲了經營效益，即發財，也爲了迎合用戶需要，對名牌貨爭相仿冒，而不是去提高自己產品質量，創造自己名牌產品，因爲仿冒比創造容易，見效快，容易賺錢。「假貨假名牌，可以發大財。」爲了賺錢發大財，有的工廠一邊生產眞產品，同時在另一邊產房或車間生產假貨、假名牌產品。

---

①引《讀者》一九九六年第六期〈天南地北〉。

有的甚至把假貨假名牌打入國際市場。

從名牌廠家看，有的無償或廉價將企業商標加以轉讓，自我保護意識不強，發現了假冒，又不願花大力氣打假，無形中助長了假冒者的囂張氣焰。

從各地管理部門看，職能部門未能統一合作，各自爲戰，往往造成監督管理上的「眞空地帶」，給造假售假者有隙可乘；也有管理部門有些人爲了保護本地區本部門的經濟利益，多是睜一眼閉一眼，甚至還有的採取保護主義做法，結果保護了假冒僞劣商品的生產和銷售。而假冒僞劣商品加上假的服務態度，假模假樣地騙走顧客口袋中的眞錢。

對於這種蔚然成風潮的造假銷假做法，民衆深惡痛絕，可又無可奈何。

處罰，即不講情面的罰款，自會使假冒收斂些。問題是誰會認眞抓這事？

像王海和程百家那樣，常故意跟假冒僞劣商品過不去，找其麻煩，讓造假者提高造假的成本，無疑也有作用，至少叫一些人不敢用假冒僞劣商品招搖過市。所以他們被那些售假者斥爲「刁民」，而民衆卻視他們爲打假「英雄」。問題是，這類打假英雄，勢單力薄，寡不敵衆。他們面對的是衆多的售假商家聯合防範和狙擊。在未得到政府強力支援時，他們常在提心吊膽地活動著，擔心打不準會不好收場。就因此，有的打假英雄不免被「招安」去，這樣，打假英雄不是日益增多，而是日見其少。這自也影響打假工作。可以這麼說，很難徹底杜絕各種的假。只要是以賺錢爲動力的年代，假冒僞劣商品的存在似是難以避免的，從而廣大民衆的受騙也是不可避免的。有些打假者實行一種以毒攻毒，以黑制黑的策略，似也不宜多提倡和仿效，人說「奸商越奸，刁民越刁」。弄不好難免會出現新的造假行爲，甚至會出現假的打假英雄。

有人說，在我們這個世界裏，有眞便有假，徹底消滅假的辦法，就是要消滅眞。這當然是瘋子的想法，無疑誰也不會這麼幹的。那麼，依法多搞幾次「打假」活動又如何？當然，這是一種辦法，很重要的辦法，不過，任你怎麼打假，也是無法使造假絕跡。長期從事打假活動的王海一九九九年一〇月八日在《中國質量萬里行》周刊上發表文章提到，個人打假只在流通領域進行，難堵源頭，作用有限。他認爲產業化打假能起標本兼治效果。因此，他主張「打假產業化」。——那樣果眞能徹底杜絕假嗎？未必。

徹底杜絕造假，只有改變把金錢做爲唯一奮鬥目標的做法，才有可能。看來，這也不是以哪個人意志爲轉移的。

三　假冒僞劣文憑和假冒僞劣職稱

與假冒僞劣商品一起的有假冒僞劣文憑，包含假冒和僞劣兩種。

文憑，古時原指官吏赴任時做爲憑證的文書，後來成爲各級學校學生畢業證書，亦即學歷的證明書。

雖然早有人說過，做爲學歷證明的文憑，不過是一張含有「魔性」的廢紙，但因爲它可提高人的身價，且曾是求職、升遷、評職稱甚至分房的憑證，沒有它會遇上許多麻煩，因此，不時有人想到了在這方面作假。於是不時出現假冒僞劣文憑。

假冒文憑，通稱假文憑，有兩種類型，一是指無權頒發學歷證書的學校所發的文憑；二是指根本沒入過學校，而用錢買到的假文憑。這不論在世界各國還是在我國，也不論是過去還是當今，都不乏其例。《圍城》就描寫過假文憑事：方虹劍從一個愛爾蘭騙子手中買到一張所謂美國克萊頓大學博士學位證書，回國後從事教學工作，甚出風頭。不獨有偶，在大學教書時，他居然也碰到一個同樣買文憑的博士，各人心中有數，互不指破。在同一個學校一下子就有兩個是靠假文憑來的，全社會可想而知。

如今仍有買賣假文憑的。據《深圳特區報》報導，深圳有製作各種假證書的專業戶，一份博士學位證書標價二千元，打六折即一千二百元可成交；大學本科學歷證書每份五百元。①深圳於一九九八年曾破獲一造假窩點，查出假畢業證書六萬三千多本，不乏名牌學府的，每本售價一〇〇—二〇〇〇元不等。另據《羊城晚報》載，廣東高要市有三四個地攤賣初中、高中、大學文憑，不下幾十種，塡有各種畢業成績，加蓋學校和校長的紅印。大學文憑每份一五〇〇元成交。假文憑售價最高的，可提鞍山市某職業介紹所，一份高中畢業證書售七〇〇元，中專畢業證書五四〇〇元，大專一．三萬元。售價較低的可數北京海淀區北大小南門西邊路口一個體戶，那裏出售有北大、人大、清華及醫科和建築學校的文憑，本科每份五〇〇元，碩士六〇〇元，博士八〇〇元。而長沙火車站與八一路交會處一處的價格更低，高中（連檔案）八〇元，大學（連檔案）一五〇元。②

《中國青年報》一九九九年一二月一五日報導，不久前南京破獲一起假文憑作騙案，蔣存學等三人自一九九八年一〇月至一九九九年六月，靠製售假文憑騙取一百多萬元，近二萬人與之洽商購買假文憑，約一二千人受了騙。《法制日報》二〇〇二年一月二一日載，某市考核幹部，發現百分之六四的大學文憑是假的。《文匯報》有個數據，上海一九九八年到二〇〇〇年繳獲各類假文憑達五萬多張。而據《滇池晨報》一九九九年一二月二三日載，教育部一官員估計，全國約五〇—六〇萬人持有假文憑。看

---

① 《法制文摘》一九九六年一一月七日。

② 《羊城晚報》一九九六年一二月一二日、《遼瀋晚報》一九九八年三月一二日、《北京青年報》一九九八年三月一六日、《光明日報》一九九八年四月一五日。

來，買賣假文憑暗地成了一種「新興的產業」。爲了保護畢業生的合法權益，教育部門決定實行高校學歷證書申請註冊和網上查詢制度。問題是查詢只能顯示文憑上的文字資訊，沒有圖片資訊，仍有漏洞被僞造者所利用。

以上爲土的假文憑。還有洋的。《廈門日報》二〇〇二年一月二一日載，美國一個製假文憑網站，速成學位網，也把生意做到中國來，學士學位四二五美元，碩士學位五五〇美元，博士學位八〇〇美元，三種打包一四〇〇美元。《當代文摘》二〇〇二年二月二八日載，美國國內也賣文憑，像波士頓新星大學和美國形而上學神學院，都明標價格賣文憑。形而上學神學院標：博士一九九美元，碩士一五九．九九美元，學士九九．七五美元。有的還聯合起來賣文憑，交了錢十天後取貨。

僞造或購買假文憑自是爲了使用，不但可當亞當、夏娃下身那片遮羞包醜的樹葉，而且可用於應聘職業方面。《現代快報》一九九九年一一月二五日載，不久前，深圳市一家機構在人才市場抽取了三千名應聘者的學歷證明，並進行了調查和鑑別，發現其中有百分之二六即八百多件是僞造的假文憑，另據網上消息，西安市報名參加民辦教師班招生考試的三四五名教師中，有一三八名的大專畢業文憑是假的，假文憑比例高達百分之四〇，令人驚訝！①

假畢業證書與假人事檔案結合起來，便可成爲「人才」受到重用。一九九八年七月，湖南永州等市、縣某些幹部勾結社會上不法分子，讓數百人拿著假畢業證書、假檔案和假派遣報到證，向福建的惠安等地輸出人才，就是這麼做的。後因祕密暴露，近五百人受到處理。

除了假冒的畢業證書，更多的還是假的眞文憑，即僞劣文憑。僞劣文憑的存在，跟各地辦學單位搞

① 見《每周文摘》二〇〇〇年一一月二一日。

創收有關。有些單位，純粹爲了賺錢而辦學，沒有教學用的教材，沒有辦學地點，連學習期限也沒訂，需要文憑者，只要交一定數量的學費，即可得到某種類型的畢業文憑。那些爲創收而辦的各類培訓班，諸如財務會計、律師、醫務、旅遊、廚師等，學員公費旅遊，也可領到不同學歷的文憑或結業證書。有人形容這類學校是：學員眞糟，學費特高，教材沒有，考試互抄。自然這類學校所發的畢業文憑或結業證書的知識含金量，可想而知，完全失去嚴肅和公證形象，說它僞劣文憑毫不過分。這種僞劣文憑，是由假學問假成績來的，而假學問假成績背後必然是假才能。不過，儘管是假才能，可對一些官員的晉升有作用：混張文憑鍍層金，平步青雲有希望。人們把這類爲創收而亂發文憑的辦學機構和研究所，稱之爲「文憑加工廠」、「學歷批發站」，自是有道理的。

即使正規學校也有造假現象。近年在各類學校各種考試中的舞弊現象，就是一種造假。這種造假在大學生中蔓延成災，像西方社會毒品氾濫一樣，呈燎原之勢。在大學中，本科學生作弊，碩士研究生作弊，博士生也作弊。成績差的學生作弊，目的是要「跨過及格線」，成績優異的學生也作弊，目的是爲了得到數額越來越高的獎學金。據說，也有的學生爲了反抗舊教材和舊的考試制度也作弊。各種原因的誘發，使得作弊現象呈現「野火燒不盡，春風吹又生」之勢。南開大學理科某系學生透露，一次期末考試中，全班三〇多個學生，「沒有一個不參與作弊」。而作弊的方式方法五花八門，日新月異，令監考老師防不勝防。作弊中，有的公然出售考試作弊器，有的公開找他人替考，有個高校學生公開張貼「啓事」，以重金聘僱「槍手」代自己去參加考試，眞令人不可思議。許多學校雖然也採取了最嚴厲的措施，將作弊的學生勒令退學取消學籍，但因參與作弊的學生太多了，問題很難解決。

考試作弊不但存在於高校學生中，各類培訓、進修班、證書班、夜大學、函授大學、成人自學高考以及中專招生文化考試等更爲嚴重。報載，有一年安徽省中專工藝美術專業招生文化考試時，僅在合肥和蚌埠兩個考點，就查出二八名冒名頂替者。報還載，一九九五年五月，湖南婁底地區某技校，在學生參加成人高考時，校領導還幫學生舞弊，叫做「不提倡，也不反對」。在校領導同意後，學校還召開了教職工會議，佈置如何搞到考卷，如何找教師代答，如何將答案送到在考場的考生手中等事宜。考試時，學校派專人將教師做好的答案，送到考場給參考的學生。因怕答案相同，會被做爲集體舞弊處理，有的題目寫明「此題自做」。可笑的是，有些學生抄答案時，也照抄這幾個字，大出洋相。眞可謂：誠實培養誠實，無恥造就無恥。在職人員申請學位的外語考試，也一樣作弊嚴重。評職稱的外語考試，一般允許帶外語詞典，於是有人鑽空子作弊。有一本叫《多功能英漢詞典》，把指定的教材中的練習及答案，巧妙地編在例句中。赴考者帶上它，作起弊來神不知鬼不覺。而更多的作弊是找替考。一九九五年舉行的全國第一次在職人員申請學位的外語考試中，近百名找了「替身」，其中單廣東就有十多個；有位高校教師請「槍手」代考六級英語如此等等。①最新數據表明，二〇〇〇年上半年全國職稱考試外語考試中，單山西就有四七〇名冒名頂替者受到通報，別省也絕非僅有；或說，有人連外語字母有幾個都寫不出、說不清，可也考得七、八十分，那無疑是別人替考的結果。

近年來槍手如異軍突起，一九九九年一月全國大學英語四、六級考試，某校外語系三百多名學生中有百分之九〇的人曾當上或準備當槍手。槍手明碼標價，《河北青年報》一九九九年五月二一日載，槍手收價是：代考律師、會計師資格證書一〇〇〇—二〇〇〇元，代考托福和GRE爲二〇〇〇—四〇〇〇元。介紹槍手的「經紀人」（稱「槍托」）則從槍手手中分得百分之一〇左右的中介費。

用錢買文憑和考試作弊現象也存在於中小學。浙江餘杭某中學及農村一些學校，學生不讀初三，交

①以上見《南風窗》一九九六年第九期、《每周文摘》一九九八年三月二〇日和《海上文壇》一九九七年第一期。

了七百元即可拿到一張九年義務教育的畢業證書。《人民日報》七月二〇日載，深圳有個中學生回憶說，小學讀書時，在校六年，「學到的只是一樣東西：作弊！」

代寫畢業論文也是一種考試舞弊，而這種考試舞弊還是公開進行的。《南方日報》一九九九年四月二一日載，廣州一九九九年四月開辦一個「特別服務」的「諮詢公司」，專請碩士、博士生「操刀」，爲畢業生代寫畢業論文，單出題目的每千字二〇〇元；有題目又有提綱的，每千字一〇〇元。報載，福州有一「槍手公司」，專門代寫論文，代考試。收費從幾十元到上千元。長沙的「學術傳播公司」則代寫論文和發表論文，代寫一篇收費五〇〇——五〇〇〇元，發表一篇一〇〇〇元。而在網上價格較便宜，學士、碩士、博士論文每篇分別爲一〇元、二〇元和三〇元，明碼標價。更離奇的，有人竟用鈔票黏貼在不會做的考題上，請老師給予分數。就連國家公務員錄取考試也作弊。《人民日報》二〇〇〇年八月一五日曾載：江西德興市工商局二〇〇〇年六月的一次考試中，不但扔紙條、夾帶書本和資料（有的女士把資料藏在裙子裏），而且用手機互對答案，而監考人員熟視無睹，還故意延長作弊時間。

據網路報導，台灣連奧林匹克競賽也作弊，可預先買題目，亦可花錢定名次，花二〇萬元可取得前二〇〇名資格，再花二〇萬元，可晉級復賽，成爲前三〇名。

作弊造假自不是什麼新的發明創造，歷史甚久，早已有之，也算是一種「國粹」。《儒林外史》中有一回寫到匡超人替人考試，那自是作弊了，還得了二百兩銀子以爲「潤筆資」。可見作弊是有傳統的。

作弊，對明明不知道的知識裝作知道，把考試變成了造假，既騙老師和同學，也騙自己，且污染了社會風氣。

各種假冒僞劣文憑給社會造成的損失，一時無法用金錢計算出來。

就因此，有人把只看文憑的作法稱爲「文憑病」。這種「文憑病」，近年來發病率愈來愈高，令人驚訝。

跟假冒僞劣文憑一起的還有：假的駕駛證、假營業執照、假車牌、假景點門票（連故宮門票也有假的）等，可謂能假就假，處處有假。

假冒僞劣職稱主要存在於知識份子從事工作的各行各業。

從事各行各業的知識份子，根據其工作能力和學術水平，都評定有專業職稱，不同行業的專業職稱是不相同的。這不同專業職稱的確定，以前曾有過採用聘任的做法，即能勝任何種職務給予何種職稱，一旦離職，其職稱也就取消了。後改爲評聘辦法來評定，一經評上，終身享受。所謂評，中低級職稱由所在單位或部門審定；高級職稱，由各大單位甚至全省各不同學科派代表組成評審機構，通過投票決定。那可謂由龐雜的專家（雜家）評定某一專家。人說隔行如隔山，各不同專業互不熟悉，甚至互不瞭解，這種評法本來就欠缺合理性，再加上參加評審的個人意志，個人恩怨，以及後門說情，互相攻擊，領導打招呼，不稱職人員以及文化教育界流氓的借機打擊報復等，結果所評定的職稱，自是很難符合實際。老好人因人緣好，儘管學術水平差一點，很快被評上了高級職稱。有的因有一官半職或能跑會送，也輕易地弄到高級職稱。業務上有某些成就者，只因得罪了某些評委，老是被排出高級職稱之外。即使個別人能進入高級職稱行列，也多是等到純淨心靈被薰黑之後才得到社會承認。那算是幸運了。大多是很悲的。特別是，有些「資深」的「裝家」，學霸，學界流氓，充分利用自己「榮任」評委的機會，在「有禮馬上辦，無禮靠邊站」，「親我者上，逆我者決不讓」的鐵鍘下，常在評審會上造謠惑衆，煽風點火，置有隙者於死地而後已。某君在大學工作幾十年，教過十幾門課程，編印過七、八本講義，發表過大小文章幾百篇，個人單獨及合作出版的著作十幾本，應邀參加過上百次的學術研討會，只因得罪了學校某「常任」評委，結果高級職稱被打壓了七八年之久。在無恥之尤的評委把持下，受害者絕非個別。由一些「裝家」、學霸、流氓、外行人員混合組成的御用評審團，除了腳踩「異己」，手拔平庸輩，還能幹什麼？被他們踐踏的多是弱勢群體和無背景人員，自無誰敢公開爲之辯護。有些評委麻木不仁，甚至趨炎附勢，令人可恨；良知的空缺，居然成了輿論的常態，何等可怕！恪守學術的嚴肅性，本是對學者的最起碼的要求，但人們不顧這些，相反的都當成兒戲，把文憑、學位、職稱都做爲交易對象，把學術推上腐敗之路。這裏，職稱評審的「公平性」、「合理性」全是廢話。

爲改變這種局面，有些部門和單位，規定要看學歷、文章（著作）、工作量以及得獎情況來評定職稱。這原是想讓評定的職稱更符合實際。可執行起來，往往不免走樣，這因爲社會上造假的東西太多了。用高價買張文憑就有了學歷，工作量也可假。文章、獎勵怎麼作假呢？那也容易得很，文章可請人「捉刀」，而後署上自己的名字，甚至可以將外國人的著作譯過來稍加改動，變成自己的東西，那怎不叫假？至於如注水豬肉的文章，剽竊、抄襲的文章，更不在話下。假文章（著作）參加各種評比，花點錢走走後門，交足參評費，評上某種獎就更容易了。既然假的多於眞的，評出的職稱就免不了有假冒僞劣的成份。

這裏隨便舉個例子不難說明問題。報載，三六歲的教授、博士生導師胡某，係華東某大學年輕有爲的精英，只是誰也想不到，他六年前寫的博士學位論文乃剽竊、抄襲十四篇有關學術論文而成的。而這以後的一九九一——一九九六年的幾年中所申報的有關的七個資料（包括人才專項基金及獲獎材料）也是剽竊別人的成果，而在申報國家發明獎中，除了假造事實，還虛報自己出過兩本專著。①星光剝盡，

①《廈門日報》一九九七年一一月一六日。

醜鴨現形。這裏，這位胡先生的教授和博士生導師的頭銜，不正是靠造假行騙而取得的嗎？當然，剽竊和抄襲無疑也是一種本領，人說「眞潑婦會罵，假學者會抄」，各有成名的本領。那是屬於另一範疇的本領。

不過，儘管假學問可評上高級職稱，可仍有人沾不上高級職稱的邊。爲了滿足這些人的榮譽欲，有些教育部門當領導的想到自己手中的法寶：用「特批」辦法來解決。這特批就根本不用各種造假來遮掩。當然，「特批」本身也就是一種假。

還有比這些更差勁的。據說有的部門爲了照顧某些領導的情緒，也爲了方便當領導的開展工作，在領導人員中也興起評定專業職稱，即使當領導的從未上過一節課，從沒發表過一篇學術論文，或者也偶有一兩篇狗屁文章、污眼字畫，卻穩穩當當地評上教授、副教授、研究員、副研究員的職稱。而那些教學人員、研究人員只因比例關係，名額限制，即使教了一輩子書，一輩子從事科研工作，出版多本書，發表大量文章，到了退休，連個名義上的教授、副教授、研究員、副研究員也難得到。這裏專業職稱的含義不免令人深思。

還有一些單位，訂有不成文規定，以創收定職稱，明碼實價，如十萬元可評副教授，十五萬元可晉升正教授。你說不講條件嗎？條件甚明確，就是根據創收的錢來定。

此外，個別大款、鉅款，只因手裏有錢，稍捐出一些錢用於辦學、搞科研，很快送給名譽教授、名譽研究員，名正言順地成爲大學者。這些雖可稱爲大款鉅款的高級職稱，跟專業職稱毫不相干。

這便是假冒僞劣的專業職稱。這種假冒僞劣的專業職稱解決了這樣問題：有些人高級職稱的事幹不了，可它的好處不能少。

這類假冒僞劣的專業職稱，是我國特有的，抑或是世界共有的，似還未有權威的結論。不過，人們盡可以這麼說，這是畸形社會的徽記。職稱造假——權力可攬職稱，金錢可買職稱，拉關係可得職稱，職稱與學問脫鈎而成了權力和金錢的裝飾品，成了如供妓女抹臉的油脂。有人說，學問愈是作假，其含金量愈高，因爲那是用錢買的，容易計算出來。在權、錢和人情的左右下，崇高而神聖的專業職稱，成了受人擺弄的污眼穢耳之爛貨。何等的可悲！

四假報紙、假新聞和假記者

報紙是新聞的載體。現代報紙的產生主要是商業貿易的需要，儘管每每打著新聞資訊傳播的招牌，但其所幹的主要在爲商品搖旗吶喊。商品競爭導致報紙競爭，而報紙競爭導致假報紙的出現，即利用報紙傳播假新聞，假報紙成了騙人的工具。

袁世凱復辟帝制時，各地報紙紛紛登載反袁文章，指責他是獨夫民賊。可有一份叫《順天時報》的，儘是登載頌揚袁世凱的文章，登載僞造的新聞，專供袁世凱一人閱讀。這份報紙或說是梁士怡、袁乃富的親信僞造的，把上海《順天時報》改頭換面而成，內容跟上海《順天時報》完全不同。這份報紙後來一直是新聞界的笑料。這是假新聞登在假報紙上。

此後假新聞不專門爲某個人閱讀，也不集中於一張假報紙上，而主要是報導假消息。

一九四四年一〇月一五日，日本東京廣播電台和各大報紙向全世界發布一條假消息，「我部隊自一〇月一二日以後，連夜猛攻台灣及呂宋東海面的敵人機動部隊，擊潰其過半兵力，迫使其潰退」。大本營海軍公佈如下戰果：擊沉航空母艦一一艘，戰鬥艦兩艘，哈爾西的美國第三艦隊完了。

假消息傳出後，日本舉國歡騰。天皇下詔嘉獎參戰部隊，希特勒、墨索里尼，也專門發來賀電。一時間，法西斯份子彈冠相慶。

事實是，在這場台灣近海空戰中，美國艦隊只損失八九架飛機，日軍倒損失飛機六○○餘架，艦船二六艘。日本人撒了彌天大謊，報導了假新聞。事實眞相大白後，日本有關人員都遭到大本營的痛斥。而這假新聞成了戰爭史上的一大笑話。①

一九六四年四月一三日，西德某通訊社發佈了蘇聯元首赫魯雪夫去世的消息，引起巨大震動，華爾街股市受到衝擊。那自是假新聞，赫氏是死於一九七一年九月一一日。那假新聞無疑是爲了製造混亂。

到了今天，假報紙、假新聞仍可見到一些。

《中國婦女報》載，河南長葛市有個姓張的記者，曾受聘於《質量時報》當記者，其間曾與某醫院醫師及某公司聯繫在該報做廣告業務，收取廣告費，因報社不同意，張便僞造合同，騙得《質量時報》某一天的報紙磁片，將第四版全部換成爲僞造的廣告內容，然後印刷一○○多份，那就是假的《質量時報》。②《廈門晚報》一九九九年一○月二八日載，《經濟消息報》駐河南記者站一特約記者，自稱是《人民日報》海外版的記者，爲濮陽市王某寫了一篇關於骨質增生研究的文章：〈杏林一枝驚中華〉，找來一九九八年七月四日人民日報海外版，通過剪貼，塞進這篇文章，到打印社印製二百份假的《人民日報》海外版，向王某騙取了三萬元。

《廈門晚報》一九九九年一二月一九日載，一九九九年一一月華東電力系統進行規範化服務驗收，要求將四月份服務內容公佈於衆。富陽供電局爲爭得「榮譽」，與某日報社負責人商定，挑選四月二一日報紙，撤換一個版面，補上有關電力服務內容，印製二○○份假報紙，送到驗收組，一下子通過達標

① 《法制文摘》一九九六年三月二八日。

② 《法制文摘》一九九六年八月一日。

驗收，假報紙可謂神通。

這是典型的假報紙，至於假新聞更多。前些時候，某報刊載，大富翁李某向張某求婚的假新聞，曾熱鬧一時，告到法院，被告賠了五千元。可假新聞並不因此絕跡。

幾年前，牡丹江某廠有個姓劉的寫了一篇假新聞，在多家雜誌上發表，其中在西安的《家庭之友》雜誌上署名江平發表的標題爲〈四五年前的戀人從死亡名單上走來〉，講的是黑龍江省海林市勝利鄉王家村一位叫王家政的老英雄，與初戀情人許燕歷經半個世紀生死情緣後喜結良緣的故事，情節曲折感人。刊物上同時還配發了兩位老人的照片。

這條新聞引起《黑龍江日報》一記者的注意。一九九七年春節後，該記者來到牡丹江市，可查遍了全市的學校，均找不到新聞中所說的許燕這個人。記者又到海林市民政局翻了海林近五百名殘疾軍人的花名冊，也沒有王家政這個人。更令人不解的，據海林民政局幹部說，海林沒有勝利鄉王家村這個地方。那就是說，江平所寫的這篇紀實通訊是造假的。

後來在記者再三追問下，作者不得不講出了眞話：「故事是我編的，兩張照片是我爸和我媽……

……」。爲什麼要這樣做？因爲家裏窮需要錢，新聞沒那麼多，所以只好編了。①

一九九七年第二期的《戀愛婚姻家庭》雜誌刊載一篇紀實通訊：〈婚外戀殺手毀了七個孤兒的家〉，內容是：黑龍江呼瑪縣侏儒王愛明，先後撫養了七個孤兒。爲養活他們，王氏起早摸黑，除了賣油條燒餅，還撿破爛。女青年李莉爲王的事跡所感動，於一九九四年元旦嫁給了王。後來李莉又與某廠長勾搭成奸，某廠長爲達到與李結婚的目的，於一九九六年一月二一日用鐵錘砸死王愛明……。不久

①《法制文萃報》一九九七年四月三日。

前，有人在《生活報》（一九九七年四月一三日）揭露說，這是一篇假新聞，是捏造的事實。

一九九七年一月二九日，河北《承德日報》以〈英雄愛上打工妹〉爲題，報導了三年前勇鬥歹徒身負重傷而被授予「見義勇爲的英雄戰士」徐洪剛，在總政賓館認識了來自河北的打工妹劉曉麗，確定了戀愛關係，舉行了訂婚儀式，準備結婚。而《中國國防報》一九九七年四月四日也有一篇〈徐洪剛與女民兵的婚戀〉的通訊。在此之前，媒體曾報導徐洪剛與妻子和睦相處。家中有妻，在外與打工妹戀愛訂婚，又與女民兵婚戀。這假新聞不免過於離奇了。

被稱爲中國十大假新聞之一的〈五百女兵進西藏〉的特別報導，是一個曾在新疆部隊工作過的張某杜撰的假新聞。報載張某靠杜撰假新聞每年得稿費近二十萬元。

一九八九年三月二日，浙江蕭山農民戴某從石堆中發現一塊黃燦燦的東西，形狀像「山」字形，份量很重，有人說是金元寶。戴某撿到金元寶的消息不脛而走。有人爲了搶新聞，既未見到金元寶，也不做調查，即寫了稿，向報社和電視台投寄。《錢江晚報》發表了，蕭山電視台也播發了。三月一五日新華社根據《錢江晚報》消息發了電訊稿，中央電視台也在新聞聯播節目中宣佈：浙江蕭山戴某發現一對重二三·一公斤的金元寶（價值二〇〇多萬元），獻給國家云云。接著全國多家報紙紛紛作了報導，一時成了人所皆知的新聞。其實，戴某撿到的是銅錠並非金元寶，也沒有獻給國家。有人爲了搶新聞，報了假新聞，騙了廣大聽衆。①

有人竟將酒桌上的閒談也當成新聞加以發布，如中國某少女改寫牛津大學八〇〇年校史；某家一發情母豬「咬食」了家主的小孩只剩下一雙小腿，爺爺回家目睹慘狀，用木棍打死在玩麻將的老伴後自己

①《勞動報》一九八九年三月二五日。

吃老鼠藥自殺。也有把舊社會傳說當成新聞：某地一對夫妻，白天按父母安排，作假夫妻，晚上各自與心愛的人同床，做眞夫妻，如此長達三十年云云。

令人咋舌者，連「駭人血案」的報導也有假的。一九九九年八月二二日，有一報紙以顯著版面刊登：〈黃陂境內：一中巴客車遭持刀歹徒洗劫〉，說四名歹徒到車上洗劫後逃走，一名乘客被刺傷……。其實只是一姓周的在車上被偷走四〇元，周怕回家不好交待，便編造了搶劫的假新聞。

此外，還有人竟把創作的作品當成新聞。一九九三年三月，《中國青年報》登出啓事，要舉辦「幽默新聞創新賽」徵文比賽，徵集最富有欺騙性的笑話。南京某工廠工人陳軍從一九八六年世界有五〇億人口得到啓發，寫了：「隨著二一世紀即將來臨，最近聯合國教科文組織通過一項決議，凡在二〇〇〇年零點整出生的嬰兒，將獲得世界幸運兒稱號。他們將獲得聯合國發給的世界公民護照」，並可享受一系列「世紀級」的優惠。

該文刊於《中國青年報》一九九三年四月一日的「天方夜譚」欄目中，文後有提示：這裏文章都是幽默新聞創新賽應徵作品，千萬別當眞。——誰想到，偏有一些報刊把它們當作新聞來編發，造成謬種流傳，引起一些年輕夫婦的關注，有人甚至考慮，如果那時孩子還未出生，要採取人工的手段。①

一九九七年八月一一日某報摘要登載的《越獄囚犯偷渡台灣後》的文章亦屬於假新聞。

這篇越獄文章寫的是一九九七年三月二二日，浙江呼馬嶺監獄犯人、杭州地區出了名的「銀箱大盜」汪得法，撬開警察辦公室，盜得警服越獄而逃，先到上海，後潛入一艘日本人貨輪到台灣基隆港上岸，被毒犯跟蹤。公安機關利用汪爲誘餌，終將毒販一網打盡，汪因此立了功，將功贖罪，云。其實這也是

---

①《廈門日報》一九九九年四月二五日。

一篇虛構的文學作品，人物和地點全是虛構的，初發表於一九九七年七月第一六二期的《通俗文藝報》上。①把虛構的文藝作品當成新聞加以報導，自是假新聞，而這樣的假新聞，無疑會給司法工作帶來不良影響。

《廈門晚報》一九九九年一月三一日載，一九九七年八月七日，廣東普寧市一派出所副所長等七個民警，在一報案人家中抓走四位村民，在一偏僻小巷加以槍斃，事後向電視台提供了所謂擊斃歹徒的報導，可謂駭人聽聞的假新聞。

《家庭》二〇〇二年有一篇〈鬥智鬥勇：女記者與「狼」共穴六一天〉的特別報導，驚險刺激，還有照片，令人不敢不信，可它卻是一篇無事實做依據的假新聞。

一九九七年某家雜誌「法制大世界」欄：〈市長夫人：舉起盛滿劇毒的酒杯〉，說昆山市副市長之妻因不堪有個姓胡的人對她的凌辱，憤而將他毒死。經查，係虛構的。

有一篇叫〈良心雪恥行動〉，說四川一研究生幫公安部門破獲多起大案，還抓到強姦郭姑娘的歹徒。經查也屬虛構。

一九九七年底，廣東多家媒體刊登：〈大亞灣：農民震了洋專家〉，說山東一〇個個體戶農民把七百多台機器全部修復了，全都合格，特別是把連專家也無可奈何的閒置五年的起重機修好了，引起巨大震動。經記者深入採訪，這也是假新聞。

有一新聞說二三歲的小保姆，在不知西方經濟學為何物的情況下，寫成一部四五萬字的《西方經濟學透視》；另則新聞說，廣東一農民論證歌德巴赫猜想論文受到國際社會重視。經查，都是胡編的。

①《羊城晚報》一九九七年八月二四日。

最離奇的假新聞可提〈冷凍姑娘復活〉，說四川某姑娘到新疆打工，因媒氣中毒而死亡，冷凍十五天後醒過來了。據記者採訪，爲姑娘媒氣中毒確有其事，但並沒有死去，更沒有冷凍。①而某女大學生狀告父親吻她；某地高考狀元淪爲劫匪；某男子因好色被偷走兩腎等，更是嘩衆取寵的假新聞。

他如，美國醫師操刀換人頭，把科學幻想當新聞；上海建造三〇〇層可容納一〇萬人的大廈，將建築設想當新聞。

這類假新聞在其他國家同樣存在。一九七六年六月七日，《紐約》雜誌刊登了一篇由記者尼克．柯恩寫的報導：〈新周末族的儀式〉，內容是描寫一個名叫「文生」的年輕店員，在迪斯可舞廳以舞技得到自我肯定的故事。不久，這「眞人眞事」被改編成電影搬上銀幕。對此，作者感到非常自責。二十年後，他坦承，該故事完全是他憑空捏造出來的。②

一九八〇年九月二八日，美國《華盛頓郵報》記者珍妮特．庫克發表了〈吉米的世界〉，報導哥倫比亞的華盛頓市一個八歲男孩吸食海洛因成癮，引起轟動，獲一九八一年普利茲專稿寫作獎——美國新聞界的最高榮譽。可誰也想不到，這是一篇編造的假報導，是庫克憑空製造一個人物充當報導的主人公。庫克靠這報導，不但騙取了榮譽，而且欺騙了廣大民衆。③

一九九二年英國的被稱爲「唯恐天下不亂」的《太陽報》刊登了聳人聽聞的假消息，說馬克斯韋爾還活著，很可能隱身於南美洲某個地方，躺在耶路撒冷公墓裏的可能是哪個替死鬼。這假消息一時給英

①參《法制文萃報》一九九八年六月二五日。
②《廈門晚報》一九九八年一月三日。
③引《法制文摘》一九九一年九月一一日。

國造成巨大轟動。被稱爲英國報業大王的馬克斯韋爾，於八十年代控制了英國第二大報《每日鏡報》且兼併了麥克米倫出版公司，建立了一個龐大的「出版帝國」，但負了一大筆債務，一九九一年死於心臟病。而說他沒有死，自是假消息，這假消息帶有開玩笑的意味。①可謂惡作劇。

《雜文報》二〇〇二年一月二二日一篇文章中提到，美國《世界新聞周刊》報導，二〇〇二年三月埃及一考古小組在開羅發掘一具三千多年前的經防腐處理的女木乃伊。而這女木乃伊出土後竟懷孕了，胎兒父親爲某學院看守人云。——木乃伊既無腦漿也無內臟（無卵巢、子宮），如何懷孕？胎兒從何吸收營養？多麼荒唐的假新聞！

《光明日報》一九九八年八月一二日載，一九九八年八月四日，德國記者艾里克．萊特費德爾報導說，在奧蘭霍瓦茨村附近發現四個大墳坑，裏面埋有五六七名被殺的阿族人，其中四三〇人爲兒童。這是塞族屠殺阿族的證據。這一轟動的新聞，使這位記者一夜成名。但後來人們弄清，那是一條假新聞。

那些電視台，爲了收視率，常常放棄對新聞眞實性的監控，結果也出現假新聞。

據載，三五歲的德國電視新聞記者麥克爾．伯恩，因專門拍攝熱門焦點新聞，引人注目，小有名氣，與他訂約要稿的單位越來越多，他乾脆成立一個工作室，聘請一些人替他工作。這工作室賣出的焦點新聞，播出後總引起各界極大反響。自然誰也不會想到，那些熱門焦點新聞節目全是杜撰的，是由工作室人員自行表演後拍攝起來的。原來伯恩工作室人員每天忙著看報紙電視，一旦嗅出有利可圖的新聞熱點，便設法表演錄製出來，然後向電視媒體高價出售①。據統計，伯恩從一九九〇年到一九九五年

①《法制文摘》一九九二年二月一八日。

②《法制文摘》一九九六年九月一二日。

的六年中，一共攝製了二一部新聞紀錄片，其中一六部完全是杜撰和捏造出來的，也就是全是假的。其造假手法是，先選擇社會上的一些熱門問題做爲素材，然後再通過自己的想像加以展開，經過表演拍攝而成。而那些電視台，只顧迎合觀衆追求刺激和獵奇的心理，使伯恩這樣「新聞騙子」有了市場。《廈門晚報》一九九九年三月四日載，英國商業電視台第四台於一九九六年拍攝、一九九七年九月播出的紀錄片《太多了、太細了：鴨仔》，是由「地牢製片室」的私人製作公司製作的新聞片，其中三名戀童嫖客全是由製作人員及其友人假扮的。

有說一向被說成是盟軍取得二戰勝利象徵之一的「勝利之吻」：一名美國水兵在紐約時代廣場親吻一名白衣女護士，也有假的成份。該照片係阿爾弗雷德．艾森施泰特拍攝的，發表於一九四五年八月美國《生活》雜誌上，照片說明係一九四五年八月二七日拍的。但事實上，它拍攝於那年五月間，當時日本尚未投降，戰爭還在進行中。而照片中的姿勢是按攝影的要求擺出的，並不是出於一時的激動。該水兵先是不同意，因他已有未婚妻，但終拗不過攝影師。好在發表時間爲八月二七日，而那天該水兵並不在紐約，不然還會影響到他個人的婚姻。①可見，那張照片是艾森施泰特爲一種目的而假造出來的。

假新聞還表現在剽竊和篡改報刊的報導。報載，被稱爲「剽竊專業戶」和「披軍裝特大剽客」的張某，長期來剽竊新疆報刊的報導，多在做了誇張和篡改後向內地發稿，把不到二〇釐米的北鯢改爲幾米長的恐龍，以〈尋找中國第一恐龍〉、〈第一恐龍進入烏魯木齊〉、〈尋找第一恐龍的第一女性〉等文在全國數十家報刊上發表，混同了兩棲動物和爬行動物，製造混亂，成了影響極壞的假新聞。②

①《青島晚報》一九九六年八月一七日。
②《廈門日報》一九九八年五月一七日。

在我國，如今的假新聞因與國際接軌，多帶有國際共同的特徵，不過仍有自己的特色，那主要表現在有償新聞上，即人們可以用錢買新聞，不管是否有價值，付了錢便可以加以報導，成爲新聞，魚目混珠，公開矇騙群衆。

此外，有些新聞工作者，在收取利益後可以利用新聞報導方式幫助商人推銷商品，新聞工作者成了某些商品的推銷員，新聞媒體成了商業的工具。

假新聞作騙，有時可操縱股市。美國二三歲的馬克S．雅各布，曾在某公司打工一年，二〇〇〇年八月初剛從社區大學畢業，八月一七日一八日通過網絡股票中介公司「達泰克公司」拋售數千股「埃穆雷克斯公司」的股票，損失慘重，不到一星期淨賠一〇萬美元。他發誓不但要奪回損失，還要狠狠收拾「埃穆雷克斯公司」一把。他憑自己一年打工中所獲得的經驗，以電子郵件形式僞造一個像模像樣的「埃穆雷克斯公司」新聞發佈會，說該公司誇大經營獲得情況，因此，美國證券委員會正在調查其弄虛作假事，該公司總裁隨後宣佈辭職！寥寥數語如同在股市引爆了一枚原子彈。一時該公司股票一瀉千里，不到一小時縮水百分之六二！損失二五億美元。雅各布趁機狂購別人拋出的股票，在當晚該公司股價恢復正常時，他又轉手賣掉所購的股票，一下子淨賺二四萬美元。①

記得誰曾說過，新聞的第一生命是眞實，人民保護自己不受迫害的唯一手段就是報刊。如果報刊盡登載些假新聞，又怎麼保護人民使其不受迫害？

除了假新聞，還有抄襲的新聞，那也在起著騙的作用。

報載，一九九六年七月五日在黑龍江舉行的「黑龍江省第三屆宣傳中國共產黨領導的多黨合作和政

---

①引《廈門晚報》、《北京青年報》均二〇〇〇年九月五日。

治協商制度好新聞」頒獎大會，四月二日在佳木斯電視台播發的新聞〈北大荒拆除「籬笆牆」〉獲二等獎。此時，《北方時報》記者和《黑龍江日報》記者驚奇發現，這篇獲獎作品與三月五日在《北方時報》上刊登的〈北大荒拆除「籬笆牆」〉一模一樣。不是同一作者。無疑四月二日在佳木斯電視台播發的新聞，乃抄襲三月五日在《北方時報》上發表的文章，可謂新聞剽竊，欺騙了聽衆。①

與假報紙、假新聞一道的，還有假記者。嚴格講，那些不顧廉恥的記者，都是假記者——誰給錢就給誰吆喝，誰給的錢多，就給誰吆喝得起勁。不過，這裏講的假記者，是指冒名的記者。近年出現的假記者中最爲典型的可數一九九五年七月在青島膠州市曝光的假記者案。

假記者杜華欣，曲阜人，一九九一——一九九五年的五年間，行騙足跡遍及國內十多個省市，冒充曲阜電台記者、中央電視台記者、國務院新聞辦公室副主任等。一九九一年杜氏在眞記者協助下，幫助東北某市養蝦專業戶打贏了一場官司，「聲名」大揚。此後他僞造身份證、榮譽證書，繼續行騙，每每得逞，還根據自己行騙經歷，寫了一本自傳體小說《戶口遷往北京的人》，花了五千元買了書號，印刷五〇〇〇本到處送人，還準備拍成電視連續劇，尚未開拍，其行騙案曝光了。②

湖南瀏陽高中文化程度的黃某，一九九六年到廣州冒充「全國十佳記者」，僞造某報記者證和廣東省委宣傳部介紹信，與花都市某公司高格設計所簽訂合同，以簽訂合同和吸收當地記者名義騙取合同押金，不久案發被逮③。

---

①《每周文摘》一九九七年第一八期。

②《法律與生活》增刊：《，九六要案A》。

③《法制文萃報》一九九八年一月八日。

一九九七年，福建石獅，二六歲的何某，以月租金五〇〇〇元代價，從街頭租到「中國質量報駐福建記者站、質量跟蹤站」和「駐石獅資訊諮詢部」的大印和「帥旗」，自命「主任記者」，自製印鑑、文件、胸卡、發票、信封等，在泉州一帶進行「新聞採訪報導」，並將採訪內容刊登於自己辦的《大市場》刊物上，每採訪一次，向被採訪者收取三千到五千元的服務費；同時辦理「質量資訊卡」，也收取服務費。前後有晉江、南安、永春、惠安、石獅等地三〇多家企業受其騙。①

南昌無業民董顯平，先後冒充國務院發展研究中心下屬某刊物、江西《政策廣角雜誌》、《法制日報》江西記者站等多家新聞單位記者，在南昌、九江等九個城市以出版專輯、專書爲由，騙取財物，僅一九九七到一九九八年的一年多時間就騙取鉅額現金三〇餘萬元。②

或說，初級階段的假記者，多是爲了錢，誰有錢便替誰吹，不擇手段。這話自有根據。其他冒充記者騙吃、騙喝、騙錢、騙榮譽、騙玩女人的每有所聞。

假報紙、假新聞、假記者污染了新聞界，污染了民衆的精神生活。對此，民衆歎息說，如今什麼都會假，連報紙、電台、電視台也不可信，眞可謂眼不看、耳不聞爲淨。

五　假文章、假著作、假字畫

人們通常說的沽名釣譽，多跟假文章、假著作、假字畫等有直接關係。

明末進步思想家李贄在《初譚集》（卷二十「詆毀」）中講到，張率年十六，做賦頌二十餘首，虞訥

① 《廈門日報》一九九八年二月一三日。

② 《廈門晚報》一九九九年一月二七日。

見而詆之，率把它們焚了，後假託沈約名作詩示之，訥句句稱讚不已。率曰：「這是我做的」。訥慚而退。

張率造假騙虞訥，是因虞訥看不起他。所以這種作假是爲了教育對方。

歷史上假託別人名字出版書籍的屢見不鮮，即是人們所說的「僞書」。人們之所以要假託別人名字出書，主要原因大體有：借名家頭銜，以便兜售自己作品；有的人因抨擊時政又怕惹禍；攻擊、誣衊對手又怕引起他人非議；不成熟的見解，又不願負責任。三國時魏人王肅，曾冒充前人編寫過好幾部書：如託名孔鮒的《孔叢子》，託名孔安國的《孔子家語》和《古文尚書》等，都是很有影響的，直至清代才有人出來揭穿。明末的李贄、清代的吳趼人（沃堯）等，因勇於抨擊時政，時人多僞託他們的名義出版一些揭露現實醜行的書。那是歷史上的假文章假書。

時至今日，仍有類似做法。據傳，某青年作家寫了許多小說稿，因無名氣，稿子每每被退回。後來他打聽到某名家的地址，以名家名義投稿，果然很快被採用。當名家將樣刊和稿酬退回時，報刊編輯方知受騙了。

以上是**打著名家旗號作假**。也有以權勢造假。有些權勢者，每有心血來潮，隨口說個題目，手下便有人主動爲之捉刀。權勢者雖未動腦也未動手，可書成後大名獨署，或署於執筆者名前，可謂假著作。還有些當官的因工作忙，或因水平低，可又想出書，便來個自己出思想，然後糾集幾個筆桿子，將其一酒杯思想兌上幾桶文字，一旦出版，亦成假書。這裏權勢者當官的雖不寫一字，可盡得風流。與此不同的，抄襲別人文章或著作，用自己名字加以發表或出版，那也是造假，這種造假通稱爲剽竊。與剽竊稍有不同的，用錢買文章、著作的署名權，那當然也屬於假之列。

類似這種造假，在字畫方面更爲突出，那就是**假字畫**。假字畫又稱贋品、僞作，即製造假冒他人署名的書法和繪畫作品，就是使用了虛假的署名，亦即實際並非某人所做的作品，卻在作品上假冒其署名，使人誤以爲乃某人所做。古代無照相技術，歷史人物的畫像不少是後人憑想像繪出來，某種意義講，也是一種假。有的雖是後人假造的，卻說是前人畫的，那更是造假了。

因製造手法不同，假字畫大體可分爲以下幾種類型：

其一，假冒僞造他人的書法、繪畫的筆法結構和風格，在沒有他人原作品（字畫）情形下，書寫和繪作了某種作品，在作品上假冒他人的署名、印章，讓別人誤認了作品的作者，對假冒人來講，這就是假字畫。

其二，假冒人採用描摹手法，對他人書法、繪畫作品進行複製，並在複製品上假冒他人的署名、印章，用以冒充原作品。

其三，在他人無落款的作品上，假冒者擅自署上自己姓名，蓋上自己印章。這種假字畫是竊取別人作品爲自己作品。

總之，假字畫或假冒者以自己的字畫署上別人的名字、蓋上別人的印章，或把別人的字畫署上自己的名字、蓋上自己的印章，其所以這麼做，主要因爲被假冒人的字畫水平高，社會知名度高，其作品具有相當高的藝術價值和收藏價值。就是說，假字畫，就在於假冒字畫作品的價值，通過假冒或達到賺錢目的，或達到推銷自己劣等品的目的——除了賺錢還騙取榮譽。這樣做的結果，一方面是假冒者從中獲利，另一方面影響到被假冒人眞實作品的貶値。

報載，一九八八年一一月在台灣高雄市舉辦的「名人畫廊」中展出大陸畫家范曾的多幅畫，其中「懷素學圖書」、「蘇東坡」等多幅係贋品，騙過許多台灣同胞。在江蘇省美術館內展出的「九七迎新春書畫精品無底價拍賣會」的預展時，南京地區二十多位名畫家，聽說那裏展出的有自己的作品便匆匆趕去辨認，當場確認四〇多幅係假冒僞作，有的畫一看就知是假的，因爲連人體結構都畫不好，自談不上精品了。事實上，那是大量堆集僞作。①

一九九五年秋季浙江國際商品拍賣中心杭州拍賣會上以一〇五．五萬元賣出的「張大千仿石溪山水圖」，經鑑定，也是一幅贗品。因此，購買者告上法院，被稱爲中國拍賣第一案。

令人不解的，有的畫家作品明明是友誼贈送，可竟成了贗品在市場出售。這因爲缺少對作品的保護，被流入市場，而後又被仿造，僞造成了贗品。這樣，畫家被出賣了。到了這時，儘管畫家憤憤不平，因爲市場上沒有什麼人情可講，畫家因此吃了虧。

中國畫家大多是從臨摹他人作品來學習繪畫，這可說是中國學習繪畫的傳統。問題是，把臨摹的作品充作原作，則是作假行騙。

造假字畫自不是今天才有的。宋代沈括在《夢溪筆談．補筆談》卷二「藝文」中講到假字畫被當成眞品的事。

宋代學士李世衡平日愛好古字畫，晉人一幅墨跡亦被他所收藏，放在其子李緒處。時長安石從事，從李家借走晉人墨跡，私下臨摹了一份獻給當朝宰相文潞公（彥博），被認爲是眞品。有一天，文潞公在家廣邀賓客聚會，拿出此書帖，供大家觀賞。時李世衡也在場，見到此帖，驚呼：此乃吾家之物，何以至此？急命人回家查看，得知文潞公此物乃摹品。但在座賓客都說文潞公此帖是眞物，而李家所藏係摹作，即假貨。李世衡哭笑不得，歎曰：「彼衆我寡，豈復可伸？」眞的被說成爲假的，而假的反被說成爲眞的，這裏除了文潞公位高權大的因素外，也不能不看到臨摹者作假的本領。

---

①《羊城晚報》一九九七年一月二一日。

宋代的米芾（一〇五一——一一〇七年）也是一個很會造假畫的畫家。米芾字元章，太原人，官至禮部員外郎。史載，他在漣水做官時，一次碰到一賣古畫者在賣唐代戴嵩名畫「牛圖」。米芾想買它，可手邊錢不夠。因此，他對賣畫者說，可否先把畫放在我家，等我把錢湊足後正式買下，否則會把原畫奉還。賣畫者見他是當官的，只好依了。米芾拿到「牛圖」後，即加以臨摹、裝裱，製出了一幅與眞的一模一樣的「牛圖」，並把它當做眞品還給賣畫者。可賣畫者也非等閒輩，他拿到「牛圖」後，對米芾說，這是假畫，我賣的那幅才是眞畫。我賣的那幅「牛圖」，在牛的眼睛裏有牧童的影子，而你現在還給我的這幅，則沒有，所以是假的。米芾眼看用假的混不過去，即行騙不成，只好將眞的那幅「牛圖」還給了賣畫者，把假的留給自己。至於以後他是否再把它拿去冒充眞品，未見記載，不得而知。

歷史上造假字畫的自不止米芾等一兩人，清代也經常出現，乾隆年間義大利人郎世寧畫得一手中國畫，他的「百駿圖」甚爲有名，因此被北京某畫家加以仿製。當年汪精衛婆娘陳璧君假充內行，花了四〇〇〇元大洋從北京「翠珍齋」把它弄到手，掛於上海愚園路汪氏公館裏，寵愛有加。有些人明知此乃假貨，可爲了討好汪氏夫婦，誰也不敢揭穿西洋鏡。

解放後也不時出現過假字畫。一九六三年初，河南省博物館曾買到一幅曹雪芹畫像，畫像上還有曹雪芹的同時代人、清乾隆年間任過兩江總督尹繼善的兩首詩。因曹雪芹的畫像從未現世，加上當時紅學正熱，所以此畫像一出現，舉世震驚，立即掀起軒然大波。直到二十年後的一九八三年，眞相大白，該畫像是僞造的。原來，當時靠賣字畫維生的商丘人郝心佛，在縣郵局門口買了一部書畫冊，中間有當過尹繼善幕客的俞楚江的畫像，郝想用來賺錢，因俞的名氣小，賣不出大錢，郝便請來朱聘之、陸潤吾等幫助策劃，商定用筆稍加塗抹後冒稱曹雪芹畫像。也許他們未曾想到，後來此畫像引發一場「紅學公案」。

有些畫因在眞實畫面的內容上作假，被稱爲「謊畫」：眞實畫面上有些人物因上畫後失寵或其他原因，故意加以塗改，掩蓋事實。還有一種根據有意編造的謊言而畫成的謊畫，「文革」中出現的林彪的扁擔以及林彪與毛澤東會師井岡山等皆屬於這類謊畫。

假書法可提不久前在北京舉辦的「當代書法京華十一家遺作展」中，有五幅作品不是舒同眞跡，但使用了舒同的署名，後被告到法院。

字畫的造假行騙，雖然早已存在，不過並不如今天這麼盛行。

近來字畫方面的造假行騙，之所以盛行，最主要的原因在於假字畫市場的暢銷和字畫鑑定家的作假。

人們看到，近年國內各行各業的行賄受賄幾乎是公開的秘密，其間因「開展廉政建設」，送錢和高檔品，對方有時不敢收受。因此，行賄者轉爲贈送文物古玩、名人字畫。文物古玩、名人字畫向被視爲文雅之品，很少人將它與行賄受賄相聯繫，這樣可把孔方兄堂皇地藏在藝術品背後。就因此，贈送名人字畫的日見其多。這樣，做名人字畫生意者，找到了販賣假貨的好機會了。送字畫者急於表白心意，自不計較貨的價格，越貴越表明禮重；受者不費本錢，多多益善，何論眞僞。等到以後發現係假貨，也不便吭聲，這叫黑吃黑。

就這樣，字畫市場假貨氾濫起來。結果，損失的是阿公，污染的是藝術市場，腐蝕的還是那些權勢者。假冒者得了利。

鑑定家作假，也是假字畫氾濫的原因。如今鑑定字畫多不從實際水平出發，而僅考對印章，這種本末倒置的做法，自不科學，因爲印章極容易僞造，因此很難一下子測出其眞僞來。鑑定要收很高的鑑定費，那些收藏者因爲花了錢去鑑定，即使是假貨也不願說破；鑑定家當然知道收藏者本來是爲了確認以抬高身價，所以每多成全他們。目前字畫的鑑定還無法用科學手段統一標準來檢測其是否作假，對於假字畫也就很難一下子加以制止。

如今造假字畫的水平越來越高，多從個體發展到團體，造假人才、原料、設備一應俱全，形成了組織化、規模化，大大提高了造假效率。同時還有高科技造假即用電腦造假。據《廈門晚報》一九九九年六月二二日載，仿冒名畫家的造假還形成了地域的分工：上海仿陸儼少；廣州仿高劍父、高奇峰；西安仿石魯；香港仿林風眠、陳之佛；台灣仿張大千、黃君璧等等。

講到假字畫，還得提一提某些畫家利用畫作自抬身價的造假。

近年來，有些畫家不肯苦練基本功，可爲了搶佔市場，不惜專搵某一門，於是一下子冒出了許多「王」。畫牛的稱「牛王」，畫虎的稱「虎王」，畫鳥的稱「鳥王」，畫牡丹的稱「牡丹王」，畫梅的稱「梅王」，畫竹的稱「竹王」……。虎年來臨時，「虎王」何其多！眞假難辨識。據美術界權威人士說，大多虎畫畫法雷同，承襲陳年老套，你抄我，我抄你，毫無藝術新意，只是有些人頗諳商業炒作，他們雖然作品沒太大價值，但卻能通過各種手段，提高身價，提高作品價值，用一般作品冒充佳作，誤導消費者。這自也是一種造假，也是一種騙。①

與字畫有關的還有海報。

字畫等藝術市場於八十年代過熱後有些冷卻。但由於人們對收藏藝術品多有興趣，所以收藏各種海報很快火爆起來。因此，造假者即把目光投到海報上。一時造出了大批海報贋品。由於識別海報贋品的難度較大，所以造假者每每得手。

①《文匯報》一九九八年一月六日。

文章、著作和各種精神作品，乃知識份子生命力量所在，在這些方面造假，自是對知識份子生命和力量的貶抑和侮辱。

有些道貌岸然的有識之士，竟會做出與自己身份格格不入的舉動，不免令人悲哀！

六假郵票、假磁卡和假花卉

收藏郵票是收藏藝術品的一種，起始於西方一些富豪在無法排遣生活時的一種移情場所。它傳到中國的時間並不長，但發展很快。

近年來，我國收藏品市場中，投資於收藏郵票的人頗為衆多，也常遇到假貨問題。

我國發行的紀念郵票，大都採用雕刻版，它仰仗雕刻大師們的精雕細刻，製作出來的郵票線點清晰耐看，且在防僞性能上技高一籌。即使這樣，市面上仍不時出現假品。據統計，僅一九九五——一九九六年，廣東、福建、廣西、上海等幾個省市，查出跟假郵票有關係的不法郵商達二千餘人，已收繳的各種假郵票十餘種，六萬多枚。某市工商局聯合郵政部門，對沿海某郵票市場突擊檢查，抽查了一二〇名商販，查出假郵票八種三萬多枚，面值從二〇分到一〇元不等，多是從台灣販運到大陸來的。那多是專門從事假郵票的人幹的。

《揚子晚報》一九九八年一月一七日載，一月一五日下午，一外地到四川的女子，在成都協和電訊大樓，用一二萬元現金向三個男子買了三〇張方聯的首輪「猴」生肖郵票。後來發現，那是一疊廢紙。

市面的假郵票，除了一輪猴票、梅蘭芳、黃山、文革等高檔票，還有昭君出塞小型張、桂花無齒小型張、編鐘小型張等中低檔票，而即使那些四分、八分的民居普通票也有造假的。報載，一九九二年河南人何超在兜售信封過程中發現「福建民居」使用量大，有賺頭，便與「同行」陳建軍密謀印製這張假郵票。從一九九三——一九九五年，他們非法印製了一八〇〇〇版，票面價值一〇八萬元，後在推銷中被識破，被查獲。近年來由於港澳題材的郵品被人們青睞，這些郵品在郵市升值較快，不法份子更是挖空心思製造假品，以獲取不義之財。這兩年在郵市上抓獲好幾批這方面的僞造品。

假郵票運用當今高科技來進行，設備精良，仿眞程度甚高，造出的假郵票令人難以辨認，一般人沒有特殊的工具更不易鑑別，加上受害者多是爲了補齊缺品，買進後長期收藏，祕而不宣，更加深其受害程度，也給打擊造假增添了難度。

假郵票除了假的紀念郵票和假的普通郵票，還有僞造的「佳郵評選選票」、郵票目錄以及僞造「珍郵」等。僞造珍郵，有的把紀念圖上的郵票圖案切下來再打上齒孔，使紀念張變成了郵票，然後在郵市上兜售。此外，也有通過倒換日戳或利用已作廢的舊日戳蓋銷信封郵票，以僞造首日封、實寄封。其目的也都是爲了造假行騙。這些極大地擾亂了郵市秩序，假郵市成了黑市，玷污了高雅文化品位的收藏市場的形象。

假郵票中有將舊郵票特殊處理成「新郵票」的。《錢江晚報》一九九九年一二月二五日載，浙江桐鄉市不久前查獲一地下特大舊郵票翻新加工銷售點，查到舊明信片四六．五萬張，使用過的舊郵票三六公斤，經過處理後看不出郵戳印跡的舊郵票八．八公斤，總價值十六萬多元。那是先在眞郵票上抹膠，使用後洗去膠質，看不出蓋過郵戳，再當成未使用的郵票繼續使用。此外，還有一種拼剪法，即將已用過的兩張相同郵票剪下沒蓋到郵戳部分，拼湊成一種像是未使用的新票加以使用。《華西都市報》二〇〇二年二月六日載，四川簡陽市發現部分學校有三分之一信件使用無效郵票，一年給國家造成損失達三十萬元以上，全國當比此還多。

還得提到假郵資封。《新民晚報》二〇〇〇年一〇月一〇日載，湖北三一歲的齊航，看到一些大學生喜歡買郵資封，便動起從中騙錢的腦子。他到一家彩印工廠印刷了五萬份八〇分的頤和園十七孔橋郵資封，一下子售光，又再印了八萬份出售。前後印製了十三萬份假冒品，被稱爲全國最大的僞造銷售郵資封案。

與假郵票相近的有**假古董**。古董雅稱文物，指的是舊東西：舊瓷器、舊錢幣、舊藝術品等，越舊越値錢。文物本來不允許進入市場，近年來偷偷興起文物熱，其價格比舊郵票還高，而且假文物與眞文物混在一起，讓人眼花撩亂，上當受騙者不知幾何。

假磁卡是在磁卡交易活躍的情況下出現的。

磁卡電話是現代通訊領域的一項高新技術。在西方發達國家，磁卡電話早已得到推廣普及，而我國，最早的磁卡電話是一九八七年在廣州街頭出現的，很快引起人們的興趣，此後短短的十年中，全國大小一千多個城市所發行的磁卡總面額達二十億元以上人民幣，可謂發展神速了。

與郵票相比，電話磁卡具有更廣泛的使用性，它不但做爲一種支付手段，而且還是現代城市的一種文化現象，其收藏價値等都甚引人注目。就因此，磁卡電話興起後，比集郵更具規模的磁卡收藏熱在各大城市風起雲湧，烈火狂燒。高額利潤的誘惑，使一些爲牟利而鋌而走險的不法份子瞄準火爆的集卡市場，大幹製假販假勾當。

一九九七年初，武漢一位收藏者從某攤位上以四八〇元的高價購得一張牛年生肖磁卡，擔心有假，將它插入機內檢驗，果然假貨。經檢測，這個磁卡是將已經使用過但其品相仍完好的磁卡經過技術處理即進行修補眞空而成的。此外還有其他假造品。後來，公安部門終於將專門製造假磁卡的「新時富品卡（深圳）有限公司」的頭目抓獲，並從該公司搜出假磁卡五萬張及製卡版和大量原材料。這是全國最大的假磁卡案。據推算，這批假貨如果全部售出，可獲利一二〇〇萬元以上。可謂觸目驚心。

與西方發達國家相比，我國的磁卡還是處於起步階段，與磁卡市場相應的各種規章制度還不齊備，這就給那些不法份子的不法活動以較大的空間。而他們的種種不法活動，造成了磁卡市場的混亂。

花卉也造假，其造假手段五花八門。以蘭花爲例不難看到一斑。報載，萊陽一蘭花愛好者，花了二千八百元買了兩株「水晶蘭」，可拿回去請內行人一看，才知道那是一種極普通的蘭花，其葉尾白邊實際是花販子用人工雕刻的，以假亂眞。

有一位蘭花愛好者花了六百元買了三株春劍蘭，每朵花上都有三個花瓣，以爲是名貴的「三星奇蝶」，誰知那些花瓣竟是用膠水黏上去的。也是造假騙人。

他如把普通蘭花與少量名貴蘭花巧妙捆在一起，或通過注射矮壯素，把普通蘭花「造」成値錢的矮種蘭，冒充名貴蘭花出售的，更是常有所見。①

水仙花也造假，那是另一種形式的假。一般講，人們購買水仙花球莖時，多挑選花芯多的，就是花芯多的水仙花莖受歡迎，故銷路廣。於是有人動腦子用高溫催花法來生產水仙花球莖，那不但縮短了生長期，將原來的三年縮短爲二年，且花芯比原先更多。問題是，這樣做的結果，花的質量下降了，所開出的花不香，即成了一種「假水仙花」。人們買到球莖時很高興，可等到開花時很掃興；原來是「寒花朵朵香」，這時則是有花無香。人們大呼上當受騙，可遲了。

七 假抽獎、假廣告和假交通月票

目下有些單位爲引人注目，提高知名度，招引顧客等，不斷翻新花樣，大興所謂有獎徵答、有獎寫

①《廈門晚報》一九九八年一二月一八日。

稿、有獎購貨、有獎儲蓄、有獎看電視劇等：獎無所不在，香煙盒裏有獎，酒瓶蓋下有獎，易開罐裏有獎、紙箱裏有獎、包裝袋中有獎，處處以獎誘人。那些數不清的獎中，大都分成特等獎、一等獎、二等獎、三等獎、幸運獎、佳作獎、紀念獎等，獎金優厚，獎品價高。有的到時也公佈抽獎結果，獲獎名單：特等獎的，一、二、三等獎的，幸運獎、佳作獎、紀念獎的有某某等（有的還標出省份、身份證號碼等），裝得甚像，其實大部或全部是假名單。誰去核對那些名單？沒有單位也無從核對。最多有個把眞名得到的也是末等獎或紀念獎。也有的，通過對搖獎碼的控制，高獎的若不是空位，多也是給事先安排好的人選，其他大多數人不過起到陪襯作用。有些抽獎活動，因導演成功，每每搞得轟轟烈烈，有聲有色，可多是騙人的。有人說，獎是掐死人的溫柔，自有道理。有的因內部分贓不平，內幕被捅出來，人們一看原來如此！揭穿秘密，不免令人驚訝，不可思議！爲了挽救損失，維護聲譽，有的單位拿出一兩個替死鬼開刀，以平衆怒，這算是好的了，多數的則是一假到底。

有的所謂「大獎」，就是公開的騙，可稱爲「大獎騙」。報載，南京有個叫王念斌的，到超市買了兩袋「聰聰」捲心棒，得一張寫有大獎的小紙條，高興極了，可領到的獎品是一具「聰聰」車，一隻火柴盒大小的小玩具車，最多値幾角錢。上海王老太上街，路過中山南路東門路時，被一家貿易公司幾位營業員「熱情」拉進店堂，買了一雙皮鞋。正要離開時，營業員說，你中了二等獎，好運氣，請再買一雙旅遊鞋。王老太被噱得暈頭轉向，竟一連中了二二次獎，花了八〇〇元買了皮鞋、旅遊鞋、襯衫和棉毛衫褲。而這些商品大都是假冒僞劣品或「三無」產品。

廣州李啓遠於一九九六年一月九日買福利彩票中了大獎，一輛通寶牌小轎車，交了個人所得稅，辦了各種手續後到車管所驗車上牌，可因這車箱與車型不符，不能上牌。因此，李氏打電話到蕪湖通寶汽車製造廠，廠家回答說，一九九五年廣州有人假冒本廠的車牌非法買賣，尚未抓獲假冒者。①

假抽獎是一種商品促銷的手段，這在「排獎銷售」活動中表現得最明白。顧客到購貨商店購買總額達一定數量時可得到一張獎號，參加排獎。發出的獎號達一定數量時可開獎。那實是誘騙消費者入網購物，排號中獎。又如集字獎也是在促銷。某飲料公司發出「巨獎酬賓」的廣告，說：凡集齊該公司的「祝君中獎」四個字飲料蓋者可獲若干萬元大獎。某君一家買了該公司大量的飲料，得「祝中獎」三字，尚缺一君字。爲得到君字，他又花了數千元買它，自飲或送人，可仍得不到君字。後終得知，該公司根本就沒印君字，你到哪裡去尋找？簡直在逗你玩！

《雜文報》二〇〇一年五月一四日載，有人從報紙夾縫中拿到一張兌獎券，刮去鉛皮，現出「一等獎」三個字，其內容可得彩電和立式飲水機各一台，但中獎須購買標價五四〇元的西服一套。中獎者按規定買了西服，領取了獎品，叫一的士運回家。到家算一筆賬，發現：彩電價值二四〇元，飲水機一八〇元，而西服一套爲一二〇元，結果所得與付出的正好扯平，打的費用另加，但得了個得大獎的幸運感。

筆者也得過大獎。二〇〇一年春天，本人接到一推銷商品的傳單——一輛摩托車大獎等您！本人去試了一次，按其規定購買了他們的商品，隨即得通知：恭喜你已經中獎，獎品是摩托車一輛。到了八月，通知又來了：所有中獎者都得到價值一〇元的代用券，在購買商品時使用。這叫不叫作騙，設獎者自是心中有數。

有一種獎不用抽，不叫抽獎，而稱「發獎」、「給獎」，由企業單位直接發給（送給）主管部門的領

---

①《法制文摘》一九九八年五月八日。

導，多稱「關心獎」、「貢獻獎」，那實是以獎的形式出現的一種行賄。

假廣告是在廣告基礎上發展起來的。中國人知道並運用現代廣告的時間並不長。在傳統社會裏做生意的方式有二種：一是固定於一個地點的，多以旗子爲招牌，打鐵的寫鐵鋪，當鋪寫「當」字，買賣的寫什麼店，通稱爲市招，那可說是早期的廣告了。二是流動的，多用叫喊，稱吆喝，可稱爲聲音廣告。後來隨著印刷術的發明，到了宋代已有印刷廣告，不過開頭其影響範圍也很有限。到了近現代，情況不同了，只是，有一度實行計劃經濟，大部分物品憑票供應，每人一份，不用什麼廣告。後來隨著市場經濟的興起，競爭日益激烈，廣告被注意到，成了市場經濟的不可或缺的環節而被充分加以利用。從一九八三年開始，我國報刊等媒體接受宣傳各種廣告，此後在國內各種廣告大爲風行起來，那不但大商場、大公司、大企業，就連一般的小商店，也都通過各種廣告欄甚至報紙、廣播、畫報、電視、郵政、櫥窗、路牌、車船、模型、燈箱、檯曆、茶杯等大肆宣傳。近年的事實表明，凡人跡所至的角落，都留下廣告的影子。「要想生意好，請向廣告討」這句話成了做生意的名言。如今所說的資訊時代，實也可以理解爲廣告時代。可謂廣告之水洶湧來。各類廣告擠壓著窄小的空間，壓得人們透不過氣來。

廣告是社會發展的產物，它隱藏著許多資訊，即使那些小廣告也是瞭解社會蛛絲馬跡的渠道。就因此，廣告受到各方各面的重視和關注。

就一般講，各種廣告，對於廣告主體，是爲了加大其知名度，爲了推銷自己；而對於接受廣告的客體，則多成了一種「指名度」，往往會成爲一種下意識的信任。正因此，廣告成了一種暗示，一種蠱惑，廣告造假，即假廣告出現了。

所謂假廣告，通常是指：廣告內容不眞實，把蚊子說成飛機，把老鼠說成大象，即不恰當的誇大，有假的成份；或是廣告內容係憑空捏造的，即係根本不存在的事實。不論哪一種，都是爲了作騙。用甜言蜜語迷惑人們，是欺騙性的銷售誘導。請看下面例子：

湖北洪湖市有個姓孫的村民，化名孫一誠、孫勝利等，從一九八八年開始，擅自以「快捷資訊服務部」、「洪湖市科技資訊研究會」的名義，先後印刷了十二萬份致富資訊，共同致富大獎賽等假廣告，以郵寄形式寄發到各地，騙取三千多人的諮詢費、參賽費、材料費等數萬元。①

福建霞浦吳亦生於一九八七年把霞浦縣工商局文件所蓋的公章剪下來，貼在廣告材料上加以謄印，然後向國內報刊要求刊登「招聘資訊員」、「招收兼職業務員」、「徵訂徵婚姑娘通訊錄」等三種假廣告，因有些報刊代其刊登，結果千餘人受騙。②

貴陽有個叫錢宏誠的，借辦學名義行騙，成立所謂「新華世界語函授學校」，在登廣告時未經本人同意，將胡愈之列爲該校名譽校長，即做了假的廣告，結果許多人不察受了騙，報名進該學校。③

使用模糊語言、模糊時間、模糊概念、模糊數據、模糊價格，乃是假廣告的一種手段。一些條件差、缺乏競爭能力的企業，那些假冒僞劣商品，多不敢以其眞面目對待消費者，而挖空心思耍盡手腕，用各種辦法模糊視聽，造成錯覺，以達到其牟利的目的。諸如：講問題，便是某些地方、個別人；講效率，便是提高到一個新水平，邁向一個新台階；講損失，便是減少到最低限度；講群衆情緒，便是積極性高漲，等等，無參照物件，可騙任何人。又比如，有的商品標價：原價二〇〇元，今降價八〇元——是降到八〇元還是降了八〇元，沒標明白，往往等顧客付錢時發生爭執。怎麼理解由你，怎麼解釋在

---

①《法制文摘》一九九四年一月二〇日。
②一九八七年《中國消費者報》。
③《文摘周刊》一九八二年九月一九日。

我，有的實在是有意騙人。

假廣告若通過名人和有影響的人物爲之宣傳，再加上名嘴的一些燦爛的形容詞，會使更多的人上當受騙。

受到假廣告的騙而上當的何止萬千？報載，西安市有一種「馳譽」牌的保健鞋，被各種的廣告肆意渲染成包醫百病的神鞋，能治高血壓、心臟病、肝炎、糖尿病等百餘種病症，其有效率達百分之九〇以上，而且當天能見效，可謂神靈。其實呢？那只是一種藥鞋，含有六種中草藥，其藥品價值不超過三十元，可售價貴得驚人：男鞋一雙三八〇元，女鞋一雙三六〇元。其效果如何？有一居委主任穿了之後，原來的病並不見好轉，更糟的，反而引發了嗓子痛，心慌頭暈，穿了幾天後只好不穿了。另有一位居民康鐵中說，他穿了五十多天，沒有任何效果。①一個好動的學生看到某廣告說，有一種鞋穿上三個月，「保你腳功倍增可飛簷走壁」，高興地買了一雙，後來才知道，那是一雙普通的布鞋。還有一個學生花了六十元購買一個聲稱「國家發明局授予銅牌獎並獲第六屆國際博覽會榮譽證書，記憶力可提高百分之九三·二的助聽器」，打開一看竟是一個由三節塑膠組成的簡易裝置。①事實揭穿了假廣告的謊言。

又如「保暖內衣」，廣告說一件保暖內衣可抵上兩三件羊毛衣，其實，據調查表明，保暖內衣的保暖率僅百分之四八·四——百分之六一·九四，而一件羊毛衣的保暖率爲百分之五〇以上。

廣告上的「國優」產品，不少是「國憂」產品，即令國人擔憂的贋品。

電視廣告上的一些高科技產品，多只是廣告設計者和導演者想象力結合高科技的效果而成的，與實

①《西安晚報》一九九七年一月二四日。

②《廈門晚報》一九九六年八月三〇日。

際產品不是一回事。在那裏，「泡沫豐富」的啤酒，只是在啤酒中摻入摩絲造成的；女孩頭上的烏黑頭髮則是經美髮院護理後拍攝下來的，而不是洗髮水的作用。

他如「功能奇特」的「保健書包」，廣告說它能防止兒童駝背，又有利於皮膚呼吸，其實只是在背面多插了打孔的塑膠板；「保健氣墊背包」，廣告說它能使兒童保持背骨挺直，其實也只是一塊經過壓製的泡沫板。①

連玩電腦者也受假廣告的騙。一九九八年八月初，媒體競相報導一個消息：美國加利福尼亞州一對一八歲的情侶定於八月四日在國際網絡上現場直播他們初試雲雨情的眞實畫面。大概因爲網上談情速度驚人，有一種返璞歸眞的單純而沒有世俗條件的限制，所以人們不加思索地相信了，全世界各地數以千萬的人上網探查究竟，誰知那是一場商業騙局，其目的是在試假廣告的效應。

還得提到，假廣告中，每每把某些產品與「教授」聯繫起來，每每把某些疑難病症與「名醫」聯繫起來。於是「廣告教授」、「廣告名醫」也多了起來，那也是作騙的需要。

可見，假廣告無非是優美文句裝飾的精心編造的謊言。這種謊言使得許多人糊裏糊塗地上當受騙。怪不得有人說，成功的廣告，永遠是假話騙人，讓人掉進溫柔的陷阱。

對於假廣告的謊言，人們也並非不知道。據零點調查公司在北京、上海、武漢、廣州的一〇二〇名一八——二五歲的市民進行調查結果顯示，中國都市消費者認爲，在現有的廣告中，約三分之二的廣告是作假的，是在行騙。②據統計，我國假廣告，一九九六年占百分之二三，一九九七年有所下降，占

①《北京青年報》一九九七年八月二八日。

②《每周文摘》一九九七年一月三日。

百分之一五。

假廣告，除了上電視、廣播、報刊和空中氣球，還以文字或畫圖形式貼滿車站碼頭、大街小巷甚至公共廁所。有的印在食物包裝紙上、盒子上或印成貼紙貼在水果皮上。此外，一些商家漫天寄發所謂「優惠卡」、「優惠券」、「抽獎券」等，實際上也是一種假廣告，多是精心設計的騙人圈套。更有那些「人造金技術」，「水中取油術」、「科學談戀愛」、「電腦算命」、「不花本錢包你發財」之類，令人眼花撩亂，大多是騙人廣告，一個人即使不出門，不看電視，不聽收音機，不看報紙，站在門口，在屋裏看書，也免不了被無處不在的廣告撞到眼裏，那可能也是假廣告，引人上當受騙。

排行榜無疑是廣告，也不少是造假的。那些排行榜——如歌曲排行榜，產品排行榜，多會影響到聽衆，影響到市場，因此，有些歌唱家、企業單位千方百計向發榜機構交納一定的上榜費，爭取上榜，撈取名聲。可見上榜品牌並不完全代表其聲譽和質量，相當多的排行榜也是一種假的廣告。

借各種「講座」和報告會之名，吹噓自己的本領，吹噓本企業本部門的產品，實是變相的假廣告，上當受騙者絕非僅有。

有一種名為「道歉」的告示，也起了假廣告的作用，那是一種欺騙顧客的促銷。傳說，某食品廠在中秋節前貼出一份公開道歉的告示，稱：本廠有位職工在製作月餅時，不愼將一隻金戒指掉進麵粉揉到月餅中。哪位顧客吃到金戒指，請原諒；願歸還者酬謝若干人民幣，云。這道歉的告示眞靈，人們爭購該廠出產的月餅，想碰上金戒指。其實受騙了。

假招領啓事，也屬假廣告的一種。有些營業單位，不時貼出招領啓事，稱：某日撿到鉅款、金首飾等，請失主速來認領，云。其實，沒有的事，沒人丟失，誰能領取？但它給人一種印象：「這單位是誠實的」，是值得信賴的。這可說是一種聰明的騙招。

邪廣告也是假廣告的一種。這邪廣告，有的篡改成語，爲自己所用而愚弄民衆。如改前途無量爲「錢途無量」，改啞口無言爲「牙口無炎」，改其樂無窮爲「騎樂無窮」，改引以爲榮爲「飲以爲榮」，改再接再厲爲「再揭再利」，改默默無聞爲「默默無蚊」，改開門見山爲「開門見商」，改開卷有益爲「開店有益」，改談古論今爲「談股論金」，改因材施教爲「因財施教」，改一睹爲快爲「一賭爲快」，改調查研究爲「釣加煙酒」，改隨心所欲爲「隨心所浴」等等。有的胡編亂造廣告詞，如「戰痘青春」、「閃亮登場」、「紙點江山」、「燈峰照極」、「早下斑，勿痘留」、「噴礴欲出」等，不知所云。有的以低級趣味的字畫製造邪念，如有人作牛仔褲廣告，畫面把胸罩戴在女人屁股上，旁邊寫上「讓你的臀部更美麗！」可謂不倫不類的標新立異，玷污人們視覺，毒害人們的心靈。

邪廣告還有一種奇特做法，把名人做爲賺錢的搖錢樹。前一段波蘭一些商人借用蕭邦名字來推銷伏特加酒，叫「蕭邦伏特加」。中國商人也學來了，大興孔府家酒、曹雪芹家酒廣告。有一句叫「喝孔府宴酒，做天下文章」。好像那些作曲家、教育家、大文人都是一些會釀酒、會喝酒的酒鬼，喝了酒才會寫文章。不僅侮辱了先人，也欺騙了後人。

最奇特的邪廣告可數打官司，即通過打官司來提高自已的知名度。有些各方面都很差勁的企業，經過精心策劃後，找到個別名牌或知名企業做對手，上告對方竊取自己的工藝配方或有關秘密，要求賠償損失。儘管在其起訴中歪曲本來面目，使訴訟變了味，但合乎手續，法院還得審理。判決當然是無理取鬧者敗訴。只是由於並非所有的人都瞭解內情，加上媒介報導又常常不全面，因此，經過告狀，有些名牌和知名企業的榮譽、信譽不免受到影響，猶如一個人，一旦落入辯誣地步，即使辯贏可也已經輸了。而差勁的企業則通過訴訟，使自己產品與名牌、知名企業的產品相對壘，無形中提高了知名度。那些名牌、知名企業明知對方別有用心，但又不得不奉陪，而這種奉陪，正是差勁企業做邪廣告所需要的。

假廣告的惡作劇，更令人疾首。

報載，一九九七年春末，荷蘭出現了廣告奇招，卡瑞斯馬汽車商準備免費送出八〇輛嶄新轎車，主辦當局從電話用戶上抽取八〇個地址，上門送車。倘若幸運者未依規則貼出汽車牌子廣告就失去獲獎機會。——這廣告引起一些搗蛋者的創意反應。某語言學院有個女生，獲得一紙文件，說該車商的免費汽車本來已送到她家門口，因她家無人在，只好請她與汽車公司聯絡。次日，她去了該公司，公司查了資料，沒她名字，證實她被人耍弄了，這使她啼笑皆非。另一個更胡鬧的笑話發生在愛都芬市的幾條街道上。在那裏，窗門上貼著廣告的二〇〇餘戶人家，都收到汽車商的公函，要求他們在公司送禮的當天，身著與廣告紙上一樣的紅色，站在自家門前，若主人不出現，將當作不合規格處理。有二〇〇餘人傻呆呆地在門前站了兩個多小時！後來還是一個「比較聰明」的呆子，覺得不對勁，去打電話查證，結果才發現那是假的公函，自己上當受騙了，而發假公函的頑皮鬼得知後笑破肚皮。①

廣告是一種藝術而不叫賣，按理，藝術的感染力不是叫賣所企及的。不幸的是，由於許多廣告造假行騙，破壞了藝術，損害了它的感染力。

廣告的宣傳功能，在一定場合和時機，大有助於商業活動的擴展，但廣告作假卻把它的宣傳功能破壞了，至少，假廣告的破壞作用把它的宣傳功能掩蓋了。

假交通月票主要是城市中假公交月票，那不但有一般的假公交月票而且有假「公交內部月票」。報載，一九九八年一月，姚飛在武漢公交車上拾到一張公交職工的內部月票，回家後著手加以仿製。他買到一整套製作的工具及紙張，並私刻了印章，在短時間內製作了四〇〇本假月票和假工作證，

①《海外文摘》一九九八年第二期，「廣告奇招種種」。

接著，姚借鑑非法傳銷方式，組織一套販賣網來賣出假月票，截至一九九八年一〇月，姚本人賣出了假月票及假工作證四〇〇本。①

除了假月票，平時乘車時投用假幣、廢幣的也絕非僅有。

假發票亦常有發現，且數目驚人，給國家造成巨大損失。據《華西都市報》一九九九年一月二五日載，一九九八年一〇月，四川眉山地區破獲一起定額假發票，繳獲的假發票數額在五千萬元，可謂觸目驚心。

八　假公開、假招聘和應聘假

在開展廉政建設中，爲接受民衆監督，許多地方政府和單位提出公開行政、公開財務、公開村務、公開廠務和公開選拔領導幹部等，多受到好評，可也有只是做樣子，即假公開，表現在：其一，形式公開，內容不公開；其二，無關緊要的事公開，關鍵性內容不公開。有的只是把群衆知道的事公開，群衆不知道的和不想讓群衆知道的事不公開；有的要進行「必要處理」後才給以公開。對於民衆關心的幹部選拔、人才引進、財務預算等，多在暗箱操作，等大體上錢權交易完成後才告訴群衆，名曰：公開，民衆稱之爲「假公開」。

假招聘多發生於人才市場。近年來，隨著人才市場的興起和發展，「招聘啓事」隨時可見，全國百分之八十五以上的報刊都有刊登過。「招聘啓事」和招聘舉動給曾經僵化了的人才機制帶來了活力，正在減少甚至改變那種懷才不遇的現象，這是誰都看到的。不過這一熱門事也很快摻上了假，混水摸魚者

①《三湘都市報》一九九九年一月三〇日。

實不鮮見。

在五花八門的招聘中，有些人打著招聘、誠聘、急聘什麼人才的旗號，以高薪為誘餌，騙取應聘者的應聘押金，以考試名義騙取應聘者的設計方案或論文；有的單位則不過借招聘名義來顯顯知名度，出出風頭，給應招者開開玩笑；有的招聘人才如同徵婚，不是招人才，而是攫取美貌少女；不少招聘人才的「公司」只是「遊擊」公司，搞招聘只是為騙取報名費、學習費以及其他的費用，就連一些小工廠也要騙取打工仔的就業證費、暫住證費、水電費、存檔費，等等。報載，一九九七年底，自稱河北順平縣白雲鄉的米秋菊及其丈夫鄒洪川，在銀川租用了幾間舊房子，僞造了銀行交款單，經職業介紹中心審核，開辦一兒童玩具廠，刊登招聘廣告。二〇〇多名下崗職工和殘疾人報名應聘，每人交五〇元學習費，學會後與該廠簽訂合同書，每人交六〇〇元信譽保證金。廠主共得現金一一·七九萬元，後攜款外逃，受騙者一片哭聲。①有的為騙取報名費，公開招聘縣長。《新安晚報》曾載，重慶有個騙子，貼出廣告，招聘年輕幹部，包括縣長，要求專科以上學歷，報名費每人二〇〇元云。

有一種以招聘翻譯人員為名而騙取翻譯稿的，可謂別出一招。報載，舊日上海某報曾刊登一則招聘廣告，說某公司需要英文翻譯若干名，凡想應聘者，只需當場翻譯數百字的英文，合乎要求者即可錄用，月薪百餘元。報名者十分踴躍，應試者達四五百人。主持者從厚厚的一部外文書中撕下一頁頁文章，分別發給參加應試者，當場筆譯。應試者譯完譯稿各個離場回家等候錄用通知。可幾個月不見音訊。後來人們終於發現，自己受騙了。原來，某書局老闆僅花了一些廣告費用，騙取衆多才子入彀，在短短的幾小時中，將一部數百頁的英文小說，集體翻譯出來，以《擇

①《法制文摘》一九九八年一月三〇日。

譯英語名著小說》之名加以出版，不用支付任何的翻譯費。①可謂行騙有術啊！

也有的搞假招聘目的在於給內部員工製造壓力。比如有的學校根本不缺教職員工，卻登出廣告，大量招聘教師和職工，既給人以學校在大發展的感覺，又可促使內部教職工拼命幹活。亦可謂妙招。

就一般講所謂招聘，不過是一些單位在做廣告而已，招聘人才只不過是幌子。他們借招聘名義虛張聲勢，目的是爲了引資或貸款。就因此，不少單位在招聘啓事中，除了亮出自己企業或自己單位的牌子，再就是報出自己的產品，以期引人注目。也有的，抓緊機會，利用招聘，大擺自己的成就，把自己宣傳一番，以提高知名度。

與假招聘同時出現的有假職業介紹所。這類假職業介紹所，有的與假招聘單位串通一氣，合謀欺騙應聘者和求職人員，從中騙取職介費和塡表費等。

而應聘者，不僅有僞劣的，也有假冒的，他們通過各種途徑，弄來假畢業證書、假職稱證書和各種名目的證明材料，應有盡有，穿上學者的衣衫，裝出能幹者的面孔，把自己包裝成才高八斗而學富五車的大才子。當招聘單位收下這些人才後，便開始用了，可一試發現應聘者的實際才能與提供的學歷、資歷很不相稱。大專畢業的對單位交給的任務一籌莫展，對許多知識一竅不通，有的連最起碼的常識也說不清。怎麼辦呢？有的只好說出實話：那些證明全是假的，畢業證書、職稱證書是用錢買來的。

即使眞的來自大學畢業的應聘者，也有造假的。他們的造假不在學歷上，而多在別的方面。由於社會上不少單位招收大學畢業生時看重榮譽證書，所以一些假榮譽證書便應運而生。報載，武漢某名牌大學兩位畢業生到漢口某公司應聘，各都拎去二〇多本榮譽證書，經查，全是假的。這類假榮譽證書，有

① 《上海灘》一九九七年第一期。

的是學生自己造的，有的是學校幫助造的。有的學校和系領導公開對畢業生說，只要能找到工作，紅本本（榮譽證書）要多少有多少。據透露，某大學畢業生四六人中，有二五人各種榮譽證書都在二〇本以上，最少的一名畢業生也有六本。①

經過精心包裝後，帶著各種假證件進入人才市場的各種應聘者，不僅演出讓人哭笑不得的遊戲，而且更重要的，這些假證件勢必造成人才市場的混亂。這類造假，儘管在外國也有，不過中國卻更表現出自己的特色。

假招聘假應聘也常發生在官場裏，通稱假競聘。假競聘中，清廉官員敗給腐敗官員，每有所聞。最典型的可數遼寧的張鳴岐敗給馬向東。

所謂競聘，看誰能爭上某官位置。競聘者在競聘時多要說出自己過去的成績和今後的打算。對過去，腐敗者每會編出一套數據證明自己業績，反正不會有誰認眞去核實；對今後的打算更是可以描繪一幅宏偉遠景，讓人聽了熱血沸騰。而踏實做事的清廉者，多是老老實實就事論事，不會說得天花亂墜，因此，難免在競聘場上吃敗仗。再說，即使採用投票決定，也多只是形式而已，要讓誰上，多半取決於某實權人物的態度，就因此，在競聘中某些貪得的腐敗者常常手操勝券。

九假唱、假啞巴和假瞎子

近年來，在體育活動和文藝演出場合，常有作假現象，什麼「假比賽」，「打假球」、「假唱」等，令看客、聽衆難受。

①《廈門晚報》一九九八年三月九日。

「假比賽」、「打假球」指的是，球賽前一方主動與另一方取得聯繫，若對方願意以較高的回報，則自己可控制比賽場面，將球賽輸給對方。

假唱就是假聲音即借聲，主要出現演唱場合。有些唱歌演員由於基本功沒打好，唱不好，甚至跑調，有的對某些場面無法應付自如，有的連一些新曲都背不出來，因此採取用錄音來彌補自己的功力不足，保證演出效果，給人一個虛假完美，於是出現了假唱的事。個別有實力的歌星也搞假唱，那是要以最小的力氣，掙得最大的回報。他們的假唱，多只是爲了畫面的完整。假唱自是難得做到聲情並茂，不免令人不快。

假唱是在有了錄音帶後出現的。一般說，演唱的演員，都備有兩盒錄音帶，一盒是伴奏帶，帶內只有音樂而無唱詞，演員用它來演唱是眞唱；另一盒是合成帶，有音樂有唱詞，演員只拿著話筒，放合成帶，只是對口型的表演，那就是假唱。這種假唱並不只是個人的行爲，而是演出單位以演員爲主導的群體行爲，尤其是，擴聲系統搞假唱，「幻影合成」，聽衆多是很難一下子發現其假。更甚者，有些假唱還是節目導演者安排的。廣東某劇院一九九九年九月舉行的一次音樂會上，導演者公然要求參加演唱者只對口型不用眞唱。爲什麼公開作假？導演者說，爲了保證音響效果，好讓電台、電視台錄音。有些電視節目的導演者爲了達到演唱的良好效果，除了採用假唱，有時連觀衆的鼓掌、笑聲都用假的，即那些熱烈鼓掌、哈哈大笑等，也都是預先準備的。假唱所以能騙過聽衆，主要因爲聲音與形象相分離，聽衆不易察覺演員的口型與播放出的聲音不同。近年來，假唱雖然經常曝光，但未能禁止。對此，聽衆頗爲不滿。當然，假唱未必就輕鬆，因爲假唱者要對口型，所以有時比眞唱還難。但因爲假唱是一種作騙行爲，沒人會同情之。大概就因此故，在給歌星評獎時，不時出現「假票案」。

與假唱相近還有假講。不少當頭的做報告、講話，通常多只是念祕書事先寫好的講稿。有的頭頭連念講稿也懶得臨時動嘴，只是讓自己的嘴巴對準擴大器，播放事先錄好的錄音帶，人謂「假講」。

假唱、假講是借聲，而假啞巴乃有聲不發出聲。所謂假啞巴就是裝啞巴，自是爲了行騙。有人幹壞事，見不得人，爲逃脫罪責便裝啞。報載，山東平度市呂劍偉在餐廳行竊被逮，裝啞，以爲這樣可混過去，只因民警猛擊他一巴掌，「啞巴」不及防大叫一聲，現出了原形。

講到假啞巴，還可提到假瞎子。假瞎子即是假裝看不見，引人同情，還是爲了行騙。報載，上海某馬路邊有一乞丐，雙目緊閉，手捧一罐子，口裏不停說著：「可憐可憐，瞎子有難」。有人投一硬幣給他，投歪了沒入罐，掉在地上，「瞎子」瞪大眼睛去撿。這時人們看到，原來他是個假瞎子，假裝可憐騙人。①此類的例子舉不勝舉，人們稍加留心即可見到。

一〇假文明、假貧困和假先進

造假是不擇手段的。人們不時可見到有些地方門口公開掛著「娛樂中心」，「啤酒樂園」的牌子，可裏面儘是些抓鬮、賭馬機、老虎機、籌碼卡、麻將牌等。顯然，那是賭博場所。報載，蕪湖鳩江一些山區居委會行政村的敬老院，多以政府名義開設「文化娛樂室」，專供打麻將，誘人賭博，組織者從中抽頭獲利，人們稱這「文化娛樂室」是「官辦的賭場」，賭徒則視之爲「避風港」。②眞可謂掛羊頭賣狗肉騙人。

也有在外面以「美容店」、「健身房」爲掩護，裏面幹的是色情交易。他們多通過不正當的手段、

①《廈門晚報》一九九六年一二月一日和一一月三〇日。
②《益壽文摘》一九九八年一月二〇日。

途徑，取得營業執照和證書，用以掩人耳目。這類以掛羊頭賣狗肉的騙人把戲，自是一種假文明，是一種有辱文明的行爲。

假貧困也是爲了行騙，騙取同情，騙取援助。

過去有「靠山吃山，靠海吃海」的民諺，如今可加一個「靠貧吃貧」。那些貧困縣、貧困鄉、貧困村，不但可減免稅收，而且每年國家還給一定補貼，就因此，有些人窮勁不小，爭當貧困縣、貧困鄉、貧困村的每有所聞。既然貧困可給一些人帶來好處，以致有人借貧行騙。由於貧困，引來多方關心，扶貧款項和物資不斷地從各地送來。這當中，當頭的近水樓台先得月，不失時機地將扶貧物資和錢款挪爲已用，花於吃喝、旅遊甚至賭博，用光再去討，還會有人送來。就因此，怪事出現了，爲了爭當貧困縣、貧困鄉、貧困村，有的人不惜造假：不貧說成貧，搞假貧困以爭取扶貧救濟。黑龍江省嫩江縣多寶山鎮，本沒受災，不需要救災糧，可該鎮糧管所所長劉某卻以需要救災糧爲由，兩次批得救災糧指標共計三三四．五噸，兩次借用業務周轉金合計二一萬餘元，以每公斤○．六五元的價格從糧庫買入三三四．五噸救災糧，又以每公斤○．九八的價格全部加以倒賣，從中獲利一一餘萬元，把所得款佔爲已有，而用於購買摩托車、電冰箱等。①就這樣，假貧困給一些人帶來莫大好處。

香港特別行政區有一種綜合援助金，是特別行政區政府爲失業或缺乏基本經濟保障人士而設立的一種社會救濟金，也有人以假失業假困難名義騙取這種援助金，據統計，自一九九六年以後的三年中，被騙領的綜合援助金達五○○多萬港元。

假貧困可騙取救濟款，假先進則是爲了騙取獎勵，也是領導撈政治資本的門路。

---

①《中國紀檢監察報》一九九七年一月九日。

先進以前也稱爲樣板，過去主要指抓階級鬥爭政治運動突出的集體或個人。如今凡達到小康水平的縣、鄉、村和有特別貢獻的工廠、企業、車間或街道等，可稱爲先進，但不少是假的，故稱假先進。報載，安徽太和縣舊縣鎮大張莊村可算是一個假先進村的典型。這個村曾登過報，上過電視，是謂「小康村」，但是這個村除了村辦公樓蓋得確實氣派外，其他多是假的。這裏人均一年純收入不到八〇〇元，而上報的數據是一二〇〇元以上。人們收入低，還要承擔各種攤派，弄得生活很苦。民衆住房低矮昏暗，屋裏破舊，且沒一樣像樣的家具，大人小孩身上沒有一件像樣的衣服。這裏一年多來只挖了一條溝，沒有一點工業影子，可卻稱爲工業小區。養牛場是該村的樣板工程，只是有場無牛，上級有人來視察時，村幹部便叫農民把家裏養的牛牽來充數，牽來一頭牛獎二元，不牽牛的受罰，這樣造出了先進養牛場。這裏也是計劃生育先進村，但奇怪的專管計生的幹部卻有二男三女，村計生委主任也有三個孩子，四名村幹部中有二人計生超標。這假先進村，使得主要領導當了勞動模範，升了官，對此，群衆只是搖搖頭。①

據傳，四川金堂縣有個村，一九九七年受災嚴重，農民負債累累，有人賣血討飯，可這年上報的人均收入爲二四二七元，各項指標達到小康水平，評爲「小康村」，自是造假的。

《法制日報》一九九九年一二月二〇日載，河南禹州有個村子，位於山區，交通不便，嚴重缺水，村民多要拉車到五里外買水用。這裏領導爲了報小康村，硬把村民人均收入從七〇〇元漲到二五〇〇元，弄虛作假。

還有計劃生育方面的假先進。

①《法制日報》一九九七年二月一六日。

廣東湛江覃巴鎮，一九九四年——一九九八年被評爲計劃生育先進鎮和先進集體。這個鎮六百多戶的新村黨總支一九九五——一九九八年也獲利先進黨總支的稱號，總支書記被評爲先進工作者和優秀共產黨員，可一九九九年一一月調查結果表明：就是這個新村其村委會主任、副主任在這前後都生了五胎，村小組副組長生了八胎。村幹部超生影響村民群衆，有兩家村民各生了十胎，最大的孩子二十歲，最小的幾個月，其他多數家庭也都有五個以上孩子。在出示的計劃生育調查證書中，少於四個的家庭一個也沒有。這個假先進可謂假得出奇。①

各類假先進、假典型，多跟假成績、假成果結合在一起，也多與社會上經常可見的假產品、假產量、假速度等互相呼應。

一　假檔案和假鑑定

如今幹部中假造的人事檔案，學生中假造的學生檔案，每有所聞，更甚的即使眞的檔案，也存在鑑定造假問題。爲了使幹部調動、升遷和學生升學、轉學的順利，有人在檔案中動手腳，造假學歷，寫假評語，使個人鑑定失去其公正、嚴肅、客觀的本來面目。據《法制日報》一九九七年三月二六日的報導，一九九六年河南駐馬店市對全市五四〇名科技幹部的一次審查發現，有八二人（次）謊報年齡，六二人（次）謊報工齡，五四人（次）學歷文憑不眞實。

假檔案、假鑑定在學生中每有發現。把體檢中發現有病的考生說成「完全健康」，每有所聞，至於鑑定評語造假更爲突出。報載，某地高中一年級某班新生，有十七人來自原校初中同一班，在他們的檔

①《羊城晚報》二〇〇〇年一月二五日。

案中竟出現有五個優秀團支書、四個校三好生。有一個班五六個新生，初中畢業鑑定評語基本相同的有三一人，幾乎個個都是優秀生。其中有一個因鑑定評語特好，入學後在班上被委以重任，誰知不久即打架鬧事，甚至夥同社會上二流子敲詐勒索本校同學，結果被「請」進公安機關，並被學校勸退。①

假檔案假鑑定的惡果永不只這些。一九九六年二月，全國人大副委員長李佩瑤被一九歲的武警戰士張金龍殺了，那也跟造假有關。

張金龍一九九四年底入伍當兵。資料表明，張入伍前曾有過七次盜竊行爲，其中兩次還是入伍前幾個月發生的：一次發生於一九九四年二月在商店門口盜自行車一輛，價值七二○元，另一次發生於一九九四年三月盜自行車一輛，價值七三○元。張所以能入伍當兵，乃是造假檔案假鑑定即造假行騙的結果。

其一，假造學歷。張金龍出生於黑龍江蘭西縣。父母離異後，他跟生父到山西長治長北鐵路工區，而戶口卻落在異地，只在長北讀到初一就輟學，浪跡於社會。因徵兵要求高中以上學歷，其父張俊友找來一張馬某一九九二年初中畢業證書，把初中改成高中，以假充眞。

其二，假鑑定。一九九四年一一月，徵兵開始時，張金龍由其父張俊友領著找到潞城市人武部辦公室副主任兼徵兵辦政審組負責人王煥明，在那裏甩出三○○○元好處費，一下闖過三關：體檢關、政審關、定兵關。張金龍雖無戶口，因有人點頭，很快順利通過體檢。張金龍雖沒念過高中，可因有人幫助，由某中學爲之簽字蓋章，並寫上「學習努力，熱愛集體，勞動積極」的假鑑定；需要簽字蓋章的居委會、單位等，一致給他冠上「表現較好、同意應徵」。接兵人員雖未到當地公安部門瞭解，只因被張

①《中國青年報》一九九六年一二月二五日。

俊友請去高級酒樓吃喝一頓，便在政審表上寫了「經調查，符合政審條件」。

這份假鑑定所帶來的慘劇，震動了全國，此乃人所皆知的。只是假鑑定的嚴重惡果，是否能引起人們的充分注視，從而採取有效措施堵塞漏洞，那只好看以後的事實了。

一二　假學校、假學生和假教師

有的地方連學校也有假的，叫假學校。人們看到，近年來，有些地方一方面把堂堂的高等學府的「圍牆」拆掉了，辦起了市場，而另一方面在村子裏辦起了專科班，鎮裏辦了本科班，縣裏辦了碩士班，有的提出要在市裏普及博士班，加上各類的培訓班、證書班、速成班等，可謂到處掀起一股辦學熱。這股辦學熱，把整個華夏大地弄得熱浪滾滾。這些與五十年代的「遍地紅專大學」、文化大革命中的「大學就是大家都來學」，自是不同的。它們中是否帶有假的成份呢？無疑，要加以具體分析的。

不符合辦學條件而硬辦起來的學校，當然會影響辦學質量，但還難說它就是假學校；辦學過程中不按要求招收學生，不按要求從事教學活動，結果培養出不合乎要求的人才，自是必然的。有人說，如今所以培養不出合乎要求的人才，是因爲學校商業化所造成的。其實，學校商業化未必絕對是壞事。在市場經濟下，學生花一份錢買一分知識未必絕對不好，問題寧是學校不可當奸商，以假知識騙學生，否則必然使知識貶值。不過這類學校也未必就是假學校。這裏說的假學校，是指非法辦的學校，即未經許可而辦的學校，或冒稱政府批准而辦的學校，就是在法律程式方面作假。不久前被查封的設在瀋陽市郊的「交通部電視中等專業學校」，就屬於一種假學校。

據《山西工人報》報導，這所交通部電視中等專業學校辦於一九九七年六月，由一個年僅二〇歲的中專學生吳某人爲騙取錢財而籌辦起來的。爲了籌辦假學校，吳某等人隱瞞自己的身份，私刻公章，僞造公文，騙取有關文件和營業執照，於一九九五年在瀋陽市郊租借幾間舊房子，從社會上招聘二十多名教師，在沒有省市招生計劃、考生沒有參加統一考試、招生辦理沒有統一錄取的情況下，前後兩年共招收學生一八一人。爲了欺騙學生入學，他們許諾說畢業後發給正式的中專文憑並由國家人事部門給予分配工作。他們沒經任何批准和許可，自行向各學生收取高額的學費，據統計，在兩年中騙取人民幣達一三〇餘萬元。①是謂假辦學眞騙錢。

《廈門晚報》一九九九年八月二五日載，不久前湖北「教學打假」中，一下子挖出四所假學校，有的假造某教委公章和批文，專招偏遠貧困鄉村學生；有的僞造中央軍委領導接見學生的照片，假冒軍事學校；有的以與某大學聯合辦法名義招生。各種假學校的目的，均在於騙收學費和手續費。

有的地方，學校未必是假的，可發出的錄取學生的通知書是假的，也爲了騙錢。報載，一九九四年八月，粵北南雄縣某中學教師沈春明，在廣州瞭解到某理工大學招收電子技術自學大專輔導班學員，便到該校索取了一六〇多份空白的「錄取通知書」，而後通過十二名中介人把通知書發到一三九名學生手中，騙取活動費、介紹費四〇萬元。案發後沈氏潛逃，後在江西被緝拿歸案。②

假學校在外國亦可見到。在美國，只要有錢便可申請辦補習班或函授學校，然後冠以「大學」或「學院」名稱頒發學位證書。有的用「大學」之名販賣假文憑。美國洛杉磯賣文憑最有名，被稱爲「賣文憑之都」，一些連英語也不懂的學生也可以買到學位證書。這自是假學校才幹得出來的。

講到假學校，還得提到假學生。假學生指冒名頂替去上學的學生。據《齊魯晚報》的一則報導，山

①《法制文摘》一九九七年四月一〇日。

②《法制文摘》一九九五年六月八日。

東濟寧師專一九九七年招收一二六〇名新生，後被查出其中有六三人（佔招生總數的百分之五）是冒名頂替的，是通過花錢買到錄取通知書後到校上學的。那些錄取通知書，或由某些學生出賣的，或通過拍賣場買到。①有的冒牌生是通過招生辦調包手法得到錄取通知的。據載，河北通城縣招生辦副主任熊某，幾年來收受賄賂四〇〇〇元，採用調包手法讓一五名落榜生取代正式錄取者。他讓親戚黎某兒子黎會農冒名袁明單上地區農校，讓親戚女兒黎明霞冒名吳燕平上地區衛校等等。②以上是已曝光的，而未曝光一時還難列舉。

有一種假學生是爲騙錢財而冒充學生的。《法制文摘》二〇〇〇年九月一日載，一對青年男女拿著一架多功能榨汁機，到某大學找李教授，男的說，我是您的學生，這是開會的紀念品，值一千多元，今轉送老師。李教授一口拒絕。這時女的在旁圓場說：這是一點小意思，您老實在過意不去，我們就收您四〇〇元吧。李教授即拿出五〇〇元給他們並表示感謝。回到家裏，李教授的老伴見了說，這貨在街上一〇〇元都沒有人要。這時李教授方知上了假學生的當。

假教師指不夠教師資格的人充當教師。《法制文摘》二〇〇〇年六月二日載，安徽二七歲農民宣慶和，高中畢業，花了二千元在北京買了北師大教育管理專業碩士研究生文憑後，到南京民辦學院當哲學教師，吹說自己是「特聘副教授」，後因盜竊被拘捕，經調查，宣的造假事曝了光，原來是個假教師。

不夠教師資格者，不僅不是師範院校畢業的，有的根本就沒上過學校而靠假造畢業文憑即假造學歷而混入教師隊伍的。《中國婦女報》一九九九年四月一四日載，新疆巴州地區，近年從湖南永州招聘去

①《齊魯晚報》一九九七年一〇月一五日。

②引《雜文報》一九九八年二月六日及《民主與法制》一九九八年第一期。

的大學畢業生中，一下子清理出四二名的假教師。他們在學歷上都寫著從正規師範院校畢業的（或本科或專科），但被查明，他們中有的人只因花了六千到八千元買到假文憑、假檔案，才成了教師的。那自是假教師。他們給學生上課，學生反映聽不懂，作業無法做，學習成績受到嚴重的影響。更糟的，有的人把本班學生上交的學費呑掉後溜走，結果給學校秩序造成混亂。

一三 假年齡、假姓名、假移民和假雙胞胎

人的實際年齡只有在一個人未加修飾時才會讓人看得清楚。某種意義上講，人裝飾本身，就是爲了年齡造假。不過，眞正的年齡造假在於有意虛報。

虛報年齡乃司空見慣的事。舊日中國有所謂十二生肖相剋之說，屬虎的女子常因此在婚姻上出些麻煩。爲了避免這類麻煩，屬虎女子多虛報一、二歲或少報一、二歲，目的在避過屬虎之年。這是爲了婚姻而在年齡上造假。

有些人爲了表示自己年輕有爲，往往在年齡上少報一、二歲甚至少報三、五歲。而更多的人則把少報年齡看成是求偶的良策。也有的因爲參加了某種有年齡限制的組織而多報或少報幾歲。近年有人爲了推遲離退休時間或爲了評定專業職稱等，也虛報年齡，少報一、二歲甚至更多。有時出現：學歷越塡越高，年齡越報越小，即是這種原因造成的。屬鼠的少報一歲成屬牛的，屬兔的少報四歲便成了屬羊的，故有人稱這種做法是：「老鼠變牛，兔子變羊」。《儒林外史》中寫范進中舉的故事，乃人所共知的。范進從二十歲開始應考了二十幾次都落榜了，到了五十多歲還是個童生，很不甘願，於是謊報年齡再去考一次。果然中了。這是爲參加科舉考試而假報年齡的，自是少報了。多報年齡乃爲了裝老。歷史上出於以老人爲重，使人愛老，有人說：「我走過的橋比你走過的路還多，我吃過的鹽比你吃過的飯還

多」，這時年輕人只好閉口靜聽，有的因此多報一些年歲。也有多報年齡好讓對手去「報功」。明代有個叫賈俊的，當山東副使，才五十六，鬢髮已斑白，且不注意修飾。清戎御史對他甚感討厭，想找個名堂彈劾他，於是正色問道：賈憲副高壽幾何？答曰：「犬馬之年八十有二了」。御史默然。後來同僚問賈俊爲什麼不說實話？賈說：他說我老，要彈劾我，我就多報幾歲，讓他去做好文章不很好嗎？①近年多報年齡主要是高齡老人。高齡老人，高齡又多報幾歲就更高齡了，那是爲了顯示自己高壽，當上「百歲壽星」。當百歲壽星既光榮又有利可得，吸引了一些老年人樂此不疲。《生活早報》二〇〇〇年八月七日載：一個叫王俊雄的陝西人，八〇多歲，終身未娶，曾被國民黨政府抓去當壯丁，後一直在西安騙吃騙喝，坐過牢，一九九八年以來冒名王俊，造假年齡，說一九〇一年生，參加過北伐戰爭，當過旅長，後成了大幹部，從北京離休，冒充老革命行騙，被稱爲「吹破天」。年齡造假，也有的爲了早吃「皇糧」，早當官。《廈門晚報》一九九九年六月二〇日載，寧夏同心縣糧食局長的兒子九歲招幹，一〇歲轉正，一四歲轉入檢察院；縣法院院長的兒子一〇歲招工後調入檢察院轉幹；還有一女童從四歲起開始計算工齡。《陝西工人報》一九八九年八月八日載，延安市在一九八八年調整工資中，更改年齡、謊報學歷的達一四九人，有個一九六三年出生的人，竟報說是一九六三年參加工作。這些自是通過年齡造假後做出來的。

假年齡通過假新聞發揮了作用。《中國婦女報》一九九九年四月七日載，一九八〇年有人將八四歲的老人李某說成一四二歲加以報導，後雖經人澄清糾正，可一九九六年又有人將這假新聞加以炒賣，直到一九九八年末和一九九九年初，這假新聞還在國內各晚報堂皇登場。一六〇歲老人成了活廣告，爲招

①《湧幢小品》卷八。

攬長壽氣功的學功者提供了最好的招牌。

也有些假年齡並非出於有意，而是由於管理戶口人員粗枝大葉所造成。王某，生於一九二五年，被誤寫爲一九〇五年，長了二十歲，在七〇歲時便享受九〇歲以上老人待遇，每到重陽節都收到敬老禮物。本人不好意思，幾次要求更正，因無有效憑證而作罷，讓人哭笑不得。

極個別人的年齡之假出於錯報，那多是「喪失記憶力」即有病所造成的，並非有意造假，不是爲了騙人。

年齡造假，一般說無關大局。當然也有些令人麻煩事，大的說，那會影響年齡結構統計之準確性，影響對離退人員的安排；小的說，也會給假報年齡的人帶來一些彆扭：就少報幾歲的人講，原是當伯父、伯母、哥哥、姐姐的，變成了叔叔、嬸嬸、弟弟、妹妹；就多報幾歲的人講，則相反，這不免亂了套。於人於己都不方便。

假姓名原因很多，其中有一種是爲激勵自己。清末汪笑儂原名德克金，係一縣令，後下海，因仰慕京劇名伶汪桂芬，便掛牌稱「汪派老生」。汪桂芬得知有人學他，便去聽唱，聽後笑說：像蚊子叫，哪是學我？德克金泰然處之，乾脆改名「汪笑儂」，以激勵自己。後來，果然技藝大進，被稱「小汪派」，名氣很大。也有姓名造假是爲了冒名頂替，不論古今中外皆可找到例子。明末文學評論家吳縣人金人瑞，原名叫張名釆，金人瑞是他冒名而用的。因爲他寫得一手好文章，很有名氣，可主考官讀不懂他的文章，斥之爲詭，革去他的博士弟子員。因此，他不得不冒用金人瑞之名去應試，後來就一直使用這名字。十九世紀歐洲也有冒名的事。一八一七年維也納有個年僅二十歲的青年，寫了一首反映當時小資產階級知識份子苦悶抑鬱和渴望擺脫壓迫心情的歌曲〈魔王〉，冒充德國著名音樂家、小提琴獨奏曲〈蜜蜂〉作者法朗茨·舒伯特的作品，寄到德國萊比錫波拉特科普與赫爾台爾樂譜出版公司，該公司出版商深爲《魔王》意境所陶醉，雖然知其冒名，仍決定出版這首歌曲，結果該青年由冒名而一舉成名。

以上這些可謂歷史上冒名的佳話。

也有冒名是爲某種利得和榮譽。歷史上有過假皇帝（如冒充清朝光緒帝）、假皇子、假皇孫、假國舅的事，前些時候還有公開假冒皇弟，假冒蔣介石弟弟和孫子，假冒張學良，假冒李宗仁和李宗仁兒子等的事。那多是爲騙錢財和榮譽的。據傳，近年來以「李宗仁」自稱的騙子，單抓到的就有十個之多。有個勞改釋放犯，江西人吳義忠（又名潘爲民），自稱係蔣介石與陳潔如所生，名蔣利國，還僞造《馬關條約》、《夫人證》等，以爲民族大業解凍地下資產爲由，騙得現金三十六萬六千多元。不久前，河南有個女子，自稱是王洛賓與前妻羅珊所生的，但人們證實羅珊無生育能力。後來，王洛賓兒子將她告到法院，假冒事很快曝了光。

如今冒名主要是爲了頂替別人的工職，冒領別人的工資和各種福利待遇等。有些單位個別工作人員都死去好幾年了，可其工資和福利待遇還在，就因爲有人冒名頂替。報載，湖南漣源市民政局有個管理離退休人員工資的股長，公然僞造花名冊和退休證，用以領取退休金和各種福利費。自然，後來還是曝了光。①報還載：山西五台縣，爲了查清冒名頂替事，曾組織四個清查小組，對財政供給人員逐一清查核實。結果全縣累計查出各類死亡人員二三〇人，這些人本應辦理供給登出手續，但沒有這麼做，仍在冒領，每年冒領財政資金達三二萬元。②報載，據荷澤地區勞動局數字，全區九縣和地區直屬企業有四九七名已去世的離退休人員，仍在領退休金。山東曹縣近年來冒領離退休費的達四七〇人，使國家損失

①《檢察日報》一九九七年一〇月五日。
②《廈門晚報》一九九八年三月二二日。

二〇〇多萬元。①有人說，這是死魂靈冒領活人財。

除了冒領工資和各種福利待遇，還有事先揑造退休職工名額，到一定時候再報其死亡，冒領喪葬費。也有冒用死人名字去出國，頂替死人名字去上大學，可謂無奇不有。

姓名造假中，用別人名字去上學的，近年絕非僅有。一九九四年，河北大名縣有個姓葉的學生，參加高考被錄取於某化工學院，卻被同縣一個姓杜的冒名頂替入學。②一九九六年，山東王西居，截獲高校錄取通知書後冒名王連國到中南工業大學報到入學，直到眞王連國到校，假貨才原形畢露。③一九九〇年廊坊市馬建華因係往屆生不能報考中師，經人指點後借用應屆生中不願參加中師考試的同鄉又是同齡的楊振彥名字和學籍表，報考師範學校，果被錄取，後又通過假證明改了名，遷出戶口，上了中師。兩年後事發，出現了楊振彥狀告「揚振彥」的怪事。④另據《廈門晚報》一九九九年五月一一日載，一九九〇年中考時，山東棗莊女青年齊玉苓考了四四一分，達中專委培分數線，可被同村的同學陳某僞造材料冒名頂替去升學。畢業後，陳仍頂著齊的名字分配到銀行工作。齊的苦讀成果被陳佔有後，只好回家務農，後當了工人，不久下崗了，靠賣菜維持生計。一次偶然機會得知自己被陳冒名頂替的事，告上法庭，齊玉苓告「齊玉苓」。

冒名行騙者多用假姓名。《法制文摘》二〇〇一年六月二九日載，台灣曹予飛，因犯法去美國買了

---

①《法制文摘》一九九八年七月三日、《廈門晚報》一九九九年八月三〇日。

②《法制文摘》一九九五年九月二日。

③《廈門晚報》一九九六年九月二三日、《法制文摘》一九九八年一月一五日。

④《河北日報》一九九三年六月一九日。

本護照，改名倪文亮，自稱乃國軍上將倪傑之子。一九九四年以旅遊名義從香港轉大陸上海、北京，從事期貨交易，後以某公司名義買了「新國大」，大拉客戶，騙取客戶保證金達五億人民幣。後案發被逮，二〇〇一年處以極刑。《羊城晚報》二〇〇〇年八月一〇日載：山西長治人劉暢，長期在北京「混生活」，二〇〇〇年六月假冒歌唱家田震到沁水縣舉辦個人演唱會，票價一八〇元一張，演唱時爲不使自己露出眞面目，讓一頭長髮披散臉前。唱完四首歌後，急忙從後門溜走，捲走了三萬多元。

也有人用假姓名登記結婚和談戀愛。報載，河南博愛縣二八歲的農民陳永紅，想在外頭找個對象，擔心因家境貧苦，別人看不上，想到本村未婚青年毋某家境好，可抬高自己身價，於是用毋的名字與某女談戀愛，打算待事成後再把實情告訴女方，但不愼曝光，露出眞情，反引起女方不滿。①

姓名造假中，有一種是頂替作結紮手術的。《羊城晚報》一九九九年二月一一日載，廣東陸豐彭某，多次幫助該結紮者，用錢雇人替代，即造假姓名，充當結紮人。有個輕度弱智農民三十多歲的劉文贊，於一九九八年四月二二日被彭氏以六〇元代價騙到陸豐計生醫院頂替別人做了結紮手術，因他尚未成家無子嗣，致使其父母大爲絕後之憂。

姓名造假中還可提到，在別人寫的文章上署名發表，這是爲竊取別人勞動成果而用假姓名。其所以這樣，或因爲作者知名度低，需靠知名度高的人牽頭；或純係不勞而獲思想作怪，自己寫不出文章偏要出名；此外，也有一些出於別的原因而造假，如：爲了評職稱算工作量，因自己文章不夠，只好借用別人的文章。

與此相似的，有人把自己姓名改成與名人、名作家姓名相同，以相混。近來北京等地出現新的賈平

①《廈門晚報》一九九七年一〇月一二日。

四、王蒙、江浩、梁曉聲等都屬這類做法，其目的是以名作家爲誘餌，推銷自己作品。爲了避免被控爲名譽侵權，他們還把戶口身份證進行了改變，使自己改後的姓名有合法使用權。這些多在出版部門配合甚至授意下進行的。某些出版部門，爲了提高知名度，擴大書籍發行量，猛練版外功夫，追求轟動效應，不擇手段，弄虛作假。外國也有類似做法，不過多半爲了惡作劇。假姓名中，最奇特的可推父親假冒兒子之名了。一九四八年，福建東山沈木花兒子沈加添剛到十九歲，被抽去當壯丁。木花捨不得兒子離家去，自己改名沈加添去服役，後跟著部隊去了台灣。一九八三年，年過古稀的「沈加添」經香港轉回大陸探親。他的老家兒子得知後從東山到廈門碼頭迎接父親。於是在碼頭出現了沈加添迎接沈加添的動人場面。

這是從父愛產生的造假。這種造假與別的造假自是不能同日而語的。

與假姓名相近的還有**假移民**。假移民在歷史上早已存在，近來在三峽工程中又可見到。三峽工程進行中，三峽庫區須將居民遷走。按規定，凡在移民遷建過程中被徵用土地的農民，可得到補償，每個人口按六千元人民幣計算。爲了得到這份補償，假移民出現了：有的幹部利用職權之便，把移民轄區外的人員遷到轄區內；有人通過買賣戶口辦法遷入轄區內，有的在徵地時虛報姓名，虛構人員；有的未到法定年齡辦理結婚手續，提前將戶口遷入轄區；有的將正懷孕中尚未出生孩兒提前取名報上戶口，等等。這樣做的結果，可以輕易地得到一份補償。①可謂：臉皮厚，吃個夠；臉皮薄，摸不著。

與假移民相近的有「**掛戶**」，即在徵地中騙取補償，《中國青年報》二〇〇〇年一〇月一八日載，合肥高新技術產業開發區徵地中，有人巧立名目搞「掛戶」，即把自己戶口掛在被徵地人的戶籍上，不

---

①《北京經濟報》一九九七年一一月二日。

但獲得補償建築面積，而且還享受拆遷償金，那些「掛戶」在當地根本無房無地，當地居民從未見過，可有的村民家中被掛戶多人，自己還不知道，可謂假得離奇。

假雙胞胎多出現於第二胎。有些地方因政策允許可生第二胎，當然不能規定第二胎不准雙胞胎。有些人鑽空子，假雙胞胎從中而來。《春城晚報》二〇〇〇年七月二六日載，雲南曲清，不久前查出七〇〇多對假雙胞胎。原來，多年來那裏少數人不生男孩不罷休，有的生了男孩也不罷休，暗中配「雙胞」。有的人第二胎生女嬰時，便送給事先約好的親友去配成「雙胞」，自己保住一個二胎指標，待來日生男孩又去「撿養」一女嬰配合「龍鳳胎」。有的人甚至將已一歲多的孩子與剛出生的男嬰生拉硬配。可謂奇特的造假。

一四 假產量、假破產和假病退

假產量是謂虛僞的產量或用重複計算的生產量。這在大躍進年代最爲突出。

一九五八年八月一三日《人民日報》在頭版頭條位置用黑體字報導了湖北麻城出現「天下第一田」的消息，說，那裏早稻畝爲三萬六千九百多斤，是我國早稻高產衛星中的冠軍，經省、地、縣三級早稻高產驗收聯合查驗證實。云。這是公開報導的假產量。

這類假產量自不只麻城一處。各地都可見到。爲了弄虛作假，虛報產量，有的人不但將快要成熟的稻禾來個併丘，即把五、六畝甚至十多畝地上即將成熟的稻穀移植到一兩畝地裏，做爲一兩畝地的產量，而且在稻穀收割時，把已秤過的穀子，先挑出去，而後又挑回再秤，再計量，如此不斷重複，周而復始地秤，從而秤出了天文數字，結果有的地方還出現畝產十幾萬斤穀子的神話。雖然誰也不相信，可不能說個不字。這大體可算是歷史上最典型的糧食生產的假產量了。

當年蘇聯也有類似做法。

一九五七年五月赫魯雪夫提出蘇聯要在三、四年內按人口平均計算，將肉類、牛奶和黃油的產量趕上美國。蘇聯最落後的梁贊州州委第一書記拉里奧諾夫保證，一九五九年該州肉類產量要比一九五八年增加二．八倍。一九五九年底，拉氏報告說，該州肉類產量提高了四倍，相當於一九五八年的三倍多。因此，拉氏被授予勞動英雄稱號，其先進事跡被寫成書，拍成電影。可一九六〇年蘇共中央派人檢查發現，該州農業生產一塌糊塗。原來拉氏爲了增加肉類產量採取了幾種做法：一、把乳牛和種畜全加宰殺，二、到附近搶購牲畜以充數，三、讓交稅者以肉類支付。一場騙局被戳穿，拉氏開槍自殺，假產量以慘敗收場。

假產量在今天絕跡了嗎？《雜文報》二〇〇二年四月三〇日引用了一個數據：丹江口市一九九二年國民生產總值爲八．二二四八億元，一九九八年達八二．六億元，增加十倍，獲湖北省「十強」縣市稱號，可兩年後又申請重新列入國家扶貧開發重點縣市。如果後面做法是對的，那前面的增產數據能說不是假的嗎？

與假產量相反的是假破產。近年來，隨著改革的深入，國有企業破產事時有發生。破產中有係假破產的。所謂假破產，只是把企業改換個名稱，人員與生產依舊，目的是廢掉原來企業的債務。福建永安第一塑膠廠可算是這種假破產的典型。

福建永安第一塑膠廠原係預算內國有工業企業，有二八年歷史，曾被評爲二級企業，因經營管理混亂，盲目投資，虧損逐年增多，終導致嚴重的資產不足抵債。爲使該廠擺脫困境，一九九六年五月一四日，永安第一塑膠廠向法院申請破產。第二天法院正式宣告其破產，接著，清算組進駐該廠清算。

一九九六年一二月二〇日，永安市人民法院對永安第一塑膠廠申請宣告破產還債一案做出終審裁定：永安第一塑膠廠破產財產已不足以支付第一順序清償費用，第二順序、第三順序清償的欠款，因無財產可清償而不能受償，永安第一塑膠廠還債程式終結。就這樣，包括工商銀行福建省分行、中國銀行福建省分行、福建興業銀行、福建華興信託投資公司等多家金融機構在內的五七家債權人的三八二二·九萬元債權的大部分就依法被「呑噬」了。

一九九六年一一月二〇日，原廠破產程式尚未終結，新廠即已開始試行生產。新成立的塑膠廠，與原永安第一塑膠廠相比較，除法人代表易人，結欠債務廢除、廠名去掉「第一」兩字，其他一切照舊：經濟性質仍爲國有企業，職工除四七人調走、改行、辭職外，六五〇名仍爲原永安一塑工人，甚至連工種都未變，仍在原來廠址、廠房裏，用原有機器設備生產原有產品。①

福建永安第一塑膠廠的做法，被稱爲「假破產，眞廢債」。

工廠有假破產，職工則有假病退。假病退係指工廠企業部門的職工假冒生病無法堅持工作，提早辦理退休手續，領取退休金，離開工廠企業。造成這種局面的原因是多方面的，其中最主要的是企業生產沒搞好。

有些國有企業，由於生產沒搞好，效益低，職工福利差，有人眼看增加收入無望，來個提早退休。因爲我國職工退休有年齡規定：男六〇歲，女五五歲，而因生病無法堅持工作者經醫生證明，可提早退休。因此，有的職工千方百計搞假證明，以辦理提早退休手續。報載，有個僅四〇〇人左右的國有企業，近年來竟有病退職工近百人，佔四分之一。而這近百名的退休職工中眞正有病的並不多。某紡織廠，近年來有二七〇餘名病退職工，其中符合病退條件者才二人，其餘都是作假的。

①《經濟參考報》一九九七年四月五日。

國有企業職工之所以千方百計搞假證明提早退休，還因爲退休後對自己有好處，可以得到一份比原來職業收入更多的工作。據載，寶雞某機械廠一技術工人，原來每月工資不到二〇〇元，弄到一張疾病證明辦理了提早退休手續之後，應聘到某鄉辦企業當技術顧問，月收入達二〇〇〇元，加上原先工作所領得的退休金，月的收入超過原來一年的工資。何樂而不爲呢？

企業職工退休後，有的退休金由社會統籌。這樣，對企業來講，如果多些病退人員，便可多甩掉一些包袱。就因此，有的工廠、企業部門，不僅職工自己想辦法弄到假的疾病證明，就是工廠、企業領導也積極支援，主動配合，並給予必要的幫助，以便讓那些想提早退休者能盡快辦理退休手續。

無疑，假病退結果，對工廠、企業來講，有時不免是一種損失，那就是，有可能讓大量的有用人才流失了：那不單是一些技術人員的流失，而且工廠、企業中的管理幹部、營銷幹部提早退休轉到別的單位工作，難免會把他們所掌握的生產機密等等也順便帶走了。這類損失，一般講是很難彌補的。

與此差不多的，在外國有假失業者。據統計，前幾年在法國三百萬左右的失業者中，約有三分之一的人爲假失業者。這假失業者多是爲了騙取救濟金（每人每月三〇〇〇——四〇〇〇法郎）。

一五假病、假死和假遺囑

假病就是沒病裝病。就一般人講，裝病多是爲了逃避某些活動，如開會、勞動、訓練、出差、接待客人等，也有的爲了騙取憐憫和同情，以便得到一些資助、補助等。小孩裝病多是爲了逃學即不願去上課，那或者因爲作業未完成，或者因爲受到處分。牢獄中犯人裝病主要在於逃避監督，有的爲了騙取保外就醫，還有的爲某種鬥爭需要。

裝病有時比眞的生病還難受。裝發燒要使用一種技術，弄不好很容易被拆穿；裝癱瘓更難，有時要在床上屙屎拉尿，臭不可聞；裝神經病，有時要吃些不乾淨的甚至髒的食物，那得有一種思想準備。為了達到目的，有人裝得很像，常常竟瞞過醫師，騙了眾人。

除了裝病，還有買賣「病」。《京華時報》二〇〇二年七月四日載，北京東交民巷派出所民警在巡邏時發現一老婦在賣假發票，其中有一張「北京腫瘤醫院出院證」，標價三〇〇〇元。……有人用錢買到病的證明（當然是假病），然後可拿著「病」去辦理病休、離婚手續。《雜文報》一九九九年一二月一〇日有篇文章談到，某男有外遇，鬧了三年離婚，老婆就是不肯離。後來他花了五千元買了一張「二期梅毒」證明，拿回去給老婆一看，老婆當場簽字同意離婚。

有的因醫師缺德，偷改化驗單，成了一種病號，那也是假的病。《法制文萃報》二〇〇〇年八月一〇日載，哈爾濱某傳染病醫院醫生王某，有意將幾個年輕人化驗報告單上的轉氨酶數字加以篡改，即在數字前面加上一字，使原來的二一成了一二一，原來的二三成了一二三，成了病者，需住院治療，讓無病者付出巨大的代價，不但要忍受莫須有的「病痛」折磨，而且要交付高額的醫療費用。王某因此為醫院增加了創收，自己成了創收高手，成了先進黨員。

假死怎麼裝得出來呢？無疑要有一種裝死的技巧。醫學上有一種將患有不治之症的人體迅速冷凍於雙層密封倉的液氮中，使之處於類似休眠狀態，稱「假死」，但一般假死不用這麼做。

古今中外，假死者不乏其人，其目的不盡相同：或因犯罪受到追捕而裝死，想避過追捕；或因與親友發生矛盾，以假死相威脅；而更多的為了領取殯葬費、撫恤金和保險賠償。

《二十年目睹怪現狀》中講到，清末滿族沒落貴族中，有一種人專靠行騙過日子，弄不到錢的時候就裝死行騙。清廷規定滿族貴族死了人要報到宗人府去，照例可領到一筆殯葬銀子。因此，有人裝死叫老婆報告宗人府，請他們派委員來查看。委員來查看時，裝死者直挺挺地躺著，老婆、子女跪著吼哭，表現出悲痛樣子，委員看了信以爲眞。這樣，裝死者便能領到一筆殯葬費，領過之後又再復活過來。

有的假死是爲了騙取做生意人的錢財。傳說，以前上海有個姓虞的老翁，常替做買賣的人拉關係，拿走他們的錢之後自己服下一種茉莉根，就會像眞的死去一般。等來討錢的人走了之後又再甦醒過來，繼續行騙。

至今仍可見到裝死者。《南方周末》一九九五年六月一六日載，武漢長江公路橋施工工地，二〇歲臨時工朱文生眼看組織抓賊無能，便想出既保險又不會惹麻煩的發財路子——詐死，以領取撫恤金。朱與同事田大明商量好，事成後，拿到的錢平分。一九九五年二月一九日夜裏，朱裝成落水而死。工程局見此，只好給朱家發了一萬六千元撫恤金。半個月後田到朱家「分紅」，可朱家不肯給，田因此大吵了一場。這樣，假死的事便很快傳開來。《檢察日報》一九九七年一一月一六日載，河南鄢城縣王某犯罪坐牢，其父托人將他保外就醫，後乾脆辦了死亡證明，想逃過牢獄之苦，因被檢舉才曝了光。

有的行騙者爲了躲避受騙者的追蹤也裝死。《新快報》二〇〇〇年八月二二日載，美國一男子路西安·庫德維格·科茲斯基，十多年前充當爲納粹大屠殺倖存者及其家屬向德國政府爭取賠償的角色並從中收取傭金。一九八二年其騙局被揭穿，坐牢一二年，一九八九年提前出獄。一九九三年住醫院期間，同病房一病人死亡，他又冒充死人，因屍體很快被火化，無人追究。不久前突然「生還」，前後假死七年。

虛報死亡造假，有的爲了騙取社會資助。《趣聞集萃》一書載，一九八七年一〇月雅加達發生火車相撞事故，一五〇多人罹難。四一歲的羅伊瑪謊稱其夫遇難。羅還稱某服裝廠大火，吞噬了她的兩個女兒。人們表示同情並送來許多捐助。後因鄰居告發其假，羅進了牢。

裝死騙取保險賠償的亦並非僅有，近年報紙上每有報導，令人驚訝。

有的死人之假乃偽造假賬用。《讀報參考》二○○○年第一二期載，山東沂水縣某些掌權者與銀行人頭合作，竟將二九個體格健壯的貸款人全部定為死人（出具了證明），而後將他們已經還貸的一○○多萬元款轉入「小金庫」，供其日後揮霍。

活人冒充死人是謂假死人，亦謂死人之假。那是某些出事故的單位為減輕事故責任而想出的騙招。一九九九年九月六日，京珠高速公路上靠椅山遂道發生坍方事故，二二位施工人員被困。搶險人員從通風小孔得知，洞中有一三人生存，死了九人，可施工單位為壓低事故的死亡人數，強迫進洞的四名搶救隊員裝扮被困受傷人員被營救出來，即用活人冒充死人，使死亡人數由九人減少為五人。

還有一種屬於惡作劇製作的假死人。《齊魯晚報》二○○○年七月六日載，一九九九年一○月二六日上午，上海某殯儀館業務接待人員接到一自稱「宋健」的電話，稱其姐夫李某因心肌梗塞死亡，要求派車接屍，並留下地址和聯繫電話。接待人員按電話預約的承諾，在對方再次來電話時與其核對了死者姓名、住址及電話後，即將遺體接運單送到調度處。結果，接屍車到了某弄堂口，一問，死者竟是個活人。李某氣壞了。原來他被惡作劇者玩弄了。

與假死一起的還有假遺囑。

假遺囑是為了爭遺產。歷史上曾出現過許多假遺囑，今天仍可見到。報載，石家莊有位池老太太，臨死前請律師幫立一份遺囑，對自己財產做了處理，指定給長女繼承，怕口說無憑，請人代寫了一份遺囑並找來兩個見證人。老人死後兒子起來發難。為了得到母親那份財產，他動腦子做了假遺囑。他得知母親的遺囑是請人代寫的，決定自己為已死去的父親代寫了一份遺囑，想用父親的遺囑來推翻母親的遺囑。反正父親早已死了，無從對證。為使假遺囑合情合理，他除了將時間放在父親死亡前，蓋上父親的大印，並找來十五位親友做見證人，讓各人都簽上自己的名字，還請居委會蓋個公章。假遺囑做成後，這位兒子拿著它向法院申訴，要求按父親遺囑繼承父母財產，結果，因僞造遺囑欺騙法院，輸了官司，還挨了罰。可謂自作自受。①

也有爲索賠而造假遺囑（假遺書）。《廈門晚報》一九九七年一一月九日報導一則消息：福建漳浦縣有一青年因家庭糾紛，服毒自殺，其父想向有關部門索賠，便僞造其子的遺書，說自己是被迫自殺的。

與假死假遺囑有關係的，還可提到假情感。

在我們中國，孝一向受人重視，不孝多會受人指責。有人爲了不讓別人說爲不孝，多在父母死時表現一番，對此，人稱生時不孝死時孝。父母死去時，爲子女的都要表現出悲痛傷心的樣子，都要痛哭一番，因此，假哭假悲傷出現了，乾號爲了讓人聽到哭聲，清涼油、辣椒塗眼爲了讓人看到眼淚。這可說乃是假情感了。可笑嗎？可笑。可又叫人笑不出來。

比這更假的大體可數雇人代哭了。這代哭，有的既不像哭，也不像唱，不像吟誦，倒有些像笑的味道。有的代哭裝得很像，也很感人，那可是假傷心流出假眼淚。長時間代哭也不容易，所以有的用錄音機錄起來，然後一遍又一遍地放出來。

一六 假男人、假女人、假寡婦和假爸媽

假男人和假女人是謂性假，或叫性別舞弊，即男女易位，女人裝成男人，男人裝成女人。

在舊小說和戲劇中，人們不時可見到女扮男裝的角色。她們爲了某種目的，歷盡千辛萬苦，大多最後達到目的，發揮其聰明才智，受到人們另眼相看，像是花木蘭、「女駙馬」等都是這種角色。當然，

①《民主與法制》一九九六年第一七期。

那都是藝術加工，不是事實。不過，歷史上確實有過女扮男裝者，南北朝時蕭齊的婁逞就是其中有名的一個。

婁逞係東陽（浙江金華一帶）人，通詩文，能琴棋，不甘待在家中當個閨秀，改衣冠，打扮成書生，隻身來到當時齊的京都建康（南京）。因她精通儒書，談吐文雅，許多公卿多願與之交往、結友；揚州地方一長官因佩服她才幹，延聘她當助手。其間，她盡心竭力，把工作幹得甚出色，受到主人的讚賞。但因她係一女流，儘管男裝，難免暴露自己面目，因此受到非議，有人告到齊明帝那裏。齊明帝得知後下旨令她限期返鄉。

五代十國時四川臨邛縣的黃崇嘏也是以女扮男裝出名的。

黃崇嘏從小喪父，生活清苦，爲了便於在公衆場合幹活，她從小女扮男裝，白天隨母下地幹活，夜間燃天然氣照明讀書。由於用功苦讀，她二十歲時便能寫得一手好詩文。當年「蜀相」周癢得知黃的才華，推薦她到成都任職。因她辦事認眞，受人讚頌，周癢還準備招她爲婿。對此，黃崇嘏多次婉言推謝，周家不以爲然，她只好作詩表白自己身份。周癢看了黃的詩甚爲驚異，只好讓她恢復女裝在家奉侍老母。而她女扮男裝的做法一直傳爲美談。婁逞和黃崇嘏的女扮男裝，無疑是一種作騙，這種作騙乃是古代婦女不願埋沒自己的才幹不得已採用的一種手段。

到了近現代，人們仍可見到這類不甘示弱的女子。美國南北戰爭時，南方聯邦軍中有個年輕的陸軍中尉叫布福德，勇敢而英俊。一次因受傷住院治療，醫師一查嚇了一跳。原來布福德乃一女子。她不但騙過部下，也騙過指揮官，而指揮官不是別人，乃她丈夫。這個假男子的陸軍中尉時年二〇歲，本名洛麗塔，被稱爲美國版的花木蘭。其丈夫叫威廉，後死於戰爭中。上個世紀，美國有個女大學生叫凱茜．史威策，於一九七六年在波斯頓舉行的馬拉松賽跑中，因沒設女子項目便女扮男裝假冒男子參加比賽，直至跑到終點時，宣佈自己係女子，一時轟動了體壇。四十年代，我國有個叫郭俊卿的，女假男裝去當兵，也是人所知道的。到如今，女假男裝的也仍可見到一些，那多半爲了行騙，有的屬於心理變態。

報載，梁女士因與丈夫鬧矛盾常到舞廳散心，有一姓閻的男子對她百般關心，梁覺得這個是理想的伴侶，決心嫁給他。因此，她與丈夫離了婚。閻趁機向梁要了一筆錢，說是買結婚用品。不久，梁終於發現閻乃一女人，常假扮男人到舞廳騙錢。梁想報案，又怕丟臉，只好吃啞巴虧。①

爲了瞞過衆目，一般講假男人多要束胸，即胸部發達的女子要想當個像樣的假男子，必須將兩乳房縛起來，並適當注意自己的口音和動作。

據《廈門晚報》一九九九年三月二三日載，湖南湘西有個女子，姓李的，自幼在山區長大，大手大腳，不似閨女。一九九八年到廣東打工，化裝男子，應聘於東莞市一家私廠，與男工一道幹粗活。爲了掩飾女子身份，她平時理平頭，學抽煙，講話粗聲粗氣；每逢洗澡、上廁和例假，小心避過男同事。一年後，因勞保衛生檢查，小李的女子身份才被揭開，全廠譁然。

男人假裝女人亦每有所聞。有的男人時而把女人視爲天仙，時而把女人看成妖魔，時而把女人當成玩具，時而騙她們錢財。最令人不可思議的，有的男人竟假冒女人，那當然主要爲了行騙。

二十世紀三十年代一次奧運會上，女子百米賽跑冠軍爲波蘭人斯泰拉·沃拉希埃維茲（有譯烏拉茜誠），被稱爲「短跑女皇」。一九四六年六月，在歐洲戰後第一次大型田徑運動會上，「短跑女皇」在女子一〇〇米賽中，僅用一一·二秒，打破了自己保持的世界紀錄。可因成績太好，不被承認。後來沃拉希埃維茲移居美國並加入美國籍。一九八〇年一二月沃氏與闖入家中的竊賊搏鬥，身負重傷，被送進一

①《周末報》一九九九年七月三〇日。

家醫院搶救。當進行下腹部手術時，醫生們驚訝地發現，沃乃是一個道地的男子漢！

變性手術不久參加體育比賽也應算是性別作假。近來西方有些男運動員爲了獲取高獎金，不惜進行變性手術，變性後以女子名義參加各種比賽。不久前在一次美國大學生游泳聯賽會上，有個叫帕蒂的加利福尼亞州大學女選手，就是剛進行變性手術後參加比賽的。帕蒂原名艾薩克，本是一名男子游泳高手，變性後成了女選手，參加比賽一舉奪魁。這種作假該如何評價，目前還未有權威的說法，不過，一般都認爲，性別作假是違反天性、違反道德的行爲。

也有假扮女人爲了做生意。斯里蘭卡三六歲的斯爾亞拉嫩，近三年來男扮女裝，向銀行貸款約五〇萬美元，經營一間出口商品店鋪，以其女性魅力使自己成爲一名成功的「女商人」，獲得一九九五年最佳女企業家獎，遠近出名。爲了能繼續騙下去，斯爾亞拉嫩與一名二九歲的眞男子合法結婚。①

在女子選美活動中，也出現過假女人。一九九九年義大利模特兒小姐選美中，二三歲的麗莎在朋友們的慫恿下參加競選比賽。麗莎豔壓群芳，以較高分數擊敗其他三七名進入決賽的對手，榮登寶座獲得冠軍。只是，當麗莎準備去接受加冕時走了光。原來她乃是一男子，化裝女人參加選美。從初賽、複賽到決賽，穿上不同服裝，一次次出場，回答主持人的提問，不但騙過評委，而且獲得高分，獨佔鼇頭，可謂行騙有術。這位假女人原想將騙到的獎金用以進行變性手術，使自己成爲眞女人，沒想到，在領獎時被一評委識破，被取消冠軍資格，結果變性手術也做不成。②

我國亦可看到假女子的事。《國際經貿報》一九九九年一月六日載，一九八三年三月，湖南浦城郊

①《廈門晚報》一九九七年五月一九日。

②《世界旅遊珍奇錄》第二七三——二七四頁。

區一劉姓夫婦生了一男孩，爲了再生一胎，在戶口申報時把男性報爲女性，並給起了女名，叫「珍英」，著女裝，騙過鄉親。後上小學、初中讀書，又騙過老師和學生，連與他同床睡過的女同學也未看出破綻。珍英男扮女裝十五載，直至他考上中專，才改名易服，換上男裝。這是因爲父母欲多生一個孩子而導演出的假女子的鬧劇。

如今有些地方出現一種假女人，通稱紅粉男兒，他們畫眉毛，塗口紅，戴上假奶罩，穿上短裙。這種假女人與戲劇中男角反串不同，也與流行於東南亞一些國家中的「人妖」不同，男角反串和人妖，是一種藝術表演，而紅粉男兒，純是爲了行騙，爲了騙錢。這是用假裝的女人身體來設「溫柔陷阱」的。

用假裝的女人身體行騙，在我國多以另外形式出現。《揚子晚報》曾載，有個男子假裝女人賣淫，自然很快曝光。《錢塘周末》一九九九年一二月二四日載，上海楊浦區有個姓戴的，一九六五年生，曾到外國語夜大學學過外語，後利用自己美色，男扮女裝，冒充洋女子，與白領男子、大學生等以談戀愛爲名，騙取錢財。一九九八年一〇月，化裝成女子的戴某，騙上海某大學學生小姜說，自己乃美國史坦福大學博士，叫李依依，現在上海交大教書。小姜受其騙後墮入情網，半年中被騙走六萬元人民幣。假女子出嫁亦有所聞。報載，有個姓劉的二八歲青年，趕集回家路上見一女子在發愁，上前一問得知，這位自稱陳秀花的女子，二〇歲，因與父母鬧翻而出走。劉同情她，帶她回家做客。秀花表示願嫁給他，只要他肯花五〇〇元，買些衣服和化妝品即可成親。男方父母高興非常，即湊了五〇〇元，收拾了新房，辦了幾桌酒席，請來親友熱鬧一場。客散，新郎新娘入了洞房。不一會，從洞房內傳出了吵鬧聲，人們走近一看，不得了，新娘和新郎撕打起來。原來，新娘乃假貨，男假女裝的。①

①《民主與法制》（畫報），一九九二年四月六日。

男假女爲謀財而害命的亦有所聞。山東微山縣歡城鎮煤礦工人李新社，爲了搶財物於一九九七年七月三〇日化裝成妙齡女郎在公路邊等候「獵物」上鈎。九時許本縣個體戶王某騎摩托車駛過時見路旁有個女人向自己眉目傳神，即停車上前搭訕，交談一陣後便將「女郎」帶到一片玉米地裏尋歡。假女子趁王某脫衣時用刀猛砍對方使之致死，隨後搶過王某的六千元錢和一手機，騎上摩托車逃竄。①

也有些假男女出於保護自己的需要。據傳，成都彩票市場，幾十萬、上百萬的大獎頻頻出現，有些中獎者因怕「露富」，不惜喬裝打扮，不時有男人戴假髮、女人貼鬍子的假男女出現於街頭。

男假女似比女假男更不容易，首先，假女人者得無鬍子；其次，要隆胸，戴上假奶罩；再次，如果參加運動會、模特表演等，還得「縮陽」，即將男人生殖器官包括陰莖、睪丸等都縮到小腹內，並對陰毛進行巧妙修整，造成外觀與女性相似的假象。大體上當假女人者都很注意這些，所以在短時間很難被辨識出來。

與假男人假女人相比，假寡婦更容易扮演。她無須化裝和造作，只要有人幫助即可假冒。按理，死了丈夫的婦女才稱寡婦，假寡婦多是丈夫還健在的婦女所扮演。報載，一九九七年七月，江蘇射陽有夫之婦郭某在一婦女王某的策劃下，冒名「周婷婷」，謊稱死了丈夫，改嫁給大齡青年孫某，騙了四千元人民幣後逃跑。過了一個月，郭又假名「朱玉芹」，從田某身上騙取四千五百元現金和金項鍊等，得手後再逃匿。②

假爸爸也每有所聞。《法制文萃報》一九九九年五月三日載，甯中縣中學生劉某因做生日花了三千

①《生活時報》一九九八年一月八日。

②《法制文摘》一九九七年一二月四日。

多元。爲了還債絞盡腦汁。他得知公安局長也姓劉，便想加以利用，編出一個假爸爸來。他對一姓鄭的同學說，我爸是公安局長，能辦理到警校讀書的手續。鄭某信了。劉某設法弄到兩張表格交給鄭某，向鄭某要了五千元錢。後來鄭某的父親眼看兒子花了錢等來等去不見下文，感到不妙，向公安局報了案，劉某以假爸爸作騙案才曝了光。

還有一種假爸爸也稱「臨時爸爸」，是一些中小學生爲應付開家長會的一種手段。有些中小學老師爲了告狀，常把學生家長請到學校開會，希望家長把自己子女教訓一番，久之，學生多感到害怕。他們靈機一動，走向市場，僱個「臨時爸爸」，代替自己受過：這樣老師解恨，父母不知，本人免受父母打罵，「臨時爸爸」亦得到實惠。「臨時爸爸」既騙了老師也騙了學生父母。

假媽媽與臨時爸爸出於相同原因，所不同的，有的所需者由自己來假扮。報載，不久前上海某中學二年級有一女生，因怕自己缺點和在校情況被家長知道，便來個女扮母裝，化裝成自己的母親到校參加家長會，是謂奇特的假媽媽，消息傳出，人稱「怪新聞」。

一七　假夫妻、假丈夫、假第三者和假丈母娘

造假中引人捧腹和深思的可算假夫妻了，而假夫妻又可分爲租妻和假結婚等。

租妻與歷史上存在過的典妻、贌妻的做法不同，典妻、贌妻爲了生活也爲了傳宗接代，繼承香火，而租妻則是爲了掩人耳目的做騙，一個要租，一個願出租，合作騙人。

趙辛寫的小說《租妻》就是根據租妻作騙寫成的，描寫一位叫章知賀的，四〇多年前在大陸被抓去當壯丁，後到台灣當兵，退伍後在台南擺小攤度日，早想回老家探親看望父母。知賀的老友吳爲嘉比他先回老家，在家鄉見到了章的父母。吳返台時，章的父母交代他要告訴章知賀，回家時要帶妻子回去與

家人見面。章知賀聽了這話一籌莫展。爲滿足年邁父母的心願，他決定租一位叫玉芬的小姐爲妻，以騙父母，讓父母興奮一番，讓老人家生活在「美好的幻境裏」。就是說，要騙騙父母的感覺。

也有租妻是爲了撈錢。遼寧瀋陽市郊農民劉某，年近五十，任過村黨支書，因賭博，被撤職，其妻與他離婚帶兒子回娘家去，劉孑然一身。一九九六年五月，劉氏參加一次親友的婚禮，眼見那家收了幾萬禮金，大受啓發，心想租個新娘撈他一筆。於是，劉某到一酒家與以前有聯繫過的小姐約好，租她當新娘，只拜天地，不入洞房，事成給勞務費三千元。得到對方應允後，他與該小姐約定於九月一八日舉行婚禮，並要她找幾個娘家人送親。因怕她失約不來，劉氏還花二〇〇元租了一位「候補新娘」，以防晾場。九月一八日上午，新娘及新娘家人按時到達，婚禮十分熱鬧。「新郎」、「新娘」給來客頻頻點煙、斟酒，接過一個又一個紅包。……晚上一算，淨賺一萬五千餘元。幾天後新娘按約走了，新郎也帶著所撈到的錢財離開了自己的家鄉。①

日本有租借女友的，或爲告慰父母；或爲向親友炫耀自己；或爲向原來女友示威：我找到比你更好的女友；或借當假情婦，向妻子賠罪，讓假情婦承擔責任，以取得妻子原諒等。

另有一種租妻，可稱爲金屋藏嬌，那多是大款大腕的偷情手法。他們租用或購置住房，將姘頭藏到那裏，瞞住自己妻兒並避過旁人耳目。這類藏嬌，有的只是供臨時玩樂，有的長期租用，實爲大款大腕的小妾。如今中國民衆用語最多的可數「腐敗」二字，那是使用頻率極高的廉價詞兒，主要對官場而言。對大款大腕另有說法：「富敗」。這「富敗」是說，有時金錢、財富會改變一些人的生活世界，使一些人墮落甚至滅亡，就是說富帶給他們的不是幸福而是不幸。人們看到，有些大款大腕富了之後，揮

①《人民法院報》一九九七年一月三〇日。

金如土，嫖、賭、毒、飲無不上癮，是謂男人富了會變壞，因此其妻子多有點怕富，因爲一旦富了，其夫有可能招蜂引蝶，把原來美滿的家庭破壞掉。

有的租妻是爲某種需要搞假結婚。

報載，上海某紡織廠女工張某，一九七二年與奚某結爲夫妻。一年後，奚某之友李某的單位分房子，規定要已婚職工方可參加分房子。爲了能分到房子，李某求援於奚某，租借張氏爲妻，假結婚。在取得奚某夫妻同意後，李某通過熟人先爲張某打一張未婚證明，然後辦理假結婚登記，領取假結婚證書。①

《知音》一九九六年一二期載，二八歲的女記者甯津，奉行獨身主義，爲了想分一套房子，於一九九六年三月與二三歲的鉗工張華簽訂了一份「名義結婚合同書」，共四款：（一）雙方名義結婚；（二）女方一旦分到房子，二人即行辦離婚；（三）女方付給男方六〇〇〇元，分二次付清；（四）彼此獨身生活，互不干擾，遵守離婚協定，不得無理糾纏和拖延時間。辦了假結婚手續後，甯津如願分到一套二室一廳房子，甚是高興。問題是，男的想做眞夫妻，結果假戲演成了悲劇，女的差點被活活勒死。

假結婚不只爲了分房子，有的時候，上山下鄉知青，爲了將戶口從農村遷回城市，也有採用與城裏人假結婚的做法，一旦戶口遷移的手續辦妥，再辦離婚手續，借用一下，不影響對方。假結婚在台灣則有另外用處。某些男子爲了誘騙島外女子到台，然後逼其賣淫，也採用了假結婚的辦法。據說假結婚在美國甚爲普遍。有些外國人想非法進入美國謀生，最快也是最好的辦法就是和一個美國公民假結婚。因爲辦這類假結婚可爲美國某些人賺大錢，所以美國大城市多有假結婚介紹所，介紹所的經紀人每年都可

① 《金陵晚報》，引《廈門晚報》一九九五年四月一七日。

賺十餘萬美元。①結婚向被稱爲人的第二生命，假結婚無疑是拿第二生命來開玩笑。

借妻多爲應付上級檢查用。爲了充實「小康村」的家庭歡樂氣氛，有的領導在上級派人進村驗收時，佈置了光棍借妻，向賓館借一些漂亮小姐到村扮演媳婦並簽訂合同：「是借不是送，能看不能碰，首長出了村，立刻就繳公。」②

與租借妻、假結婚一起的還有假離婚騙人。假離婚主要出於逃避計劃生育。有的婦女超計劃懷孕，爲了讓孩子生下來，先假離婚，另找對象結婚，等孩子生下後，再辦手續與前夫復婚。也有爲了逃避債務——某些人由於經商虧損，不願用自己的家產償還債務，於是通過假離婚將存款、房產轉給女方和子女，這樣，法院對其所欠債務就難以強制執行。

與假夫妻有關的還有假情書。假情書多指爲騙取錢財而寫的徵婚情書，在情書中把自己說得甚爲可憐，令異性同情也令異性愛慕。待把錢騙到手後，以種種理由拒絕對方。也有個別男子特地找來女子照片，以女子名義向許多男子發出徵婚信，而後進行戀愛通訊，騙到錢財後偷偷離開，男方即使上門也找不到人。

另一種假情書是別人代寫的戀愛信。報載，有的人因文化水平低，連字也寫不清楚，談戀愛時怕對方見笑，所以常請別人代寫情書。結果，對方因看到情書不但感情豐富而且字體清秀，態度更加堅定，從而加快了戀愛步伐。只是最後多因當面接觸，漏了底，鬧出笑話。也有極個別的假到底，直到婚後才顯其實，但因生米煮成熟飯了，只好將就過日子。

①《金陵晚報》，引《廈門晚報》一九九五年四月一七日。

②《雜文報》一九九九年八月二七日。

假丈夫更令人不可思議。德國慕尼黑有一對雙胞胎，兄漢斯，娶了美麗動人的顯赫世家女漢娜爲妻。漢娜從娘家繼承了數百萬家產。婚後夫妻恩愛地住市郊一別墅裏。不幸的是，二年後漢娜雙目失明，漢斯也於一九六九年四月一天外出時死於心臟病。漢斯之弟赫斯特暗地將其屍體火化，然後自己假冒兄長來到漢娜家，竭力模仿兄長的聲音、動作和習慣，騙取漢娜的信任，並勸說漢娜將家產變賣後遷居到波恩。這場超級之騙一直維持了三十年。直到一九九九年一〇月二日，赫斯特車禍身亡，警方對死者進行指紋確認時，假貨才曝了光。六十八歲的漢娜開頭還不敢相信那是眞的。同床三十年竟不知他是個假丈夫。

有一種假丈夫冒充眞丈夫辦理離婚手續。《大河報》二〇〇〇年一二月一八日載，河南方城張延秋和陳麗於一九九八年結婚，婚後感情不合。二〇〇〇年三月張去廣東打工期間，陳找其在法律服務所工作的親戚張明義幫助辦理離婚手續，張找鄰居姚某冒充張延秋到縣法院請求離婚，副庭長馬某不查驗身份證，即爲之簽發了離婚證書。後因張延秋本人到法院申訴，假丈夫才曝了光。

有的男子爲騙搶女人的錢財，裝成女人的丈夫，亦可謂假丈夫。

報載，一九九六年一一月二日晚八時，廣東韶關火車站一首飾攤旁一位姑娘挑選了一副項鍊，正在付款時，來了一大漢，以迅雷不及掩耳之勢打了姑娘一耳光，罵道：「你這野老婆，叫你別買這個，偏不聽！」說著奪過姑娘手中的一八〇〇元的錢包，走了。被打的姑娘暈倒在地，旁人把她扶起來，說她丈夫太狠心了。可當姑娘清醒過來時，道出身世，人們才知道，那個大漢並非她的丈夫，而以假冒她丈夫搶她錢。①這簡直是騙子加強盜！

①《北京晚報》一一月二五日、《法制文萃報》二〇〇〇年七月三日。

有一種假丈夫可稱種子丈夫。有的家庭因丈夫有病無法生育難以傳宗接代，夫妻或家人商定，由妻子去借或租或勾引一男子爲之傳種，稱借種。被借用、租用或勾引的男子通稱種子丈夫、臨時丈夫。這種作法雖也屬於一種作騙，但在舊日未必都是偷偷摸摸地進行。

在國外，假丈夫多指出租的丈夫。報載，美國有十七家「租借丈夫中心」，一千四百多名男子提供服務，他們到女人家裏刷鍋，洗碗，洗衣服，哄孩子和到市場購物等。英國也有類似的出租丈夫，都很受歡迎。①

有的妻子爲試探丈夫是否變心而假冒第三者，是謂假第三者。

苗家山寨龍俊英，被稱爲一隻鳳凰，沒考上大學，在村裏任團支書，不久與大學畢業的中學教師向成結爲夫婦，很快有了孩子，一家充滿歡樂。後來因向成工作忙，少回家，引起妻子懷疑。她絞盡腦汁，假冒鄰村粱姑娘給他寫信，看他是否變心？因約好回信地址，所以每次回信都寄到妻子手中，前後通了二十一封信，果然丈夫動了心，約好一年後結合。扮演粱姑娘的龍氏暗地罵丈夫沒良心。一年後向成提出離婚，龍氏爲了引人同情拿出二十一封情書，並在法院追問下，講了來龍去脈。向成驚惑又羞愧。最後呢？一個好好的家庭解體了。這是妻子冒充第三者行騙所帶來的苦果。

妻子假冒第三者偷竊丈夫的錢財，也屬一種荒唐的騙。報載，有一對夫妻不和，各幹各的，錢財各自保管。妻子對丈夫藏物處很好奇。恰巧一次家裏失竊，妻子冒充竊賊偷走其丈夫鎖在床頭的一筆錢款。案子很快被破，妻子交出了所偷的錢，公安人員通知其夫回來領取錢款，但其夫不回去領取，只寫了一封信對公安人員表示感謝。可正是這封信露了馬腳。原來那錢是他在外頭綁票勒索來的，而勒索信

① 《法制文摘》一九九八年七月一七日。

的字跡與感謝信的筆跡相同。這樣，另一案也很快被破了。①

也有女賊假冒第三者，那是爲了脫身。報載，浙江永嘉李某出差，妻子張氏送他到車站，回頭時見到家裏有一女郎，自稱是「你丈夫約我來的」。張氏聽了以爲丈夫在外有「情人」，當即昏了過去。女郎乘機逃脫。後經查，原來那是上門行竊的女賊。②

丈夫爲考驗妻子而搞惡作劇當第三者的亦有發現。《廈門晚報》二〇〇一年一二月二八日載，海林市個體業者江女士常接到異樣聲調的電話，用不堪入耳的語言向她求愛，進行性騷擾。江女士報了案，警方很快將性騷擾者抓獲，原來是江的丈夫陳某，他擔心妻子不忠於自己而出此下策。

也有由丈夫雇用的第三者。《每周文摘》二〇〇二年八月六日載：江蘇銅山縣秦忠超，大學畢業後到縣郊一儲蓄所工作，與縣領導女兒趙麗琴結婚後被提拔爲商業支行行長，不久養了二奶。爲了與二奶結合，竟雇帥哥顧衛東來與自己老婆趙麗琴搞不正當關係，約定：事成給二萬元。二〇〇二年三月，秦有意離家讓帥哥去完成任務。三月二八日晚，顧到秦家將趙強姦了。事後趙報警，顧受傳訊時不但招認了，且供出幕後策劃者即爲趙的丈夫。

假丈母娘，目的在騙錢。報載，三一歲的張某在某酒店任職，得知同事徐某的男友楊某是個海員，很有錢，從未去過徐家，從未見過未來的岳丈岳母。張氏跳槽後想在楊某身上撈點油水。她先以楊姐姐的身份掛電話給徐某，得知楊的BP機號碼後，再以徐母身份給楊掛電話，說要搬家（從徐某處瞭解到的），急需一兩萬元，楊聽說未來的丈母娘要用錢，即答應付款，並約定六月六日中午在浦東某汽車站

---

①《湖北法制報》一九九六年一二月一七日。

②《法制文摘》一九九七年九月一一日。

碰頭交錢。張氏因假冒楊的未來丈母娘，順利騙了一萬元。後來楊到了徐家，張的騙招才曝了光。①

一八　假徵婚啟事、假應婚書信和假媒人

如今通過刊登徵婚啓事，尋找理想對象，已成爲一種時尚，其中不乏作假的。單就徵婚啓事不講徵婚卻說徵友，把要成爲配偶結爲夫妻的對象歸到朋友之列，就有假的成分。因爲明明求婚，卻不講夫妻之道。不過，這裏講的作假另有所指。

徵婚啓事作假，大體有以下幾類：一是故意惡作劇，把未婚或已婚者的名字暗地拿去刊登徵婚啓事；二是借用別人的名字或照片刊登徵婚啓事，騙取錢財；三是自己在徵婚中玩弄感情，也多爲了騙取錢財。

據傳，某單位阿鳳，是個愛說愛笑的已婚女工，平時就有許多工友愛跟她開玩笑。她從不計較。後來竟有人偷偷地將她的照片連同一則徵婚啓事寄到某報社，刊登出來後，引來一大批求婚者，有的來信求愛，有的登門造訪，弄得阿鳳和她丈夫十分尷尬。這自是一種有意的捉弄。又如《羊城晚報》二〇〇〇年一一月二九日載，珠海有個有夫有子的秀東，被人在一報紙中縫刊登了一則徵婚廣告：「某女，活潑靚麗，二七歲，欲覓四〇歲左右事業有成男士爲伴，電話九三九七五九一，秀東小姐。」經交涉，該報於次日登了「更正」，但仍有許多男子向她致電，甚至打來騷擾電話，秀東受到極大傷害。這類惡作劇有時鬧出了人命的每有所聞，而鬧到法院打官司的更非個別。報載，河南寧陵縣陳某、魏某原是甚要好的表兄弟。陳於一九九七年二月假冒魏某名字向報社和電台寄了徵婚啓事，引來了許多應婚者，有

① 《金陵時報》一九九三年七月五日。

的還登門相親。魏的懷孕的妻子見此，到魏的工作單位大吵大鬧，一氣之下到醫院進行人工流產。一對恩愛夫妻鬧起離婚。魏得知乃陳某惡作劇，告到了法院。

盜用別人照片或名字通過徵婚啓事來騙取錢財的，常可聽到。

報載，河北三四歲的袁某，男性，一九九三年六月以自己名字加上盜用女青年照片沖洗三千張，在國內十二家報刊刊登了「徵婚啓事」，等對方來了求婚信後，再雇用三個臨時工抄寫「許嫁信」。結果四千多名求婚者受了騙。爲他匯寄了路費三萬多元。

湖北孝感無業人員楊某和李某，買了一張非常漂亮的小姐彩照，印洗千餘張，以「家庭服務中心」名義搞假徵婚，凡應徵者寄給彩照一張並說明書等，應徵者收到彩照和說明書後即匯來二〇〇元介紹費甚至贊助費。一九九八年八月至一二月，楊、李的「家庭服務中心」收到應徵信件千餘封，騙取人民幣七萬餘元。①江西四四歲的盧德亮，假用女人名義徵婚，收到男方來信後，便以假的女人名字回信，並以別的女人照片寄去，使一大批高齡男子墜入愛河，接著盧又以要到男方那裏見面爲由，騙取路費，先後騙了四萬多元。②盜用軍人照片刊登假徵婚廣告向女子騙取「介紹費」的，亦每有所聞。

也有**自己以徵婚名義騙取錢財**。報載，湖北二〇歲的王銀花，於一九九六年三月以徵婚信加二寸個人照片寄向全國許多單位，信說自己父母都年過六〇，家境貧苦，生活不好過，哪位好心人若肯伸出溫暖的手給她以幫助，她願嫁給他。她很快收到八〇〇多封求愛信和慰問信，騙了一萬多元。③

還有**男人假冒應婚行騙的**。湖南岳陽有個叫王克的工人，因曠工和違反紀律被廠裏除名，流浪於社

① 《廈門晚報》一九九九年一月三一日。
② 《廈門晚報》一九九九年二月六日。
③ 《深圳法制報》一九九七年二月二三日。

會上。王無事中撿到一張年輕女子照片，心想，這下可要發一筆財了。他編造了應婚信，連同那張照片分別複製一七〇〇多份，寄給二〇幾個省市、一二八個縣近千個鄉村一七〇〇多名徵婚男性。應婚信寫道：「大哥，看到你的徵婚啓事後，願和你建立關係。小妹我今年二三歲，因繼父對我行暴，在家住不下去……所以願意到你身邊來。小妹不求彩禮，自已有幾十元做路費。你回信時，請夾寄一〇元錢，我用來發電報給你，以便你接電後到車站接我。張小倩」。許多曾在報刊上刊登過徵婚啓事的男青年，接信後多給「張小倩」來電或覆信，他們多按其要求，在信中夾寄十幾元、幾十元、上百元不等的錢。截至一九九〇年，「張小倩」共收覆信一六〇〇多封。許多人因寄了錢不得回覆，紛紛寫信給岳陽郊區檢察院，請幫查找張小倩，最後查出了王克。①

假徵婚作騙，也不是今天才有的，早在抗日戰爭期間就已出現過，只是騙的內容與今天稍有不同。據《上海灘》載，當時上海某報刊登一則徵婚啓事說，一名門閨媛，雙十年華，容貌秀麗，大學文學學士，欲覓一有文才的伴侶。應徵者應寫一情書到某處云。一批未婚的飽學才士，絞盡腦汁，搜腸刮肚，一封封情眞意切，纏纏綿綿的「經典情書」如雪片，可數月不見回覆。原來此乃某書局老闆巧設的圈套，借此騙取情書佳作，而後編輯出版《當代情書大全》，不用付任何稿費。②

與假徵婚、假應婚一起的還有假媒人。媒人是舊婚姻制度的產物，因充當媒人的多是老太婆故稱媒婆。如今興自由戀愛，媒人的作用小了，但仍有媒人，通稱介紹人。介紹人的作用亦如舊日媒人，爲男女談戀愛穿針引線。假借介紹人之名騙取錢財的就是假媒人。

①《中國檢察報》一九九一年一一月二八日。

②《上海灘》一九九七年第一期。

報載遼寧清原自治縣三〇歲的丁翠花，眼看同鄉退休老師李金柱死了老伴，設計向他騙錢。丁編造一個三十歲姑娘秦雪華，介紹給李老師。開頭，李以為是說笑，後竟被文采橫溢的酸句醋句所感動了，答應這門「忘年戀」，每次由丁轉交情書，從一九九八年三月到一九九九年四月，李共收到由丁轉來的「秦雪華」的情書一一六封，李也回了一一六封並隨信轉寄去六九六九〇元現金。而最後查明，根本沒有「秦雪華」這個人，情書全是丁翠花編造的，而李的錢全被丁騙去。①

福建龍海有個老實人林某，二十年前離異後，自己獨個在石碼鎮上擺小攤替人補鞋，生活還過得去。一天來了個自稱林的同鄉叫錐平，說鄰居有位三十歲未婚女子叫「鄭寶花」，願介紹給林鞋匠做老婆。開頭，林並未認眞，笑笑而已。沒料到，過幾天那錐平又來了，說經他介紹後，鄭寶花自己同意這門親事。錐平還把鄭寶花寫的情書一封給林。林鞋匠看了情書，心裏有幾分信了。錐平說，自己願繼續幫忙，閩南人說親要走三趟，不過要花些錢。林鞋匠也是個明白人，即拿了一百多元讓對方去活動。後來錐平果又兩次拿來寶花的情書，信中並提到要買金項鍊和訂親喜糖等。這時林鞋匠已被寶花的情書撩得神魂顚倒，便不加思索 先後拿出一萬多元交錐平轉交寶花做為訂親的禮金。而同時，錐平自己也向林鞋匠借了五百元，寫了借條。回到家裏，林鞋匠將錐平的借條與鄭寶花的情書加以對照，不禁心慌了，因為兩者字跡相同。林鞋匠深感不妙，自己受騙了。因此，林鞋匠報告了公安部門。經審問，這位「媒人」眞名李明輝，二八歲，係龍海一農民，以介紹婚姻為名，六次向林鞋匠行騙，共騙取現款一萬九百餘元。②

---

①《購物導報》一九九九年八月四日。

②《廈門晚報》一九九七年一〇月二一日。

這裏騙子何止騙了癡情人的錢，更騙了他們的感情和婚姻。

還有一種假媒人，公開名稱叫「架金橋」，實是設騙局，騙更多的人。

報載，一九九四年初，浙江金華汪某夫婦夥同汪的弟弟，組織一個「中介服務機構」，通過某媒體傳出一則消息：「架金橋」服務公司，願天下有情人都成眷屬，與貴州省黃果樹婚姻介紹所聯手，組織一〇〇〇名貴州年輕美貌的女青年來金華找夫婿，願遠離故土，與金華小夥子結連理，組織美滿幸福的小家庭云。

金華的一些青年人得此消息，心情興奮，前後有三八〇人報了名，每人交五〇元報名費和二千元至三千元的介紹費，等著貴州美女來金華與自己成親。可後來的事實告訴人們，這是一場爲撈取錢財而精心策劃的騙局。人們大呼上當。①

如今婚介所多起媒人作用。而婚介所也有作騙的，這裏作騙多靠「婚託」來進行。有的地方婚託或是富翁、富婆，或以各方面條件均誘人者來充當，以引來求婚者。也有的婚介所專請一些不是找對象而專用以引人上鈎的人，騙人送錢。

另有一種被稱爲「騙婚游擊隊」的，採取「游擊戰術」來行騙，大體也屬於假媒人性質的。報載，陝西四九歲的張紅芹，從一九九〇年開始，與其丈夫一道，聯合社會上十五個不法之徒，結成騙婚團夥，先後在川、陝、豫等地，利用一些大齡單身漢急於找對象的心理，指婚騙錢，作案數十起，騙錢七萬多元。②《廈門晚報》二〇〇〇年一二月三〇日載，台灣高雄三五歲的許某組織詐騙團夥，利用「快

① 引《法制文摘》一九九五年六月一五日。

② 《法制文摘》一九九七年九月一一日。

遞情人俱樂部」網站，刊登美女煽情圖片及廣告，宣稱擁有美、俄、香港等地大批美女，可提供「一夜情」，需要者得交入會費新台幣一八〇〇元。自七月份以來的五個月中約四〇〇人受騙上當。

至於把徵婚、應婚做爲推銷或求購某物品的廣告，亦每有所聞。

一九假證券公司、假致富資訊、假科學技術和假科學家

近十幾年來國內興起證券交易熱，一心想發財的人多往證券公司擠，而行騙者也很快把眼睛瞄準這裏，於是出現了假證券公司。據《廈門晚報》二〇〇〇年九月二〇日載，這年四月，梁某和李某從廣西來到西安，在西安註冊一家諮詢公司，擺了五十多台電腦，聘請一些熟悉股票交易業務和在股票交易所工作過的專業技術人員，當其幫手。他們謊稱自己乃某證券公司的分支機構，凡願到此炒股的股民，只要交一萬元保證金即可透支，最高額可達十萬元並保證交易成。一些急於發財的人多到此炒股，可拿到的交割單、資金卡，全都是假的，可謂自動上鈎。從五月到九月的五個月中，誘騙吸納股民資金達二百多萬元。當他們準備攜款逃跑時被逮住。

與此相近的，一些農民脫貧致富心切，給各類騙子傳佈假致富資訊以可乘之機。人們看到，有些地方不時寄出所謂「科技小報」，名爲「科技致富資訊」，「教你發財資料」，內容多是江湖邪招，或騙人錢財，或教人行騙。有一種叫收藏古錢能致富的資訊：說一枚古錢可値幾萬元十幾萬元甚至幾十萬元，其目的是爲了兜售其古錢資料，那些古錢資料，實是「古錢圖志」一類圖籍改頭換面後加以重印的，一本不過十幾來元，卻要賣幾百元，自是爲了騙錢。更有甚者，有些騙子使用假執照、假公章、假身份證等，到交通不便、資訊不靈的偏遠貧困山區，打著扶貧奔小康的幌子，以假致富資訊向農民騙取錢財。其行騙手法有以下幾種：

一是，把一些普通的藥材或農作物，起個怪異名字，諸如「羅漢果」、「咖啡豆」等，聲稱每畝投資百餘元，年收入可達一萬多元。有些農戶，花了幾百元購買了那些種籽，期望能發財，可到頭荒了耕地，所種那些怪異名字的種子毫無收成，有的收成一些還不值花種子的本錢。

二是，把一些不值錢的小動物，像是蝸牛之類，說國際市場高價收購，國內供不應求，鼓動農民買種養殖。上當的農民，把本來每隻不過幾元錢的種苗，以高達上百元價格買回飼養，養起來後無處銷售，白交一筆學費。

三是，與農民簽訂回收合同，把一些不值錢的像是哈白兔的種苗以高價賣給農民，說等農民養大後以高價回收，可農民想不到，那些賣了高價種苗後人去樓空，高價回收只是騙人的假話。

四是，與農民聯合開工廠，共同開發，聲稱提供設備、種、苗、技術、銷路等，由農民出資來興辦科技型企業，讓貧困地區農民儘快富起來。結果把錢騙到手後運去一些陳舊設備和沒有經過檢疫的種苗了事，當農民發現上當時，已無法挽回損失。①

與這些相近的是假科學技術。二十世紀以來，科學和技術互相滲透，互相影響，互相配合，產生了科學技術。科學技術成果廣泛應用於生產上，極大地促進了生產的發展。只是人們想不到，近年來由於假的氾濫，科學技術也受到了影響。不久前，冶金部長沙冶金設計院開發一種一流的「輪胎自補」新技術，可在市場上受到冷遇。何因？原來人們受到假的輪胎自補技術騙怕了，吃過苦頭後再也不敢相信了。還有什麼人造蛋，也騙過不少人。特別是一些騙子利用許多企業和農民想通過科學技術來發財致富的心理，大售其奸，他們採用技術培訓、郵寄科技資訊資料等方式推銷其假技術。報載，有個自稱「養

① 參見《法制周報》一九九七年一月二一日。

蠍專家」的騙子，到湖南寧鄉縣，通過廣告，要舉辦養蠍致富科技培訓班，聲稱參加培訓班是一本萬「金」。六十多位農民滿懷致富的熱望參加培訓班，沒幾天，便按「教學要求」購買價格昂貴的蠍苗回家「試養」。結果，蠍苗死的死，傷的傷，非但分文未賺，且還被這些「養蠍專家」騙去「技術」費、蠍苗費等約三、二萬元，個個叫苦不迭。這是假科技行騙給他們帶來禍害。①

假科技中有一種「節電器」。顧名思義，那是節省用電的。爲了證明其節電，售賣者把它往線路一接，果然電錶走慢了，燈泡仍然明亮。——其實售賣者在其電錶和線路上做了手腳：先將電錶加入一組電子原件，使之轉速加快，接入「節電器」後電錶恢復正常運轉，使人感覺走慢了。這裏關鍵在電錶不正常。若把這「節電器」安在正常電錶上是毫無作用的。

最令人驚訝的，有人懷疑，克隆綿羊，也可能是一場造假的騙局。前些時候英國克隆「多利」綿羊，引起全世界的矚目。有人說，這個由已死的羊的細胞克隆的哺乳動物，由於被取出細胞克隆「多利」的那隻羊已懷孕，因此可能是意外地利用了胎細胞。克隆「多利」的蘇格蘭科學家威爾默特說，這裏存在一個極小可能性，即是「該細胞來自胚胎而非來自成年羊」。②果如是，所謂克隆羊也是一種假。

既有假科學技術難免有假科學家。**假科學家也為了行騙**。

靠造假行騙成爲科學家的，絕非僅有，數學史上稱爲「卡爾丹諾公式」就是行騙而來的。義大利人尼古拉．塔爾達利亞，才智過人，勤奮好學，是個自學成材者。有一次，他閉門謝客苦苦琢磨了三天三夜，終找到了三次方程式的新解法，使他高興非常。有個叫卡爾丹諾的，知道這事後，來找塔爾達利

①《民主與法制》（畫報）一九九七年一月二二日。
②《南方日報》一九九八年二月一八日。

亞，稱自己有四項發明，只有三次方程式的解法是他唯一的不解之謎。因此痛不欲生。誠實善良的塔爾達利亞，接待了他，毫無保留地將自己的新解法告訴了他。幾天後，卡爾丹諾發表了一篇論文，闡述了三次方程式的新解法，並稱此乃他的最新發現。這新發現，即後來數學史上稱爲「卡爾丹諾公式」——這是數學界的騙子，騙取別人的研究成果。這事無疑把塔爾達利亞激怒了。他想討回公道，可騙子卡爾丹諾早有準備，收買了亡命之徒將塔爾達利亞加以殺害，永遠佔有騙來的成果。①

中國也可找到類似的例子。一九七六年湖南株州科技人員陳善勳接受一項任務，試製液壓磚機。經過日夜苦幹，他於一九七七年四月製成一台全自動液壓磚機及生產線製造、組裝。但在上報時，卻以陳是合同工，犯過錯誤爲由去掉他的名字以別人名字取代之，以假騙人。②

假科學家和假科技人員當然不只這兩個。不時出現的諾貝爾獎的作假者，也是假科學家。《海外文摘》一九九六年第一〇期有一篇譯自羅馬尼亞《成功的代價》月刊的文章：〈諾貝爾獎也要打假〉，講到諾貝爾獎並非每次都授給了當之無愧的人，有幾回甚至被弄虛作假者獲取了。文章列舉了安東尼奧·莫尼茨、約翰尼斯·菲比格、羅伯特·密立根、安東尼·赫威斯等加以說明。

安東尼奧·莫尼茨是葡萄牙的外科醫生，在精神病患者身上通過切除部分腦額葉白質，使之安寧。試驗公佈後被認爲是外科手術的一次革命，對治療精神病方面做出特殊的貢獻，一九四九年獲諾貝爾醫學獎。可後來的事實表明，與其說他有特殊的貢獻，毋寧說他是對人類的犯罪，因爲接受他手術後的病患者，多是永遠「安靜」了，有的成爲植物人，形同行屍走肉。

① 轉引《讀者文摘》一九九二年第一期「數學史上的冤案」。

② 《文摘周刊》一九八三年七月三日。

約翰尼斯·菲比格是丹麥病理學家，以對大白鼠結核感染試驗中發現一種叫「癌蟲」的病菌，稱說這種病菌注入健康大白鼠身上會立刻長癌。由於這個發現，菲比格於一九二六年獲諾貝爾醫學獎。三年後，他的作假事實被揭露出來，原來他注射入大白鼠身上的「癌蟲」並不是「健康的」，而是從腫瘤中取出的，就是說，那是造假的，有意騙人。

羅伯特·密立根是美國物理學家，在「滴油實驗」中第一次測出氫比一個電子重一八三六倍，發現了裸原子和自旋電子的重要光譜，因此於一九二三年獲諾貝爾物理獎。六十年後，有人查閱了他的手稿和箚記，發現他對科學不誠實，他的試驗和他本人一樣並不穩定，騙取了榮譽。

安東尼·赫威斯，無功受獎。一九六七年康橋大學研究生蘇珊·約斯林貝爾在對銀河系探測試驗時，發現一個射電源，經多次研究，確定這種信號在外太空屬恆星性質，並命名爲LGM—一，後來證明是一顆脈衝星。一九七四年，該發現被授予物理獎，而獲獎者竟是約斯林貝爾的導師安東尼·赫威斯，他竟以別人之功爲己功。

被稱爲最老實的科學家也造假，世界還有什麼不假呢？

二〇假名人、假證人、假公證和假法律文書

假名人乃假冒名人也。假冒名人或爲了組織某種鬥爭的需要，或出於對名人的仰慕，也有出於其他目的，不管何種其作法本身都帶有騙的成份。

秦末農民起義軍領袖陳勝，出身低微，擔心自己威信不夠，難以號召衆人，於是假冒戰國末年楚國名將項燕的名字，組織起抗秦起義軍。明末抗清英雄史可法，其勇敢事蹟引人仰慕，在他死後皖北義士馮宏圖、侯應龍等假冒其名字號召群衆進行抗清鬥爭，一時聲勢赫赫；還有其他地方抗清軍也假冒史可

法開展門手，弄得清軍眞假難辨。

因仰慕名人而假冒名人的，時有所聞。宋代陳讜，字正仲，福建仙遊人，博貫群書，書法尤精，任過殿中侍御史、兵部侍郎，封清源郡侯。據傳，陳讜年輕時因仰慕永嘉學派巨擘葉適而假冒葉適，而且在葉的好友，宋朝樞密院長官韓侂冑面前公開假冒；最令人不可思議的，在葉本人在場時也進行假冒。由於假冒者落落大方，彬彬有禮，人們雖然心中有數，可不敢輕蔑他。令人驚異的，陳讜在韓侂冑的提示下，竟當場把葉七八年前中進士時的應試文章全文背了出來，還說這時已對它做了些修改，說了修改的理由和修改內容，令在座人欽佩不已，連葉適也深感此人不可輕視。韓氏取出一些古書名畫讓他鑑別，他也說得頭頭是道；叫他當場作書，也毫不遲疑揮毫運筆。陳讜有此不凡才華，又假冒名人，令韓氏不解，問他爲什麼要這麼做，陳回答說，像葉適這樣有才幹的人何止一個，可惜您不知還有第二個第三個！因此，本人只好作假了。據說，陳讜後來果然得到韓侂冑的賞識，成了他家的座上客。

我國近代史上改良派首領、戊戌變法的發起人康有爲，不但是個政治家，且是個才子，名氣大極了，清王朝被推翻後，冒充康有爲的絕非僅有。據傳，民國初年，有個失意文人，得知當時無錫梅園主人想找個海內外有名聲的人爲園門題塊匾額，以炫耀自己時，便串通幾個同伴，冒充康有爲到園裏騙些銀兩花用。他們來到梅園後，扮「侍從」的夥伴有意向梅園主人說，今天大名鼎鼎的「南海聖人」到此遊園。園主一聽來了「康大人」，喜得眉飛色舞，連忙設宴款待。飯後還送了錢和禮品，最後請「康大人」題匾額，康大人也不推辭，提筆題了「香海」，落款「康有爲題」。園主人如獲至寶，特請精工巧匠做了塊烏漆堂，鎦金字的匾，懸於園門上，逢人便說，這是「康有爲筆跡」。過了些時候，眞的康有爲來到梅園遊玩，看到冒名的匾額感到好笑，聽了園主介紹才知道原來有人冒名作騙。

假名人，在近代還可以提到假魯迅。一九二八年春，魯迅在上海登了一則「啓事」，稱：杭州有人假冒他。他叫許欽文到杭州查一查這件事。

假冒魯迅的叫周鼎夏，世居杭州，平時愛作詩，但連平仄都弄不清，常常嘴裏不停哼著：「平平灰灰平平灰」，可見水平不高。

一天，許欽文與川島（章廷謙）一道在杭州某學校裏「拜訪」了這位冒牌的魯迅。只見假魯迅蓄長鬚，穿草鞋，瘦骨伶仃，自我介紹說：「我叫周樹人，魯迅便是我」，「我和一般人合不來，因此躲到鄉間教書」云。①

這位假魯迅，無疑是冒充名人行騙，只是他未必騙到什麼，他的「名人效應」大概只是過過癮而已。有的假名人則是通過別人用筆寫出來的。即乃是通過別人宣傳出來的。隴右文人郝金乾，操新聞業數十年，爲省報名記者，慕其名乞其文者甚多，或有的公司廠礦經理求其爲己立傳者，彼慨然允之，然每稿須收潤筆費三五千元不等。求者欣然解囊，彼則妙筆生華，無爲者有功，庸碌者卓然，虧者盈，敗者勝，貪者廉，逆者順。如此等等，皆一一見之報刊。求者得名，立者見利，皆大歡喜。②這裏清楚道出了，有些所謂名人是用錢買出來的，即由別人寫出來的，當然也是假名人。

假證人與假名人不同，那是作假證明騙人的。

社會政治、經濟和其他事情，特別是重大事件，目擊者的證言，可說是第一手資料。客觀公正的證言，不僅有助於弄清事實眞相，也有利於及時總結經驗教訓，以爲鑒戒。而假證人所提供的假證言，卻起著相反的作用。比如法庭上的假證即僞證，給案件的偵查和審理帶來人爲的阻力。作證人而又作假，

---

①《周末》一九八三年九月三日。

②《人民政協報》一九九一年七月一二日，〈見怪不怪的劄記〉。

事實如此，卻說如彼，主要出於利害方面的考慮。報載，唐山市北區公證處竟爲經濟犯罪分子吳振華簽訂一系列假合同作出法律公證；路北區法院一位副院長，爲了撈點外快，更進而以「法律顧問」身份，向吳振華的客戶信誓旦旦拍胸脯打保票，胡說「貨源沒問題」，致使吳振華由此一下就騙得客戶預付款三八四萬元。①

日常生活中的假證人，隨時可見。在推銷產品時，這種假證人大顯身手。因爲自賣自誇會令人生厭，假他人來誇顯得眞實，比如從病人口裏說出某種藥品的作用，顯得有說服力，於是推銷藥品時常有一些並未生過病的病人即假病人爲藥品功用作證；推銷別的商品時也常有一些並未用過該商品的假用戶爲該商品性能作證等等。這些，人們不妨把他們看成是近似於雙簧表演的導演廣告。

在法律面前當假證人的也不乏其例。

報載，一九九七年九月一六日，臥龍區法院蒲山鎮法庭審理一案件，村民張某訴稱，自己曾與徐某、陳某共有一台石子機，一九九三年徐某退夥，原告將石子機承包給陳某，承包期三年。一九九六年到期，原告要收回石子機，可被告說，這石子機是他一九九三年買下來的。不存在承包期問題。這裏爭執關鍵是，承包還是買斷。徐某做爲原合夥人，其證明至關重要。在法庭上，被告方拿出徐的證明：說原告已於一九九三年將石子機賣給了被告；而原告方也拿出徐某的證明：說原告是將石子機承包給被告的。這樣，原本簡單的案子變成複雜了。問題就在於徐某當了假證人出了假證明。他之所以這樣做，因爲對雙方都不想得罪。可他沒想到，這樣做的結果，自己成了假證人。《都市快報》二〇〇二年八月一一日載，浙江蒼南某村三兄弟與同村人鬥毆，對方骨折，莊某也受點傷。爲了打官司時能主動，莊某給

①《半月談》內部版，一九八九年第一一期。

醫師送去五○○元紅包，讓醫師對他的六釐米傷口割成十三釐米並僞造了病歷。這是醫師做僞證。甚至有的法律顧問爲騙子作僞證：《大河報》一九九九年一二月五日載，武漢鋼鐵公司法律顧問王某，爲了十萬元利益，竟與騙子串通作僞證，致使雇主反賠六五○萬元。也有專作假證人：報載，埃及有些人爲了賺錢，專做僞證，稱「職業僞證」者，每次報酬六—六○美元，可一旦僞證的謊言被拆穿，便有牢獄之災。雖有風險，但仍有人搶著幹。①

假證是一種作騙，也是一種犯罪行爲，即犯僞證罪，不過，這種僞證罪係屬於派生的罪行，是一種犯罪案件的副產品，有的在定罪時難以衡量，令人棘手。

假證明中有一種叫假公證。所謂公證是指涉外申請人的各種狀況證明，那多是人在外國而需要證明其在國內時的狀況而出具的。

一些辦理公證手續的人爲了拿到假證明，不惜花錢收買經辦人，而一些代辦公證的機構，爲了收取高額公證費，也不惜出具虛假證明，於是出現了假公證。假公證主要包括：申請人虛假的出生證明、虛假的婚姻證明、假學歷和無刑事犯罪紀錄的假證明等。

近年假公證屢被查出，結果外出人員受到通報、遣返。報刊披露，每年從馬來西亞、新加坡、日本等國被遣返的並非個別。

更有甚者還有假法律文書。《法制日報》二○○○年三月一六日載，株洲人喻海源，一九八二年畢業於教育學院，一心想發大財，曾因僞造存摺被判勞改二年。出來後仍不悔改，一九九九年一一月碰上下崗人員易獻文，共謀如何騙取錢財。喻化名「鄧顏培」，易化名「張清」，製作假身份證，私刻長沙市

---

①《法制文摘》一九九八年一月九日及一九九八年四月二四日。

中級法院印章，按「中國法律文書教程」樣式，寫了一份民事裁定書，自編案號、案由、案件事實以及被告人，稱：楊家巷綜合樓六〇四號房主「汪樺萍」欠「鄧顏培」貨款一二萬元人民幣，經長沙市中級人民法院調解，汪樺萍自願將楊家巷六〇四號房作價九·八萬元抵償給鄧顏培。喻、易並僞造一份長沙市中級人民法院民事裁定書。然後，易氏拿著假法律文書，找到湖南先鋒建設工程有限公司房屋資訊經紀公司，登記出售房屋。長沙二五歲的周姑娘得知有人出售房屋，欲加以購買。一二月二一日，周姑娘一家與喻、易簽訂了購房合同，九萬元成交，周先交一萬元，另將八萬存入銀行，存單由經紀公司袁經理保管，約定一二月二八日辦理交易手續。一二月二四日，喻、易僞造了周姑娘身份證，從袁經理手中騙走存款單，拿到銀行取走了八萬元存款後逃逸。……

還有一種以權勢者一錘定音，不容分辯，可謂以權作證，常常難免成假。人說假證如山，壓得許多人喘不過氣來。

二一　假共產黨員、假模範人物和假會議、假金獎

假共產黨員，歷史上有過，如今還有，那不是指實際表現不夠格，而是指沒有合法黨籍而冒充共產黨員者。

報載，一九九五年七月，廣東陽江市城西鎮華龍管理區黨支部書記馮河和副書記兼組織委員葉光谷，在沒有召開黨支部大會討論的情況下，僞造支部大會通過接收馮某爲預備黨員的決議。一九九六年六月二五日，馮、葉又故伎重演，在沒有經過召開支部大會討論情況下，寫了通過預備黨員轉正的決議，私自塡寫「支部黨員五五人，參加會議三五人，一致通過馮某轉爲正式黨員」的假紀錄。兩次欺騙上級黨組織。後來城西鎮黨委發現了這問題，給作假決議、寫假紀錄的馮、葉以黨紀處分，並取消了馮

某的黨員資格。①這是公開造假的典型，至於強迫黨員舉手的，不在此例。還有並非共產黨員而假冒共產黨員亦有所聞，那主要爲了行騙方便。

與假黨員一起的還有假共產黨書記，即在聯繫工作時假冒共產黨書記或借用共產黨書記名義以行騙。報載，太原公安部門曾破獲一詐騙團夥，涉案九人，沒有一人是中共黨員，可在他們行騙的「公司」中卻有黨的書記，當然是虛假的書記。爲什麼要這麼做呢？爲了有效地去行騙，因爲有了書記牌子，就意味著有黨的領導。這樣可方便與有關部門簽訂生意合同，預收訂金和「供應貨物」，好騙對方資金。②

何止黨員有假，模範人物、先進工作者，也都有假的。

老土在《困惑》中寫了這麼一件事：在區工會召開的五好家庭代表會上，某工廠四五歲的工程師與鄰廠三〇歲的女描圖員，一見傾心。二人在會上都不發一言。爲什麼呢？他們私下議論中回答了這問題。一個說：「我和老婆常鬧矛盾，只是他們不知道罷了。」另一個說：「聽他們發言，我覺得他們夫妻間未必幸福。」一個心裏嫌妻子是個黃臉婆，眼睛黯淡無神，整天一副精疲力竭的樣子；另一個表示自己同丈夫勉強生活在一起，同床異夢，早已沒有熱情了……。豈止說說！兩個都是有孩子的人，在五好家庭代表會上認識，會後一再私下偷情，可說是帶有諷刺性的。這類五好家庭能說不是假的？這類假貨恐怕並非個別。當然這裏是比較典型的例子。③

這類事在報紙上也可看到一些。七十年代末，被稱爲四川省「學鐵人標兵」、四川省「勞模」、「全

①《羊城晚報》一九九六年一二月一二日。
②《檢察日報》一九九七年一月一七日。
③《中外文學》雙月刊一九九〇年第四期。

國新長征突擊手」的楊聯榮，原爲重慶塑膠廠工人，曾誘姦過青年女工和十五歲的中學女生，只因他會裝會吹，會造假行騙，被「製造」成一個先進的典型。楊平時以「吞食困難」製造假象。一次他到某醫院弄到一張病歷卡，寫上所謂病情，並在一張化驗報告單上寫了「中期食道癌」字樣。回廠後，他故作神秘地對廠裏醫務人員說，不要告訴廠領導，以此引起組織的關注，給予特別照顧。因此後楊還堅持工作並大談自己如何跟癌病作鬥爭，被定爲「學鐵人標兵」，經廠內外宣傳後，不斷升級，最後評上「全國新長征突擊手」。後來他被迫接受檢查表明：食道癌的論斷結論不能成立，假典型終露出馬腳。①

《齊魯晚報》一九九九年四月二五日載，蔡育民的「廣東省十大傑出青年」、「全國十大傑出青年」和全國勞模的稱號也全是造假的，不免令人驚訝。

蔡育民，人稱「蔡十傑」，一九九一年起任惠州紡織工業集團總經理，因他本人參與製造了假材料，使他於一九九三年被評爲「廣東省十大傑出青年」、「全國十大傑出青年」，一九九五年被評爲全國勞模。其所造的假數字，不免令人結舌。一九九五年該集團資產總値不到二億元，卻誇大爲十二億元；產値八千萬元，誇大爲十二億元；銷售收入六千四百萬元，虛報爲十二億元；上交利稅不到八十萬元，虛報爲七千六百萬元；出口創匯只三百三十萬美元，虛報爲一．二億美元等等。至一九九八年蔡氏離職時，該企業帳面資金只有三萬元，負債總額達三．九億元。造假事被查出後，蔡被撤銷職務，降低兩級工資，留黨察看二年處分。

《南方周末》一九九九年八月二〇日載，貴州遵義二九歲農民劉德華，一九九八年被評爲全國十大傑出農民，也是假的。劉德華只是在承包的五〇畝荒山上種植經濟林，但在記者採訪時卻說二〇〇〇

① 《文摘周刊》一九八二年一月一〇日。

畝，已屬造假了，而上報材料時進一步說造林和興建果園四四〇〇畝，綠化荒山四〇多個，承包幼林管理三〇〇〇多畝，帶領農民造林五三〇〇畝，支援外地造林一五〇〇〇畝，此外，自己還出資數萬元爲村裏搞坡改梯等。吹牛皮，假得出奇。

眞可謂：好戲連台，奇文連篇。

經驗交流會也有假的，不久前廣西就出現過。《南方周末》載，廣西來賓縣七洞鄉二七歲的無業青年黃雲等三人，策劃舉辦「廣西鄉鎮企業管理經驗交流會」，發出通知八八份，預定會期七天，要求每個與會者交會務費一五〇〇元和彙報材料一份，會議地點設在柳州某大酒店。一批代表按期報到，一下子收到會務費一萬二千元，因案發，三個策劃者被逮，才避免更多人受騙上當。①

還有假研討會，《廈門晚報》一九九九年二月三日載，一個自稱「中國高等教育投資融資研討會」，一九九九年一月二六日在廣州華山賓館報到，來自北京、黑龍江、吉林、江蘇、福建等一〇多個省市的三三所高校主管財務的副校長及財務處長報到與會，每人繳交三五〇〇元會務費和返程機票款。第二天，與會者發現，接待他們的馬景德和二位小姐捲款溜之大吉。經瞭解，此乃一場精心設置的騙局，五四位大學副校長和財務處長受了騙。馬景德即安徽黃山的李學健，這次共騙得一八萬元，不久案破被逮。

其他爲了收取會務費、資料費即爲了撈錢財和騙取榮譽的會，均可稱爲騙會。此類騙會，有的隨便找來個把洋人（外國留學生或旅客等）到會講幾句話，便稱爲什麼國際會，那自是假的國際會。

就連評選名牌也造假，《文匯報》一九九七年八月二七日載，上海浦東有一「中國名牌戰略促進

①《法制文摘》一九九七年九月二五日。

會」，在向有關企業發出參加「名牌」評選的邀請書上寫道：參加認證的企業交納認證費〇．八萬元，參加認證並參加發佈會的企業交一．六萬元。僅幾星期，便有幾十萬資金進出。這是用錢買「名牌」，還叫什麼「評選」？

還有假金獎。《都市青年報》一九九九年一月一八日載，一九九八年四月初，全國各地不少發明專利人員和擁有專利權的法人，多收到一份「全國科技貿易促進委員會」的文件，稱其本人或本公司的一項專利項目獲「九八全國專利成果新產品博覽會」金獎，要求在二〇日內將會務費、展板費，評審費及聯合廣告費計一二六五元速匯至該博覽會財務科，便可將獎盃、獎牌、鋼印證書領回。不少爲專利產品提高知名度從而佔領市場的專利人，未加思考便通過郵局將以上所提費用如數匯去。先後收到各地匯款二三三筆，共計二九八一九六元。——誰知原來這是一場由一個三三歲的張華策劃的騙錢把戲。張氏與一個會計人員張生爲了發財，想出了假金獎的辦法，他們計劃騙到一筆錢後逃往遠方，沒想到很快曝光，作騙者受到法律制裁。

《金陵晚報》載，五四歲的湖北石首市人盧穎，初中文化，二〇〇〇年三月到北京化名吳波，私刻公章，以「中華人民共和國優秀人才評選委員會」名義，向國內二十幾個省市的名人、專家發出近萬封「中華人才金獎」賀信，要獲獎者每人匯去一〇〇元特掛郵寄費和二〇克純金獎牌工藝成本費一五〇〇元，國慶節發獎。信發出才半個月，各地匯去一六．六萬元。因騙案曝光，才結束這場騙局。

二二　假和尚、假尼姑、假道士

近年宗教活動受到保護，和尚、尼姑、教士受到重視，每有盲流人員冒充和尚、尼姑或教士。和過去存在過的假念經、不念經的假和尚、假尼姑不同：也和某些上山下鄉知青爲騙取城市戶口而當假和尙、假尼姑不同，他們專事行騙活動，騙吃、騙喝、騙取金錢財物。

八〇年末九〇年代初，廈門來過多批化緣的和尙、尼姑，手拿講義夾，內放「出家身份證」，蓋有「佛教協會」印章的介紹信以及捐款登記表。他們大多打著某觀音寺廟或「南嶽山佛教協會」的旗號，用化緣募捐以修廟宇塑金身的名義，向善男信女騙錢騙物。一九九一年一二月間，有三個尼姑打扮的外地婦女，因衣著不像正宗尼姑服，加上說話呑吐，特別引人懷疑，被民政部門送到收容遣送站。經查，她們乃安徽青陽農民，穿上尼服，戴上尼帽，假冒九華山尼姑前來化緣。爲了騙取施主慷慨解囊，她們一方面在「捐款登記表」上揑造一些人姓名和捐款數額，表示早已有人奉獻了，另一方面在施主捐贈的款項上塗改數據，使五元成了五〇元、一〇元成了一〇〇元，以對後捐者以無形的心理壓力，騙取更多錢財。①報還載，安徽三三歲的李軍，於一九九三年持假證件到廣東龍門縣平陵鎭龍岩寺，冒稱嵩山少林寺武術教員、九華山佛協會員，取名釋常藝，私刻公章，自製居士證，非法成立居士林，廣招信徒，受騙者達二〇〇〇人，被騙財物價值二〇〇多萬元，受騙姦、強姦的女信徒達十餘人，有的被騙姦後還生了男孩。

《深圳晚報》載，湖北三六歲的楊某於一九九八年一一月夥同梁某冒充和尙到深圳某中學校門口替人算命，一下子從女施主阮某身上騙走二萬六千多元。②

一九九六年在閩南常有三〇多歲婦女化裝尼姑，四人一組，打著南嶽山佛教協會旗號，到居民住區要求施主捐款。拿到錢後，有的又突然對當事人說：「你有妖氣纏身」，一星期內必有災難降臨。爲了

①《廈門日報》一九九一年一二月二七日。

②《廈門晚報》一九九九年九月一六日。

避難，除了吃素不殺生，還要到南嶽山燒香還願。還說，如果自己不能去，可由她們回去代燒，燒二〇〇天保個人平安，燒四〇〇天保全家平安，每天燒香錢二元；此外還要給「鬼錢」九九八十一元。報載，有一家來了幾個假尼姑，一進門就騙走八〇〇元，出門後又騙走八一元。後來他們知道自己受騙。但已被騙了。①

除了假和尚假尼姑，有些地方還有假道士、假教士，同樣從事行騙活動。假道士多冒充武當山的。他們蓄長髮、留髫子，身著道袍，頭戴道冠，分別在天下名山、塔林、黃龍洞亭、大石頭等處，設攤賣假藥，並採取「托」的辦法，一唱一和，道貌岸然地裝神弄鬼，坑騙遊客錢財。②他們給社會秩序等也帶來了不良的影響。

二三 保姆假、假保姆和假護士

假保姆行騙所造成的影響，亦受到各方面的注意。近年來，農村年輕婦女進城當保姆的越來越多。有的農村年輕婦女，進入城市時擔心途中、車船上遭受歹徒污辱，故意用衣服塡肚皮裝扮成孕婦，或臉塗黃臘裝成有病者。這是一種作假，無疑表現出農村婦女的聰明機智。不過，也有另外一種假。有的人進入城市前故意開了假證明，也有本身不是來自農村的，以假身份當假保姆，在騙取主人的信任後，趁機盜竊主人的金錢財物，而拐賣主人嬰兒的事亦絕非僅有。一九八八年重慶就發生過多起「保姆」抱走嬰兒的事。其中一起是重慶五金器材公司女工冉某的「保姆」，抱走冉的幼兒。冉爲了照料自己的嬰

①《廈門晚報》一九九六年一一月一五日。

②《每周文摘》一九九七年一月三日。

兒，從保姆市場上雇到一個假冒四川江安來的保姆，一到家便把眼睛盯在小嬰兒身上，後趁主人上班之機，把才幾個月的嬰兒偷抱走。公安機關接報案後即與四川江安聯繫，結果是「查無此人」。這事給主人帶來巨大的痛苦。①另據報載，一個年僅二一歲的廣西洪小英，先後化名洪家儀、洪緣等，以當保姆爲掩護，在三天內偷去廖家的四千元並身份證等後再轉李家，兩個月中偷走雇主價值二十三萬元的財物。②有的人騙當保姆是爲了摸清東家底細，而後好與丈夫密謀敲詐主人。更甚的，有的保姆化裝蒙面大盜洗劫主人家。《彭城晚報》一九九九年三月三一日載，上海天平路朱家有一老保姆，十四年來一直得到主人的信任，一九九八年六月一九日，該保姆化裝成蒙面大盜，將朱家的金項鍊、金戒指和存款洗劫一空。

假保姆的行騙，自不只以上這些。她們的行爲，不僅給雇用的家庭以巨大的驚動，而且對城市生活秩序也帶來一定的影響。

偷抱小孩的，除了假保姆，還有假護士。《法制文摘》二〇〇〇年七月七日轉載，吉林通榆縣人王秋榮，因患有嚴重的甲狀腺亢進，無法生育，一九九九年曾將已懷孕兩個多月的胎兒打掉。問題是，自己和丈夫都想有個孩子，怎麼辦呢？她想到去偷。二〇〇〇年五月，王氏買了一件白大衣，潛入縣第一醫院婦產科，假扮「護士」，伺機偷嬰兒。五月二四日，王「護士」得知本縣居民竇某之妻在該醫院生一男嬰，便來到產房，支開產婦身邊作陪的人員後，自己以「給醫生看看」爲由，抱走嬰兒。事情很快曝光，假護士被刑事拘留。

①《民主與法制》（畫報），一九八八年四月二一日。

②《每周文摘》一九九六年七月二六日。

二四 假洋鬼子和假港台同胞

如今什麼東西只要沾上「洋」味或「古」邊，便會身價百倍，有的明明是見不得人的，也搖身一變，在光天化日之下，大顯威風。

近幾年，報紙常登載，國內個別無業遊民，披上一張「洋皮」，當起假洋鬼子，看準一些青年女子想留洋出國的心態，以徵婚爲掩護，與一些女子玩起「愛情」、「婚姻」遊戲，令妙齡女郎傾慕癡迷，以身相許，且被騙去錢財，到頭悔恨不已。也有個別道地中國無賴，披上一張洋皮，當起洋鬼子或假港台同胞，以三寸不爛之舌活像飛來財神，向一些工廠貸款、投資，一些工廠的頭人，在求之不得的思想支配下，唯恐其不來，低三下四，如同乞求，一旦事發，才發現對方乃假貨，爲騙錢而來，他們後悔莫及，可晚了，且看事實。

朱佩勝，河南人，參過軍，復員後開過車，因車禍、貪污、挪用公款、曠工等被單位除名。此後先是「跑單幫」式掙些糊口飯錢，後憑著一張非法印製的新加坡車商企業有限公司的抬頭信箋和不知從那兒拾來的六．○九元錢的「鵬程」信用卡，玩起了「空手道」。從一九八九年一○月到一九九二年四月，朱氏夥同一個離休幹部高某合謀，前後與三十一個廠家簽訂二億多元的貸款合同，合同一份也沒有兌現，朱反而從中騙取現金三十多萬元。可謂「經濟效益」顯著。在朱的那些投資、貸款活動中，不乏有地方各級黨政領導參與，他們非但沒能洞察其騙局，相反的，對朱的行騙活動，起了推波助瀾的作用。①

①《民主與法制》(畫報)一九九三年三月一五日。

另據《陝西日報》二〇〇〇年七月三一日報導，四一歲的黃敏，中專文化，陝西乾縣農民，一九九八年到西安統計大廈租了住房，私刻圖章，僞造銀行資金證明，取得省對外貿易經濟合作廳一紙便函，拿到營業執照和常駐登記證，搖身一變，成了俄羅斯莫斯科歐亞進出口投資貿易（集團）公司駐中國（西安）辦事處首席代表和法定代表人。一九九九年開發西部號角吹起，黃認爲時機已到，施展行騙本領，幾個月內，在陝西「投資」二．五億人民幣，被一些地方官員和企業敬爲上賓，視爲「財神」，高接遠送，好不風光！多家企業上當受騙。二〇〇〇年初案發，警方一下子查到黃騙得的現金五四萬元人民幣。

由於在國內以洋人名義行騙較易得手，所以一些騙子多冒充洋人來行騙。或用買來的外國護照來騙中國人。但因洋人多是高鼻子藍眼睛與中國人不同，所以中國人不好假冒成洋人，由於日本人與中國人差不多，故有人假冒日本人。福建福清市不但有人謊稱自己老母親是日本隨軍的「慰安婦」，而且有人冒充「日本遺孤」。報載，有六位福清農民，前不久由「蛇頭」通過非法手段騙取東北某地身分證明和中國普通護照，再利用日本方面對戰後遺孤返日簽證的寬鬆政策，向日本政府騙取了身份證、護照和簽證。其目的是要偷渡去日本。①更多還是假冒華裔外籍人，而港澳同胞有半個洋人之稱，假冒也方便，因此冒充港澳同胞以行騙的每有所聞。

《南方日報》二〇〇〇年八月二八日載，鄭州火車站下屬某公司職員王宏，化名王聯宇，假冒香港富豪，自稱定居美國，其麾下香港某集團在美、英、加等五八個國家投資數十億美元，自己於二〇〇〇年三月初到重慶，要投資五〇億元興建一八個直升飛機場。以此騙取重慶六個區縣六家公司的信任，他

①《廈門晚報》一九九八年七月一二日。

未拿出一分錢，卻向一些企業收取機場建設保證金，浙江某公司一下子爲之劃來一一萬元。

一九九一年二七歲的南京女子劉犁，高中文化，因於一九八四——一九八五年分別認識了一日本人和一丹麥人，並與他們姘居，後冒稱外籍華人，自稱爺爺任香港一家公司董事長，自己在義大利「意諾」公司駐上海辦事處工作，專門負責「補償貿易」，主要做絲綢生意。她在上海等地以能幫助購買免稅商品、能幫助辦理出國手續等手段，騙取大量錢財。①類似的可提到所謂「香港巨富陳小姐」的行騙活動。陳小姐即是五十四歲的陳娜瑪麗，原名馬白娥，湖南湘潭人，小學文化程度，因重婚行騙多次坐過牢，在保外就醫期間，冒充香港金利來有限公司董事長陳義達之女，說是爲了表達對家鄉拳拳赤子之心，要在湖南投鉅資，興辦經濟、文化、科技和第三產業。在其「表哥」馬正雄的配合下，與四個地市十二個單位簽訂意向書、協議書十三份，總金額達九億元人民幣。實際上都是空頭支票，那些單位爲接待她卻花費了鉅額的接待費和各種開銷。②

據中央電視台一九八八年五月一五日焦點訪談報導：河北黃海生，假冒港商向南京工程機械廠租用一車間，生產不乾膠製品，屬於「三無」產品，向國內八家國營企業，騙取了一千多萬元後逃跑。

也有合夥分別假冒台商和大陸企業家，合作行騙。《廈門日報》二〇〇〇年一二月二四日載，安溪人蔡萬順、蔡建華、蔡金坤、陳永發、吳亞生等一夥，均中小學文化程度，年齡在二十幾歲到三十幾歲，從二〇〇〇年三月開始糾合在一起，以台商欲在大陸生產石涼席並由台商高價包銷出口爲誘餌，騙取客戶爲購買生產石涼席機器設備所支付的預付款。蔡萬順僞造台灣護照，假冒台商「楊明義」；蔡建

①《瞭望周刊》第五三期，一九九一年八月一九日。

②《知音》一九九三年第四期。

華化名「蔣寶國」、「周建民」，假冒漳平某機械廠廠長；蔡金坤化名「黃華西」，參與接待工作。另有陳培泉假冒台商「楊明義」在大陸的外甥，合作行騙。僅幾個月裏，騙取了山東某兄弟五萬元，山西許某五萬元，韓某五萬元，河北陳某四八萬元等等。因使用假身份證，於二〇〇〇年八月曝光。

假冒華僑在國內行騙也容易得手。一九九六年九月初，有個自稱澳大利亞華僑的段旭，經別人介紹結識了鞍山市第九建築集團的總經理李華民。段告訴李說，自己先祖及親戚都是澳政府官員，自己通過哥姐等攬下二〇〇〇年奧運會的部分裝修工程和勞務輸出。這項工程註冊資金爲一〇〇萬美元，想找個國內的合作夥伴，各投資五〇萬美元。國內的五〇萬美元，不用匯出國外，放在國內大銀行即可。李想這是個好機會，不用把錢匯出國外，即使工程項目是假的，也不會把錢騙走。因此，表示願意合作。九月二四日，李著公司會計李偉、建行支行助理佟學權，帶了四二〇萬人民幣匯票與段旭及自稱段妻的齊麗榮一起到北京。段稱澳方要求現金投入。這樣，李、佟只好回鞍山通過郵局將四一四萬元人民幣寄到北京。

拿到現金後，他們來到住宿的飯店，佟氏喝了齊麗榮的咖啡後睡了過去。接著齊讓二〇歲的李偉帶著四〇〇萬元轉到另一家飯店。當晚，李突感胃不舒，段旭拿出胃藥讓李服下，然後睡了。段、齊趁李熟睡之際，拿著四〇〇萬現金乘計程車跑了。①

在內地有過假澳門同胞。《中國青年報》一九九九年九月一七日載，一九九九年九月間，一七歲的貴陽人李某，初中畢業後去當臨時工，因沒文憑被辭退，爲改變自己在別人眼中的形象，李某在車站自編自演講著別人聽不懂的「外語」，表演逼真，被說成是澳門人——住澳門講外語的澳門同胞。連續表

---

①《生活時報》一九九六年一二月二〇日。

演三天，很快成了媒體關注的「明星」。最後在其父母認領下才眞相大白。

可笑的還有假出國者，也能騙取一姑娘的初戀。上海有個叫黃琪的女子，在淮海路三角地帶見到一個叫孫斌的男子，稱是本市某大學畢業的，已獲得美國大學的錄取通知書並由在國外的親戚作擔保，準備辦手續出國，出國前想找個女朋友。黃琪暗暗高興，心想是個好機會。孫讓她看幾份英文表格，說是赴美國的申請表和護照等。一個有所圖，一個想高攀，他們的「友誼」飛快升溫，不多久便如膠似漆，黃向他奉獻了自己的一切。只是後來遲遲不見孫有出國的動作，不免引起黃的疑心。她偷拿他的那些表格讓懂英文的人證實一下。這一證實，不由使她如五雷轟頂。原來那是早已過期的廢表格，上面名字也是別人的，護照則是向人借來的，所謂錄取通知單，是轉了幾手向別人那裏要來的複印件。姑娘這才發現自己受騙了。①原以爲找到了大海中的飛龍，卻那知不過是小溝裏的爬蟲。

二五　假原始部族、假外星人、假古代女屍和假假人

一九七二年，許多國家的報紙都報導了一則令人注目的消息：菲律賓棉蘭老島發現「最後石器時代的部族」(塔薩戴族)，只有二四人，是世界二千個民族中人數最少的一族，住山洞，吃樹根、青蛙，有人裸體，有人穿樹葉，不會農耕，沒有時間概念。一時，這原始部族成了人們關注的焦點。

後來人們才知道，這是一個騙局，製造這騙局的是前菲律賓負責少數民族的官員美國人小曼紐爾。頗得菲律賓總統馬可仕賞識的小曼紐爾，任職期間，利用棉蘭老島塔薩戴人老實憨厚的特點，誘騙他們搬到山洞裏，使用石器時代簡陋石斧和石製工具，讓男人赤身爬樹，讓女人在瀑布下裸浴，說那樣他們

①《上海法苑》一九九二年第六期。

會發大財。於是一個假部族被造出來，小曼紐爾因此大撈外快。馬可仕下台後，騙局終被揭露出來。①

另一個騙局，是謂活捉外星人。一九五〇年四月西德一家報紙刊登了一幅照片，兩個美國軍官押著一個「外星人」步出森林。外星人戴著頭盔，一副垂頭喪氣樣子，兩個美國軍官手中拿著「外星人」的氧氣瓶。報紙說，外星人只有一條腿，腿下端長著一個圓盤狀的腳，走路時是用短距離的跳躍來進行；其手有四隻別具「異星風味」的手指。「外星人」乘的飛碟在西德惠司巴敦近郊上空失事，他是倖存者。接著世界許多報紙雜誌競相刊登這則新聞和照片，報導的內容則越來越奇、荒誕。甚至說，艾森豪威爾接見了外星人並進行了密談。幾十年來，該照片在有關飛碟的雜誌、廣告中不斷被刊登，廣爲宣傳。我國有家科普雜誌直到八十年代初，還刊登與這事有關的文章。

五六十年代，這類活捉「外星人」，在美國平均一天有二〇〇起，單是活捉外星人的報導，一天就有一〇起以上，只是沒有照片而已。後來這事也引起一些人的懷疑。惠司巴敦城有位叫克拉烏斯．凡勃涅爾的仔細認眞地進行了大量的調查工作，終於一九八一年查明，當年刊登的照片是當時的報紙編輯維爾蓋爾姆．斯帕龍開爾和攝影記者加恩斯．賽夫萊爾僞造的。那「外星人」是賽夫萊爾的五歲女兒，兩個美國軍官是借來的。

幾十年來鬧得沸沸揚揚的所謂不明飛行物，原來也多是假的。五〇年前墜落羅斯韋爾鎭附近的所謂「飛碟」，其實不過是空軍施放的一隻高空氣球而已；所謂被軍方運走的「外星人」殘骸，不過是高空空投所使用的鋁質塑膠假人罷了。②不久前，美國中央情報局在環球網上公佈一份「中央情報局在飛碟研

---

①《大千世界》一九八九年一月一六日。

②《北京青年報》一九九七年七月四日。

究中的作用：一九四七—一九九〇」的報告中承認，本世紀五六十年代大量發現的不明飛行物中，有很多不是外星來客，而是美國軍方的U—二和SR—七一間諜飛機。這些間諜飛機均配備當時十分先進的照相機和用以捕捉無線電和雷達波束的高敏感電子儀。①不久前，俄羅斯研究人員亞歷山大．戈爾多夫在其〈本世紀最大的僞造〉一文中指出，三十年前美國向世人展示的所謂美國宇航員在月球上所拍的照片和電影紀錄片，也都是假的——是在攝影棚中僞造的。美宇航員接近了月球表面，但由於技術原因，未能踏上月球，因急於表功，僞造了登月球的照片和電影紀錄片。

此類造假，近年仍可見到一些。一九八六年，英國小報《周日體育》問世，爲嘩衆取寵，常發了騙人的新聞，如：什麼人死去多年又復活啦，什麼月球上發現英軍第二次世界大戰的轟炸機啦，什麼某小女孩懷上外星球人的寶寶啦等等，可謂騙人離奇。

在我國，此類例子亦可找到一些。一九八九年，遼寧法庫縣公安局取締了一個叫「外星人治病診所」，就屬於這類例子。該診所由一個三四歲的女農民開辦的。該女農民稱自己能與外星人交談，得到外星人指點，能替外星人引路、傳導，云。這女農民在辦診所時自行印刷兩份資料，一是「外星人救診規則」，一是「外星人治病登記表」。那自是用以騙病人的。②

也有直接假冒外星人。《廈門晚報》一九九九年一〇月二五日載，二三歲的內蒙古農民修占軍，於一九九六年底來到瀋陽，稱自己是外星人，已七〇〇多歲，因地球末日即將來臨，欲找「八仙女」（八個有緣的年輕女子）通過練氣功來拯救人間。結果先後有學習數理化、文史和農醫的女大學生，因想練

①《法制文摘》一九九七年八月二一日。

②《騙術大觀》第一八二—一八三頁。

氣功而被姦污且被騙去數萬元錢。

除了以外星人來行騙，還有以假的古代死屍和假木乃伊來騙人。幾十年前，長沙馬王堆漢墓的發現驚動國內外，那時國內連創收的字眼都還未出現，更不用說創收的事了。後來情況變了，全國到處掀起創收熱潮，只是漢墓不是隨時可發現的，爲了配合創收，人們想到了造假。一九九四年一一月，經過準備之後，陝西勉縣武侯祠展出一具所謂唐代懸棺女屍，那是用橡皮套僞造的屍體。那假造的唐女屍，因做工精細不易辨別出眞假。①展出達半年之久，騙了多少人，騙取多少錢，未見到這方面的數字。假木乃伊出現於外國。《法制文摘》二〇〇一年七月一三日引《蘭州晚報》文章，說巴基斯坦國家博物館內有木乃伊，女性，頭戴金冠，胸部有一塊金牌，上寫有古波斯文字，標示她是赫斯女兒，生活於西元前五世紀，距今二五〇〇年左右，但經科學家用放射性同位數C一四鑑定，死者頭飾和一些殉葬品的年代，最早不過一九五六——一九五八年的，木乃伊可能是現代人，被暗殺後又精心僞造成的。

有意思的還有假假人。

一般講，爲了騙人多以假人當眞人，例外的則有以眞人充當假人，稱假假人。據載，五一歲的美國男子里德，能在一個地方一站就是幾個小時，全身一動不動，眼睛一眨不眨，如同假人。憑此本領，他屢被邀到世界各地充當假人表演，收入甚豐。②

二六 假官員和假權力

①《法制文摘》一九九五年五月一八日。

②《今晚報》二〇〇〇年六月一五日。

社會上造假行騙的氾濫，並非偶然的，它跟假權力，首先是跟假冒僞劣官員的存在有直接的關係。

誰都知道，中國傳統的封建社會，權力象徵，表現出來的是在禮儀上，即：掌握權力的統治者外出時的鑾駕——車輛、轎子和保衛人員、儀禮人員所組成的儀仗隊；而行使權力時則有印把子和執行權力的人員即官吏。所謂假權力，就是在這些方面造假，要假得像，就得在這些方面全部表現出來。其中最重要的當然是人即在官吏的假冒上。這不僅在古代，即使今天仍是如此。

不靠眞本領也不通過民衆選舉上台的，而用金錢買到或通過各種關係走後門得到官職的，可稱爲僞劣官員；自封官階、冒充官員而進行行騙的，是謂假官員。近來報刊報導的各地破獲的假書記、假副市長、假副專員、假主任、假組織部長、假檢察長和假法院副院長等，就是這類假官員。也有的人得到官銜的手續看來好像很完整，可仍改變不了假官面目。《燕趙晚報》一九九九年一〇月二八日載，江西一姓傅的，初中畢業，打過工、經過商，因給某市委書記諸多好處，關係密切，被任命爲副處級幹部。人稱之爲四假幹部：假學歷、假幹部、假正科級、假黨員。不久事情敗露，受到處理。假官員不但自己造假，而且庇護，勾結社會上各種人員的造假活動，他們中不乏紅極一時的，不過多半是上午做報告，下午戴鐐銬。

這種局面的出現，自跟組織部門有關，那裏當權者任人唯親，用人看財，權錢交易，大行官帽出售甚至批發，大大方便買官者，結果出現了許多假官員。

有人之所以要作假官員，就因爲官員是一種無形資產，是公章、介紹信和通行證。

官員雖是假的，可在發揮著權力作用。那就是權力剝削，即以權力爲資本（權力資本），無償佔有或揮霍民衆的勞力和民衆所創造的物質財富和精神財富。《四川經濟日報》一九九九年一二月二四日載，四川有個叫李剛的，畢業於某名牌大學，曾下海辦過皮包公司，販賣過假煙，後鋌而走險，私刻公章，僞造上級批文，冒充市政府招商辦領導到所屬單位行騙，案發被逮，坐牢後已是一九九六年了。爲了發財，李氏化名王小平，冒充中國人民銀行總行派駐西南地區辦事處主任，負責秘密調查工作，自稱直接對中央行長和某副總理負責。有的地方銀行行長只聽說是中央派來的「秘密欽差」，便陪同檢查工作，有的地方銀行行長還借了幾十萬款供他「急用」。李氏見行騙成功，更加肆無忌憚。後因他到物業公司總裁那裏用命令的口氣要報銷十多萬元的各類發票，引起懷疑，事情被反映到市領導那裏，經與中央有關部門核實，李的假官面目才曝了光。而前述的假副市長、假副專員、假主任、假組織部長、假檢察長和假法院副院長，每每引人注目。愛奉承諂媚者爭著用各種名目「孝敬」他們，還是小事一樁；他們招搖過市，給共產黨領導的政權抹黑，其影響就更難計量了。

最不可思議的，連反腐辦也有假。報載，小學文化程度的五四歲的無業人員孫孝仁，羅網同夥於一九九九年元月在安陽市相州賓館二七二房成立「反腐辦」，以懲辦腐敗官員爲口號，消息不脛而走，安陽市附近縣市的農民來告狀的絡繹不絕，不到兩個月時間，孫孝仁一夥就收到農民交來的上訪材料一九一頁，騙取被他們「立案」審查物件「奉送」的現金五萬多元。農民們衝「反腐辦」這塊牌子而來，希望「反腐辦」能幫助他們解決問題，萬萬沒有想到受騙了。①

這當中，頗有諷刺意味的，有些假官，如內蒙古集寧市有過假的副書記，江西、廣西有過假的副市長，都是以非法手段得到官銜的，可他們任職期間卻有些政聲，至少沒幹過什麼貪得的壞事，民意還佳，對比那些幹壞事的「眞官」，不免令人有些好感。

這裏人們看到一種假權力，而假權力還表現在假公章上。

---

①《河南農民報》二〇〇〇年三月一〇日。

公章向被看成是一種權威，權力的象徵，公認的憑證，財富的代表，意志的體現，舉凡身份證、證明信、介紹信、任命文件等，都少不了公章。公章是神聖的。可如今，不少公章也蒙上厚厚的灰塵，假公章每有所聞。報載，某地在一次查抄中，僅假公章就沒收了兩麻袋。在成都一個非法印章市場上，五〇元可買到國務院大印，各部、委、辦的公章也應有盡有，工商稅務、外貿單位的印章任你挑選。只要你肯花錢，什麼公章都能刻出來。①

由於假公章投入使用，各地出現了假身份證、假工作證、假結婚證、假證明信、假出國護照、假介紹信和各種假文件等，福州一帶還出現過假逮捕證、假傳喚證和假罰款證等。有的假證件還通過市場出售。廈門塘邊有假證件一條街，專門出售假工作證、假身份證和假畢業證書等。在這一條街上，平時有假證攤點十五、六個，多時達三十家。買到假證者，便可為所欲為地行騙。

寧夏青銅峽市教育局幹部徐堂峰，在勞動局、人事局一些人配合下，私刻假公章，模仿領導簽字，在不到半年裏為一二〇多人辦理了調動手續，把一批待業人員甚至在校學生調入工作較穩定、收入較高的教育系統。

假官員加上假公章，如果配合假警察、假公安和假部隊，那可稱為完整的假政權了。

與假官員一起還有假「伯樂」。

人說世有伯樂而後有千里馬。這話多用於推薦能幹的官員講的，而假千里馬即假官員，則多跟假伯樂有關。有的官員未必全假，可因招搖官場，禍害社會，民衆切齒。這類官員，有的就是由於手握權柄的「伯樂」保舉，提攜和委任的。山西絳縣幾任縣法院院長大力選拔一個「三盲」（文盲、法盲加流氓）

①《民主與法制》一九九六年第一九期。

副院長，姓姚的，魚肉民衆，成了害群之馬。這裏選拔他的「伯樂」，能說不是假的嗎？成克傑原是廣西的貪官，被推薦當國家領導人——全國人大副委員長，這當中自也是假伯樂在起作用。

二七假公安和假部隊

影響更爲惡劣的，可提假警察、假公安和假部隊、假士兵。

據報導，一九九〇年一〇月，山東濟寧市公安局組織人員對社會上一一一六名著警服者進行一次檢查，發現其中有七五名係假的。有說，西安市一年中破獲非法穿警服者達二九五人之多，《人民公安報》曾報導說，在大連每三個穿警服的人中，就有一個假警察。有數據表明，一九九八年全國公安各級督察機構抓獲假警察三八五名，不免令人驚訝。爲什麼要冒充警察呢？回答是「好辦事」，人身安全有保證，還可以檢查車輛搞罰款，有利可得。①他們非法私刻公章，拿著「介紹信」、「工作證」，穿著警服，拿著警棍、手銬、電擊手槍、催淚彈、強光手電，騎著警用摩托車，到處「巡邏」、「糾察」，抓賭博、辦理各種「案件」，用打罵、恐嚇、罰款等名目進行敲詐勒索，順手牽羊地盜竊國家和民衆的財物。這類假警察實是騙搶結合。匪，民避之，怕被搶；警呢？可衛民，何用防？兩者結合，可以騙帶搶，民就難防了。警衣光輝，匪行可怖，但若兩者結合，便可求一富。只是民衆遭殃無處申訴。報載，一九九六年紹興有個三十幾歲的錢越虎，曾在當地當過廠長，工廠倒閉後自封爲「特警隊長」，以替人代辦駕駛執照、三輪車執照、保釋嫌疑犯等名目，到處行騙，接二連三得手。②其惡劣影響不說自明。

① 《團結報》一九九三年八月二一日，《交際與口才》一九九六年第一一期等處。
② 《民主與法制》（畫報）一九九六年八月一四日。

湖南湘潭縣玻璃廠保衛科科長陳邦根，為了金錢，鋌而走險，糾集幾個同夥，身著公安制服，冒充公安人員，以抓賭博為幌子，於一九九五年間先後竄到十幾個鄉鎮，用手銬、電棒相威脅，搶劫作案二二次。①上海奉賢有個姓葉的假冒警察，二〇〇二年二月在一公園內見一對假夫妻偷情，要他們罰款四萬元，被罰者自認倒楣。四川西充縣二八歲的農民楊芝偉，一九九七年二月開始，夥同本縣某公司保衛人員何海軒等人，偽造假警官證、執勤證，偷來傳喚證、審訊筆錄，購買大量手銬、指銬、電警棍、電擊手槍和警服警帽等，打著「公安局」牌子，以「公安局刑警大隊」、「治安大隊」的名義，明目張膽地到處進行「辦案」，被稱為「地下公安局」。他們以私了等手法行騙敲詐，收取金錢財物，受騙上當者百餘人，其中有工人、農民、知識份子、黨政機關幹部等，甚至連精通法律的律師也遭受敲詐。②

《深圳法制報》一九九九年一一月一八日載，有個姓楊的，做賣廢品生意，看到一事主有很多錢存放家中，遂起歹心，與三個同夥於一九九九年一〇月二六日深夜穿著警服，假冒警察，到事主家以查戶口、搜毒品為名，搶走事主的現金、首飾和手機等，並將一家人捆綁起來，用膠紙封住嘴巴，而後逃走。《星期天》一九九九年六月六日載，有李寶柱等三人，在豐滿的望雲山、龍潭山一帶假冒警察，專找野鴛鴦罰款，每遇到他們，即以「我們是警察」相威脅，罰款少則幾百元，多則五千元。從一九九七年到一九九九年五月，敲詐數十起，共得七萬多元。

《羊城晚報》一九九七年一月二八日載，廣東陽江市二名中學生於一月一八日下午到南大商場購物，突然有兩名自稱是公安人員，說兩學生偷了東西，要帶去審查。他們在路上搶走兩學生的現金三四

①《湖南法制周報》一九九七年一月一〇日。

②《湖南法制周報》一九九七年一月一〇日。原載《風流一代》，引《法制文摘》一九九八年三月二七日。

等。

〇元。《羊城晚報》一九九八年四月二四日載，河南大康縣的王紅星等三人假冒武警，於一九九七年九月一二日在廣州人民南路一大酒店將眞武警——一名退役警官肖某殺死並搶走其身上現金和手提電話

《廈門晚報》一九九七年一〇月二九日載，武夷山市有二九歲的陳某，於一九九三年假冒公安人員，在南平市強姦一女青年後逃到廈門，又於一九九七年三月再冒充公安人員，以罰款名義向思明北路某理髮店騙取了數千元。

《人民日報》一九九八年三月二五日載：青海西寧市劉生智、郭起強、王延忠等二五個青年人，最大的二三歲，最小的一七歲，冒充公安人員和防暴隊員，從一九九六到一九九七年的一年多裏，攜腰刀、警棍等，趁夜深或黎明時，攔截過路車上的乘客，將他們劫持到僻靜處搶去財物，強姦婦女。他們先後從四〇名受害者身上搶得價值四萬餘元，強姦和輪姦了二三名婦女。

《華東信息日報》一九九九年四月九日載，三二歲的蔣仁傑，曾因冒充警察被判刑過，一九九八年化名蔣明遠，夥同張萬傑等人組織所謂「台州市公安局舉報中心」，租用某學校的一間房子進行「辦公」，以中心名義詐騙錢財，姦淫婦女，許多不明眞相的人常受騙上當。

《法制文萃報》二〇〇二年三月一四日載，西安二三歲的石磊，於二〇〇一年五月偷來一輛奧拓車，改裝成假警車，又偷來一本警官證，然後用這假警車和假警官證到酒店抓「三陪」，進行敲詐，每每順利得手。

假士兵、假軍官、假部隊，同樣爲了行騙。報載，一九九三年初，錦西煉油化工總廠來了四百多名複退軍人等待安置，可一查，其中二九二人根本就沒有當過兵，而檔案材料齊全，不但有各種登記表，還有入黨志願書，軍銜證明和立功受奬證書等等。怎麼回事？原來有人專搞假兵生意：辦一個男兵一萬

元，女兵一萬五千元，黨籍、軍籍、軍功章另外加錢。①有了軍籍，就可以要求安排工作。不但有假士兵，還有假軍官。《法制周報》一九九七年七月八日載，鄭州三八歲的朱江新，原在供銷社工作，因流氓械鬥，被勞改一年半。一九九四年，朱僞造「總參謀部裝備二部上校軍官」的介紹信，冒充「上校主任」，在成都等地行騙，詐騙現金二四萬元，還騙得一女子爲妻。另據報載，有個叫韓樹林的，原是部隊連級幹部，因犯法被開除，坐過牢，出來後結夥假冒部隊人員，僞造三九五一八部隊代號，穿上大校、上校、中校軍服，私刻公章，私設銀行，販賣假香煙，牟取暴利。②一九九六年浙江二八歲的農民呂彭祖，穿上軍服，冒充徵兵軍官少尉，手持假的徵兵文書表格，以徵兵名義騙取錢財。③也是一九九六年，以周小軍爲首的假冒軍人團夥，用搶來的軍人帽子，肩章等，戴在自己身上冒充軍人，在廣州火車站附近以檢查過往軍人證件和糾正軍容等爲由，用索取和強行搜身手段洗劫當事人的現金和貴重物品。④廣西郭德材，殺人搶劫後潛逃在外，用盜來的軍服打扮自己，想躲到軍營裏避風，只因在廣東台山遇上部隊一政委，才現出眞面目。⑤

《法制文萃報》二〇〇二年八月一九日載，曾被部隊農場聘用過的農民李錦良，於二〇〇一年一〇月冒充蘭州軍區聯勤部駐唐山辦事處大校，與南京一回收公司聯繫，說手中有一批廢坦克、大炮和汽車，要當廢鋼鐵出售。回收公司派人到唐山面洽，李帶他們到某部隊倉庫看貨，之後又讓另一農民李連

---

①《青年時報》一九九三年六月一六日。
②《文化生活報》一九九三年四月一三日。
③《中國青年報》一九九六年一一月一八日。
④《南方日報》一九九六年一一月三日。
⑤《南方日報》一九九六年一一月五日。

君冒充部隊物資處局長，與之簽訂了一份供應六千噸廢鋼鐵合同。回收公司預付二六〇萬元貨款。一周後得知李大校失蹤了，駐唐山辦事處乃子虛烏有。

也有假女軍官，《廈門晚報》載，有個叫馬莉的化名「常珍」，冒充新疆軍分區通訊少校，於一九九九年七月到北京自稱是爲中央某領導做接線工作，住北京某旅館，女經理曹某對她深信不疑，認做乾女兒。乾女兒以各種名義向乾媽「借」了數萬元。最後由宣武公安分局揭穿了「女少校」的騙局。

不但有假軍人，還有假的軍隊企業單位。一九九五年，瀋陽出現一個師級企業單位：「中國人民解放軍總參謀部物資部企業管理局」，門口有軍人站崗，辦公樓掛有「局長室」、「指揮長室」、「工程處」、「物資處」……等牌子，裏面人員都著軍裝，執行的使命特殊，行蹤保密。那是由一個叫霍雲龍的假大校搞起來的。霍雲龍，五一歲，鐵嶺市人，在鐵嶺化工廠當過保衛科長，因造假行騙，被判過刑，坐過牢。一九九五年初，一個偶然機會，霍氏看到一篇關於冒充軍人行騙被破獲的通訊，從中受到了啓發，自己也學著幹起來。這年四月，他先買了一套軍裝，並以非法手段搞到大校肩章，刻了假印章，租了辦公地點，辦起了假軍事企業單位。他買來了一批軍裝、肩章，印了一批軍官登記表和軍官證，並進行「徵兵」工作。「徵兵」的辦法通過親朋好友介紹、推薦，應徵者不用體檢，男女不限，年齡也不限。入伍者不僅馬上發軍裝，而且馬上委任官銜。各種官銜明碼實價：局長二萬五千元，處長一萬二千元，幹事三千元。個別公司經理和應屆大學畢業生，皆分別交了錢，封了官。一位五十多歲的老工人，也被加以錄取，他激動地說：眞想不到，我這把年紀了，還能參加解放軍，且還當了文職幹部。假軍事單位成立後。從事各種坑矇騙拐活動，直到一九九七年才曝了光。①

① 《法制文萃報》一九九八年三月二三日。

與假部隊一起的還有假軍醫、假軍車。

近年來，假軍官假軍醫每有所聞，而成都火車站附近「乙肝專科門診」負責人「原西南軍醫中將主治醫師」肖家友尤引人注目。報載，肖家友不久前到區衛生局要求辦理各種正式手續，當有人問他「什麼是乙肝」，「怎樣鑑定病人是否患了乙肝」等屬於常識性問題時，這位自稱「乙肝剋星」、「中將主治醫師」竟支支吾吾答不出來。這自是暴露出假的面目。這位六八歲的肖家友，係四川永川人，一九四九年參軍，一九五四年復員後一直在家鄉民辦中學任教，一九七九年到成都混世界求發財，先是賣跌打藥，後開了「乙肝專科門診」。一次偶然機會，他花些錢從一個拾破爛者手中買來一張從垃圾堆撿到作廢的軍官證，用退字靈塗去原證件內容，塡上自己的姓名和「軍區醫院副院長」、「中將」等字樣，用來冒稱自己係「中將」身份，同時假造了「軍政大學校史研究會」的證明。此外，他還借來了警服，掛上一級警督頭銜。在警服、大白掛、中將頭銜的裝扮下，肖氏大顯其威風，許多求醫者大上其當，滾滾財物落入了他的腰包。造假者嚐到甜頭後越做越歡。①

假軍醫借行醫騙錢，假軍車用車牌走私、販私和詐騙活動。據不完全統計，自一九九四年以來，全軍突擊路檢八〇〇〇多次，對二〇萬輛掛著軍車牌照的車輛進行檢查，查獲假冒軍車車牌五〇〇〇多副，收繳假冒軍事運行憑證五〇〇〇多本，追繳生產僞造軍車車牌的模具二〇多套，假印章六〇多枚。

假軍車以運「軍事物資」名義運送私貨，搶道逆向行駛、強行超車、闖紅燈、亂停亂放甚至肇事後逃跑，給社會秩序以巨大威脅，影響惡劣。②

①《法制文萃報》一九九七年一月九日。
②《民主與法制》一九九六年第二三期。

與假軍車一起的還有假警車。報載，一九九八年二月間，福建浦城公路二〇五國道上，查獲了一起冒充警車案，那是盜用外地警車牌證，販運假煙一〇七箱（價值一二萬元）的假警車，一時驚動閩北。

值得一提的，有的假軍車假警車的司機，利用電動按鈕快速自動換裝軍車、警車和民用車的兩副牌照裝置，既方便行騙，又不容易被查獲被懲處，因此，此類假冒軍、警車的事每有發生。

二八 假貪官、假罪犯和假炭疽熱

世上怪事多，貪官也有假的。平時不管誰聽到貪官字眼，難免不舒服，爲什麼還會有人當假貪官？那自不是沒有原因的。其一，有的官員本是清廉的，因被人栽贓陷害，成了「貪官」，自是屬於假的。其二，有的官員因錯案受審，受不了辦案人員的逼供信，亂招供，成了「貪官」，自也是假貪官；也有的人雖不是出於逼供信，可自己有意編造口供，把別人過錯攬到自己名下，一時也成了假貪官。

《法制文萃報》二〇〇二年一月七日載，重慶萬縣某區科委黨組書記劉建宏被派到李河鎭任鎭長期間，因兩筆路橋款的事，受到了懷疑，一時說不清，劉萬般無奈，亂編了「口供」，沒過關，後又交代了「犯罪事實」，結果被逮捕。一時人們都說他是貪官。兩年後問題查清，屬於錯案，人們改稱之爲「假貪官」。

《廈門晚報》二〇〇一年一二月二七日載，廣東退伍軍人盧某，曾欲購買某廠廢鋼鐵不成，懷疑乃該廠經理姚某作怪，想給他一個難堪。二〇〇一年一一月間，盧冒稱區委紀委官員，先後三次給姚打電話，說有人揭他貪污受賄，欲把他說成貪官。但姚自感問心無愧，主動與紀委取得聯繫，設計將盧逮住，假貪官案不攻自破。

假犯人早已有過。有人爲了賺錢過日子，自願替別人坐牢，自己成了犯人，自是假「犯人」。也有犯人作假，是謂「犯人假」。《生產時報》二〇〇一年一二月一四日載，河南有個叫陳躍龍的，因殺人逃到山東鄆城「隱居」起來。由於沒有暫住證，陳氏引起公安部門的懷疑，在接受盤問過程中，陳怕躲不過，但又不願坦白犯罪事實，因爲他知道殺人是要抵命的。權衡之後，他冒稱自己係偷油犯叫馬保軍（陳的同鄉）。在陳躍龍看來，冒名偷油最多關幾年，而且關進牢裏，家鄉公安人員便無處找我，我可不用擔驚受怕，何樂而不爲？這樣，陳躍龍便以馬保軍名義「潛入」監獄中。半年後因有人揭發，陳又被「挖」了出來。

假炭疽熱。二〇〇一年九一一恐怖事件後，傳說恐怖分子要用炭疽熱等生化毒品進行攻擊，一時人們驚恐萬狀。有人利用世人恐懼心理，故意投寄假炭疽熱，搞惡作劇，騙嚇別人。他們使用洗衣粉、肥皂粉、粉筆粉、麵粉等裝入信封內，令收信者及周圍的人膽寒。二〇〇一年一〇月前後，美國、日本等均有這類事出現。我國也有過幾起：一是在廣州有人用牆灰來冒充，二是在上海有人用玉米粉嚇人，三是山東濟南有一姓胡的用食鹽裝入信封內寄給國家領導人。……美國有二十多人因此被捕，我國胡某亦受到公訴。以上是謂假炭疽熱案。

二九　打假之假

爲了消滅或減少社會上假冒僞劣商品和其他的造假行爲，國內曾組織多次的打假活動。打假自不能說毫無效果。人們看到，通過打假活動，「菌必治」、「淋必治」、「皮膚病排毒丸」等假藥品，在全國範圍內被封殺了。而更重要的，打假活動把消費者一向沉睡的權利意識喚醒了，再不全是過去那樣忍氣吞聲了，加上每次打假活動，報紙、電台、電視台均有報導：銷毀多少假酒、假煙和黃色書刊等，並順藤摸瓜，端掉了多少造假窩點，頗令人解氣。但問題是，愈打假，假愈多。有一資料表明：青島市一九九一年首次專項打假統計，查獲製售假案共一一四起，總金額二六九萬元；一九九四年查獲五一六起，總金額七八四萬元；一九九六年查獲五三〇起，總金額一二一六萬元。①其他地方也有類似情況。重拳打假假愈多，抽刀斷水水更流。

這自不是沒有原因的。原因就在於打假中的假打。《附掌錄》曾寫到，古代某縣太爺因受賄，對犯法的衙役來個假打，即把板子打在椅子腿上。打者完成了任務，被打者不痛不癢。這樣自不產生任何影響。如今打假中的假打大體也如此。而更重要的，有的造假是單位或部門領導授意的，執行者明知不對，還得那麼幹，否則會遭受打擊甚至下崗，權衡之下，只好昧著良心不停地造假，不停地騙人。

平時積極參加並堅持打假的，自不乏人，除了人們都熟悉的王海，還有學王海的打假積極分子。只是，他們打假未必全會打準。天津有個學王海的積極分子叫王政，不會打網球，不懂網球拍，可要揭發出售假網球拍行爲。他認定，華聯商廈出售的大鬼牌網球拍，是假冒台灣生產的。爲了揭露其假，他花了九千元買了十五個球拍，第二天又來到商廈以該商品乃假冒品爲由要求賠償。可沒想到，那是眞的台灣產品。這下可苦了王政了。他被說成是假王海，假貨沒抓到，自己反成了假。②鄉巴佬想吃嫩豆腐，撈不到嘴裏。有的打假者的本身與那些假冒僞劣商品的製造者以及其他有關造假者都有著密切的關係和聯繫，這些人自不會動眞格，最多只能是做做樣子，或者打明不打暗，打舊不打新，就是說，打假是做給別人看的，有些造假者有來頭，一旦造假事被發現，便有人幫其說情，大事化小，小事化了，從輕處理，甚或不做處理。也有的在打假中搞「公罰」私賄：每當造假案發，造假者提早把罰款部分轉送打假

①《每周文摘》一九九七年五月二三日。

②《交際與口才》一九九六年第一一期。

人員，事情就很快得到「私了」，過後繼續造假，以彌補行賄的花費。還有由假警察假公安參與打假的，他們穿上警服，拿著警具，當起假警察，在假公安機構裏開展打假活動，那可叫以「皮」謀私。由這些人來打假，其結果可想而知。有人稱這種局面爲「李鬼衆而李逵寡」，打假人員有限，顧此失彼。

爲配合打假工作，一九九三年曾推行一種「質量萬里行」活動，組織各方面力量，運用社會輿論，讓假冒僞劣曝光，並加以掃除。同時，推銷一批群衆信得過的商品，叫做「打假保優」或「打假樹眞」。可就在這活動中，不論是在物質或精神產品方面，也都有冒充品，可謂莫大諷刺。近幾年事實表明，愈是打假，假的愈是更上一台階；打假愈急，造假愈多。不幸被查獲的僅是少數，大多數是我造我的假，你莫奈我何。最不可思議的，有的打假者反被打。《中國廣播報》曾報導，河南焦作市曾發生過法官塗改庭審筆錄，偏袒造假者，結果，打假者要賠償造假者的錢。這自是打假者反被打。

令人不可思議的，連「消協」也有假的。《齊魯晚報》二〇〇〇年七月二四日載，江西有一「中國消費者保護基金會——江西工作站」，同時掛牌「國家質量技術監督局產品質量申訴處理中心」，像是「消協」。不久前，就是這個「消協」，將一家商店內價值數千元的商品帶走，並將當事人的呼機、手機強行取下。經查，這是一個自行打造出來的假「消協」，公然以打假名義來搶劫。

也有騙子打假從中撈一把。柳州有個叫張立偉的，假冒中紀委暗訪組，以「廉政賬戶」之名，給廣西一〇〇多名幹部印發去「廉政通知」，要求在規定的時間內把受賄的贓款存入指定的「廉政賬戶」內，如數上交者過往不咎。這「廉政賬戶」是假的，可哪個受賄者敢去核對。

最糟的，除了有假秤、假尺和假儀器外，連驗鈔機、測謊器等檢查造假的工具也有假的。事情到了如此複雜的地步，不免令人心慌腦脹。

造假難禁絕，原因是多方面的。這裏特別要提到的，除了造假者利令智昏，膽大妄爲，還有以下幾點。

首先，造假的能力和技術不斷在提高，以致許多假貨難以辨認，而更重要的，有的造假是在綠燈保護下進行的。許多造假者對上邊用得著的，注意按其權力大小、等級不同，分別給予各種好處，使得他們的造假活動能得到保護傘的保護，處處有人爲之開綠燈。有些當領導的公職人員，利用其特殊的身份、特殊條件，爲造假者提供場地、交通工具等，有的甚至直接參與造假。當權力部門爲造假者發放造假通行證時，誰還會認眞保護眞的呢？

其次，在打假中，不少地方，有意無意地忽視了對造假、售假的幫兇——假貨的標籤生產、假貨的包裝和保藏等的清查和打擊，無形中也起了保護假的作用。

再次，社會上有些人歡迎造假，歡迎假貨，那是有目的的。其一，假貨可滿足擁有名牌貨的虛榮心。這因爲一般說眞的名牌價格昂貴，普通人買不起，愛好名牌者多望貨興歎。這時如有同樣牌號而價格便宜的假貨，愛虛榮者自會高興購買。其二，由於假貨價格便宜，引起公款消費的經辦人的注目。他們故意擇假而購之，私下賺取眞假之間的差價，若被發現，盡可以用沒經驗、受騙上當等來搪塞。就是說，某些假貨可滿足某些人謀取私利的需要。其三，送禮需要。在禮可順關係的風氣下，有禮好辦事，送禮成了不可少缺的。送禮非出眞心，假的可省錢，於是爲了辦事，用假貨來應付就很自然了，即使收禮人發現假貨，多怪售貨者，不一定會怪到送禮人。

有些假開頭未必有意，只因急於見成效，結果成了假。不久前，某地有一塊假的「省長植樹碑」，原爲紀念某省長參加植樹造林而立，因碑乃提前而樹，而該省長臨時有事沒去參加植樹，已立的碑成了假碑，一時傳爲笑料。

還有，有些假還是日常生活中的某種需要。哈爾濱市有個「家政服務中心」，不但爲無親朋好友的新婚男女提供鐘點工扮其親友，在婚禮上爲之捧場，使婚禮顯得熱鬧；而且也爲喪事之家提供年紀較大的「家政嫂」佩上白花或黑紗，以親朋好友名義參加追悼會、葬禮，增加葬禮的隆重氣氛。這些雖也在作假，但在某種意義上講，起到一定的積極作用。

此外，有些造假的生產工地，一時也解決了一些甚至一批人的就業問題，因此，「受益者」也支援甚至保護某些造假活動，結果也增加了打假的難度。

造假受到注意，還有另外原因。人們看到，假的存在，有時可以把眞的鑑別出來，進而保護眞的。既然假的可鑑別出眞的，並進而保護眞的，假的作用被注意了。這叫做：要認眞，先識假。

最早被注意到假的作用，大體可數講假話，即有人注意到要利用假話，因而提倡講假話。

歷史上，提倡講假話騙人的大有人在。韓非就是較有代表性的一個。韓非認爲，君子周圍有兩種人，即：「當塗之人」和法術之士。他們爲了取得君主的信任，都要講假話，都要講違心的話，所不同者，一爲私利，一爲「振世」。韓非支持後者反對前者，即支持振世反對私利。在韓非看來，人之所以要講假話騙人，乃出於怕字，即因畏懼君主所致。韓非不但支持講假話，在〈說難〉中，他還公開傳授講假話的技巧，用以鼓勵以振世爲目的的法術之士。

這裏値得人們深思的，講假話騙人不全是個人品質問題，它還跟社會制度聯繫在一起。

如今何止鼓勵講假話！鼓勵報假數據，樹假典型，宣傳假先進，隨時可見。造假中，爲了掩人耳目，做到合情合理，有根有據，有所謂補救術，這種補救術是指某些單位、企業部門，爲了評先進，爲了升級，補文件，補領導講話，補會議紀錄，補規章制度、原始憑證、報表等，是謂以假助假。最令人玩味的，處女也可造假，那就是「修補處女膜」。這修補術，使浪女甚至娼妓成爲處女。也有「見紅」造假。先用一種化學藥品爲妓女、三陪女收縮肌肉，後再把飽吸鴿子血的海綿球塞入陰道。這樣，嫖客行嫖時便會有「見紅」景象，從而提高妓女、三陪女的價值。像青山多要雲霧妝扮一樣，社會也往往需要造假來充實自己。這些，不免徒增人們的唏噓。

眞字何處尋？它龜縮在《說文解字》的字典中。在造假盛行的年代，人們對人情處事都得特別小心，凡事寧當其假，不可輕易信其眞，也許可少些上當。

事實表明，指望社會上全部沒有假，恐怕是一種幼稚。人們愛把不切實際的想法稱爲妄想，這是世俗生活中經常使用的淵源於佛教的詞語，用在這裏也很合適，就是說，全然沒有假的想法只是妄想。問題倒是，如何對待假，如何對待造假行騙，這是一篇很難寫的文章。

有說，這是人治社會的悲哀，法治社會會好得多。這話也許有道理，問題是，法治的法是靠人即靠有權的人來執行的，所以某種意義上所謂人治、法治其實都是權治。因此，只要各種權力不受制約，社會上造假行騙和各種歪風邪氣就難以得到徹底的改變。

三〇世界造假名家、裏手

造假乃世界性的，造假名家裏手數不清，這裏隨手舉出幾例做代表。

查特頓——僞造文書。

英國十八世紀時有個叫查特頓的，不過十六、七歲，根據兩部古英文詞典和一本喬叟集注，著手造假，僞造包括公文、家譜和詩篇等在內的文書，許多人看後多信以爲眞，而專家很快斷定是僞作，這使之陷於孤立，不久服毒自殺，死時才十七歲。

卡呂——僞造歷史名人書信。

法國十九世紀的卡呂，僞造過歷史名人亞歷山大、凱撒、西塞羅、彼拉多、塞萬提斯、伽利略等人的書信達二·七萬餘封，少數用義大利文寫成，多數用法文寫作，行銷九年之久，連法國幾何學家夏瑟也前後為之付出了十四萬法郎購買那些贋品。假信中因有帕斯卡致波義耳和牛頓的幾封，而牛頓當時才十歲，不免引起懷疑，造假面目才被戳穿。

威廉·艾爾蘭——偽造莎士比亞。

威廉·艾爾蘭是生活於十九世紀後期到二十世紀前期的英國人，其父是個有名的古董收藏家。這使他從小受到薰陶，對文物有驚人的癖愛，年輕時便想「製造一個莎士比亞！」因此，他找到印有莎士比亞簽名的書籍，認眞揣摩，精心摹仿，終於使字跡能以假亂眞，又配上特別藥水，使寫出的字猶如幾百年前的陳跡。他的這一動作轟動學術界、新聞界和整個英國。艾爾蘭被稱為莎翁研究大師。他偽造了莎士比亞與一六世紀英國的大貴族的信函，還提供了莎翁那情感激烈的情書和表達忠貞的一綹鬈髮，說是莎翁生前送給一位恩人的。英國上下為這新發現而歡呼，艾爾蘭被捧上了天。這個「成功」使他衝昏頭腦，竟異想天開地推出了以英國皈依天主教為背景的悲劇《沃蒂傑恩》，並由名演員謝里登把它搬上舞台，但劇本引起了學者們的懷疑，名演員感到台詞彆扭，觀衆對名劇感到陌生，英國人普遍感到被一個小孩愚弄了，有個叫馬龍的出來揭發了他，這才結束了他造假行騙的生涯。

斯普林——偽造華盛頓簽字。

美國造假能手羅伯特·斯普林，能隨心所欲地摹寫各種風格的手跡，連高明的鑑賞家也難辨眞偽。斯普林的得意之作是由華盛頓簽署的支票和同時期的各類文件。他在古典書籍扉頁上摹寫的華盛頓簽名，使藏書身價倍增，為歐美各國著名收藏家所珍藏，並被高價拍賣。後來他還偽造名人信件；只因在一份臨摹華盛頓簽名信件上的某些疏忽，被偵察發現，坐牢十年。出來後，他舊性不改，不過更加隱蔽，騙過許多收藏家和文物專家。

尼科特拉——僞造大師手稿。

義大利人尼科特拉，本世紀三十年代冒名著名音樂家查德·德里戈到美國周遊，發現藝術大師們的手跡能賺大錢，於是著手僞造。他仿造力極強，稍加練習便能以假亂眞。他從圖書館裏借出印有名家手跡的舊書，仿照手跡摹寫。他摹寫莫札特手稿，熟悉莫札特風格的專家還以爲是貨眞價實的原件。接著他摹寫了華盛頓、林肯、哥倫布、馬丁·路德的手稿，甚至還有達·芬奇、米開基的手跡。久尋不得的名人手稿，突然間同時出現，不免引起人們的懷疑，經重新研究、鑑定，人們才發現，這些手稿全是假貨。尼科特拉終被送上米蘭法庭。

斯佩拉蒂——僞造世界珍郵。

德·斯佩拉蒂是本世紀三十年代義大利僞造郵票的高手。他有一個僞造郵票的車間，那裏裝備著齊全精密的各種器械，製造出各種珍郵，曾活躍於義大利集郵市場。一次，他因寄出一八本貴重郵冊，引起有關部門的注意，當局指控他用珍郵逃外匯，要重罰他。斯佩拉蒂辯解說，那都是私人實驗室製作的。但經過鑑定，均認那些都是眞品。斯佩拉蒂不服，只好寄給世界公認的第一流集郵兼鑑定大師埃得蒙·洛卡爾德鑑別。這位權威做了嚴格鑑定後，交了報告書，說「所有郵票完全是眞的。」這使斯佩拉蒂哭笑不得。在法院裁決前，他不得不拿出最後一招，在實驗室趕製了一八套同樣的郵票，並在法庭展示出。這樣，法庭不得不結束審訊。人們感到驚訝。英國皇家郵協爲了杜絕「珍郵」的製作，向他提供一千萬法郎，以換取不再製作的許諾。①

康拉德·庫喬——《希特勒日記》僞造者。

---

①《文化廣場》一九九二年第二期。

被稱爲「贋品大王」的康拉德．庫喬，於一九五六年僞造史達林簽名，像極了，但只賣二英鎊。他並不因此而灰心，繼續造假，並取得新成果。他的《希特勒日記》轟動全球。接著，他公開創辦了一個「假畫畫廊」，專門出售仿製的畢卡索、梵高、米羅斯等人的作品，售價可高達三萬英鎊。因《希特勒日記》案發，庫喬坐牢三年，吃了不少苦但也得了稿費四〇〇萬英鎊，造假發了財。①

本世紀三十年代，荷蘭畫家梅赫倫，也是個造假能手，他以僞造並出售藝術大師的繪畫作品出了名，許多專家都受其騙。

在中國，僞造名人手跡絕非僅有，不說歷史上的，單就現實生活中可找出一大批。六十年代的王倬，以僞造當年國務院總理周恩來的簽字，到銀行冒領走二十萬元人民幣，至今提起這事，還使許多人感到不可思議。

王倬原係中國外貿部幹部，因一次到公安部禮堂看電影時在休息室裏看到一幅周恩來的題詞，突然想冒充周總理的簽名，看能不能到銀行提取一筆鉅款。從那以後，他找來周恩來筆跡，時時揣摩仿效，終僞造一封有周恩來簽字的信函，於一九六〇年三月一八日到人民銀行總行要款一五—二〇萬元。爲了不使對方懷疑，王氏還假冒總理辦公室工作人員，打去催辦電話。二十萬元錢被領走後，不久案破，王氏鋃鐺入獄，這事被稱爲共和國的第一騙案。②

這類造假的騙案並非僅有。一九九六年一〇月間，遼寧財政廳有二名處級幹部冒用李鵬總理簽字的手跡，在國務院辦公廳的公文便箋上，寫了「特准動用人民幣七千萬元在珠海發展高科技產品」，順利

---

①《法制文摘》一九九六年一〇月三一日。

②山西《法制文摘》一九九三年第二期。

地騙取七千萬的無息貸款，並以高息貸給國有企業炒股，半年內獲利六千多萬元。①

有的造假者，人們一時還難找到其眞面目。一九九八年初，在北京舉行的《中國二〇世紀書法大展》中，毛澤東的《七律．長征》的手跡，標明書寫時間爲一九六二年四月二〇日，可按唐步田的考證，這一天毛確寫一幅《七律．長征》給李銀橋，可這裏展出的並不就是這一幅，兩者有不同之處，至今尚未發現毛一首詩詞在一天裏寫過兩遍都加以發表，因此這裏展出的手跡係屬僞造的贋品，僞造本領甚高明，人們不知僞造者是誰。②

需要提到的，僞造毛澤東手跡參加大型展覽的，不只這一起。一九九八年一一月在巴黎展出的「現代中國書法藝術大展」中〈清平樂．六盤山〉，亦係僞造的毛手跡。一九九九年七月在東京舉辦的「中國二十世紀書法大展」中，再次出現僞造的毛澤東手跡《杜牧詩》。有說，以上僞造均出於一人之手。

在我國，藝術品方面的造假名家遠不如外國，但成批合夥造假則爲外國所不及。這種合夥造假，從造假到銷贓環環相扣。更甚者大致莫過於篡改藝術館檔案材料和僞造印製假的藝術品目錄以混進大圖書館和藝術館。

他如工藝品仿古僞造，也頗令人爲之驚歎不已。

近年來，隨著假風勁吹，贋品越發增多，作假手段日益高明，臨摹、拼接、控改、脫胎、泌色、作誘及「套山頭」、「雨夾雪」等諸多手段，使仿古工藝品近乎唯妙唯肖，令文物專家難辨眞僞。據悉，前些時候，廈門海關扣留了安徽某農民攜帶的一批玉器，經四位文物專家鑑定爲漢代珍稀文物，欲以走

①香港《爭鳴》雜誌，一九九七年第一〇期。

②《城市導報》一九九九年一月二日。

私國寶論罪。該農民大呼冤枉，並引人至其家親手複製古代工藝品，令在場的執法者大爲震驚。——大體說來，在作假者手裏，凡畫可僞作名家贋品，玉可作假爲傳世古玉，銅可僞製作成商周時代獨角龍席鏃和鳳形軸頭，邢銅鏽、文飾、色彩都能以假亂眞。①

這當中頗有諷刺意味的，在古董造假中，用糞便浸泡的花瓶，有時可達到與傳世品類似的效果。就因此，古董僞造者多通過此道來造假以歛財。

還有，令人哭笑不得的，造假者還有其「理論」、「名言」。《福建工商時報》二〇〇〇年一一月一二日載，在深圳一造假窩點的現場牆壁上竟寫有這樣的造假「名言」：「無假不成社會，要發財就要假名牌」云。

① 《中國商報》一九九七年一月一一日。

第四章 騙文化眾生態

在人類社會生活中，每個人都在千絲萬縷的人際關係中打滾，人們之間就是沒完沒了的騙人和被人騙的過程，而這過程寫出人生旅程的篇章。作爲社會一個成員，哪個人沒受過騙？哪個人沒騙過人？天性再誠實、警覺性再高的人也不例外。每個人周圍都有人在設法騙他，而他也都在設法騙周圍的人。「我是騙子也受騙」。不管誰，翻開自己那本厚厚的人生記錄冊，處處可見騙人和被人騙的記錄。可謂：你騙我，我騙你，以騙存知己，行騙走萬里，大家都在騙眞理。

騙人先騙己，自騙而後受騙。騙總是有對象的，這對象一般有二：一是人，二是財物或精神方面，就是通過對人的騙而有財物、職權的獲得或精神方面的享受。而做爲人這個被騙對象，也有二：一是他人，二是自我。就是說，自己與他人一樣，也是受騙對象，有時還是首先受騙對象。對慣於作騙的人，這裏不妨提醒一句：當你在騙人騙己時，是否也在騙自己的良心呢？

大致說來，一個人自騙和騙人多半在自己腦子清醒時做出的，而受騙則有可能發生在不小心或過於輕信的時候。

一 自騙，生活中一種普遍現象

自騙就是自己騙自己，即自我欺騙。這自我欺騙，是在人類自然淘汰過程中逐步滋長起來的一種特性。

一個正常的人，選擇什麼，接受什麼，通常是靠經驗來控制的。一旦缺乏某種經驗，就會造成感官上的空虛，這時就可能出現自我欺騙。可見它是一種病態的表現。

通常的情況是，欺騙別人在於保護自我感覺和自我形象。自我欺騙呢？起一種安靜、鎮定的作用。一個內心虛弱的人愛自騙，即愛把不利自己的因素加以縮小，甚或消除。一般都說吸煙對健康有害，可吸煙者不見得減少，何因？多是自我欺騙的結果。因爲，凡吸煙者，大都認爲，不見得吸煙對每個人都有害，對我不一定有害。同樣，一般都說股市有風險，可玩股票的人總是很不少，因爲玩者都有一種自信：也許碰上運氣。再看那些貪官，明明知道貪污、受賄、腐化終要受到制裁，爲人民所唾棄，可仍在貪污、受賄、腐化，而且膽子越來越大，這又爲什麼？存在僥倖心理，也與自騙有關。又譬如病人，患著浮腫而諱疾忌醫，但願別人糊塗，誤認他爲肥胖，妄想既久，時而自己也覺得肥胖，並非浮腫，即使還是浮腫，也是一種特別的好浮腫，與衆不同。如果有人當面指明，這非肥胖而是浮腫，那麼，他就失望、含羞，於是成怒，罵指明者是昏妄。如果這人是明智的，何必討人惱恨呢？便會投其所好，故意地、惴惴地再把他細看一遍，改口說你的確是肥胖了。於是他得到安慰，高高興興放心自己的浮腫了。①有時，自我欺騙是一種下意識的自我保護。這種下意識的自我保護，來自人體內某種狀態下自發產生的一種止痛、鎮靜的物質「嗎啡」。更多的自我欺騙是逃避現實。奸宄得勢，邪惡流行，小人彈冠相慶，老實人老是受欺負，又找不到奔向新希望的路，這時往往會有一些人產生消極情緒，寧願去投靠洋國當次等公民。無疑次等公民也苦，但那裏可安心自己的「事業」，沒有狗咬。這是自慰，也是自欺。

以受騙者來說，自騙更爲明顯。人之所以會上當受騙，無非：一，由於輕信人言，對風潮或物品不

---

① 魯迅：《且介亭雜文末編》「立此存照」（三）。

進行調查、分析，輕易表示贊同，參與起鬨、購買等，結果往往受了騙；二，由於貪便宜（買物），貪方便（做事）造成的。一聽說什麼物資打折、拍賣、清倉，就想趁機撈一把，全然忘卻「好貨不便宜，便宜無好貨」的告誡；貪方便是怕麻煩的同義語，本質講，也屬於貪便宜的一種表現。三，由於好名、好表現、好奇心的促使，不注意後果，騙子投其所好，結果上當。以上不管哪一種，都跟自騙相聯繫，有時還是由於自騙造成的。所謂知人者智，知己者明，智者行騙易，明者自騙快。

一個人，社會實踐增多了，生活經驗豐富了或說成熟了，可減少受騙，但自騙永不會絕跡。而一個人最大的自騙在於以爲從沒自騙過。自騙有時候在有些場合是難免的，可怕的是那種以自騙爲榮的想法。

自騙，在相當多的人看來沒有必要，但不等於事情不發生。恰恰相反，它在不斷發生。明明都快餓死了，還在騙自己，並美其名：「等候吃」；窮得連褲子都穿不上，還說是「待富裕」；明明是病入膏肓，游絲將盡，還說「基本健康」。對某人明明毫無所知，見面卻說「久仰，久仰！」明明心裏認爲不值得一顧，可口裏卻說「難得，難得！」對某個報告、某人講話，明明不喜歡聽，口裏卻不停地說「受益不淺，大有啓發」云。除了騙人，就沒有自騙？某種意義講，尊重別人也就尊重了自己，同樣，騙了別人也就騙了自己。

自己騙自己，一般講有暗地自騙和公開自騙。暗地自騙就是躲在被窩裏自我安慰，自我尋開心；公開自騙就是在大衆廣場中張著眼睛說瞎話，唱高調，諸如：誰都不如我呀！別人不能做到的我能做到呀！中國歷史悠久，地大物博，四大發明，萬里長城，世界少有，誰敢不服？中國有一種氣功，能用意念降雨，可稱第五大發明，世界僅有，誰不驚歎？還有，中國是什麼中心，中國經濟發展速度誰也比不上，到了二十一世紀，外國人見到我們都要低三下四，他們都要爭著來中國打工，來中國當保姆，等等。老是尋人之短以映襯自己的高大。這是自吹式自騙。

《解放日報》二〇〇一年八月二九日有一篇文章講到，我國溫飽問題雖未徹底解決，但月餅已做到天下第一；綜合國力雖還有待加強，但廣告牌已經大到世界之最。有意思的，不久前有個地方花了一千萬元向法國一家公司買來一隻氫氣球，於是大喊：我們有亞洲獨一無二的大氣球！當然不是瞎說，不過除了騙自己，還能起什麼作用呢？

可惜，世界上不設諾貝爾吹牛獎，不然有人可得到幾面金牌。

還有一種，借寫外國遊記爲名，自吹自擂，騙己騙人。這種人常常涎著臉，在貧民窟裏拉一個洋人合影，便寫上「美國名作家某某與我合影」；跟洋妞沒有搭過半句話，卻寫「在德州小姐海倫娜家裏做客」；在校園裏冒冒失失跟幾個洋學生聊了一會兒天，就寫「我給美國學生講學」。這裏，作者一方面是欺負平民百姓沒出過洋，另一方面以爲國外情況在國內死無對證，信口胡編，抬高自己，誰奈我何？這類人把肉麻當有趣，以爲沾點洋腥就光彩照人。①還有的，撿來外國破爛貨、引進外國過時的東西，美其名曰「與國際接軌」，表示自己也進入了先進行列。說穿了這些都是在騙自己。

愛自吹被說是人的天性，古今中外都可看到。陸灼的《艾子後語·大言》中載，春秋戰國時有一方士，自稱在孩童時看過伏羲畫八卦，後又經歷過女媧補天、神農辟穀、倉頡造字、大禹治水、姜太公釣魚等，說得活靈活現，人們信以爲眞。後來因趙王騎馬跌傷，需用一種「千年血竭」來醫療，有人們想到這位方士。趙王欲殺他以取血。這方士聽了嚇破了膽，趕緊說父母還不過五十歲，自己哪能活了千餘年？只不過「言詞過度」。外國也不乏吹牛者。《死魂靈》裏描寫的羅斯特萊夫就是一個吹牛大王，吹

① 劉少勤：〈兩種遊記〉，《廈門晚報》一九九七年二月二日。

說他的莊園林地上兔子之多，可使地面都看不見了。這些不免令當今一些好自吹者自歎弗如。

自吹多半爲了出名。那些鐘鼎、碑刻、傳記、回憶錄等，不但很少講自己的過失，而且多揄揚自己功績，賣瓜自誇，既騙人也騙己。

自吹實是自卑的一種表現形式。一般講，自卑者多會自騙，即通過自吹來抬高自己，欺騙自己。那種自我安慰，實在說來，也是一種自騙，騙己而不騙人；自吹呢？既騙己也騙人。

自戀也是一種自騙。自戀多是留戀過時的東西，比如留戀因質量等問題而被擠垮了的產業和產品，念念不忘，所謂「敝帚自珍」，不認爲那是過時的，也不認爲質量有問題，而認爲是被別人用陰謀手段搞垮的。說起來慷慨激昂。人們看到，近年來，我國膠捲工業發展甚快，有的也很快破產，在洋貨衝擊下降旗投降或被兼併。幾家大的飲料集團也相繼易幟。有人因此大喊「救亡圖存」，在憎羨交加中刻舟求劍，追尋陳年老夢。可謂自戀自騙，有失時代感。在經濟開放的年代，在世界經濟趨向一體化的今天，死守過去的觀念早已成爲一種自騙了，那是要不得的，需要的倒是加快發展科學技術，不斷更新產業結構，跟上時代步伐。只有這樣，才能改變自戀癖的自騙。

自騙在下層民衆則有另一種表現形式。他們常因有一肚子苦難和委屈無處申述，於是想出一個爲民抱不平的包青天，替天行道的義士武俠，爲他們撐腰，讓他們吐一口氣。還有一種更不可思議的，他們經常創作弱者勝利的故事和笑話。故事和笑話中的弱者就是他們自己。這是尋開心的自騙。

自騙往往借助語言文字來表現。語言文字向來既是表達思想的工具，也是掩飾思想的工具，如今增加了一種功能，即幫助作騙。人們看到，我國古代有人爲表明自己不要錢，把錢稱「阿堵物」，曾有和尚把禁吃禁喝的魚、雞、酒稱爲「水梭花」、「穿籬菜」、「般若湯」，自是一種借助語言文字來自騙，如今這類自騙就更多了，白癡、低能兒不再叫白癡、低能兒，而叫「智障」；落後不再稱落後，而叫

「後進」；降低不再稱降低，而叫「負增長」；失業不再稱失業，而叫「待業」或「下崗」，而失業者叫「富餘人員」；治理傷疤不再稱治病，而叫「美麗工程」；他如通姦也有新名詞，叫「婚外戀」；同性戀者叫「邊緣人群」；賣淫活動稱「性產業工程」；畫符念咒稱「符號學」；看相算命稱「預測學」；投胎轉世稱「生命再造科學」；有意思的，向權貴行賄也有新語言：給首長生日禮品或給首長子女壓歲錢，或者叫發諮詢費、發獎金等。如此等等。大體說來，把語言文字中那些令人羞恥的詞句加以學術化，不但可讓自己和聽者都不致於心跳耳熱，而且還能帶上新鮮味。這些當然不叫自騙，但可幫助自騙，即讓一些人心安理得地玩弄著自騙的玩藝。語彙的產生與變化跟社會生活內容有關，是受社會生活內容影響的結果，且明白表示著社會秩序的重建，那些可幫助自騙的語彙的出現不正是這樣嗎？

還有一些語彙主要目的在於騙人，但同樣可以幫助自騙，如收受回扣叫有償服務、諮詢費；公款吃喝叫聯絡感情、增進友誼；公款旅遊叫公務考察，調研取經；使用美人計叫公關本領；失誤損失叫繳交學費，換取經驗；封建迷信叫鬼神文化、大衆風習等等。連賣淫嫖娼也都有新名詞。總之，尋找歪理，騙人騙己。

自騙除了自吹、自擂、自我安慰，有些人通常會做些自己不知道的事，說些自己也不相信的話。老是「好東西我們也有」。這是自我麻醉的囈語。或說，這樣可以把危險和災難加以淡化。雖然未必能得到什麼錢財和榮譽，但可以找到一些自我快樂。對此，有人稱之爲自瀆即手淫，尋求自我痛快。

無疑，每個人都有權自騙，問題只是那樣做不免太可憐了些。

自騙和行騙，都是一種病態的表露，都被看成是一種可鄙的行爲，所以自騙者、行騙者都是些可憐的人。不過，兩者還有些不同：行騙者縱然計謀得逞，洋洋自得於一時，可一旦良心發現，會深感惴惴不安。自騙者呢？過後每每心安理得。就因此，從心理角度看，自騙者比起行騙者，在自我得益方面自是來得多。

大體說來，在不公平年代，正氣不得伸，貪賄盛行，黃黑橫流，一些人因找不到自己奮鬥目標，自暴自棄，剩下的唯有採用自我精神按摩法即自我安慰，自我欺騙，遊戲人生。比如，有人講「命」，「認命」，這是強者藉以欺人的託辭，也是弱者自騙的藉口。在互相行騙、自我作騙的玩笑聲中，讓那些善惡界限、清濁區別漸漸消失掉。這可說是文化錯位的結果，它使騙文化橫蔓瘋長，怪事層出不窮。人們見怪不怪。

當然，如果平心靜氣想一想，人們也許對自騙會有另一種解讀：生活幽默。幽默可使自己擺脫困境，又能讓自己與別人都得到某種快樂，從而使環境變得寬鬆、和諧並富有情趣，大家都處於一種輕鬆愉快氣氛中。就因此故，每碰到某種自欺自騙，人們多只是笑笑而已。

自騙與自私一樣，不學而知，不教而能，似是人的本性，適度自騙，無大害，倘過頭了，既害己也損人。

二自騙，提高身價和自我安慰的手法

如今社會上有一種風氣，從同姓中抬出一兩個當過大官的，或有名氣的古代名人，奉爲嫡祖，以提高自己的身價。這是借祖宗「遺光」照耀自己，有的因冒認祖宗騙人騙己，鬧出許多笑話。

袁世凱準備當皇帝時，爲了證明自己乃名門之後，曾想認漢末的袁紹爲祖先，轉想袁氏兄弟太無能，認作祖先未免不祥，於是改認袁崇煥爲祖。只是袁崇煥乃明代廣西人，而袁世凱爲清末人，生於河南項城，怎好拉在一起？因此被傳爲笑談。孔祥熙曾聲稱自己是「聖人子孫」、孔子後裔，洋洋自得，沒想到，當他視察北京大學時，學生們貼出大標語：「孔門查無此人！」孔祥熙一時頗爲難堪。杜月笙是上海灘賣水果出身的，發跡後奉唐代杜甫爲祖宗，以示榮耀。早被傳爲笑料。在民族英雄鄭成功的家鄉福建南安石井，有個姓許的卻自稱乃鄭成功十世孫，一時大爲吃香，騙到香港、台灣和日本。據說台北市長、日本平戶市長都受騙上當，直到一九九一年假貨曝光，受騙者才大吃一驚。

這些都是近現代的事，而冒認祖宗的造假行騙並非近現代才有的。

南北朝蕭齊時，侍郎滿璋的兒子滿鸞（任郡的主簿），與郡丞王源的女兒聯姻，因滿家上代屬於平民，王家則是累世高官，門第不對口。因怕親事不成，滿家便動了手腳，冒稱滿家乃晉朝太尉滿奮後代，門第亦頗高，兩家婚成，按理門第相對了，但因此有人上書彈劾王源，高門降衡，蔑祖辱親，要求將他免官並禁錮終身。這是因冒認祖宗而引出的禍端。

五代時沙陀人李克用當上了皇帝，號爲「唐」（即後唐），表示與李世民的李唐是一脈相承的。其實，李克用連純粹的漢人也不是，跟李世民的李唐怎好掛鈎呢？自然，只是爲了騙人才這麼做的。這也是在自騙基礎上的騙人。

朱元璋，起於布衣，後當了皇帝，皇家修「玉牒」時，想認朱熹爲祖，只因相距太近，不便作假，只好作罷。

當然，認祖宗也不是什麼大官、什麼名人都認，姓趙的認趙匡胤而不願認趙高，姓秦的多不認秦檜。《兩般秋雨庵隨筆》載，秦檜、蔡京的後代因惡其污穢名聲而恥於承認是其後裔。其實不承認污穢名聲的祖先和假造光榮歷史的祖先屬於一碼事，都帶有爲提高自己身價而作騙的動機。

假書擺設既是騙人也在自騙。同樣是一種抬高身價的手法。

假書通稱裝飾書，也叫家具書，供裝飾房間用，擺於書架上以充實住宅的「靈魂」，增添居室的斯文氣氛，顯耀主人的文雅風度。人說，從書架上能看出一個人的文化品味，所以一些附庸文雅者多愛玩弄這類假書，擺上書架的多半是些令人肅然的古典名著和古今權威著作。

假書如同眞書，外表製作講究而逼眞，但若翻開封面，展現出來則或是白紙，或是塑膠甚至是木頭，除了供觀賞，無從閱讀。

假書最早流行於歐洲大陸，已有一百多年的歷史了，後又盛行於美國。美國造假書的行業甚爲發達，到處有造假書的公司和工廠，專門經營各類假書，爲那些不學無術又僞裝文雅的人提供方便。

在我國，假書是從外國引進的，它與發紅包、給回扣、卡拉OK、桑拿按摩、吸毒販毒、包二奶等一起構成了改革開放後引進的怪事系列。這假書出現的時間並不長，大體跟大腕大款關係密切。大款大腕們有的是錢，缺的是各種知識，從頭學起既非易事又無時間，爲了表示自己有知識，終想到用假書來裝扮住處，以增添文氣、雅氣、神氣、聖氣，以提高自己的身價。就因此，假書裝潢成了一種時尚。而這時尚，除了騙人，還給人一些潛在憂慮——讀書無用論會再抬頭嗎？

除了假書裝飾，有些大款大腕還通過雇人寫書並花錢加以出版，署上自己的名字，以顯示自己有學問，自會更提高身價。

照相原是一種留念，有時也被用以作騙，騙己騙人。臉上有斑點，甚至麻臉的人，拍成照片後一般不易看出斑點和麻臉。照片成爲了一種掩飾。這是許多人都明白的事。近年來更進一步，有些人通過拍照中的某些經典性動作，大出風頭。比如，爲表現一個作家氣派，多以手上夾一支香煙托住腮幫，做思緒萬千狀，儘管屬於刻意雕鑿，但可給人以正在凝思的大學問家之感。又比如，爲表現個體企業家氣魄，有人總愛選擇坐在碩大的辦公桌前，拿著手提電話，做日理萬機狀，雖顯得有點心虛，但給人以有修養、能幹者的感覺。這些的用意，也無非在提高自己的身價。

而高層的自騙，多是通過官場、掮客、經紀人即所謂「官托」，混到或買到某種官階或官銜，用以提高和顯耀自己的身價，有的還設法傳給後代。

為了提高身份，有人臨死時還要等著受騙一次，也是自騙一次。當有人通知他（她）生前諸如參加什麼組織的要求被批准了，已得到什麼級的待遇了，這時他（她）便以高興心情離開人世。其實人都死了，那些又有什麼意義？

通常的情況是，權位愈高的人，愈懂得自騙。法國國王路易十五，在革命者攻破巴士底獄那天，在自己的日記中寫道：「今日無事」。也許因為當年這位國王認為，這事不值一提，只要我還在當國王，那就什麼事都無關大局。這自是一種自我安慰，這種自我安慰不是騙自己又是什麼？

中國歷史上同樣可找到一些例子：宋朝時有兩個皇帝被俘去北方，在一般人看來，可謂丟盡了臉，可統治者卻把這事說是「北狩」，當然是一種自我安慰式的自騙。清朝末年，西太后和光緒皇帝在八國聯軍打到北京時，逃難去西安，可謂一種恥辱，可他們卻稱之為「西巡」。

一般人以自騙來自慰也隨時表現出來。歷史上，人們對於暴君和貪官污吏恨之入骨，除了有時在忍無可忍情況下，舉行武力反抗外，通常多是寄託於幻想中的好皇帝、清官、廉吏，或寄託於幻想中的各種報復，以給自己一點可憐的慰藉，自也是自騙，即自慰式的自騙。人說人生最大的悲哀莫過於失掉希望，而自慰式的自騙，有時卻也是給人一些渺茫的希望。大概就因此，許多人一直愛做這類自騙。

那種過明星癮，也是一種自慰式的自騙。美國洛杉磯一些未成名的演員，為了向導演顯示自己有不少擁戴者並爭取當某種角色，便找「出租追星俱樂部」，掏出一五〇美元後，由該俱樂部安排若干「追星者」，擁向他（她），作出各種仰慕狀，並乞求簽名。再掏出五〇——七五美元，還會有帶著照相機的追星者，爭相拍照並要求合影留念。一些出道不久又渴望成名的演藝人士，多到該俱樂部過過這種明星癮。①他們讓自己神氣一陣子，既是自慰、自騙，也是爲了騙人。有人把這種做法稱爲淺薄新潮派的騙招。

與此差不多的，還可舉日本的「身份出租」。只要顧客交八〇〇港元，便可爲之提供一個虛假的身份以及工作頭銜，「薪金」收據存根，甚至協助租住公寓或申請信用卡，提供假老闆出席男女婚禮等，好讓租者保持尊嚴。租到身份的人可按工作頭銜做名片。如果租者親友按名片電話號碼致電「身份公司」尋找租者，有禮貌的公關便會告訴對方說，此人剛外出公幹或開會去，然後再向租者通風報信，好讓其有思想準備。這裏騙已騙人更是明擺著。②

出氣電話，出氣公司專爲人們出口氣而設的，在那裏痛罵一頓，雖然沒解決任何問題，但出了氣，得了自我安慰也就騙了自己。

如今，在市場經濟下，商品最爲活躍，這當中引人注目的，女人也活躍起來，好像進入了「女人盛世」。人們看到，近年來國內許多事都由女人撐起面子，那不但在經濟上表現出影響力（即她們是大多數消費購買背後的動力），而且在其他方面女人也大出風頭：女經理、女主任、女部長、女書記、女強人、女秘書、女歌星、女影星、女作家、女模特以及女人畫、女人鏡頭、女服、女化妝品，女人小說、女人電影、女人話題，等等，女人被特別重視起來，女人特別風光起來。在一些女人心裏，這大體是女人提高了層次了。因此，她們大爲神氣起來：女權主義再現，何止男女平等，何止半邊天！婦女甚至可取代男人成爲推動世界的主力軍！女人了不得，你們男人算什麼？每當這場合，有些男人則大表不滿：

①引《法制文摘》一九九六年九月五日。

②引《海外文摘》一九九九年第一一期，〈日本人用錢買尊嚴〉。

女人地位超過了男人，不要搞大女人主義呀云云。

其實，那些都是表面的，有的甚至是掛名裝門面的擺設而已，騙了許多人。在女人，那也可說是一種自騙。什麼女人盛世？無非是商品活躍的又一種表現形式罷了。女人要眞正從政治上、經濟上、文化教育上牢牢掌握主動權，才是事情的本質，這還得大大努力一番才行。人們應看到，即使到了今天，社會上歧視婦女的現象仍存在，許多部門在招聘職工時表現得尤其明顯。有人一方面對婦女地位和處境表示同情，可另一方面又在千方百計保護男人優勢文化。不是嗎？歷史上曾有人視女人爲禍水，因女人而亡國的說法不時出現，這種說法至今仍可聽到。君不見近年國內揪出一大批廳級、省級、國家級的腐敗分子，有人大作文章，說男人之所以犯法犯罪，多因女人惹的禍，還是把矛頭對著婦女！人們一再宣傳已基本實現了男女平等，不是自欺欺人？可見，要實現女人盛世，不但要拋開各種表面尊重實際輕視婦女的口號，而且要反對那種給男女平等設置障礙的以物化態度對待女性身體的做法，最重要的，要反對男性霸權。女人要是眞的與男人平起平坐，甚至超過男人，還得跟那些長舌男、長舌婦進行一番較量。長舌男怕女性起來會動搖自己的「中心地位」，以各種手段阻止婦女地位的提高；長舌婦出自一種妒忌心給同性同胞爲難。把這些頂住了，「女人盛世」才能順利出現。

還有，所謂小汽車進入百姓家指日可待，同樣是豪邁的騙人與自騙。百姓指誰？如果指高官、明星、大款、暴發戶，那是早已實現了，不用待。如果指廣大的工人、農民和待業者，聽了不免令人揪心，試問，他們中哪個不爲子女上學、個人住房、生病求醫和三餐吃飯問題而絞盡腦汁？靠什麼買小汽車？指日可待的恐怕只是圖片上的小汽車啊！

三 自卑、自賤與裝闊

《皇帝新裝》乃人們都熟悉的安徒生的童話。那裏講，大人們都不願被人說成是沒福氣的人。因此，都在自己騙自己：皇帝身上明明沒有穿衣服，可誰都不願講出來。只有小孩幼稚，不懂得騙自己，所以說出了眞話。大人之所以這麼做，無疑是出於心理作用，自卑。

這類事在中國早就有了。晉代人顧愷之，癡信幻術，不免受騙。他的熟人桓玄拿了一片樹葉騙他說，這樹葉蟬可用來隱蔽身體，人也可以用它來隱蔽身體。顧信以爲眞，以爲得了寶，只擔心自己沒福氣，即不願面對現實。桓玄佯裝看不見他，向他身上撒尿。顧爲珍視該樹葉，寧可忍受尿澆之辱，而不願揭穿，自己騙自己，傳爲笑話。

另一則是說，唐朝武則天稱帝時，有數百鳳凰飛到宮頂鳴叫，先是一兩人說見過，接著有百人說見過，千人說見過，萬人說見過，最後全國人都說見過，只有傻子才說沒見過。

這些無疑都是自卑思想下產生的自騙。它比《皇帝新裝》早了千餘年。

與自卑一起的是自賤。「唐伯虎點秋香」這齣戲是人們都熟悉的，而它的原型是明代士大夫吉之任傾心追求婢女秋香的事。那是說，吉氏因喜愛一婢女秋香而不惜賣身爲奴，終如願以償得到秋香。那也是一種作騙，一般作騙多是假裝有權有勢和富有者而得到自己想得的東西。吉氏與此不同。他原是宦官之後，故意改名換姓，穿上破舊衣裳，冒稱貧苦人家子弟，自賣其身到自己喜愛的秋香所在的宦官家爲奴，取得主人的信任後，提出欲娶秋香爲妻。①吉之任爲了行騙而自騙，這自騙不是自吹自慰，而是自

① 褚贛生：《中國奴婢史》，上海文藝出版社一九九四年。

貶自賤。這種自貶自賤的自騙，在生活中雖不普遍，但時有可見。

與自卑自賤相反，是不闊裝闊。不闊裝闊，打腫臉充胖子，與其說爲了騙人，不如說也是在騙自己。《二十年目睹怪現狀》描寫一八旗子弟沒落後，生活窮了，可還要裝闊。他每天早上上茶館，沒錢買茶葉，自己帶幾片香片茶，說是從法蘭西來的上等龍井茶。他掏出兩文錢買一塊帶芝麻的燒餅，細細咀嚼，像是很有味道樣子，後來忽然伸出一手指頭，蘸些唾沫，在桌上寫起字來，讓人以爲他在用功作學問。其實是捨不得掉在桌上的芝麻，用舌頭舐之，怕有失面子，所以想出用手指頭蘸著吃了。這樣，好不容易把掉在桌上的芝麻全都用手指頭蘸著吃了。忽然又想起什麼似的，用手在桌上一拍，說了一聲什麼，然後用老辦法又寫起字來。原來有兩粒芝麻掉在桌縫裏，一時無法用手指頭將它蘸起來吃，於是想出這辦法：把手一拍，讓桌縫裏的芝麻跳出來，再用手指蘸著吃。

當他吃得得意時，來了一小孩，對他說：爸，快回家，媽要起來。旗人道，你媽起來關我啥事？小孩說：媽的褲子被你穿出來，她急著沒褲子穿。旗人說：胡說！媽的褲子不在箱裏嗎？說著給小孩使眼色，叫他快走。可小孩不理會，還在說：箱子裏褲子前天賣了買米吃了。媽說家裏沒米了要趕快去買半升中午做飯。旗人大爲惱火，罵說：滾你的罷！這裏又沒誰向我借錢，裝窮幹嗎？小孩被罵沒趣，只好退出。旗人還在說：可恨那些人天天向我借錢，應付不了，只好裝窮，說幾句窮話，小孩聽慣了，到這裏來還在說窮話！

也有裝闊爲了騙自己的老婆。《孟子》一書載，齊人有一妻一妾而處室者，其良人出則必饜酒肉而後返，其妻問所與飲食者，則盡富貴也。——而其妻偷偷跟著打聽，結果發現，丈夫在外面是靠乞討人家殘羹剩飯，在荒墳墓地中輾轉討生活的。妻將所見告訴了妾，二人相泣於中庭。齊人還不知道西洋鏡已被戳穿，而仍不斷從外面回家騙其妻妾。何等可笑！

這可說是精神上的行騙即騙自己。這種自騙，不只歷史上有過，現實中仍有；不只中國有，外國也不例外。自騙未必是人類的專利。動物也會自騙，烏龜的藏頭露尾可說是自騙的表現，不過比起人類，那就差得多了。人類會把自騙與騙人結合起來，動物就不會。

四自騙與騙人

騙的意識太根深蒂固了，以致人們常常忘記自己應追求的理想，做眞實的人。自騙騙人雖被說成是人生的最大無知和犯罪，可仍有許多人樂此不疲。

舊中國，貞節坊被稱爲最富有特性的藝術品，是獻給女性的最高獎賞；建造貞節坊是守寡婦女的一種榮譽，也是她家族的榮譽。爲了取得這種榮譽，不少人不擇手段，弄虛作假，騙己騙人。

有說，清時台灣有位紳士，娶了媳婦不久兒子死了，媳婦表示不願改嫁，該紳士很高興，向地方官府申請爲她奏請建造貞節坊，可因爲貞節坊須寡婦死後才能建造。因此，該紳士將媳婦關起來，謊報她已死，於是地方官上奏朝廷，爲她建造了貞節坊，這可苦了寡婦。此後她成了活著的死人。比這更野蠻的，某紳士在其兒子死後，爲了建造貞節坊以顯耀門楣，乾脆將媳婦活活弄死，謊報說她壯烈殉節，要求爲其旌表並建造節烈坊。這些行騙做法，都是以殘害婦女作代價的。

還有一種爲淫婦立貞節坊，是一種高明的作騙。《二十年目睹怪現狀》中，有一回專寫爲淫婦立貞節坊事，情節頗爲生動。清末廣東新安縣有個竊賊出身的漢子叫李壯，因犯法逃到海外去，不久回鄉娶親後又隻身出去，留其妻在家。李妻是個不正經女人，勾引同鄉夏作人，與夏儼如夫妻。夏作人也非好貨，用錢捐了都司銜，包攬詞訟，玩弄女人。夏氏勾搭上李妻後，十分得意，只在李壯回家時暫避一下，過後照樣親熱。對此，李壯早有所聞，怒甚，終想出除奸計策。一次他買了一對快刀，附船回老家。回到家鄉已是半夜了，他不露聲色，探知姦夫正在他家與其妻尋歡作樂。他暗將一刀放到夏氏家床下，並即趕回家。李的突然回家，不免令其妻難堪。她即藏好姦夫後迎進親夫並作酒飯為其夫接風。李若無其事，要其妻叫出夏氏一起用膳，夏氏出來後，李以好言相慰，以酒相待。夏氏一時興奮喝得大醉。告辭之際，李向夏「借」了頭上的辮子。而後李一刀殺死其妻並將借來的辮子讓死者緊握手中，形同拒姦被殺。稍加整理後，李又再離去，在外找旅店住下，待翌日一早從容回家，在衆多族人面前亮相，讓人們相信他是剛回來的。進門時，他大叫「殺人了」！於是引來大批族人，很快向縣官報案。縣官派人驗了屍體，結論是：李妻拒姦被殺。殺人犯呢？只要找到頭上辮子被割的，便可找到答案。夏作人辮子被借後原想找個假的應付，可因時間匆忙還未辦成，事已暴露。人們查到夏床下有一快刀，斷定夏氏殺人無疑，儘管夏氏一再表白通姦事確實，而人非他所殺。可罪證確鑿，再辯亦無濟於事。最有意思的，縣官老爺再三表示，李妻乃烈婦，不許夏氏說什麼與她通姦的事，因爲那是誣陷節婦。定罪之後，縣官即將案情上報，上頭也很快批下來，夏氏立斬。李妻呢？乞恩建貞節坊，以表彰其節烈。不久得准，於是淫婦的貞節坊建造起來了。

歷史上用騙的方法巧殺姦夫淫婦的不乏其例，而通過姦夫的手爲淫婦立貞節坊的還不多見。這裏的關鍵在於造假行騙的成功。而行騙首先騙自己。

自騙有時建立在受騙基礎上。山東泰安市原市委書記胡建學相信命運，一次找來「大師」爲自己算命。「大師」說：「你最大的官可當上副總理，但必須造一座橋，而且是一座大橋」。胡不但相信了，而且爲了實現美夢，硬把經過泰安的一條筆直的國道改從一座水庫庫面通過，爲了好在那裏造一座橋。這樣的目的，自是爲了能當上副總理。這是受騙後的自騙。這自騙則是爲了騙人。

一般講，行騙多是以假亂眞，例外的是以眞爲假。大體上以假亂眞爲了得利，以眞爲假多爲避禍，那無疑也是行騙，行騙之前先自騙。

宋代司馬光，陝州夏縣人，世稱涑水先生，除編修《資治通鑑》外，還著有《涑水紀聞》等書，前者爲正史，後者屬於野史筆記。南宋高宗紹興十四年（一一四四年）開始有謂「野史之禁」，禁毀野史筆記之作。這事可嚇壞了司馬光的曾孫，右承務郎司馬伋。他對《涑水紀聞》一書惶惶不可終日。紹興十五年，他經過一番謀劃後，上疏請求「禁毀」《涑水紀聞》，說這部書乃別人假託曾祖父司馬光之名而撰寫的。爲了避禍，司馬伋竟昧著良心說謊話騙自己。這是歷史上比較典型的以眞爲假的例子。現實中仍有這類做法，把正當用品冒充違禁即是一例，那也是爲了獲利的。近年來有些地方國有油站把柴油充當走私油。走私油指紅柴油，來自香港，專供水上居民船隻使用，不收消費稅，禁止陸上車輛使用，但因司機偏好紅柴油，公路上許多油站都賣這種油。爲了爭取客戶，一些原不賣紅柴油的國有油站，也來作假，聲稱自己也賣紅柴油。這些，如果不先來個自我欺騙，自是做不出來的。

前幾年國內有些企事業單位職工退休後可補上一個親屬頂替工作，稱補員。有人採取假補員做法，即以殘疾人員補上，無法工作，純是爲了領工資。有的中學畢業生成績優秀的可免試保送上大學，可也有學校作騙，不是送出成績優秀的，而是送出成績一般的，甚至成績差的，因爲成績優秀者考上大學比較有把握，送出成績一般甚至差的，可提高升學率。這些以殘充好，以次充優，自都是自騙騙人作法。

大約在四十多年前吧，美國有所謂「無聲音樂」，那是滑稽的騙局，典型的自騙騙人的表演。「無聲音樂」是美國作曲家拉蒙特．楊格所發明。所謂無聲，就是音樂演奏者在演奏開始時只要往台上一站，放出一隻蝴蝶，讓它在場子裏飛來飛去，那便是音樂了，叫「無聲音樂」，等到這隻蝴蝶從窗口飛出去了，無聲的音樂演奏即告完畢。這當中，聽衆們聽不到任何的聲音，猶如豬八戒吃人參果，不知其味，這豈不笑死人？爲之辯護的音樂評論家對此解釋說，蝴蝶飛舞，其本身就是音樂了，那是靠視覺來表現的音樂。原來如此！有人將蝴蝶稱爲會飛的花朵，那是從藝術角度講的，而把蝴蝶的飛叫音樂，得具備一種想像力，否則那些到場的聽衆們還得責怪自己不懂得音樂，不會欣賞無聲音樂。音樂是溫雅的表現，可以撫慰痛苦的心靈，使人消除憂愁，恢復安定和冷靜，振奮精神，增加信心，得到歡樂。可誰會想到？竟也有人牽強附會地解釋音樂，借音樂之名來作騙。

至於自己做錯了事、做了壞事而不承認，甚至栽給別人的，史不絕書，現實中也每每可見，那都是在騙人，爲了騙人，首先是自騙，即先騙自己。《寧波晚報》曾報導過，杭州個別飲食店不講衛生，蒼蠅滿桌，爲避免受罰，有的飲食店老闆採用獎勵吞食蒼蠅的辦法來騙人。某店規定，員工吞下一蒼蠅獲獎二百元並可休息一周。若有人問起，可說吃下一粒鍋炭。這不是騙人先騙己嗎？

二〇〇〇年，某公年八〇，報載他在大學教書，說教齡已達六五年。人們在問，難道他十五歲開始當助教？非也，十五歲才小學畢業。那怎麼會有那麼長的教齡呢？這裏把小學畢業後打工生活和以後在中學念書時間都算到教齡中，自不免可笑，同樣是一種自騙騙人。

有的人還未騙好自己就想去騙人，效果就差了。《世說新語》載，有個叫左思的，長得「絕醜」，可卻仿效「妙有姿容」的潘岳。一天，他在洛陽街頭散步，欲想引人注目，哪知卻被一群婦女亂吐唾沫，其難堪場面不難想像。

有人才發表篇把文章、幾行歪詩，便想當文化名人。正好有些「名人詞典」需要「名人」湊數以騙錢，一個要補鍋，一個要鍋補，一拍即成。於是塡張表格，交錢若干，「名人」即當成了。只是這類「名人詞典」，多不會有太多的人去閱讀，各個「名人」的讀者，多只是自己的配偶、子女，最多加上幾個親戚、朋友罷了。

自騙為了騙人，而騙人當然跟利有關。明萬曆年間，淮陰人周吉，從廁所中揀了一塊黑石，用舊絲巾包好，說是古玩，要換些錢花花，當鋪老闆以三千兩銀子買了去。

當鋪老闆出告示，要賣一萬兩。本城新開張的酒樓「隆勝居」老闆用一萬兩將它買下，遍發請帖，廣邀名流，說慶賀得寶，全城皆知，成了響噹噹的字號。隆勝居老闆將黑石養於水中，讓人觀賞。遠近的人都要到此拿杯水，說喝了會去禍納福。隆勝居因此生意火爆，不到三個月，賺了三、四萬兩銀子。

周吉得了三千兩，赴京趕考，中了狀元。回返時，路經隆勝居，證實寶石係他所獻，寶石名氣倍增，後來凡赴京趕考者多要到此喝杯靈水，沾沾狀元靈氣。①眞叫做：頑石本無奇，全由貴人提。而貴人要提它，首先要自騙一番。周吉如不是先自騙，怎能騙那麼多的人？而他自騙的目的，開頭無非爲了那三千兩銀子。

自盜謊稱遭劫，也屬於爲了利而自騙騙人的手法。報載，福建石獅市二八歲的吳某，因夫妻不和，準備離婚。一九九八年三月五日，其夫帶回做生意賺的二萬元錢，吳某見了即起貪戀之心，想把錢佔爲己有。因此，她於次日夜間，藏過了錢款之後，自己撕破衣服，弄成輕傷住進醫院，同時報警說，有歹徒入家裏搶劫。經過偵查，其騙術很快曝了光，騙人不成反害自己。②

自騙弄不好變成捉弄自己。北宋時有個道人，不過是個十六、七歲孩童，爲了騙人，說自己已經三百多歲了，自稱吃了玄妙的丹砂。那也是自騙後騙人。一次，這道人到了京都，許多人聽了都爭著去拜訪他，無非希望能求得他的丹藥。一天，有幾位朝中士人到道士家拜訪。正喝得高興時，看門人報說「郎君從莊上來，想來參拜」，道士先是皺著眉頭怒聲大作，不讓進，過了一陣，才同意讓進來。不一

①《山海經》一九九四年第三期。

②《廈門日報》一九九八年四月六日。

會，人們看到一位鬚髮如銀的老叟，神態昏愚，傴僂身體向前跪拜。拜畢，道士命他到中門坐下。道士慢慢對家裏客人說：「我這小兒愚昧固執，不肯服食丹砂，以致於到了這個地步，還未滿百歲，就枯槁成這個樣子」。這樣，客人更是把他看成神人。但後來人們終於知道了眞相，那傴僂著身體的老人，就是道人的父親。①把父親當兒子，豈止是在騙自己，簡直是毫無人性毫無道德的畜類！問題是，這類人有時很吃得開。

自騙又能騙人且騙得十分成功，這事大體可數美國的約翰．科可蘭了。

科可蘭係美國加利福尼亞州一個房地產公司的老闆，百萬富翁，這位富翁在剛發起來時連門上貼的「推」和「拉」也分不清，公廁上的男和女也分辨不出。算是個文盲。當然，不識字的老闆到處都有，問題是，這位富翁是一九六一年大學畢業的，而且大學畢業後曾在中學裏教過十八年的書。他在中學工作時還多次被評爲先進呢！這就不免令人奇怪了。

這裏不能不提他作騙的本領了。約翰．科可蘭念小學時被稱爲「笨蛋」，在別人蔑視的眼光下，他混過一級又一級直到畢業。中學呢？他仍在混和騙。他讓別的同學代作作文和數學題。在課堂上，別的同學翻書，他也翻書，但不會讀，別的同學記筆記，他也在記，只是亂塗鴉一通。他從不讓別人看他的筆記本，因爲他怕別人發現他連字也不識得。他混和騙的祕訣之一是經常不斷轉學，從小學到中學，他一共轉學十八次。就因此，很少有哪個老師和同學能瞭解他。到了大學，混和騙就更容易了，大學畢業考時，他是讓別的同學代筆的。大學畢業後，約翰到一所中學任教。不識字怎麼教書呢？那只好作騙了。爲不讓別人看出破綻，在教學中他想出了許多辦法：如讓學生朗讀課文，把電影、電視、幻燈等現

① 馮夢龍：《增廣智囊》。

代教學法搬進了課堂，還常常特邀別人來講座，以代替自己的課。考試呢？他也有辦法：用口試方式進行，或給學生出有標準答案的選擇題。這些都方便於自己評分。就因此，他常獲得校長和學生們的好評。

約翰不僅矇騙了學校裏所有的人，就是他的妻子，開頭也不知道他連閱讀也不會，眞可謂騙人有術。

約翰雖然不會閱讀，可他很會做生意，很快發了大財。只是因爲不會閱讀，做生意也會遇到麻煩。因此，他於四八歲（一九八六年）時，下決心跟六六歲的埃莉娜老大娘學習，掃除文盲。五〇歲以後會親自閱讀妻子當年給他所寫的情書。①

五　自騙、被騙與合作行騙

騙是行騙和被騙的統一，可說是合二爲一的現象，許多騙往往是自騙而後受騙。義和團可算最典型的例子。

一九〇〇年，外國侵略者利用義和團所謂刀槍不入的愚昧思想，來施展其陰謀。他們在抓到幾個義和團成員後，故意把子彈頭拔掉，然後讓民衆觀看射殺，無彈頭自然打不死人。義和團眼看洋人子彈打不死他們，更神氣了，更多的人參加進去，他們在京津地區殺洋人搗毀外國使館。外國侵略者把他們逼到死胡同，用大炮轟殺，殺人取樂，結果大批中國人死在外國人炮火下。正是由於義和團刀槍不入的自騙，給外國侵略者的騙殺提供了方便，是謂自騙而後受騙。這類事自不只義和團，只是義和團比較典型

---

① 原載《環球》，引《東西南北》一九九二年第一期。

而已。這是愚昧製造的令人心酸的「幽默」，愈玩味愈覺苦澀。

因自騙而受騙，在日常生活中每每可見，人們習以爲常，見怪不怪，最多當成笑料，供飯後談資，引以爲戒的似不太多，因而還不時在蔓延中。

有一則笑話說，十個老頭相約聚會喝酒聊天。各人從自己家帶一壺酒，到時摻倒在一起共飲，以示親熱。有個老頭想佔便宜，來個作假，帶了一壺白水，心想大家都帶酒，我一人帶水最多把酒摻淡了些，不礙事。不料到了喝酒時，他們喝到的全是白水，毫無酒味。怎麼回事？原來大家想法一樣，都想佔便宜，都帶了白水，結果到頭還是自己騙了自己。雖是一則笑話，卻不失爲眞實的反映。

這裏人們不難悟到這樣的道理：你騙我，我騙你，最終還是騙自己；用心騙別人，到頭騙自己。人們常說：「自重則重，自欺人欺」，可謂至理名言。

有一種騙局，騙和受騙雙方都得益，那是騙和受騙雙方默契進行的，互相配合，不過是一種權力遊戲。

人們看到，有一種在職研究生班，一大批官員由部門或單位各花上萬把元數萬元學費，不用上課，不做作業，不用寫畢業論文，時間到即可領到畢業證書。策劃者騙到了錢，騙到了吃喝玩樂，上學的官員騙到了研究生學歷文憑。這裏誰騙誰？誰受誰的騙？有的人想受騙恐怕不一定能找到機會呢。

有的「受騙」與其說是被動上當，不如說是自願的主動上鈎。比如買假文憑，有的人之所以要買它，主要爲了騙別人，騙社會騙善良的人。人們看到，大體說，賣假文憑者絕不會說所賣的是眞文憑，只能說這假文憑做得與眞的一樣。買者因沒有眞文憑，所以想買假的。爲了買到與眞的一樣的假文憑，他（她）還得把自己的名字和就讀的學校（或者想借用的學校）告訴製假者讓其去製造與眞的一樣的假貨。可見，這裏的行騙、「被騙」，實在是合夥人，可稱爲狼狽爲奸，是合作行騙。

買假文憑是爲了作騙，而這種作騙，既是虛榮心的促使，有時也是被逼出來的，比如，有的部門和單位，提幹、評職稱、加工資、分房子等，就明文規定要有某種文憑才有資格參加，而有的人因沒有某種文憑，只好花錢買上一張假的來應付了。有人說，高學歷的崇拜症刺激了社會上假文憑的氾濫。這話自是有道理的。可以這麼說，什麼事都搞絕對化，難免出假。

爲應付某種驗收被逼作騙的也每有所聞。據傳，個別國家級貧困縣領導，爲了通過「普及九年義務教育」達標驗收，不惜弄虛作假，組織沒有上過學的小孩冒充在校中學生，並由學校花大力編假姓名、假資料等。這裏就學校和教師講，既是被逼作騙，也是與逼者合作作騙。某些驗收者與其說是受騙，毋寧說是在爲造假推波助瀾。

人往往有一種特性：短於自知卻長於自騙。這種特性的產生，主要因爲每個人都不容易看清自己，又每想讓自己得到好處，佔到便宜，結果在騙人動機下，反騙了自己。

以假當眞之所以能騙人，由於借助一重帷幕，一般人隔著帷幕看，自是看不到其眞相，只有揭開帷幕時，才能看到眞面目。有時，別人揭開帷幕看到眞相，但不願講出眞相。這也是自騙的結果。明明是黑的，可要說是白的，因爲別人都那麼說，萬不可揭破它，揭破它就會煞風景，煞風景就會討人嫌，處處討人嫌，自己日子就不好過了。人云亦云，人騙亦騙，騙往往就是這樣形成的。這裏，自騙在騙文化中的意義不難想像。

六如此「勇鬥歹徒」——自騙者的表演

把善意的行爲看成是別有所圖，係因誤解造成的，而將可惡的勾當說成是義士壯舉，乃作騙的結果。這類作騙多與自騙連在一起。

有些人，或爲了升遷，或爲了邀功請賞，或爲了調動工作，或爲了好名聲，想方設法表現自己，僞造現場，「在勇鬥歹徒中立功」則是一種典型例子。

報載，山東博興縣水利局勞動服務公司幹保衛工作的曹連慶，二〇歲，爲了想調換到一個好的工作崗位，想出了一個能在領導面前表現自己的妙計。一九九六年五月一九日夜晚，他將某賓館三台電視機轉移他處，並朝自己身上劃了幾刀，而後向公安保衛部門稱：歹徒行竊，被盜了價値七三〇〇元電視機，自己爲保衛集體財產，與歹徒作鬥，身上八處受傷，並指出歹徒就是居住本單位的戴某。因此，公安機關將戴某收容審查。一個多月後眞相大白：這起盜竊案原來是曹氏自編、自導、自演的鬧劇，是一種自騙騙人的做法，其目的爲了立功，爲了欺騙領導，達到調動工作單位的目的。①

還有比這更離奇的。退伍軍人張亮東，退伍後到深圳市一工廠當保安，爲了撈錢也爲了當個英雄，萌生奇想：演一幕退伍戰士勇鬥持槍劫匪的好戲。

因此，他收買了陳國安、楊良順等五名無業人員，成立「猛龍」幫，自封爲大哥。嚴打剛開始，張以爲時候已到，決定以「猛龍」幫人員來演「英雄鬥匪」戲。張亮東佈置「猛龍」幫成員李月紅（女）演被搶劫者，以張良順、陳國安演持刀行劫的歹徒，張本人充當抓歹徒者，約好事成後平分獎金。

一九九六年八月一〇日上午，李月紅打扮入時，在一橋上觀看風景，楊良順、陳國安手持假手槍和水果刀，裝成流氓樣跟在李的背後，到了橋中央，二人一擁而上，將李抱住欲行強姦。李月紅假行反抗，三人一陣撕打，持續了五分鐘後，李口喊：「救命啊，抓歹徒！」早躲在橋頭的張亮東聞聲，飛快跑來，楊、陳急忙起身逃跑，不到二〇米被張追上，三人展開搏鬥。張一拳捶打陳的右臂，陳忘了躲閃

①《法制文摘》一九九七年二月六日。

方向，面部被擊中。陳以爲張有意打他，頓起報復之念，用水果刀朝張的腹部捅了進去，爲了將搏鬥時間拖延到公安幹警趕到現場，以便領取獎金，張亮東忍痛繼續撕打。圍觀者越來越多，三人越鬥越起勁，像眞的一樣，因爲張亮東受重傷流血過多，力不從心，加上陳、楊失手，終被推下百米高的橋下，當場斃命。①

張亮東爲了當英雄領獎金，騙己騙人，結果英雄沒當成，獎金也沒領到，反丟了一條命。可謂騙己害己。

也有爲贏得某姑娘的芳心，故意導演「英雄救美人」的鬧劇。《廈門晚報》一九九七年八月一八日載，廣東樂昌待業青年田某，幾次向某姑娘求愛均失敗，便想出了一計謀。一九九七年七月一〇日早上，他路過一地方，見三歹徒在調戲該姑娘，即與之搏鬥，把三歹徒打翻在地。三歹徒想逃，可被過路公安幹警逮住。一審問才知道，這三人皆田的朋友。他們是表演給那位姑娘看的。

七 與恩怨有關的自騙

所謂因果報應，大多是一人出於私人恩怨而編造出來的騙人話，宋人王銍的《默記》中記有一例。宋人張君房，是宋眞宗的文學侍從之臣，著作如林，頗有才華，但人品不佳，老友白稹當面規勸過他。因此，張氏耿耿於懷，伺機洩憤。後來白稹病死，張君房寫了筆記小說《乘異記》說白稹死後變成一隻鼈。在揑造的故事中，張說，白稹死後，一位划船趕水路的老朋友，夢中會到白稹，白向其訴說，生前作惡，死後被冥王罰爲癩頭鼈，希望老友關照。這老友於次日行舟之際，見岸邊一漁翁，網住一隻

①《廣東公安報》一九九六年一〇月一四日。

大鼈，記起夢中情節，即忙買下大鼈，將其放生。《乘異記》刊印出來，許多人看以後信以爲眞，張君房亦很得意，暗中慶賀自己作騙成功。沒想到白稹兒子看了甚爲氣憤，一天張氏退朝回寓，白稹的兒子攔路把他拖下馬，按在地上拳腳交加，打得張氏冠巾毀裂，流血遍體。圍觀者中有一老者，出面排解，白稹之子訴說原委，衆人斥責張氏做事太不地道。張氏顧命要緊，跪地求饒，謝罪。後被迫將《乘異記》一書版燒了不再印。①這僅是一例。不過不難窺見一斑。張君房捏造事實，爲了騙人，也爲了洩私憤報私怨。既然是捏造的事實，當然首先要騙過自己。

凌蒙初在《初刻驚奇拍案》中，有一回描寫一個被賣進妓院當妓女的衢州人鄭月娥，冒充徽州人姚乙的親妹妹姚滴珠。那也跟個人恩怨有關。原來姚滴珠嫁到潘姓家後被人拐騙走。潘家告到知府那裏，說姚家有意藏匿姚女。事情鬧大，一時難以解決。姚女之兄姚乙，得知某處有一女子鄭月娥極像自己妹妹，便攜之歸。準備以假混眞。鄭月娥到了姚家，連姚滴珠父母都錯認爲眞，可當她來到滴珠丈夫潘甲身邊，睡了一夜便被識破，再告到知府那裏。知府用計終找到眞姚滴珠。姚乙因作騙被充軍，鄭月娥感激姚乙，跟在充軍路上照顧他。

這個行騙的原因頗爲複雜，鄭月娥爲了早日脫離苦海，姚乙則爲了了結妹子的懸案。就因此，姚乙和鄭月娥都採取自騙以騙人的手法。潘甲只想得到自己的老婆，把問題捅了出來。這裏自騙不自騙跟面臨的難題相關聯。大致說來，世上壞事，一部分由壞心造成，也有一部分則由好心造成。而好心造成的壞事，同樣會傷害社會和人群。姚乙所做的正是屬於後一種，即出於好心，辦了壞事。

以上兩件都是跟個人恩怨有關的自騙而後騙人，這類事在日常生活中亦絕非僅有。

① 朱靖宇：《文史勾沉》，中國文史出版社第四五——四六頁。

八 騙己騙人也害己

騙己騙人，騙人騙己，有時也害己，這方面古今中外都可找到例子。

《官場現行記》可說是一部很多人都知道的晚清譴責小說，揭露官場的種種腐敗現象。有一處說一個貪官，對外文不懂卻要裝懂，想用一句「葉司」（yes）向外國人混騙，鬧出一場笑話。一次上司派他去碼頭迎接一個洋教司。時正值下雨，那洋教司因被雨淋，正在發脾氣，見貪官來接他，便用英語問道：「是來接我的嗎？」答：「葉司」！「這時才來，是你偷懶嗎」？「葉司，葉司」！「你該打嗎？」「葉司，葉司」！洋人聽了便用手杖把他打了一頓。可謂騙人騙己，自作自受。

生活中還有比這更慘的事。讀中國歷史的人都知道，周幽王爲討得褒姒的歡心，爲博得她一笑，竟採用石父計，不惜代價屢燃烽燧，騙得諸侯前往勤王，多次作騙失信於諸侯，後來西戎出兵攻周，周幽王再舉烽燧徵調諸侯去救援，可諸侯以爲周幽王還在騙人取樂，無人前往救援。結果幽王被殺。騙人終害己。

他如狼來的民間故事，與此差不多。這類騙人害己事，現實中同樣可舉出一些。有個男子花了八八〇元給妻子買了一套新時裝，怕妻子嫌貴，撒謊話說只花四四〇元買的，騙了妻子，妻子見說很高興，但嫌衣服大了些，後來以四四〇元轉讓給了朋友。說謊者吃了虧，但不敢說出來。這還是小事。比這大的，每有所聞。

報載，浙江一個十六歲的女子趙某，爲了金項鍊、金戒指，想到行騙。她與一個叫楊志輝的騙子計謀到外頭騙婚。他們來到江蘇姜堰市。在那裏，趙化名曉軍，通過人販子汪順勤賣給一個叫馬寶風的，馬氏花三七〇〇元買趙爲妻。趙原與汪約好，拿到錢與馬假結婚後跑出來。到時汪要拿二〇〇〇元給她。只是因爲馬家發現趙有偷跑跡象，便把她牢牢看管起來，逃跑不成。這樣，趙爲了騙人，讓人販子賣掉自己，結果騙到自己身上。①最後剩下的，可能是自己長時間的苦惱了。

也是報載，有個叫鄭美玲的，受朋友王俊忠的委託，代爲保管幾箱香煙。貪心的鄭氏，暗地指使其侄兒設法把香煙偷走，將香煙賣得的錢給他買BP機。侄兒按她的話做了。之後，鄭裝成家裏失竊樣子，向派出所報了案。她以爲派出所破不了案，騙過朋友，把錢賺到手。那知公安人員立案偵察，結果把她侄兒逮住。侄兒不願坐牢，把事情眞相和盤托出。結果，鄭氏的假失竊案曝了光，被以詐騙罪判刑三年。②

還是報紙消息，河南方城某青年手邊有些假鈔，不好出手又捨不得銷毀，後趁訂婚向女方送聘金時，把它混入其中。女方得知後，認爲男方不誠實，靠不住，退還聘金。結果弄巧成拙，黃了婚事，還傳爲笑料。

據傳，風流成性的某君，每以談戀愛爲名，騙財又騙色，玩弄一個又一個女子，後都以這樣那樣理由與之拜拜。被騙被玩弄的女子如同啞巴吃黃連。後來，某君騙到自己的好友吳某的妹妹，方法依然。吳某因此多次勸說過他，仍毫無作用，某君反而責怪吳某干涉他的自由。吳某怒了，心想是你不仁別怪我不義。吳某安慰了妹妹後，就準備找機會治治他。終有一次，某君生病住院，吳某與值班護士取得聯繫，將退燒針液，換成荷爾蒙混合藥物，注入某君的體內。這下可苦了某君。自此，他的陽具永遠無法

① 《新民晚報》一九九七年七月一二日和《法制文摘》一九九五年一一月三〇日。

② 《廈門日報》一九九九年一月二四日。

勃起，成了與古代太監無異的陰性男子。騙錢騙色者終也受到懲罰，騙人也害己。

不說眞話自也是一種作騙，在某種場合，那也是騙人害己的舉動。大家看到，有些單位、部門和地區，每當提拔領導幹部的考察組到達時，因那裏人們不說眞話，常出現一片叫好聲，結果熱熱鬧鬧走過場：程式分毫不差，材料一份不少，可考察失眞。——人們爲什麼不說眞話？主要因爲缺乏說眞話的環境：或認爲考察只是形式，說好說壞均無用；或認爲考察組與本單位、本部門、本地區掌權者是一路貨，我若提出不同意見，會是自討苦吃，何必？這是害怕打擊報復思想造成的。當年成克傑、王寶森、傅長清、張二江等，在考察時之所以評價甚高，就因爲許多人不講眞話，結果，使得那些劣蹟斑斑的敗類，通過「考察」，地位越升越高，權力越掌越大，造成許多善良、正派的人遭災，出現了種種悲劇。這不是騙己騙人而害己嗎？

人的思想和行動，有時那麼令人可笑，令人不可思議。他們常常自編、自導、自演、自觀賞一幕又一幕的喜劇和悲劇。雖然留給後人思考的節目很不少，可自己得到的教訓似不很多。因此不斷地重複著自己騙自己。

歷史上、現實中，那些騙子、貪官污吏有的遭到殺頭甚至滅族，但騙子和貪官污吏非但不會減少，而且還在不斷增多，這是何因？跟他們自己也受騙不無關係。受什麼騙？受名利的騙。飛蛾撲火，自取滅亡，那是明擺著，但只要有火光總會引來大批飛蛾。這是火光的作用，即飛蛾們受了火光的騙。騙子、貪官污吏對名利孜孜以求，不顧一切地往前衝，結果許多人衝進了泥坑，如同飛蛾撲火。這也是他們受到名利誘騙的結果。而他們在受到名利引誘過程中，大多自己騙自己，即跟自騙相關聯。

一個老愛作騙的人，其所受到的最大損失，首先還是他自己。這因爲，一個人騙到別人時，其實也在騙自己。試想，人生何其短暫！當一個人沒有把自己的能量充分發揮出來而去幹其不該幹的事時，不是在蹉跎時光、虛擲生命嗎？不是在犧牲自己最珍貴的東西嗎？可以這麼說，被別人騙了並不可怕，因爲受騙者一旦醒悟過來，便會少受騙甚至不受騙。可怕的倒是專營騙人勾當的人。騙人也騙己，而騙己往往會找到某種藉口，結果不斷延續下去，以致不可自拔。因此，日常生活中，騙人害己事不斷地重複發生。

九 信不信？無人不騙人

世界上似乎找不到不騙人也不受人騙的人。有些人愛說，本人從未受過騙，也從來沒有騙過人。這話未免講過頭了。其實那只是你自己不願承認受過騙和騙過人或者遺忘了自己受過騙和騙過人而已。醉漢醉酒時倒會講出眞話，即不騙人，而清醒時常表現出虛僞，自騙也騙人。不受騙和不騙人的，只有未出生的和已死去的人。未出生的嬰兒本身不騙人，但有的也存在人爲的騙人事。前幾年報載，印尼有一孕婦，用微型錄音機裝在肚皮上，按動電鈕即發出唱歌聲音，她聲稱那是胎兒在唱歌。一時大爲轟動，無疑那是在作騙，連印尼政府官員也受其騙。

行騙，那可說是騙意識的運用，騙知識的消化。有的人騙的消化力特別強，所以騙的成果特別突出。這部分人多是善騙者，每每令受騙者甘受其騙。這是屬於上等的騙。次者多是靠壓助騙。每遇到不甘受騙而進行的反抗者，行騙者多以頑固、保守、缺乏開拓精神、反對新事物等名目壓過去，不怕對方不接受騙。這部分行騙者多半是手中有權的人。再次則用半收買的辦法，引誘受騙者就範；也有偷騙結合，以偷來彌補未達到的目的。前者多是有錢者的作法，後者多爲無錢無權者所採用。

由於行騙者性格不同和行騙目的有異，選擇行騙的對象也不一樣。有的專騙弱者，有的對準強者，有的騙有錢人，有的騙窮漢，有的騙取金錢和財物，有的騙取榮譽和快樂。

在騙人方面，首先可提到小孩，小孩小時多受大人騙，稍長大便開始騙人了。

小孩最初騙人，主要表現在說謊話、說假話上。有說小孩從三歲便會說謊話，到了九歲，說謊話的上升到百分之七十。

小孩子說謊話騙人，有時習以爲常。就小孩子講，這是他們表現出的對別人的不誠實，對自己也不誠實。不過，那不代表小孩子人格錯誤，而乃是行爲錯誤。

小孩子說謊話騙人的原因，可從社會環境和自我心理兩方面看。

從社會環境方面看，不論小孩子甚至大人都時時在說謊騙人，他們有樣學樣乃很自然的。小孩如同一張白紙。白紙可繪出美麗的圖畫，也可塗鴉成亂七八糟的廢紙。小孩可教育成爲誠實的人，也可被引誘成愛說謊話和假話的小騙子，這裏關鍵在於周圍環境的影響。

從自我心理方面看，他們說謊騙人多由於平時對某些事不滿，學習成績不好，怕受懲罰，逃避某些不願幹的事等等，因此常常求助於說謊話，騙別的小孩，也騙大人。對於小孩子的說謊，有人做了這樣的區分，「敵意」性說謊、補償性說謊和防衛性說謊。平時心裏有某些委曲，比如對父母疼愛弟妹，感到不滿，除了哭，也故意說謊話騙父母。學習成績不好，謊說自己有其他長處，試圖取得老師和父母的原諒，避免受懲罰；有時爲了逃避自己不願做的工作和自己不願交往的人，也說謊話等等。①

特別要提到的，大人不愼使用的語言和教育方法，常常釀成小孩撒謊作騙的習慣。不少家長和老師爲了讓小孩從小學會識別和抵制騙的本領，編了許多動物的寓言，以動物作騙的故事來教育小孩，希望小孩誠實起來。可事實上那些寓言常使小孩失去純眞。因爲小孩讀了動物寓言，會羨慕行騙的狐狸，而

① 台灣省教育廳編印：《伴我成長親職教育家長手冊》第七章。

不是去同情被騙的烏鴉。結果反而教會小孩說謊作騙的本領。

小孩說謊，有時還是父母教的甚至是父母逼出來的。這話絕不聳人聽聞！有則傳說：以前有位母親，懷抱自己孩子參加鄰里姑嫂妯娌結群聊天，因憋不住肚子一股廢氣，小聲放了一屁，令人難聞。周圍幾位大嫂聞臭味便罵道：誰放屁不走遠點，眞缺德！放屁者不敢吭聲，想讓她們罵幾聲過去算了，可偏偏懷裏孩子沒學會騙人，據實以告，說：是我媽放的屁，我聽到了。這下可把媽媽惹火了，當衆拉下臉，一邊擰著孩子的屁股，一邊狠狠訓斥：你這孩子這麼小就學壞了，自己放屁怎麼能賴媽媽呢？一直擰著孩子屁股讓他哭著當衆承認屁是自己放的。人說母親情懷是首詩，如果這裏也是詩的話，那是夠難讀的。有人拾金不昧，而這位母親卻是放屁不認。這種不認屁的做法對小孩自是有影響：小孩被罵挨擰後學乖了，爲了不再挨罵挨擰，便講假話騙人。這不是大人逼出來的？

傳說美國第六任總統哈里遜小的時候也騙過人，也是被大人逼出來的。

人說哈里遜小時候木訥，反映遲鈍，一些大人都說他有點傻，有人故意在路上扔下兩種美元讓他撿：一種是一美元的，一種是五美分的，看他撿哪一種。通常小孩一般都會去撿一美元的，可哈里遜卻撿五美分的，大人們以此斷定他確是「傻孩子」。自此以後，大人們常常扔下一美元和五美分的去「試」他。與其說是在騙他，不如說是在向他取樂，而哈里遜呢？每次總要「傻」給向他取樂的大人看個痛快：總是撿五美分的。就因此，人們愈加相信哈里遜是個「傻孩子」。

終於有一天人們瞭解到哈里遜「傻」的眞相。一個老太太悄悄地對哈里遜說：「好孩子，千萬別那麼傻，人家扔錢時，你應當撿那個一美元的，那個値錢！」而哈里遜微微一笑，說：「不。老奶奶，如果我眞的去撿那一美元的，他們就再也沒興趣扔錢給我了」。糊塗的大人，自己作騙了，還要逼孩子作騙。

事情明擺著，小孩原來單純的靈魂，在成長過程中，多半在大人的引導下，逐漸變得複雜起來。

小孩子撒謊騙人，當然不會毫無影響，而影響最惡劣的大體可數一九四六年七月初的一次屠殺猶太人的事件。

一九四六年上半年，波蘭一鞋匠夫婦帶其八歲兒子赫里安從鄉下搬到凱爾采市。因赫里安不習慣城市生活，於七月一日那天偷跑回鄉下去看村裏小朋友。赫里安的父母不見了孩子，心急如焚，到處尋找。到了第三天，赫里安從鄉下回到其父母身邊。其父惱恨交加，大聲責問赫里安這幾天跑到那兒去？是不是給猶太人拐去？孩子見父親兇神惡煞，很害怕，順水推舟承認說是被猶太人拐去了，並還謊稱說被拐到帕蘭大街七號的地窖裏。……憤怒的父親即向警察局報案。但警察到實地調查，結果發現那裏沒有地窖，小孩又支支吾吾說是在一個黑暗房子裏。

當地人聽說，赫里安被猶太人拐去折磨了幾天，異常憤怒，聲言要報復。小孩的謊言在幾小時內一傳十，十傳百，越傳越走樣。七月四日，幾百名群情激憤的市民衝向街頭，見到猶太人就打、就抓、就殺，有四二人被活活打死，其中有個工人還是被誤認爲猶太人而被打死的。①這就是由小孩說謊而造成的悲劇。

另一次影響很大的可提一九九九年發生在美國紐約的埃德溫撒謊作騙案。

埃德溫，宏都拉斯人，一三歲，很小便跟其父親住美國邁阿密，一九九八年其父死於愛滋病。爲了找親人，他先到佛羅里達州，後再到紐約，在那裏編造萬里尋親的假話騙人，說家裏祖父母和母親、弟弟都在颶風中喪生，而在美國的父親寄了二百美元給他，讓他來紐約與父親團聚。自己歷盡千辛萬苦，

①《法制文摘》一九九七年一月二日。

來到紐約，但找不到父親，傷心透了。……對此，紐約許多報紙以頭條新聞加以報導，許多市民包括市長都對他表示同情，表示要幫他找到父親。人們紛紛送錢送物給他，以示關心。——可後來，他祖母出來說了眞話，人們這才知道自己都受了小孩的騙。①

其他小孩說謊騙人，幾乎是隨處可見。近年來，就連聖潔校園裏，也時時出現各種的騙：中小學老師給學生家長寫條子叫學生帶回讓家長簽字後帶回學校。有的學生竟也敢冒名造假騙老師；有的學生給老師寫請假條，也敢模仿筆跡，署上父母的名字以騙老師。……

在學習過程中，孩子們也有因被逼而講假話騙人現象。有人說，前幾年高考題目，尤其是作文，多有把考生思維和寫作方法納入一個早已預設的模式中的做法。作文題目常是早已規定了寫作內容和價值取向，且多是強制性的。爲了迎合題目要求，以期有好成績，許多考生瞎編以騙人。有一年作文題目是《戰勝脆弱》，不少考生寫了在「父母雙亡」的「考驗」下戰勝脆弱的假話。明明父母健在，說是「雙亡」，自是在作騙，這種作騙可說是題目要求所逼出來的。

作騙，當然不單是小孩，主要還是大人。

一個堂堂的男子漢，爲了維護家中的平衡與歡樂，不時也使用了假感情，亦即作騙：在父母面前，對的說對，不對的有時也硬著頭皮說對；在妻子面前，愛時說喜歡，恨時也往往裝模作樣說喜歡；在兒子面前，有故事時講得令人開心無比，沒故事時往往也要胡編瞎講一通。總之，爲了博取父母、妻子、兒女的歡心，他不得不作騙；而父母、妻子、兒女，有時爲了讓他高興，也說些假話，哄他、騙他。與小孩之被動、逃避性的說謊相反，這裏大人們的互相作騙則多是主動的，進取性的。這是在利益一致情

---

①引《法制文摘》一九九九年七月一六日。

況下，為了家庭和睦而使用了騙的做法。有人說，學問愈多的男子愈不善為人夫，學問愈多的女子愈不善為人妻。因為學問愈多，愈不通人情，不懂得作騙。不懂作騙勢必影響到夫妻感情和家庭中的和睦。看來這話不無道理。

一個家庭因互相作騙而被毀的絕非僅有。《海峽姐妹》二〇〇二年第九期一篇文章中談到，長沙有一對年輕夫婦，本來日子過得十分溫馨，令人羡慕。只因丈夫買彩票中了大獎，擔心將來妻子如果有變會分走一半錢財，甚感可惜。因此竟瞞著妻子，用朋友名義將錢存入銀行。可沒想到，錢被朋友吞了，要不回來還得吃官司。他只好把實情告訴了妻子。對此，妻子如五雷轟頂，惆悵不已。一個好端端的家庭，終被丈夫的作騙破壞了。

做為小社會的家庭成員之間互相作騙，大社會成員之間互相作騙能少得了嗎？

甚為滑稽，甚為令人回味的，人們一邊不時提醒自己和同伴，小心點，別上當受騙了，可另一邊又不斷向別人，首先是向上司提供各種虛假的數據，說著連自己也不相信的假話。這樣做的用意很清楚，力求自己不受騙而又能騙過別人首先是上司。

有些國家，一邊大張旗鼓提倡戒煙，宣傳說吸煙對人的身體健康有這樣那樣的危害，如說，香煙是修築通往死亡之路的建築材料，吸不得等等，可另一邊又在大力鼓勵民眾種植煙草，發展煙業生產，說煙廠給國家增加大量稅收云云。可謂自相矛盾的做法，可笑的騙人把戲。

這些，自都是大人們幹出來的。

有人利用自己天生條件進行行騙活動，另一些人主動配合，幫助他們行騙。

在日常生活中，有人不時收到一種「幸運信」，信中要你先向幾位列名「幸運者」的各寄去幾元錢，並劃掉幾名中的第一名，而後把你自己的名字寫在「幸運者」後面的位子上，接著你再向二十個以上的熟人、友好發出你複製的「幸運信」。這樣，不久後你便可收到許多錢財。「幸運信」告訴你，若照辦，必有好運氣，否則便會災難臨頭。有的「幸運信」特列舉事實：某人照辦了，不久在股票上大發一筆財，某人不照辦，結果遇上車禍，成了癱瘓者，云。可謂連嚇帶騙，以嚇行騙。類似的還有叫「幸福快車——互助自救致富方案」，稱「五倍擴散法」：你給所收到的「幸福快車」表中的第一人寄去一〇元，再製作二〇份寄給熟人親友，當你的名字排到第一位時，就會有二〇乘二〇乘二〇乘二〇乘二〇等於三二〇萬元錢寄給你收，你就發財了。這叫別人騙我，我騙別人。儘管不少人背地大罵這種做法，但罵歸罵，自己還是跟著幹了，自己受了騙又去騙別人。

配合與幫助別人行騙還可以提出許多例子。

一九八四年前後，比利時有個叫阿萬丹的，五〇多歲，酷似美國總統雷根，美國彼得·金公司如獲至寶，與他簽訂一份爲期四年的合同，要他在商業機構的開幕典禮、影視廣告和私人晚會上露面，每兩小時可得五千法郎。①那是用總統的形象來騙人。

一九九三年前後，美國拉根市有個四五歲的醫療器材推銷員帕特·里克，外貌極像柯林頓總統，經常應邀模仿柯林頓的動作、表情發表演說，參加拍廣告，大賺外快。被稱爲「冒牌柯林頓」。②還有一個叫迪安的美國人，也酷像柯林頓，不但有人請他簽名留念，而且有一家賣狗食的公司老闆，請他做廣告，致使生意興隆，迪安因此收入比正牌總統的工資還高得多。

也是在美國，有個婦女叫愛利桑·麥奎爾，長得酷像英國的柴契爾夫人，自己有意將髮型也梳得與

---

①《上海譯報》一九八五年四月八日。

②《台港信息報》一九九三年八月二一日。

柴契爾夫人一樣，並模仿其表情，幾家廣告公司得知後即找她簽訂合同，用她的形象大做廣告，收入甚可觀。柴契爾夫人知道了這件事，並不生氣。①

在英國，一批長相酷似王妃戴安娜的婦女，利用自己的長相，喬裝打扮之後，或受雇於商場做廣告，或受雇於小報炮製一些花邊新聞，風光無限。可一九九七年王妃因車禍玉殞，長相與之相似的婦女亦多告失業。

伊拉克有十幾個酷似薩達姆的人，海灣戰爭期間被挑選去當薩達姆的替身，以假代眞出席各種會議，到各處視察活動，出盡風頭。可這舉動氣壞了美國情報部門的人員，他們被弄得一籌莫展，明知受騙，卻無計可施。

在俄國，有個叫斯科洛霍德的，面貌十分像葉爾欽，地方官員每當有貴賓來訪，便請他出席，以增添氣氛，那自是作騙。有一次，這斯科洛霍德被請去參加拍一場電影，扮演總統葉爾欽。在總統辦公室，眞假葉爾欽相遇，一神甫竟無法辨認出哪眞哪假。就因爲極其相像，斯氏平時有意無意地騙了許多人。

在中國也有過以形象相似而行騙的事。僅舉兩例。一是清末戲子崇福，形象酷似光緒皇帝，曾在一太監配合下，在武昌假戲眞唱，騙取錢財，史稱假光緒皇帝案。二是國民黨政府時有叫何雲的人冒充蔣介石。何雲乃浙江平陽人，任過黃埔軍校教官和浙江省軍事廳副官，因甚像蔣介石，身材也相仿，蔣介石曾多次用他當替身。有一年蔣介石爲控制四川、貴州，親自去視察，爲防萬一，令何同行，白天自己與劉湘等磋商軍政大事，夜間由何雲留在賓館以防黑手。以後有的場合如剪綵、合影等讓何出面應付，

---

①《生活周刊》一九八五年一二月一〇日。

以騙人耳目。後因宋美齡反感，只好打發他離開南京，回到老家浙江。在浙江，何雲還以形像蔣介石，騙過一些人，而嚇唬貪官一事則傳爲笑談。日本佔領杭州時，地方官員乘機魚肉鄉民，民怨沸騰。一天，淳安縣縣長向當地士紳勒索軍餉，人皆叫苦。突然來了「蔣委員長」，縣長見了趕快下跪求饒。假蔣介石何雲把這縣長訓斥一頓，令他改邪歸正，說罷揚長而去。士紳因此鬆了一口氣。①

以上是因相貌相像帶來的好處，即行騙方便。當然也有因相貌相像帶來許多麻煩。鮑曼乃當年希特勒的政治秘書，他怎麼死未有人知，戰後發現二五位長得像鮑曼的人，他們都成了戰犯的嫌疑，倒了楣，直到一九七四年在倫敦舉行的國際牙醫聯盟世界大會提交材料證實鮑曼確實已死，才使這二五位相像者解除嫌疑。

有的共產黨員稱號也成了行騙的有用條件。有人以黨員名義騙取信任，詐騙錢財，被稱爲「貪婪之徒的一種發明」。

鄧超輝，湖北某中學教師，曾被評爲「優秀黨員」、「模範班主任」，但他奮鬥目標是發財致富。一九九〇年四月，在去武漢的途中，他結識了某單位文教科長陳惠，有點相見恨晚意味。他們在如何找一條發財之路方面很快獲得共識。他們商定在武漢成立科技開發公司、收集舊幣公司、農華商貿公司，簡稱「三寶財團」，鄧自任總經理，陳爲副，刻出印章後即著手創業，他們宣傳說，蔣介石退出大陸時，在廣西山區一溶洞內埋藏了價值一五億元的各種舊幣，由五位國民黨元老把守，若給五〇〇萬人民幣，他們可獻出舊幣。接著，他們亮出共產黨員證件、榮譽證書，以一比十的高利息，向民衆徵集五〇〇萬元人民幣，準備去換來舊幣。他們還以自製的財政部回收舊幣認購紅頭文件虛張聲勢，強調黨員、幹部

① 臺灣《傳記文學》一九九四年九月號。

先入股，先富起來，以激發想發財者上圈套。好些人心動了，還想發揮餘熱的西子湖畔某老工人老黨員，甘肅的某退休老教授，也被他們鑽了空子。許多人爲了先富起來，爲了發財，結果上當受騙。①

有的警察也利用自己的方便條件來騙人。《中國資訊報》一九八八年五月一五日載，南昌鐵路局退休職工王某，因兒子犯罪坐牢而找江西勞改第四分隊警察宗某，宗氏對他說，只要他交五千元可釋放其子。王交了五千元之後，宗氏向他出示了兩張假釋放證說，你兒子某日可回家。講過之後，再不見其人。王某大呼上當。

親戚騙親戚的事，也每有所聞，諸如表兄騙表弟，外甥騙娘舅，甚至女婿騙岳父，多爲騙取錢財，那都是見諸報端的。

關於騙人，有些頗令人不解。比如，有的人竟然因怕別人借錢而作騙。報載，一九八三年三月二四日清晨，浙江新昌公路上横倒一自行車，車邊仰臥著一男子，嘴裏被用毛巾塞住，雙手反綁。行人看到後即報告公安部門。後得知，該男子名叫呂伯祥，當地人，半小時前遭歹徒搶劫，錢被搶，人被綁。公安人員細看現場，發現許多疑點，即不像被搶。經過一番政策攻心教育，呂承認自己故意騙人。這又爲什麼？因爲他近年已開始富起來，許多人見他有錢而眼紅，向他借錢的人越來越多，他頗感吃不消，但又不便當面拒絕，於是裝成被搶以期減少借貸者。②又比如，有些造假行騙，僅僅爲了某些私利，結果敗壞了自己的聲譽。一九八三年報紙上揭露過一件事，說三二歲的搬運工陳某，冒稱四川九四歲的老人，當過教授和港報編輯。用抄襲和杜撰一大批稿件，如《黎元洪是我從床底下搜出來》、《回憶老友

①《報刊文摘》一九九三年一月四日。

②《每周文摘》一九八三年第三三期。

陳嘉庚》、《廣州非常會議的所見所聞》、《我對胡漢民的印象》、《林語堂其人其事》等等，給全國和各省政協文史辦寄發；因爲那些稿件稱係親身經歷，親自所見所聞，很引得各方面的重視，有的文史資料在刊發其稿件時客氣稱之爲「陳老先生」，那知原來是個年輕小夥子。①

一〇信不信？史學家、科學家也騙人

有人說過，歷史可以明得失，乃萬世是非之權衡。編寫歷史，記善惡，寓懲勸，總結過去的事以示後人，按理要保持眞實，可事實上許多歷史書帶有相當程度的假，憑空揑造事實，有些歷史學家，以其冷冰的筆，編織烏有言詞，那當然是爲了隱瞞事實，爲了騙人，騙後人，愚弄子孫後代。史學成了死學。

且不說那些所謂私修的野史，單就所謂正史即二十四史，假的可見不少。毛澤東曾一針見血地指出，《史記》大半是虛構的。其實別的史書何嘗不虛構？虛構就是造假。那些假，無疑多是時代造成的，但跟編史人的品德也頗有關係。他們不顧事實，任意褒貶，洗褪歷史影子，留下了自己的饒舌。以下，隨手舉幾例。

先說南北朝時北齊魏收編修的《魏書》。魏收字伯起，鉅鹿下曲陽人，曾在北魏當過散騎常侍，瞭解魏的歷史，編寫《魏書》比較有條件。《魏書》共一四〇篇，記載魏道武帝登國元年至孝靜帝武定八年（三六八—五五〇年）前後一八三年史實。在書中，魏氏多以自己的好惡做標準，凡他滿意的人「飾以美言」，夙有怨者「多沒其善」，每言「何物小子，敢共魏收作色，舉之則使上天，按之當使入地」。

① 轉引《每周文摘》一九八三年第二二期。

對魏家親友，他一一宣傳，專說好話，不顧歷史眞實。就因此，本書被稱爲「穢史」，被看成南北朝八史中最爲冗謬的一部。①今可說它是一部帶有相當假成分的史書。

次說梁朝沈約編修的《宋書》。沈約字休文，吳興武康人，曾在梁朝任過光祿大夫，太子少傅等官，著有《四聲譜》。《宋書》由他編寫於齊永明五年春至六年二月（四八七—四八八年），不過一年多時間，被稱爲最快成書的一部斷代史。問題不在快，而是他以寫自序爲名，把沈家祖宗數代連同其父，都加以頌揚一番，讀來令人作嘔。還有，爲了庇護本朝，書中對於篡奪事蹟，則加以隱諱，使人看不到眞實。

再說陳壽的《三國志》。陳壽字承祚，巴西安漢（今四川南充市）人，曾在三國的蜀國任觀閣令史，入晉後編修《三國志》，以魏爲正統。因爲他父親受到諸葛亮兒子諸葛瞻的冷遇，使他懷恨在心，故對諸葛亮任加貶抑，說了許多壞話。更令人不可思議的，陳氏利用編史機會，大行索賄。他公然要求曹魏的丁儀兄弟給他千斛，才可立傳。因丁氏兄弟不答應，結果本該立傳的他們沒有立傳，其事蹟不給敘述。還有其他造假行騙的事，舉不勝舉。

最後說宋朝司馬光的《資治通鑑》。司馬光字君實，陝州夏縣人，在宋朝中官至翰林學士，御史中丞。爲供人主周覽，即爲了資治，奉命編撰本書，前後十九年而成。這是一部編年體的通史，全書二九四卷，上起周威烈王二十三年，下迄五代周世宗顯德六年（西元前四〇三—西元九五九年），凡十六代，一千三百六十二年的歷史。敘事有法，歷代興衰治亂本末畢具。司馬光的功勞自不可沒。問題是他不顧事實，故意把愛國詩人屈原的事蹟盡行刪去。漢代司馬遷在《史記》中曾把屈原的《離騷》等作品

① 洪邁：《容齋隨筆．三筆》卷三。

說成「可與日月爭光」，評價極高。可司馬光說司馬遷這話無根據。司馬光認為，像屈原這樣文人，其身上絲毫沒有統治經驗可取，故不提他。司馬光所以這麼做，或說因他不諳詞賦，故有意抹殺屈原事蹟，有意欺騙後人。

以上所列，均是有意騙人的，而他們在騙人之前，都先騙了自己，即自騙而後騙人。

清人趙翼說過：史傳不免於緣飾，有些貪吏被寫成正人君子。「核諸其素行，十鈞無一銖」，「乃知青史上，大半亦屬誣」。這就難怪唐代劉知幾把某些史學家稱為是「記言之奸賊，載筆之凶人。」原乃國家民族文化底賬的史書，有的竟變成了某些人散佈謊言的筆記本。就因為某些史學家的胡來，歷史成了婊子，淫蕩十足。

科學家，向被稱為誠實的人，有時也騙人。牛頓幾乎是沒人不知道的大科學家，也騙過人。科學史上有一樁公案，就是牛頓與萊布尼茨為了微積分的發明權，曾展開一場激烈的爭吵。萊布尼茨曾告到英國皇家學會，要求裁決。一七一三年，皇家學會在會長牛頓主持下，做出了有利於牛頓的「公正」裁決。因此，牛頓被說成是個自私而「慣於欺騙」的「令人討厭」的人。①牛頓在皇家學會裁決時做了手腳，行騙，行騙雖成功，可他的聲譽則大受影響。還有，有說萬有引力理論也不是牛頓所發現，職業科學家羅伯特·胡克才是這理論的最早提出者。法國著名化學家莫瓦桑於一八九三年向科學界宣佈一項研究成果：他和助手經過長期努力，終製成了世界上第一顆人造金剛石，打通了「點石成金」的道路。因此，他於一九〇六年獲諾貝爾化學獎。一九〇七年，莫瓦桑死後，人們發現那是一場騙局。原來莫瓦桑的助手因對試驗感到不耐煩，偷偷將試驗剩下的一顆金剛石粒混入實驗材料中。莫氏未加檢查，也未進

① 威斯特福在《永不休止》中說的話。

行重複試驗，輕率地公佈了試驗成果。自己受了助手的騙，又用自己的名義騙了世人。就因此，科學家的形象也大受損害。

一信不信？統治者多是行騙老手

歷史上，比較有成就的統治者，都很注意收買人心。無疑，這當中帶有騙的成分。收買人心，除了施以小恩小惠，還表現在讓別人感到自己是個寬宏大度的能者而不是計較個人得失的小人。不管心裏是怎麼想的，在表面上他們總不計較個人恩怨，能團結包括反對過自己的人。這一點，春秋時的晉文公重耳表現得尤爲突出。重耳未掌權前曾在國外流亡多年，流亡期間，有個叫鳧須的，本來是跟隨他的，後來眼看他不得志，復國無望，很不尊重他，還偷走了他的錢財，使得他差一點活不下去。後來重耳回國掌了權，即位爲晉文公，他本想把鳧須殺了，以解心頭恨，可又轉想不能那麼做，最後決定赦免此人，並加以重用。結果，那些本來懷有二心的人也都放心了，他們竭盡自己所能，發揮自己專長，輔佐晉文公，使他在不長時間裏一躍登上了霸主寶座，成了春秋五霸之一。這無疑是在用人策略上善騙的結果。劉邦爲了收買人心，採用張良計，加封平時自己最憎恨的雍齒爲什方侯。結果一下子讓群臣安下了心。這自也是一種騙。這種騙，在政治效果上是積極的。

大體說來，所謂能幹的統治者，多是善騙者。漢代的漢武帝劉徹，爲了製造神話騙人，謊稱自己遊嵩山時聽到「三呼萬歲」之聲。當然沒人敢揭穿之。外戚王莽，不惜把母親和女兒做爲政治投機和行騙工具，用欺世盜名的謊言和騙人手段篡政奪權，登上皇位。這些都是典型的政治騙子。也有的統治者，不但在政治上、軍事上騙政敵，騙廣大民衆，而且多是某一方面行騙能手。

曹操是一個較有代表性的善騙者。他的割鬚代髮，可說是最典型的騙人手法。此外，見諸史書的還可舉出許多。史載，一次行軍時，因部隊行軍沒帶水，士兵皆渴，曹氏乃令曰：前面有大梅林可解渴。士兵聞之，口皆出水。一時軍心大振。平時，曹操爲了防止別人加害於他，佯睡殺寵臣。史載，曹氏曾對手下人說：我睡時如果有人靠近就會被殺，連我自己也不知道。一次他假裝睡了，一個侍從偷偷爲他蓋好被子，曹氏起來把該侍從殺了。後來還故意問是誰殺了我的侍者。此後就再也沒人敢在他睡覺時靠近他。曹氏何止騙殺手下人！他也騙匈奴使者。據傳，曹氏自以爲形象醜陋，不足以威震遠國，在接見匈奴使者時做了假，以儀表堂堂的崔季圭作替身，自己則扮作衛士提刀立於旁邊。會見後，曹氏派人向匈奴使者打聽印象，使者似識破眞相，說：「那旁邊提刀者才是了不起的英雄」。當然他想不到，講了眞話引來殺身之禍。因爲曹氏怕對方瞭解機密，於己不利，果斷地把他解決了。

南北朝時高歡次子高洋，未掌權之前也曾裝癡騙人。史載，高洋曾用珍貴的犀牛角手板調換崔暹（度支尚書）用竹做的手板，被認爲是眞癡。他以此解除其兄高澄對他的懷疑。後來當時機成熟時，他不再裝癡，起來廢東魏孝靜帝而自立爲王，改魏爲齊（北齊），號天保，史稱文宣帝。

被稱爲暴君的隋煬帝楊廣，未當皇帝之前，爲騙取其父隋文帝楊堅的信任，每當文帝到他宮裏時，他總是把年輕美貌的宮女藏起來，找一些老而醜的出來侍候；對各種樂器也裝成未加觸動的樣子，以此表示自己既不好聲也不貪色。隋文帝果然被騙過去，立他爲繼位者。

被認爲歷史上最有作爲的帝王唐太宗李世民，也是個騙子，他曾千方百計地把王羲之〈蘭亭序〉眞跡騙到手，並帶到棺材中。

李世民喜歡王羲之的「天下第一行書」——〈蘭亭序〉。當他打聽到這〈蘭亭序〉眞跡在會稽永興寺和尙辨才手中時，便下旨將辨才調進皇宮爲僧官，給予優厚待遇，目的要向他拿到〈蘭亭序〉眞跡，可是辨才幾次機智地說在戰亂中散失了，把李世民頂了回去。李世民見此，只好將辨才放回原寺，另想辦法。貞觀七年，李世民派出狡黠多詐的新科狀元蕭翼去想辦法把眞跡騙來，蕭氏奉命行事。他帶了幾件王羲之眞跡字帖，化裝來到會稽永興寺尋訪辨才和尙。辨才和尙見來者乃一書生，引入書房與之交談。蕭的豐富知識和文雅風度很快得到辨才的賞識。此後兩人經常飲酒談詩論文。蕭從辨才口中得知〈蘭亭序〉眞跡藏於寢房屋梁上一凹槽裏，暗中高興，伺機竊取。在辨才外出時，蕭入內偷了眞跡，辨才因此活活氣死。李世民得到〈蘭亭序〉眞跡，甚爲歡喜，收入內宮，平時放置座位左右，朝夕觀玩，臨死時還叫兒子李治（唐高宗）把它做爲陪葬品放到棺材裏。這便是人們常說的唐太宗騙取〈蘭亭序〉眞跡的故事。

也許有人會說，這〈蘭亭序〉眞跡是蕭氏騙來的，怎能算在李世民的頭上？我想，雇人行騙和自己親手行騙，本質上是一樣的，何況李世民自己也試過。

有意思的是，有的皇帝連女婿即駙馬也是用騙而得到的。人們知道，戲劇小說中的狀元駙馬不可勝數，而歷史上從唐到清末的五一三（或說五五二）人狀元中眞正的狀元駙馬只有一人，就是唐代武宗時的鄭顥，那是由皇帝和宰相逼騙而成的。鄭顥係唐代當過宰相的鄭秖德之子，於唐武宗會昌二年（八四二年）中狀元，被武宗皇帝看中。武宗與宰相白敏中合計，欲招之爲駙馬。在鄭顥回家鄉完娶時（未婚妻盧氏），武宗皇帝以朝廷公務爲名，令其中止婚娶並立即回京受命。後當鄭顥到了京都，武宗即下聖諭，讓鄭氏與萬壽公主完婚。君命難違，鄭氏只好退了老家盧氏的婚姻，改娶萬壽公主。

鄭顥受武宗皇帝和白敏中的逼騙，有些不甘心，此後不時對白敏中進行報復，但白氏有皇帝支持，鄭顥毫無辦法。這樣，鄭氏雖不甚樂意，也只好安心在皇宮裏當駙馬爺。

宋太祖趙匡胤也是個善騙者，他靠著許多善戰的武將奪取了政權，又對他們放心不下，來個「杯酒釋兵權」，騙奪了功臣們的軍權。何止如此！他還用騙的手法叫大臣們捐獻。一次，宋太祖設宴款待各大將，把他們灌得大醉，之後傳各大將子弟來把他們老子扶回去。他在送走大將時，對他們子弟說，你們的父兄都答應捐給朝廷十萬緡（一緡爲一千文）。等各大將酒醒後，其子弟都把他們答應捐錢的事相告，他們以爲在酒醉中說了那些話，只好如數將錢捐去。①

明成祖朱棣同樣是個行騙老手。朱棣，明太祖朱元璋的第四子，封燕王，住北京，手下兵強馬壯。明太祖死後，以其長子朱標的次子朱允炆繼位，是爲建文帝。建文帝怕燕王奪去帝位，對他嚴加防範。而燕王爲了成大事，即爲了奪得皇位，暗中積極準備，在未準備好之前，爲掩人耳目，假裝瘋癲失常。他故意披頭散髮，常在街頭邊走邊唱，手舞足蹈，語無倫次，每走到攤頭、酒店，伸手抓到食品就吃，拿到酒就喝，口裏說道：「快哉，快哉！」吃完喝足，他不付錢走了，走到水溝邊，居然倒下去，滿身泥污，翻滾不止，裝得十分逼眞，叫人相信他是瘋了。他爲什麼這麼裝瘋？爲了騙人，騙建文帝，做好奪權準備。後來果然達到目的。

歷史上許多皇帝中有的連皇帝位子也是靠行騙得到的。清朝的咸豐皇帝，一八五一——一八六一年在位，是道光皇帝的第四子，名奕詝。道光皇帝生前，在皇位繼承問題上，曾在第四子奕詝和第六子奕訢之間舉棋不定，而奕詝的行騙做法，才使他最後做出決定，由奕詝繼位。奕詝在各方面都不如奕訢，但在其老師杜受田的指點下，不但平時裝得節儉樸實，酷似道光作風，而且兩次在道光面前作騙，取得道光的信任。一次是在某年春季南苑狩獵時，他不發一箭，引起道光的納悶，問其原因，回答：「春天鳥獸孕育，不忍傷生。」道光大加稱讚。另一次是道光生病時，奕詝在他面前痛哭流涕，表示傷心，道光大受感動。不久，奕詝被立爲太子，道光死後，由其繼承皇位是謂咸豐皇帝。如果不是這兩次作騙，

① 馮夢龍：《增廣智囊》卷十五。

也許道光會把皇位傳給第六子奕訢呢。杜受田因幫助奕詝作騙有功，死後被追贈爲太師大學士，這種冊封在清代的漢族大臣中是少見的。

清末的太上皇、垂簾聽政達半個世紀的慈禧也是個行騙老手。一八六一年，三十歲的咸豐皇帝死於熱河避暑山莊。臨死前，咸豐委託肅順等八大臣，輔佐剛六歲的太子載淳——即後來的同治皇帝。同治登上帝位後，同時把東宮皇后慈安和西宮懿妃慈禧都尊爲太后，只是均無權，權在肅順等八大臣手中。慈禧想聯絡在京的恭親王奕訢，去掉八大臣，改變這種局面。可談何容易！肅順他們對她嚴加監視，連宮女、太監出門都得搜身，更不能隨便離開。這使慈禧無計可施。事有湊巧，當時發生了慈禧心腹安德海欺負慈安心腹雙喜的事，就是安德海打了雙喜。慈安甚惱怒，要慈禧懲處安德海。慈禧正好利用了這個機會。她下令左右把安德海狠揍二十馬掌，把安德海打得滿嘴出血，並趕了出去。安德海出了避暑山莊，直奔京城找奕訢，不久，奕訢來到熱河，並用重兵包圍了避暑山莊，處決或逮捕了八大臣，並支持慈禧登上「垂簾聽政」的寶座。

原來這裏慈禧痛打安德海並把他趕出去，乃是她巧施了騙人的「苦肉計」，爲的是要讓安德海能順利地將自己的口信直接送到京城給奕訢。肅順他們未能識破這騙局，終導致自己被消滅。那年爲辛酉年，史稱「辛酉政變」。通過辛酉政變，慈禧登上垂簾聽政的寶座，掌握了實權。

何止皇帝、皇太后會騙人，當大臣的也一樣會騙人。宋初的寇準，十九歲中了進士，開始當官，先任過州縣的官，政績斐然，敢提意見，被稱爲宋代的魏徵。時他四十剛出頭，宋太宗想加以重用，但又擔心他年輕，難以壓服文武官員，說：「寇準好宰相，但太少耳。」寇準得知後動了心，在一名醫指點下，服用了大量中藥地黃，又再用藥性相反的蘿蔔煎湯飲用，一下子鬚髮皆白，顯得老練。四十二歲時，召爲三司使，過一年以畢士安薦，同拜相。這事在一本叫《國老談苑》中講到，當不無根據——這明顯爲升官而行騙，受騙的不是一般人，而是朝廷的皇帝。不過寇準這麼做目的在於爲了報國，所以沒有什麼人非議他。這是被稱爲能幹的大臣所幹的騙人事。

被稱爲奸臣、佞臣的更多是行騙能手。這裏僅舉南宋的賈似道，便不難看出一斑了。

賈似道（一二一三—一二七五年），字師憲，台州人，不學無術且品行不端，因其姐賈玉華是宋理宗皇帝的寵妃，使他官運亨通，三十多歲便高登丞相位，權勢烜赫。開慶元年（一二五九年），賈以右丞相領兵援鄂州（武昌）。時蒙古軍攻城急，城中死傷三千多人，鄂州危在旦夕。賈氏貪生怕死，派使者與蒙古軍議和，用向蒙古軍稱臣納幣爲代價，暫時解了鄂州之圍，可他向理宗皇帝隱瞞了這件事，騙說諸路大捷，鄂軍始解。理宗聽了很高興，提升了他並封爲魏國公。賈似道靠著騙，爲相達十五年之久。後來蒙古軍再次南征，賈似道被迫出兵，魯港（蕪湖附近）一戰，宋軍全覆。賈本人孤舟逃揚州，朝野大嘩，宋廷只好將賈革職流放海南崖州。鄭虎臣請命監押賈氏，路過福建漳州木棉庵時，毅然拔刀將賈殺了，結束這個大騙子的一生。

世道無常和叵測是誰也無法預知的。有人把本來不屬於他的財物、榮譽和快樂騙到手，可他自不會想到，那些財物、榮譽和快樂到時會變成一把鋒利無比的刀子，一刀一刀地在他身上剜出血來，最後令他帶著不盡的悲哀離開人世。這類人又何止一個賈似道！

如果說「刁民」作騙多以數量取勝，那麼，權勢者作騙則以質量見長。權勢者作騙時多運用手中的權力，還有權位做保護傘，此乃「刁民」所不及的。就因此，從作騙效果看，「刁民」永不如權勢者。可謂「權令智高」。

一二　自騙、騙人中的疏忽和遺忘

有時人們竟會忘了先騙自己而一味騙人。

比如，多少年來，人們雖然常說到清王朝滅亡後有過兩場復辟帝制的醜劇，但卻不承認有封建帝王存在的事實，豈不可笑？難道不是自騙中的疏忽？

又比如有人爲了鼓舞人們的鬥志，特塑造了成批的英雄形象，讓人們看到他們鬥倒了一批又一批的歹徒和惡棍，他們是多麼的勇敢！但這樣結果，人們看到滿街英雄的背後是滿街歹徒和惡棍。英雄值得歌頌，而成群歹徒和惡棍的出現又如何解釋呢？此時，有的人只想到騙取別人相信，竟忘了先騙騙自己。

也是因爲忘了先騙自己，所以有的造假造得過於離奇了，以致影響到行騙的功效。南宋時有個叫林可山的，自稱是林和靖的第七代嫡孫，自是笑話了。林和靖乃北宋時著名文人，名逋，字君複，少孤而好學，恬淡好古，詩詞、書法都有一手，不求名利，隱居杭州西湖孤山，住處遍植梅樹，並養了丹頂鶴，因此人稱他「梅爲妻，鶴爲子」，簡稱「梅妻鶴子」，名氣很大，可他一生不仕，也不曾婚娶。既然如此，何來第七代孫？——這是行騙中的漏洞，連自己也沒騙好。豈不可笑？鼈魚、燕窩製品曾叫得震天響，有點「滿街喝彩」之勢，可如今似乎人們看穿西洋鏡後，在搖搖頭了。試想，一隻巴掌大的鼈即甲魚，竟製出了成千上百箱的鼈精，誰能相信這奇蹟？莫非一隻鼈游過的水都可稱爲鼈精？試想，全國年產燕窩不過百來斤，那幾萬噸幾千噸百分之百純天然燕窩製品，從何而來？

有的作騙者，爲急著騙到錢，有時竟連受騙對象的底細都沒弄清楚，便採取盲目行動，結果騙出了洋相。《廈門日報》二〇〇〇年七月二六日載，廣西文物隊何先生曾收到一封詐騙信，對他說：如想看看妻子豔史照片，如想知道妻子情人地址，須先付一筆酬勞費。行騙者不知這位二七歲的何先生既無妻子也未有女朋友，何來妻子的豔史？更有令人哭笑不得的。傳說，某村長眼看當過兵的老光棍搞承包發了財，想敲他一把。村長和老婆合謀後上告法院，說老光棍強姦村長妻子，要求賠償精神損失十萬元。法院開審那天，擠滿了人。村長老婆到庭指手畫腳地痛訴了老光棍的「惡劣行徑」，人們信以爲眞。而老光棍聽了只是冷笑：「全是屁話」。他問村長老婆：「我用什麼東西強姦你？」村長老婆說：「當然用陽具了！」再問：「我的陽具是什麼樣子的？」再答：「天黑看不清。」老光棍怒吼了。他向審判長遞上一份證書。原來他是個殘廢軍人，在戰爭中陰部受重傷，陽具壞死。沒陽具的男人怎麼強姦女人？豈不笑話？看來我們這個世界遠比人們想像的要幽默得多。

有的騙子因一時疏忽，騙財之後自投羅網，令人開心。傳說常州華某帶三百兩銀子雇船到丹陽經商。半途有人呼叫搭船，華某叫船家把船靠岸讓客人上船，心想這點好事誰都會做得到。客人睡到半夜要上岸找親戚，華某也只好依他。客人走後，華某在船家提醒下查看了自己的箱子，三百兩銀子盡成瓦石。原來客人是個騙子和盜賊。華某懊恨異常，心想再去丹陽已沒意思，於是令船家把船往回開。船過奔牛鎭，下了好大雨，岸上又有一人冒雨招呼搭船。華某心想，銀子已被偷盜，再無什麼可騙偷的了，就放心讓其上船。船家一看，來者非別人，乃騙偷銀子的人，便不作聲讓其上船。那人料不到這船就是他騙盜過銀子的船，放心投奔上船，把手上行李遞給水手，自己空手入艙。猶如狡猾的黃鼠狼，雖會躲過土槍和獵狗，可有時也會自投羅網。當他進入艙內，一眼看到華某，嚇壞了，以爲見了鬼了，啊了一聲，跳水逃命，是死是活不得而知。華某將來人行李打開一看，三百兩銀子全部未動，另還加進了數粒珍珠。華某見此，高興異常，急令船家開船往丹陽進發。

以上都是行騙者的疏忽。

有人愛用圓滿——理想境界來騙別人也騙自己，竟疏忽一個事實即：世間沒有絕對的圓滿。人們愛說：要看破一點。那是一種無可奈何的話語。其實，世界本來就是破損的，過去如此，今天如此，將來恐怕還是如此，你怎麼看出圓滿來呢？

作騙中的疏忽，自不止這些。而自騙者的疏忽亦非僅有。

《廈門晚報》一九九九年一〇月三一日載，安徽某小學六年級有位班主任，爲了提高畢業班升學總成績，哄騙一個成績差的學生裝「弱智」，並讓有關部門爲之出具證明。結果該生本可升入中學，只因「弱智」被退回，苦了家長。

《廈門晚報》一九九九年一一月三日載，英國有個二一歲的女大學生，將自己衣褲脫光，用膠紙把自己身體綁緊，躺在泥地上裝可憐，稱遭人強姦。警方花了九〇〇個小時調查後才發現該女生所說的純屬烏有。她爲什麼這樣做呢？或說爲了引人注目，可她忽略了這麼做的後果——自作賤。

這些都是自騙、騙人中的疏忽。這些疏忽無疑會影響到自騙和行騙的效果。而遺忘呢？大體是同樣的道理。

有人過目不忘，有人遇事即忘，那都是生理現象。遇事即忘者，若不是頭腦有毛病，還可算是一種福氣。因爲遇事即忘者，可減輕大腦的負擔，降低腦細胞的損耗，不但對健康有益，而且對自我欺騙亦有好處。自騙者在自騙過程中，腦子裏總會有各種反應：或興奮、快樂，或憂慮、不安，造成心裏的不平靜。如果過後即忘，他便會得到永遠的平靜；如果老是忘不了，對於自騙者特別對於神經脆弱的自騙者，有時會苦惱不堪。所以，自騙者要想遠離痛苦而進入最佳的生活狀態，最理想的途徑是遺忘或強迫忘卻。

疏忽和健忘對受騙者同樣大有好處。老記得自己受過騙，不免會感到掃興和鬱悶，若疏忽過去或很快忘掉，自會少去許多煩惱。

一三 能找到不受騙的人嗎？

能找到不受騙的人嗎？難啊！

人說，官員十有八九貪得，百姓百分之百受騙。無權無勢很難不受騙。有的面對騙子，比水中的魚兒更容易上鈎，就是更容易受騙。

出生不久的嬰兒便開始受騙了。那便是假乳騙餵之。美國博士高迪遜發明一種可代替女人乳房的哺乳圍兜，用兩個奶瓶代替女人乳房，供男人給嬰兒餵奶。這可說是小孩最早的受騙了。不過這種騙，是一種愛的表現。

小孩稍大，大體在會說話不久，常會問這問那，有時會問父母，我是從哪裏來的？父母不明確說是從母親子宮裏來的，而多說是從你母親胳肢窩底下鑽出來的，有的甚至說是從垃圾堆中撿來的。這大體可說是小孩早期的受騙了，而騙他（她）的不是別人，卻是自己的生身父母，豈不令人深思？

平時，為了讓小孩不哭鬧，大人也常用哄騙的方法；為了逗小孩玩，也用騙的做法。每當小孩哭鬧時，大人便嚇唬說：「狼來了，賊來了，土匪來了」。那是以騙來嚇唬小孩。

小孩稍長大，受騙的時候就更多了。儘管有的人幾乎無時不在擔心小孩受騙，小孩還是經常受騙。雖說騙天眞無邪的小孩乃是一種罪過，可人們習以為常。

做為大人，受騙的時候比小孩多得多。儘管他們無時不在擔驚受怕，深怕上當受騙，但終難免受騙。平時經常受騙就不用說了，即使得了不治之症的病人也受騙。《青年報》一九九九年六月二四日載，江蘇有個姓盧的，到上海假冒常熟市原工業局長兼某公司總經理，把作騙黑手伸到癌症俱樂部病人。他向病人說自己錢包被竊，信用卡丟失，向病人借錢，有借無還。從一九九八年五月至一九九九年三月，有六位病人被「借」走數萬元。有的人臨近死亡，還要受騙。親友們為了安慰病者，故意不讓其瞭解自己的病情，慰之騙之，說：沒關係，你會好的，不要想得太多，心放寬些等等。這樣，有的人直到最後還不知道自己要死了，連後事也沒能交代清楚。到了病人死了，又要假造死人遺囑：喪事從簡，節約為好等等。用意是好的，無可非議，只是偏要假借死人名義來騙活人，似大可不必。還有，人死了，對一些人來說，少了一個競爭者，平時與之作對的，這時卻一反常態，反用讚美語言加以歌頌，騙死者更騙活人。與其說，此乃寬宏大量，不如說在虛假作騙。當然筆者在這裏絕不是說，平時有意見的，在對方死了以後要大罵一番，而是說，要眞誠。

在生活中，做為大人，除了受他人騙，也還受自己的子女甚至兒孫騙。子女們有的不讓大人寒心；有的不讓大人分享某些快樂；有的則利用大人名義幹起各種不光彩的事，都在瞞著大人，那自都是騙。民國初年的袁世凱，人說他的大兒子袁克定平時孝敬父親，誰知他在外頭與人合夥出版了一份假報紙，專給父親看，目的在於騙他父親。袁氏知道後罵他「欺父誤國」。至於一般老百姓子女騙其父母者，每有所聞。前些時候，淫穢書刊、錄影充斥市場。有些人每每受到淫穢之書刊、電影、錄影的騙，不可自拔。特別是淫穢電視錄影騙人，是一種呑噬人們靈魂的公害。人們看到，錄影經營者為了吸引看客（無非為了多賺錢），不擇手段，在對錄影進行剪接時，有意移花接木，加上突出音響效果，致使某些生活情景，特別是男女性生活的情景被誇大了，甚至被扭曲了，那無疑在作騙。不但騙那些無知的青少年，而且也騙成年人。有的成年人本來夫妻性生活很和諧，可受騙後產生了誤會，感到不滿意，也成了受害者。

有人因不諳科學常識而受騙。報載，河北省有個中年男子聽說男人不過性生活，可無限延長生命甚至不死。因此，他去醫院割去生殖器。這男子殘害了自己身體，還暗自感到高興。

也有的受騙係由陰差陽錯造成的，且後果非常嚴重。

《參考消息》曾轉載阿根廷《生活》月刊二〇〇二年一月號上的一篇文章講到，有位新牧師於前天去世，這天晚上死者妻子打開電子郵箱看看外地傳來的唁電，可沒料到，電腦螢幕上卻傳來死去的丈夫的郵件，她驚叫一聲，死於地上。家人趕到時，只見電腦螢幕上有這樣一封郵件：「親愛的太太：我剛抵達目的地。儘管這裏的旅途很長，但值得一來。這裏的一切都很美。……我只想告訴你，這裏的人已經爲你明天的到達做好了準備。我敢肯定，你一定會很喜歡這個地方。——永遠愛你的丈夫。另：你要做好準備，這裏像地獄一樣熱。」

原來這是一個叫托馬斯的美國男子到佛羅里達度假時發給他正在公務旅行的妻子的。她計劃於次日到邁阿密與他會合。托馬斯在旅館中給妻子發電子郵件，僅憑記憶輸入地址，弄錯了一個字母，致使電子郵件送到剛去世的新牧師妻子那裏，把新牧師妻子活活騙嚇死。可說是陰差陽錯之騙。

也有人因買官而受騙。《讀報參考》二〇〇二年第一八期載，深圳某集團公司董事長李育國（一九五一年生）官迷心竅，爲了買到副市長官位，四處伸手索賄，甚至不惜舉債，前後三次花了一千多萬元，交由林風等人到北京爲其辦理買官事，可沒想到，林等乃江湖騙子，把李的買官錢騙去他用。到頭來，李氏不但買官一場空，還被押上法院審判席。

其他方面受騙，很難一一列出，值得玩味的，連公安幹警也有受騙時，報載河南有個女警察，不但被騙子騙走八萬元現金，且被騙去了貞操，即被騙財且被騙色。廈門人有一句話說：「一出門就受騙」，人們從中不難窺見一斑。

如果說好奇和虛榮心使一部分女人墮落，那麼，貪得和輕信則是一部分男人受騙的原因。

一四受騙最多的是誰？

在人類歷史中，騙文化表現出來的內容，除了騙取金錢、財貨、榮譽、官職等以外，拐騙婦女小孩甚爲普遍。就是說受騙受害最多的首先是婦女和小孩，尤其是婦女。

宋代有騙馬一詞，可說是騙文化的產兒。騙馬不是說馬會騙人或騙取別人的馬，而是指拐騙勾引婦女。在古代，馬曾被作爲女性陰部隱語，所謂「人馬」，「馬泊六」就是指性關係。騙馬也叫騙馬騎，就是騙女人也，可見，婦女很早就是受騙的主要對象。

女人受騙在歷史上隨時可見。《世說新語》講到溫嶠騙來表妹爲妻，還是一則美談。溫嶠喪婦，從姑劉氏家值亂離散，唯有一女，有姿色且聰慧。姑囑他代覓佳婿，溫嶠心想謀私，答曰：佳婿難得，像我溫嶠這樣如何？姑說：喪敗之餘，乞粗存活，已足慰吾餘年，何敢找到與汝相比的人？

不久，溫嶠來對姑說，已覓得婿處，門地粗可，婿身名宦，盡不減嶠。即送去鏡台一枚作聘禮。姑大喜。等婚禮時，姑之女撫掌大笑說，早已想到是你，果然如是！

這裏劉氏女雖受騙，但是還算幸運，被表兄騙去做妻子。其他受騙婦女大多是很慘的。

《儒林外史》第五十回描寫一少婦夜間以船靠近一販絲客人，絲客正在船上賞月，少婦對著他笑，絲客心動了，輕輕捏了少婦一下。少婦從窗上爬了過來，兩人做了巫山一夢，客人睡著了，少婦把他行李中的二百兩銀盡行取走。早上開船時客人還在情思昏昏，起來後才發現銀子被偷了，眞是啞子夢見媽，說不出苦。還是同船的鳳四老爹出主意，用自己乘的船去追趕那船，果然追上了。又是夜裏，由鳳四老爹上岸把少婦騙了過船，讓船開走。少婦可慌了，要求放他回去，可鳳四老爹說「你是騙錢，我是騙人，一樣的騙，怎麼就慌了？」少婦知道上當了，只好哀求說，放我回去，我什麼東西都還你們。第二天清早，絲客將少婦衣褲鞋襪包了一包去找少婦丈夫，拿回了銀子，才放走少婦。銀歸原主，人回原位。這裏誰騙了誰？少婦想騙錢，結果自己連人都被騙了。只因這少婦心術不正不怎麼得人同情，但女人容易受騙乃是事實。

以上發生於古代的事。到了近代，騙女人的事就更多了。專門騙女人的高手，可算是美國史特拉雅。

史特拉雅又名艾力森、羅斯、馬洛等，一九二四年出生於紐約市，外表老實，個性沉靜，對人體貼，做事勤奮，每每贏得女性的同情與喜歡，使他行騙順利得手。二戰後四十多年中他至少過著五種不同的生活，在不同城市裏有不同的家，每次都帶著新騙得的錢逃逸，被稱爲罕見的騙子，留下一群被騙的受害者和可憐的棄婦。一九八五年，史氏在辛辛那提市被捕，而這時他在那裏正有一個新的未婚妻。①史氏善騙的另一面，正說明許多婦女的悲哀。

《法制文摘》二〇〇一年七月三一日引《今日快報》文章，埃及一服裝連鎖店老闆，五六歲的斯韋爾基，在過去二十年中，至少與六九個女子結婚，其中有一一個是二〇〇〇年這一年中娶過門的，有個年僅一八歲的女子，與他夫妻相稱僅一三天，同床不過三夜就被打發走了。

而美國的吉歐瓦里·威格里欣托更是個騙女人的能手。他在三三年中，先後用過五〇多個化名，合法非法地與一〇五名婦女結婚又離婚，創世界紀錄，被收入一九八三年《世界紀錄吉尼斯手冊》。他的第一〇四位妻子沙龍·克拉克與他結婚後不久，所有的錢被他席捲而逃。沙龍·克拉克跑遍美國中部地

① 美國《讀者文摘》精選本，上海科技文獻出版社。

區，終於在巴拿馬城找到他。這時他正與第一〇五個妻子度蜜月。克拉克向警察報了案。警察查明情況後把他送交法庭處理，法庭判他三四年的監禁。①如果不是克拉克的追找和報案，恐怕他還要騙下去，還會有一些女人遭騙。

在我國，近年來下崗女工是一些最不幸也最需要撫慰者，可她們也成了受騙對象。《法制文萃報》一九九九年一月二八日載，北京某水泥工人李國華，在行騙中發現，四〇歲上下的下崗女工，大多急於尋找工作，容易上當。他化名印了大飯店採購部經理的假名片，花了三十元買了一手包，再買個外表酷似眞手機的玩具手機，然後於上午趕到只要花三四元即可入場的大衆舞廳，專找單個獨來的中年婦女搭訕，如果對方係下崗女工即可下手。一九九八年一〇月二三日上午，剛提前退休的四七歲的戴某，想到西單附近一舞廳散心，不一會一個三〇歲左右的男子進來與她搭話，自稱叫劉達。說自己乃某飯店採購部主任經理，可幫她找個工作。兩天後，戴某接到劉達的電話，說可讓她到建國飯店看庫房，每月工資一千元。戴喜出望外，如約於一〇月二九日上午來到建國飯店，劉達把她帶到咖啡廳，說按規定，要交二〇〇〇元風險抵押金。第二天，戴揣著借來的二〇〇〇元，找到劉達，劉接錢後打了電話，說馬上去交錢。他把裝有手機的提包放在戴身邊，讓她看著，自己去交錢。戴等了兩小時，不見劉出來，便拿起劉的手機，想催他一下。一看，呆了，那是一個僅値八、九元的玩具。戴某就這樣受騙了。

令人難以想像的，連大學女研究生也成了被騙對象。《雜文報》一九九九年一二月一四日的一篇文章提到，西安一大學女研究生，一日在校內遇到一陌生男子，說她的學費沒交。爲了證實自己已交過學費，她跟該男子來到某處，結果被姦殺了。

---

①《甘肅日報》一九八三年六月一二日。

在受騙的婦女中，被稱為「殘次商品」的寡婦其命運尤其慘。民國初年化名壯者寫的《掃迷帚》一書，講了一寡婦受騙的事。

清末新陽人陸道基，年過不惑，家道赤貧，因鰥居無偶心緒不寧，一日商之所熟悉的女巫，囑為之賺一佳婦，巫應諾。未幾，有一年輕孀婦，風姿甚麗，家業亦饒，適往巫處占問終身休咎。女巫心想，魚兒上鈎了。她把八字一算，佯吃驚道，娘子不出百日，將有大災難。婦驚曰：不知可否有禳解之方？巫假意沉吟，曰：「只有一法，但恐娘子未必允從。」婦詰之，女巫道：「唯得陸姓者而嫁之，庶保無恙」。婦曰：「世上不乏陸姓，未知何等人，倘貌美，固我所願。」女巫道：「禳災求偶，還講老少？某日清晨，獨起開門，見一男走過，問其姓名，果姓陸，則得其人矣！錯過機會，大災莫解！」婦受教而歸，至期如法等候，果得陸某，告之欲嫁，陸佯為不知，故意峻拒，婦強曳而入，結為夫婦，床第之間，猶感激女巫。何等的可悲啊！受了騙還要感激行騙者。

有些寡婦急於尋找第二春，投懷送抱，結果也上當受騙。報載，台灣一名五〇歲的男子，姓黃，曾因詐騙罪被判刑，妻子也離他而去，可刑滿後他繼續行騙。其行騙手法是乘坐高級轎車，到一些婚友中心結識喪偶的中年婦女，利用她們急於尋找第二春的心理，甜言蜜語地談婚論嫁，並將她們帶到一些大型工廠，佯裝自己是大老闆，騙得芳心，然後選擇適當時機，假裝工廠要進貨，要大筆資金，讓她們心甘情願地拿出存款，甚至借錢送上。據說，先後有三四十名婦女獻出全部積蓄，受騙金額達三億元新台幣。①北京有個化名「張桐」的中年人，在名片上印了「中國京劇攝製組總策劃製片」等八個頭銜，出入多家婚介所，專找四〇歲以上離婚獨居的婦女，以哄騙、討好、關懷、體貼手法，騙取信任，既騙感

①《羊城晚報》一九九六年一一月二三日。

情，也騙金錢。一九九六年後的兩年中，以「資金周轉不靈」名義，騙走十幾位女子的二十多萬錢財。這些受騙的寡婦何等的慘！

與寡婦一起的，那些孤單老人也是受騙的主要對象。騙子們常以幫老人介紹老伴爲幌子，騙取信任，進而騙取錢財；有的以爲老人服務爲名，要老人投資，騙走款項；還有的騙子找準行騙目標，向較富有的老人訴說自己苦處，請求老人幫助；有的老人動了惻隱之心，給了些施捨，可因此引來更多的行騙者。有說美國老人每年受騙金額高達四〇〇億美元。多數老人受騙後又不敢告訴子女，留給自己受悶氣，也有的老人因此走上自殺之路。①老者何罪？因財招禍。

有一種受騙可說是自己惹來的。人們看到，有些沒有地位又無本領的人，常愛用華麗的裝飾來打扮自己，愛以塗脂抹粉去取悅於人。就因此，這部分人多會引起騙子的注目，常成爲受騙的目標。也有人擔心別人揩油，故意設計騙人，結果反被騙了。傳說，有一漢子在酒吧喝酒，正斟滿了一大杯啤酒，因有急事需出去一會。他怕有人會趁機偷喝他的啤酒，便在桌上寫了一紙條：「我在杯中吐了口水。」當他回來時，發現條子上加了一句：「我也吐了一口。」這時，他怎麼也不敢喝它了，還不是反受騙了？

熱心助人而又缺乏警惕性的人，有時也是受騙對象。《錢塘周末》一九九九年一二月二四日載，浙江臨海市家有積蓄，即將退休的高級工程師老李，於一九九九年一一月一二日上午接到一電話即到臨海國貿賓館爲一姓肖的福建男子勘測一塊開工廠的土地。談話間來了一個三四十歲女人，說是住在國際大酒店，經銷蛇膽液的，每毫升五四〇元。女人走後又來了個男子，說是來買蛇膽液的。姓肖的自己有個朋友也是經營蛇膽液的，不知價格如何？該男子說，每毫升六百元。姓肖的聽後即拉老李去國際大酒店

①《天津青年報》一九九七年一一月一四日。

找那女人，要求拿蛇膽液樣品去鑑定一下。女的同意了。於是姓肖的與老李拿著樣品又回到國貿賓館找那男子。該男子看了樣品後說，願購買，每毫升六百元。出來後，姓肖的對老李說，自己手頭只有一張五〇萬元的匯票在銀行裏，請老李幫個忙，拿些現錢，把蛇膽液買下，可賺一筆。老李以「助人爲樂」，答應了。他從家裏拿出二〇萬元現金交給這位素昧平生的肖某並與肖某一起到女人那裏買下「價值」二〇萬的蛇膽液，之後，由老李提著蛇膽液到國貿賓館找那個男子換錢。誰知，到了那裏已不見那男子，回頭到國際大酒店找那男女，亦已離開。老李感到不妙，向公安部門報了案，得知三個男女和蛇膽液全是假的。老李眼睜睜被騙走二〇萬。

此外，還有一種被稱爲精神侏儒的人，即滿足於感性快樂、滿足於低廉的精神消費的人，那些高興起來就不知自己身在何處的樂天派和那種不分場合地亂開話盒子的麻痹大意者，也都容易受騙。

至於那些不走通衢大道而因貪近而走小路者，那些辦事購物時爲了方便而拉關係走後門者，也多會誤入陷阱，上當受騙。

令人不解的，一旦有誰受了騙，便會有些人幸災樂禍，特別是某些社會上的成功者——多成爲名人，受了騙，更會讓一些人感到興趣甚至高興。這可說是一種社會病態的表現。

一五　權勢者也常受騙

權勢者常騙人，也常受騙，曹操就是一個典型的例子。

讀過《三國演義》的人都知道，有個益州別駕張松，記憶力特別強，能過目成誦。他因個子矮小，長得又醜，曾受過曹操的冷落。這使他慪了一肚子氣，一次，他想報復一下，也就是用戲騙曹操來發洩私憤。剛好，曹操掌庫主簿楊修拿出曹操新著兵書《孟德新書》給張松看，意欲表示曹氏的天才。張松看了一遍，故意笑曰：「此書吾蜀中三尺小童亦能背誦，何謂新書？此是戰國無名氏所作，曹丞相盜爲己有。」楊修自然不信。張松即將該書從頭到尾背誦一遍，一字不差。楊修懵了，將此事告知曹操，曹操感到奇怪，「莫非古人和我想的都一樣？」既然書中無新意，曹操就叫人把那本書燒了。

這裏張松靠自己的記憶力，故意捉弄曹操，曹操果然上當受騙。曹操還被周瑜、黃蓋的苦肉計所騙，被龐統的連環計所騙。那都是人們所熟悉的。

歷史上受騙的大官自不只曹操一人，還可以舉出一大批。

宋代朱熹也曾受騙過。朱熹曾任過縣令，在福建崇安縣（今武夷山市）住過。有一小民向他告狀，說有一大姓佔奪他祖宗舊墳塋。朱氏精通風水習俗，且常聽說福建每有豪門佔奪小民的好風水之地。現在有人來告狀，他相信此事，便傳訊了大姓人家。大姓人家則說該墳地係自家的並非佔奪別人的。朱氏只好帶人到實地察看。一看果然是一處好風水之地。大姓說，那明明是新墳，怎麼說是奪人舊墳？小民則說，墳土雖新，可下面是舊的。各執己說，無從判斷，朱熹只好叫人挖墳查看，一挖果然挖出一塊青石，上面還有字，係屬小民的。朱熹相信了，辦了大姓罪，判墳地歸小民。小民千恩萬謝。朱熹自以爲做得對，其實受騙了。原來那小民早探知朱熹性格，爲把大姓墳地拿到手，早把青石刻字後暗地埋於墳地下面，過些時候寫狀誣告對方。結果朱熹受騙，大姓受冤。①

清末張之洞受騙更可笑。張氏愛好古玩，自命精於古物鑑別。某年，張在北京以高價買到一古鼎，十分得意，回到老家時大張筵席，請來僚屬共賞。他讓人置鼎於案，插梅花於鼎中並注水以潤花。不一會，鼎下有水流出，滿堂驚愕。經檢視，鼎非古銅質而乃紙板仿製。這時張氏後悔自己受騙。

① 淩蒙初：《二刻拍案驚奇》卷十二。

在中國，權勢者受騙還可以舉不久前在台北舉辦的假喜宴。

一九九六年一一月初，一個叫林榮泉的，到台北市企劃公司顯示自己身份證和豐厚的人際關係，說是早期「黨外」活躍分子，協助過許多黨外頭面人物。如今他的獨子就要結婚了，做老爸的想替兒子辦一次婚宴，利用自己的人際關係廣邀政界、商界名人出席，以展現老爸實力，算是給兒子一個榮耀。婚宴時間定一一月二三日，地點設於台北市三民路新誼園餐廳。——這家企劃公司最近生意不景氣忽然來了這場不小生意，自是樂於承辦，依照來人計劃，按其要求電腦排版、篩選分類印刷，並通過郵局發出「林政男與陳銀花」結婚的喜帖六萬餘張。截至一一月二三日，共收到現金袋和賀禮給林、陳這對「新人」郵件二八七件，禮金二〇萬元新台幣，如果加上未啓封的匯票禮券和禮金則超過三〇萬元新台幣。結果到場喝喜酒的人撲個空。原來這是一場借「喜宴」騙錢財的騙局。台灣商界、政界人士包括台北市長陳水扁，台北地檢署檢警長關其昭等人，都成了受騙對象。台灣警方調查此案表明，這場騙取錢財的假喜宴所騙取金額至少在百萬元新台幣。①

權勢者受騙不只在中國，外國也有。在俄國果戈里寫的喜劇《欽差大臣》中，人們看到，年輕的下等文官赫列斯達可夫從彼得堡來到某市，住進一下等旅館內，行蹤乖戾，引起人們議論。市長聽說上頭派出一欽差大臣到本地暗地察訪，以爲該年輕人就是欽差大臣化裝的。他帶了郵政局長、法院院長、督學、警察局長等去見那年輕人。他得知年輕人缺錢，慷慨地送他一筆款，並把年輕人接到官邸住下，讓其方便。他們爭先恐後地向年輕人獻殷勤，稱之爲「大人」。年輕人見到市長女兒長得漂亮，便向市長求婚，市長求之不得，立即答應，說：這是我三生有幸。年輕人走時，市長帶一般人爲之送行，大助其

①《廈門晚報》一九九六年一二月一九日。

威風。萬萬沒想到的，那年輕人剛走，郵政局長跑來向市長報告說，那年輕人是個大騙子！他不過是個下等文官，走前在郵局發出一封急信，把這裏發生的荒唐事都寫上了。這封信被郵政局長私下拆了，赫氏漏了底。市長聽了大爲惱火，下令去追那年輕人，但這邊眞欽差大臣來了。

這喜劇曾轟動一時，那自是當時俄國社會風氣的寫照，那種主動受騙的醜態令人捧腹。

權勢者受騙，在今天的外國仍可找到例子。

英國《衛報》曾報導，一九九一年黛安娜王妃在加拿大總理陪同下參觀加拿大渥太華大學醫院時受過騙。

黛安娜到該醫院心臟病房，看到許多病人不治而癒，可謂奇蹟。當然，當時她並沒想到，那些心臟病病人是請來裝病的「臨時病號」，之所以這樣做，目的在於應付黛安娜參觀，因爲有病人才不致於使人感到醫院生意清淡。正是這樣，黛妃受了騙還感到高興呢。

權勢者受騙的原因很複雜，其中，大多權勢者愛講排場，每當出門總是車馬浩蕩、隊伍龐大，前呼後擁，有的每有出門還事先通知對方早做準備，加上他們多愛聽奉承話，凡此種種，都爲下屬或對方的弄虛作假提供方便，其受騙往往在所難免。

權勢者受騙無非被行騙者騙去了榮譽、職位和錢財等，而那些東西全不是權勢者用勞動換來，對他們來說多半很無所謂，因此他們多半會慷慨受騙，但如果他們受到捉弄甚至危及權勢時，便會瘋狂起來。

一六 皇帝老倌也有受騙時

皇帝會騙人，尤其是那些靠造反得江山的「開國皇帝」，大多是不但騙得民衆爲之賣命，且騙來一些有謀略的秀才當謀士，可一旦當上皇帝，兔死狗烹，卸磨殺驢，既置民衆死活於不顧，且把謀士一個一個地殺掉。即使是全忠全義的，也不讓其全屍。這些都用騙的手法來進行，騙的本領可謂大矣。可他們也多有受騙時候。

歷史上大多皇帝不怕挨罵，最怕受欺騙，凡騙皇帝的叫欺君。欺君被列爲十惡不赦之一，通稱瀰天大罪，最愚蠢的皇帝也會記住「欺君有罪」。

儘管如此，當皇帝仍不免受到欺騙。

唐代武則天當皇帝時，崇敬佛教，曾下令嚴禁殺生。說是嚴禁，實只是一紙空文，上下配合，互相作騙以應付禁令。御史婁師德奉命到某地巡察，看有否違禁的事。吃飯時廚師先端來一盤羊肉。婁佯裝驚訝說，朝廷嚴禁殺生，你們怎麼還有這羊肉？答：「是因爲狼咬死了一隻羊，故有羊肉吃。」婁點頭，「好啊，這狼善解人意，見上頭有人來，就咬死一隻羊，好讓我們吃羊肉。」說完大吃其肉。不一會廚師又送來一盤魚。婁問：「這是哪裏來的？」答：「是狼咬死了魚，故有魚肉吃。」婁聽了甚不高興，說：「你爲什麼不說是水獺咬死的？」婁氏只是不滿廚師說得不合情理。

這裏上下合作行騙，只是因爲騙人的話不合情理，出了紕漏才引起不滿。如果這騙人話編造得合情合理，還有誰去計較？

歷史上所謂長生不死藥，明明是騙人的，可許多人相信，那豈止是一般人，就連皇帝老倌也相信。就連明察秋毫的秦始皇、漢武帝也都相信。秦始皇因相信這長生不死藥，特地派徐福到海上三仙山去尋找。當然找不到，就是說，他受騙了。有說帝王中只有明太祖朱元璋不相信不死藥。他說，不死藥乃欺世之談不可信；有人服了此藥而喪身的，應吸取教訓。據說有人送道書給朱元璋，那也是講人如何才能長生不死的，他拒不接受，表示不能受迷惑。可是朱元璋的後代諸如嘉靖皇帝也酷信不死藥，不僅酷信而且讓人煉丹給他服用。這些都表明，即使皇帝也多受騙。

明太祖雖不受不死藥的騙，在其他方面卻也受過騙。史載，朱元璋當政時，為慎重選拔官吏，常親自召集儒者當面測試看是否有才能。那些儒者多是能說會道，常編造些似是而非的話來應付，朱元璋不免受騙，這裏僅舉一例便可見一斑。

明人朱國楨撰寫的《湧幢小品》中，記載一事：一次朱元璋在便殿召見二儒者，問他們在家都幹什麼的。一個答曰：業農。朱說，做農業，應知道禾（稻子）和麥子的節有無不同？答：知道，禾三節而麥子四節，故不同。朱再問，禾和麥子乃同類，為什麼它們的節有這樣的不同呢？再答：禾播種於春，至秋而獲曆三季，故三節；麥子呢？歷四季，故有四節。朱元璋讚揚說，真能瞭解稼穡之艱難啊！即任他到某州當知州。接著另一個儒者回答說在家業醫。朱元璋說你既然業醫，那應知有的蜜是苦的，有的膽汁是甜的，這是何因？答：蜂採黃連花釀蜜則蜜苦；猿猴多食果子，故膽汁甜。朱元璋說，真是能格物啊！即任他為太醫使。

這裏二儒者用胡編的話來騙朱元璋，可朱元璋受騙後還說他們很有本領。這還是被稱為能幹的皇帝，其他不能幹的皇帝常常受騙更可想而知了。

朱元璋受騙是在生活方面，近代袁世凱騙光緒帝則是在政治方面。

清朝光緒帝在內外交困國勢日弱時，想變法圖強，因受制於西太后，不遂其志，想依靠當時統率著七千餘親兵的新建陸軍頭目袁世凱。命他以侍郎候補專辦練兵事，想以兵脅西太后。在形勢危急關頭，光緒帝著譚嗣同密召袁世凱誅殺「後黨」骨幹榮祿，營救自己。袁世凱表示願效忠於光緒帝，如殺一條狗一樣誅殺榮祿。「若皇上於閱兵時疾馳而入仆營，即可傳號令以誅奸賊」。我必能「竭死以補救」。袁氏講假話騙人，當晚即向榮祿告密，出賣了光緒帝，結果光緒帝被囚，六君子遇難，這是人們都知道的事。

歷史上皇帝受騙如家常便飯，有一則民間傳說最為生動。

某地有個姓錢的紳士，家世顯赫，富甲一方，但為人刻薄，妻妾成群，生有五子，個個談吐不雅，行為庸俗不堪。大兒子到牙牙學語之年仍不會張口捲舌，長大後成了啞巴。次子先天性目瞽。第三子倒活潑，頗得錢紳士的喜愛，每出門會客必帶其同行。一次，錢紳士應邀去訪謁某官員，帶第三子同行，及相見，令第三子上前行禮，可第三子因在想途中景物，心不在焉。錢紳士見其子不知禮，不聽教，有傷面子，怒甚，舉手以拳擊之，該兒挨了打才如夢初醒，急忙跪拜行禮。但因被打受傷成疾，以後每逢見到生人，即下跪行禮，有時長跪不起。原是聰明兒也成殘廢者。第四子、第五子不愛讀書，不做他事，成天豢狗、養馬。

錢紳士五子前途如何？看錢，看機遇，也看騙的作用。

某年，皇帝令各地官員「為國舉才」，以便使國家興旺。錢紳士得知後即用錢對地方官百般收買賄賂，以期求得其子能有出頭之日。地方官既受其賄賂，自然要報答。因此，他們造冊具呈，名曰：推舉人才。錢紳士層層打點，所以關關通過，層層上報，最後報到朝廷。眾朝官發現錢家五兄弟非殘即蠢，甚不滿意，但因下面報來，且皇帝要召見，只好將就行事，令他們面君再說。如果皇帝滿意，朝官自也有功勞，若不滿意，即可把責任推給下面，與自己無關，也無所失。可喜的是皇帝身邊諸官吏，為人機警，善於隨機應變，這對於成全五兄弟美事大有益處。

老大覲見，一言不發。這時如果皇帝發火，事就糟了。為了避免出事，某宦搶先奏道：「陛下所言所行，皆軍國大事，不宜輕易為外人所知，此人不會講話，留在宮中或在陛下身邊辦事，不致洩密，乃絕好事也。」皇帝見說有理，喜而納之。及至次子面君，又有宦官上前獻策說：「宮闈人多事雜，凡事難免有善惡之分，美醜之別，若將醜事傳出去，有損聖威，而目瞽者雖不能視物，可有用場，留在宮裏不會將諸事向外宣揚，宮中機密不會爲外人所知，此正是皇上之福也。」皇帝聽了感到有理，又納之。及至三子面君，叩頭不止，宮官更有推薦的理由了：「只叩頭，不說話者，奴才也，但爲識時務之俊傑也。古人每以少說話多叩頭來勉勵後生，可見叩頭的意義。此人行爲足以示範諸臣，復可垂範後世，誠乃不可多得之才也。」皇帝又悅而納之。及至四子五子，皇帝一聽說他們善犬馬之術，歡喜異常，二話沒說，便一一納之。

自此，錢紳士五子或立朝宮廷或奉職宮闈，或供犬馬之驅策，錢家聲威大振。

傳說自是杜撰的，可並非毫無根據。

歷史上皇帝老倌多是深居簡出，大概就因爲怕受騙，可究竟還是免不了受騙。

一七　貪利者、為名者、好色者和迷信者是主要受騙對象

在以行騙爲致富求貴的年代裏，上當受騙的原因是多方面的，其中貪利是重要的原因。

貪利者常把誘餌看成從天而降的大餡餅，防線自潰，因此而受騙者舉不勝舉。傳說，古時有一當鋪老闆，因貪得常受騙。一天，有一客人到當鋪偷偷對老闆說，前幾天我們攔劫一貪官的九只櫃，內裝寶貝器玩，尊府若能收當，待賣後均分。老闆以爲此乃一次發財機會，要求馬上看貨。可客人說，東西甚多，在外面不便打開，今晚你們可雇人若干從船上抬來，當面看定，兩相交付。老闆答應了。夜間老闆雇了若干扛夫到江邊將九只櫃抬來。扛夫走後，他讓客人把各只櫃打開。一看嚇壞了，哪裏是財寶？全

是江湖強人。他們把老闆等人捆住，然後劫走當鋪中貴重貨物。……行健在《現代厚黑學》①中講了兩件事，一件是清代南京某錢店老闆，對一個到店換錢的老頭的十一兩三錢銀秤爲十兩，以爲可賺一兩多，事後客人對他說那銀兩可能是假的。店老闆一查果然是假的，花了三兩銀請那客人帶路去追回錢。他向正在喝酒的老頭和一般人說銀子是假冒，結果反被打了一頓，罰了一桌酒席賠禮道歉才了事。另一件是一九九二年一〇月的事，一小店女老闆看到一農村青年欲以三千五百元價格售賣一條小虎鞭，一買者只給三千元，未成交，買者叫他在那裏等著自己再去取五百元來。女老闆聽說一虎鞭在外國可賣四五萬元，便在那欲買者回去取錢時搶先把它買下，心裏還想著過後如何應付那位買者，可那買者始終沒有再出現。而她丈夫得知後心存懷疑，拿去請一中醫辨認，原來乃一牛鞭，白白被騙去了三千五百元。

這類事每有所見。《法制文摘》一九九一年一一月六日載，樂昌縣老坪石鎭來了一男子，像是財神爺，對個體戶張某說，自己最近做假人民幣生意賺了一大筆錢，手邊還有十萬元假人民幣，願以一〇：二·五比率轉讓。張某找來鄧某，鄧某眼看那一疊一疊的假幣，想花它二萬五千元將十萬元假幣買下，然後以一〇：五轉賣，可賺二萬五千元。鄧某交了錢，那男子從密碼箱子裏拿出幾張假幣，又把箱子鎖了，將箱子交給鄧某，說忘了鑰匙，要去取，叫鄧某等著。鄧左等右等不見人來，便把箱子打開，只見每疊錢除第一張和最後一張是十元的錢外，其餘全是白紙，大呼上當受騙。

《廈門日報》一九九九年一〇月二六日載，泉州陳某於一九九九年一〇月二〇日下午從廈門乘車回泉州，中途有人稱丟了一錢包，內有一張鉅額巴西貨幣。話音剛落有一人說自己撿到錢包，當場還給失主。失主欲將大面額巴西幣以低匯率兌換人民幣，用其中一部分來答謝「拾金不昧」者。話剛講完，即

① 中原農民出版社。

有人爭先恐後向失主兌換巴西幣。陳某見此，心裏癢癢的，當場以一萬元人民幣加價值六千元的金手鍊向失主兌換一張千元的巴西幣，以爲佔到了便宜。後經鑑定，所謂「巴西幣」乃假的，無法流通使用。想佔便宜反受騙。

廈門杏林有一家具店，於一九九八年一一月二三日接待了三個老外，賣了兩個軟墊椅，價爲二百元，老外拿出一百美元。按理要找給六百多元人民幣，老闆只找六百元，以爲自己合算了，那知那一〇〇美元是假的，自己反吃了虧。

北京某招待所服務員紫蘋，也因貪利受了騙。河南到京打工的蔡書元，見她爲人熱情，打起行騙主意。先是借錢名義要走了六千元，還不滿足。蔡得知她有一治哮喘的偏方，便騙說可以代爲申請專利，若成功，可得一百萬元獎金，外加一輛轎車，「獎金歸您，轎車歸我」。紫蘋心動了。辦專利要請客，先被要走五千元，後說要送禮，再被要去二．九萬元。之後，蔡溜了，紫蘋發覺上當受騙，只好報案。

有些老人也常因貪些小便宜而上當受騙。

據傳，有一騙子，拿著一副項鍊，在路上拉住一位老太太說：「阿姨，我這兒有條項鍊。」

「你想幹什麼？」她很警惕。

「阿姨，這項鍊是我偷來的，我是男子不能戴，送別人又怕露馬腳，也不敢去銷贓，想便宜些賣給您。」

老人正色說：「你看來很老實，怎麼會當小偷？」

他一臉誠懇地說：「我媽身體不好，我又下崗了。沒錢給媽看病。這是我第一次偷東西，以後再也不敢了，求阿姨幫個忙。」

老太婆接過項鍊，說：「走，我帶你去派出所」。

他說：「阿姨，去了派出所我今後怎麼做人？我還是把它送給您吧，我什麼也不要了」。

老太太心軟了，仔細看了項鍊，問：「你想要多少錢？」

「五百元。在店裏至少值二千元。」

老太太說：「看你可憐，幫你一回忙，以後要好好做人，再不可去偷人家東西了。」說罷遞過了五百元。

其實，那是從店鋪買的鍍金的銅項鍊，才值十幾元錢。老太太因貪便宜被騙了五百元。

台灣也有些老人因貪利而受騙。

報載，台灣有一種詐騙集團叫「金光黨」，專找無知而貪心的老婦女行騙。他們行騙時，由一女扮成「傻女」，另一女到路邊、車站尋找對象。找到可騙的對象後，謊稱「傻女」身揣鉅款，誰能拿出比這「傻女」更多的錢財，「傻女」便無條件地奉上鉅款。兩女一唱一和，說得貪心者心動，然後用車連哄帶騙將被騙者載回家，拿出存摺，提取鉅款，或挖出畢生積蓄的「壓箱」珠寶，而騙子以偷天換日手法，加以調包，將錢財騙到手後丟下被騙人揚長而去。據說，去年八月台北士林破獲一「金光黨」集團，一個月內有一百多名被騙者去指認，被騙錢財總金額超過一億元新台幣。①

因貪點小便宜，連大學生都受騙。前幾年報紙報導某大學研究生被人販子騙賣到農村，乃人所皆知的。一九九三年《光明日報》報導，湖南有二名女大學生，放假回家在車站遇上兩個人販子，騙說是到山東做服裝生意，約她們去當三四天參謀，用費全包。二個女大學生爲了點小便宜，結果被賣到山東農村當媳婦，幸好一個買主農民很老實，見是大學生，叫她寫信通知父母，最後才把人販子逮住。《家庭

① 《廈門晚報》一九九七年三月二〇日；《廈門日報》一九九九年二月二八日。

醫生》一九九七年第一期報導，武漢一所名牌大學心理學專業研究生才女尹秀妮，畢業前在南下深圳求職途中，認識一個初中文化程度的青年農民廖文愷。廖自稱大學畢業在深圳一服飾集團任副總裁，承諾爲她提供職業，尹怦然心動，慶幸自己得到了貴人相助。一個月後，在武漢一賓館裏，廖給尹一尊「十世祖傳」的「傳世金佛」，尹激動而緊張，失去自控，獻出少女貞操。儘管身邊同學、好友、家人幾次三番提醒勸阻，但尹執迷不悟，在短短的四個月時間裏，不僅失去少女貞操，而且斷送了大好前程。

因貪小便宜而受騙的事，每有所聞，有人一看到「以舊換新」就以爲可得便宜。其實這類做法的商場多規定要購買若干的商品後才可用舊手錶、舊電視機、舊洗衣機、舊電冰箱等換取相應的新貨品。當然人們不知道，那些都是舊零件組裝的，只是套上新殼而已。貪小便宜的人還是受騙了。只因人們並不能吸取教訓，所以各種騙案不斷地發生。

需要提到的，有些科學家甚至大科學家也有受騙的。這因爲，科學家對自己所研究的領域可能有很深的學問，但對自己研究的領域以外的事物，往往也表現出無知，對騙子的行騙術不免無能爲力。還有，科學家也是人，也會有平常人的那種貪利之心，那也是他們受騙的重要原因。

爲名者亦多受騙。古之科舉，謂：「十載寒窗苦，一舉成名天下揚」。許多舉子孜孜以求爲了揚名，甘心受騙，可謂可悲者。如今呢？不是也有相當多的人想通過名人辭典、專家辭典、名人錄、論壇叢書等來揚名嗎？不是也有許多人受騙嗎？

《揚子晚報》一九九八年一〇月二三日載，一個初中文化程度的山東無業者，到京私刻公章、僞造文件以中國專家人名辭典編委會名義，騙取國內數萬名專家資料，非法出版《中國專家大辭典》，非法獲利三四萬元。許多爲揚名的人受了騙，這裏不說自明。

那些辭典、叢書等，除了有些只收錢不出書來行騙外，還有幾種行騙手法：

其一，收你一篇文章，要你以高價購買一本或幾本「叢書」，從中賺取高額的利潤；

其二，收錄你的名字或文章，要你預購十本以上的書並預付款，而到時只寄一兩本書給你，然後捲款而逃，讓你查問也無門；

其三，硬要你預交幾集辭典的書款，只出一集後逃跑，讓你無處可找。

此外，爲了騙取更多的錢，有些辭典的組織者除了收取書款外，還要入編者訂購名人鏡框、名人名片、名人日曆等，有的還要入編者交一定的款項當個掛名的名譽編委以及什麼研究會的會員、理事之類，對重名者任加宰割，騙你沒商量。

爲名者到頭大呼上當，可晚了。

歷史上因貪色受騙，史不絕書，野史小說多有記載，這裏僅舉一例。傳說，古時有一姓陸的武生，到吳城見一美女，爲之傾倒，托媒婆做伐，欲買回爲妾。媒婆要價甚高，幾使陸生傾盡囊金。陸愛財，更愛色，決心不惜重金買下。媒婆對陸生說，此乃良家少女，因家裏窮，父母萬般無奈才賣女。女子聽說做妾，幾次要上吊，因父母苦苦哀求，才勉強答應下來，可很害羞。爲避免出事，請您在她上船後不要急忙揭其頭巾，等船走遠了，她也就死心了，那時任君戲弄。陸某爲了得到美女，對此全都答應。隔日，轎夫抬新人上船，入艙內，陸某交了鉅款後叫船家揚帆而去。船行十幾里，已是夜間，陸某爲了逗弄美女，便去揭其頭巾。一看不免驚呆了，原來新人乃一位七八十歲的老太婆。旁人見了亦無不笑倒。陸生狼狽之餘，只好拿出幾兩銀子，將老太婆打發上岸去。

現實中，因貪色而受騙甚至丟命的，亦並非僅有，披露於報端的亦每每可見。人說：「男者，難也。」男人比女人有諸多優勢，但因過不了女人（美女）關，給自己帶來種種麻煩。當然，生活中貪色而不會受騙的也大有人在，那多是手握權柄者，他們抱紅擁翠，常常「白天開會唸稿子，晚上別墅玩婊子」。為利、好名、貪色，必然會心蒙眼濁，受騙在所難免。只要這類人存在，行騙者便不愁找不到行騙對象。

迷信者亦多受騙，僅舉最近發生的一例。《廈門日報》一九九九年一一月三〇日載，一九九九年一一月二七日上午，一江西籍姓章的女子，從廈門前埔市場路過，一男子上前搭訕，打聽這裏有否收購廢品店。搭訕間，該男子突然對章女說，你印堂發黑，最近有血災，要趕快拿錢消災。章女給嚇住了。該男子說自己會做法術幫消災，如果騙錢會死老婆死孩子。章女見他發此「毒誓」，深信不疑，便取出六千元存款並一枚戒指交那男子。那男子將錢和戒指包好，在章女背上比劃幾下，叫章女把那錢包收好，路上不要動，不和任何人打招呼，否則不靈了。章女回到住地，打開那包錢，只是一堆廢紙，錢和戒指被騙了，大呼上當，可遲了。

早有人說過：名為公器勿多取，利是身災宜少求，色藏利刃須提防，迷信有害且三思。——這些是值得人們牢記的。

一八　死人家屬、罪犯家屬也成為被騙對象

騙子無孔不入，死人家屬、犯人家屬，亦成了他們行騙的目標。

騙子向死人家屬行騙，自要瞭解死人的簡歷和死者家庭的情況。前者可從訃告上得知大概，後者可向鄰居瞭解。有了這些，再加上行騙者的三寸不爛之舌，把自己說成是死者至交、摯友，那不但能打消死者家屬的疑慮，而且可贏得好感。這樣，在死者家屬沉浸在悲哀之中和夜黑之時，騙子便可輕易地撈一把。這叫做「欺死騙生」。《遼瀋晚報》曾有一則報導，一個叫蔣宏偉的，於一九九四年五月在瀋陽

王家辦喪事時，到那裏行騙，那就是一個典型的例子。①

犯人家屬也容易上當受騙。

一九九五年元旦前夕，杭州不少報刊登了浙江省電視藝術家、企業家俱樂部祕書長周某因傳播淫穢錄影而被查處的消息。某燈泡廠電工蔡培燦，按著報紙上刊登的地址來到周家，對周妻行騙。他自稱是周某的同學，要設法安排周妻與其丈夫周某見面。周妻聽說是丈夫同學，又熱心幫助自己，放鬆了警惕，上了當，被騙走一批錢財。蔡氏過於貪心，得寸進尺，引起周妻警惕，後在鄰居幫助下，終將蔡氏扭進了派出所。②

河南安陽瓦店鄉王愛堂在窺得犯人家屬急於找人幫說情的心理，決定從中發一筆財。他先找本村王某妻子，說自己有親戚在公安部門，有朋友在法院。王妻急於與丈夫見面，東挪西借湊了七五〇〇元，交給王愛堂，王拿去大醉一場。後又找鄰村案犯王某之母，王母也相信了，湊了九〇〇〇元含淚交給王愛堂，當然又是讓王大醉一番。王愛堂連親戚也不放過。王的岳父家人胡某販假坐牢，其家屬塞給王愛堂三三〇〇元，說看親戚面子幫個忙。那錢當然又是讓王白花了。王愛堂不費吹灰之力，從犯人家屬那裏騙了二萬多元，至於幫忙，全是騙人假話。③

《廈門晚報》二〇〇〇年一二月八日載，福建莆田四五歲的農民陳某，自稱是市政法委書記，許諾可以幫助林某在監牢服役的兒子辦理保外就醫手續。林某聽信其言，結果被騙走九二八〇元人民幣，兒

① 《法制文摘》一九九四年九月一五日。
② 《法制文萃報》一九九五年三月一六日。
③ 《法制日報》一九九六年九月一日。

子出不來，自己連呼上當受騙。

也有是犯人騙犯人家屬。《廈門晚報》二〇〇二年八月三一日載，王某與陳某因犯法坐牢關在同一號間。王某先出來，走時，陳託他到老家同安給家屬打個招呼。王出來後到同安找陳的老婆，騙說自己乃管教人員，準備爲陳減刑。陳的老婆信以爲眞，即送他一百元，不久，王又兩次向陳妻行騙，共騙走六百元。……

一九賊騙賊，騙子受騙子騙

在作騙中，最具諷刺意味的，竊賊和騙子有時也會受騙。

鎖匠霍勤斯・登比，十五年前因盜竊珠寶蹲過監牢，出獄後沒再失過手。這時他又在動肖特弗莊園的腦子。他打聽到那裏主人去倫敦，家裏只兩個傭人，這天下午都看電影去了，正是下手的好機會。他帶著作案工具進入莊園，在起居室裏找到保險櫃，正準備打開它時，一個年輕女人出現在門口，口裏說，我按時回來，沒想到會碰上賊！登比雖然一陣緊張，接著即暗想如何避免麻煩。他壯著膽陪著說，我也沒想到會在此碰上這家主人！女人點頭說，既然碰上了我，你打算怎麼辦？

「我的第一個念頭就想跑掉。」

「我會打電話叫警察抓你。」

登比提出放他走的要求。

女人說：「如果我放你走，你還會去偷其他人的東西。」

登比乞求說：「讓我走吧，我發誓今後再不幹這種事了。」

女人沉默不語，打量著他。

登比明白這女人可能會幫他忙。在女人吸煙時，他討好地取下手套，準備打火機遞給她。並問道：「可以讓我走嗎？」女人說可以考慮，不過得幫做些什麼。

「你講吧，無論什麼都行。」

「在我去倫敦之前，曾許諾我丈夫，把我的珠寶首飾存進銀行，但最後還是放在這保險櫃中，今晚想戴它去參加一個社交活動，回來取，但不巧……。」

「忘了開保險櫃的密碼，是嗎？」「是這樣。」

「讓我來看看，一小時內可取到東西，不過得弄壞保險櫃。」

「不要緊，在我丈夫回來之前，我可以把它修好。」

登比打開保險櫃，幫女人取出珠寶首飾後，離開了莊園。

第三天警察根據留在保險櫃的手印把他帶走。他分辯說是莊園主妻子讓他這麼幹的。而六〇歲的莊園主妻子，對警察說，他是一派胡言。登比此時才明白，自己被那女人騙了。現在什麼都晚了。①

另有一種是以賊騙嚇賊。

加拿大多倫多百貨店，為嚇唬竊賊，特從「租賊公司」租來了竊賊，在衆目睽睽之下，低下頭，瑟縮著，然後當衆押送到商店辦公室。這像是當衆捉到的竊賊，在衆人面前出盡了醜。②國內亦有類似作法。報載，保安縣某超級市場，雇來一個十三四歲女孩子站在門前，胸前掛著一紙牌，上寫：「這是一名可恥的小偷」，用以嚇唬人。無疑，這種作法，對那些萌生偷竊意念的人起到鎮懾作用。對百貨店來

① 山西《法制文摘》一九九三年第九期。

② 《法制文摘》一九九六年一一月一四日。

說便是以賊嚇賊了。人說，被賊咬一口，入骨三分，被賊嚇一次，永生難忘。這話不假。

至於以騙對騙，也每有所聞。舊日上海大約在一九四七年上演過一齣喜劇電影：《假鳳虛凰》。故事說，一家公司總經理投機失敗，債主紛紛上門討錢，難於應付。這時一華僑富翁之女范如華小姐登出一則徵婚啓事，欲覓一夫婿。總經理委託一理髮師楊小毛，以總經理身份應徵，想借他來騙錢應付難關。其實范小姐是個孀居有子的寡婦，因生活無著又貪圖享受，才想出以徵婚辦法物色一個可依賴的丈夫。最後她選中了楊小毛。雙方都怕對方看出自己的破綻，又都把希望寄託在對方身上，互相作騙，以騙對騙，鬧了一連串笑話，看了令人捧腹噴飯。

現實中互相作騙的事就更多了，甚至有的連騙子也受騙，亦奇聞怪事了。報載，有個自稱姓韓的「絡腮胡」，平時到處行騙。他於一九九六年一〇月二三日在杭州街頭地攤上打聽到某紀念幣的行情後，想從中賺它一筆。他將早已準備好的二〇張百元的假鈔票夾在眞鈔中，來到錢幣商那裏以每枚三八〇元的價格購買了十枚「建行」紀念幣，而後急忙趕到他處地攤，欲以每枚四二〇元的價格轉賣。可一看，自己也呆了，原來他所購買的紀念幣全是假貨。騙子受騙，啞巴吃黃連。①

騙子也有受騙的時候，其他的人更可想而知了。眞可謂無人不受騙。

也有人未必就是騙子，想騙人，終仍受騙。《羊城晚報》一九九七年一二月四日載，李某酷愛搜集郵票，一次花五百元在郵市買了一張「猴」票，回家用放大鏡一看，猴眼無神，乃假票，既驚又怒，半晌回望，心生一計：轉賣他人。果然有人用一千元買走了。誰想到？那一千元也是假鈔票。騙人受騙。

看來只要一味迎合孔方兄召喚和誘惑，騙人和受騙就難以避免。

①《法制文摘》一九九六年一二月二六日。

第五章　騙術和騙子

做騙子和當皇帝，哪個容易？皇帝容易當，騙子難做。君不見歷史上的娃娃皇帝絕非僅有，兩三歲甚至剛出生幾個月的嬰兒坐上皇位，號令全國，沒人敢不聽；誰見過才幾歲的小孩向全國行騙而不被逮住？

當皇帝容易，當大官大吏也不難，只要有後台即可。所謂：「發財要亂來，當官靠後台」；而騙子光有後台還不行，還得有騙術才能獲得成功。精通騙術的騙子，通常都會採用高明至巧的手段來行騙，所以當他說假話時會讓人以爲他在講眞話，結果上當受騙；而當他不得不講眞話時，又會讓人以爲他還在講假話，結果還是上當受騙。這叫假也騙來眞也騙。這類騙子往往是假意如眞意，假話如眞話，假品如眞品，用以騙己己滿意，用以騙人人高興。這是運用高明騙術的結果。有人說過，如今歌曲越唱越走調，文章越寫越離題，而作騙技術則越來越高明。在發光的金錢照射下，各種騙術空前發展。

何謂騙術？騙子設下陷阱，採用某種手段，以取得其想要的財貨、職權、榮譽和快樂等等，那些手段就是騙術。

作騙需要時間，但作騙成果不一定與時間成比例關係。人們看到，有的騙子一句話，一個動作，便可騙取無數錢財、至高權位和無窮快樂，也有的騙子花費大量時間，絞盡腦汁，可騙績不佳，甚至失手被逮。這裏關鍵在於騙術的運用是否「成功」。

行騙的事隨時可見，可能稱得上全能的騙子則不一定很多。爲什麼？人們看到，奇異而複雜的世界裏存在著五花八門的騙，那自不是哪個騙子所能精通得了的。各個騙子的騙術，僅在於某些方面，或以某些方面爲主，面面都通的全能騙子即使有也不會很多，這是各種條件決定的。最明顯的，人們看到，再有能耐的騙子，也難以把陽光、空氣之類騙裝到自己的口袋裏。不過就騙術本身講，是一個循環往復過程，一種騙術曝光了，又會出現另一種騙術。其間雖難免也會有模仿和重複，但未必全是照抄照搬。騙術傳人綿綿，不但時時發掘繼承，永不會絕跡，而且會時時創新。它猶如科技，日新月異，不斷汰舊更新。

一　行騙術及其對心理因素的利用

強盜行劫靠的是強力，除注意被劫對象的實力外，其他方面考慮比較少。而行騙者靠的是騙術。騙術乃行騙者的靈魂隱秘的流露。騙術多種多樣，不但在各種行業，各不同場合對各不同對象所採取的騙術不盡相同，而且各不同行騙者的作法也不一樣。在商業和其他一些作騙活動中，除了以假亂眞，以次充好，短斤缺兩，哄抬物價等以外，還使用了許多騙招，即行騙術，以下是比較常見的幾種。

聲東擊西，以假象給對手以錯覺，然後因勢用計，奪取目標。

以退爲進，不斷向對手讓步，最後得以簽訂合同或銷售商品，達到預定的目的。

故意拋出不可達到的方案，與欲推行的方案混在一起，以便讓對方選擇其欲推行的方案。

故意忽視預定目標，而強調不重要部分，造成對方的錯覺，以實現其預定的目標。

假撤退，故意露出虛而不備的姿態，使對方不知所攻，以此爭得主動。

一反常態，引得對方的注意，即以聲奪人，驚動四座，以期順利實現原來計劃。

公開說自己的產品不如別人，公開說自己產品中某些毛病，引得人們注意，人們非但不會產生壞印象，相反倒願意購買。

本是一家，故意鬧矛盾，互相指責，挖老底，引得人們的興趣，達到推銷商品的目的。

以上多屬於短時間內達到行騙目的作法。而有一種先吃點小虧，騙取榮譽，然後尋找機會佔大便宜，則是一種放長線釣大魚的騙術。這種騙術，除了在商界，其他地方也可見到。

歷史上有些人爲博得清廉的名聲，故意矯情虛飾，一有機會便大貪大佔。晉代王戎是個貪鄙成性者，其父任過涼州刺史，死時同僚、部屬贈送許多錢物，王戎一文不收取，因此名聲大振，被朝野稱爲大名流，可後來當了大官，本性大暴露了，貪得無厭，大肆搜刮民間財貨，家裏積存的銀錢，多到無法計算。這是放長線釣大魚的典型。

一般行騙者，在行騙時，除講求行騙手法，多注意利用人性弱點，諸如：貪小便宜、愛聽讚美的話、以貌取人、攀附權貴，等等，同時，也注意利用心理因素，以助其達到行騙目的。

首先，行騙是在人際交往中進行的，而人際交往，每遇同鄉、老同學，多會產生親熱感，容易接近，如果遇到同行或者相同文化生活背景，比如同是學過某專業的，同在某種崗位上工作過的，倍感親切。那就是，人的感情多在某種生態下交融。騙子多利用這類特點。因此，冒充同鄉、老同學的騙子每有所聞。與此同時，有些騙子還特注意見到什麼人說什麼話：見知識份子，談學問，裝斯文；見商人侃生意，談經商之道；見官員職工，談爲政之道，論歷史經驗……這樣無疑可消除對方懷疑思想，使彼此間的距離縮短了，便於行動，保證行騙成功。

其次，對受騙對象，投其所好，迎合其所需所求，誇下海口幫助解決某種難題。這樣可使被騙者引爲知己，恨見太晚，放鬆戒備。爲了達到目的，善騙者往往採用被動姿態，讓受騙者主動找上門，主動請求幫助。既然如此，被騙者當然不會懷疑對方有詐，結果自己主動上鈎，主動受騙。這樣，行騙者便可從出擊行騙轉到坐待受騙者主動上門了。

再次，給人好印象，特別是給人第一次好印象。印象在行騙中甚爲重要。騙子一旦取得被騙者的良好印象，後面的文章就好寫了。被騙者由於對騙子有了某些好印象後，往往會更注意其好的方面，即使對其某些破綻有懷疑，也會很快被忽略過去，結果在某種騙局中愈陷愈深，最後竟睜著眼睛看自己被騙，成了某種騙局的犧牲品，甚至受騙了還會感激騙子；有時也會終於發現自己受騙，但什麼都晚了。

此外，在人際交往過程中，一般說，對於對方的某種較重大的要求，全行拒絕會讓對方失望甚至絕望，有可能採取報復手段，弄得不可收拾；而一下子爽快地全部滿足要求，則有可能使對方懷疑你是否誠意，甚至懷疑你抱有什麼目的。大體上半拒絕半滿足，往往會使對方抱著期待心理。行騙者多針對並利用這種心理特點，先給你一些甜頭，既給你一個好印象，也引誘你上鈎，而後行騙就可以順利達到目的。

他如花言巧語，善作僞裝等。也都能騙過一些人，騙倒一些人。

二名片、電話和假信——明騙(一)

最近幾年來，舉國興起名片熱。

被稱爲自我表現的名片，最先起潮於工商業者，後來波及事業單位和學校教職工，最後連農民和學生也多使用起來。印刷名片的廠店如雨後春筍般出現。各種式樣的名片，花樣不斷翻新，令人眼花撩亂。各種場合以名片開路被視爲慣例。贈送名片成了傳遞身價的重要手段，也是人們握手前的亮相儀式。在人們眼中，名片乃權力信用卡，也是社交所必備。由於人們對名片有一種天然的信任，使得名片大爲時興。爲了抬高自己，唬倒別人，讓別人嚇得一身汗，名片上的頭銜越來越多，不少「總裁」、

「經理」、「董事長」只是自封的光桿司令，無孔不入的騙子正好利用名片搞明騙，不時出現各種「名片」案，引發商品交易的詐騙和人們的信任危機。

報載，某酒廠張廠長接到電話，說是市府辦公室打來的。問說調用的二十萬斤高粱酒準備好了沒有？張廠長莫名其妙。對方見此，說：「昨天經委主任老湯不是告訴你了嗎？難道忘了？」張廠長聽了這口氣，即為上級攬過說：「可能是對其他廠長講的吧，有什麼吩咐直說來。」對方沉吟一下，不很耐煩地說：「這事很急，市府決定從你廠調二〇萬斤高粱酒到山東，現在山東車已來了，你們看什麼時候裝貨？」張廠長答：「我們抓緊時間，十分鐘吧。」「好，十分鐘後他們持市府劉秘書長的名片直接找你。」對方口氣嚴厲。

不多久，六輛卡車滿載酒廠二〇萬斤高粱酒離開了酒廠。張廠長按名片給劉秘書長搖了電話。可是一切都晚了。

蘇北阜寧縣劉斌，曾在殯葬館工作，大發死人財，案發出逃在外，以香港華夏貿易公司經理季林之名印出香水名片，假冒杜聿明三女婿、楊振寧襟兄弟，在蘇北行騙，數十家鄉鎮企業負責人，被「借」走了數十萬元。①

《中國經濟時報》一九九八年七月四日載，河南一個二九歲的女子吉某，冒名開了一間皮包公司，以假名片和假匯票行騙，一下子騙到三十九萬元。

以名片行騙如此神通！

以名片搞明騙，不知讓多少人失去金錢和財物，失去貞潔甚至生命。一樁樁名片案，向人們敲起一

---

① 轉引《廈門日報》一九九二年一二月二一日；《民主與法制》（畫報）一九九二年一〇月二一日。

聲聲驚世警鐘，催人思索。

最滑稽的，連做名片也成了做「明騙」。這一點筆者也經歷過，深有體會。前幾年，某出版社在編輯出版一部名人辭典時，發出一紙附件通知，凡入典者可將其小傳縮小印成名片，每盒九〇元。本人按通知匯錢去，等做一盒名片。可錢匯去三年多，不見名片影子，多次催問，不作答覆。友人見了笑說，老兄受明騙了。本人才恍然大悟。

和名片行騙一起的還有電話行騙。電話本是人們之間親情的紐帶，友情的紐帶，也是佈置工作的工具，誰想到，如今也成了行騙的工具。電話行騙多是假冒上級機關向下屬行騙的。不久前，北鋼工人黃寶軍爲了要發財，竟盜用國務院李秘書名義向安徽「榮事達」洗衣機公司總經理發電話，要他贊助二萬美金。①那就是電話行騙。

這類事在地方上就更多了。

一九八二年一一月一六日和一七日，上海五金交電公司辦公室值班人員兩次接到自稱副市長打來的電話，叫該公司給山西某軍工廠安排三—五箱自行車，並說派一個叫張毅的青年人前往聯繫。過不久，一個自稱張毅的約三十歲的青年來到公司，聯繫自行車之事，因拿不出介紹信，又離開去。公司接待人員爲愼重起見，掛電話到副市長辦公室查問，秘書回答說不知道這件事，副市長沒有這樣處理過事情，因此要公司協助查清事實。

公司領導立即布署「迎接」來客。下午張毅又來了。他拿著有副市長簽字的某軍工廠的介紹信。公司負責人將介紹信交保衛科拿去核對。結果發現，副市長的簽字係僞造的。這下子騙子漏了底。經查表

①《廈門晚報》一九九六年三月一七日。

明，行騙者乃山西某地一農民，從一九八〇年起流闖在外招搖撞騙，公安部門正在查拿他。①

一九八九年九月八日下午，北京順義縣一信用社主任接到一個自稱縣農行行長的電話，說：農行準備購買兩輛「北京—二一二」吉普車，錢不夠，擬先從你們信用社調三萬六千一百元限額轉賬支票一張，現金一千元，一會派人來取。

下午五時多，一個自稱縣農行行長派來取支票的男青年來到信用社主任面前。男青年衣著考究，風度翩翩，談吐不俗，鎮靜自若，主任原來的疑慮，一下全被打消了，即讓營業員開了一張轉賬支票。爲不違反有關規定，主任還從自己存摺中取出八百元現款，交與來人。來人寫下收條後走了。主任有意記下來人乘坐的汽車牌照號碼。第二天，信用社主任到縣農行談及此事，行長一無所知，主任方知受騙了，立即報案，很快抓到行騙者。②

四川溫江縣二五歲的農民馬海濤，於一九九六年五月二九日下午打著成都青白江區副區長牌子給某副廠長打電話，說對方有四個經濟問題，要該副廠長攜帶材料到某大廈面談「補救措施」。下午，該副廠長到約定地點「面談」，馬氏以區政府某科長身份向該副廠長騙走二千元，五條「紅塔山」香煙，並由該副廠長請吃一頓。馬氏嚐到甜頭後，於九月二日再次以成都市政府工作人員身份給某副廠長家屬打電話，列出該副廠長八條貪污受賄罪證。該副廠長不在，其家屬爲應「急」，帶了一萬元去面談。因副廠長家屬看到這位「市府官員」行蹤可疑，趁其不備，電話報警，當場將他抓獲。③

①《文匯報》一九八三年二月三日。
②冬稔《騙術大觀》第二六二—二六三頁。
③《廈門晚報》一九九六年一〇月二〇日。

有些騙子選定某賓館、招待所的旅客做爲行騙目標，先打電話到服務總台，自稱是公安辦案人員，詢問各房間旅客姓名；之後再把電話掛到房間，自稱是刑警，正在調查一起殺人案，需調查各個旅客情況，時間緊迫，要求各旅客報出單位和家庭的電話號碼；最後把電話掛到旅客單位和家中，自稱是交警或急救中心醫師，說你處某某車禍住醫院搶救，急需搶救款，對方一聽親人出事故，即匯款到指定的賬號，自不知受騙了。

此類電話行騙，其手段多是拙劣的，稍加留心不難識破。一般說，騙子可利用電話行騙，反騙者亦可利用電話破其騙。

問題在於，騙子還會玩弄別的花招。《遼寧日報》二〇〇二年八月二二日載，三月間，一趟火車上有一姓孫的生意人，因漏了「底細」，很快接到談生意的電話。不一會來了自稱「國家安全局」的電話，說剛才來電話的人，乃受監控對象。對方要求接話人立即關機，以便配合他們工作。中午，生意人打開手機，聽到妻子在說，你幹麼關機？上午有人電話說你腦溢血急需二萬元搶救費用，家裏剛匯了錢。……生意人恍然大悟，即向有關方面報警，得知，三分鐘前錢已被領走了。

與電話行騙相近的還有傳話行騙。據傳某婦產科醫院，常有孕婦到此生產，多有家屬作陪。每當產婦進入產房，不時出現身穿護士服的騙子，看清產婦名字後對著大廳裏作陪的家屬喊道：「哪位是某產婦的家屬？」產婦家屬見喊，隨即向前，「護士」說：「那產婦要取手提包。」產婦家屬即將手提包遞過。騙子拿著手提包，走到一邊將包內現金、貴重物品拿走後將包棄在旁邊。

假信行騙也每有所聞。

假信多指匿名信，即不具眞實姓名的信件，通常是用以威嚇和誣陷別人的。近來多出現有歌功頌德的匿名信，多在考察幹部時，假群衆名義表揚和推薦某些人當領導的；也有用匿名信形式假群衆意見攻擊、謾罵與自己意見不合的人。不管何種，假信的作法，其目的都是在於行騙。當然，也有些群衆怕遭受打擊報復，不敢暴露眞實姓名而用匿名信形式，但那不是行騙，而多是在揭發行騙的事。

另有一種是專爲騙取錢財的假信。報載，上海某科技公司老總龔文輝，通過希望工程渠道向四川十七名少兒捐助一萬元錢，後收到八名學生回信，筆跡相同，係一人寫的假信。經查，錢被當地幹部私吞了。另外，也有行騙者將別人投入信箱的信加以私拆並模仿筆跡篡改原信內容，假冒投寄人，以生病等理由，要求收信人匯款，將款匯入其儲蓄卡內或匯到其指定地點，騙取錢財。收信人多因一時不察而受騙。

三標籤、名稱和數字——明騙㈡

標籤和名稱雖不能當飯吃，可被稱爲無形的財產，對物品的聲譽、銷售都有影響。同一種物品，將標籤或名稱稍加改動，在人們心目中便有不同的價值。這因爲人們有一種邏輯思維方法，從名稱或標籤來推論物品的內容及其質量。就因此，善騙者往往會從物品、商品的標籤和名稱上做文章以行騙。這當中，有些人只看標籤，受騙上當常常免不了。比如，如今標著「活性水」、「富氧水」、「天然水」、「太空水」、「宇宙水」等名目的包裝水，隨處可見，品牌繁多。據說，有個縣一下子生產出五十多種不同名目的包裝水，令人眼花撩亂。其實包裝水只有兩大類：一是天然水（包括礦泉水、泉水、雨水和地表水）；二是工業製取的水（如純淨水等）。其他名稱的水都沒有根據，多是爲了騙取錢財的。有一度，那些貼上名酒標籤的瓶子甚昂貴，未必是酒好，有時即使裏面裝的是人尿或豬尿，也會賣得高價。標籤之所以能騙人，就因爲它有威力，標籤和名稱已給人一種錯覺，如再加上用以行騙的花言巧語的宣傳，就更容易使人上當受騙。

就因爲這樣，前一陣子，國內造型獨特的空酒瓶，如茅台酒瓶、五糧液酒瓶、劍南春酒瓶等交上好運，每每都被以高價收買去。幹什麼用呢？不是用於擺設，而被善騙者拿去重新貼上茅台酒、五糧液、劍南春等的標籤，然後裝進普通的酒甚至裝進隨便加些工業酒精的假酒，以茅台、五糧液、劍南春的價格甚至更高價格出售。無疑，誰買誰受騙，誰喝誰倒楣。

與此相同的騙術，在背時貨、滯銷貨上貼上優質品牌的商標；在廢舊、淘汰和僞劣品上重新塗上一層鮮亮的油漆，再標上時髦的標籤。這可說是燦然其表，糟粕其內。這種坑人的邪招，一直是善騙者行騙的法寶之一。

再者，在以洋貨爲榮的年代，商品經營者投人所好，以售賣假洋貨作騙，常常在其售物品上貼上洋貨標籤，欺騙了買主，得到高利。買者有時也明知其假，但爲了顯示自己買到洋貨而甘願受其騙。

還有，眼下以「大」形象走俏，商業部門多以「大」相標榜，二、三張桌子的茶館稱世紀茶樓；二、三截櫃枱的鞋鋪稱皮鞋世界；二、三台電腦的打印社稱電腦城；小小油條店稱大東亞油條中心；幾層樓房稱交易廣場；幾條街道稱商業城等等。那些大款大腕、大老闆、大經理、大歌星、大幹部、大知識份子等，很吃得開，因此，貼上這類大人物的標籤，顯得威風。行騙者每以這類「大」通行無阻地取其想得到的種種利益。

因此，一旦給某個人或某件商品貼上了「大」的假標籤，就可能產生這種悲劇：即有人受騙而成爲犧牲品。

講到標籤和名稱作騙，還得提一提盜版。這盜版是一種盜竊，在名稱方面的明騙。

近幾年來，有些刊物、藝術作品的書籍、錄音帶、錄相帶等盜版嚴重。盜版物有的粗製濫造，有的製作精美，有的還堂而皇之打上「原裝正版」、「版權所有，盜版必究」字樣，混淆視聽，藉以騙人。

盜版內容除了工具書、教材和教輔類讀物之外，主要是銷路廣從而好賺錢的作品。舉個例子，「大妹子」（朱德榮作曲、金波演唱）廣受歌迷喜愛，幾乎一夜之間走紅大街小巷，自是好賺錢的，因此盜版帶很快在北京、上海、廣州、武漢等地大量出現。作家出版社出版的暢銷書像《馬語者》、《蘇菲的世界》和《日子》等，都出現過五、六個盜版本。他如趙忠祥的《歲月隨想》，僅一九九六年三月，一下子被盜版一萬五千冊。據報導，近兩年被查處的侵權盜版案達三四千起，平均每天近五起，五百多家出版社在不同程度受盜版的衝擊和威脅。人稱盜版是一種割不去的毒瘤。

與盜版相關的是冒充。錢鍾書的《圍城》問世後因受歡迎，海內外盜版盜印不斷，花樣翻新，先有所謂《圍城》彙校本，後又以《圍城之後》進行冒充。《圍城之後》乃魯兆明之作，春風文藝出版社出版，不久前有人將它充作錢鍾書《圍城》續集，只是將版權頁上的一九九二年改為一九九六年，原定價六・二〇元提高為一六・八〇元，後邊的《跋》刪掉有魯兆明字樣的段落，而後大量印刷發行（印數標明一〇萬冊），以此擴大該書的銷路，大賺其錢。

除了書刊、錄影，盜版冒充在電器、建材、服飾、兒童玩具等方面也都存在。新加坡《早報周刊》有個數字，各種盜版活動，每年蠶食世界商業總利潤的百分之八，致使許多工人因此失業（美國每年二〇萬人，歐洲一五萬人）。被盜版被冒充的廠家多是啞巴吃黃連，唯恐說穿了連眞貨也售不出去。

有一種是推銷商品的促銷活動，推銷員卻說是「贈送禮物」，當你收下「禮物」後，推銷員請你也送些錢，這錢還得超過「禮物」的價值。這可謂一種公開的強迫接受的名稱作騙。

名稱作騙可以提到同姓同名騙。

如今同姓同名的人太多了，不但影響公安稽查、戶籍檔案、郵電通訊、學籍註冊和人事管理等等，也影響同姓同名者的活動。報載，一九九八年三月一八日晚在成都同時有兩個郭峰登台演出：一個是音樂人郭峰在錦城藝術宮參加「桃花源之春」大型文藝晚會，另一個是「陽光王子」郭峰在波恩酒廊演出。在波恩酒廊，當陽光王子出現時，有人喊著「冒牌貨」，這因爲他們把他當成音樂人郭峰了。可這郭峰說：我的父母給我這名字，怎能怪我？而音樂人郭峰說：本人在成都演出之事，二月份已開始宣傳了，你（指陽光王子郭峰）三月一六日登出廣告，絕對是蓄謀的作騙①——是否有意冒名作騙，那是要看其眞實的動機了。不過借用同姓同名來行騙確是存在的。而且甚是方便。《廈門日報》二〇〇二年八月一七日載，廈門有個初中文化程度的包裝工，因其姓名與南安市委書記李某相同，竟假冒市委書記，通過婚介所騙財騙色，被得逞。據傳，有人因與縣長同姓同名，冒充縣長寄出信件、簽發文件。有個歹徒因與某縣商業局長同姓同名，竟冒充商業局長騙走了幾萬元的商品。另據《廈門晚報》二〇〇〇年一二月一八日載，杜女士於一九九九年一月二九日在廣東某銀行儲蓄所存入二百萬元款，二月二三日取出二萬元，尚餘一九八萬元存款，留有密碼。七月一七日，一同姓同名的「杜女士」到該儲蓄所申請存單掛失，塡寫更換印章及掛失單證申請書後，將賬戶上的存款金額全行領取走。兩個同姓同名，可身份證發出機關不同，銀行人員不察，結果導致一九八萬元大款被騙走。大概就因爲行騙方便，所以有人還故意將自己的姓名改成與名人相同。

數字乃事實的表達，人們多對它深信不疑，因此，造假行騙者常借助於某些數字。

中國歷史上，赤壁之戰時，曹軍不過三十萬，卻稱八十萬衆，一時嚇壞了東吳的孫權輩，只因蜀國諸葛亮他們看到其假，聯吳抵抗，才把曹軍打敗。如果當時諸葛亮他們也被騙過去，歷史恐怕得另一種寫法。

① 《法制文萃報》一九九八年四月二日。

法國拿破崙雖然精明，可因迷信數字，不免也有受騙時。據傳，每檢閱部隊，他總要值星官報告準確人數，如若含糊不清，他定會發脾氣。一次有個值星官以非常清晰的口齒報告說：本部官兵應到二三四四人，實到二四三八人。儘管數字有毛病，但因說得肯定，拿氏聽了甚感滿意，還下令要對此人加以重用，不免可笑。

有說美國前總統尼克森也是很會用數字來騙人的。據傳，早在做學生時代，在一次辯論中，他因念出一連串的統計數字，引得滿堂喝彩。可事後人們得知，在尼氏的演說稿中，根本就沒有什麼數字，只是臨時隨便念出來的，騙了全場聽衆。①

第二次世界大戰中，發動戰爭的法西斯國家義大利和德國的「領袖」騙「元首」，「元首」騙「領袖」，也是通過玩弄數字來進行的。戰爭開始時，墨索里尼不斷吹牛，騙希特勒說，義國可以在幾小時內動員八百萬人、九百萬人、一千萬人、一千二百萬人上戰場；還騙說，義大利有八千五百三十架飛機參加戰鬥云云。其實，當時義大利最多只能動員一百萬人和四百五十架轟炸機、一百二十架戰鬥機。希特勒則騙墨氏說，（一九四〇年）德國已有二百個裝備精良的部隊準備向西線進攻，等等。因爲對方無從查對，他們放膽地騙來騙去。結果，牛皮吹破，兩酋命喪，法西斯敗亡。

如今，善騙者也多愛在數字上做文章。一些爲官者爲了膨脹和顯耀自己的政績，講生產和生活時總是提高了百分之幾，講物價和疾病時，總是下降了百分之幾，講損失不免是減少了百分之幾，讓人覺得具體、眞實、可信。其實，有的多是隨意想出來的，多是爲騙人而編造的。人說數字出幹部即指這些。

人們記得一九五八年大躍進年代，在「創高產」、「放衛星」名目下，有畝產十幾萬斤糧食的數

① 參丁曉禾：《謊言研究》

字，大搞浮誇風。有人靠此升官，後來成了笑料。沒想到，近年又來了，《南方周末》一九九九年一〇月二九日載，湖北某市放出畝產十三萬斤蔬菜、十畝水塘年產四十六萬斤魚的「數字衛星」。是否有人靠此升了官，不得而知。不過有一點很清楚，即：許多部門和單位的會計，用假數字造假賬，不但幫助領導出效益、出政績，且也使自己得獎金。《南風窗》二〇〇〇年第六期報導，中國會計造假水平達到世界一流！去年底財政部查了一百家國企，有八一家虛列資產三七億，八九家虛列利潤二七億，假賬比比皆是，而百分之九九的會計造假賬，多是奉命造假的。《廈門日報》二〇〇〇年一一月二一日載，浙江湖州雙林酒廠自一九九五年起連年虧損，女廠長陳玉琴指使財務科長和會計人員隱瞞事實眞相，採取「虛增利潤」辦法，製作虛假報表上報主管部門，騙取年終獎，陳本身也得到了多種榮譽，被稱爲「女能人」。該廠終因虧損幾千萬元破產，陳被判有期徒刑十年。値得一歎！

四減價、加價和哄抬——明騙㈢

商品行騙手段甚多，常有假貨（劣質仿造品）當眞，以次充優，短斤缺兩，尺寸不足等，最終目的爲了多賣錢，多賺錢。爲了多賺錢，還有利用假降價眞提價的作法，誘騙消費者，一件物品按原價提高一、二倍三、四倍甚至十倍二十倍後打折出售，即先提出虛假價格後再來打折，看上去好像打了折便宜了，實比原來更貴了。所謂瘋狂打折、對折酬賓、五折出血、優惠銷售、讓利酬賓以及什麼優惠價、大甩賣、折廠價等，多是商海的迷魂陣，多是以騙的謊言來吸引消費者以達到賺錢——多賺錢快賺錢的目的；也有的則是爲了推銷僞劣產品，其目的也是賺錢。報載，瀋陽新世界百貨店在「大減價」活動中，幾乎所有物品都打了折。某種西裝原價二九九九元，打對折一千五百元，而大減價促銷後，同種西裝的價格只一千二百元。同一條褲子，原價稱二五九元，對折後爲一二九元，可在另一家，也是這種褲子，價格爲一〇九元。①「貨比三家」，人們可見，這裏打折是一種誘導消費的新手法，是對消費者的一種欺騙。其他還有什麼買一送一，備有贈品，贈完爲止，贈送優惠卡等，也與此差不多，只是名稱不同而已。這些作法，由於前後對比，使消費者產生了後面條件對自己有利的錯覺，以爲撿了便宜，因而樂於接受。其實不但沒撿到便宜，且往往還吃了虧。這樣，售賣者達到了作騙的目的。報載，浙江一家製衣公司展銷西裝，發了「購一贈六」的特優券，說：「一套獲金質獎的毛滌西裝，市場價八五〇元，批發價五六五元，憑券價三七八元，還贈送：優質羊毛衫一件，名牌襯衣一件，牛皮鞋一雙，真絲領帶一條，優質真皮皮帶一條，領帶夾一個。」買者乍一看，甚合算。三七八元買一套名牌西裝不算貴了，還贈六件東西，價值也在三、四百元。可謂便宜了。可買了才知道，那些多是次貨或過時貨，西裝連同六件饋贈品，實際價值加起來不過三百元左右。②據《燕趙晚報》一九九九年四月二七日載，一些商場和超市，推出一種購物可贈送鑽石和馬來西亞玉的促銷活動，顧客購買一定數量商品再付若干的加工費，可得一枚鑽石戒指或馬來西亞玉。……其實，鑽石是人工製造品，價格低廉，馬來西亞玉乃染色玻璃製品，價格更低。其贈送品價值，全都在商品中賺走了。另據《廈門晚報》一九九七年三月一七日載，西湖畔一商場，一件俄羅斯紫貂大衣標價寫原價四六．八萬元，現價九．八萬元。一看，讓利達三七萬元，其實，這件大衣原料及加工費，全部成本不過五萬元。這裏人們不難看到，不但降價前價格水分高，而且降價後仍在賣高價，消費者被挨了「溫柔之刀」。挨刀者自是因想佔便宜造成的。須知，買者不如賣者精，做生意的人除非決心歇業，否則絕不會甘心做賠本生意的。既然如此，買者哪有便宜可

①《工商時報》一九九六年九月二五日。
②《河北經濟日報》一九九六年一二月二二日。

佔?也有商人眼看商品出售不出，抓住部分消費者高檔化爲「時尚」的心態，來個提價出售，原來不過幾十元甚至幾元，在後面加個○成了幾佰元或幾十元，給人高檔之感，有時也可以很快賣出去。這可說是商品價格的學問了，對某些人來講，似乎價格越昂貴就越要買，他們往往以買到高價品引爲自豪。這一點有人稱之爲「錢識貨」信條作怪。這錢識貨的信條，使得購買者高高興興地受騙。

商品標價藝術也會起某些騙的作用，同樣一種商品，一家標九九九・九八元，另一家標一○○一・一一元，其實相差無幾，可給人印象相當差距，一般講顧客多願買前一家的。這是顧客心裏作用造成的，也是感覺上受騙造成的。

如今商品促銷花樣不斷翻新，手段多種多樣，不少帶有騙的花招。

哄抬則是更明白的作騙。

近年來盆花、名畫、郵票、舊幣、錯幣、古董玩物等在市場上價格猛漲得驚人。一盆成花君子蘭幾十萬元，一只宋代青花瓷盤價高四八○萬元，一張蘭軍郵票八○萬元，一張一八七二年由匯豐銀行發行的一元港幣，在一次拍賣會上賣了八六萬元港幣，一張套色錯誤的二元人民幣，出售二○萬元，一張五十元面額人民幣錯印票，拍賣九八萬元，一張一九九○年版的百元人民幣錯幣在保險公司投保一○○萬元。①最令人吃驚的，梵高的《加賽醫生肖像》油畫，賣價八二五○萬美元，合人民幣七億元。……

「物以稀爲貴」。大致說，價格高的物品，都是因爲珍罕或具有珍藏價值的緣故。但也應看到，有時跟亂炒、哄抬也不無關係，那是在作騙。人們看到，凡罕物在亂炒、哄抬時，往往有人互相在背後

①也有以假的錯幣投入收藏市場，那是通過塗抹或用鐳射造成特殊號碼來僞造的，也有剪貼方法把「壹佰元」、「伍拾元」字剪下，再貼到另一張人民幣上，由於做工精細，不易被看出來，受騙者並非僅有。

「托」。這種托，在一般市場，拍賣市場都可見到，多是事先串通好了的假賣假買，拍賣者以競買者身份參與自己組織的拍賣活動，即自個兒喊高價，自個兒買下，瞞騙視聽，也壯聲勢，這樣托出天價。這可說是現代版的故事。就說那些錯幣吧，那是因爲印鈔工廠在印刷、裁切等某道工序中疏漏而生產出來的次品和廢票，不過是一些廢紙，毫無珍藏價值，可有人視爲奇貨，拿到市場上炒賣，在亂炒、哄抬中不斷提高價格。當然儘管幾十萬、幾百萬和千萬的亂喊，而成交率則很低很低。何因？因爲那是別有用心者在哄抬、在作騙，懂行的收藏家多保持一種平常和冷靜的心，不輕易上當。只有某些大款，因對那些東西特別喜好，或者出於心理的緣故，有時受了騙。

拍賣其他贋品也一樣。由於有的贋品製作者與販賣者相互勾結，加上拍賣市場上的作誘行爲，一些販假者一旦騙過拍賣公司這一關，讓贋品假貨正式成爲拍賣品，即取得「合法身份」，然後想方設法在拍賣會上將贋品假貨抬高價格，賣不出去就自己買下來，在獲得公開價位後再尋找機會到黑市交易中獲利。一些電視劇商業炒作中亦有類似作法：爲了賣高價，某些電視劇作者先由親戚或朋友註冊一家公司，把欲出售的電視劇以高價「買」過去，造成高價假象。若有洽買的電視台，便被推到親友公司去，由其百般刁難，最後以高價轉讓，就這樣賣出了天價。人稱這是「一條龍」作法。眞是：買賣不講情，行騙有招術。

五　借用騙術和罵街推銷術——明騙㈣

平時所說的借用，一般有人的借用、錢的借用、物和場地的借用等。善騙者以借用爲名，行騙爲實。

《每日僑報》載，某君因被借用當臨時丈夫，被騙走一筆錢，頗令人玩味。某君一日帶兒子在一家百貨商場閒逛，忽然有一妙齡女子對他燕語鶯聲：「先生，我剛才為我丈夫看中一套西裝，他的身材與您差不多，您能幫我試穿一下嗎？」某君即應允。在西裝櫃枱上女子讓他穿上一套標價一〇八〇元的毛料西裝，並口口聲聲稱好，某君剛要脫下西裝，女子擺手說：「別忙，我再選一套女的，看這兩套配不配。」言畢，她便挑了一套標價一八八八元的女裝穿上，然後問某君：「看我漂不漂亮？」某君說：「太漂亮了。」他剛說出口，女的飛來一巴掌，大罵說：「色鬼，流氓！」而後她捂著臉跑走了。某君捂著臉愣怔了半晌，看她走遠，驟然意識到什麼，大叫一聲：「騙子！」他想去追，營業員攔住了他「請付款再走。」他即脫下西裝說：「我不買！」「那就把你夫人那套裝款付了吧！」「她不是我夫人，她是騙子！」儘管他百般辯解，可無補於事。最後只好以兒子做抵押，回家取來女裝款，再領回自己的兒子。①這裏，女騙子的借夫行騙的高明騙術令人結舌，至於是否與有關人員合作幹的，不得而知。

「借殼上市」是時下某些資質不全的學校採行的借用騙術。為了多招生，多賺取學費，他們多借用一所名牌學校的牌子，在合作辦學名目下，騙取學生和家長的信任。不少人因此上當。

借用行騙在商業中隨時可見，其中一種是假借大商店拆遷或裝修時兜售自己的假冒偽劣商品。他們中有的根本與拆遷或裝修的大商店毫不相干，可偏在其外面擺起攤子，或乾脆把攤子擺在商場裏並堂而皇之打起大商店的旗號：商店搬遷，清倉大削價，商店裝修，揮淚大拍賣等等。他們利用消費者以為拆遷必會降價出賣的心理，打入拆遷店，大行促銷假冒偽劣品。就因此，藥店也賣起衣服、鞋帽，食雜店則賣起小孩玩具，五金店賣起糕餅點心……，如此而已。

豈止大商店搬遷或裝修時！就是平時正常營業時也有類似作法，那主要是一些個體經營者或在國營

①《法制文摘》一九九六年一二月一九日。

商場內租借個櫃枱，或在其入口處擺個攤子，從事經營活動。爲什麼這樣做？爲了讓不明眞相的消費者（顧客）誤把他們當成是大商店大商場的組成部分。而他們以比大商店大商場來得便宜的假冒僞劣品吸引顧客。因爲顧客每多對大商店大商場信任而放心，所以每每上當受騙。就因此，這類作法被稱爲「盜版的掛羊頭賣狗肉」，羊頭是別人提供的，狗肉是自個兒的。①

此外，還有借用（實是假冒）名人名字，用以產生名人效應。某日，廣西南寧「浪之夜」海鮮大酒樓舉行茶市啤酒城開業儀式，主持人黃某煞有介事地向在座的三〇〇多名來客宣佈，國家某領導人在百忙中給我們開業儀式發來賀電；接著黃宣讀了「賀電」的全文。台上台下一片喝彩聲，場面熱鬧非常。只是，記者一查問，現出了原形，這個所謂國家領導人的「賀電」，純屬假冒品，其目的爲了製造聲勢，爲了促銷。②

也有借用駭人聽聞的文字來推銷某種產品。報載，瀋陽市某商行出售一種叫「水晶護身符」的，在宣傳單上寫道：「距今四百多年前，法國南部有一位空前絕後的大預言家，寫了一本《諸世紀》的書」，其預言的準確度達百分之九九，最後一個預言是一九九九年人類將遭受大毀滅，「戴上這個水晶護身符，可使您平安地度過一九九九年」，云③。——《諸世紀》也譯《百詩篇》，是法國諾查．丹瑪斯（一五〇三—一五六六）寫的詩集，內有晦澀難懂的預言，其被應驗的，多是事後詮釋的。預言中，有一九九九年七月恐怖大王（大災星）從天而降的句子，悲觀者把它說成是「世界末日」的預言，自是牽

①《廈門日報》一九九七年一月三一日，「廣角茶座」。

②《廈門晚報》一九九七年三月二五日。

③《遼瀋晚報》一九九九年一月六日。

強。有說，其實恐怖大王乃揮霍大王之意。

還有比這更離奇的，造謠促銷，借助蠱惑人心的語言，欺騙群衆，推銷積壓商品。報載，安徽無爲縣有幾家個體戶商販，因苦於商店中塑膠布等商品積壓過多，影響資金周轉，想出了一種奇招。他們經過一番精心策劃之後，於一九九七年四月一七日晚間，分別向本縣城許多單位工作人員和全縣三十五個鄉鎮居民發出匿名電話，聲稱，是夜本縣將發生七級以上地震。他們製造的謠言果然起了作用。一時間，全縣人心驚動，恐慌四起。人們紛紛抱著被子衣物到戶外去過夜。爲了防風防雨和防饑，許多人上街搶購防雨塑膠薄膜、礦泉水、速食麵等應急物品。那些個體戶商販的積壓商品很快銷售一空。①

罵街有時也是一種騙，借聲行騙。

傳說，某地兩兄弟，各經營一家店面，並列於一條街上，開頭是和平共處，後來競爭激烈，互相揭底，互罵對方賣假貨騙人、坑人；因爲乃弟把商店價格提高了，乃兄即攻擊對方牟取暴利。顧客見此即離其弟而就其兄，乃兄因此生意火爆，大得其利。人們絕對想不到，他們這麼做，乃是故意的，爲了促銷。白天對罵，像是仇家；可晚上收店後，他們坐在一起笑著分利。據說，互相對罵後比和平共處時所得利潤猛增一倍半，眞可謂行騙有術。

六「祖傳秘方」和「祖傳醫術」——明騙㈤

因爲醫藥上祖傳秘方在某方面有奇效，頗吸引病員，有些騙子在這裡大作文章用以騙錢謀利。

四川演員胡藝於一九六八年跟著劇團到某化工廠演出。胡因套鞋破了，被工廠裏流出來的廢水污水

①《廈門晚報》一九九七年五月一九日。

污了一腳，火辣辣地疼痛。幾天後奇蹟出現了：腳上脫了一層皮，多年未癒的腳癬竟全好了。胡從中悟到發財秘方。他用化工廠污水爲藥，冠上「祖傳秘方」美名，在廣州設門診行醫專治腳癬。只是求醫者不多，難以實現發財夢。胡氏靈機一動，有了新辦法。他搬了一個新地方，換了個牌子「專治雀斑」，成立了美容中心，秘方仍是化工廠污水。生意火爆。這使她得意非常，立即在上海、成都、重慶、佛山等地同時開設美容門診部，聘請幾位退休工人當醫師，不多久淨賺幾十萬元。一九九〇年九月胡氏還在得意之時，沒想到一位二四歲的女青年因受假藥（工廠污水）刺激，引起過敏反應，未及時搶救呼吸衰竭而死亡。胡氏因此坐牢，她的祖傳秘方才曝了光，露出馬腳。人們驚呼上當受騙。①

這裏使用的是一般的騙術，而稀奇的是，以化工廠的污水助其行騙。與此相近的，還有「祖傳醫術」治病致死者。

報載，無任何行醫資格的蔣志仁，自稱「杭州破老頭」的「中醫」，用「祖傳醫術」爲山東張店五二歲的高某治病。高某患的是風濕性關節炎，蔣氏用推拿和中藥爲之治療，高某被治療後胳膊變成全無知覺，且不能講話，臉色越來越難看，可蔣仍說這是正常的反應，要堅持治療。結果病情惡化，終於一九九八年三月三日死亡。②至此，「祖傳醫術」的騙局才徹底曝光。

近年來，隨著尋根認祖、懷舊思古的一股熱潮湧起，古董特受重視，古物越古越值錢，祖傳的作業引人注目，一些早已被人淡忘了的舊手工技藝，成了人們茶餘飯後無聊閒談時離不開的追思和夢幻。早年某些說不清也不可思議的生活方式，成了許多人追求的目標，存心作騙者從中找到某些騙人招數。

① 天津《采風報》一九九一年一二月二八日。

② 《廈門晚報》一九九八年三月二五日。

門等），到公家單位和私人住宅區，騙取錢財，甚至誘姦婦女、拐走小孩。

「祖傳秘方」、「祖傳醫術」等等，正是這樣被炒起來。

七　上門騙、定點騙和招搖騙——明騙(六)

上門騙是以各種名義和方式（諸如查對戶口、普查體格、查水電煤氣、推銷商品、代辦某事、找錯門等），到公家單位和私人住宅區，騙取錢財，甚至誘姦婦女、拐走小孩。

報載，一九九六——一九九七年，廣東廣信期貨經紀有限公司武漢營業部，通過銀行的有關人員，到某高校出售國庫券，以年息高達百分之一八——二〇爲誘餌來行騙。行騙者先打白條收款，說三天後換成收據送來，並當場向購買國庫券者返息百分之二。行騙者用這種作法先後三次騙走三三九·八四萬元。當第一期「國庫券」到期，人們到「武漢營業部」兌款，可那裏早已人去樓空。①

上門騙多是騙術幫助的上門偷盜。

到服裝店以試穿名義騙走衣帽、鞋子等，到車行以試車名義騙走車輛等，都屬於騙術幫助下的偷盜。而更多的則是到私人住房行騙偷竊。

現代化的高樓別墅是現代文明的產物，改變了人們生活習慣和人際關係，把一個個小家庭分別在封閉的「火柴盒」裏。同樓的人老死不相往來，樓道相遇如路人。這便是有人說的「高樓病」。這種高樓病，爲騙子行騙提供了方便。

住新村高樓的多是教師、職工，平時上課、上班、上工，家裏剩下老人、小孩或保姆。騙子認準目標，借辦事，找主人，收破爛等名義，上門行騙竊取甚至搶走財物。

---

①《長江日報》一九九八年三月一一日。

一九九四年某一天，一女子敲開福建長樂西區新村某住宅門，對該家保姆說，自己是這家主人的朋友，特來看望。保姆聽說是主人朋友即忙倒茶、端水，招待客人坐下後即去煮點心，當保姆進廚房時，女客人趁無人之際把抽屜撬開，竊走一萬多元現金和價値二千多元的金項鍊等。

一九九四年四月七日下午，一個打扮入時的女郎來到長樂西區新村，在一幢樓前見二樓一小女孩在玩，便對小女孩說：你爸爸媽媽在家嗎？回答：都上班去。又問：你認識我嗎？我是你媽媽的好朋友。女孩子搖搖頭。女郎說：怎麼忘了？你還和你媽媽在我家吃過飯呀，你把門開了，讓阿姨進去喝杯水。小女孩把門開了，女郎進了屋，邊倒水，邊環視著。在小女孩進衛生間時，女郎撬開組合櫃，拿走美金一千多元，還有人民幣和國庫券等。之後，對小女孩說聲：小乖乖，阿姨走了。小女孩父母回家後發現失竊，可去哪兒找人？

一九九二年初，外地一青年人來到廈門蓮花新村一住房，說是郵局電話驗線員，進屋後見只一女子，將她按倒，把手腳捆起來，搶走現金和金飾等財物。

某一天上午，兩個青年人來到廈門大學北村，見家裏只老太婆一個，便對她說，自己是她兒子的朋友，有事商量，老太婆隔著鐵門說：「有話就講吧！」來人說，請開門，我們有東西送給他。老太婆打開鐵門，兩人進到家裏即動手將老太婆捆起來，嘴裏塞上破布，搶走貴重物品。

定點騙是守待騙的一種形式，主要是在風景旅遊景點作騙。旅客到了風景點旅遊，總想留下一些美好的記憶，最好的辦法是莫過於照相和購買紀念品做紀念了。要照相甚是容易，各旅遊景點胸前掛著照相機的攝影師，只要交了錢開張票即可由你選擇個自己滿意的背景加以拍照，拍照時只聽到「咔嚓」一聲，攝影師說：「好了，回家等相片！」可你有時想不到的是，等了幾個月甚至半年一年也不見相片，寫信去查詢也不得回音。怎麼回事？受騙了。原來有些風景點的攝影師給外地人照相，在相機上是不裝膠捲的。既然如此，你怎能指望能收到照片呢？

買紀念品有時也會受騙。各旅遊景點的紀念品店多半與導遊串通的，以次品冒充精品，隨意提高價格，「宰他一次」。為了引誘旅客購買，服務人員表現出十分熱情好客樣子，不但有問必答，而且把紀念品說得天花亂墜，使人感到如果失去這次機會會遺憾終身。當人們發現自己受騙時多已離開了景點，只好自認倒楣。

定點騙中，有一種是設點騙取顧客的訂金。報載，一九九九年春節期間，邱某向廣州中山八路一餐廳預訂了年初開年飯，交了訂金，到時帶了全家二〇多人高高興興地去用餐，哪知那裏已換了店主，舊老闆已離開了。當然吃不到飯。與他們一起的還有七八個人手裏拿著訂單，同樣也都撲個空。他們都受騙了。①

以設工廠掩蓋其行騙，亦屬定點騙。報載，四八歲的台灣人熊鯤翔，於一九九九年六月到大陸夥同其他二人在廣東設立三家工廠，陳列報廢機械，設計誘騙廠商。果然起作用，不少廠商與之合作。他們向兩岸廠商大量訂貨，待支票陸續跳票後，人去樓空，在兩岸騙了一四五家廠商（大陸七五家，台灣七〇家），詐騙金額約五億元新台幣。②

也有的行騙者將上門騙和定點騙結合進行，有時也會收到「頗佳的騙效」。

報載，西安咸陽有個叫姜清社，行騙成性，一九九一年因騙案被判刑七年。一九九七年出獄後，姜騙性不改，繼續重操舊業。為了施騙，他藉口會議包飯，先物色一酒家或飯館，預訂幾桌酒席，然後就

①《廈門晚報》一九九九年二月二二日。
②《廈門晚報》二〇〇〇年一月二〇日。

近尋找一兩家煙酒商店，讓店主將一批高級煙酒送至酒家或飯館，貨到後按理立即付款，可他又聲稱還需要一二箱飲料和其他貨物，等送到後一起結賬。煙酒店的店主不免要重回店裏取貨。就在店主返身去取貨時，姜氏偷偷拿著那些高級煙等溜走了。店主再來時，姜氏早已無影無蹤了。用這類手段，姜氏在一年多中作騙四〇多次，騙取價值一〇餘萬元的貨物。①

招搖騙通稱招搖撞騙，是一種帶著虛張聲勢的主動出擊。這類騙多打著某種旗號，帶有脅迫性引誘性作法，行騙者往往借用某權勢人物聲譽或某種組織名義來進行。報載，北京市綠色莊園旅遊發展中心駐薊縣辦事處王某，謊稱該辦事處已在薊縣開發區購地六百畝，由新加坡華夏中醫氣功康復中心投資九千萬美元，興建一渡假村，先後與六個單位簽訂了工程施工合同，收取五個單位工程開工前的費用十三萬元，人稱這是一假女嫁六婆家。②另據傳，瀋陽將花費十八億元，重建圓明園。一時全國轟動。其實，由一個既未註冊亦無計劃的「瀋陽圓明園有限公司」爲騙取某種資助而散佈的，亦屬於一種招搖騙。類似的招搖騙還可以提到陝西鳳縣岩灣農民張萬發。他於一九九五—一九九六年組織一個基金會，掛牌西北五省扶貧領導小組，自任組長，稱受中央軍委特派，手中有十二億元扶貧資金，誰交二七〇〇元便可享受六〇萬元的救濟款，交二〇〇〇元可享受四〇萬元救濟款。結果，許多人受其騙，陝西、甘肅等省一五七一人上當，其中有個縣的政協副主席，也輕信了，被騙去一萬元。③以上均係已曝光的招搖騙，而未曝光的不知凡幾。

①《法制周報》一九九八年三月二五日。
②《今晚報》一九九七年一一月一一日。
③《法制文摘》一九九七年一〇月二三日和一〇月九日。

八　拉大旗當虎皮——明騙㈦

拉大旗當虎皮的騙術，就是堂而皇之的作騙，受騙者明知其奸，有時還不敢揭破之。

福州人都知道，福州古代有個叫鄭堂的，博學多才，好打不平，常以其膽略和機智爲受苦受壓迫者申冤出氣，受到民衆的讚頌，但因他爲人刻薄，愛捉弄富人和權勢者，因此富人和權勢者多既恨他又怕他。

據傳，福州曾有個姓吳的紳士，在自己門上貼了這樣一副對聯：

子能承父職；臣必報君恩。

這原是甚符合封建道德規範的，無可非議的，可因這吳紳士平時爲人吝嗇，人多討厭之，鄭堂想借此整他一下。一天，鄭堂來到吳紳士門前，對吳紳士說，我若將你家這副對聯拿去上告，你將大難臨頭，「子跨父上，臣壓君頭」，不孝且欺君！吳紳士一聽嚇出一身冷汗。他怕事情鬧大不可收拾。他心疼地拿出四四〇兩銀子，好言相求，請鄭堂給予幫助。鄭堂眼看騙人目的達到，把對聯改成了：「君恩臣必報，父職子能承」。這可謂是強詞奪理的作騙！

拉大旗當虎皮的行騙術，在今天仍可見到一些，當然其內容和形式與鄭堂的作法都不同了。

李德安，自稱南京人，十二歲小學未畢業跟著國民黨到台灣，曾在兵工廠工作過，坐過牢。因與一九六三年台大畢業的馬來西亞僑生李德安同名，便冒充台大畢業的，自稱夏威夷大學語言博士、加州大學教授，到處行騙，連蔣經國當年也上其當。

李氏行騙方式是先致信達官顯貴，要求訪問或請教問題，對方若表示歡迎，李氏便自帶攝影機，留影紀念，蔣經國、陳誠、張群、嚴家淦、謝東閔、何應欽、林洋港、杭立武等台灣要員，都與他合過影。他以報紙上材料冒充專訪，配上合影，出版了《當代名人風範》一書，騙了不少人。李氏每以介紹外國新知識爲由，打電話給名牌大學要求前往演講，學校邀請信發給他，他又說時間安排不過來，不去演講（也無法演講），而把邀請函拍成照片，印成書，用於行騙，行騙得「一帆風順」。

一九八三年，李因僞造蔣經國信和印章，曝了光，於是年六月二一日被逮捕歸案，時年四八歲。

有人問他爲什麼要行騙，回答：因無一技之長，故動起了行騙念頭，眼看社會上虛僞現實，只有冒充台大僑生和大學教授，抬高身份才能達到目的。一位曾受騙的陳姓女子說，李的行騙法寶，是對人性弱點的透視和運用，許多達官顯貴，上當之餘，怕丟面子，於是裝成若無其事樣子。①

另據報載，台灣彰化縣線西鄉黃連發、傅淑雲夫婦，從一九九五年九月起，設騙局，自稱與台灣領導人連戰、宋楚瑜他們的夫人交情甚深，共同成立一個集團，從事股票和房地產交易，利潤豐厚，每百萬元，十天可獲四十萬元本金、利息回饋，一九九六年一一月可連本帶利奉還。先後有二〇〇多人交了錢，總金額達三億多元新台幣。不久黃、傅夫婦捲款而逃。人們後悔受了騙。②

這類事在大陸也常有發生，那多以出名單位名義騙錢。報載，一九九六年武漢郊區一個十九歲的汪志強，看到一本《騙術一〇〇招》後，學到了騙錢術，遂以「中央電台文教部」名義，以慶祝共產黨生日文藝晚會爲由，向全國一二〇〇家廠礦、公司、企業發出通知，要他們匯款贊助。可笑的是騙子居然不知共產黨生日在哪一天，以致將建黨七五周年晚會安排在八月一日，引起懷疑騙案乃曝了光。③

①《團結報》一九八三年七月九日。

②《廈門日報》一九九八年五月六日。

③《民主與法制》（畫報）一九九六年九月四日。

報載，一九九七年四〇歲的張建國，爲了發財，把眼睛盯在小孩身上。他自行成立個兒童藝術中心，僞刻了全國婦聯宣教部、《中國少年報》、中國美術家協會等一一個單位印章，向全國發出數千份關於舉辦「全國兒童少年藝術作品大獎賽」的聯合通知，要求參賽者提交參賽費。僅四個月，收到參賽作品四四九八件，參賽費四九〇〇〇元。不久，騙術露了餡。①

一九九六年九月，湖北某市一內刊編輯、二三歲的王某，以「中南青年文學院」、《青年文藝》、《校園文學報》等編造單位的名義，向全國各地的部分中專、中學發出二萬份「首屆全國校園文藝大獎賽」徵稿通知和七千份「稿件評審通知」，定一九九七年八月在武漢市舉行「首屆全國校園文學大獎賽」的頒獎盛會暨《青春同路人》獲獎作品專輯首發式。在通知書中，王某印了自己蒐集的一領導和一著名文學老前輩的字跡所拼裝而成的兩幅「題詞」，用以顯示其來頭非同一般。目的在騙取各地的參賽費。後因居民舉報，也很快曝了光。②

另據《法制日報》一九九八年二月三日載，鄭州煤礦機械廠停薪留職人員張某，化名「郭良進」，僞造身份證，私刻公章，僞造「河南省人民政府令」的文件，下達到省內各鄉、鎮地方政府，限期購買某書，並要求將購書款匯到某指定的銀行。亦可謂明目張膽。

類似的作騙，在書畫界每有發生，多以假冒中國美術家協會的名義進行，其中影響最大可提徐慶江的行騙案。

山東德州農民徐慶江，曾以「冰心」之名冒充中國美術家協會常務理事、中國東方書畫研究院院

---

①《廈門晚報》一九九八年六月七日。

②《重慶晚報》一九九七年五月一一日。

長、中國書畫家藝術交流協會常務理事長、世界文人畫家總會常務理事、世界書畫家協會菲律賓總會名譽會長、中外書畫家協會西北分會名譽會長、山東省收藏協會副會長、書法家等，多次行騙。一九九七年三月起，徐與同鄉張廷海策劃了假冒中國美術家協會，以僞造的「中國美術家協會審委會」、「中國書畫研究院」名義，以收費方式吸收會員、出版《中外書畫家當代名人大辭典》詐騙。他們私刻圖章，發出《中國美術家協會會員入會申請書》、《中國書畫研究院、中國美術家協會爲九七年香港回歸祖國致函海內外同仁志士》、《中國書畫研究院會員入會申請書》等等，許諾只要交一二〇元，即可獲美協會員證、會徽、工作證。受騙者從五歲到七〇多歲，遍及全國三〇個省市自治區和菲律賓。許多受騙者將「入會申請書」、「入會費」、「入編費」以及書畫作品寄到北京某地。至一九九七年四月底，受騙者寄的信函達四八〇件，匯款單四三三份，合計金額達四四七〇〇元，書畫作品達五〇〇多幅。①騙局很快曝了光，行騙者徐慶江、張廷海落入法網。

山東淄博市二四歲的李漢強，先後在山東和北京盜用省市領導人和國務院秘書名義打電話給當地名畫家，謊稱中央領導有重要外事活動，需用字畫爲禮品贈送外賓，要求提供。李氏以此手法騙取了多幅字畫，拿到市場高價出售。後在上海行騙時引起懷疑，當場被逮。②

也有以各種名義騙取稿件的。前幾年，老同學高教授拿來一份徵稿信，信中說，爲紀念臨水娘娘，擬編輯出版研究論文集，要求作者除提供文章，最好能附兩張個人照片。本人手邊剛好有其所需文稿，即給一篇文稿和兩張照片，同時動員好友小周也提供一篇稿件和兩張照片，一起由高教授寄出。誰知數

①《法制文萃報》一九九七年五月一九日。

②《法制文萃報》一九九九年六月二一日。

年過去如石沉大海，寫信查問也不見回覆。後得知受騙了。近得老同學老鄧來信說，他也曾被某地騙去一篇有關鴉片戰爭的論文。此外，還有以編輯出版什麼「二一世紀文庫」、「二一世紀論壇」和「文萃」等名目來要文稿的，也多是有去無回，自也是騙稿花招。也有台灣個別出版社電話約稿，同樣如此。看來騙取稿件並非個別，亦非偶然。

不久前，廈門也出現有人冒用廈門市宣傳部、文明辦名義，向一些部門和單位索取編輯《構築新世紀精神文明大廈畫冊》和所謂《創建文明城市紀實大型畫冊》的贊助費。那自是拉大旗當虎皮的行騙。因此，廈門市宣傳部和文明辦還特地發表聲明，要求人們謹防上當。

他如有人利用手中權力，隨便找幾個人胡扯一通，便稱之爲「開會論證」，稱爲「論壇」；到幾個風景點盡興遊玩一番，便稱爲「考察調研」。自也是一種拉大旗當虎皮的作騙手法。

拉大旗當虎皮的騙局，並非中國的國粹土產，在外國亦可見到。報載，德國總理科爾的主廚舒貝克，不僅能爲科爾一家烹飪美味佳肴，且還經常獨當一面，專爲外國元首獻上一道拿手的香蔥塡豬肚，頗得科爾看重。舒貝克還常在電視烹飪節目中露面，向觀衆傳授廚藝，引人注目。後來他自己在德國巴伐利亞開了一間餐館，生意興隆，引來不少社會名流。舒貝克在那些有錢的客人身上打主意。在他們用餐畢，舒貝克向之遊說參加投資。他抬出科爾的名字，說自己有準確的內幕消息，可幫客人賺到大錢。那些喝多了些的客人，看到舒貝克信誓旦旦，加上他的科爾主廚的特殊地位，人們自是相信他，紛紛拿錢投資，都望能賺一筆。可事實上幾星期過後，一分也沒賺到。人們如夢初醒，有人向法院告發，說他作騙。有一女士說自己被騙了八・八萬馬克，另一客人說被騙了一百萬馬克。①

① 引自《法制文摘》一九九八年二月六日。

這類騙局，在國際間也時有採用。被稱爲二十世紀十大科學騙局之一的「星球大戰計劃」，①是美國雷根當總統時宣佈的，稱：美國將在太空設立三道鐳射「防線」，以抵禦可能遭受的核攻擊，云云。前蘇聯領導人對此信以爲眞，聞風而動，先後投資數千億美元搞「星球大戰」防禦體系。其實，那是不可操作的。後來美國政府稱，他們從沒有爲這個設想投過一分錢。可憐的是前蘇聯領導受騙上當，勞民傷財。

九包裝、假冒和真藏假中——僞裝㈠

把假的、僞劣的、醜的、髒的內容包遮起來，比如一塊爛鐵鍍上金，一團狗屎塗上粉，即用完美包裝虛假，然後投放在別人心目中，這是爲了作騙的僞裝。而那種受「放在籃子裏的就是菜」思想影響的人，則常受這種僞裝的騙。

舊日中國利用棺材來僞裝的事每有發生，有的用以裝運禁品，如抗日勝利後，國民黨政府從重慶搬回南京，新任軍統局局長的夫人要沈醉幫助運回一棺材，那就是裝著鴉片煙的。②

這類僞裝，如今多被包裝取代了。舉凡娛樂場所、交易市場、公務活動地方以及個人生活處所，無不加以包裝，多爲了好看，也有的在於僞裝騙人。

包裝令人感覺轉移。就消費品講，包裝影響消費者的觀感，所以被稱爲極具說服力的沉默的推銷員，幫助正常的商業活動，也幫助推銷假冒僞劣商品。馬屎皮面光，塗脂抹粉掩瘡疤，結果，假的反比

①《家庭科學報》一九九七年二月二一日。

②沈醉：《中共戰犯改造所見聞》，台灣《傳記文學》一九九一年八月號。

眞的香。所以某種意義講，有些包裝是設陷阱。人們在市場上常可看到，有些藥品，外面用名貴標籤加以裝潢，寫上什麼專治疑難病症、絕症的特效品，高級藥，其實不過是些廉價的普通藥丸，甚至是些假藥，諸如用馬鈴薯做成的天麻、蘿蔔做成的人參之類。這種秀外而不慧中的作法，不免令人結舌。光看外面怎敢想到這些？

街頭各類讓人無奈享受的美化食品，其作法大體屬異曲同工。

亞硝酸鹽，因其分解能力特別強，可使顏色美觀。不少肉食部門，爲了使肉製品色澤光亮好看，即爲了騙人視覺，往往加進大量的亞硝酸鹽。那會影響人體健康，人吃了會嘔吐甚至死亡。爲了賺錢，行騙者不顧這些。

洗衣粉是洗滌衣被用的，因它放入水中會產生泡沫，有些炸油條者把它加到麵粉裏炸油條，使油條特別好看且鬆脆，可有害健康。

還有把紅色顏料加到燒雞、醬肉等食品裏，用染布用的草黃或薑黃加到豆腐裏，顯現出金黃色；白薯染紅色，什錦果脯染上各種顏色，楊梅汽水、冰棍、綠豆粉、石花（涼粉）、五香花生等，加上染料使其顏色鮮豔喜人。有的甚至在死魚的眼珠上塗紅色顏料，在肚裏裝上活泥鰍，使死魚肚皮能跳動，看去像是活魚。

以上都是騙人視覺的，即通過包裝使商品更「美觀」些，刺激人們購買的欲望。

也有的食品除騙人視覺，還騙人胃口，如火鍋湯中加些罌粟，吃起來令人胃口大開，招引大批食客，那也是騙的結果。

有些刊物愛拉名人、要員充當顧客、編委，目的在於提高知名度，擴大發行量，那也是一種包裝，同樣包含騙人。不但商品與包裝，人也與包裝。所謂「三分人樣七分裝」，「人在衣裳馬在鞍」。人們爲什麼都喜歡打扮得好看些？還不是要給別人以好的印象？這是在騙人的視覺啊！

歷史上反動統治者和貪官暴吏，除了赤裸裸的殘害民衆，有時也注意僞裝（也是包裝的一種作法），宋代賈似道當上太宗正丞（總管皇家宗室諸事）時，曾上書說：「裕財之道，莫急於去貪吏」，「今日行之，則財自裕」。要想國家財政寬裕，當務之急是嚴懲貪官污吏。講得多好聽！另一個貪官秦檜，甚至還裝模作樣地將屬官送他的賄物——地毯退回並給予處分。明代太監劉瑾（巨貪）也這麼做。他把山東巡撫胡節送的二萬兩白銀退了並將胡逮捕下獄。裝得多像！那還不是爲了行騙？如今有些自稱人民公僕的人，更少不了包裝自己，「金玉在外，敗絮其中」。陳希同、王寶森就是一個很說明問題的例子。據說，陳希同在北京當權時，曾帶頭在辦公室內貼了前蘇聯作家奧斯特洛夫斯基的名言：「人最寶貴的是生命，生命對於每個人只有一次。人的一生應當這樣度過：當他回憶往事，他不會因虛度年華而悔恨，也不會因生活庸俗而羞愧，臨死的時候，他能夠說：我的整個生命和全部精力，都獻給了世界上最壯麗的事業——爲解放全人類而鬥爭」。爲什麼要用這段名言裝飾辦公室呢？陳希同的解釋是因爲將這段曾深深激勵了一代人的名言再溫習溫習，可振奮各級領導幹部的精神，樹立革命理想和信念云。除了辦公室，個人更要裝飾。在平時，他曾公開號召漫畫家勇於揭露消極面，在各種場合講話中，特別在反腐敗的報告會上，滔滔不絕，慷慨激昂，給人以人民公僕的形象。可暗地幹的又是什麼呢？他夥同王寶森置黨紀國法於不顧，幹盡損國害民而利己的醜事。

原北京電子動力公司（七五一廠）總經理兼黨委書記陳銘，除了講究包裝，還注意打扮，平時在頭上戴了許多堂皇的桂冠，在身上插了許多漂亮的「羽毛」，如「全國人大代表」、「優秀企業家」、「優秀共產黨員」等等，然而，脫下桂冠，拔去羽毛，剝開包裝，裸露在公衆面前的，是什麼樣的嘴臉呢？貪污公款四一六．六萬元，挪用公款一五八萬元。

類似的還可以提一些，但夠了。

人們看到，有些人形微言輕，說話不夠份量，或者思想貧薄，語言粗鄙，但愛引用聖哲之言，托佛人之行，給自己裝點門面，以壯行色，增加膽氣，這也是包裝。人們看到，如今腰部勝過臂膀，所以有的男子多注意包裝腰部，裝成「腰纏萬貫」樣，顯得神氣。一般人也多只看腰部，其他部分則略而不計。也有人向來惡行，不恥於人群，人多痛恨，可這種人也多以各種包裝來掩蓋自己身上的血污。一個人做了見不得陽光的事，多要包裝自己。可見，包裝是爲了騙人，其背地幹的醜事才是其本質的東西。

如今不少人都學會了包裝本領，會上講的，白天講的和會後做的，夜間做的，很不相同，甚至完全不同。他們打出旗號是學習孔繁森，可實際做的則是效法王寶森。口裏講的是焦裕祿，實際幹的卻是酒魚肉。他們口裏講的是給別人聽的，是假的，爲了迷惑人。實際幹的才是眞正的目的。

猴類、狗類、鼠類都可能表演令人叫絕的雜技，可要是把它們看成是人類公僕那就大錯特錯了。

包裝有時也是犯罪份子所採用的手法。

三一歲的齊興武於一九九四年持槍殺人，手裏握著三條人命。殺人之後他帶著一萬多元從濟南到泰安再轉到海口。

爲了掩蓋眞面目，齊興武到美容廳「改頭換面」，單眼皮割成雙眼皮，塌鼻子墊得筆直，兩頰還墊了兩次。同時，他改掉濟南口音，講一口普通話。這樣，原來濟南公安局通緝的「圓臉、小眼睛、短髮、右臉有一塊痘痕」的逃犯齊興武便消失了，就是熟人與他擦肩而過也難一下子認出來。

重新包裝的齊興武，花錢買了一個假身份，以淄博市張店區王穩程之名，重返泰安並與他人合辦了「光陽摩托車配件門市部」。一九九四年一一月，雖早有家室的他，又經人介紹與鄰近髮屋的李某建立戀愛關係，於一九九五年四月二六日訂下婚期。李某自不知道，其結婚證書是齊興武花錢買來的假貨。爲了騙人，他平時體貼李某，孝順李的雙親。他能幹而又顧家，使李某深深陶醉了。

騙人難持久，公安部門經多方偵察，終於識破齊興武的僞裝，一九九六年將他逮捕歸案。①一場騙局宣告結束。

有個叫唐自和的，湖南會同縣人，參與殺人，爲逃避罪責，進行了包裝，僞裝癱瘓二十二年，後被一個假裝治癱專家的公安人員揭穿了眞相。②

至於爲騙取錢財而進行包裝的就更多了。

職業騙子王祥，重慶北碚人。一九九四年至一九九七年一〇月的三年中，作案一六〇餘起，行騙金額七〇萬元，行騙時手法多種多樣，其中有一種就是包裝。一九九七年一〇月三〇日，王祥西裝革履，打扮一番後到重慶市荷花飯店門前，自稱乃福建來的大珠寶商，因失竊，錢財被盜一空，不得不便宜賣掉手上戴的「天然大鑽戒」。王的表情和他手上的三枚鑽戒，吸引了路人的注目，有人探問價格，而王的幾個同夥見機參與了討價還價，好不熱鬧。住在這飯店裏的一姓許的闊太太不知那是「雙簧戲」，插了進來，面對大鑽戒，一把甩了五萬元現金，與「大珠寶商」做成了一筆交易，自以爲上算。誰知拿到珠寶行一鑑定，得知只是水晶戒，最多只值二百元。……③

也有以假包假，人稱假裝假貨。不久前，市場上曾出現一種假的高檔電池，即假冒進口上等貨，爲

①《廈門晚報》一九九六年一一月三日。

②《周末》一九九七年一〇月一〇日。

③《戀愛·婚姻·家庭》一九九八年第一期。

瞞過檢查，在假貨外面包上劣等貨裝飾，通過檢查後，再撕去劣等的包裝，現出上等貨的假裝，結果欺騙了消費者，賣出高價。

也有與此相反的假裝，即好的裝成壞的，把富翁裝成窮漢，自也是作騙。《深圳商報》二〇〇〇年一〇月一八日載，香港七五歲的富翁蔡徵明，平時居住在不到二八平方米的小屋裏，裝窮，從一九九五年六月到一九九六年八月曾向社會福利署申領二·六萬元救濟金。一九九六年八月臨死前立一遺囑，將一·八億財產和股票留給同居的女友。這時才讓人們知道他是個億萬富翁。

時下不少人在求職時下血本進行包裝，主要在外表，除了一部分人進美容院割雙眼皮，墊鼻樑和除雀斑，多數人在髮型和服裝（包括鞋襪）方面掩蓋自己的不足，從新角度來展現自己，以期在競爭中脫穎而出。——這類包裝雖也帶有騙的成份，但不能與上述的行騙相提並論。

騙子行騙得手，除了包裝還有假冒。這種假冒，有時在市場上亦可見到，受騙者不知多少。

有一種糜子形似小米，比小米稍大，做飯不黏不香，價格不如小米，有些商人爲了賺錢，在糜子裡加進黃色染料粉，假冒小米，賣出高價，欺騙消費者。

浙江長興縣盛產青梅，該縣加工廠把它加工成烏梅，大爲得利。一九九六年因青梅減產，影響工廠收入。此時有人動了腦子，從四川收購來白梅，用墨汁、白礬、酸醋等摻假加工成烏梅，其中墨汁含有苯酚會致癌，他們不顧民衆健康，可謂黑心肝的行騙。①

假冒中假冒名人、名演員、名歌手行騙的，時有發生。《羊城晚報》二〇〇〇年一二月五日載，黑龍江人劉暢，相貌和嗓音都像田震，常在北京以模仿秀形式出現，假冒田震，賺了不知多少錢，後在一

①見《風流一代》二〇〇〇年第二三期。

次假冒的演唱中曝了光，被逮住。

《廈門晚報》一九九九年一二月一六日載，四八歲的吉林市一幼稚園教師安某，因到過韓國探親，也幫別人辦過出國探親手續，消息傳出，許多農民以為她能幫辦勞務出口，紛紛找她代辦。安氏明知自己不具這種條件，卻有意冒充，開門「營業」。想出國者須交手續費，簽證費等共七．八萬元。兩年中，她以辦理勞務出口名義欺騙七十多個農民，騙取金錢三三三萬元，不久前案發被逮。

報載，台灣有個叫陳瑞文的，冒稱古玉專家，人稱「陳老師」，於一九九五年在台灣成立一個名「凡眞公司」的機構，與一些不知情的財團法人或基金會等公益團體合作，從事古玉器販售業務，以低價購入一般玉石，然後變造成仿古玉雕，對外稱是春秋、戰國時代或漢朝出土的古玉，以籌募善款義賣方式，在全台灣各大百貨公司展銷，每件價格均在上百萬元甚至上千萬元新台幣。據統計，數百人上當受騙，受騙金額達上億元新台幣。被稱為台灣近年一起大騙案，驚動全台。①

在大陸則有冒充貨主冒領貨物的。《民主與法制》（畫報）一九九七年一二月二四日載，福建仙遊縣農民林文煥（別名何文煥）和其弟何文結，從一九九二——一九九六年間，夥同鐵路某車站運轉車間副教導員邱元清，在獲取托運人及貨物列車運行的到站、收貨單位、貨物品名、車號等資訊後，據此私刻收貨單位的印章，持僞造的介紹信、變更要求書，到貨物到達的中途站，辦理貨物運輸變更手續，將原到達甲站的貨物變更到乙站，然後持僞造的介紹信到乙站冒領，前後共冒領八個車皮貨物，價値一百多萬元。

日常生活中的冒充舉不勝舉。《廈門晚報》一九九九年四月二六日載，二四歲的「三無」人員蔡

---

①《廈門晚報》一九九八年三月二六日。

某，從一九九〇年起冒充衛生監督員，私刻公章，買了假收據，在北京車站收取罰款，被罰的有工人、農民、學生、教師、公安幹警等，騙取了多少錢自己也說不清，但記得近十年了靠此維生。

假冒中有一種冒充殺人犯行騙，每每得手。人說，軟怕硬，硬怕橫，各種人都怕不要命和不要臉的人。殺人犯可謂不要命，冒充不要命自是不要臉了。

也有個別犯罪分子，假冒愛滋病患者，用以嚇人、行騙，以期逃脫公安人員的追捕。

更為少見的，有人假冒總統參加搶劫銀行。《齊魯晚報》二〇〇〇年一一月三〇日載，一九八三年美國洛杉磯四名蒙面劫匪，到銀行搶走了二二·八萬元美元，其中有個叫史蒂芬的把自己扮成前總統尼克森參加搶劫。這類作法可稱為武力行騙，與我國《水滸傳》中李鬼冒充李逵而攔路搶劫相似。

假冒中有冒充失物拾得者或走失人知情者，以騙取賞金。

每當看到有許諾賞金的，尋失物啓事或尋人啓事時，行騙者便按啓事中提供的電話號碼掛電話給失主或走失人的親屬，稱自己拾到啓事中所說的失物或知道走失人的下落，要求對方先將賞金存入某賬號內，然後交還失物或提供走失人下落線索。有些失主或走失人親屬急於取回失物或找到走失人，一時相信了，即將許諾的賞金存入掛電話人所說的賬號內，可久久不見歸還失物或提供走失人下落線索。他們沒想到自己受騙了。

假冒可謂無奇不有。《南方都市報》提到，有些未落實節育措施的男子，為應付計劃生育的檢查，竟將漿糊當成「精液」交去化驗，企圖領取已結紮的證明，以矇混過關。

假冒自不是今天的特色，歷史上時有發生。

史載，一一二六年金兵南下攻破宋都汴梁，徽、欽二帝及一大批皇室人員被俘去北方。第二年，趙構在南方重建宋政權，是謂南宋。汴梁流浪女子李靜善得知自己與被俘去的宋室柔福公主甚為相像，想去冒充。在探得王室生活常識和一些秘事後，李女壯著膽子到南宋都城找其皇兄宋高宗（趙構），很快被封爲「福國長公主」。高宗送了一萬八千貫給她做嫁妝，並將她嫁給朝中大臣高世榮，使她享盡榮華富貴。或說，前後二十年，被她揮霍的錢財達四七萬貫之多。一一四二年，宋金和議，金朝釋放宋室被俘人員。回宋的被俘人員說及柔福公主早已病死於北方，這才把李靜善的假冒事曝了光。

假冒中還有一種眞藏假中以假亂眞的騙術。

西元前二一〇年，秦始皇在巡視各地時，突然發病，死於沙丘。他於臨死時交代，怕引起混亂，祕不發喪，等將屍體運回咸陽後才把喪事公開。因係夏天，天氣熱，又找不到冰塊，屍體很快發臭。隨同巡視的大員找來一批臭魚爛蝦，混於其中，利用魚蝦臭味掩蓋屍臭，是謂以假臭混眞臭的「臭騙」，一路騙過衆人耳目。

九十年代，大陸曾發生過多起的劫機事件。一九九三年夏天，中國南方航空公司從廣州飛上海一飛機，中途被劫機犯劫持到台灣。劫機犯用的是一支五四式自動手槍。

在民航安全檢查十分嚴密情況下，這手槍是怎麼被帶上飛機的呢?原來這劫機犯採用了眞藏假中以假亂眞的騙術：他手持一只有夾層的禮品盒，上層放一支仿眞的金屬玩具手槍，夾層裏放著眞槍。過安全門時，警報器響了，檢查人員對他進行檢查，果然查出仿眞金屬手槍，檢查人員以爲就是這玩意兒在發聲，當場加以沒收，還給盒子，並放人上飛機，夾層中的眞槍被忽略了，讓他帶了上去，結果造成這次劫機事件的發生。

充氣沉箱偷運走私品，亦可算是眞藏其中的騙術。《北京晚報》二〇〇〇年一〇月二三日載，近年來，在沿海和內地，都發現有一種形似一艘小型潛水艇的充氣沉箱，內放走私物品，密封充氣，走私時拖帶在船底，一旦有緝私人員來檢查，馬上將它放氣沉入海底，騙過檢查人員後再派人入海底充氣後繼續拖行。

一〇禁書和憑票——僞裝(二)

歷史上有些書籍，或因淫穢下流不堪入目，或因政治原因，被禁止發行，不讓擴散，列爲禁書。有人出於好奇心，千方百計弄到手，一閱爲快。因此，書一禁價大漲。善騙者從這方面大動腦子賺錢。於是有人把賣不出去的一般書籍也說是禁書，高價出售，欺騙讀者。

筆者清楚記得，四十年代末，福州有個知識份子出版一本書，許久無人問津。書賣不出去比廢紙還不如。後來，在朋友幫助下，他買通警察，把書列爲禁書。一禁引爲奇貨，很快被購一空。這自是行騙的效果。這種騙，至今仍可見到一些。不久前，筆者在書攤上看到一本講歷史的書，可封面上赫然印著「嚴重警告：凡心術不正者勿閱！」可謂絕招，明顯利用人性弱點，有意逗引人的好奇心，以促進該書的銷路。說穿了，那也是一種騙術。

與此相近的，各種所謂機密，也會吸引好奇者。因此，善騙者常用所謂機密以行騙。

憑票供應，原是物資緊張時實行的臨時政策，善騙者也加以利用。因爲憑票供應的物品多是數量有限的緊俏物品，人多不願失去購買的機會。於是有人利用人們這種心理，故意製造假票證供應假貨物，故意將平時售不出去的僞劣商品標上「憑票供應」字樣，以作騙。有的標上諸如憑獨生子女證、老幹部證、離退休證、殘廢證、軍人證等方可購買，故弄玄虛。給人一種錯覺，好像這些供應的物品質量好數量有限，只能優待一部分人，於是屬於上述的人除了自己購上一份，也替親友多購一兩份；不屬於上述人員則千方百計設法購一份。有些僞劣商品、滯銷品常因此被搶購一空。這是一種靠騙術刺激人們購買欲的作法。

排隊購物也跟憑票供應一樣，多是物資緊張的表現，也常爲騙子行騙提供機會。那不但可能推銷僞劣商品，且被騙子用於詐騙錢財。據傳，某地出現過這種情況：有一騙子對提前排隊的購買者說，爲方便大家，你們可先交錢領取一憑證，然後憑證取貨。人們以爲這乃便民措施，都樂意先交錢，領了憑證而後耐心地等著開門領貨。到了開門，一對那憑證並非本店發的，他們才發現被騙子騙了。

憑票供應中有一種憑批條供應。計劃經濟時代，物資短缺，條子特別多。由下級或民衆寫書面報告，經領導批准後可供應某些物資，叫批條。有人在批條中作騙。傳說某地有幾個人同時找縣物資局長批點木材以爲建造房子用。局長都批給一定數量木材。可到了木材公司，有人拿到木材，有人空跑一趟。原來，木材公司按事先約好的蓋印暗號行事：正蓋的不給，橫蓋的酌情處理，倒蓋的全給。另還有一種條子，是領導簽字方式與職能部門主辦人員特別約定的語氣暗號作騙，如：「同意解決」、「請予以解決」、「請儘快解決」等，分別代表可以、不可以、慢慢來，如此而已。這也是一種騙術，奇特的騙術。

一一 調包術和僞造現場——僞裝㈢

調包術也叫掉包計，是一種古老的行騙術，一般多發生於生意場上買賣品的調換上：或以次換好，以好換次，或以假換眞，以眞換假，達到騙的目的。在日常生活中，以這物調換那物，甚至以動物換人的都存在過，有一齣戲，演的是狸貓換太子，乃婦孺皆知的調包騙。而不久前發生的以死豬調換阿爸，則是眞實的事。湛江徐聞縣鄧氏兄弟因不同意將亡父（退休幹部）加以火化，而想出以死豬相調換的下策，不免令人憤怒。

調包騙在偷盜中每有所聞。有的偷盜份子欲到某單位、工廠、企業內行偷，先於白天設法將大門上的大鎖暗地加以調換，用自己準備好的鎖調換門上的鎖，如果管理人員不察即可在夜間方便入內行竊。

調包騙最常見於街頭買賣方面，真貨被換成假貨，眞錢被換成假錢，眞票被換成假票等等。報載，某傍晚，一個湖南口音的男子來到「黃牛」（專倒賣各種票證者）薛某面前，稱說有一九九○年一○元面額的國庫券二四○張，欲轉讓。談妥了價格後，湖南人將二四○張的國庫券交到薛某手中。薛某剛點完那二四○張的國庫券，湖南人驚恐地說道：「不好，有人來！」說罷從對方手中將國庫券奪過並用紙包了起來，塞進包裏，匆匆離去。薛某不甘心，緊跟著走去，走到一僻靜處，薛某按已談妥的價格拿出二六四○元現金交給湖南人，湖南人則從包裏取出剛才用紙包好的國庫券，並當場交給對方。成交後，湖南人即忙離開。薛某在虛驚過後打開用紙包的國庫券，一看，哪裡還有國庫券？只是一包紙片，原來被調包了。①

調包儲卡是一種金融作騙。《福建工商時報》二○○○年一○月二四日載，安溪魁門村有一夥專採用這種騙術，他們以「走私貨」滌綸一千噸每噸六百元（一般爲一千元）爲誘餌，要求購買者帶上六○萬元儲卡到某地看貨，一手交款，一手交貨。到時，他們要求先查看儲卡和密碼，在查看中進行調包，以假儲卡對換，然後取走對方儲卡上的錢款……

在人際間的調包行騙，亦不難找到一些例子。《夢斷澳門》講了一樁離奇的人的調包騙。

祖籍安徽六安的秦樹槐，年過六十，早年到澳門謀生，兒子死於車禍，後繼無人，老夫妻商量後向大陸老家的哥哥秦樹魁提出，把女兒娟娟過繼給他們。哥哥同意後即著娟娟赴澳。娟娟初中畢業後在家無事，辦了手續後從安徽乘車來澳門。途中碰到一個南京女子叫方惠麗的，兩人談了許多話，這使娟娟

①《民主與法制》（畫報）一九九一年一二月二一日。

途中不感寂寞。

二五歲的方惠麗，因行騙坐過牢，不久前才從勞改農場出來，惡性不改，這時又在娟娟身上打主意。她把娟娟騙到澱山湖畔，讓娟娟喝了放有安眠藥的可樂。在娟娟昏睡時將她拋入湖裏，然後拿著娟娟的護照來到澳門假冒娟娟，欲騙秦樹槐的錢財。到了秦家，假娟娟認了叔嬸，先是讓叔嬸高興一場，後因見她不安分，兩老很不高興，但因是自己提出要來的，故不好發作，放在心中納悶。正在這時老家哥哥來了信。一說讓娟娟帶來的杜仲給弟弟治高血壓病，不知效果如何，二說娟娟讀書不多連普通話都不會講，開頭可能不適應，需要二老多教育她。秦樹槐看了信甚不解其意，眼下娟娟講得一口流利的普通話做何解釋？而她來後從未提到杜仲的事，這又爲什麼？秦老甚感可疑。他將自己可疑事報告給警探長。警探長認定，眼下娟娟可能是冒牌的。爲了弄清事實，他們計議後，一邊弄來一個女警假當女傭監視「娟娟」的行動，同時另一邊去電老家請哥哥來澳會親。最後很順利弄清眞相。假娟娟還未騙到秦老的財產，自己落入了法網。①

《廈門日報》二〇〇一年四月八日載，一九七九年出生的江西都昌人梅素娟，是六兄妹中最小的，原在小學教書，一九九八年因綁架學生，被判坐牢十年。是年十一月，梅趁親人探監之機，將囚服扔給來探監之姐姐穿上，自己則穿上姐姐衣褲，混出監牢。回到家，她又再理了髮，改變了犯人形象，以爲可金蟬脫殼了，沒想到一五小時後又被押上囚車，加刑二年。

人際間的調包，曾有過以死屍調換活人的事。

清人筆記小說《螢窗異草》載，安徽桐城有位張相國，府上有兩傭人，一是姓陸的廚師，烹技超

① 《警探》雙月刊，一九九三年第二期。

群；一是姓張的管家，乃張相國的遠房侄兒。

陸廚師家住城郊，妻子年輕美貌，只因陸廚師平時少回去，加上嗜酒如命，妻子怨艾滿腹，後來離婚了。離婚後妻子回娘家，陸廚師自己一人倒也自在。張管家得知陸廚師休了年輕美貌妻子，想乘機撿個棄寶，娶她為妻。張氏頗有積蓄，事情很快辦成了。迎娶過門之後，張管家與新婦如魚得水，恩愛有加。半年後，一天張管家跟隨張相國下鄉，次日歸家發現妻子被人殺死在床上，遂即報告縣衙。經仵作相驗，死者周身赤裸，臉皮被剮十數處，血肉模糊，係被姦後所殺。縣官根據張管家的陳述，懷疑乃陸廚師所為。在大刑之下，陸氏被撬斷腿骨，雖大喊冤枉，但被判死刑，等刑部批文後處斬。

張管家有一姓何的朋友，曾在知府衙門辦案多年，頗有經驗，對張妻被殺一案有懷疑，建議破棺細驗屍首。張相國支持何的意見，這樣縣官不敢怠慢。破棺驗屍結果表明，死者並非張管家之妻。因此，縣官細問了死婦之父母，得知：死者出嫁前曾與鄰縣的近親邵宗元有過來往。縣官不再多問，即派差役前往鄰縣緝捕邵氏，不想一下子捕到二人：邵宗元和「已死」的再嫁婦。經細審，眞相大白，原來此婦早跟邵氏私通，因父母反對近親婚配，未如願，只好嫁給陸廚師。與陸離婚後，該婦繼續與邵通姦。邵氏乃一無賴，嫖賭成性，在該女改嫁給張管家後，仍不死心，那天探知張管家隨主下鄉，即收買四名偷兒，趁夜潛入該婦住處，將她劫走；同時殺了一妓女，並在臉上剮皮十數處，使其面目皆非，然後移屍到場，矇騙當事人和官府。……這便是曾轟動一時的以死屍調換活人的奇案。

有的調包術並沒有達到預期的目的。

《生活日報》一九九九年四月二一日載，中國建設銀行長春營業部劃款員趙鶴峰，利用職便，盜款一〇六萬元外逃，先在北京、成都投宿，後流竄到廈門，先將所盜之款存入銀行，準備物色個與自己相像的人，當替死鬼，移花接木，好讓自己金蟬脫殼。一九九八年三月五日，趙在廈門人才市場見到陳連東很像自己，即以幫助翻譯電腦說明書名義，將他帶到自己的住處（檳榔東里）。按趙的計劃，先將陳打昏後再用汽油燒焚，造成趙死於火災或自焚的假象。後因陳奮力反抗，趙反被陳打死。作騙不成反而自斃命。

人際間的調包實是從冒名頂替發展過來的。

冒名頂替，一直是行騙的一種手段，通常可見的冒名頂替主要在相親方面、考試方面、就業方面，後來發展到上大學的冒名頂替。而最令人驚訝的則是頂替死人。上海《采風》刊載的劉松林編的《命運魔方》就講冒名頂替的事，那是在騙自己的戀人。①而冒名頂替死人領取工資、退休金或從事某種活動的屢見不鮮。

某種物品以重複出售手法來行騙，實也是一種冒名頂替。《廈門晚報》一九九九年三月二九日載，由樊小雲經營的成都憩園公寓，前後重複出售，重複抵押六八套，抵押出售次數達一五五次，結果，有的一房兩主、三主，多至一房七主，玩了一百多家買主，騙款五千多萬元。《勞動報》一九九九年七月八日載，上海天天花園女老闆蔡某用類似手法前後騙款六千六百多萬元。

特地製造用以騙人的假現場，是謂偽造現場，那是企圖逃脫罪責者或欲嫁禍於別人者所採用的作騙手段。《羊城晚報》二○○○年七月二五日載，廣州增城梁先生於一九九八年三月將兩間店面租給一個叫廖國成的使用，一九九九年三月租期到後，梁將店面另租他人。四月四日，廖來電話，約梁先生面談店面事。梁即出門坐上廖的車，車上除了廖本人，還有廖弟和一個姓王的工人。當車開到僻處時，廖等三人一起動手把梁打死，後拿出事先寫好的一張借條，上寫梁先生向廖國成借款一三三萬元，拉著已被

①一九九一年第一○期——一九九二年第一期。

打死的梁的手按上兩個指模。之後，他們開來梁的小貨車，把梁的屍體移到小貨車上，並將車和屍體一起在溫南公路的懸崖邊推下去，僞造一起交通事故現場。事後，公安部門亦按交通事故加以處理，直到廖氏拿著假借條向梁家屬逼迫還錢時，才引起人們的懷疑。經查筆跡係僞造的，再查現出原形，一場預謀的殺人案才曝了光。

一二 誘子和誘餌——僞裝(四)

誘子是馬路騙子的組成部分，有大誘子、小誘子，職業誘子、非職業誘子之分，一般都有兩個以上，故也稱「聯檔碼子」，平時在市場或其他場所傳播假資訊，投香餌，誘人上鈎，詐錢誆財；通常打一槍換個地方，沒有固定地點，哪裡需要就到哪裡。誘子欺行霸市，圖財不害命，不同於強盜，也有別於奸商。

誘子多在騙子授意下在路邊結夥分工誆騙行人，或在市場上多與賣主合夥、勾結，以假買賣成交，消除買主疑慮，哄騙買主，使之上當受騙。在市場上，大到住房、汽車，小到買雞鴨和蔬菜，都有他們的「用武之地」。每當有人到市場購買物品，誘子便注意動向，一旦買者看中某件物品並著手挑選或講價時，他們便圍上誇讚這物品甚至與購買者爭購，用以刺激購買者的購買欲，引誘購買者上當。也有的在旅途行車上或在街頭巷尾，以賭博形式引人上鈎，詐騙錢財。有的誘子還勾結扒手擺連環陣，互相照應，欺騙、宰割、竊取購買者的金錢、財物。

馬路邊各類騙子常在誘子的幫助下行騙，其騙局一般說開場快收場也快。不過，馬路騙子的騙局是否成功，往往看受騙者配合得如何而定。大體講，那種想佔點便宜的行人，常常會吃啞巴虧。

能幫助行騙者行騙成功的，除了誘子，還可提到誘餌。

人們知道，騙子行騙時通常都需要借助於某些載體即能誘惑人的特殊工具，或稱圈套中的奉品，這便是誘餌。誘餌可以是有形式的，也可能是無形的。選擇使用何種爲是，那要看行騙的需要而定。

通常的誘餌，多半可歸爲利、名、色、樂這幾類。利指金錢財物；名指高官厚祿和榮譽；色即美女俊男；樂是爲享樂，包括國內外旅遊等。受這些引誘而上當受騙的，每有所聞，可謂利令沖昏，名令沖昏，色令沖昏，樂令沖昏。他如幫助找工作，幫助代銷物品、宣傳作品和專利等，也都是一種誘餌，善騙者亦多加利用。

騙子所使用的誘餌，實在說來都不過是些蠅頭小利或給人一時之快，只因爲對受騙者有甜蜜之感，會引人上鈎，使之上當受騙。

用誘餌行騙，古今可找到許多例子。

《戰國策》載，魏國昭王時，秦、趙二國欲聯合攻打魏國，給魏國威脅極大。魏國將軍芒卯派出使者遊說趙王，說：只要趙國不攻打魏國，魏國願將鄴城獻給趙國。趙相國對此甚滿意。他對趙王說，趙、秦聯合攻魏，也不過爲了奪取一些地盤，現在魏國主動獻了這麼大塊地，何必再去打它？趙國當場答應不打魏國。爲了取信於魏，趙國便斷絕與秦國來往。因此秦、趙二國反目成仇，關係惡化。秦王盛怒之下欲發兵攻趙。魏國眼看形勢對自己有利，開始賴賬，不但不把鄴城獻給趙國，且還要求趙國讓出五個城池給魏，以便魏、趙聯合起來共同抵抗強秦。趙國眼看自己受騙上當但卻無可奈何。這是在誘餌面前吃大虧的古代例子。

現實中的例子更多。

報載，成都有家「金日人造寶石廠」，是加工寶石的。寶石原料寶石坯，是一種「人造氧化立方鋯」，硬度高，雜質成份高，能加工製作成五顏六色的工藝品。那些工藝品由寶石機械貿易中心收購轉售。一九九七年初，寶石廠貼出廣告，聲稱該廠銷售訂單數量較大，欲尋求有實力的單位和個人合作加工寶石。加工戶可以每台二〇八〇元的押金租用寶石機，合同期滿扣百分之一〇的年租金；由廠裏提供寶石坯料，每顆寶石加工費〇．三元，每台寶石機每天可加工二五〇——三五〇顆寶石；免費技術培訓、安裝設備。廣告吸引了許多想發財的人，十幾天中，該廠出租了百餘台寶石機。六五歲的退休工人李某，動用了多年的老本，又借了一千多元，租了一台寶石機加工寶石。第一次交寶石成品時淨得三百多元，高興心情可想而知。嘗到甜頭後，幹得更歡了。可誰會想到？沒幾天，廠長逃跑了，捲走了數百萬的寶石機租金和打工者的保證金，而寶石貿易中心的法定代表人也逃了，稱「寶石事件」。剩下的寶石機，一台最多值三百元，最糟的是加工的寶石都成了無用品。每個打工者白白被騙走了數千元的寶石機租金和打工保證金，一場發財夢破滅了。①

輕鬆工作、優厚待遇也是一種誘餌，引誘那些涉世不深而又天眞爛漫的少女往火坑跳。報刊每有披露，某些賣淫的組織者、三陪業的老闆，常以每月發放工資、吃住全包等到某處打工的名義，向農村或小城鎭招收女工。到時逼迫她們坐台當三陪女，甚至操皮肉生意當妓女。

近年福建沿海不時發生偷渡現象，屢禁不止，也因誘餌起作用。由於組織偷渡的「蛇頭」經常散佈偷渡可賺大錢，可「快速致富」，加上有的還許諾「三包」——包吃住、包安全、包找工作；有的甚至爲偷渡者預付保險金，這些誘餌，使許多人上當受騙，不顧危險地走上偷渡之路，結果，有的被遣送回國，有的慘死在偷渡途中。誘餌給偷渡帶來的是血和淚的慘劇。

誘餌下得準，對口味，會使那些「身經百戰」、「久經考驗」、「叱咤風雲」、「八面威風」的時代

① 《法制文萃報》一九九七年八月二一日。

騙子，一個個倒下去，何止丟了前程，甚至丟了性命！金錢、美色、榮譽不正是一些騙子常用的誘餌？某些「公僕」不正是在誘餌面前吃大虧嗎？

一三乞討之騙——偽裝(五)

伸手向別人討要，是謂乞丐，多以可憐相來博得人們同情，叫別人「自願」地將自己一部分錢財施捨給他們。任何時代、任何國度都存在著靠行乞過活的乞丐。

在歷史上，一般講一個人若不是在生活上到了山窮水盡的地步，是不會當乞丐的。如今時代變了，乞丐成了一種職業，求乞成了一種求富手段，掙錢方式。

有人說，乞丐行乞也是一種勞動，一種特殊的勞動，特別是那些挨門挨戶賣唱求乞，可說是一種正業。自有道理。可也有些則是「當乞丐貪閒」，身無殘疾，能勞動而不去勞動，以求乞維生，被稱為職業乞丐。還有一種更不像話的，以騙人的手段行乞，即以行乞遮人耳目，行斂財之實，實是變相的騙子，人稱假乞丐。社會上之所以有假乞丐，就因為有眞乞丐的存在，有說我國有十萬乞丐，其中約百分之二〇——三〇，屬於這類騙子。可要一下子識別眞乞丐或假乞丐卻不那麼容易。

《南京時報》載，一九九〇年一二月六日，南京新街口一個三十多歲婦女領著一男孩一女孩，在天橋席地而坐，面前放一骨灰盒，邊有「冤狀」，婦女腰紮白布，哭著說，丈夫死得冤枉，丟下孤兒寡母無法生活，請行人行行好。人們看了頗表同情，遞過或多或少鈔票。後來來了一警察，要她走開，可她不走，只是把骨灰盒塞進了手提包。當警察去拿她手提包時，她頗有些緊張，急著要求還其包。經檢查表明，那骨灰盒裏裝的不是骨灰，而是大把鈔票。婦女叫吉素平，淮安縣人，丈夫姓黃，並沒有死。她之所以這麼做，目的在於騙取人們的同情，爲了騙錢。①

另據《黑龍江晨報》載，一個叫王成的，用球鞋綁住雙膝，用剪成半圓形的輪胎罩在雙腳上，身著破舊衣，拄著特別的鐵拐，拖著好似不能動彈的雙腿，在列車上一遍又一遍地喊著「高位癱瘓，無法生活」，故才行乞。而這乞丐行乞之後打的回家，花了二萬多元在冒圖購置三間房子。那可說是假雙拐，眞行騙。②高位癱瘓是假裝的。還有的爲了乞騙，自傷身體或背著被傷害的小孩，以便於求人同情和施捨。

據傳，有一個模範教師，領到五百元獎金，去醫院路上碰到一個流淚的少婦帶著一個有病的小女孩，她們向他求乞，求助。這教師很同情她們，把剛領到的獎金五百元，加上自己身上的五百元，一起送給了該少婦，讓她爲女孩子去治病。母女走後，有人對教師說，那是女騙子。教師上前找到少婦，要她說出所以然，可她一揚手，招來兩個大漢，把這個教師推到一邊，然後自己打的揚長而去。……

大致說來，扶人之困，濟人之貧，人同此心。有人鑽此空子，施展其技，怪招騙人。有的婦女懷抱布娃娃內裝有可放嬰孩哭聲的微型答錄機，向路人求乞，引來行人駐足解囊。還有裝瘋賣傻，或編造假證明以行騙，也有直接寫信給慈善家、勞動模範、大款，訴說自己患有絕症、癌病、腎衰竭等，命在旦夕，爲了治療，請求施捨。有些人靠這辦法發了，闊了。白天哭貧求援，晚上擺闊享富。上海乞丐隊伍有首順口溜：「外流外流，乞討一流，分文不帶，吃穿不愁，四處轉悠，樣樣到手，三年五載，回家蓋樓。」這是靠乞騙而發的寫照。

①《文摘旬刊》一九九一年一月一一日。

②《法制文摘》一九九五年九月一四日。

馬來西亞《星報》報導，馬國有個乞丐，不但有豪宅，且有私人汽車，還雇用一司機爲自己開車。這乞丐也算是富有的，而他的富是否靠乞騙而來的，未見報導。

世界上靠行乞而發大財的，並非僅有，最有名者可推開羅的米哈依爾。米哈依爾行乞三十七年，每日花二美元租用一個骨瘦如柴、既臭又髒的小女孩，他把她揹在肩上，用以騙得施主的憐憫和施捨，就靠這種騙，米哈依爾收入極豐。當他洗手不幹時，已擁有百萬美元的資產，包括別墅、高級轎車等，他曾在開羅的《晨報》上登載過徵婚啓事，應徵者有相當多的女青年。

騙人的行乞，當然不是今天才有的，百年前寫的《二十年目睹之怪現狀》（第十七回）中講到，九死一生得知家中老母病危，即從南京坐船到上海，住客店等船回去廣東老家。等船期間他出門走走，看見路邊一年輕男子手抱鋪蓋，旁邊有五十多歲婦人在哭。九死一生問他們怎麼回事，男子說自己是蘇州航船上的，老太婆是乘船的，沒船錢，說到上海找到兒子即可還錢，船到上海，船主叫他帶著鋪蓋跟老太婆去找她兒子拿船費，誰知跑了許多冤枉路，沒見到她兒子，都過中午了，飯還沒吃，怎能跟她瞎跑？只要她還了船費，我即將行李還她，也好回船上交差。九死一生聽了觸景生情，即拿了錢替老太婆還了船費，又拿了些錢讓她去吃飯，勸她先回蘇州，等打聽到兒子地址後再出來尋找，婦人自是感激不盡。回到客店後，九死一生與店主講起此事，店主說他受騙了，那二人是母子，故意這樣做，爲了向人騙錢。

這是過去的事，如今時代不同了，竟有**假冒大學生行乞的**。報載，一九九六年七月，杭州街頭出現三個身掛大紙牌的女青年。大紙牌上寫著大體相同的字：我已被貴州某大學錄取了，父死母病，家庭無力承擔學費，只好休學到此乞討求救。大紙牌邊附有貴州某高校的入學通知書和休學證明書，看了這些，富於同情心的杭州人，紛紛解囊相助，還有人準備長期予以資助，幫她們上學。可善良的人們哪裡知道，她們竟是些假冒者，爲了騙錢。①

也有的以「大學生的妹妹」之名義，爲其兄乞討學費，也引得人們慷慨解囊。貴州台江縣楊某，看到乞騙很容易得手，便僞造其兄的入學通知、學生證和休學證明等，自己化名楊小蘭，代兄乞討，以「兄妹情結」打動人心，足跡遍及兩廣、福建、山東等省區，一九九四年以來，三年中賺了三萬多元。楊小蘭這名字成了一門賺錢「職業」，其家鄉有二十個少女效法她，走上乞討道路。②

這類因「父母雙亡」、「父母得不治之症」、「家庭遭災」的因貧「失學者」及「遇難而求救者」在沿海各地每有所見，他們中有的是在騙取人們的善良，騙取人們的同情心。不可思議的是，他們以近似弱智的語言，竟使許多高智商者受騙上當。這種怪招騙人的乞討者，幹的可謂無本生意，人們付出了同情心，可行騙者暗地說：那是傻冒上鈎。這實在是在作賤人間的善良。

這類用文字製造自己假苦難以騙取人們同情和施捨的作法，並非中國的獨創，或說乃是中國與世界接軌後從國外引進的。人說英國人最會在街頭通過文字賺人同情。有說，倫敦大地鐵站就是那些伸手度日者施展乞技的好場所，他們常常在那裏席地而坐，拿出英國人善於舞文弄墨的看家本領，在馬糞紙上洋洋灑灑地寫著有血有淚的陳情書，大意不離：「余自出道以來即懷才不遇，以致流落街頭，仁人君子請伸出援手，賞個小錢，好湊成旅費，返回家園」；再不然就是「天寒地凍，誰不想有個溫暖的家，然而這個小小願望就像個遙遠的夢，此刻只求有人給點小錢，圖頓溫飽」。有說在法國巴黎也有這類作法，人們稱之爲「行乞說明書」。對這麼一些感人文字，人們自不會看看就算，至少得給他幾個銅板，

---

①《文匯報》一九九六年七月一六日。

②《廈門晚報》一九九七年一一月一六日。

把老天爺欠他的還他一些吧。

乞討中有一種身份特殊者，可稱「官乞丐」，平時吃、穿、住、用、玩、樂等，全靠別人送與。這類人靠手中權力，遊說於基層，以「公僕」之名，行囊括之實，敲詐勒索所管轄的平民百姓。還有一種似更高明一些的，以單位名義向上求撥款，向各處拉贊助，然後給個人享用。人稱此乃「大號乞丐」。相比之下，那些沿街乞騙者當自愧不如了。

一四異性交往騙術——偽裝㈥

異性交往發展爲相愛而結成伴侶的絕非僅有，那便是通常說的愛情。愛情被稱爲是人間最動聽的樂章，最美麗的辭彙，會使人生五彩繽紛，燦爛輝煌。只是，爲了達到佔有對方的目的，在異性交往中，使用騙術的，每有所聞。以假裝愛來博取對方歡心的大有人所爲。爲了俘獲對方，魔鬼裝成天使，潑婦裝成淑女，窮光蛋裝成大富翁，在戀愛的朦朧氛圍中，自難一下子被識破，當現出原形時，多已釀成了悲劇。有人說，異性交往與搞政治一樣，都離不開騙，不過兩者不甚相同：搞政治多以騙人始以自騙終，而異性交往（特別是談戀愛）則以自騙始以騙人終。異性交往中，免不了使用情書，可事實表明，只根據情書內容去相信一個人，猶如根據廣告去選擇一件商品，很容易上當受騙。平時，除了男人撒謊、女人撒嬌作騙，其他最常見的可數以下幾種。

其一，掩飾。掩飾會影響對方印象，比如以前有過異性朋友或談過戀愛，多不願告訴對方。

其二，不說某些眞話。認爲有些眞話會傷人，或引起誤會，特別是有些無法說清或不容易說清的事，一般總是不說，有意瞞著對方。

其三，應付。因爲摸不透對方的想法和態度，對一些事以含糊其詞來應付，有意逃避眞實。

其四，誇長略短。一般說，男女談戀愛過程中，總是把自己的長處展示給對方，很少觸及自己的短處，有時還有意隱瞞自己的缺點。有人說，這種作法不單是人，就連動物也一樣，雄孔雀向雌孔雀求愛時，總是向對方打開美麗的尾羽，而把醜陋部分掩蓋在屏風後，以此博得對方的寵愛。

或說，除非打過戀愛疫苗，對任何追求者一律「不感冒」，否則難免受騙，這因爲異性交往到男女戀愛是一種作騙過程，那是人人都願接受的甜蜜之苦。

異性作騙騙術通常使用四種武器：金錢、權勢、姿色和眼淚。前二種多是男人所使用，後二種多爲女人所掌握。也有少數色相已衰的徐娘，爲聊慰寂寞，也多求助於金錢。有的設計了虛假的高額存款單，當起假富婆，以資引來「包二爺」。有些貪財的男士，不加細察結果上其網套。到頭懊悔不已。此外，甜蜜的情書和嫣然的笑臉也常是女人的作騙手段。

有人將男女比爲頑鐵和鋼銼，頑鐵抵不住磨擦，接近愈甚，損失愈大。

大致說來，輕信對方精彩的愛情台詞是異性交往中受騙的主要原因。而最容易受騙的，莫過於癡情的女性（尤其是少女），她們腦中老是認爲，只有被愛才是幸福的，因而有的人被以玩弄女性爲樂的男子耍了還不覺悟，被他們當成花兒捧在手中也心甘情願，被不學無術者糾纏不休也不計較，是謂癡情女遇上薄情郎。這自是愛情中的受騙者，先是被玩弄，後多被遺棄。那何止是投入的大量感情無法收回！

除了騙感情，也騙錢財，例子甚多。曾獲諾貝爾文學獎的《迷惘》一書，係奧地利作家卡內蒂的長篇小說，描寫一位著名漢學家凱恩，因受女人騙而被斷送前程和生命的經歷，讀了令人悲歎不已。

凱恩熱愛知識，家有豐富的藏書，平時除了做學問別無他求；除了往來於學校、圖書館和書齋，足不出戶。因對周圍環境不大留心，對周圍人物不加防範，給自己帶來悲劇。他家雇有一看門人和一女管家。女管家用狡詐手段誘漢學家和她上了床，而後威逼他與她結婚，說否則就說他誘姦她，讓他名聲掃地。凱恩就範後，被女管家握在手中。她與看門人進一步勾結，盜賣家中珍貴藏書和財寶。這使凱恩深受折磨，精神崩潰，最後成了瘋子，被送進瘋人院，家產全被女管家和看門人侵吞。凱恩有個哥哥在外地當銀行家，得知弟弟出事後，即趕回家鄉，用計趕走女管家和看門人，從瘋人院接回凱恩。回家後，凱恩眼看家中不成樣子，看到心愛的圖書零亂不堪，悲透心骨。在絕望和痛苦中，他使盡力氣，將全部圖書堆集一起，自己坐在書堆上，然後點上一把火，在烈火中含笑告別人世，結束他受騙的人生。

就一般講，女性騙取男性的「錢途」各顯神通：《每周文摘》二〇〇二年八月二七日引《資訊時報》文章講到，二四歲的謝春菊，係有夫之婦，與廣州史某勾搭成姦。爲向情人勒索一筆錢財，與親友謀劃，擬以捉姦之名要史某拿出一〇萬元私了。因史某報案，致使捉姦內幕曝光。其他方法還很多。有的中國女子愛結交外國有錢的男友，讓他來中國投資、購房，自己從中撈一把；有的不斷換工作的公司，不斷當老闆的小密，不斷向老闆要錢；有的廣交男友，以期在生日和情人節裏收到多方的禮物；有的不斷結婚不斷離婚，不斷領取離婚補償費等等。

令人玩味的還有借條之騙。《法制文摘》二〇〇一年八月三一日載，上海小張與楊某談了幾年戀愛。根據楊的要求，小張寫了三份借條共五．五萬元，以此表示自己有經濟實力，好讓楊的父母同意他們結合。可不久，楊以小張親筆借條，上告法院要求小張還債。可謂巧騙。

不但女方騙男方，也有男方騙女方。《中國消費者報》一九九九年六月二三日載，五一歲的張少元，曾直言不諱地說，談戀愛的目的，就是要「騙點錢」。爲了騙錢，他多找四〇——五〇歲頗有經濟實力的單身女人，自己則以公司董事長、跨國集團總裁等身份出現。交往幾次即藉口公司資金周轉不靈或說朋友生病住院急需錢等，向對方借錢，借後消失無蹤。從一九九六——一九九八年兩年中，他先後從八名單身婦女身上騙走約二十萬人民幣。

有人公開提出，異性交往中，撒謊有時是必要的。①這裏提倡在異性交往中作騙，是很明白的。事實上，這種互相作騙的事每有所聞，舉不勝舉。特別是，近年在「不求天長地久，只求一夕擁有」思想下，互相作騙更是明目張膽。有人稱此是比愛情還更愛情的愛情。那多爲婚外戀，舊稱通姦，其中不少帶有男女互騙因素，到頭來有的不但被對方所騙，且鑽進白布袋，各自滿頭白。

異性作騙勢必增加社會不安，可也使單調的人生增添波瀾，促進男女對生活的思考。

一五借冠戴，冒充官員或英雄——僞裝(七)

假冒官員或英雄以行騙，乃騙子的一種重要的騙術。

大體說來，在官本位意識極強的年代，官銜是一張無形的通行證，看一個人的價値與地位，多是看他是不是官，多大的官。許多人在官的面前，多是無比恭順，加上官多以權術駕馭百姓，百姓多怕官，因此，平時官所說的話，百姓多半不得不聽；官若想坑民、害民、騙民，通常是可以毫不費力地達到目的，即易如反掌。就因此，除了土豪劣紳勾結官員魚肉民衆之外，那些騙子也多愛假冒官員來行騙。

傳說，二十世紀初，即一九二五年，一個外國來的高個子的冒牌官員，在巴黎一家小旅館裏秘密找來五個有錢的做廢鐵生意者。「高個子官員」對他們說，三〇〇米高的埃菲爾鐵塔不安全了，修理費用太大，政府負擔不起，只好把它當廢鐵賣了，我將讓你們有機會購買它。

這鐵塔花費七八〇萬法郎建造於一八八九年，才三六年就要拆下來，幾個做廢鐵生意者不大相信。因此，高個子官員解釋了一番，意思是：當廢鐵賣出於不得已，因爲修理比拆下花的錢更多，拆下有

①國燦等：《左右逢源的社交絕招》，華齡出版社，第五〇——五一頁。

用，畢竟它有六千多萬個鉚釘，有九千多噸鐵。——這麼多的鐵，誰買去，誰發財！把鐵塔當廢鐵賣，價格呢？高個子官員說，看誰投標數目最高，他會得到這座鐵塔。

收購廢鐵商人中一位叫安德列．波依森的，渴望發財，想奪標買下這座鐵塔。他一夜沒睡，寫下祕密投標，放在信裏，爲了保密，不交到政府那裏，而直接交旅館中那位高個子官員。四天後，他接到電話，說他投標最高，那座鐵塔他買走了，叫他開出支票付款，爲了保密，支票採用一個叫「伯蘭查德」的特別賬戶。爲了順利買到鐵塔，波依森在出售的合同上簽了名，而後等著通知拆鐵塔。……當然他是空等。

當波依森得知那高個子官員乃一騙子時，什麼都遲了，他的銀行支票被人領出。他的發財夢破滅了。①他感到羞愧，不敢去報案。那騙子眼看沒有什麼動靜，又回到巴黎，用同樣方法，再行騙一次。又一個頭腦簡單的商人受了騙。

假冒官員行騙在今天仍可見到一些。報載，在美國洛杉磯住有一位英國退休將軍叫馬克．德伯登．摩斯，自稱在南非擁有食糖加工廠，在烏克蘭有水泥廠，在海上有貨物，總之是個擁有鉅產的退休武官，可當地法庭查明，他的所謂工廠和貨物，純屬子虛烏有，連將軍的頭銜也是假的。②無疑，這假頭銜是爲行騙用的。

這類扮官行騙，在我國早已有過。《二十年目睹怪現狀》中描寫一個自稱爲官的偷竊行騙者，乘船時除了衣箱之外還有一個大帽盒，黏著：「江蘇即補縣正堂」封條，板壁上掛著一個帖袋，插著一個柴

---

①參《山海經》一九九六年第六期。

②《法制文摘》一九九七年九月一八日。

花印的文書殼子，口說謊話，被懷疑爲賊，要搜查他時，他稱：「我是奉了上海道的公事，到南京見制台的，房裏多是要緊文書物件，你敢亂動麼？」一搜查，他把船上客人的東西偷了一堆。原來是個賊，扮官乃是爲了騙人耳目，其目的在於偷竊和行騙。

如今中國，冒官行騙絕非僅有。報載，被稱爲「千面女」的新疆安妮麗莎，於二〇〇〇年初化名麥瑞·艾利斯，冒稱聯合國「亞太地區特使」、「首席執行官」，在京津一帶行騙，很快曝光。浙江湖州人洪明如，曾於一九九七—一九九八年間冒充國務院總理侄子、國家行政學官員行騙，騙取金額達七百萬元。①另據載，五四歲的唐思純，成都人，小學文化程度，原是個木工，因犯詐騙罪被判刑坐過牢，出獄後不思悔改，重操舊業，繼續行騙。一九九三年至一九九六年，唐氏假冒「成都市經委某處副處長」，以副處長官銜及充滿「魅力」的「經歷」，常到舞廳專找那些與自己年齡相仿、婚姻生活不幸或離異的婦女，用花言巧語和體貼人的手法，騙取信任，既騙色又騙財。受騙的婦女中，有的係大學畢業生，有的是政府機關工作人員，也有是個體戶老闆。她們只因爲虛榮心太強，成了唐的俘虜。②

《生活時報》一九九九年六月五日載，紹興四五歲的木匠童某，花了一一三元從軍警商店買了一套將軍服，弄到一份蓋有國務院和中央軍委「命令」的複印件，假冒將軍和作戰部部長，還稱是即將上任的國防部副部長，從事詐騙活動，很快曝了光。

《廈門日報》二〇〇〇年八月一五日載，八月一〇日有一男子冒用深圳出入境檢查總站政委名義，給重慶公安邊防局政委打了電話，稱說，介紹幾位到重慶辦事。幾位中有一姓王的，到重慶自稱有一哥

---

①《今晚報》二〇〇〇年六月一八日。

②《廈門晚報》一九九七年六月一五日。

哥在公安部出入境管理局當副局長，另一哥哥在寧夏軍警部門當司令。……後來人們得知，這夥冒牌貨，手持假證件，在組織一批人偷渡出境。《廈門日報》二〇〇〇年八月十七日又載：北京海淀區無業民馮燕賓，三年來多次冒充中央電視台體育中心主任馬國力，向體育界知名人士行騙，以搞活動送電腦、交手續費等名義騙取錢財，少則七、八百元，多則五、六千元，受騙者遍及足球、田徑、舉重，射擊、跳傘、摩托車、體操等體育領域，作案四十多起，騙取金額達十多萬元。《每周文摘》二〇〇一年一二月一八日引《文匯報》資料，江蘇南通十一名小學文化程度的農民，冒充國家部委和省領導，向當地企事業單位行騙，一年中騙了一百多次，得騙款一百多萬元。

大概因爲冒充官員行騙的人太多了，所以不久前江西省委和省府辦公廳，還專門發出通知，要求各地各部門，切實增強政治敏銳性和鑑別力，防止上當受騙。

也有的假冒官員的妻子或子女來行騙。外國投資者要想在中國獲得投資利益，必須尋求有勢力的合夥人，國內想往上爬者，也必須找有勢力的人當靠山，而有勢力者除了重要官員，再就是他們的妻兒和近親了，於是假冒官員的妻兒之事每有發生。孝義煤礦有個叫董開黨的，冒稱自己是國家某領導人的私生子，大肆貪污，到處行騙，連被認爲很有水準的幹部，也上其當。①湖北有個四五歲的婦女王麗豔，先後冒充某司令的妻子，冒充楊成武的女兒，到軍工廠行騙，分別騙到五〇萬元和四〇萬元，後因假冒某公司總經理，曝了光被逮住。②《女報》一九九九年第七期載，八十年代初，內蒙古有個三八歲的女子包音其其格，冒充包爾漢的二八歲的女兒包英，向吳祖光、杜聿明和王昆等行騙。也很快曝光。《廈

①《民主與法制》（畫報）一九九七年六月一一日。
②《每周文摘》一九九七年一二月一二日。

門日報》二〇〇二年一月二三日載，初二文化程度貴州女子秦某，姿色平平，化名楚楚，冒充某駐外大使女兒，讓四個大學生拜倒在她的石榴裙下，其中一大學生還帶她到自己老家舉辦訂婚儀式，被騙走一筆錢後不知該女子去向。

至於冒充官員和權威人員的親友來行騙的就更多了。行騙者多通過各種渠道弄到各級官員和權威人士的地址和電話，以爲自己行騙服務。這類騙子什麼手段都敢玩，最常見的是騙銷僞劣商品，或以車禍等急用錢的名目騙取錢財。

冒充官員的情人、舊情人，也能騙到一定錢財。《深圳法制報》報導過，廣西有個年近四〇的婦女陶琳，初中文化，說自己是某副縣長的「初戀情人」，因家庭干涉未能成親，至今仍有來往，如要對方辦什麼事，說一句話就行。兩幼稚園老師和一待業青年，信以爲眞，結果被她騙走了近三萬元。

英雄向爲民衆所敬仰，**騙子亦多假冒英雄來行騙。**

四川三台縣農民騰光瓊，化名騰光勤，自稱到過老山前線，光榮負傷，失去生育能力，復員後以踩三輪車維生，前後撫養了五個孤兒，其中大的兩個還念到大學畢業。可謂勞苦功高，其事蹟感動了一整個城市。當地交警們在感動之餘，「默許」了他無證行車；社會各界紛紛解囊相助，四川紡織廠還將一間單身職工的過渡平房劃給他居住；民政部門、公安派出所爲他出具「特別通行證」。……可誰也不會想到，那些感人事蹟只是他精心編造的假話。他結過兩次婚，除了第二個妻子留給他兩個子女，根本未收養過什麼孤兒，至於收養的兩個兒子上大學，更是子虛烏有。①

除了假冒政府官員和英雄人物，**還有假冒政府機構來行騙的。**《中國資產新聞》一九九九年一月七

① 載《青年報》，引《廈門晚報》一九九八年一月二六日。

日載，廣東有人僞造省政府「外事勞務輸出服務中心」，僞造公章和函件，內外勾結，利用社會上某些人急於出國的心情，騙取錢財。

《北京法制報》二〇〇二年九月二四日載，北京佳和百世科貿有限公司，自二〇〇一年下半年開始，爲了銷售其代理的「視康儀」產品，假冒教育部、衛生部等五部委名義製作「愛護我們眼睛預防保健教育活動辦公室」的委託書，騙取學校信任，並獲得學生家長的聯繫電話，然後以免費視力講座、講學名義，邀請學生和家長參加培訓班，推銷產品，騙取錢財。

一六　幾樁奇案——預謀騙(一)

預謀騙，古今中外可見許多，僅舉幾例。

銀樓騙案。老天津銀樓是民國初年廣州著名的銷售金銀飾品的店鋪，也代客加工成品，幾乎天天門庭若市，顧客盈門。

一天，來了一位自稱姓吳的客人，約五十多歲，拿出銀洋二百向銀樓訂製項鍊鎖片、鑽戒飾物等貴重金飾品二十餘件，約定半個月取貨。吳氏按期來銀樓，拿出訂單，算了款項，總共應付二千五百多圓，扣二百訂金，還差二千三百圓。吳某說，我住處離這裏不遠，請派人跟我去取款。店主不放心，派一老夥計，一年輕徒工跟去取款，臨行再三交代，這包貨物極爲貴重，要一手交錢一手交貨。

約行一里路到了客寓，剛進門有僕人向吳某問安。吳某引他們上三樓客廳，廳內佈置幽雅，四周除了茶几靠椅，還有箱籠物件，桌上放一只黑色皮箱。吳某請工人坐下取出金飾品點過，隨即取鑰匙開箱準備取款。突然有人叫老爺，有黃大人求見。吳某說正忙於點付錢款請黃大人稍候，可僕從剛下樓，又有一僕從上來報說黃大人必須立即去督轅，不便等候，請吳老爺下來說幾句再回來辦事。吳某只好對隨來取款的二人說：「二位稍坐，我下去片刻就來。」說罷轉身撥暗鎖將箱關閉。二人眼看他將金飾品放進箱裏，不致發生意外，便說聲請尊便。吳某匆匆下樓去了。

二人在樓上聽到下邊有說有笑，過了一陣客人告別，吳某送客。二人等了許久，不見吳某回來，不免生疑，徒工下樓察看，找不到人，而樓上，因箱被鎖住，看不到什麼，二人用力將箱子往上一提，原來是沒底的空箱，裏面只糊簿紙一張，桌面上有個比箱底較小的長方形窟窿直通樓下，箱內簿紙破了大洞，可見金飾品放入箱內時就打穿薄紙直落樓下，已有人接走了。

二人即報告店主，店主帶了多人到寓所找房東，房東說這夥人是一個月前來租用寓所，不知幹什麼的，他們付了十五圓押金，不需擔保人，現在人都走了。店主大呼晦氣，上當受騙甚不甘心。①

東家騙夥計。《二十年目睹怪現狀》描寫一珠寶店老闆騙本店掌櫃和夥計的事，那也是預謀和精心策劃的。

該珠寶店有幾間空房，沒用，佈告出租。有一劉姓者租做公館，帶來家眷住下，白天出門訪客，晚間無事便到店裏聊天，說自己有件心愛東西欲放在店裏變賣。拿來一看，原來是一尊玉佛，出價二萬，願給店裏九五回扣。夥計心裏想，玉佛至多賣三千兩。因不佔地方，不花本錢，讓他寄賣。一連幾個月過去，沒人過問。有一天，來了個行家，要看那玉佛。說願出一萬五買下。雙方計價還價許久，最後以一萬八千買下玉佛。夥計們計算一下可白賺幾千銀子，定下交易。對方說未帶現錢，先拿五百爲訂金，十天之內來取。過了十天不來取，這五百訂金歸店家，但十天內若賣別人，那店家要賠二十四萬。恐口說無憑，立了字據。一星期過去，不見買主來取貨。第八天夜裏有人來找劉先生，說劉老太太過世，要

①上海《采風報》一九九〇年第五期。

劉先生回籍奔喪。劉先生即到店裏要立即取回玉佛。夥計心想，後天即爲最後交易日期，玉佛拿走了，買主來取不到貨要賠償的。考慮之後，不如先給劉先生現錢，反正後天可賣出。於是留下一千回扣，其餘算足給劉先生。劉先生走後，夥計等了幾個月，不見買主來取貨，知道上當受騙了。

這裏是誰騙他們呢？原來是該店東家包道守（人稱包到手），串通外人騙掌櫃和夥計的。原來他買了一張彩票，被店裏掌櫃、夥計分去一半，後來彩票中獎得六萬，因被掌櫃、夥計分去一半只剩三萬。東家心裏不甘，於是通過串通外人設下騙局，再從掌櫃、夥計那裏騙回一大部分。

幫賊偷自家。馮夢龍在《增廣智囊》中，講到一盲人被騙去助盜賊盜竊自己家的故事。

盲人朱化凡，居吳江，善卜卦，求者多，家裏日漸富起來，不免引起盜賊的注目。一天傍晚，來了二人，說是受主人之命來請朱化凡到船中問卜，二人把他挾持而走，走了許久來到船上。讓他吃飽喝足後，有人對他說，我們是小偷，今夜要劫掠一戶大姓人家，借先生爲魁首。你不用做什麼，只要端坐堂屋之中，用木板拍打桌子，高聲叫著：拿寶來。得到財物有你一份，不然要殺死你。朱化凡只好順從了他們。

到了半夜，朱氏由二人挾持而行來到一家，按原來佈置的，朱化凡坐在堂屋中，一邊拍桌子，一邊叫喊著。群盜們將這家財物拿了之後就悄悄走了，而朱化凡還在那裏拍著喊著。主人妻子開頭不敢出來，後來偷偷一看，只有一人在那裏，聲音很熟悉，舉火照看，原來還是自己的丈夫。

原來盜賊挾持朱化凡來盜竊朱化凡的家，可謂巧設之計、高明騙術。

外國也有過幫騙子騙自家的事。傳說，英國曾有兩個騙子扮成紳士和僕人，扮紳士的右手似是受了傷，吊掛在綳帶上。一天，他們來到一珠寶商店。紳士看中一隻價值二千英鎊的鑽石戒指，看了又看，愛不釋手，說要買它，摸了口袋後說了一聲「錢包忘在家裏了」。他轉身對僕人說：「快開車叫我太太拿來。」僕人還未走，紳士又對珠寶店老闆說：「可否給我一張白紙，好讓我寫幾個字給他帶回取錢？」

店老闆即拿出紙和筆。紳士試圖寫字，但很困難，因爲右手有毛病，動不得。因此，他央求老闆：「很遺憾，我手不能拿筆，可否幫代寫幾個字？」店老闆眼看這是一筆即將到手的生意，自是樂意代勞。於是，紳士口述，老闆爲之代筆：「請交帶信人兩千英鎊，有急用。」署名是「西奧費里斯」。老闆見此名字，叫了一聲：「多奇妙的巧合啊，我的名字也叫西奧費里斯！」

紳士把店老闆代筆的字條交給了僕人並笑著對店老闆說：「眞是三生有幸，我們是同名的好朋友了。」

僕人走後，紳士在店裏等著，等了許久不見僕人回頭。紳士有些急了，他對老闆說：「可能遇到什麼麻煩了，只好明天再來一趟。」說完便和老闆握手告別而去。

晚上，珠寶店老闆回到家裏，妻子見了說道：「今天你要兩千英鎊幹什麼用？」老闆聽了大吃一驚：「怎爲回事？我並沒要錢啊！」妻子說：「你在條子上不是寫得很清楚嗎？我看到你的親筆字，便把錢交給來人帶去。……」

老闆大呼上當受騙，可什麼都遲了。①

行李包內藏活人。據《揚子晚報》一九九八年一月一日載，武漢市藍天賓館行李包裏寄存處於一九九七年一二月二二日晚接到一男子前來寄存一帆布包。

---

① 參《山海經》一九九八年第一期。

夜間，值班人員發現該帆布包會動，一查，原來包內藏有一活人，活人是個男子漢叫周磊。經過有關部門查問得知，這是一夥盜竊份子預謀的行竊活動，先將活人藏於包內，騙過寄存處人員，等到半夜時活人出來行竊後再藏入包內，天亮由同夥取包裹時，連人一起帶出。因曝光，騙術破產。

巧騙貪得者。《四川日報》載，一九九六年一一月二一日上午，有個婦女彭春華手拿著借來的一五〇〇元趕回家修房子用。路上見到一中年男子不愼掉落一鼓鼓的提包，一青年迅速上前撿起，稍開皮包口又關上，露出欣喜狀，口說：「這包裏有六千多塊呢！大姐，你看到了，不要亂說。等一下我們打夥分。」彭春華報以微笑。走了一陣，那青年又似覺得不妥，說：「這包包我提太顯眼了，給你藏好，你先把身上的錢借給我使一下，今天下午或明天，你到中心校來找我王老師就行了。」彭春華想著包裏有那麼多錢，便把手中一千五百元全都遞給那青年人。走到偏僻處，她打開了提包，一看，全是草紙，找到學校，那有什麼王老師？就這樣，她被騙走了借來的一千五百元。①

另據載，有個江西到廈門經商的姜某，一天早晨上街走到一小巷，忽然看見前面一騎自行車男子掉下一隻小包，走在姜某前面的一中年男子疾步上前拾起，姜某湊上前去，中年人正打開小包，只見小包裏面有只首飾盒，內裝一條大金項鍊，一張價値五千多元的項鍊發票，還有一張因承接裝潢工程，爲答謝某人而買此金項鍊饋贈的便條。時路上行人稀少，中年人見姜某看了這些，便神秘兮兮地說：「你都看見了，算你運氣，這是咱倆共同拾到的，兩人分，我多點你少點……」。正說著，那丟包的男子騎車回頭找來，見他們兩人就問，見到一包東西沒有？中年人即回答說：「沒有。」騎車人聽了便繼續往前找去。待騎車人走後，中年人拿出金項鍊對姜某說，一條項鍊不好分，把它給你，你把手上小戒指給

①《四川日報》一九九六年一一月二七日。

我，算我吃點虧。姜某心想很合算，就答應了。可拿回家一試，原來是鍍金的銅項鍊。一枚金戒指換了一條銅項鍊，因貪得而上當。①

這些都是因貪得造成的。人說貪得者乃傻子，傻子養肥騙子。

一七供銷雙簧和換錢騙款——預謀騙㈡

一邊高價收購，一邊低價賣出，目的是賣出假商品，在行騙場中被稱爲「供銷雙簧」。

一九九五年一月一三日，廣州有一姓鄧的中年婦女，走在街頭見一矮個子青年要她幫看一下從深圳來的一批貴重貨物，十五分鐘給五〇元。中年婦女眼看報酬不低，就答應了。走了不遠，來了一扁臉孔男子，也以五〇元報酬雇請幫看貨。矮個子拿出一個如鉛筆頭大小東西，對中年婦女說，去看顧的即是這東西。這時扁臉孔男子對中年婦女說，這是日本產的消除電視機雪花的零件，國內還不能生產。扁臉孔男子要矮個子將此貨賣給他，並問了價錢。矮個子說按批發價，每個五〇元。扁臉孔男子即拿出五〇元買了一個，邊欣賞邊說，在香港要一百多港幣，沒想到這裏五〇元就買到了。扁臉孔男子正說得眉飛色舞時來了個黑臉孔的男子，說是海南一電器公司採購員，也想買這貨，每只願出價八〇元。扁臉孔聽後，把姓鄧的中年婦女悄悄拉到附近一大樹下對她說：我們以五〇元向矮個子買下，再以八〇元賣給這黑臉孔的，一個賺三〇元，一千個賺三萬元。這生意大可做的。鄧氏心動了，這麼好賺的錢幹麼不賺？她立即回家取出積蓄款二萬元，向矮個子買了四百個「消除電視機雪花」的零件。而後去找黑臉孔轉賣，可想而知找不到黑臉孔的，只好回頭找矮個子和扁臉孔男子。他們也早已無影無蹤了。她想到可能

---

①《廈門日報》一九九七年四月二九日。

遇到騙子。後經查才知道，她用五〇元買下的東西是隨處可買到的電容器，每個不過二角錢。她萬沒想到，轉眼被騙走了二萬元。①

這類騙不僅對個人，而且對單位。一九九四年四月，湖南某縣農副土產開發公司辦公室接待了一個講廣東話的中年人，說是廣東某縣一家公司業務主辦，姓金，前來聯繫購買四萬條包裝麻袋。此乃一筆大生意，這裏陳經理很重視，只是自己沒貨。後來商定由土產開發公司馬上組織貨源，兩個月後交貨，雙方即以每條二．四五元的價格簽訂了購銷合同，「金主辦」還付了三千五百元訂金。

不久，外省一家貿易公司派人上門洽談黃豆業務，對方所呈的「可供商品一覽表」中，有一欄可供麻袋六萬條，每條批發價二．二八元，這可使土產開發公司陳經理喜笑顏開，因爲他正需要它。可謂：正當口渴時，有人送水來。他馬上現款購買現貨，幾天後四萬條麻袋運到土產開發公司倉庫裏。

麻袋貨源解決之後，陳經理即電告「金主辦」，通知對方儘快來提貨，很快，「查無此人」電報退回，派人到廣東也找不到收貨人。

後查明，此乃那家公司爲推銷積壓麻袋而想出的圈套。陳經理此時有苦說不出。②

換錢騙款術最早形式是切匯，一九八四年出現於北京街頭，坑人甚多。切匯騙術很簡單，騙子用高價兌匯引誘外國人，在付錢時故意少付一部分。外國人點錢發現不夠數，要求補還不足部分。騙子佯裝不解，接錢重點一遍，在重點時以極熟練動作將其中一部分錢悄悄掀起來握於手心，然後又當著外國人的面，承認的確少給了，今另付補給不足部分的錢。這時外國人把注意力全集中於補還的錢上，放鬆對

① 原載《羊城晚報》，轉引《法制文摘》一九九五年四月二七日。
② 《法制日報》一九九四年一〇月一五日。

原先那部分錢的注意力。當騙子將補給的錢遞過去時，對方自不再生疑，也不再點原先點過的部分。就這樣，被騙走了一部分。有的人到家重點才發現，但遲了，有的再沒重點，被騙走了還不知道。

這種騙術後來也用來騙國內民衆，以小錢換大錢搞切款。一九八六年此騙術被揭露，但轉到外地故技重演，繼續坑害人。這種騙術利用一種常有的心理：即一般人總認爲自己把錢點過了又看到對方再點了，不會有錯，不必再來點一遍了，結果上了當，受了騙。

一八謀「知己」、騙兩頭和合法佔有——預謀騙㈢

古今中外扮知己以行騙的不乏其例，其中程縣丞設計騙古琴的騙術，可謂棋高一著。

《聊齋志異·局詐》載，湖南有一姓程的道士，收藏古董成癮。他得知山東嘉祥縣李書生家有一古琴，價值連城，便設法得到它。因此，他用錢在嘉祥縣捐了一個縣丞的小官。上任不久，程縣丞拿了名帖去拜訪李書生。程縣丞文雅風趣，贏得李書生的好感，此後兩人交往密切，關係融洽，常在花前月下飲酒彈琴。李書生很佩服程縣丞的琴技，提出要拜他爲師。兩人常在一起切磋琴技。只是李書生從未吐露自己珍藏有古琴的事，程縣丞亦不特地提出。一次，程縣丞對李書生說，自己新學一首曲子，如有一架好琴，必會把它彈得動聽。李書生不加思索地說，我有一古琴，今天算是遇到知音了，不妨請君一用。

程縣丞的琴聲令李書生入神，讚不絕口，可程縣丞則說，這算什麼！比起我妻子，我的琴技差多了，如能讓我妻子操彈此琴，定會更加動聽！……第二天，李書生手攜古琴來到程縣丞家，請程妻彈曲。程縣丞則招待李書生邊飲酒邊聽琴。聽了琴聲，再看看程妻姿色，李書生不免神魂顛倒。夜深，李書生告辭，原要帶走古琴，可程縣丞說，夜裏拿著不便，古琴暫且放此，明日讓拙荊再彈一兩曲聽聽如何？李書生似是求之不得。豈料，第二天李書生再來時，程縣丞人去樓空，古琴不見了。這時李書生忽然醒悟，痛感自己受騙，但已遲了。

日常生活中，騙取朋友錢財的絕非僅有。《廈門日報》二〇〇〇年九月三日載，山東籍女子孫文君，以朋友信任爲基礎，以感情做掩飾，以飲料做誘餌，騙得朋友上當。八月一二日晚，她約女友張某到一茶館泡茶，將安定片投入可口可樂中，在張不省人事時，孫把她身上價值一萬元的財物洗劫一空。

也有的人把別有用心的吹捧引為知己，結果一樣吃大虧。義大利作家朱．貝爾托（G．Berto，一九一四——一九七八）在其《微小的成就》中講到一個醜陋而刻板的三十七歲的老處女，因爲找不到對象一直很苦惱。一次回家的車上，遇上一個年輕的美男子，主動與她拉家常，吹她捧她。開頭，她很謹愼，也很警惕，後來聽到該男子稱她爲「傻姑娘」，心裏樂滋滋的，以爲遇到知心人了，放鬆了戒備，對方趁虛而入，騙取其歡心。他拉她的手，有說有笑，兩人開心異常。最後，他把老處女的錢包偷偷拿走。當她發現自己上當時，那美男子早已不知去向了。老處女大呼上當，但也只好啞忍。

騙兩頭時有發生。人們看到，有一種人，爲了某種目的，熱心於製造矛盾和摩擦，不論東家吵嘴還是西家打架，他（她）總是暗中煽風點火，讓小事變大事，讓稍大的事釀成災禍，然後再充當好人，「周旋調解」，達到自己作騙的目的方罷休。也有的瞞兩頭以謀私利，《廈門晚報》二〇〇〇年九月二六日載，一名自稱安徽來的男子，向一房主稱要租房，約好某日上午簽合同交房租。九月二二日，該男子到附近劉先生傢俬店買下千元的一套沙發並讓劉先生幫搬到附近一家店面。他對劉先生說，自己是做茶葉生意的，剛租下這家店面，請過會來取款，劉先生心想離這麼近，也就答應了。過會再來時，房主說，那男子剛才說，因買了沙發手頭緊，向自己借了三百元出去了。再問，劉先生才知道，該男子並沒有向房主交房租，房主心想有這套沙發在此也不怕你，所以放心借錢給他，這時，他們發現，該男子兩頭騙。劉先生只好忍痛交給房主三百元，搬回自己沙發。

瞞兩頭以謀騙，在外國亦可找到例子。前蘇聯偵探小說《天狼星行動計劃》中有個女間諜「梅花皇后」，原來就是個大騙子。年輕時，她曾到某市鑽石店購買價值連城的鑽石，看了貨後，女人稱係某診所大夫的夫人，欲買該鑽石，但錢在夫處，請店主將鑽石交給她並與她一起到其夫處取款。店主眼看一樁到手的大生意且早知某大夫的大名，所以樂意跟她到診所取貨款。到了診所門口，女人說自己先入內向丈夫要錢。不一會兒，女人出來說，我已與丈夫談妥了，他會立即付款給您。言畢，她帶他進診所。進門時，女人對著醫生和店主兩人說道：「這是我丈夫。」醫生即起身對店主說：您要鑽石款嗎？我馬上付給您，請先休息一會。這時女人退了出去，兩人聊了起來，接著醫生對店主進行身體檢查。……過了一會，只聽到醫師說，你身體正常，那有什麼精神病？店主聽了大嚷道，誰說我有精神病？醫生說，是你太太說的。店主驚訝道：她不是你的太太嗎？雙方吵了起來。——原來這裏是精神病診所。女人進所時對醫生說，我丈夫精神病，成天吵著要鑽石款，我把他帶來了，請您先哄他，說您馬上會給他鑽石款，等他安靜下來後再給他檢查病症。醫生依言而行。就這樣，該女人瞞住兩頭，騙走了價值連城的一隻鑽石。

合法佔有也多通過騙來實現，現實中那多是手握某方面實權者所為。這點在某些出版部門出書時表現得很明顯。爲了賺錢，他們採用零切、整湊、拼接、混合辦法編書出版。那是把別人勞動果實改頭換面或稍加改動後佔爲己有，合法佔有，以騙帶佔，佔騙一起來。也有的，在出書中以修改、加工名義把作者使用的資料甚至作者寫的文稿據爲己有，欺騙讀者，欺騙社會。——這方面筆者曾身受其害，深有體會。前幾年，本人應約寫了一本有關福建民俗與旅遊的書稿。旅遊教育出版社拿到書稿後，以書稿「基礎差」、「粗糙」爲藉口，從中抽走可單獨成篇的近二十篇約五萬字的書稿，鼠竊狐騙。事後本人多次要求歸還這部分被佔據的稿子，均被拒絕。可笑的是，他們一邊講書稿基礎甚差、粗糙，一邊對已出版部分還要偷偷再版。初版不經作者校對，在十三萬字的小冊子中，差錯達一六〇多處。作者看到後馬上指明其錯並要求做勘誤表以補救，但不得理睬，而再版時仍留下許多差錯，令人憤怒！再版時印書六千冊，經追索後，僅付稿酬二六元四角人民幣，可謂騙佔有術，賺錢有道。爲了掩人耳目，證明其騙占之合法性，出書以後，他們不通知作者，而找來「出書編委會」，補訂所謂出書「合同」，自騙騙人，機關算盡。

一九算命和特異功能

算命行騙的歷史頗久遠，其行騙手法被稱爲「著邊際」的騙術。在這「著邊際」的騙術中，嚇有時是用來摸對方底細的重要手段。據傳，以前有個算命先生，在介紹自己的經驗時說了許多方法，其中有一條就叫嚇。某次有一中年婦女來算命，算一中年男子的命，算命先生看了生辰八字，面帶難色，說：「此人會有大禍臨頭！」婦人一聽，臉色發青，說不出話來，但求指點。算命先生慢條斯理地說，百日之內能避得過去，或可化凶爲吉，避不過亦命也，目下宜居家不出門，不說話爲好。婦人哭喪著臉而去。事後算命先生騙人事發被審查。他交代說，該婦人算的是男人的命，非夫即兄弟也，而在這政治運動之時求算，必有什麼問題，一時還拿不準，不妨用話嚇她一下看反應如何再說，果然，婦人表現十分害怕，這表明言中了。那爲什麼說百日之內能避過或可化凶爲吉？這因爲各種政治運動大多三個月左右。過了三個月有什麼新變化，那不屬於這裏的事了。——原來算命先生的行騙，也跟政治氣候相聯繫。

另一例是算命師自己介紹的。報載，京郊平谷縣三五歲的黃有青，高中畢業後在家務農，後拜一個算命的瞎子爲師。瞎子見他誠意，收之爲徒，教他看相看風水的要訣，腦子要靈，嘴要巧，隨機應變，自圓其說。後他走上算命之路，下面是他自己說的一部分。

剛開始，我沒敢出去闖牌子，怕給人說不准露「竊」，鬧不好挨頓收拾。於是我先在村裏免費給人算卦看相。爲了使人相信我算的卦，除了盡量拾好聽的說，也加點背興的話語，最後再找個由頭找回來，讓求卦之人乘興而去。

一九八九年四月份，我在村裏村外已經小有名氣。我也自視算卦者的「腦瓜子、眼珠子、嘴皮子」練得差不多了，便開始遊鄉串鎮，給人算卦看相。

說來我這個人運氣挺不錯，出門頭一個還眞給人算應驗了，不過這裏有個小插曲。那天，我騎著自行車沿著山間公路往鄉里走，在一處荒野窪地裏，遠遠看見兩隻交配的狗「嗥嗥」直叫，其中有隻狗脖子上還套著皮圈。我沒在意，繼續往前騎了一個鐘頭來到一個村莊，我支好自行車，掏出一塊白布，上面寫著：「相面解夢看風水」。我的招牌剛亮出來，就見過來個年輕人，他看了看布條上的字，問我，丟了東西能不能算，我看看他不像是沒事起鬨的，便告訴他可以，隨即問他丟了什麼？他說丟了一條狼狗，昨天夜裏還拴著，脖子上有個皮套圈，還說了顏色和大小。我一聽，心裏直樂，這不正是我剛才路上看見的那條狗嗎？我把握十足地對他說，這卦好算。年輕人不信，要跟我打賭，說找到狗請我吃頓酒席，另外再給我一〇塊錢。我開始做「戲」了，先是閉目凝神，口中念念有詞、說些他不懂，連我自己也不懂的「禪機妙語」。然後在東西南北方向各抓一把氣，在鼻子上假裝聞聞。最後我告訴他，那條狗在西南方向。年輕人半信半疑地騎上輛摩托車去找，沒過半個鐘頭，還眞把那條狗給帶回來了，他千恩萬謝，把我請到家裏，好吃好喝供了我一頓。

這次給人算卦找狗是我運氣好，碰上的，在以後給人看相算卦，完全是憑著一張嘴來擺佈那些相信這一套的人了。

就這樣，我遊遍鄉里，到處給人看相算卦，有算準的便到處替我傳名，一時間慕名前來找我算卦的不少，還送我個「雅號」──「王半仙」。幾個月來，錢還眞掙了不少。①

與算命者不同，特異功能診病，除了冒充以外，他們中有的本來就是中醫，只是趁特異功能、氣功吃香時，也打出特異功能氣功師的旗號，爲了騙些錢花花。爲了賣弄特異功能、氣功，不免編造謊言騙人。

至於特異功能氣功師的治病術，多是夾雜一些「小把戲」。報載，有一氣功師在汽車站候車，聽到兩婦女議論心臟手術事。原來一婦女進行過心臟手術，留下一道很長的疤，陰天時有點癢，而她丈夫在侍候他爸，累得猴瘦。這氣功師聽得清楚，後隨動過手術的婦女上了汽車，又換了地鐵。在地鐵廂裏，他坐在婦女對面。這時他施展出特異功能氣功師的本領：

「同志，我請您別介意，有句話想對您說，不知當講不當講？」

「跟我？」女人戒備森嚴地不置可否。

氣功師掏出工作證，還有一個什麼氣功班的結業證，遞過去：「這是我的證件，我是搞氣功的，我想對您的健康提出忠告。」

人們好奇地圍了上來。

女人態度已經有所轉變：「你說吧。」

氣功師閉了一會眼睛，口氣肯定但是緩緩說道：「你不久前做了一次大手術，左胸上有一道疤，一

① 警官教育出版社：《怪案、要案揭謎》一九九三年第三二一——三二二頁。

直到這兒。」氣功師用手比劃了一下領口處。

女人臉立刻紅了。她變得驚奇緊張：「是的，可您是怎麼知道的？」周圍人議論道：「這是透視，楊二郎三隻眼。」「特異功能！」「能不能給我看看！」……

氣功師始終微笑著聽人們議論。女同志沉不住氣了：「您的意思是……？」

「我的意思是您不能太累，這個部位的手術不同於一般部位。而且你們家最近因爲老人生病，你愛人過於忙碌，你不忍心，也揮手幹活，這樣心理壓力大，加上體力支出也大，對心臟的恢復十分不利。」氣功師緩緩說道。

這位女人的一切秘密彷彿被這個氣功師看穿了，她正經歷著從未有過的巨大靈魂震撼，已有的理性判斷在這位氣功師面前顯得那麼蒼白，她顯然不能解釋爲什麼。①

二〇名義合資和假公司、假合同

在合資潮中，有些企業爲了逃稅或減稅，想方設法戴上「合資」帽子，於是有「**名義合資**」的名目出現。名義合資即在合資中，外商不承擔實際投資値的任務，中方只要找到一名義上的投資外商，簽訂一份「合同」或「協議書」即可。因此，有的企業把資金從國內匯出，再通過外商匯回來，是謂「外資」了。外商在轉手過程中，從中收取「合作費」（轉手費）。辦了這種轉手手續，國內那些企業即可堂而皇之在國內享受外資、中外合資企業的優惠待遇，欺騙阿公。結果肥了企業，虧了國家。

除了名義合資行騙，其他合資同樣也有作騙的。

---

①《家庭醫生》一九九三年第一二期。

爛貨冒充現代化設備：在中外合資辦企業過程中，人們看到某些外商多以進口設備來抵充外方資金。這當中無疑也有眞的現代化設備，可不少是假的。許多中方企業明知外商作假，但爲了達到「合資」的目的，甘心受騙踏入圈套中。也有的看到那些進口設備太不像話，鄭重其事地找來專家鑑定，鑑定結果雖是假貨，說幾句不痛不癢的話了事；也有的結論叫人看了不知該哭還是該笑，「中國空氣污染嚴重，致使現代化設備受到損壞」。爛貨還是寶，中國放不了。

騙走產品：有的外商拿著鉅額存款的證明來華投資，爲了合作，中方有關企業，急忙購地皮、蓋廠房、進設備、招工人，投下大量資金。開工了，外資付些小額資金，表示合作心意。儘管他們出小量資金，可產品出來後，常被源源不斷地運往國外。產品被運走，未見資金回流。聰明的中方代表開始懷疑了，經過銀行一查，嚇人了：來合資的外商乃早已破產，所謂鉅額存款，只是臨時湊集的，待證明開出，款項已分頭還給他人了。這些人來投資主要目的是運走產品，出賣後佔爲已有。

也有的外商，眼看某些企業產品銷路好，油水足，設法收買或勾結該企業負責人，把優等產品硬當三等貨或次品，大量索賠。他們把拿到的賠款，自已得大部分，也分一部分給中方企業負責人，可謂「各得其利」。受騙的還是阿公。

騙取公款：向中國行騙的外商中，不少是外籍華人，他們看準中國人崇外心理，大售其奸。由於他們本來也是中國人，瞭解國內行情，目標準、下手快、成功率高，作案後破案也難，款被騙走後多難追回。這類騙子，除了以合資名義向企業伸進黑手，也有的把黑手伸向金融部門，詐騙銀行公款的事也每有發生。一九九二年上海破獲「鄔偉民案」是比較有代表性的。鄔偉民原是上海人，一九八四年移居香港，一九九一年到大陸尋找發財機會，僅一年多就在十幾家銀行、信用社設立了三十二個賬戶，興辦了五家所謂「合資企業」，可不花一分外資，全是行騙。案發後，鄔氏供認不諱：「我是冒險家，只有靠銀行才能玩得轉，用共產黨的錢騙錢、賺錢。」①

以假公司名義騙取鉅額貸款，不論在台灣或大陸都可看到。戴著台灣十大傑出青年桂冠的謝聞清，台南學甲鎮人，小時家裏很苦，中學沒讀完便棄學從商，先是當蔬菜小販，因與日本商界交易洋蔥發了財。他不滿足，欲成爲商界鉅子。因此他成立了瑋承貿易公司，自任副董事長（由其父掛名正董事長）。一九七六年，謝把二〇億資金轉投資於土地買賣上，想一舉大發，但因不久後房地產突然陷於低潮與不景氣，瑋承公司面臨倒閉危機。

這時，謝聞清動了銀行貸款的腦子。他通過關係宴請政界名流，爲他向銀行貸款做後盾。

從銀行貸款的方式看，信用貸款，金額有限，融資貸款，須有抵押品。謝聞清選擇後者，以進口的「蘋果」等農產品提單與客票做抵押向銀行求貸。按規定，商品提單只能辦理一次融資貸款，不過當貨品賣給另一家廠商時，這家廠商又可以用此貨單連同買賣發票再向銀行辦理貸款，若五次轉手，五家公司都可向銀行辦理貸款。謝鑽了空子。他以自己親友的名字，一口氣成立了二十多家公司，這些公司所有主管人員的私人印章和公司印章全由他保管。他用這些印章，僞造每家公司買賣的發票向銀行行騙，騙取貸款。這樣，原來一批不過四千萬元的貨品，轉手二十家公司後，就可向銀行辦理二十次即八億元的貸款了，將來如果公司倒閉，銀行可能查扣到的不過是數千萬的貨物而已。開支票和僞造買賣發票不必花成本，但可貸到大額資金。就這樣，謝聞清大撈一把。在短短兩年中，一個只是空殼子的瑋承公司竟貸到三十三億元鉅款。謝想把貸到的款移到國外，然後讓公司倒閉。只因自己三弟告發了他，一九九一年謝聞清終於坐牢，時年四六歲。謝的騙局終曝光，受害行、庫達十多家。謝的行騙本領發揮得淋漓

①《港台資訊報》一九九三年一〇月二三日。

盡致。這在台灣也算比較大的一個詐騙案。

《廈門日報》二〇〇〇年一月二六日載，台灣五〇歲的陳錦村，化名楊協勤，夥同十餘人組成詐騙集團，以各種名目的「國際公司」向台灣各地百貨業者進貨，把貨品銷到東南亞地區，從一九九七年到一九九九年，台灣有百餘家廠商受其騙，被騙金額達一億多元新台幣。

在大陸，以假公司行騙也絕非僅有。《廈門晚報》一九九九年七月一九日載，上海四三歲的翁長忠，於一九九三年用弄虛作假手法騙得驗資報告、註冊資金一一九〇萬元辦錦都公司，從一九九五年開始以僞造的財務報表、假擔保等手段騙取上海一七家銀行及非銀行金融機構貸款，到期未還的本金達二．九億多元，可翁早已逃得沒蹤影了。

報載，膠州市北關辦事處人員張明法，從一九八五年起先後成立了十幾個皮包公司（假公司），詐騙六四次，詐騙金額達一〇〇〇萬餘元。

張行騙手法是自己不出面，用手下人的名義註冊公司，自己控制財權。公司成立後，他採用高價買進作誘餌，付給部分貨款，把大批貨物騙到手後，馬上低價拋出，並把公司註銷掉。這樣，供方找上門時，公司已人去樓空。即使當事人告發，受審者也是張的手下人。①

假公司中有一種假外國公司。《檢索日報》二〇〇一年七月一三日載，上海初中文化程度的魯某，用八萬元從香港某老闆手中買到全套的「金鷹國際投資（美國）公司」的法律文本和手續，然後打出該公司上海代表處旗號，騙了四十多家企業，一二〇萬元。

與假公司相近的有假合同。假合同乃騙子利用合法形式來行騙，多採取虛構事實或隱瞞眞相的手法

①引《每周文摘》一九九七年一月七日。

進行，就因此，行騙者根本就不想履行合同中規定的義務，其作法主要有：⑴虛構根本不存在的公司，以僞造的介紹信、結算憑證、合同書等，與有關公司簽訂某種合同，騙取預付金和某種費用。⑵假冒社會上信譽較高、資本也雄厚的單位人員，用竊取到的空白介紹信和合同專用章，與他單位簽訂合同，騙取貨物或款項後逃走。⑶打著國家機構的旗號，或冒充領導幹部親屬、摯友，謊稱可弄到某種免稅或走私物品，與某些公司簽訂合同，騙取預付金。⑷某些業務人員以本公司業務員推銷員名義，代本公司與其他單位簽訂合同，取得錢財歸個人；或以合夥經營業務的名義，簽訂假合同，騙取他人股金，等等。

還有的爲應付某種無法自圓其說的局面，也借合同來推卸責任，借合同來遮羞，事後補個合同，把時間提前幾年。這種補訂合同亦多屬作騙的假合同。

二一　集資和「破產」的騙局，股市騙招

集資騙是指披著合法外衣，或以高利息快回報爲誘餌，或以標會名義，使許多人上當受騙。震動全國的北京沈太福「長城」公司用高利息辦法，一下子集資一一億元；江蘇無錫鄧斌「新興工貿公司」集資三二億元；吉林圖門市韓玉姫「宇全工貿總公司」集資三．六億元；湖南常德張萬琦的「萬琦公司」集資四．三三七億元；廣東湛江陳秀清、陳祥德夫婦集資二．三億元；湖南密陽姚林輝「富盛實業總公司」集資一．二億元；遼寧大連瓦房店市陳淑英、陳淑蘭姐妹集資八八七六萬元。此外，上海、山東、四川、福建等省市也都查出比較大的非法集資案；至於小規模的非法集資，更是不可勝數。這類非法集資，有的有銀行工作人員參與，有的有當地黨政領導參加，使之蒙上「合法」、「權威」色彩，使成千上萬民衆受騙。以下僅舉一二例子。

鍾國仁原名區根盛，因簽名時用ＡＫ代替，人們都叫他ＡＫ，係一港商。一九九三年把目光投到國

內鋼城鞍山，先在那裏舉辦帶有賭博性質的遊戲機有獎活動，後又掛起「金域珠寶城」招牌，買賣金銀首飾和電子錶生意，但AK的鴻圖大計是要通過集資大發其財。

因此，一個大騙局在醞釀發酵。AK在當地培訓了一批經紀人，以「金域珠寶城」爲大本營，許諾以高息，鼓勵顧客向這裏存錢，後並以搞房地產開發名義，用分期付款購地和建造別墅等多種許諾蠱惑人心：「想發財，請到金域來！」

人們信以爲眞。他們拿出家中僅有的積蓄，辛勞的汗水，誠實經營的小利，存進金域。存款的人，有是做小本生意的個體戶，也有是大款，一下子存進一百萬元、五百萬元，而大多數是市民、在職工人、退休工人、知識份子、政府官員、人民教師、公安幹警等，多達三千餘戶。在半年多的時間裏，由於AK以高息引誘，從鞍山民衆那裏集資五二八〇萬元人民幣，扣除已付利息等，還有三千萬元落到AK的口袋。一九九四年七月，AK神秘地失蹤了，三千多萬元錢全被捲走了。

人們發現自己上當受騙，心情異常痛苦，有的因受不了刺激而病發身亡，有的精神失常。人到了無退路時，會變得堅強起來，憤怒的受騙者二百多人聯合簽名寫了抓回詐騙犯區根盛的決定書。一九九四年八月，鞍山公安部門成立了專案組，拘捕了AK的內地拍檔，但因AK是在香港，無法將他捉拿歸案。①這是集資騙中比較典型的一例。

這是受外來人騙的例子，也有是當地人騙當地人。

不久前，廈門發生的曾秀華（女，六三歲）集資案，就是當地人騙當地人。曾亦以高利息爲誘餌，從一九九二——一九九五年非法集資三三四萬元，用以辦起一家公司、一家工藝品商店，以後以破產名

①《文化娛樂》一九九六年第六期。

義，把所騙來的錢加以呑沒。包括機關幹部、大學教師、醫師在內的一三四人受騙。

騙子利用人性弱點，編造發財神話征服那些急於發財的人們，用做好的圈套等待人們自動上鈎。上述所列，騙子手段多是用今天騙來的錢還昨天借的債。受騙者多經不住高利息的誘惑，受騙後常又在騙子唆使下吸納更多的上當者，以從中獲利。於是雪球越滾越大，直到滾不動爲止。

也有受騙者在發財夢中自願將錢交給行騙者。二十世紀初，上海有謂「萬國蓄會」，也稱零存整取十五年有獎儲蓄，每個入會者均有機會得獎（獎金源自儲戶錢財），每月開獎一次，十五年中開獎一八〇次，參加者每人可做一八〇個發財夢，即使從未得獎，十五年後仍可領到本金、利息和紅利。正是這些誘餌使許多人存款入會。那是一種騙術，人稱賭博式大儲蓄騙術。主辦該會的外國老闆，不花一文錢，拿走大批中國人的血汗錢去發大財，許多人受騙了還以爲是很不錯的一種積蓄。

與此相近的還有「超值返本銷售」騙。近年在濟南、瀋陽、吉林等地有謂超市超值返本銷售，即以高額回報爲誘餌，騙取資金。行騙者多規定，凡出資投股的會員頭一個月可返本金百分之一〇，從第四個月開始到第一二個月可支付四分利息。這樣，投資一萬元，一年可獲利四千六百元。因此，許多人向超市投資入股。超市老闆在騙取了大量資金後攜款出逃。投資者大呼上當，但遲了。

二〇世紀最大的騙取投資案，可提美國俄亥俄州的證券業者馬丁·弗蘭克爾。他通過控股控制了美國六個州的一二家小型保險公司，調用它們的資金，成立自由國家證券經紀公司，然後進一步通過一些外國銀行賬戶和電子商務手段騙取投資，騙到九．一五億美元；後又利用教會幌子，使其基金會吸納了總額達一九億美元的資金，最後在侵呑資金約三〇億美元後潛逃。①

① 《法制文萃報》一九九九年七月一九日。

採取標會形式攬取民衆資金，用以放高利貸、投資經商，也用以揮霍，然後宣佈倒會，侵吞民衆資財，時有所聞。

以破產之名行騙，可提港小姐的港騙術。香港女騙子廖翠蘭，曾經營東南亞旅遊業生意，騙過菲律賓、泰國一些旅行社的錢，後改做內地旅遊生意，繼續行騙。

一九八〇年七月，廖在香港成立「大江南北中國觀光有限公司」，自任董事長，負責組辦到內地的旅遊團。先後與內地民航、旅行社等二〇幾個單位建立業務聯繫，多次拖欠現款，僅一年多時間便欠廣西旅遊部門、飯店等達二十四萬多。一九八二年春節，廖佈下圈套，招攬上千遊客分批送到內地，以取不出現款爲由，又是拖欠大批現款，前後騙了十七個單位七十多萬元。

廖騙得鉅款後，即將該公司在內地的人員撤回香港並申請停業、破產。按香港法律規定，有限公司的破產，只能用公司財產償還債務，而該公司註冊五〇萬港元，還不夠繳稅、付房租和廣告費。內地被騙七十多萬，也就無從追回了。①

股市騙招亦非僅有。人說股市之道與人生之道不同，它不喜歡「太辛勞」。長期浸淫於股市中的投資者，不少人感到股票賺錢也不容易，他們常常會遇到主力造假。有些個股上攻前故作疲態，而有些個股欲派發卻做出走強勁的姿態。大體說，主力做假或是漲幅已大的個股在出逃前裝成漂亮的假象以誘多；或是欲展開拉升行情而特意造出向下突破型態以誘空。主力造假主要表現在假頭、假破軌和假填權方面。假頭，指主力做出股價見頂假象，造成股價破位下行，後市向淡的技術型態，當人們轉向時，該股卻迅速企穩回升。假破軌，介股跌破上升通道下軌後，即加振盪整理，並很快重拾升勢，展開新一輪

①《文摘周刊》一九八二年一二月一二日。

行情。假塡權，主力將除權缺口塡至一半左右便反手做空，隨後將籌碼如倒水般大量甩賣。對於這些騙招，股民往往很難一眼識破，多是在受騙之後才恍然大悟。

二二 官場騙術和女人陷阱

官場騙術是權力騙的表現，是權術的重要組成部分。權力原是指公正、公道的調解力，但當它被當成資源加以開發時，便成了一種謀私的手段了，那多跟行騙聯繫在一起。有人說，行騙是當官者的基本功，不論是爭權奪利還是剪除對手，都離不開騙，都得靠某種騙術。就是爲官者都得精通官場騙術，否則便難以爲官，至少當不好官，那些背著良心，惟上級馬首是瞻，滿口諂詞媚語者，可能爬上高位，手握重權。這話自不無道理。

講到官場騙術，自不能不提帝王和大官員們，他們最精通此術。關於帝王，這裏只提兩個例子，一是漢高祖劉邦，二是五代時後梁太祖朱溫（全忠）。

秦末劉、項相爭中，劉邦本不如項羽，然而最後得勝，什麼原因呢?宋人洪邁在《容齋隨筆》中說，高帝敬王之戒，項羽背主約，成敗之端不得智者而後知也。①這是原因的一部分，但不是全部。劉邦自己總結說，決定策略事，我不如張良，安邦定國之才我比不上蕭何，大將之勇敢氣勢，我比不上韓信，可我能知人善任，盡才任用，不像項羽那樣，連一個范增也不善任其能云。其實劉邦的本領在於精通騙術，他能用騙的辦法來收買將領，收買民心，用騙的手段挑撥項羽與諸將領之間的關係。這就是，他能使用騙術而取勝，他用陳平計，分化項羽集團上層核心，從內部瓦解楚軍。項羽受騙中計，猜疑鍾

①《容齋三筆》卷二。

離昧，懷疑並疏遠范增等，終使楚軍陷入被動挨打的困境。在與項羽鬥爭中，劉邦還用了軍師張良的攻心計。傳說他在項羽敗退時，事先派人在江邊用蜜糖寫了「霸王自刎烏江」六個大字，螞蟻聞到蜜糖氣味聚攏來，現出了字形，項羽望見，頓時喪魂落魄，加速敗亡。劉邦用騙的手法戰勝了項羽，而在項羽死後，劉邦一方面假惺惺地將項羽厚葬於魯之穀城並親自至其墓前行致敬之哭禮，發哀泣之而去（自是做給人們看的），另一方面在他取得政權之後，又以種種罪名殺掉有功的將領，這便是人們常說的兔死狗烹。

概而言之，劉邦以騙取勝，其騙術是，先籠絡有才幹者幫他打天下，取得勝利後，再把他們逐個加以清洗，以鞏固自己的統治權。這就是他取得勝利之秘訣。

朱溫則精通另外的騙術。

唐末朱溫，曾參加農民起義，後叛變，投靠唐朝，改名朱全忠，是個善騙的軍閥。

唐昭宗光化四年（九〇一年），朱溫勾結唐朝崔胤等官員，殺了宦官首領劉季述，恢復昭宗的帝位，改號天祐元年，想挾天子令諸侯，自己掌實權。可後來他發現，挾了天子，但令不了諸侯，又決定把昭宗殺了。但他怕被人唾罵爲殺君的逆臣，便於天祐元年（九〇四年）農曆六月，佈置好之後，自己到山西河中去，給人印象他不在場，八月由他親信，昭宗衛軍統帥氏叔琮、朱友恭在宮中殺了昭宗。後朱溫回到洛陽宮中，對此事裝作驚訝，不勝悲痛的樣子，邊在昭宗靈前哭訴，邊著人把氏叔琮、朱友恭問斬。既指使人殺了昭宗，自己又做了好人，可謂騙到家了。

殺了昭宗，朱溫原可以自己登上皇位了，可他認爲時間還不到，還要騙人。他立太子李柷爲小皇帝，即唐哀宗。三年後，朱溫認爲時機成熟，廢了小皇帝，自己登上皇位，改號爲後梁。朱溫就這樣靠著殘忍手段和瞞天過海的騙術取得了皇位，登上天子寶座。

歷史上接牌不換牌而丟了王位的帝王不乏其人，而牌其舊改其實的，不但得王位而且大得美名的大有人在。前者誠實，可被視爲無能輩；後者作騙，被看成本領，即使採用了卑劣手法，時人又奈其何，後人又誰知其詳？

對貪官暴吏、腐化份子所採用的作法，也突出體現出一種官場騙術，人們看到，貪官暴吏、腐化分子時時出現，統治者對他們不但很少認眞嚴肅處置，有的還以種種藉口加以保護和縱容。爲何這樣？因爲貪官暴吏和腐敗分子多半是些胸無大志的貪利之輩、好色之徒，容易加以制服，只要抓住其某些把柄，就會令其俯首聽命，甘當打手，爲鞏固自己的政權賣命。而一旦局勢動盪，能幹的統治者便會拿他們中的一些人開刀，把問題的主要責任推給他們，而自己則可撈到「英明」、「有爲」的美名，何樂而不爲？清初乾隆皇帝對大貪官和珅的暴斂，並非毫無所知，可他不願加以處理，其目的在於要調動和氏的「積極性」，爲自己效命。在他看來，自己還能控制住局面，把和氏留給兒子嘉慶去收拾，可幫助提高其威望，鞏固和加強其統治。

此類作法絕非僅有。這類官場騙術多是上行下效，時時更新。

精通官場騙術的大小官員，比比皆是，唐代的李抱眞頗値一提。李抱眞本姓安，因不願與安祿山同族，改姓李，唐代宗時封梁國公，歷官三節度、三副元帥，平時以小恩小惠收買人心，善騙。

李抱眞守潞州時，因軍資缺乏，想借一位民衆所服的老僧爲之籌款。李對他說，你可擇日焚身，我從家裏修一地道與焚場相通，燃火燒柴時，你即可從地道出來。和尚答應了。看過地道之後，和尚升壇執爐，做了七日道場，衆善男信女都將捐獻的錢投入佈施箱內，財以億計。七日道場期滿，點火燒柴，鐘鼓齊鳴，老僧開始焚身。這時李抱眞命人將地道塡塞，和尚活活被燒死，所得之財全被運往軍庫。李抱眞既騙了和尚，也騙了衆善男信女。①

到了明清時代，大官們騙術愈益高明。朱國楨在《湧幢小品》中記載，明代守邊將領，常造假行騙，虛報戰功。開頭殺平民百姓，以報功請賞，可這樣做，不免有時會出破綻，於是改用降虜，平時把降虜中年輕力壯者，改裝易服，養起來留爲家丁；老弱又無可避者，另關一處，高牆相隔，嚴格看管。一旦邊塞出了什麼事，便把他們拿來斬首，用其首級上報。上頭一驗果然爲眞虜首。不但免其罪，而且還有嘉獎。

豈止守邊將領這麼做！到了明王朝末期，到處都可見到類似情況。明末，清軍不斷進犯，因清兵驍勇，明兵畏之。明廷爲鼓舞士氣，多次下令，砍一清兵頭者可得賞銀三兩。於是一時領賞者日增，可清兵並不因此減少，也不因此而膽怯。原來，明兵殺來請賞的人頭並非清兵的頭，而是從明朝老百姓的脖子上砍下來的。亦可謂上有政策，下有對策，其騙術亦可謂高明！

最具戲劇性的官場騙術，可提清初曾靜、呂留良案中評審官與逆犯結拜兄弟。

主審官岳鍾琦成都人，因屢立大功，官至川陝總督，甯遠大將軍，手握重兵大權，甚受雍正皇帝的重用。時湖南人曾靜，聽信傳言，以爲岳與雍正有矛盾，便派學生張熙去向岳氏投書，勸其反清。岳將張抓起來嚴刑拷問，欲審出幕後指揮者。張大罵岳數典忘祖。岳想嚴刑不行，要攻心。次日，岳把張請到密室，親自爲之斟酒，說：昨天用刑乃試你眞僞。看到你視死如歸氣魄，我放心了。又說，我早有反意，只是如今天下太平，誰會跟我造反？——爲取得張的信任以便誘出底細，岳假意與張盟誓，表示願與張及支持者同謀舉事。張信以爲眞，終將老師曾靜及「同謀」者全部告訴了岳鍾琦。這自是岳作騙結

① 馮夢龍：《增廣智囊》卷十五。

果。

不但岳氏作騙，雍正皇帝也作騙。後來因為張有了悔過，表示甘心伏誅，雍正不殺他們而將其悔過書及與本案有關的上諭編成書叫《大義覺迷錄》，頒佈全國，並讓曾、張二人現身說法，以便起更大的欺騙作用。

表面拒賄，暗地勒索，嘴巴講廉潔，實際搞腐敗，乃官場常用的騙人花招。宋代大貪官秦檜，在建造別墅格天閣時，有一僚屬送上一張絨地毯獻媚，秦氏不但下令將原物退回，且把該官貶了。這不是秦氏清廉，而是狡滑，騙術高明。

大官如此，小官也學樣。《廈門晚報》二〇〇〇年十二月十五日載，廣西柳州王鐵權在擔任郵電局基建科副科長期間，主動上交回扣費一〇〇多萬元，被稱為「廉潔敬業」的官員，可他暗在大肆索賄三〇多萬元。在他看來，明裏把回扣費上交，暗中索賄，不易出事，還能撈取好名聲。原來如此！

大體說來，官場中的高明騙術，多選在陽光下操作，以便瞞過衆人耳目，可稱為狡猾騙。不是嗎？人們看到，掌權者要重用誰，就說其人好，有用，可用；要打擊誰，就說其人不好，不能用。有的在執法時，數著鈔票辦案，無罪判刑，有罪釋放；坦白從寬，牢底坐穿，抗拒從嚴，回家過年。

值得提到的，近代以來，官場騙術除了結黨營私，還表現在「公」字當頭，謀取私利——公房，某公專用之房；公車，某公專用之車；公用電話，某公專用電話；公宴，專為某公而設之餐宴；公款，專供某公浪用之款等等。可謂戴阿公帽，肥某些官員私囊。就因此，有些官員明明馬上要退位了，仍不死心，還要用公款帶妻兒出國去遊歷幾程，然後回來交班，名曰為了公務，實在宰割阿公，如此而已。

此外，還有所謂「**廉政新招**」。有些單位和部門，因走後門之風太盛，造成官場腐敗。為了表示清廉，他們實行「**說情者登記制**」：規定不論誰到單位說情，都要登記其姓名、職務、關係、說情內容等，並將登記簿掛於曝光台上，讓說情者出醜，是謂「廉政新招」。有的單位則實行意見簿、意見箱，與此差不多。事實表明，那些很難反映眞實情況，多也只是官場上的一種騙術。

人們看到，如今爲避免引來非議，善騙者多以贈送古舊書畫、珍郵和特種掛曆等代替財物，顯得文雅。贈送古舊書畫，不會使人馬上聯想到行賄，送珍郵也一樣。有人先把幾張舊郵票贈送給需要行賄的對象（主要是官員），然後讓郵票發燒友以高價向受贈者購買，這樣，行賄工序便完成了，可誰也不懷疑其中奧妙。贈送特種掛曆的工序簡便，只要把鑲嵌有外幣的掛曆（稱外幣掛曆）做爲禮物贈送給所要行賄的官員即可。此乃曲徑通幽捷徑，受者可除去受賄之嫌，送者可拋卻行賄之擔心，兩方心照不宣。這對於有所求又不明示和想獻媚又怕惹人眼的人，都方便多多。可謂高明騙術。

有些單位和部門的領導，爲了對各種規章表示重視，也爲了應付上頭的檢查，每每將有關的規章制度編印成冊，人手一份，或貼於牆上，裝裝門面，也供人觀賞。這種不落實處的作法，還不是官場一種騙術？

歷史表明，凡有爲的統治者多要實施愚民政策即欺騙民衆，這因爲若想保持「長治久安」，即政權鞏固，至少要讓大多數民衆腦子不大清醒，才容易受騙，從而會聽話，聽從使喚，爲之賣命。這可說是官場的最大騙術。

帝王、大官們善用騙術，他們身邊的女人目睹耳染，也每每學到一些，並加以應用。

她們的騙術，首先是用自己的胴體設陷阱，騙男人。

女人胴體曾是行騙的武器，一再發揮過作用。直到近代，以女人胴體設陷阱的還常爲特務、間諜所使用。她們多以一襲時裝，輕描蛾眉，幽眸含笑，如同獵人捕捉獵物，不知多少男子因心猿意馬而就範。

在古代中國，女人以胴體設陷阱最成功者有說是春秋時晉獻公愛妾驪姬。史有記載，春秋晉國獻公即位時立齊姜為后，立齊姜所生兒子申生為世子。諸事都還平順，可後來獻公又娶了驪姬，麻煩事來了。原來晉獻公十五年時，出兵打驪戎，驪戎請和，獻出兩美女，就是驪姬和小姬姐妹。驪姬天生麗質，且又工於心計，很得獻公寵愛。獻公後來不顧群臣反對，立驪姬為后，又想廢世子申生而立驪姬所生之子奚齊為世子。只因驪姬怕國人議論與反對，不便過於明目張膽，一時未那麼做。

驪姬想找理由名正言順地立自己所生兒子為世子，關鍵要置申生於死地。她想方設法離間獻公和申生的關係。首先，她勸說獻公把申生派到曲沃去建造新城，獻公按她的話辦了。接著，她又勸說獻公派申生帶兵去征伐狄國、霍國和魏國。獻公又按她的話辦了。可誰也想不到，申生出兵很快一舉成功，凱旋而歸。這可使驪姬不安了，她原希望他戰死沙場，不料他反而立功回來。怎麼辦呢？更陰狠的陰謀使用出來了。她讓獻公召回申生，自己設宴給予款待，以示關懷，算是給予禮待。可這禮待是有目的、有陰謀的。事後她對獻公說，申生連畜生都不如，竟敢調戲母后。您如若不信，明天到花園裏可躲到一個地方看個明白。

第二天，驪姬在頭上塗了蜂蜜，然後與申生同遊花園。因頭上塗了蜂蜜，引來不少蜜蜂停在她頭上，她故裝驚訝，要申生為她趕走頭上的蜜蜂。申生不知是計，便用自己袖子在她頭上趕蜂。躲在後面的獻公看得清楚，更加相信驪姬說的話，他甚是惱怒，決定殺掉申生。可又是驪姬不同意立即殺他，因為那樣做太露骨了。最後她在胙肉上放毒，誣說申生所為，逼申生自殺。這樣驪姬目的達到了。

這裏驪姬使用的手法離不開騙字，即騙晉獻公。其騙術在當時算是很高明的。

女人行騙，有時光靠胴體還不夠，還得配合其他騙術，以加害別的女人。

這裏不妨舉戰國時的鄭袖和唐代武則天為例來說明。

楚懷王甚喜歡魏國送來的一美女，楚懷王夫人鄭袖看在眼裏想在心裏。看上去，她毫不嫉妒，相反，她對這美女亦十分喜歡，簡直比楚懷王更喜歡。這使楚懷王十分開心，說鄭袖實在難得！不久，鄭袖對魏美女說，君王愛妳美貌，可就是不喜歡妳的鼻子，以後見到君王時不妨把鼻子掩起來。

魏美女感激鄭袖好意，按鄭袖說的做，每見到楚懷王就掩著鼻子。

楚懷王對魏美女的舉動不理解，就去問鄭袖。

鄭袖裝成不敢說的樣子，在楚懷王再三追問下終說了：

「她一定是聞到君王覺得很臭的緣故。」

這話刺痛了楚懷王的自尊心，大發怒火，派人把美女的鼻子割了。

鄭袖嫉妒美女，但卻裝成喜歡她的樣子，既騙美女也騙楚懷王，當懷王和美女都失去戒心時，她再騙美女和楚懷王，結果一舉整倒她。可見其騙術之高明。①

再看唐代的武則天。還在當嬪妃時，爲了爭奪皇后的位置，她對王皇后裝出親熱樣子，平時常讓王皇后到自己住處逗著女兒玩樂。在看準時機後的一天，她將女兒活活扼死，騙過衆人，誣陷王皇后，以激怒唐高宗皇帝。後來經過激烈爭鬥，武氏如願以償，坐上皇后寶座。

他如戰國的西施，三國時的貂嬋，也都是通過性賄賂、色獻媚來對吳王和董卓設下陷阱的。

人們不難看到，有些女人在讓世界更加美麗的同時，也給人群帶來某些災難。人說，婦女頸部「掛的」，耳根「垂的」，手指「戴的」，既是她們顯耀身份的標誌，也是作騙的掩護，男人不察，常墮入陷

---

①《戰國策．楚策》。

阱。

有說，人是萬物中最奇特的動物，這在女人身上表現得最突出，既有了不起的智慧，又有禽獸般的惡性，既有誠實的本性表露，又有扭曲人性的騙人舉動。她們在歷史上爲了騙男人視覺，有過高髻、束胸、纏足的「美術」，到了今天則極力追求細腰、肥臀、高乳的「美感」。有的還灑上昂貴的「液體鑽石」(香水)以遮蓋其身上的狐臭，顯得高貴、嫻靜、浪漫和性感。這些作法與其說出於愛美，不如說爲了擾動男人的心，還是爲了騙男人。有人稱這些是「愛美文明病」：心理變態和生理病態。其實同樣可稱爲女人特有的陷阱，引誘貪色的男人墮入其中。還有，人說女言是刀，女笑是俏。有些女人未語先笑，加上漂亮的臉蛋和優美的身段，把某些男人弄得傾家蕩產，甚至命喪黃泉。所以，女人的微笑有時也是陷阱，男人怎能不察？古今中外，那些情婦、包二奶等等，不都是通過女色這把軟刀子先把男人拉下陷阱，然後挖其靈魂，並把他砍成碎塊？那個當官的不是因爲貪戀美色而拋妻棄子終走入地獄之門？

墮入女色陷阱的何止一般男人！被稱爲英雄的也不例外。尤瑟納爾的小說中，有一則故事說，英雄馬爾戈，被敵人抓捕時，想裝死逃生。敵人用釘子釘他的手心，用火燒他皮膚，他都忍住了，可當一美女在他面前跳舞時，他忍不住綻開了微笑，結果裝死裝不成了。明末清初的洪承疇，福建南安人，文武雙全，被稱爲中原才士，在抗清戰爭中兵敗被俘，拒絕投降，在牢中絕食明志。可當清朝皇后以女色來引誘時，他動搖了，終歸降清朝，被稱爲「叛將」，長期挨罵。明末另一官員陳老蓮，被清軍俘去，許以高官厚祿爲之作畫，不從，而清軍送來美女時，他爽快答應了。這些都是墮入女色陷阱的典型。

一些心術不正而又沒權沒錢的女人，欲突破常規，多採用色和「情」爲武器設陷阱。色和「情」有時會爆發驚人的能量，衝垮權勢者的各種防線並把自己的需求化爲貪得者的意志，使得公共權力變成謀私工具，結果，有權勢的貪得者以出賣權力來做爲對色和「情」的回報。腐敗就這樣產生並發展了。

在充滿造假行騙的社會裏，人們可看到，在莊嚴文字背後，隱藏許多驚心動魄的帶血的故事，從中人們不難體味「歷史」和人生的眞諦與沉重。

二三 騙術的綜合運用

以上所列，不過是騙術中的一鱗半爪，但已夠令人眼花撩亂了。

騙術如果跟權勢相結合，就會成爲權術的一部分。而權術乃政客的法寶。所謂政客就是借助官場騙術從事政治活動的人。

或說古代劊子手殺人時，不時會先喊一句：看我殺你！意思是說，你敢死不甘心？大騙子行騙時，不時也明白說：我在騙你，你敢怎樣？這是大騙子即有權的騙子之作法。在有權即有眞理的年代，誰有權，誰就掌握了騙人的工具，稍加擺弄即可運用，毫無阻擋地行騙。可以這麼說，一個人越是靠近權勢，臉上越有光彩，行騙本領也就越大，其騙術越容易行使。小騙子自是不那麼便當。小騙子行騙，或靠其能說會道本領，亦可收到一些成效，所謂大騙靠手中有權，小騙要靠嘴甜，即指這些。也有些騙子靠魚目混珠，暗地進行。這些騙子不像大騙子那麼「理直氣壯」，常常提心吊膽，因此，他們對騙術的運用多考慮得比較周密。

可見不同的人，其騙術不大一樣，對騙術的運用，也大有差異。

通常講，貶抑別人，極力說別人壞話，往往爲了掩蓋自己做壞事的眞相。誇耀某事物，大說其好，多是爲了掩蓋其假；有意隱藏實力以示弱者，往往在伺機以取勝，有意點明某東西不足之處，其目的多半爲了推銷其假。這些都是行騙秘訣。

推銷假貨的人，「謹防假冒」、「當心受騙」喊得比誰都響，甚至對假貨表現出深惡痛絕的樣子，那無非爲了讓人們相信他推銷的是眞貨。

歷史上許多統治者儘管自己幹盡壞事，可總要把持不同政見者說成是十惡不赦的罪人，並千方百計加以迫害；也總要標榜自己，把自己說成是救世主，愛民如子，廉潔奉公等。其目的，不外要讓人民擁護他們的政權，服從他們的統治。

這些都是騙術的有機組成部分。

有一種被稱爲變色龍的投機份子，也很會玩弄騙術。當形勢對自己不利時，會裝出一副可憐相，騙取人們的同情。一旦騙過善良的人，便大展其鴻圖，爲自己塗脂抹粉，但又不便兇相畢露，而以善良的信徒自居，一邊把善良人的功業加以肢解，一邊以自己的私貨冒充善良人的功業組成部分，有的不免差得太遠了，怕瞞不過衆人的眼光，於是又騙人說，善良人也有疏忽，他來補充後就更完整了，或說他發展了。這類騙，大體上多是野心家幹的。

這類變色龍，野心家的騙術，也多是挖空心思，考慮周詳的。不過有時也還得強詞奪理。矛和盾是對立的硬說成盾發展了矛，豈不可笑？可爲了行騙，有的人竟厚著臉皮，什麼話都說得出來，什麼事都敢做起來。

還有一種騙可稱爲不騙之騙。人們看到，有些事猶如禿子頭上蝨子，明擺著。比如，有些無才又缺德者，突然被提爲什麼長什麼主任，一些硬體不硬者輕易進入令許多硬體很硬的人都望而興歎的部門，靠什麼？多是靠權的作用，還不是不騙之騙？

騙術運用成功，每每是受騙者的苦痛與難堪。

在騙術運用時，政治欺騙如與軍事配合，受騙者就慘了。

歷史上，幾乎所有統治者，對待持不同政見者，多是以政治欺騙、軍事鎭壓相結合。東漢末年，因反對腐敗政治，農民起義者奮起鬥爭，當年黃巾軍在河南境內的一支由韓忠率領的隊伍，因被東漢官軍包圍，外援不至，缺乏糧食，只好向朱儁投降。朱儁一面回覆說同意接受他們投降，但要交出所有武器；另一方面在起義隊伍按條件投降後，他又下令屠城，殺害投降者一萬多人，是謂宛城大屠殺。那完全是用騙的方法，先引誘起義者放下武器，然後加以殺戮。

一八九五年日本出兵佔領台灣時，台灣同胞開展反抗日本佔領者的鬥爭。日本佔領者眼看用武力壓不服，便採用騙的方法來對付反對者。他們明的說要與反抗者首領舉行談判，保證他們的安全。當反抗者從深山裏出來時，他們讓預先佈置的伏兵開槍射擊，把反抗者首領活活打死。當年抗日領袖簡大獅、林少貓等，都是這樣在日本佔領者政治軍事相配合的欺騙下中計而被殺害的。

商業在政治配合下作騙也是常有的事，那是商人行騙時戴上的一頂政治帽子，稱「政治商人」，其行騙效果比一般商人來得顯著。他如學問造假、搞迷信等，如有政治配合，也都會得到意想不到的效果。

有一種令人玩味的騙術，也只有掌權者才會玩弄得出來，那是睜著眼睛說瞎話，明明存在的東西，卻不承認它的存在，豈不好笑？

當然，運用騙術亦並非全是輕而易舉的。推行各種騙術往往要付出代價，有時要付出很高的代價。除了苦肉計、自殘、甚至要犧牲親友的生命才能達到目的。

南北朝蕭齊末年，皇帝昏弱，權臣當道，互相傾軋，其中雍州都督蕭衍實力最大，暗地準備造反，南齊後主得情報後命輔國將軍劉山陽出任巴西太守，並密令他路過荊州時聯合荊州都督蕭穎冑共同發兵襲擊雍州，消滅蕭衍。問題是蕭衍早有準備，襲擊未必能成功。而當時蕭穎冑倒想殺掉劉山陽，與蕭衍一道造反。

蕭衍手下有個叫王大虎的，乃蕭穎冑的親戚，蕭衍派這個王大虎去找蕭穎冑，引起劉山陽的懷疑，路過時不敢進城。既不敢進城，你如何殺得他呢？這時蕭穎冑只好犧牲親戚王大虎以成全自己的大計了。他叫來王大虎說，形勢需要，不得不借用你的頭，王大虎有什麼辦法？不借也得借，蕭穎冑殺了王大虎，拿他的頭送給劉山陽，表示自己反蕭，劉山陽相信了，帶著幾百人馬入荊州城，蕭穎冑早佈置好士兵在城門口等候，一下子抓住劉山陽，把他殺了，然後領兵投靠蕭衍共同反齊。

施展騙術要付出代價，識破騙術有時也得付出代價的。

當然，行騙者的騙術如同黃昏的蝙蝠，經不起白天陽光的撫照，人們只要光明磊落，不入暗洞，不與行騙者同流合污，終會識破各種騙術，使那些行騙者「爾曹身與名俱裂」。

二四 騙子

騙子是造假行騙的產兒。

騙，無非是通過說假、造假來取得本不屬於自己的財貨、職位、榮譽和快樂等等。當人際關係、名譽、官階等等都成了可利用的資源時，人們爭先恐後地去開發它們，各種騙子多成了開發和利用這類資源的能手。一個騙欲膨脹的作騙者，往往會迷失本性，拋卻良心，滋生邪念，不顧他人痛苦，不怕別人恥笑和唾罵，甚至無視王法，把行騙當成滿足自己享受的捷徑，走上邪路，像一匹脫繮的野馬被騙欲駕馭著狂奔亂跑。

騙是在發展的，很難對騙子下個準確而完整的定義。不少人都說過假話騙過人，可並不都要稱爲騙子，只有那種以行騙爲職業，存心坑人，無道謀利，缺德求榮，不擇手段謀取財貨、職權、榮譽和快樂者，才稱得上騙子。有些雖不把行騙做爲職業，但也時時行騙，可稱爲準騙子或亞騙子。那些騙子、亞騙子、準騙子爲了個人或小集團的私利和享受，盡在作騙方面動腦子，不惜拋棄做人的道德，存心造假行騙，可說是道德上的小人。他們以虛僞的外表，給人以可信賴的感覺，利用一些人的善良心理和不深閱歷，在別人不經意中騙取財貨、職權、榮譽和快樂等等。有的有機會就騙，沒機會不騙；有的適可而止，「見好就收」。有的無時不在騙，且什麼都騙；更有甚者，有的幾代人都行騙。

騙子多是一些頭腦活絡、身手不凡的頂尖人才，其行騙的特點，以事先策劃好的、用假象欺蒙受騙者，以無代價或極小的代價獲取大得多的回報；其行騙手段，主觀上出於謀人利己的動機，客觀上造成惡劣的影響。因此，以行騙爲職業的騙子，其行爲無疑是人性悲劇的表現，是個人靈魂中某種病毒作怪的結果，使之犯法成爲罪人。

騙子，一般包括政治騙子、經濟騙子、學術騙子和感情騙子等，歷史上有人稱之爲騙徒或騙棍，其嗜騙成性，猶如嗜賭嗜毒成癮的賭徒、吸毒鬼。騙子多會屈從於一種嗜好，被一種激情所驅使。有人研究表明，騙子行騙是在騙意識指揮下進行的，騙子與作騙目標——財寶、金錢、職權、榮譽和快樂之間，有一種看不見的作用力，或說，作騙目標對騙子有一種吸引力，這吸引力強烈地刺激騙子。當騙子看到或想到作騙目標時，便會心跳加快，呼吸急促，瞳孔放大，產生一種衝動，一種得到和佔有之的欲望。這就是說，作騙目標的存在，會對騙子產生一種激素，這激素如同煙酒及各種麻醉品對上癮者的刺激一樣，可使騙子在腦子中產生一種興奮，萌發一種強烈的佔有欲。這種佔有欲令其設法去行動，即令其通過造假行騙以得到它，也就是說，實現作騙目標，是騙子行動的推動力。因此，騙子行騙幾乎全是主動出擊，很少是被動的。當騙取了目標，達到了目的，騙子便情緒昂然。就是說，一旦將自己籌劃的「謀略」變成現實，即炒作自己收到某種效益時，騙子便有一種內心的「喜悅」。但並不因此停止作騙，而是繼續尋找新的目標，再去行騙，騙欲——實現佔有目標——新的騙欲，循環不止，隨時間推移，作騙率越發加快，作騙幅度亦不斷加大。這方面半個多世紀來最典型的騙子，可提上個世紀五十年初中國大陸的李萬銘。李爲陝西安康人，一九四九年四月在南京僞造證件，在蘇州市政府騙得科員之職，不滿足，以冒充「參加淮海戰役負傷致殘」想騙取更高職位，被識破，坐牢三年。一九五一年，李因病假釋。出來後故伎重演，僞造陝西省政府介紹信。到西安騙取了民政科員職務並加入中共組織，還騙到「人民功臣」獎章和榮譽證書。不久，李又僞造「軍事調令」，於一九五二年二月由西安赴武漢就職，趁自帶檔案之便，把僞造的「一九三六年參加紅軍」、「任過志願軍團參謀長」，獲戰鬥英雄和勞動模範稱號的履歷表和鑑定書，裝進個人檔案中。爲此，李輕易地混入中南軍政委員會農林部任職，並參加中國農民代表團訪問蘇聯。歸國後再僞造證件，當上了副處長和黨總支書記，還騙取一女共產黨員的愛情。一九五五年一月，李僞造某軍區司令員「親筆信」，飛到西安「商談要務」，引起某政委懷疑，經查，李現出原形，坐牢十五年。這才結束其行騙生涯。後來，作家老舍根據眞人眞事編寫大型話劇《西望長安》，活生生地再現出騙子面目。而「最大膽」的騙子，則可提不久前發生在俄羅斯的作騙者、五十一歲的尼古拉·切莫達諾夫。尼氏係法院的司機，杜撰一份「總統令」和假冒普京簽名的「政府決議」，下令成立「國家渡船和運動船隻管理局」機構，自己被「委任」爲「管理局主席」。……當他向俄國國有資產部要求安排辦公地點時，騙局曝光，被逮捕歸案。人說，不論做什麼事，都有其限度，如登山，登到頂之後便不能再往上了，只好往下走。可行騙（還有貪污）多半似無止境。他們充滿野心，不斷尋找更大的活動空間。行騙中，一旦未達目的，騙子便會情緒低落，但並不因此罷休。有人稱此爲「騙子綜合症」。

這種「**騙子綜合症**」自也不是偶然因素造成的，而是出自行騙習慣的促使。事實表明，人的思想和行為，經過一定時間的實踐，會自覺或不自覺地落入一種框套內，即成為習慣，猶如出窯的磚，定型了，就因此，有說人是習慣性的動物。而習慣是一種頑強的力量，常常主宰一個人的活動。騙子行騙也與這種習慣有關。與習慣相近的是成癮。成癮一般多在一開始就嘗到某種甜頭，愈做愈歡，日久成癮；如果一開始就吃些苦頭，有可能洗手收攤，不致成癮。有些事多數人成癮還會成風，成為一種社會病態。就行騙講，許多人成習慣、成癮、成風，勢必危害民衆利益，影響社會安定。那是不說自明的。

騙子中有一種官騙子或稱官場騙子，身居高位，大權在握，互相勾結，互相利用，那多是混進官場的流氓和竊國賊。他們善於偽裝，手段高明，嘴上掛著馬列主義，幹的是造假行騙之事；台上大講防腐倡廉，台下大搞權錢交易；白天仁義道德，夜間男盜女娼。在權力保護下欺騙人民群衆。

魯迅曾說，成功的帝王，其祕密只有一件事：與他那些妻妾間的調笑。「成功的騙子」呢？恐怕其祕密就多了。首先要提到的就是騙術。為了如願佔有作騙目標，騙子時時研究騙術。使用過某種騙術的人未必就是騙子，而做為騙子，一般都會掌握甚至精通幾種騙術，在行騙活動中同時採用或交替使用。騙術五花八門，而各不同的騙子各有自己的拿手的一套絕招。當然，儘管騙術高明的騙子可以永遠騙過一個人，也可以一時騙過所有的人，但絕不能永遠騙過所有的人。

有人說，行騙也是一種勞動，一種複雜的勞動。這話不無道理吧。人們知道，人類勞動有簡單勞動和複雜勞動之分，亦即可分為普通勞動和技能性（智慧性）勞動。行騙乃複雜的體力和腦力的支出，自應屬於後一種勞動。不過，通常講的勞動，是就創造社會價值而言的，行騙並不創造社會價值，而是轉移價值，而這種轉移多以損害他人利益為前提，所以在騙文化中，除了機智和謀略的運用，一般講，行騙多是一種有害社會的「勞動」。

從某種角度講，行騙還是一種「藝術」，騙子可稱為「藝術家」，他們是對五花八門的造假行騙手法加以實施和兌現。那些手握權柄的官場騙子，更是充分利用其具有中國特色的「權力資本」魔力來施展其騙技，將其騙藝術發揮淋漓盡致，展現出種種令人眼花撩亂的畫面。

在老實人面前，騙子感到自己本領十足，他得到了自己想得到的金錢、職權、榮譽和快樂，但終也會得到自己所不曾想得到的東西——名聲敗壞，甚至鐵鎖加身。可謂發得風光，敗得慘烈。

人們愛說「人生如戲」這句話，可這戲的導演者又是誰呢？正是各個人的心靈和道德。人的思想一旦被邪術所控制，必然導致道德缺陷，心靈不健康。騙子因心靈不健康，道德有缺陷，所以所演的戲不但不受歡迎，還常引起衆怒，此乃誰都清楚的。騙子行騙次數愈多，時間愈久，騙術愈高明，所騙得的錢財、職權、榮譽和快樂也愈多，對社會所造成的危害也就愈大，衆怒也愈強烈，騙子所遇到的危險必然也愈大，那不但有隨時被逮住的可能，且會危及個人的生命。就是說，騙子的行騙與其行騙「成果」以及所引來的衆怒、個人危險等，是成正比的，而與個人的人格、道德等則成反比，即行騙愈多，「成果」愈大，個人的人格愈低下，道德愈墮落。這跟騙子的人生殘缺相關聯。封建時代，有些人為了靠近權力中心，爲了升官發財，不惜閹割自己的生殖器官，造成人生的殘缺，如今的騙子爲了騙取錢財、職權、榮譽和快樂，自願閹割自己的靈魂，吞噬自己人生的許多美好，同樣造成人生的殘缺。人謂：獨善其身者謂之私德，相善其群者謂之公德。不擇手段行騙的騙子，不能潔身自好，是謂私德墮落，而其行爲害及人群，則是公德之敗壞。與那種爲生存而做自己不願做的事的人不同，騙子多爲滿足自己騙欲而做著不顧他人痛苦和死活的事。他們在人生路上放棄求索，將自己典當出去，結果不可自拔。

或說，假人也有眞的一面，騙子也有誠的一面，因爲眞必反射假，誠必反射騙，造假者、行騙者無法迴避內心的譴責，因此總有後悔的時候。所以差不多所有的騙子，都會感到自己成天提心吊膽，前途籠罩在一種陰影之下。這是行騙職業所帶來的。

做爲一個騙子，自不是天生的，他的行騙也不是順其天性而爲，也許他本來也是善良的，後因受環境影響，思想出了軌，開始作騙，一次兩次得手使之一發不可收拾，進而以行騙爲業，以騙爲樂，久之，原有的善良本性被歲月的刻刀一刀一刀剝落至無，從先前還曾做過善事而轉到盡力專事損人利己的活動上。這可說是騙子的悲劇。造成這種悲劇的原因，各類騙子不盡是一樣的，不過有一點很清楚，社會上等級和特權的存在，貧富差別的懸殊，是造成騙子輩出的「沃土」。這沃土使得騙子「茁壯成長」，騙術層出不窮。

一個人成就，一部分由於個人奮鬥，大部分在於環境和機遇。一個人墮落成爲騙子，除了個人素質差勁，也多與環境有關。一個作騙者雖有作騙本領，可如果找不到作騙對象，沒有作騙條件，即沒有作騙環境，那麼其作騙本領也難以得到發揮，達不到行騙的目的，相反，在充滿唯利是圖的環境中，有些人爲了名和利，不惜採用各種手段，行騙也很自然被加以利用。而有些單位和部門管理混亂，管理人員思想麻痹等，加上法制不健全，勢必給行騙者有機可乘。平時教育工作抓不緊，一些遊手好閒者冗食爲非，幹不正經事無人過問，也會讓一些思想素質差的人走上行騙道路，從偶然作騙發展成爲騙子，那也是順理成章的。

很顯然，騙子行騙成性，涉及因素並非單一，有家庭的、歷史的、社會的諸方面，當然內因起主要作用，即爲主的是個人思想。每個人都在不停地尋找生活意義：哪種生活更不枉自己的一生？騙子、準騙子、亞騙子是不是也一樣？只要認眞思考，必有清晰的答案。

是讓誠實的人逐個變成騙子，還是將騙子逐個變成誠實的人，關鍵在於看是否有良好的教育機制和健全的法制，也就是看是否有個良好的環境。一般講，在一個公正公平的社會環境裏，大多數人都會有自尊自愛自主的意識，會從正面意義上去拼搏奮鬥。在那裏，不顧廉恥的騙子，很難施行其造假行騙的伎倆。所以，從某種意義講，消滅造假行騙，最重要的要從完善社會環境入手。

騙子可回頭嗎？當然可以。不過，這回頭不是單純的脖子動作，而是心靈的扭轉——痛下決心與行騙生涯訣別。行騙與塗鴉不同，一張白紙一旦被塗上顏色，很難抹乾淨，而行騙者一旦改過，仍可回到正常生活軌道上。

往者已去矣，來者猶可追。就各個騙子講，若能在使用騙術所取得「成就」方面總結經驗，並將它化爲機智謀略，造福人類，那將是其造假行騙生涯的最佳歸宿。

第六章　騙文化與智謀

廣義地講，騙文化所包羅的，有相當一部分屬於智謀方面。智謀是智慧、學識和機敏的結晶，具有豐富的想像力、高超的應付力和大智大勇的手段。這智謀與行騙有著本質的不同，但邊界不清，關係密切。兩者的關係猶如節儉與吝嗇、豪爽與奢侈，往往很難一下子就能區分得清楚。智謀和作騙二者，有時也不是很容易劃線，有的事在一部分人是作騙，可在另一部分人可能是智謀。就是同一個人，因場合不同，也可能不一樣。人們知道，任何一個人，天賦的本能都有不同的個性和機智，機智加上學識，就有可能造就爲智謀，而智謀的運用多有益於人群。但如若運用不當有可能被引向詭詐，成爲騙子，貽害社會。

在生活中，人們會用醜的動作來表現美的心靈，也會用作騙的手段來表達自己的智謀。人的智謀以騙形式來表現時，比如，爲贏得某種事業的勝利，而採用作騙的手法，可謂是騙藝術。老子在《道德經》中講到「柔弱勝剛強」之法，也帶有騙的味道：「將欲翕之，必固張之；將欲弱之，必固強之；將欲去（或作廢）之，必固舉（或作興）之；將欲奪之，必固予之。」老子稱這些爲「微明」，當然屬於智謀。這些可說是人類一種特有的文化現象。這裏儘管仍然在騙同類，但已超出了一般所說的騙的範疇，可說是智慧的組成部分，有的甚至乃集一生智慧而用於一時。智慧是不可見的，但可轉化爲物質力量。智慧的明顯表現，使人思慮周到，而思慮周到，則不會輕易上當受騙。更甚者，在某種場合，智慧的具體運用就是謀略。謀略通稱韜略，也叫詭道，那是一種超凡的心計，在軍事鬥爭、政治鬥爭和日常生活中都可看到。只是，究竟是作騙孕育出智謀，還是智謀派生出作騙，誰能一下子說清楚？——大體說來，不正經的裝正經，多在騙取信任而後下手行騙；而正經者裝不正經，則有可能是一種機智的應用。善謀者使用騙而志不在騙。騙子與善謀者的本質區別不在作騙本身，而在於作騙的內容和產生的影響。

可以這麼說，如果把造假行騙比爲完美肌體上的肉瘤，那麼，機智謀略則是肌體的妝扮。前者乃算計人的魔鬼招術，後者是教育人的神仙法寶；前者是人類智慧的塗鴉，後者乃人類智慧的閃光；前者給社會造成陰霾，後者爲社會帶來陽光；前者叫俗騙或庸騙，後者則可稱才騙。一爲腐朽，一是神奇。損人利己的造假行騙如同一把野火，把人生的智慧芳草燒成焦土，而令人開心的雅騙和機智謀略，猶如旱季的甘雨，滋潤大地，讓鮮花盛開。

歷史上，人被分成不同的階級、不同的部分，各人維護的利益不盡相同，因此，智謀往往帶有不同的印記。有益於廣大民衆的智謀與只爲極少數人賣命的智謀，當然不能同日而語；爲扶植新生事物而採用的智謀，與維護保守勢力而使用的智謀，其作用和意義都是甚不相同的。我們予以肯定和歌頌的，當然應是前者。

一　從某些作騙中看古今婦女的機智

婦女的機智表現在日常生活中特別明顯。這不是寫小說講故事的專利，古今均可找到例子。清人筆記小說《螢窗異草》（三編卷一）中記載燕南老媼認「弟」退大盜的故事，即屬於機智的表現。

燕南一老媼，家境頗富，成了當地大盜行劫目標。一天，大盜帶了一批同夥趁夜光顧。一陣吆喝聲和敲門聲，把已上床睡覺的老媼吵得異常著急和不安。強盜上門了，怎麼辦？她忽然想到鄉民們說過附近一夥大盜和自己乃是同鄉，為首的從小失去父母，以致落草為盜。她打定了一個作「騙」的主意。

老媪開門出來，面對為首的大盜，看了又看，驚訝地說道：「啊，原來是弟弟呀，可想死姐姐了！幾年不見，長得這麼魁梧了，怎麼到今晚才來啊！」說完掩面而哭，像是骨肉重逢的情景。

聽了老媪的話，大盜先是一驚，隨即為之動容，說道：「愚弟小時不懂事加上父母去世早，所以不知道還有個姐姐，不是有意把姐姐忘了。」

老媪接著說：「弟弟你很小的時候，我還經常回家探望父母，後來隨你姐夫出門到此，就再也沒回去過，想不到後來父母都去世了，弟弟也這麼大了，快進屋裏坐。」說完又失聲痛哭起來。

大盜完全相信老媪的話，一再勸慰她，轉臉對同夥說：「這是我姐姐，你們待在外面，不可驚擾。」說著，自己跟隨老媪進了屋。

老媪見計謀成功，心中暗自慶幸，呼喚幾個兒子來拜見「舅舅」。大盜看了笑道：「姐姐好福氣，外甥都這麼大了」。

老媪又叫兒媳過來見過「舅舅」。二兒子新婚不久，二媳新妝拜見。眞像親人相見，大家甚是快樂。大盜高興地說：「不知賢甥大喜，做舅舅的未備賀禮，我把身邊十顆明珠相送，權作甥媳的答拜之禮吧！」老媪叫兒媳把它收起來。

接著，老媪叫兒子備酒席，為舅舅接風，也款待同來的人。老媪與大盜坐在上位，一邊拉家常，一邊談鄉俗。大盜聽了甚感親切，直到酒足飯飽，才率衆離去。

臨行前，老媪拉著大盜的手說：「姐姐家還有些積蓄，你若急用先拿幾百兩銀子去吧！」大盜聽了笑道：「小弟白手起家，做的是無本生意，那有用姐姐錢的道理！」說完揮手而去。

一場已經臨頭的大禍，就這樣被老嫗的機智巧妙地化解了。誰不佩服這位老嫗用騙的手法所表現出的智謀？

古代婦女機智還可提到一些爲青年男女說親的媒婆。

歷史上曾有過職業媒婆操縱男女婚姻的年代。爲了騙取錢財，職業媒婆常以欺騙手法爲民家撮合婚事。至今流傳於閩南和台灣的「天配良緣」和「三人共五目」的傳說，正是媒婆行騙的寫照。而這騙同樣含有一些機智的成份。

傳說，從前有個駝背男子，請媒婆幫他物色一位漂亮的妻子。媒婆不便拒絕，想敷衍一下再做安排。

不幾天，有位天生「兔唇」的姑娘，也來請她做伐，希望能幫忙找個如意郎君。

媒婆忽然想起那位駝背男子。於是對姑娘家說：「前幾天，我剛受一男子拜託，你們該是很好的一對。明天，我安排你們相親，你可用一朵鮮花放嘴唇上，假作嗅香的樣兒，事情會順利成功的」。

媒婆安排了女子之後即找男子說，我終於爲你找到一漂亮女子了，明天相親，到時你可如此這般，定會成功的。

第二天，媒婆陪著兔唇小姐在路上行走，駝背男子騎一馬來了。他看到小姐手拿著鮮花放在唇邊，顯得美麗動人；兔唇小姐，抬頭看那騎馬青年，感到英俊而瀟灑。相親結束了，兩方都表示滿意，定親之後，選定一個黃道吉日舉行婚禮。

在婚禮上雙方都暴露了自己缺陷，一下吵了起來，最後都到衙門狀告媒婆設圈套騙人。縣官傳訊了媒婆，媒婆說：「他們都想騙人，我不過要讓他們也騙騙自己，所以安排這門親事。」縣官認爲有道理，判說，這門親事合理合法，要他們回去好好過日子，自求幸福。據說，後來雙方醒悟，鑼鍋配缺嘴，各自都有缺陷，相互體諒，果然成了幸福的一對。這可說是職業媒婆爲他們成就的好事。

「三人共五目」的故事與此差不多，是說職業媒婆撮合一個獨眼姑娘和一個跛腳男子婚姻的故事。媒婆叫跛腳男子在相親時把短的一腳踏在門檻上，顯得正常樣子；又叫獨眼小姐把一半臉躲在門裏，露出一眼看對方。乍看之下也都表示滿意。後來也都在婚禮上露出馬腳，也都上告說媒婆存心騙人。媒婆同樣據理以爭，說爲糾正他們騙人思想，讓他們來個自己騙自己。

這兩則傳說，既帶有諷刺行騙的意味，也含有讚揚媒婆機智的成份。

以上是講古代婦女，現代婦女的機智也不乏其例。一次內江市某市場一歹徒當衆欲搶劫一婦女手上金戒指，該婦女叫喊，可衆人無動於衷。求人不行，只好求己。她停止叫喊，對歹徒說，「別搶，我取給你！」說罷取下手中戒指，扔到髒地上，輕蔑地說道：「拿去，一隻假戒指，値幾元錢？」歹徒稍看，悻悻地走了。婦女看歹徒走遠了，伸手揀回戒指。其實，那不是假的，而是她訂婚的戒指。就這樣，她用了智謀避免了戒指被搶劫。①

另一件可提齊雅香戲弄丈夫的賭友。個體戶齊雅香與黃河雲是自由戀愛成親的，生活頗美滿。美中不足的是，丈夫愛賭錢。有一次，丈夫向一胖子賭友借了二千元，一下子輸得精光，無法還錢又不敢告訴妻子。胖賭友見他還不起錢，提出只要讓其妻齊雅香跟他睡個覺，就了結。胖賭友爲何如此無聊？據說因爲自己妻子性冷淡，要換個口味。黃河雲無可奈何，只好回家向妻子說了原委，準備讓妻子臭罵一頓。可沒想到妻子滿口答應，並要丈夫出去避一避，讓胖賭友來成全好事。到了晚上，黃河雲在外頭無目的地走了一陣，心裏憤憤不平。半夜回到家裏，見房間燈暗著，推門進去，口裏喊著胖賭友名字，

①《廈門晚報》一九九五年一〇月三〇日。

說：「你毀了我的家，我要與你拼了！」正要動手打人，只聽到後面有人喊道：「住手，我們家沒有毀！」原來是齊雅香。這時胖子已醒來，摸摸身邊的女人乃自己妻子丁露露。——怎麼回事？原來齊雅香採用了智謀。爲了教訓丈夫和胖賭友，她連夜找胖子賭友之妻丁露露商討對策，演出了一場鬧劇。兩個男人見此羞愧難當。①

當代婦女的機智還可以找到許多例子。湖北監利縣肖姓農婦，兒子被殺害，痛苦至極，爲抓到兇犯，她隻身南下，憑著一個偷聽來的電話號碼，一個不明確的地址，裝瘋子、扮小姐，歷盡千辛萬苦，輾轉萬里，終使五名隱身匿名的兇犯一個個落網。

據傳，某地一家庭婦女，平時得知有些小偷專到公寓扭鎖撬門行竊。每次行動時，竊賊總是手拎一份小禮物，佯裝走親訪友；先敲門後下手。敲門一會如若無人，便破門而入，進行偷竊；如屋裏有人，便假稱找人，隨便說個名字，待對方說此處無此人時，便從容離開。一天，這家主婦正在裏面忙於家務，忽聽到有人在敲門，開了門眼見一個生疏的男子。問他找誰？生人說是找某廠吳廠長的，說完想溜。婦人心想，來者不善，不能讓他跑了，便說道：「吳廠長住在這兒，找他有事嗎？」

來人有點心慌，怎麼會這麼巧？他又說了句：「吳廠長是男的，對嗎？」

「是男的，沒錯。」

「五十多歲了，對嗎？」

「不錯，他是我父親，有事請進來坐。」

來人只好進了門，可心裏則在想怎麼溜之大吉，說道：「不坐啦，吳廠長不在家，我改日再來。」

---

①《文化娛樂》一九九三年第六期。

婦人說：「我父親在附近理髮，很快就回來，稍坐就好。」

「不坐了，我還有事，這些東西就送給吳廠長，我走了。」說著把手上提的一小袋蘋果遞了過去。

婦人說：「我父親在此不遠，我帶你去找他好了。」說完拉上門，引這陌生人下樓去。

陌生人一邊說：「也好，也好，」一邊想溜。

婦人邊走邊與陌生人閒談，只是陌生人答非所問，婦人笑笑，說：「到了。」陌生人抬頭一看，原來來到了派出所，溜已不可能了，只好坐下接受盤查。

經查，該陌生人果然係一慣偷。他眞後悔，怎麼竟會上了家庭婦女的當呢？

另據《廈門晚報》一九九八年一一月一三日載，平頂山市建設路一家屬樓三樓梁女士於一一月一二日上午一〇時上班時突然想起家中熱水器點火開關未關閉，急忙請假回家。到了家門口，只見門被打開，屋內有動靜，心想有賊上門。急中生智，她滿面堆笑並大聲喊道：「王姨，這回妳可在家了，我找妳兩天了。」說著推門而進。一陌生男人從裏面出來想溜。梁見了即擋住他，說：「你是這裏客人吧。」隨即與之聊起來，虛與委蛇，不讓他溜走。最後在鄰居協助下將竊賊逮住。

《京華時報》二〇〇二年三月一九日載，二二歲的打工妹王某，一天到妹妹家小聚，回家時夜深了，路上遇到三個歹徒，不但搶了她還想姦她，眼看喊叫也無用，她便裝一副滿不在乎的樣子，說自己有病，歹徒不敢碰她。接著，她假意說要加入他們一夥，一起發財。歹徒信以爲眞，願拜她爲「大師姐」。王某帶他們到自己家裏吃喝一通。在他們飯飽酒足之後，她偷偷報了警，三個歹徒終落入法網。

這幾位婦女的機智，贏得周圍民衆的稱頌，其事蹟都很快被傳開來。

二空城計和草船借箭——軍事智謀之一

講到騙在軍事鬥爭中的運用，人們很容易聯想到諸葛亮的「空城計」。諸葛亮的「空城計」來自群衆的傳說，表現出軍事家的智謀。人們對諸葛亮的臨危不懼、神機妙算無不連聲讚歎，而對司馬懿的老謀深算、聰明反被聰明誤的結局，也感到惋惜。只是，這則幾乎家喻戶曉的故事並非事實。當時蜀魏交兵，北軍統帥係曹眞，司馬懿正坐鎭宛城，而蜀魏交兵的街亭和西域與南陽相距千餘里。司馬懿與街亭之戰無關。不存在諸葛亮設空城計退十五萬司馬軍的事。

不過，在三國時以空城計支退敵軍確有其事，那是趙雲空城退曹操軍隊。曹操出兵奪漢中，途中被趙雲所敗，趙雲正要回營時，敗散的曹軍已漸合攏追了上來，追到趙雲營地，把趙雲隊伍團團圍住。時有人想關閉營門堅守，趙雲不同意，而下令大開營門，停止擂鼓，倒放旗幟，如同空營。曹操見了，懷疑營中有伏兵，不敢冒險，下令撤退。在曹軍退時，趙雲營中發出隆隆鼓聲，曹軍以爲伏兵殺出來了，一時大亂，死傷無數。後來人們提到這件事，說趙雲一身是膽，有勇有謀。

以空城計退敵軍，南北朝時也有過。

南北朝前期宋文帝元嘉七年（四三〇年），宋兵北伐，被魏軍殺得狼狽潰逃。魏軍乘勝追擊，攻掠青州各郡國，並猛撲濟南城。時宋的濟南太守蕭承之，部下不過幾百，處境艱危。爲欺騙敵軍，以保危城，蕭承之決定讓兵士們偃旗息鼓大開四門，並做好巷戰準備。後魏軍雲集城下，見洞開的濟南城，虛實難辨，不敢貿然行動。猶豫一番，只好撤兵回軍。濟南城得以保全。這是三國後的另一次空城計。

空城退敵例，還可以舉南朝宋明帝時的朐山城守將垣崇以計嚇退北魏軍。北魏軍佔領青州得知朐山城防守空虛，派出兩萬步兵，五千騎兵進攻，時値夜間，垣崇組織一百多壯漢，點起火把，擂鼓吶喊，虛張聲勢，魏軍一看，以爲這裏軍防嚴密，不敢進攻。

以上是歷史上比較有名的空城計騙敵的例子。這種在軍事上不得已而用的「騙」，被稱爲勝敵之計。與空城計相近的有空倉計。據載，歷史上有一次北魏軍圍攻南鄭(今河南南鄭縣)。那是一個州，有空倉數十所。南朝參軍庾域(新野人)寫了封條對空倉加封，並對將士說，倉庫存糧足夠二年之用，要努力守住。因衆將奮力死守，魏軍無法攻進，只好退去。南鄭得以保住。對此，後人稱「空倉計」。

「孔明借箭」，更是婦孺皆知的故事，同樣體現出諸葛亮的軍事智謀。這裏所謂「借箭」，實在說，把它說成「騙箭」更爲恰當。爲了騙取敵軍的箭，孔明暗叫魯肅調二十隻船，每船配上軍士三十人，各紮草人千餘個，分佈船的兩邊。當大霧天氣時，孔明邀請魯肅上船，帶這二十隻船向北進發，開向曹營。因爲有大霧，對面不見人。當船靠近曹操水寨時，孔明讓士兵擂鼓吶喊，僞裝進攻。曹操擔心大霧中有埋伏，只讓水師弓手發箭亂射，結果箭都插在草人身上，不多久孔明得到了十多萬支箭。後來曹操知道了這事大呼「上當」。

三　假回師、假投降——軍事智謀之二

軍事鬥爭，除了靠實力，還要靠指揮者的機智，那是鬥智，也就是作騙勝敵。

漢初名將韓信暗渡陳倉攻擊項羽是他採用騙敵的謀略打仗，乃人所皆知的，而他打龍且同樣是用騙敵的謀略。韓信率軍攻破齊都臨淄後，往東追殺齊王。楚國爲助齊，便派大將龍且領兵救齊王。龍且很看不起韓信，認爲可輕而易舉地打敗他。龍且與韓信隔著濰水擺開陣勢。

眼看來勢兇猛的楚軍，韓信決定採用智謀取勝。他下令士卒做一萬個袋子，裝上沙子，趁夜堵上濰水上游。接著，韓信領兵渡河襲擊龍且，只至半河佯裝沒把握，轉頭走了。龍且看了很高興，說韓信本來就是膽小鬼。於是，率軍渡河追韓信隊伍。韓信見魚兒上鈎，便下令決開攔堵濰水的沙袋，上游洶湧

的河水沖來，龍且隊伍人仰馬翻。韓信趁此下令趕殺，斬了龍且，獲取全勝。這是一次智謀騙敵取勝的作戰。

漢代另一位將軍段熲的假意回師，同樣是一種騙，同樣表現出軍事家的智謀。

東漢桓帝劉志年間（一四七——一六七年），遼東境外的鮮卑族（東胡的一支）不斷入侵漢的邊境，給東漢王朝帶來許多麻煩。東漢桓帝時，鮮卑入侵，漢廷派出遼東都尉段熲帶兵支援邊境守軍。鮮卑的入侵者聞訊即後撤。段想率軍追擊，諸多不便，不如誘敵回頭加以圍殲。因此他突然下令部隊停止前進。接著，他率軍從原路退回。可到了夜間，段又發出密令，全軍偷偷回前方。鮮卑軍得知段軍返回，即掉過頭來追擊段軍，想撈取便宜。當然他們沒想到，自己受段軍騙了。段軍早在鮮卑軍追趕過來時，已在其必經之路上做好埋伏，這使鮮卑軍落入段軍的圈套，猝不及防，被打得大敗。這裏又是行騙的結果。眞可謂騙個人稱爲騙子，騙萬夫稱智者。

以假投降騙敵而取勝，古今中外都可找到例子。

南北朝劉宋末年，宗室劉休範在桂陽起兵反叛，想自立爲帝。劉宋王朝派齊王蕭道成率領大軍去鎮壓反叛軍，駐紮新亭，初交鋒不分勝負。蕭道成部將張敬兒，甚驍勇，取得蕭道成的准許後約同將軍黃回帶著一批人馬出新亭，奔向叛軍陣前，放下武器，聲稱前來投靠劉休範。劉休範把他們召到面前大表歡迎。黃回對劉休範說，蕭軍中許多人都想前來投靠，我們是第一批來的，後面會有更多人來，劉休範聽了滿心歡喜，一時頭腦發熱，放鬆警惕。黃回見劉休範中計，即上前奪過劉休範的腰刀，以迅雷不及掩耳之勢，殺了劉休範。劉周圍的人大驚失色，慌忙逃竄以求饒命。張敬兒即集中假降人員，奪取兵器馬匹，帶著劉休範首級回去。叛軍失去頭目，隨即瓦解。張敬兒僞降行騙取得成功。這自是運用軍事上智謀的結果。

假投降以騙敵，在革命鬥爭中也不時被採用過。

一九四三年春，新四軍通海自衛團，面對日僞「清鄉」形勢，出於策略上的考慮，採取了一次集體假投敵的行動。在做好投敵準備之後，團長湯景延、副團長沈仲彝，設法「勾上」僞蘇北特工站長姜頌平。姜急於擴充自己勢力，主動勸說湯「反正」。湯先表示猶豫。後提出了「反正」條件：可改番號，但部隊建制不改，駐防地區不變。姜滿口答應。經上頭批准後，湯團成了蘇北清鄉公署外勤警衛團，湯任團長，沈爲副。

對於湯團的「反叛」，日僞頭目很高興。一邊公開嘉獎，一邊密令嚴加監視以防有詐。同時汪僞特工頭目李士群接見了湯景延，晉升他爲旅長，授少將軍銜，以示重用。

湯「升官」後，廣發請帖，款待敵僞各路頭面人物，利用聚會機會套出敵「清鄉」計劃、兵力部署等情報，通過電台發給新四軍。同時，鎮靜若定，機警地應付敵人的各種「考察」、「檢驗」、「受訓」等，以取得敵的信任。

後來敵人對湯的隊伍進行改編，調離原防，分散在二〇〇餘里的十幾個集鎮上。爲了部隊安全，湯團長搶在敵人動手之前，率領部隊從敵人心腹地區「破腹而出」，重舉新四軍大旗開展鬥爭。他們集體假投降一六三天，完成了搜集敵僞情報任務，勝利歸回。這是他們一次騙敵的行動，發揮出革命軍事鬥爭的機智。①

四「慰勞」敵軍和矇騙敵方——軍事智謀之三

① 《縱橫》一九九六年第七期，「集體假投降」。

歷史上，現實中，主動出擊的戰爭，有的無法達到目的，究其原因，除了遭受對方採用新戰爭構想的反擊，有時也與某些偶然因素有關，其中民衆巧計阻撓尤爲明顯。

我國春秋戰國時，地處西邊的秦國，想躍馬中原，統一中國。因此，它首先把兼併目標對準位居戰略要地又是商業樞紐的鄭國。但考慮到若明目張膽興師攻打鄭國，怕會引起周邊諸國的不滿和阻撓。因此，秦國想到奇襲戰略，即要用突然出兵一舉攻佔鄭國。

正當秦國攻鄭的大軍秘密接近攻打鄭國的發起線時，秦軍主帥得報，前面有鄭國商人弦高送大批慰勞品來勞軍。對此，秦軍主帥大感意外，難道自己的奇襲戰略已被鄭軍識破？一時不敢肯定，只好先暫停進軍，待偵察後再作計議。偵察的結果得知，原來此乃弦高阻擋秦軍之計：他一邊假裝慰勞秦軍，一邊著人即向鄭軍密報秦軍進犯鄭國的資訊。鄭軍接到弦高密報後，立即進入戰備狀態，並快速通知鄰近各國，馬上共商退秦軍之策。

到了這時，秦軍再來奇襲已不可能，最後只能取消攻鄭計劃。這便是歷史上鄭國商人弦高智退秦軍，傳頌千古。

戰爭中用作騙手法探路，亦是一種智謀。史載，戰國時秦國欲攻打蜀國，可找不到通往蜀國都城的路徑。群臣向秦惠王建議：用五色石刻一頭牛，把金子藏於牛屁股後，而後把石牛安放於蜀國邊境。貪心的蜀王聽說邊境有石牛會拉金子，甚感興趣，派出一批大力士，把石牛從邊境抬到蜀國都城。這樣，通往蜀國都城的路現出來了。於是秦國出兵很快攻下了蜀國。

打著敵人旗號以壯大自己力量，乃是最划算的軍事。歷史上最典型例子可舉李璮騙蒙軍。

李璮（？—一二六二年）字松壽，濰州人，本衢州徐氏子，被李全收爲養子。一二二六年李全降蒙古軍，戰死於揚州。璮襲職爲益都行省長官，得以專制其地。蒙軍首腦數徵其兵，皆托辭不去。當時蒙古軍忙於遠征西亞、東歐，顧不到南下攻打南宋。李璮成了南宋與蒙古東段交界的重要將領。他利用有利條件，虛張敵勢，大張克捷之功，擴大自己勢力，蒙軍頭目並沒有對他產生懷疑。忽必烈封他爲江淮大都督。李又藉口防宋，請益軍繕城塹，以加強割據。忽必烈降詔，賜給他更多的金銀，撥給他更多的士兵，讓他加強防衛設施。不久，李璮又上疏說，宋將占文德將攻漣水，賈似道配合攻益都。……忽必烈又嘉獎他，賜給大批財富。第二年李璮又疏報說，南宋集中兵力準備北伐，要加強益都防衛力量。蒙古軍又給他送來大量軍械、糧食並調來一批軍隊。李璮每以謊話奏報蒙軍，屢要挾蒙古貴族，以此控制了一支龐大軍隊並積聚了足夠的軍餉和軍械，這是他採用欺騙蒙軍的辦法來加強自己控制的軍力，等待時機，配合南宋反攻蒙軍。一二六二年，李璮獻地給南宋，反蒙古軍，忽必烈派兵征討，李糧盡被俘殺，而李智騙蒙古軍方的作法爲南宋軍民所稱頌。①

唐代大書法家顏眞卿出任平原太守期間，偵知安祿山準備謀反，遂藉口雨季而大修城垣，廣積糧食器械，平時則揚言說，自己每天與賓客泛舟飲酒賦詩以自隱。安祿山派人探聽，見其所爲，以爲不足慮。後來安祿山造反時，一時河朔盡陷，唯獨平原城得以守。顏眞卿因此能很快將安氏舉兵造反事上報到朝廷。唐玄宗李隆基得報大爲感動，說，顏眞卿是個靠得住的人。這裏人們看到顏眞卿發揮自己的謀略，矇騙敵人，而自己積蓄力量以對付敵人。

歷史上李穆智救宇文泰，也是通過矇騙敵人而達到目的的。

宇文泰(五〇七——五五六年)西魏大臣，曾頒行均田制，創立府兵制，五四三年與高歡心腹侯景大戰於邙山。宇氏因所騎的馬中流箭，從馬上掉下來，被追兵趕上，情況危急。時保駕都督李穆見了，即

① 事見《元史·叛臣傳》。

下馬揮鞭狠打宇氏脊背，並罵道：主子呢？怎麼只剩你一人？侯部追兵以爲他們二人也是侯部追兵，放下他們二人自己又去追趕。這時宇文泰即與李穆二人一起逃跑。李氏用機智騙過敵兵，救了主子一命。

老革命薄一波爲了救戰友曾用空棺騙過敵人。抗日戰爭期間，侵華日軍在太嶽軍區大掃蕩時，抗日名將、團長胡兆棋和部分戰士在突圍中被捕。日軍爲找出胡兆棋，對被捕者逐個拷打審問。兆棋眼看敵人兇殘可恨，便說，胡兆棋不在這裏，還在山上。敵人甚惱火，仍繼續拷打審問。

政委薄一波得知情況後，馬上組織一次隆重的「追悼會」，傳出說，胡兆棋已陣亡。出殯時由八個戰士抬著空棺，胡兆棋妻子哭著跟在後邊，裝成眞的樣子。敵人得知後，以爲眞的，不再追查。被捕人員鬆了一口氣。後來胡被抗日軍隊解救出來，敵人方知自己上了當。

騙敵人方法多種多樣，其中有一種是裝糊塗。裝糊塗騙敵人，雖不能壯大自己，但可迷惑敵人，使之失去警惕性，影響戰鬥力。

第二次世界大戰中，美國參加對日本作戰，給日本以極大的威脅。在作戰中，美國及時掌握日本軍隊情報，以便隨時調整作戰方案。有一次，美國特工人員破譯了日本軍事密碼，獲得了日本軍隊作戰佈置的情報，這對美國太有用了，當然不宜公開出來。可偏有一個美國記者，爲了搶新聞，搶先把這情報在報紙上發表了。無疑，這是一種洩密行爲，按理要嚴加處分。只是，那麼做，勢必引起日方警惕，會使事情發生變化。

當時美國總統羅斯福，對這件洩密的嚴重事件，有意裝糊塗，不查問，不追究，若無其事樣子。

就因爲這樣，日本軍方產生了另一種想法，他們以爲記者所說破譯的日本軍事密碼，乃美國用計騙人，用以嚇唬日本軍隊，以期日軍出現混亂。我日本可不理你，繼續使用原來的密碼。這樣，美國對日本的行動瞭如指掌。

五聲東擊西騙敵讓路——軍事智謀之四

用兵乃詭道也。這詭道中，有一種叫「聲東擊西」以取勝。這聲東擊西，有的用一小部分兵力出擊，以申其聲；有的根本不用申其聲，而設巧計以騙敵，第二次世界大戰中，英美盟軍就使用過這種巧計。

史載，第二次世界大戰中的一九四三年，爲了保證盟軍的地中海航線暢通無阻，並迫使德國夥伴義大利早日投降，英美盟軍決定在義大利南部的西西里島登陸。爲減少阻力，即把希特勒的注意力從西西里島引開，英國情報機構策劃了一個騙局——製造盟軍將進攻希臘而向巴爾幹半島推進的假象。

他們從醫院弄來一具男屍，穿上軍裝，取名「馬丁少校」，身份爲「英美聯合作戰司令部參謀」，在其口袋裏放了幾份「重要文件」，包括幾封重要的信件，信中談到英美聯合作戰和打算利用進攻西西里島掩護登陸希臘的事。爲了使「馬丁少校」更具眞實可信，他們還給他編造了一些銀行透支單、未婚妻的情書、兩人的合影、兩張軍人俱樂部音樂會入場券票根、兩張用過的汽車票等。僞裝就緒後，他們悄悄用潛艇將他丟在西班牙的海灘上，假裝成因飛機失事落海身亡的模樣。

西班牙當局得到報告後，即將「馬丁少校」及有關「重要文件」送交給了德國。德國軍事頭目見了如獲至寶。他們仔細分析了那些「重要文件」後，便信以爲眞。希特勒根據這些「極有價値」的文件，判定盟軍會在希臘登陸，即將西西里島的許多兵力調往希臘。結果，可想而知，法西斯在西西里戰役慘遭失敗。①

① 原載美國《讀者文摘》，參《海外文摘》一九九八年第四期。

反法西斯戰爭中，一九四四年諾曼第登陸之勝利，可以說也是盟軍聲東擊西戰略運用的結果，那主要是通過間諜的作用。當時雙重間諜提供的假情報，不僅騙過德國的情報分析部門，也騙過生性多疑的希特勒，就因此，當盟軍開始在諾曼第大規模登陸後，希特勒還以爲那只是盟國的詭計，主攻方向仍應是法國的加萊海峽。而敵人之所以認定盟軍主攻方向在加萊，還與假蒙哥馬利的行動有關。當年化裝蒙哥馬利的梅·詹姆斯，不但外貌酷像蒙哥馬利，而且行動上也模仿得唯妙唯肖。他於是年五月底乘機飛往直布羅陀並訪問了阿爾及爾，在那裏進行一系列的掩人耳目的活動，這使德國人相信，盟軍不會在諾曼第登陸。結果，法西斯上了當。

六 謠言取勝——軍事智謀之五

春秋戰國時期，中國大地經常地、不斷地發生戰爭，老百姓遭殃，人稱那時的戰爭是「無義戰」。不過，在各種戰爭中，多有軍事智謀被運用上，那是很值得重視的。這裏僅提謠言取勝做爲例子。

戰國時，齊國和燕國曾發生過多次的戰爭，有一次兩國交戰中，齊軍力戰不支，節節敗退，被圍困於即墨城，形勢緊張，後來齊將田單用計謀發起反包圍並取得勝利，流傳千古。

田單的計謀就是使用謠言，不但讓敵軍上當，而且鼓舞了自己的士氣。

首先，田單派人偷偷出城，散佈謠言說，燕軍將把齊軍被俘人員的鼻子割下，而後推出示衆，讓其當衆出醜，這是齊軍人員最爲害怕的丟臉的事。燕將騎劫聽到這種謠言，感到新奇，不但不加分析，而且自己也要試試。這樣，眞的有許多齊國戰俘被割去鼻子，個個喊爹叫娘，慘不忍睹。被圍困在即墨城裏的齊國士兵，得此消息，痛苦不堪，膽戰心驚。他們偷偷往城外觀看，果有此事，激起滿腔怒火，爲不使自己遭此下場，也爲同胞報仇，個個決心與燕軍決一死戰。

接著，田單又派人出城，造謠說，燕軍將挖掘齊人祖墳，暴骨於野，這是齊人所忍受不了的奇恥大辱。騎劫聽到這謠言，感到這麼做很過癮，便下令挖掘齊人在城外的祖墳。城裏的齊國兵卒，得知祖墳被挖掘，骸骨扔滿地，個個咬牙切齒，義憤塡膺，表示要衝出城外與燕軍拼個你死我活。

田單一邊安撫士兵，叫他們埋伏待命，一邊叫城中老弱病殘者以及婦女小孩等，登上城樓，裝成無可奈何樣子；同時，他還讓城中豪富人家出城向燕軍送上千金，說：在齊軍投降之後，不要加害城中老弱病殘和婦女小孩。

做了以上佈置之後，田單派出代表向城外燕軍談判獻城投降事宜。燕軍官兵以爲齊軍要投降了，便得意忘形起來，大大鬆懈了鬥志，一時軍心瓦解。

田單眼看敵軍中計，而自己的士兵鬥志昂揚，並做好了準備，於是傳令下去，衝出城外與燕軍決一雌雄。

當燕軍官兵還沉浸於割鼻、挖墳和等待齊軍前來投降的「歡樂氣氛」中，突然看到如狼似虎的齊軍從城內衝殺出來，個個目瞪口呆，措手不及，多丟盔棄甲落荒而逃，齊軍一鼓作氣，乘勝追擊，取得反圍困的勝利。

這便是謠言在軍事鬥爭中取勝的頗有代表性的例子。

在政治方面，用謠言壓倒對手、政敵，亦每有所聞，有的係屬於機智謀略的運用，有的則是野心家慣用的政治手段。

七　假裝和試探

在政治、軍事鬥爭中，假裝往往是保存自己，戰勝敵手的法寶。假裝，主要是裝病、裝瘋、裝傻、裝狼狽相等。而假睡、假死自也是假裝。

《世說新語》載，王右軍（羲之）年輕時，常宿於王敦家。一次王敦出來，右軍尙在睡中。不一會，錢風（世儀）到王敦家論事，竟忘了右軍在家睡覺。他們談到謀反事，全被右軍聽到。他想，要是被他們知道了，自己會沒命的。於是，他唾沫滿被褥，並裝熟睡。當王敦想到右軍還睡在側近時，大驚曰：「不能不除之！」及進帳，看見吐唾縱橫，以爲眞的熟睡著，沒殺他。當時人得知這情況，都說他有智謀。這也是造假作騙。試想，若不造假，騙過王敦他們，那王右軍早就沒命了，自談不上以後的成就了。

歷史上孫堅計殺張咨，司馬懿裝病誆李勝，也都是用假裝行騙的結果。

孫堅任太守時奉命出兵討伐董卓，兵到南陽，發文給南陽太守張咨，要他爲軍隊提供糧食。可張咨又不肯見。孫堅想：我剛舉兵就受阻，何以威後？決心用計殺掉張咨。

孫堅第一步裝病，到處請醫調治，同時派出親信去對張咨說，想把軍隊託付給他。張咨得知後即領兵五百，抬牛肉和酒來見孫堅。孫堅在臥室相見，命設酒宴相待。待張咨酒酣時，長沙主簿進來報告說，張咨有意阻留我軍，使賊不能討，請按軍法懲處。張咨發現中計，想走，可來不及了。

張咨被殺，南陽震驚，此後求糧必獲。

司馬懿密謀誅殺擅權的曹爽，爲了達到目的，也故意裝病。剛好河南尹李勝赴荊州上任，特地來看望司馬氏，司馬氏故意裝糊塗，前言不對後語。李勝看到此景，認定他是不久人世的人了，對人說他形神分離，不足爲慮。曹爽聽了甚是放心，不防司馬懿，結果沒幾天便死於司馬懿刀下。

以上講的是裝病誆敵，亦即運用智謀以取勝。

除了裝病，在政治鬥爭中，幾乎各種騙術都會被用上，那些被稱爲韜晦的裝死裝瘋、自損名譽的作法，也就是掩蓋自己眞實面貌。其目的在於迷惑政敵，好讓自己虎口脫身。戰國時魏國人范睢，東漢末年的杜根，都是在遭到酷刑拷打時裝死而脫險的。商朝末年箕子則以裝瘋賣傻，逃脫紂王的殺害。自損名譽的作法，歷史上可舉許多，秦王嬴政時的大將王翦、東漢初年的北海敬王劉睦等最爲典型，他們深怕君王猜疑，一反常態，貪得無厭，縱情享樂，用以自損名譽，使人覺得他們昏庸無用，以避過忌害。劉邦在廣武作戰時，被項羽射中胸部，而他卻握腳說：「射中了我的指。」以此安定士卒，不使楚軍識破而得勢。劉秀因兄被殺，甚爲憤怒，但他不形於色，閉口不提，也不爲兄服喪，以此騙劉玄（被立爲更始帝者）。果然，劉玄對他很放心，派他去河北招撫敵軍。劉秀趁機擁兵自立，最後打敗了王莽，也打垮了綠林軍，當上了東漢王朝的第一個皇帝（光武帝）。

近代也不乏其例，民國初年，袁世凱篡權欲稱帝。雲南督軍蔡鍔堅決反對。爲了牽制反袁力量，袁世凱將蔡鍔軟禁於北京，並派人將蔡的母親和妻兒也接到北京，一起看管起來。爲了擺脫袁的控制，蔡氏使用了騙人的手法。他故意在京城嫖妓，當衆辱罵其妻，甚至開槍欲殺其妻，因此其母傷心，其妻罵鬧，鬧得滿城風雨。蔡母痛心疾首，帶著媳婦和孫兒返回雲南。蔡母蔡妻走後，袁氏派人對蔡本人嚴加控制，以防其去。蔡鍔再施騙術，裝病，一天如廁數十次，使看管人員甚不耐煩，慢慢放鬆對他監視，蔡氏趁其不備從廁所邊溜走，走日本轉雲南，帶兵討袁。在反對復辟帝制的鬥爭中立了大功。

歷史上，幾乎找不到活得像樣的聰明人。那些開國功臣，文壇巨頭，在最高統治者皇帝面前，大多成了傻瓜，大多裝成愚不可及、處處不如皇帝的樣子。爲什麼這樣？避免超過「聖聰」而危及生命。這是一種保全自己的機智。

這類例子在外國同樣可找到。古代羅馬共和國首席執政官布魯圖斯，執政前曾僞裝成傻子騙過羅馬暴君塔克文。塔克文曾殘暴地殺害過布魯圖斯的父兄，布魯圖斯因裝成傻子，受盡暴君的污辱。後來當機會來到時，他撕掉僞裝，通過演說號召人民起來鬥爭，於西元前五一〇年推翻塔克文專制王朝，放逐了塔克文，廢除了專制制度，建立共和政體。義大利戲劇家皮蘭德婁《亨利第四》中的青年紳士，爲使自己能主宰生活，裝瘋扮狂，殺死情敵，達到報仇雪恨目的。

爲保住生命而裝死，在一般民衆中也時可聽到。《廈門日報》二〇〇〇年八月一九日載，菲律賓一名十八歲的大學二年級華裔女生，八月一三日晚在馬尼拉住家裏，因家人外出，鄰居二四歲的三輪車夫以討水喝爲由進入她家，欲強姦她，她不從，被狠刺二三刀，忍痛裝死，才活了下來。

軍事上的僞裝，還可以提到「假裝強大」，那多是兵力處於劣勢時的一種策略。有人把這種作法稱爲「樹上開花」。中國人民解放軍在解放戰爭中就曾採用過這種「假裝」。

一九四七年冬，陳賡兵團在河北西部伏牛山一帶作戰，由於面對比自己強大的國民黨軍隊，必須暫時避開主力決戰。因此，陳賡派出囮子部隊，假裝成主力出擊，意在使對方疲於奔命。囮子部隊在敵軍監視下南下，趁敵人沒有發覺時又繞回原路行軍，宿營時做了很多窪，假裝大部隊移動。當然，敵人也不是就那麼容易上當，因此，囮子部隊發起攻擊鎮平縣城，給人一種主力出擊的印象，以引誘敵軍。囮子部隊一方面以撤退來引誘敵軍，另一方面在行軍時故意使滿路塵土飛揚，遺棄大批行囊，僞裝得像個主力出動樣子。結果，國民黨軍完全受騙了，他們把囮子部隊當成主力，追擊了好幾個月。而在這段時間裏，陳賡兵團主力得到充分的休養生息，準備迎接決戰，終配合整個解放軍，打敗了國民黨軍隊。

這種軍事僞裝，在國際上同樣被採用過。

永井陽之助在其《現代和戰略》一書中，講到七十年代初，蘇聯北洋艦隊曾製造過大量的木製的武器，「完全和眞的實物一模一樣」，有的軍事基地也配置了許多眞的飛彈，但更多是假的，即「假的比眞的多」。爲了製造那些假武器，他們還蓋了特別的住宅，四周也都做了僞裝。當年蘇聯僞裝軍事實力，無疑是為了欺騙西方國家，首先欺騙美國的偵測衛星，使之在軍事情報上發生混亂，進而混亂其軍事本身。①

假裝在日常生活中，有時是一種護身的法寶、制勝的手段。有一則民間傳說叫《廁所奇遇》，②講一採購員的機智，那正是屬於這種的假裝。

某商場採購員小張，一次去北京取貨，在列車上因肚子不舒服上了廁所，而早等候在那裏的一妙齡女郎，一閃身也擠進了廁所。她把廁所門關上後轉身對小張說：快把錢和手錶交給我，要不，我就喊人，說你對我無禮！怎麼辦？小張心想，這女人會使我身敗名裂啊！面對這突如其來的奇遇，小張一陣緊張後冷靜了下來。他張大嘴吧，「啊……啊……」地叫著。女郎見此，罵道：「媽的，碰上個啞巴！」罵完欲離去。小張心想，不能讓她繼續害人！他迅速抽出紙張和鋼筆，一邊遞給女郎，一邊打著手勢，意思要她把話寫出來，他好照辦。女郎好高興，心想：這下可讓你明白我的意思了。她在紙上寫了：「快把錢和手錶給我，要不，我就喊人，說你對我無禮！」小張拿過紙看了看，而後對女郎說道：「小姐，跟我走一趟，你已經犯了搶劫罪，這是證據。」……

另據傳，一九九六年一二月的一個風雪夜晚，有兩個歹徒進入淮河邊一所集鎮小學行竊。小學裏只住王冰夫妻二人。王冰眼看自己難得抓住竊賊，便讓妻子到鎮派出所叫人，自己設法擋住竊賊。他從容地對著辦公室說：一二年級教師堵住後窗，三四年級教師堵住前窗，五六年級老師跟我堵門。賊一伸頭，就用木棒砸去，打小偷是自衛，不負法律責任。……竊賊聽了果然不敢亂動，後來不見動靜，想往

① 引自馬來西亞的《中國報》一九九七年一〇月二七日，「兵法三十六計」。

② 參見《故事林》一九九八年第二期。

外逃，王冰用木棒打了幾下，他們又縮了回去。不多久，派出所人來了，兩歹徒束手就擒。王冰就這樣用自己的智謀贏得時間，終將竊賊逮住。①

假裝有時也爲了迴避，避免不必要的麻煩。舊日，住在深宅大院裏有經驗的主人，每當聽到狗叫，多不忙開門，而是先從門縫往外瞧，每見到來者不善，不想相見，便裝作人不在家，讓狗多叫幾聲，來者只好知趣或悵悵離開，多半受騙了還蒙在鼓裏。

「試探」與假裝相近，其形式多種多樣，就中「試賄」和「試盜」最引人注目。前者針對官吏，後者多爲民間用於偵破偷盜案。

或說，「試賄」由唐太宗李世民最先採用。他當皇帝時，爲了懲辦貪官污吏，曾派人向有關官員「行賄」，以試探看哪個官員會受賄。以後有人學著用這辦法，只是收效甚微。「試盜」也叫「試偷」，多針對有偷盜嫌疑的人，收效也有限。

「試賄」、「試盜」雖屬一種智謀的運用，但因爲會誘人犯罪，當事者多慎用。

試探在日常生活中不時可見。有則招聘複試故事，講誠實者受招過程。某公司老闆在許多應聘者中抽出幾位成績優秀者，擬通過複試決定招聘人選。老闆自己主持複試，單個進行。每當一個複試者進入辦公室時，老闆便快步上前緊握對方手說：「原來是你啊！」接著老闆對旁人說：「就是這位年輕人救過我女兒。」這時，多數複試者不願當面否認，有的將錯就錯，有的想等以後再來解釋一番。唯有一位堅決地說：「先生，我以前從未見過您，更沒有救過您女兒。」老闆把他的手握得更緊了，說：「肯定是你！」複試者堅決否認。……老闆最後說：「我很欣賞你的誠實。」他被錄用了。

---

① 引丁曉禾：《謊言研究》。

老闆用說謊手法招聘誠實人。這自是一種智謀的運用。

八冒充

冒充是行騙的手法，可有時也是機智的表現，而這機智包含著膽略。辛亥革命後，浙江革命黨人吳才棠派義俠王長雄到都督府巧殺袁世凱心腹朱瑞，就是使用這種機智的。

民國初年，袁世凱施陰謀篡奪了孫中山領導的革命鬥爭果實後，想稱帝恢復帝制。爲了稱帝成功，袁氏派出心腹到各地掌握實權。在浙江，他委任朱瑞爲都督府都督，以鎮壓革命黨人，控制局勢。

朱瑞乃革命黨人的死敵，曾殺害了革命黨人王金發等；浙江革命黨人發誓要報這個仇。因爲浙江革命黨的力量比較強大，朱瑞頗感對自己是一種威脅。到任之後，朱氏老是心神不寧，唯恐有朝一日有人向他復仇。因此，他總是身居督府，高築圍牆，警衛森嚴，以做防範。有一天，他正與小妾調笑，忽聽隨從趙彪報告，說有人求見，並說此人乃北京特差，有要事相商。

朱瑞接過隨從遞來的名片一看，只見是袁世凱寫的，說特派機要秘書張英傑前往晉謁，希撥冗延見。名下還蓋著一顆紅紅的私章。

朱瑞在客堂裏接見了來客，只見張英傑舉止不俗，甚爲高興。張英傑對朱瑞說，自己和大帥（袁世凱）有點沾親帶故，跟隨大帥多年，專做秘密聯絡工作。

朱瑞一聽張英傑是袁世凱的親戚，連忙向他恭維一番。

正說間，外面報說又有人求見，也說是奉袁大帥差遣，有要事求見並強行闖入，隨從不便阻攔。朱瑞接過名片一看，來人叫何之獶，果是袁世凱所差。朱瑞一面向張英傑介紹了何之獶，一面又向何之獶介紹了張英傑，笑著說，同是一朝之臣，諒你們早就認識了吧。

兩人微微一笑，何問張英傑：張先生何時跟隨大帥？我怎麼從未見過你？張英傑泰然地說：我是大帥近親，已跟隨他多年，一向在賬內幹絕密工作。我也沒有見過你呀！他並問何之獱，你是何時進大帥府的？……

朱瑞聽了他們的對話，有些驚疑。他即對隨從說：傳我的話，快到秘書那裏，把大帥上次的來信拿來。

不一會，趙彪拿來了一封信，交給了朱瑞。朱瑞把信紙和兩張名片，都攤在桌子上，仔細地看了一會，而後對何之獱說，何先生，你到東邊客房裏休息一會，我先與張先生談談。原來朱瑞對了筆跡，馬上斷定何之獱是假的，準備詳查細問。所以打發他先到東邊客房休息一下再說。

何之獱一走，客堂裏剩下朱瑞和張英傑，他們無拘無束地攀談起來。張英傑輕輕地說：大帥將封朱大人爲閣老。接著，張英傑又拿出一封信交給朱瑞。朱瑞只見這封密信和上封密信字跡一樣，心裏高興，想再巴結一下，於是抽出一根特製捲煙，遞給張英傑。而張英傑連忙說：我有北京帶來的好煙，先請大人嚐嚐。說著，張英傑把手伸進口袋裏猛地取出一支微聲手槍，扣住扳機，對準朱瑞的胸部連發兩彈。朱瑞還來不及驚呼，就嗚呼哀哉了。

張英傑打死了朱瑞，正要離開，只見朱瑞的隨從趙彪快步而來；他怕走不脫，便退了進去，站在門背後。

趙彪走進客堂，不見了張英傑，只見朱瑞倒在血泊之中，不覺大驚失色，剛喊一聲「有刺客」，即被張英傑打死在地。

其他保鏢人員一聽有刺客，一齊湧了出來。張英傑不慌不忙，走出會客堂，當作追趕刺客，把手向東一指，大聲說：刺客向那邊逃跑，快追！

保鏢們一時心急，一個個都向東邊會客室湧去。在東邊會客室裏的何之獱，聽說有刺客，慌張地走了出來。保鏢們一見這個生人，如此打扮，以爲是刺客，一齊趕上，將他逮住。張英傑即抓住機會，從容不迫直奔大門，保鏢們發覺朱瑞和隨從趙彪被殺，想找張英傑，而張英傑已遠走高飛了。

原來這個張英傑並非袁世凱的什麼近親，而是浙江革命黨人吳才棠所遣的義俠王長雄。吳氏爲了替王金發復仇，苦練袁世凱筆跡，而何之獱的信乃袁的秘書代筆，眞假相混鬧出好戲。

這類冒充，歷史傳說中可見不少，單眞假巡按就有好多起，都很生動，令人拍手，其中宋朝宣和年間的楊泉冒充李魁到陳州當假巡按，殺掉罪大惡極的蕭大師，爲國除害，爲民申冤，流傳甚廣。那既是民衆對貪官污吏的控訴，也是對有智謀者的歌頌。這類的智謀，也是通過造假表現出來。

《趙氏孤兒》也屬於這類智謀。它講的是，春秋時晉國大夫趙盾，聲勢顯赫，樹敵不少。趙盾死後，晉景公重用趙氏勁敵屠岸賈，任爲司寇，掌大權。屠利用手中大權，捏造罪名，將趙家大小加以屠殺。趙朔之妻因乃晉景公之姑，免於死罪。時身懷六甲的她，躲在宮中生下一子叫趙武。屠氏得知此事，派人入宮欲殺嬰孩。趙家門客程嬰和公孫杵臼，爲了解救趙氏血脈，設法將趙武從宮中帶了出來。因此屠岸賈下令追查、搜索。情況緊急，程嬰、公孫杵臼密商定計將趙武藏匿起來，而從別處找來一嬰兒冒充趙武，由公孫杵臼藏於深山。之後由程嬰出面向屠府告發並引兵到深山搜查。……公孫杵臼和「趙武」被殺後，屠岸賈大喜過望，以爲這下算斬草除根了。十幾年後，屠氏失勢，趙武已長大成人，程嬰將眞情告訴了他。後來趙武聯合受屠氏迫害的人共同進行討伐。經過一場鬥爭，趙武取得勝利，趙家終又恢復了昔日的榮耀。

這類冒充在日常生活中也每有所聞。《雜文報》二〇〇〇年一一月二二日「生活隨筆」欄〈我行了一回騙〉文章說，有一夜晚，某學院的學生宿舍裏，一小兵得急性病，室友將他送到醫務室，可值班醫師回家去，掛去電話也不理，沒辦法，年輕人只好冒充學院的方院長給值班醫師去電話，說孩子急病，請即到醫務室。值班醫師不敢稍延，急忙回醫務室爲急性病人掛瓶點滴，小兵轉危爲安。——這裏年輕人冒充方院長掛電話自是一種智謀的運用。

一般說，冒充作法，動的稱明查暗訪，靜的可稱「臥底」。臥底多是武警、公安部門爲監控犯罪嫌疑人的眞實行動，查探某案件的策劃者，派出化裝人員，隱避其地甚至埋伏在犯人牢獄或勞改農場中，靜觀目標。《讀報參考》二〇〇二年第三期報道，一九九九年，重慶防暴總隊女子分隊隊長傅敏(二四歲)，扮一毒販的情人「臥底」抓捕另一大毒梟。經過五個小時的鬥智鬥勇，終將國際刑警抓捕多年的大毒梟楊其昌一夥捕獲。

這類冒充，在國際上亦可找到一些例子。據傳，第二次世界大戰期間，英國一特別行動組，爲了整垮希特勒的助手希姆萊，故意在一枚郵票上印上希姆萊的肖像，冒充希姆萊所爲，引起世界各大媒體的猜測，希特勒以爲他有野心，大爲惱怒，不再重用他，使之在政治上失勢。這樣，希特勒便失去一個得力助手。這是反法西斯中人們使用智謀的成功。

九 機智除惡

小民百姓要想除惡，主要靠組織起來的力量。在組織起來前，有時靠機智也能達到目的，僅舉幾例。

其一，**王長年騙殺倭寇**。平民善用謀略者絕非僅有。明末有位姓王的福建人，失其名，人稱王長年（閩人稱長工爲長年），自少有膽勇，在海上捕魚爲業。明嘉靖己未（一五五九年），倭寇大掠福建沿海，王長年被倭抓去，挾入舟，一起被抓去的還有男的女的十餘人，被掠珍奇不計其數。他們都關在一舟中，而舟中有倭賊五十餘人。一起來搶掠的倭賊船有數百艘，搶掠之後同日揚帆汎海而去。

王長年被抓到倭賊船上，眼看一時逃脫不得，時時假用好語媚賊。倭賊頭目見此，甚相信他。開船之後把抓到的人全都鬆了綁，不加防備。長年趁著倭賊不在時，對同被抓來的人說，你們想回去嗎？若能聽我的就能回得去。大家都流著眼淚說，那感情好，可有什麼辦法回去呢？長年說如今賊船駛回，都快到他們的地界了，不再防備我們逃跑了，現在正刮東風，如能把賊個個灌醉，奪其刀，盡殺之，然後轉舵飽帆，即可回去，機不可失啊！衆人皆說好。

剛好是夜間，船停泊海中。王長年與衆人計議，由婦女給賊敬酒。倭賊眼看船快到家了，非常高興，放膽飲酒，而被捉來的中國婦女又爲他們唱歌助興。賊邊飲邊跳，不多久酩酊大醉，臥相枕藉。這時，中國婦女即把他們的刀拿下。王長年拿起巨斧，其餘中國人拿刀把船上五十多個倭賊全殺了，然後斷纜發舟向中國駛回。旁邊其他賊船發現有變，即發船追趕，可因王長年本來就善於駕船，所以他們怎麼也追不上。王長年日以繼夜乘風舉帆，不久回到中國，被抓去的人，眼看回到祖國好不高興！王長年的舉動，正如人們所說的：智者不露愁，每把愛憎藏心頭，待到機會到來時，定會顯身手。

王長年以自己的勇敢，用計騙倭賊，最後盡殺倭賊，奪船返回祖國。這種行騙自是值得歌頌的。①

其二，楊暄以騙除惡。明代的錦衣衛，相當於後來特務組織，害人手法無所不用其極。明人筆記小說《千百年眼》一書載，明英宗天順年間（一四五七—一四六四年），錦衣指揮使門達，權傾中外，無數善良者被他陷害，連其同類也不放過。當時有個叫袁彬的，亦爲錦衣指揮使，因功勞在門達之上，引起門達嫉妒，怕他會影響自己往上爬，暗下決心將他除掉。因此，門達無中生有羅列袁彬的罪名，向天

①朱國楨《湧幢小品》卷三十。

順皇帝告狀，欲置彬於死地。袁彬蒙受不白之冤，受盡折磨，令人同情。

時有個藝人叫楊暄的，有智謀又好打不平。得知袁彬受冤，楊暄心懷不平，上書奏門達違條二十餘事。天順皇帝還是把這事交門達查辦，這可苦了楊暄，但他毫不懼怕。在門達面前，他若無其事。門達問他有關的事，他矢口否認，說無所知：「我是個做工的，又不識字，與您無怨無仇，怎麼誣害您呢？這樣吧，您叫左右走開，我將實話講出來。」摒退左右後，楊暄說，以上事都是吏部尚書李賢所幹的，是他教我上奏的，我也不知道是什麼意思。門達聽了暗地高興，心想李賢這老傢伙可是自投羅網了。

原來，李賢因不滿門達作惡，曾多次上疏請天順皇帝禁誡，門達對此早已恨之入骨，這時心想報仇機會來了。剛好到吃飯時間，門達便命左右以酒肉賞楊暄，讓他飽吃一頓。

第二天，門達迫不及待地將楊暄所說的上奏天順皇帝。天順感到事關重大，命諸大臣會審於午門前。楊暄被帶到現場。門達對著李賢的面把楊暄所說的重複一遍，李賢聽了不勝驚訝。這時楊暄向大家說道：這些都是門達用酒肉收買我叫我這麼說的。這事昨天有好些人都見到，一問他們就知道。同時，楊暄還當衆揭發了門達的二十幾條罪狀。門達無話可答。審問官叫他畫押後送天順皇帝。天順皇帝看了大爲惱火，即令法官判門達罪，摘戍廣西。後門達在服刑中死於廣西戍所。楊暄替被門達迫害的人申了冤。

楊暄不過一藝人，以其作騙手法，發揮自己智謀，將權傾一時的大惡棍門達順利收拾了，可說是個有勇有謀者。

這種以騙除惡的作法，在現實生活也可以找到例子。報載，有三個歹徒在客車上持刀搶劫，有的旅客被迫掏物。一旅客見狀，掏出槍喝令歹徒住手，並說自己是公安便衣。一歹徒見了哂笑曰：「假槍」，意爲不怕你。「砰！」便衣朝車外開了一槍，馬上把槍口對準歹徒。三歹徒見此，不免有些害怕，只好放下手中武器，衆人一擁而上將歹徒擒獲並送到附近公安部門。最後人們才知道，原來該便衣乃是個魔術師，剛才他打響的只是魔術槍，嚇使歹徒就範。①此可謂以智謀擒獲行劫之歹徒。

其三，**化裝破案**。河南西峽米坪鎮河西村農民木力，前妻死後又娶了周紅芳，因嫌她不漂亮又不會操持家務，於一九八四年五月將她加以殺害，趁夜把屍體掩埋於自家牆外桃林裏。之後，木力公開說妻子是走失了，還裝模作樣地外出，一邊討飯，一邊尋找妻子，騙取了村民的同情與信任。十三年後的一九九七年五月，木的現妻劉某因欲建蓋豬圈和廁所，在桃林裏挖地，挖出了屍骨，驚動村裏，是謂「白骨案」。事情很快報到縣公安局，公安局領導與當地保衛人員研究認爲，有可能是一起與周紅芳失蹤有關的重大殺人隱案。因此，縣裏組織了專案組進行偵破。經調查化驗表明，死者係十三年前失蹤的周紅芳，殺人兇手可能是其夫木力。爲了穩住木力，也爲了進一步驗證，縣公安局長把有關情況告訴了老警察老閻，著他化裝成算命師，進入河西村進一步察訪。由於掌握了該村詳情，老閻在算命時講得神極了，村民稱之爲「半仙」。本來就很迷信的木力，也想來找「半仙」算個命，求他指點看下一步該怎辦。但又怕人多，被「半仙」說漏了嘴，所以一直等別人都走了，他才來求算。只見「半仙」口中念念有詞，突然起身拍一下屁股便走。可木力卻纏著不放，懇求指點迷津。「半仙」顯得萬般無奈地說：「你家牆外有一片桃林對吧？那桃林裏有一惡鬼冤魂，正待修煉，不想近日被你打破清靜，暴屍荒野，所以這冤魂正纏著你，要想避過這個災難，你須在房中設上香壇，點七七四十九柱香，堅持七七四十九天不出門，跪地祈禱，方可逢凶化吉。」木聽了連連點頭，並照「半仙」指點做了。……

在挖出全具屍骨，掌握了證據後，專案組傳訊了木力。木極力辯解。就在這時，一位五〇來歲的老

①《法制周報》一九九八年一月一七日。

警察進來了，木力抬頭一看這位幾天前的「半仙」，一下子像洩了氣的皮球。他知道自己上了圈套，現在什麼都晚了，只好老實交代了當年殺妻經過，十三年前的一幕尋妻假戲終被識破。①

其四，**智擒偷車賊和騙子**。擒拿偷車賊，除了靠勇敢，有時需要機智，即智擒。

一九九七年一二月二日晚，臨猗縣檢察院幹警李剛駕車前往運城。剛出縣城，有一年輕人推著一輛摩托車，說這裏無法修理，請李剛幫運去運城。李剛答應代運。

一路上，年輕人不停地向後張望，舉動反常，不免引起李剛的懷疑。他趁倒檔之機，有意輕輕地接觸到年輕人的身體，碰到一件似是匕首的硬器。這就更加大李剛的懷疑，他斷定這輛摩托車來路有問題。怎麼辦？他想到運城賓館保衛科有自己的熟人，可請他們幫忙。現在問題是怎麼把年輕人誘騙到運城賓館。當年輕人提出要將摩托車運到元王莊時，李剛對他說，運城賓館有廚師欠我四五百元錢，一直要不回，你若能幫我一個忙，今晚我請客，你也住那裏一分錢也不用花。年輕人答應了。……

到了運城賓館後，李剛在這裏保衛科人員的幫助下，從年輕人身上搜出了匕首和偷車作案工具。他承認這摩托車是偷來的。他們很快找到了車主。後來在公安局的追查下，偷車賊交代了前後偷竊十輛摩托車價值一五萬元的犯罪團夥。李剛靠著自己的機智和警惕性，破獲了一個大案。②如果不是李剛把偷車賊騙到運城賓館，這偷車賊還會逍遙法外，可能還在繼續作騙，更談不到破獲竊車的團夥了。

智擒騙子事，近年亦不時可見，這裏僅舉朱曉春爲例。

駐同安馬巷部隊有個戰士叫朱曉春，曾參加過《法律專業》函授學習，也稍懂一點金銀首飾鑑定

① 《法制周報》一九九八年一月一七日。
② 《法制周報》一九九八年一月一七日。

法。這些都被他應用到日常生活中。一九九七年一月一四日，小朱去附近郵局寄信，遇見兩個年輕人在街旁售賣「金元寶」和「金佛像」。年輕人對圍觀者說，他們在挖地基時挖到一隻破罐子，罐中裝有金物，因急須用錢，欲把他們以低價出售。小朱看了一陣，很快覺察到這可能是一種騙局。他與他們閒扯一陣後說，正好我有一位戰友專門經銷金銀製品，可幫助你們把這些東西處理掉。兩個年輕人信以爲眞，想跟著小朱去看看。當他們來到派出所附近時，感到不大對勁，想溜，可來不及了，在派出所裏，他們受到了審查，果然不錯，那些全是假的金元寶和假的金佛像，兩個販賣者是長期到處作騙的騙子。他們萬沒想到，這一天會被朱曉春所擒獲。

其五，**悲壯的機智**。在寡不敵衆時設法穩住歹徒，最後與之同歸於盡，可謂悲壯的機智。

據傳，台灣歷史上有位姓蘇的年輕司機，眼看一窩歹徒在橫行，強行乘車，把車上乘客幾乎全趕下去。蘇司機見此，怒不可遏，他說服車上僅有的一位老年乘客，讓他也下車去，而後自己駕著車帶著一窩歹徒，從蘇花公路的懸崖上衝入大海。爲消滅一群歹徒，他獻出了年輕的生命。

近年，大陸也有類似的傳說。某地山間公路上，三個持槍歹徒，欲挾持年輕美貌的女司機到林中施暴。女司機情急呼救，令她失望的是，全車乘客無動於衷，只有一個瘦弱的中年男子應聲而起，欲行解救，但一下子被打傷在地。男子見此便大呼車上人都來制止歹徒的暴行，可無人回應。人們任憑女司機在光天化日之下被歹徒蹂躪。事後，三歹徒和女司機仍回車上，繼續上路。車將行，女司機忽然想到要把那位被打傷的中年男子趕下車去。男子感到委曲，不甘心，不願下車，但女司機堅決說，你不下車我就不開車。剛才對暴徒的行徑熟視無睹的滿車乘客，這時也都齊心協力地「勸」說中年男子下車，以免耽擱開車時間。而那三個暴徒更是有恃無恐，將中年男子的行李從車窗上扔出去，把人硬推下去。中年男子下車後，車很快開了。眼看車到了懸崖處，女司機眼裏淌出了淚水，她悄悄加快了車速，越開越快，終像一支離弦的箭，向懸崖衝了出去。……

第二天，當地報紙報導說，一輛中巴摔下山崖，司機和十三名乘客，無一生還。半路被趕下車的中年男子看到報紙後，感動得哭了。①

以上兩位司機，都是用騙的方法，讓無辜的好人下車避免災難，而把歹徒丑類引上車走向絕路。他們用自己的生命懲罰了丑類，其舉動可謂機智而壯烈，一舉廓清天下。

相對說，大權在握者的除惡，比起一般人的除惡要容易得多。但若遇上勁敵，也得通過智力的較量才能達到目的。這從清初的康熙皇帝智除鼇拜事件中不難得到說明。

康熙皇帝八歲登上皇位，權力被鼇拜所把握。鼇拜結黨營私，把康熙視爲傀儡，即使後來康熙長大成人，仍不交權，經常背著康熙私發「矯旨」。康熙雖然心中不滿，但無可奈何。爲了除掉鼇拜，康熙暗下決心，培養和訓練一批親兵衛隊，平時以摔跤、遊戲爲掩護，在準備差不多時開始行動，在鼇拜沒有提防時，一下子將他捆綁起來，然後宣佈其罪狀並永久拘禁，順利地收回最高權力。

歷史上，現實中許多機智行動，騙過敵手，建造了奇功，傳爲美談；可也有些雖屬機智舉措，未收奇效，留下遺憾，故早有人說過：「用得著敵人休，用不著自己羞」。無疑，不能因爲偶有「自己羞」的場面而否定機智的價值。

一〇　智辨淫盜和以騙制騙

歷史上、現實生活中，都存在著辦案人員把一些複雜而曲折的案件不費多大氣力加以破獲，靠什

①《齊魯晚報》一九九七年一二月一五日。

麼？靠他們的機智。且舉幾個例子。

其一，汪旦識破夢佛送子。歷史上，廣西永淳縣的寶蓮寺，設有子孫堂，堂旁多有淨室，傳說在那裏求子的都很靈驗。凡年壯無病而無子的婦女，可到此求子，先齋戒而後留宿淨室。淨室嚴密無隙，求子者的丈夫宿於門外，以做防護，人們神而不疑。

到此任縣令的閩人汪旦得知此事，有懷疑，但缺乏證據，不好隨便處理。爲了弄個水落石出，他找來二妓女，打扮成民婦，前往求子。臨行，汪縣令交代說，夜裏有來人都不要拒絕，但要記住用朱紅和墨汁塗其頭上。

妓女依言而去。第二天黎明，汪旦伏兵寺外，自己往寺中走，一百多僧人倉皇迎接，汪下令衆僧脫去帽子，查出有二個紅頭頂，二個墨頭頂，即著人把他們捆綁起來，再召來衆兵，察看僧舍，發現在床下地上均有暗道與淨室相通。原來他們靠此姦污民婦，美其名爲「夢佛送子」、「觀音送子」、「羅漢送子」。汪旦揭破其騙局，眞相大白，民感其德。①

其二，州官審賊。古時吉安一富家娶妻，有盜賊潛入洞房藏於床下，準備夜間行竊，因富家明燭達旦，賊無從下手，可肚子饑餓難熬，由床下爬出時，被綁送到州官那裏處理，可賊詭辯說，他不是賊而是醫生，因新娘有病疾令他相隨用藥。原來賊在床下聽了夫妻枕邊之語，故能詳細說出富家大小之事。州官欲傳新娘對證，怕有辱聲譽，便選一妓女，盛裝乘車而到，賊以爲她即是新娘，上前喊冤，這即證明賊前面所說皆假話。州官大笑，盜賊見中計，只好認罪伏法。這可說是以騙騙賊。②

① 馮夢龍：《增廣智囊》卷一〇。

② 馮夢龍：《增廣智囊》卷一〇。

其三，**辨盜之智**。古時浦城有一家人被盜，報到官府，緝盜官吏捕來一批嫌犯，偷盜者在其中，但不知是哪一個。代理縣令陳襄想出一個破案辦法。他對嫌犯們說，某廟有一口鐘能辨盜，盜者摸之便會發聲，否則不響。他把衆嫌犯押到鐘前，命他們一一摸鐘。出後驗手，發現除一人外，其餘的手都污黑了，陳襄即扣押那不污手者。原來陳襄命人在鐘面塗上墨，摸鐘者即會使手污黑，偷盜者因畏怕鐘響不敢摸，故可斷定其爲偷盜者。①這可說是用騙的法子來破偷盜案，與其說是用騙，不如說是用智謀。

另據《折獄龜鑑》（宋代鄭克編）載，宋代杭州府官員孫沔，甚有智謀。一次有人告發某乞丐偷走了他的鑊（飯鍋）。孫氏傳訊了乞丐，一看是個殘疾人，乞丐說，我只有一手，手上只有二指，怎會偷他的鑊？孫氏表示同情，說：誣告也。將告狀者趕了出去。乞丐大爲高興，遂用兩指夾鑊，舉到頭上，準備拿走。孫氏見此，下令拿下乞丐，斷他是偷鑊者。原來孫氏故意讓偷盜者現出原形，運用自己智謀明斷了偷盜案。

其四，**發獎金抓案犯和以騙制騙**。河南曹某唐某二人在外出打工途中綁架了一年僅七歲的幼童，欲向其親屬索取現金二萬。一天後，眼看敲詐勒索無望，又恐幼童死亡，於是想到發財新法：由姓曹的向警方「報案」並索獎金。警方根據掌握的案情，爲誘捕罪犯，採取欲擒故縱方法，當面按規定給曹獎金，並「熱情」送他上車站，將翹首以待的唐氏一併抓獲。②

以騙制騙更是絕招。西門豹治鄴的故事可說是家喻戶曉，那是以騙制騙，以騙治騙的大手法。當西門豹得知那裏巫婆勾結三老、廷椽等，以爲河伯娶婦名堂坑害良家女子時，甚是不平，決定臨場驗證其

---

① 沈括：《夢溪筆談》卷一三及馮夢龍：《增廣智囊》卷一〇。

② 《中國青年報》一九九六年一〇月一四日。

騙詐。

河伯娶婦之日，西門豹親臨現場，以觀虛實。既然巫婆與河伯有通，所以先叫她到河伯那裏去報告，說本女子不佳，另求好女，待日後送去。巫婆被投入河中，自然不會回來，又再投入三個弟子，自然也都不會回來，又再投入三老，連所有爲河伯慶婚的用具也全扔入河中。這樣，與行騙有關的人怕了。騙子怕死，投之於死，騙術破矣。此後不再有人敢說河伯娶婦的事了。西門豹此舉，以其人之術，還治其人之身，雖近於戲，而令民心大快，群疑盡釋，故乃千古大智之作也。

以騙制騙是一種反騙，雖是被動的，但後發制勝，就是這種反騙可使行騙者竹籃打水一場空。

清代慵訥居士在其《咫聞錄》卷九說了這麼一則故事。清代南京城一家當鋪一次吃進了一套銅製的假的「純金酒具」，被騙當銀數千兩，那可不是小事。老闆對夥計們說，我們可要記住前幾年嘉興當鋪的教訓……。

原來幾年前嘉興一當鋪吃進一套「純金酒具」，估價一萬兩銀子，當了三千兩。當客走後，當鋪夥計發現該酒具乃銅製假貨，與眞貨價値有天地之別。當客既騙走了三千兩銀子，大概是不會再來贖貨了。對這重大損失，老闆甚是心疼，想嫁禍於人。他們造了一張假當票丟在路旁。有人拾到後花了三千兩銀子並加上利息贖走了當品。當贖貨人發現乃假貨時已無法脫手了。後來假貨又被作騙者設法弄到手，並拿著原來的當票到當鋪取原物。這一回馬槍使該當鋪賠了二萬兩銀子。當鋪倒閉了，老闆和夥計們個個傾家蕩產。

現在南京這家當鋪也遇到了照式照樣的這麼一件事，當然吸收教訓，不能再幹那嫁禍於人的蠢事了。不過，怎麼才能讓行騙者自己拿錢來贖回這套假貨呢？老闆終想出了一個妙計。

老闆暗地請來一老金匠，照式樣再製這麼一套假的「純金酒具」。而後當鋪老闆設宴招待南京大大小小幾十家當鋪老闆。席上，當鋪老闆拿出新做的假貨對同行說：敝號近來做了一筆虧本生意，吃進一套假貨。爲了讓同行們都來長長見識，免得將來重蹈覆轍，我把它拿出讓大家看後當衆銷毀。說罷，老闆將假貨讓同行傳閱，之後，當場丟入一個大火爐中，熔成一塊銅塊。

第二天，南京城傳遍了這件事，人說騙子沒良心，當鋪老闆出手大方。這消息自然也傳到騙子耳中。騙子心想，這下我又可以敲他一筆了。於是，他特地帶了幾千兩銀和那張當票，來到當鋪要贖回原物。

老闆眼見騙子果然中計，不覺暗喜，可臉上卻裝成慌張樣子，說聲可否再過個把月來贖。騙子有恃無恐，立逼要贖原物。過了一陣，老闆眼看戲也做得差不多了，一邊收進那筆銀子，一邊叫夥計拿出原先吃進的假貨。騙子一看，叫聲不好，原來假貨並沒毀掉，自己白跑兩趟，鴨子吃礱糠空開心。他只好收下假貨，心想：我欲騙你可被你反騙了。

這類以騙制騙的作法，在現代生活中同樣可以找到一些例子。

《北京晨報》二〇〇二年八月一日載，七月二九日廣西檢察院反貪局二處張副處長到一酒樓請一外地老同學吃飯，一姓林的副局長，一姓黃的副處長以及一偵察員同去作陪。席上大家談到近來有人冒稱該局反貪人員叫「李處長」，在社會上撞騙，影響很壞。外地老同學說自己曾接待過那「李處長」。於是他們決定會一會「李處長」。外地老同學即用手機引來了「李處長」。「李處長」眼看這個外地老同學，以爲又有什麼事求他了。他剛落座便滔滔不絕談了自己現在正在梧州掛職。大家不動聲色，巧妙地與之周旋。張副處長裝成一個大老闆，說表哥受賄一〇〇萬元而被逮，請李處長幫想點辦法。「李處長」即說，要想保命，至少要花二〇〇萬元。……

在證實「李處長」乃冒牌貨後，林副局長藉故出去通了電話，不多久，三名反貪人員到酒樓把「李處長」帶去反貪局。開頭，他什麼也不承認，當同桌吃飯的幾個人出現在他面前時，他才亂了方寸，交代了自己的眞實身份。他一九六五年出生，初中畢業，當過臨時工。

不難看出，這種以騙制騙並非以惡制惡，而是屬於一種以智制惡的舉動，即智謀之舉。這智謀之舉與譁衆取寵的庸俗作法自有天壤之別。譁衆取寵只會引來好奇心，供人笑笑而已，笑過之後不會留下什麼可咀嚼的東西，以騙制騙則有著耐人尋味的意蘊。

一一　以騙的手法去完成某項任務

這也是一種機智的表現，且看：**飛瓦之術建造飛瓦岩**。

某僧人要在南安雄山上建造一寺廟，木料可隨山砍伐，但要把磚瓦運上山則很困難，只好先堆積於山下。不久，僧人放出話說，要作法飛瓦建屋，並卜定了吉祥之日。到了卜定吉祥之日，遠近來了數千人，人們要一睹僧人飛瓦建屋的法術。而這時僧人卻讓傭工慢慢挑瓦上山。往觀者急於想看僧人飛瓦建屋的法術，就爭著幫助搬瓦上山，不多久，堆積山下的瓦全被搬到山上。僧人笑著出來，面對衆人說，我們的飛瓦之術就是如此。衆人相顧而笑。①

後來，人們參考這傳說，編出了許多類似這傳說的傳說，最有名的，福建有朱熹使飛瓦之技建造講經堂，台灣有蔣允焄使飛瓦神技建超峰寺等。

這種飛瓦神技，當然也是一種騙，只是對這種騙，人們不但不痛恨，且多加讚揚，因爲這騙與智謀相聯繫著。

① 馮夢龍：《增廣智囊》卷十五。

智譯福州話。有人說過，天不怕地不怕，就怕福州人說土話。福州土話不僅難講，而且難聽懂。聽說以前有個福州人到某國當公使，上任時不免要致詞講話。這需要有人當翻譯，可一時找不到合適者，某君欣然承擔此任，博得熱烈掌聲。過後其友誇他精通福州話，可某君說，其實我根本不懂公使的話，只是按例行事，公使上任應講的那些話，我擇其要說幾句而已。——這不是在作騙？正是這種作騙，完成了一件無人可完成的任務，使該公使順利上任。雖是作騙，但有功勞。

這裏要提一提**陳毅的講演**。曾當過中國政府副總理兼外交部長的陳毅，在上海當市長時，一次上台講演時手裏拿著一張白紙當講稿，那也可說是在騙聽衆，爲什麼要這麼「騙」呢？因爲那年代，上台發言都得唸預先寫好的講稿，否則人家會說你不嚴肅，信口開河。這可說是一種安慰人的騙：我不是信口開河。

應急完成某種任務而用騙的作法，在歷史上可見不少。

史載，北宋仁宗寶元元年（一〇三八年）党項困延安七日，幾次危急，統帥范雍頗憂慮。這時一老軍校出來說，虜人不善攻莊，我敢擔保今日萬萬無虞，若有不測，殺我頭。范嘉其言，壯人心。後果然無虞。該軍校得到提拔。對此，人們都說他能料敵制勝。范雍對他說，當時敢出妄言，萬一不驗，是要殺頭的。你考慮到嗎？老軍校笑曰：您不想一想，萬一城陷於敵，您那有時間殺我啊！我不過在於鼓舞衆心啊！① 這同樣是以騙的形式運用自己的智謀。

傳說，古時范蠡曾是小販，爲人機智。有一次，他買了十幾匹馬，欲從鄭州運到吳越去，因本錢少，雇不起保鏢，不敢在盜匪橫行的路上行走。後經打聽得知，富商姜子盾，也正要運上千匹布去吳越

---

①《夢溪筆談補》卷二一。

而正在尋求馬匹。於是范蠡貼出榜文，稱自己組織了一隊馬隊，可免費幫助客商去吳越。姜子盾看到榜文後即找上門來，兩人一拍即合。姜雇了一批武士當保鏢，稍加安排即上路。一路上越過許多難關險阻，很快到達目的地。范蠡就靠著姜子盾的保鏢，順利運馬到吳越。

以騙的手法表現出的機智，還可提到清代袁枚審理兄弟分財產案。

傳說，清代乾隆年間錢塘詩人袁枚（一七一六－一七九八年），在江蘇上元當縣令時，曾爲鄰縣兩兄弟審理了財產糾紛案。

如皋縣豪富常厚德，生有二子，長望義次望禮，兩子相差十多歲。常厚德去世時，次子還年小。臨終時，他將兩子喚到跟前，在財產中提出一部分用於次子他日成婚花費，當面交長子辦理；然後再將大部銀錢交老大保管，言明等老二成家後分一半給他。後來老二長大成人，老大爲之娶了媳婦，但當年父親交他保管的銀錢不分給他。望禮要了多次都沒要到，只好告到縣衙，但因空口無憑，官司打不贏。衆人見了都爲之抱不平，有人對他說，上元縣令袁枚，斷案如神，被稱爲袁青天，如果到那裏告狀，也許能討回公道。

望禮聽從衆人之勸，拿著狀詞來到上元縣衙。因爲是越境告狀，又無字據，一時難得受理。衙役欲將他趕出衙署。只是袁枚聽了望禮的申述，頗爲同情，權且暗中把他保護起來，待機再做處理。事有湊巧，上元縣有一新破獲的海盜案正在審理，袁枚想用來一試。因此，袁枚暗中著人使盜賊供咬如皋常望義夥盜銀錢。袁枚用此口供，備了文書，越境拘捕了望義，抄其家中所藏銀錢。望義到案聽審，口喊冤枉，並說，家中所藏銀錢乃家父所留，而且其中有一半乃弟弟望禮的，只是尙未分給他。這話正是袁枚所等待的。他聽後即說，這事須喚來你弟對質。望禮到場後，袁枚問他說：案犯嫌疑人常望義，口稱是你兄長，家裏抄出很多銀錢，說是你父生前所留，其中有一半是你的尙未分給你，可是事實？望禮回說：望義是我兄長，並非盜賊；他家所藏銀錢，並非賊贓，乃家父所留，其中有一半屬本人的，請大人明斷是非。望義聽了這話，很是感動。

到了這時，袁枚便對望義說：既然你家銀錢有一半是你弟的，理應分給他。我今當堂爲你倆平分，如何？望義眼看縣令不冤枉他，也很感激，同意當堂分一半銀錢給其弟。——袁枚眼看案情順利辦妥，也很高興，便對兩兄弟說，今後不論對待何人，都應本著君子愛財取之有道原則，不可見錢心爛。你們兄弟親如手足，應互相幫助。……

他如以巧計討回失物，亦屬以騙手法表現出的機智。

《知音．海外版》一九九九年第二期載，某年春，上海在一次外事活動中發生一起「九龍杯失竊事」。從當時拍錄的電視中發現，一位外賓，某國外交部一文化秘書，趁人不注意時，突然把一隻九龍杯放進自己的提包裏。

向外賓要回被暗中有意拿走的貴重物品，弄不好不免會傷及情面，能用巧計討回自是最理想的。因此，周恩來總理指示說，九龍杯是國寶，要設法追回，可通過晚會上的雜技表演來解決。

管理人員瞭解到，那位外賓對九龍杯甚珍重，放在手提包中寸步不離。

在三月二六日的晚會上，該外賓帶著手提包到場觀看各種節目表演。晚會主要是雜技表演，其中有一道節目是「魔術」。人們只見魔術師風度翩翩地走上舞台，手裏拿一盤子，上面遮一塊布。他把盤子放在桌上，揭去上面的布，盤子裏現出一隻九龍杯。魔術師掏出一道具手槍，對觀衆說道：我只要槍聲一響，想讓杯子飛到哪裡，就可以飛到那裡，不信就請看。——說完，他舉槍朝九龍杯「啪」的一聲，九龍杯不見了。這時魔術師走到台下，對著拿手提包的那位外交官指了一下，笑著說：那杯子就在這位貴賓手提包裏，請打開手提包看看。

那位外交官這時已明白是怎麼回事了，只好打開手提包「驚奇」地拿出那只在他包裏藏了二十幾個小時的九龍杯。

這是由周恩來與有關人員精心安排的巧計，九龍杯終取回來，一直傳爲佳話。

到現場拍攝盜賊行盜的照片，大有助於破案，也得靠一種機智。《羊城晚報》一九九九年一二月六日載，《楚天都市報》記者王浩峰，爲了拍攝武漢江岸鐵路段火車物資被盜的現場，不惜裝瘋賣傻，混跡於盜賊身邊進行現場偵察。盜賊們見他「瘋瘋癲癲」，有時還倒在水中打滾，逐漸對他放鬆警惕。一九九九年一一月三〇日下午，王浩峰順利地拍下了一夥盜賊作案的鏡頭，爲公安部門提供了第一手資料。

此外，以騙等手法抓逃犯和小偷同樣是一種機智。

《廈門晚報》一九九九年九月三〇日載，九月二六日，某派出所得知有兩逃犯出沒在廈門某酒店，即派出三民警前往查拿，但久久不開門，民警急中生智，大喝一聲：「地震了，快出來！」兩逃犯聞聲奪門而出，被逮個正著。

《廈門晚報》一九九九年一二月一七日載，一二月一六日廈門一五路公交車上有人喊：我的手機不見了。駕駛員陳金森連忙關上車門，問清手機號碼，立即撥號，手機在小偷口袋裏響起，陳金森將小偷抓住並報警，人稱他智擒小偷。

他如有的民警爲了抓捕強姦犯和流氓，故意化裝成女子在偏僻地方捕獲獵物，每有所聞，人多讚頌，那同樣是機智的舉動。

一二 以大誆大和「狡智」

爲了欺騙老百姓，也爲了欺騙爲其賣命的官僚，歷代封建帝王都要稱自己是上天之子即天子，說自己乃龍的化身，是不同凡響的特種人。公開反對這種欺騙的，多是率衆起義的農民造反領袖。只是他們多半也離不開騙字。他們深怕別人不服從其指揮，也假稱自己身世不凡，得到神靈的支持，以安定民心，鼓舞士氣。秦末農民起義軍領袖陳勝、吳廣在造反過程中，爲了樹立自己的威信，在一塊絹帛上寫了「陳勝王」三字，而後塞進別人捕的魚的肚子中，再拿去市場上賣，讓人見了迅速傳開，以證明陳勝爲王乃天意。爲了進一步騙士卒，他們還讓人在士卒住處學狐狸叫，叫聲是「大楚興，陳勝王」。這樣做自然要使士卒們甘心情願地跟他們造反。

這種騙人作法，清時太平天國運動初期，洪秀全也採用過。洪秀全爲了反抗清朝統治，創立了拜上帝會，爲了說服信徒們跟他造反，也編造說，他自己生病時遊過天堂，見過上帝，受了命在人間拯救萬民，果然也起過作用，掀起一場轟轟烈烈的反清鬥爭。

在科學不發達的年代，民衆相信那些騙人話，甘心情願地聽指揮。這種爲了造反成功，借助神靈力量，編造騙人的假話，其目的還主要是爲了組織力量進行鬥爭，也屬於一種智謀的運用，因此那種作法不能多加指責。

引經據典冠冕堂皇作騙，也是以大誆大。

史載：三國時吳使張溫到蜀，蜀國文武百官按時聚集歡迎，唯有學士秦宓遲到，引起張溫不滿。他問孔明：此爲何人？孔明告訴他說，是學士秦宓。張溫想考他一下。於是有以下問答：

張：君讀書學習嗎？

秦：蜀中五尺童子都學習，我豈能例外？

張：君既學習，可知天有頭嗎？

秦：有頭。

張：在什麼方向？

秦：在西方。詩云「乃眷西顧」。

張：天有耳嗎？

秦：有耳。天處高而聽卑。詩云：「鶴鳴九皐，聲聞於天」。

張：天有足嗎？

秦：有足。詩云：「天步艱難」，沒足怎能行走？

張：天有姓嗎？

秦：有姓，姓劉。

張：如何知姓劉？

秦：以漢室天子姓劉得知。

張：太陽是生於東方嗎？

秦：雖生於東方，實際到最後沉浸於西方。

見此對答，在座官吏皆驚服。

其實，所答皆非眞實，只是信口開河，騙得百官驚服，可謂才騙。

「狡智」表現形式多種多樣，其中有一種是以退為進。傳說，鬼谷子曾是孫臏和龐涓的老師。鬼谷子教他們兵法時，想測試一下二人的智力。他坐在山洞裏對二人說，看你們誰能有辦法把我從洞裏叫到外面去，就算有本領。龐涓連哄帶嚇，甚至聲言要放火燒洞。可鬼谷子安坐不動。孫臏呢？他對鬼谷子說，我沒辦法將您請出洞外，但有辦法把您請到洞內。鬼谷子不信，便走出了洞外，等孫臏把他騙入洞內。可正因此，孫臏達到目的了。他對鬼谷子說：這不是把您請出洞了嗎？鬼谷子這才發現自己受騙了。

這事可能是從馮夢龍的《增廣智囊》中移來的，在《增廣智囊》中，有「朱古民誘湯生出門」一節，說：一年冬日，朱古民在湯生的書齋中做客。湯生說：君素來多智術，今日我坐在室中，能誘騙我出到門外嗎？朱古民說：「門外風大寒冷，你必定不肯出去。倘若君先站在門外，我就以室中的受用來誘引君，君一定會進來的。」湯生聽了朱氏的話，就到門外去。這時朱氏拍手大笑，曰：「我已經誘騙君出門外了。」

乘隙取勝亦可視為「狡智」。沈括在《夢溪筆談》（卷十三）中講到，濠州定遠縣有個弓箭手，善於用矛，遠近的人都佩服他，唯有個竊賊對他很蔑視。因他亦善於刺劍，本領與弓箭手不相上下，曾發誓：要與之決生死。一天，弓箭手因有事來到村裏，剛好該竊賊也在那裏飲酒。這一相遇猶如仇人相見分外眼紅，不由分說即鬥打起來，觀者如堵。兩人不分勝負。弓箭手忽對竊賊說：尉官來了，你敢與我一起到尉官馬前決一生死嗎？對方答曰：可以！弓箭手應聲以矛刺之，一舉而斃，是謂乘其隙而取勝也。

他如為應付尷尬局面，**臨機應變**的應急措施，有些亦屬於狡智範疇。據傳，某君負責勞教人員的教育工作，常給勞改農場人員上課、做報告。一次，他上台時不小心被絆了一跤，台下一陣哄聲。此君馬上爬起來對大家說，「這便是我今天要講的第一句話：一個人一生中難免會摔跤，關鍵在於自己能爬起來。」一場尷尬變成嚴肅的現場教育，台下肅然。

有一種**別出心裁的「假廣告」**，也屬於「狡智」作法。傳說，某飯店門口掛有醒目招牌：「最糟糕的食品店」。對此，好奇的顧客多樂於一顧。可品嚐之後，人們發現，這裏賣的幾乎全是美味佳肴。結果，該店美名遠播，顧客紛至沓來，生意紅火。

一些工廠也學樣，他們打出廣告：本廠有一批最差勁的產品將在商場展銷，可試用，可隨時退換，買者可分期付款。偏有人要看看這最差勁的產品，人們爭著試用，結果廠家名聲大揚，其產品也成了搶手貨。

一三文字和語言機智

爲了某些事而借助文字的組合變化，來達到目的，我們稱之爲「文字機智」。

傳說從前有一老翁，花甲得一子，高興非常，結果中風不起，一拖就好幾年，爲了讓女婿能幫助把幼子撫養成人，老翁動了腦筋，臨終前寫下未加標點的遺書：「六十老頭生一子人說非是吾子也家產田園盡付與女婿外人不得干涉」。遺書一式兩份，分別付與五歲幼子和女婿。

此後，女婿一直幫助料理家事。十幾年後，老翁之子長大成人，要與姐夫分家，姐夫以岳父遺書爲據不肯分給家產。因此，小子告到官衙。

在官衙中，女婿申辯說，非我不給，而是岳父遺書寫得明白「六十老頭生一子，人說非是吾子也，家產田園盡付與女婿，外人不得干涉」。

審理本案的官員，考慮再三，遺書無標點符號，按老頭女婿所說顯然不合情理。該官員細心推敲琢磨之後，找到合乎情理的解釋：老頭爲了讓女婿能盡心幫其撫養幼兒，故意寫下此遺書，認定將來即使發生爭執，必有人主持公道，所以遺書的讀法就應說是「六十老頭生一子，人說非，是吾子也，家產田園盡付與，女婿外人不得干涉」。衆人聽了無不佩服老頭機智而用心良苦；無不佩服審案官員明事理且主持公道。

更改個別文字從而改變詩句原意，用以激勵人們的鬥志，也表現出運用文字的機智。

明末廣東嘉應州舉人李文固，終身不仕，名滿南粵。文固有個叔父，官居明朝的梅縣知縣，時滿族貴族已入主中原，建立了清政權並派吳三桂領兵南下。形勢逼人，明朝官員必須盡快做出選擇。文固的叔父想投靠清廷以保住官位。因此，他宴請幾位巨紳和僚屬商議此事。文固也參加了，並在宴上建議以唐詩爲令，錯者罰酒。經大家同意後，他自己首先念了「清明時節兩紛紛」，其叔父聽了說，你自己念錯了該先罰，可文固跪下哭說：「眼下正是清明兩紛紛之時，望叔父三思而後行！」叔父恍然大悟，擊桌說：「我爲明朝之臣，要死守此城！」滿座賓客大受感染，群情激昂。後來這位知縣率衆守城，直到最後城破而殺身殉職。

明末，中國封建社會改朝換代，人心混亂，漢人知識份子以「漢賊不兩立」思想，把滿清看成異族，自是不妥的，這因爲中國是多民族組成的國家，任何一族都有權爭當國家統治者。當然，兩軍對壘各爲其主，講氣節，也無可非議。

爲補救漏字而更改詩的原意，亦表現出文字上的機智。

據傳，清乾隆年間，大學士劉墉，一次爲乾隆皇帝書寫摺扇。摺扇正面畫有〈九曲黃河圖〉，劉墉原要寫上唐朝詩人王之煥的〈涼州詞〉，以與之相配，可因粗心，把詩中的「間」寫漏了，於是全詩成了「黃河遠上白雲一片孤城萬仞山羌笛何須怨楊柳春風不度玉門關」。把漏字的唐詩呈獻給皇帝，乃是大大不敬。乾隆皇帝對詩甚內行，不免發怒起來。劉墉也很快發覺了，但他從容鎮定，想了一會，不慌不忙地說，臣並非寫什麼漏字唐詩，那是臣根據古人詩意，自己寫成一首小詞。接著，劉墉念了自己的小詞：「黃河遠上，白雲一片，孤城萬仞山，羌笛何須怨？楊柳春風，不度玉門關。」斷句自然合轍，無懈可擊，乾隆皇帝聽了轉怒爲喜，還稱讚了一番。

這裏人們看到，劉墉由於思想敏捷，發揮文字上的機智，把即將臨頭的一場災難毫不費力地化解冰消，給後人留下了美談。

在日常生活中也可以找到許多有關文字方面的機智。

傳說，某君到朋友家做客，因遇雨，一連留住幾天，主人想趕客，不便明言，而在牆上貼了一條子：「下雨天留客，天留人不留。」客人明白主人意，可故意將條子的標點稍加改動，結果成了：「下雨天，留客天，留人不？留。」主人看了哭笑不得，可謂爲難了主人。

又據傳，國民黨元老于右任，寫得一手好字。因辦公樓附近常有人隨地小便不講衛生，于右任甚爲惱火，便寫了一告示貼於牆上：「不可隨處小便」。有人甚珍重于的手跡，便把該告示撕下，稍加剪貼後拼湊成：「小處不可隨便」。用以貼於自己住處廳裏供人欣賞。

以上因標點符號和字的移動，成了意思不同的文句，亦表現一種在文字方面的機智。他如，在歷史上有人將「還欠了債」改成「還了欠債」，將「屢戰屢敗」改成「屢敗屢戰」，現實中則有人將「天才」解釋爲「天生之蠢材」，將「可愛」解釋成「可惜沒人愛」等，都被看成是文字上的機智，每每傳爲美談。

除了文字，還可提到語言方面的機智。

看過電視劇《宰相劉羅鍋》的人，都還記得，劉羅鍋（劉墉）把乾隆皇帝稱爲「老頭子」，令人好笑。或說，其實這句話是紀曉嵐說的。據傳，紀曉嵐接受編輯《四庫全書》任務後，不避寒暑全力以赴。乾隆皇帝對《四庫全書》的編輯甚是關心，經常到紀曉嵐工作地方瞭解編輯進度。某年大熱天的一天，紀氏正在工作室裏赤膊上陣，揮筆編文，忽報皇上駕到。紀氏慌了，赤膊面君，不免有欺君之嫌，急中躲身於床鋪底下，想等乾隆走後再出來寫作。誰知乾隆眼看紀氏不在，便坐下拿起文稿就看，看了甚入神，一時不想走。可躲在床下的紀曉嵐有點吃不消了，因爲外頭沒有聲音，以爲乾隆走了，便試問說：「老頭子走了沒有？」這下驚動了乾隆皇帝，這麼熱天氣，竟有人藏在床鋪底下，不免感到奇怪，即令他出來。紀氏只好出來向乾隆叩頭認錯。乾隆倒也不計較，只問：你說的老頭子是什麼意思？這個當然難不倒紀曉嵐，他說：老是老資格，頭是頭人，子是對有學問修養的人之美稱，皇上您最適合這個稱呼。——原先乾隆聽了紀氏稱他老頭子，感到有些刺耳，現在經他這麼解釋，心裏樂不可支。有說此後「老頭子」便成了男人的美稱。原來是紀氏無意中漏嘴的不敬語，由於機智，解釋成無懈可擊的美語。這自是與紀氏學識廣博又爲人機敏所分不開的。

以錯來考驗人，有時也顯出機智。據傳，歐洲歷史上曾舉行過一次交響樂指揮大賽，評委故意把樂譜弄錯，以檢驗指揮者的判斷力。結果，有的參賽者因屈同權威，不敢懷疑而被淘汰。指揮家小澤征爾則不顧權威而大吼：「樂譜錯了！」贏得評判台上熱烈掌聲。人說這是以機智評出了水平。

一四　醫療機智

在醫療上，有時用作騙的方法，出現了奇蹟，達到了治病的效果，我們把這種作法稱爲醫療機智。

傳說，古時有一少年來診病，說眼中常有一小鏡子。名醫趙卿觀診後，約少年某日來吃魚肉好菜。少年如期到來，趙卿就將他引入內堂，囑咐家人好好招待，自己說完就出去了。趙家人很快擺好飯菜，但只端上一碗醋，不見其他菜，等了許久，少年感到有些飢餓，聞到醋香便喝了一口，覺得胸中很舒服，眼中小鏡消失，於是把這一碗醋全喝了。

待少年喝完醋，趙卿便出來表示歉意，說道：「郎君之病是因吃肉太多，經診胸中又有物阻塞，所以覺得眼中有小鏡，這是眼花之故。飽肚食醋不能使你感到暢快，只是想使你在覺得飢餓時吃醋就能解病。今日果然病除。所說酒肉好菜，只是哄騙而已。」①

孫思邈爲李世民治病，大體也屬於這一類。

傳說，唐代名醫孫思邈，眼看唐王李世民精神恍惚，疑神疑鬼，便叫來四九個人做了一個大泥球。而後叫李世民不停地看著大泥球，等看到第四九天，泥球化盡，病亦可好。李世民照辦了，可等到第四九天，泥球依舊，而李世民的病眞好了。這叫「泥丸收神」治病法，屬於一種心理治療法，亦是治療上的一種機智的運用。

醫療機智，自不止這些，順手再舉一些例子。

一是怒斷戀母情。相傳，古時有位姑娘，自幼倍受母愛，母女骨肉情深，難捨難分，後來姑娘嫁了人，不久又遇母親突然病故，姑娘悲痛交加，日久成疾，吃了許多藥均不見效。名醫韓世良診後對其丈夫說，「其病是因爲過於思念所致，靠藥不易治癒，須用特殊辦法，斷其思念之情」。因該女平素酷信巫師，所以其夫暗地訪求一巫婆，假扮患者母親顯靈，以話激怒患者，用以斷絕戀母之情。徵得妻子同意後，其夫把巫婆請到家裏。焚香磕拜後，巫婆便學著母親的聲調說起話來，她也眞以爲是母親顯靈。說到傷心處，姑娘失聲痛哭。這時，顯靈的母親突然改變神色，怒氣沖沖說：「別哭了，你我命相剋，我的死就是你相剋的結果，我要報前仇，你的病就是我對你的報復。以前我們是母女，如今我們是仇敵！」女兒聽了甚驚訝，轉悲爲怒，喊道：「我因思母而病，而母反來害我，念母何用？」

此後，該女不再思念母親，其病也就慢慢痊癒了。

二是「糊塗醫」治好疑難病。傳說清朝某一官員，年老失寵，整天悶悶不樂，飲食不思，失眠多

① 馮夢龍：《增廣智囊》卷一五。

夢，請了不少醫師診治，服了不少藥，均不見效。後來找到一位姓葉的醫師診治。葉醫師細問病史，切脈看舌，望神觀色後開了一處方，僅寫：「沖任失調」四個字，藥店夥計看了不覺失笑。原來沖任失調乃婦女月經不調，堂堂名醫如此糊塗，怎不可笑？該失寵官員拿著處方，一路笑著回家，並逢人便訴說這笑話，逗得大家哈哈大笑，自己更是想起便覺好笑。此後再不輕易求醫。

說來也怪，患者雖不求醫問藥，可過了一段時間，反覺吃飯香了，睡覺好多了，精神爽快多了。有一天，他特地去找那位葉醫師，想向他指明不該一時糊塗亂開藥方。葉醫師對他說：你的病基本好了。患者說，可我並沒服藥啊！葉醫師笑笑說：你實際上服了我開的藥，只是不知不覺罷了。

患者想了想，不覺稱奇，感謝葉醫師的用意。這是一種醫療機智啊！①

三是怪藥引治怪病。清初名醫傅山，常爲病人醫治各種怪病，效果頗佳。一天，有個姓李的老闆求治。李老闆身患重病，食欲不好，睡眠欠佳，頭昏腦脹，目光呆滯，倦怠乏力，形削骨立，虛羸已極。傅大夫診斷他勞心過度，損脾傷肝。傅大夫開了藥方後對李老闆說，藥引兩味很難尋，一是人腦百個，二是盤龍草百條。所謂人腦是指浸透了人的頭油的舊氈帽，而戴過的舊草帽就是盤龍草。這兩味藥引，要在每天清晨，到挑擔推車人那裏去找。此後，李老闆每天清早起來便走到城門口去找這奇藥引。時間一天天過去，藥引越找越多，李老闆的心情也越來越愉快。一年多後，他帶著找齊的藥引去傅大夫處求方。可傅大夫說，你的病已好了，不必開什麼藥方了。李老闆這時才恍然大悟：傅大夫這奇特藥引是讓他轉移意念，活動筋骨，治療怪病。②

---

①《中華醫藥報》一九九七年三月二八日。

②《大衆衛生報》一九九七年九月一二日。

他如同類療法亦屬醫療機智。人稱這同類療法是醫人不醫病，少用藥，甚至不用藥，而用一種帶騙的作法達到療效。傳說英國女皇伊麗莎白在頭胎分娩時有難產徵象，群醫束手無策，欲行手術，而御醫約翰爾爵士採用如同哄騙小孩的作法，即同類療法。幾分鐘後，女皇產下一男嬰即查理王子。這事使同類療法聲譽大揚。

激怒療法，也是一種用騙來治療某些疾病的方法。《呂氏春秋》載，齊文王患憂慮症，臥床不起，派人到宋國請來名醫文摯為之治療。文摯看了齊文王病情後認為須用騙的方法去激怒他，使他精神得以轉移，即可治好其病。得到太子保證其安全的承諾後，文摯開始著手給文王治療。他三次失約，引得文王的惱怒，最後總算來了，可又不講究禮節，上床亂踩文王衣服，粗話連篇。文王忍無可忍，起身破口大罵文摯。就這麼一怒一罵，竟使文王病好了。這便是以騙激怒文王，以怒動其身形衝破憂傷情緒，終使病癒。

另傳說，清康熙年間，江蘇藩台（省級官員），忽然兩眼失明，即著人找名醫葉天士為之治療，葉亦用激怒法，將該藩台的病治好，並傳為美談。這種激怒法或稱「遷怒」治病，人說是把致病情緒發洩出來，使之消除。或說暴喜傷陽，暴怒傷陰，陽傷則陰盛，必須激起大怒，才能抑制陰氣而伸張陽氣。

瀉藥除驚，也是用騙的方法轉移病人精神，達到治療效果。《增廣智囊》一書載，唐時有一婦女因誤食一條小蟲，經常驚怕，而釀成病，四處尋醫未能治好。後到京城找一醫師治療。該醫師瞭解到婦人病因後，找來婦人家中一位能謹密辦事的人，交代說，回去後用瀉藥讓病人吐瀉，用缸盂盛接，在病人嘔吐時就說有一小蝦蟆爬出，這樣婦人之病便可永除。後果然如此。這裏實也是騙婦人說有蟲出來，讓婦人心神安定下來。

民間傳說，有一位雙手不能活動的病人，向某醫師求治，某醫師將患病者置於眾人面前，手持剪刀，要剪其褲帶，病人見了急速以其手伸到腰間提褲。就是這麼一個簡單的動作，病者手會活動了，這裏也是通用騙的方法，即要剪其褲帶的動作，刺激病人去動自己的手。

一五 堵漏機智和治靜機智

人們在日常生活和工作中，出點紕漏乃是常有的事。在紕漏面前，有的人表現出無能爲力，甚爲尷尬，有的人則以自己的機智，把漏洞堵得天衣無縫。

傳說，我國古代有一畫家，爲權勢者繪畫了一幅屏風圖，畫好後稍不小心，讓一滴墨水滴在圖上，甚煞風景。重新繪來不但費時，且趕不上敬獻。畫家有點爲難。苦想一番後，畫家拿起畫筆，將圖上的那一滴黑點，畫成了一隻蒼蠅停泊於屏風上，別有一番情趣。權勢者拿到屏風圖展開觀賞時，以爲圖上的蒼蠅是眞的，還用手去趕它。這不難想像那蒼蠅繪畫逼眞的程度。

該畫家這樣作法，既表明他畫技高超，更表現出他的機智，不但騙過權勢者，還給後世留下了美談。

個別演員或因臨場慌張或因心在想別事，有時講錯台詞或做錯動作，不免引起台下觀衆的哄笑。這時，有的演員隨機應變，來個補白或外加動作，把錯台詞、錯動作補得天衣無縫。這類作法亦屬堵紕漏的機智。

這種堵漏洞的機智，在勞動者中亦每有所聞。蓋伊・塔列西在《機智的裁縫》中，描寫義大利某地一家裁縫店老闆克里斯蒂亞尼，手藝精湛，人多讚揚，生意紅火。一天，店裏來了一個本地黑手黨頭目加斯蒂里亞，要訂製一套式樣怪奇的服裝，且限期取件。裁縫店老闆不得不接受下來。他花了好些時間好不容易想出了一種較令人滿意的式樣。但不知怎麼搞的，褲子的左膝被割破了一塊。當然不能用補的辦法來解決。老闆使出渾身解數，終想出了一種完美的辦法：把褲子右膝上也剪下一塊，使之與左邊對稱，然後兩邊都增加了花紋，並稱說這是最新式樣。爲了自圓其說，他把店裏夥計們所穿的褲子，也都在兩膝貼上一塊花紋。他對加斯蒂里亞說，這種新式樣的服裝從我們開始，在外面您算第一人。加斯蒂里亞聽了頗滿意，高興地穿著新式樣服裝走了。——一個漏子就這樣被裁縫店老闆的機智堵住了。

與堵漏洞一起的，還可以提到治髒中的機智，那是治髒中的巧設施。

荷蘭阿姆斯特丹火車站的男廁所，曾尿流滿地，甚不衛生，令當地主管機關頭痛。市政府特別撥款研究保持清潔的作法。他們做了多次試驗，都失敗了。後來研究小組分析了失敗的原因，得出的結論是：到荷蘭觀光的客人，以德國人爲主，他們極厭惡蒼蠅；若在馬桶內釉一隻小小的宛如往上爬的蒼蠅，必會引起注意。這試驗果然成功。釉在馬桶內的假蒼蠅帶給阿姆斯特丹火車站一片淨土。①

以上，人們不難看到一個事實：智謀何嘗不是騙？

一六　殺價機智

在市場經濟下，顧客進入商業部門買貨購物，稍不小心就會挨宰受騙，只有那些肯動腦子、敢於機智殺價者，有望不受宰或少受宰，即有望買到價廉物美的貨物。請看事實：

有說，某人走進一家商店，看到店裏缺什麼就說要買什麼，愈說愈多。「你開店是幹什麼的？」這頗令店主感到有點愧意。然後，購物者隨便拿一件要買的商品，說聲：「來買東西總不能空手回去啊！」店主見此，自不敢要價太高，以較便宜的價格賣給。

①《廈門晚報》一九九八年二月一日。

據傳，有人走進商場，見到物品就狠狠殺價，直到對方勉強售賣爲止。這時對照標價，不免令人驚訝，它便宜了三分之一甚至一半。這裏買者不僅要機智，且要捨得花時間跟老闆磨嘴皮。

有人一走進商店，先把一些高檔品說得一文不值，即從中挑出一大堆毛病來，看上去好像不是來買東西的樣子，但也在手裏挑了三兩件物品。老闆料他不會購買，故意把價格說得很低，沒想到，他買了。這時老闆感到自己虧了，但不好反悔了，只好賣給。

也有人進商店見到滿意的商品，想買，但在表面上卻裝成不值一顧樣子，又裝著內行樣子，說它這不行，那不行。老闆聽了不是滋味，但又不敢怠慢，便以低價售給，終讓他佔了便宜。

或說，有人走進服裝店，先不問價格，而挑幾件不合身的衣服試穿，顯得不倫不類，弄得老闆十分尷尬，只好說，你再挑選看。他裝出不想買的樣子，但還是挑了自己所需的衣服，老闆見此，便以便宜價格賣他。他不以爲然，但心滿意足地走了。

還有裝內行的。有人走進商店，拿起自己想買的貨物，對著標價說：家裏人（或朋友）買過，一樣的貨，價格只這裏的一半。表現出不平之意。同時，他還講了該物的毛病。老闆以爲他眞的內行，降價一半售賣。他大喜過望。

有人要買鞋，走進鞋店，拿了一雙鞋試穿起來，明明不錯，硬說穿著很難受，但又對這雙樣式還滿意。老闆眼看生意即將到手，不可錯過，便答應便宜些賣給他。

有人走進商店，對某物看了看，心中喜歡，可臉上裝出不悅樣子，想買又說不買。爲了推銷商品，老闆只好降價出售。

也有人一進商店就對各種商品大加砍殺，口裏說著這太差，那太貴的話，說後便走，一會又回頭，拿起一種商品（自是自己要買的），對老闆說，我是下崗待業人員，想買此件東西，身上只這些錢，賣就買，不賣拉倒。老闆動起惻隱之心，說聲：你就拿去吧。對方似還不大相信，問：眞的？答：當然。他沒想到有這麼合算的事。

有說，某人進店想買某物品，討價還價半天，而後揚長而去，像是不想買樣子。老闆眼看到手生意吹了，心裏不甘，急忙拉他回來再議，終以便宜價格售賣，還是讓他得了便宜。①

機智殺價常被看成小氣者的舉動，問題是若不小氣，常會挨大宰。

一七一 些令人稱道的善騙

騙人有時爲了某種好事，是謂善騙，即善意之騙，這種善意之騙，在古今中外均可找到例子。

《安士全書》中講到有個叫林俊的，是明代嘉靖時的尙書，爲勸人不宰耕牛，編了假話騙衆人。時福建布政使胡鋒宴客，林俊在席上忽然昏倦熟寢，良久方蘇。醒時說自己被召至冥府，是當過尙書的祖宗林聰把他找去。祖宗對他說，他過去當縣令時未禁宰牛，閻王要罰他減壽十年，由林聰來攝他去。林俊辯解說，自己當縣令時出過禁宰牛的佈告，不信可查。縣土地神便以林俊禁榜呈覆，林聰見了即代申奏，於是還壽十年，將林俊送回陽間。座客聽了林俊講述，皆大驚，一齊發誓不再宰牛，不再吃牛肉，云。②當時農業生產非常落後，而牛是農業生產的主要勞動力，爲了保護農業生產的主要勞動力，他編造了這個騙人的夢。至於此後宰牛事是否減少了，未見記載。不過這林俊騙人的用意是很明白的。

《陳永貴傳奇》載，宋立英乃外村到大寨的童養媳，在賈慶才家長大，後與賈慶才成親，婚後感情

① 參《家庭生活報》二〇〇〇年一二月一二日。
② 《安全全書》萬善先資集卷一「宰官」。

很不錯，因賈長她二〇歲，有人勸她離婚，另找年輕的，她動心了，便鬧起了離婚。陳永貴眼看他們倆都是村裏好幹部，想勸他們一下。一年夏天，他讓賈慶才趕牛到深山去放牧，幾天內不要回家。

次日，陳永貴對宋立英說：慶才因不順心事出了問題，從山上跌下來，救不成，快去找些半舊的衣服把他收拾了。宋立英一聽此話，大為震驚，哭得十分傷心。陳永貴說，你哭什麼！不是離婚了，已不是一家人了，還哭什麼？立英說，慶才是個可憐的人啊！接著她說了一大堆自己的不是，說了賈的一大堆好話，表示很後悔。陳永貴心想火候到了，便笑著對立英說，這是我的一場騙局，騙你的。

此後二人和好如初，後來宋立英還當了省婦聯副主任，全國婦聯執委和政協委員。到了九十年代時一個八十多歲了，一個六十多歲，仍是好好的一對。人說這是陳永貴用騙的結果。

希望小孩子上進，有時也多用騙的方法以作鼓勵。明明是個難寫的字，一件難做的事，老師或大人都騙說，那不難；小孩字寫得不好，事情做得很差，老師或大人騙說寫得好，做得棒。這種帶有鼓勵性質的騙，可說是善意的騙，這種善意的騙常常會給小孩帶來信心。

有些騙出於鼓勵民衆努力奮鬥。一九七六年中國總理周恩來去世，杭州二三歲的青年工人李君旭假造一份「總理遺言」，影響頗大。這種騙是從善良願望出發，一時也騙了好些人。那是善意的騙。

有些騙，在騙者未必為了鼓勵，可會給受騙者留下美好的回憶。報載，某華僑中學一女生的姐姐給她一盒生日蛋糕，從窗口放入宿舍時，正好落在靠窗口的張西西床上。下課回宿舍，張西西看到生日蛋糕，高興極了，但不知道是誰送的，同學們胡亂猜著，有猜說送者是女的，有猜說是男的。有人惡作劇地說，張西西這麼醜哪會有男孩子喜歡她？那位女生明知底細，但不願去傷害張西西的心，故意不說是自己姐姐送來的，放錯了位，而有意作騙說，她看見是一位很英俊的男子送來的。這樣，張西西心裏不平靜了。一連幾星期，宿舍周末的話題，都圍繞送蛋糕給張西西的神秘男子。那位女生幾次想講出眞相，好讓張西西死了那份心，可不願開口，一直騙著她。畢業後，張西西隨家人到美國定居，仍帶著這份甜蜜的夢想搭上飛機，飛向不可預知的未來。六年後，張西西嫁給一位美籍華人，她也終於知道了當年所謂送生日蛋糕的男子只是一場美麗的誤會，但她感謝行騙者給她一段美好的回憶。①

善良人騙老實人也多採用善意的騙。有則故事講到某人事處長石某是個正派人物，五十多歲了，只因參與處理職工聚眾看黃色錄影帶事，竟對黃色錄影帶產生好奇心，也想看一看。在一次組織先進工作者到溫州雁蕩山旅遊中，石某任隊長，帶領大家參觀。最後一天讓大家自由活動，他自己想到街上買盒黃色錄影帶帶回家觀賞。賣錄影帶的兩女子見他欲購黃色錄影帶有些驚訝！先說很貴，又說要到郊區才能試看，石某心裏不紮實，怕出事，就說不試看也可以，盡快以高價買下。買後又擔心被檢查到，故意把它裝在新買的特大皮帶下，沒想到在碼頭上船時，因過於緊張，皮帶斷了，錄影帶掉下來，被糾察收去檢查。石某心想這下可完了。正在不知如何應付時，糾察把錄影帶還他，說聲「對不起」，什麼事也沒有。後他拿回家一放映，什麼黃色錄影，是溫州江心島風景。石某心裏既羞又喜，他感謝受騙，不然在碼頭要出醜事，那是見不得人的。

這裏人們看到一個事實：有的人因受騙葬送了自己一生奮鬥的事業，也有的人因受騙留下回味無窮的快樂。同樣是騙，因爲目的不同，出發點不同，其作用和意義也就不一樣。有的可能是一個醜惡心靈的表演，有的也可能是一種愛的昇華，人性的甦醒。就是說，在相同的形式裏有不同的內容。

有的作騙是為了教育人。宋濂（一三一〇—一三八一年）明初大學問家，浙江人。傳說他小時聰明好學，因家裏窮買不起書，常向鄰里富家子弟借閱。某富家子弟家裏藏書頗多，自己不讀也不願借給別

---

①《女友》一九九一年第八期。

人閱讀。一次，宋濂好不容易向他借來一部書，因抄錄其中要點而延期歸還。富家子弟告到縣官那裏，說宋濂騙走他的好書。到了公堂上，宋濂只說，如果對方說不出書中要點就是誣告。一問，富家子弟果然啞口無言，說不出半句，而宋濂卻從頭到尾講出全書主要內容。縣官判說富家子弟無理取鬧，將書歸宋濂。出來後，宋濂對該富家子弟說，書還是還你吧，希望以後多讀它，不要自己不讀也不借別人讀。——宋濂在公堂上講假話騙人，不是爲了騙取那部書，而是爲了教育富家子弟。這種騙不但無可指責，且應加以表揚。

有的為了防盜賊，也用騙。明萬曆年間進士，松江人宋懋澄，是個才子，寫過《負情儂傳》，被馮夢龍改編成《杜十娘怒沉百寶箱》，膾炙人口，而他智騙強盜的故事更令人矚目。某年除夕，他從蘇州回松江，雇船從太湖東歸，時湖上常有強盜出沒。爲了防盜，他打扮成五通神，行船時點燃香燭，燃燒紙馬。半夜來了一批強盜。當強盜們靠近該船時大驚失色，做賊心虛，以爲遇上五通神，急忙掉頭遠逃，宋氏安然回到松江。這裏騙起了保護自己的作用。

爲了防盜賊、小偷和騙子，即使今天仍有人用「騙人」的手法。如，有人爲了找個「護身符」以保護自己，裝做「披著狼皮」的羊。報載，浙江有個經常出差的業務人員，爲防不測，不惜出高價買來一張「傷害致死人命案犯」的「勞改釋放證明」，多次用它嚇退意欲行兇搶劫的車匪路霸和騙子等等。①這可謂是別出心裁的防搶防騙術。又比如，有的人借助於科技成果來防搶防偷。據傳，有的人在家中或旅行包內裝置了電腦玩具蛇。每當盜賊或小偷光顧時，電腦蛇會自動躥出來咬人。因爲這種蛇的口內注射有一種藥汁，會讓被咬者疼痛難當，後悔莫及，以後不敢隨意行竊。裝置玩具蛇的人，靠此避免損

①《人民公安報》一九九八年一月一二日。

失。

歷史上曾流行過的微行，也叫私訪，那多是帝王和各級官員隱瞞自己的眞實身份，著上平民（如算命師、商人、讀書人等）的服飾，出行去視察一些地方的風俗民情，或深入調查某些案件。可以說這也是一種造假行騙，但不論其動機和效果，都是可嘉的。那可說是一種以假求眞，以騙取實的作法，那麼做，不但因輕車簡從而節省費用，而且從中可訪察到明訪所得不到的眞實情況。當然，那樣做，有時因所扮的身份低，被人看不起，弄不好還會受到侮辱，甚至因隨從少而遇到危險，但也正因如此，他們可以看到社會的眞實，那是平時在宮廷中、官衙內所看不到、聽不到的。這類造假行騙，不但對統治者有用，而且每每爲民衆所津津樂道。

針對不正之風而採取的騙亦屬於善騙。前些時候交通不方便，購買一張乘坐長途汽車的票都要排很長的隊，有時排了半天還買不到。善於動腦子的人想到送禮物走後門，果然有效，很快買到車票。其他人看了乾瞪眼。有一次，有位年輕人見別人送禮買車票很不服氣，可自己沒錢買東西送禮，只好另想辦法了。第二天，他不去排隊，拿了一包像是禮物的東西來到售票房找售票員，說自己有急事請幫忙弄張票，說完把手上東西送上，說：「這是家鄉特產，不成敬意。」……

待車開走後，售票員打開年輕人送的包子，一看，什麼家鄉特產！只是一包泥土。人們哭笑不得。

另據報載，有位叫祥生的，妻子生病住醫院手術，一直排不上號，主要因爲自己下崗，拿不出錢打點主刀醫生。爲了妻子手術能順利進行，祥生只好向開首飾店的老同學借了八百元送給主刀醫生，來個異類文化——走後門。主刀醫生先是客氣一番，後來還是收了並很快爲祥生妻子安排了手術時間。到時手術順利，七天後拆線出院。出院後第三天，主刀醫生來到祥生家，把八百元錢還給他們，說：當時若不收，怕你們不放心。現已手術過了，該把錢還原主了。祥生夫婦感動得不得了。醫生走後，祥生即將錢送還開首飾店的老同學。誰知老同學說那錢是假票，當時是爲了治治貪財的人。昨天那醫生帶一少婦拿這些錢來店買首飾，我告訴他說，那是假票不能用。他們只好走了，把假錢還給你們，自己充作好人！

原來如此！首飾店老闆故意用假鈔教訓貪財的主刀醫生①。

這類作騙實是在懲罰不正之風，也表現出一種機智，雖包含著騙的作法，但不能與騙相提並論，即不能歸結爲騙。儘管這種作法有些粗俗，但仍受到衆人的讚揚。

可以這麼認爲，機智和善騙是一個民族文化走向成熟階段的標誌之一，是「騙文化」的精華部分。因爲造假行騙的文化底蘊消受不了機智謀略文化的營養，兩者難得合作，只好各自發展。

一八 掉價中的誠實、智謀，騙文化的發展

一切事物都在變化，誠實、智謀也在掉價。人們看到，原來受人稱羨的誠實，而今多被打擊。打擊誠實的作法多種多樣，而最常見的不是騙其錢財斷其生路，而是任加嘲笑，使其抬不起頭來，讓其令人生厭。誠實一旦令人生厭，行騙自會走紅起來。猶如警犬嗅著每一件實物及其存在過的空間，如今造假行騙如同潮水般覆蓋世界上每一寸土地。傳統的誠實何止在變化，有的甚至成了世上最沒有用的武器。人們還未來得及思考一下這是爲什麼，而思考的憑證已被席捲殆盡。稍加留心，人們不難看到，有人正在把老祖宗遺留的「法寶」加以改造、加工。不是嗎？造假行騙術已被改造、加工得美侖美奐。

這時誰還有心緒浸淫於遠離現實的誠實呢？誠實早已灰溜溜地被放逐到社會的邊緣。人們驚呼：誠

①《新民晚報》一九九九年七月四日。

實在衰亡中！不過，誠實恃自己的歷史血緣和源遠流長的功能，有時還在極力想挽回昔日的光輝，然而只因有一種實用的杠杆高高翹起，以致任你多麼使勁，也扭轉不了商品時代的假和騙之板道。正是由於商品文化的操縱，勢必注定誠實的滑坡且難以控制。

與此同時，往昔的智謀亦受到極大的衝擊。經過一次又一次的沖刷和改造，那些智謀或與造假行騙相結合，或爲之所利用。那些造假和行騙，儘管有的還顯得粗俗甚至赤裸，但在媚世術的包裝下再抹上一些讓人迷糊的元素，便現出一種新臉譜，對此，你一眼看去怎麼也不忍說它是一種變味和墮落。

在人性被扭曲異化和流行時尚的年代，曾受人讚頌過的智謀，爲保持自身的嚴肅而躲在與世俗相當距離的地帶，執行另一種多少帶有某些專業性質的職能。就因此故，它往往被指責爲死不改悔的死硬派，有人甚至說它想與龐大的風車相搏鬥絕不會有好下場。這怎麼不令人驚歎！

對此，人們盡可以這麼說，人一旦被金錢和欲望所左右，就會很自然變得貪婪虛僞，就會不擇手段造假行騙。令人不可思議的，有那麼一批人靠它發財暴富，搖身一變成了正人君子！而聽任造假行騙無限制地發展，誠實、智謀勢必會走向窮途末路，那時人類將出現假的世界，騙的年代。

如今是追名逐利時代，浮躁時代，也是誠實、智謀掉價時代，而誠實、智謀掉價，可看成是騙文化發展的一種表現。

前面講到，騙文化包括造假行騙和機智謀略兩大部分。造假行騙與機智謀略是不同的，可也有相同之處：兩者都通過假——假話、假感情、假動作、假榮譽、假事、假貨等來實現行動者的意志和目的。

騙文化是歷史產物，並不產生於某個時刻，而有個過程，至少已經有幾千年的歷史，當中在發展變化中。

騙文化的發展變化從兩方面進行：或通過內部兩者間互相排斥來展開，或通過內部兩者互相融合來達到，不可能互不影響靜止不變。內部兩者互相排斥，促使兩部分發生消長變化乃不說自明，而內部兩者互相融合，也必然會讓各部分或保留自己或改變自己，或者一部分不變一部分改變後再來融合，即一部分保留原態，另一部分受到淘汰。結果，騙文化會出現一種新面目，或全是造假行騙或以機智謀略為主。儘管如此，在發展過程中，騙文化還會不斷調整自己的構成。

從目前發展態勢看，在發展過程中，騙文化的融合力超過排斥力，其造假行騙部分的能量超過機智謀略部分。造成誠實、機智的掉價，結果出現這種局面：誠實、機智、無私、利人等等成了只是一些人掛在嘴上的語言裝飾，實際做的多是假和騙，於是人們平時總是聽到：「人心叵測！」、「人心不古，道德淪喪！」、「偌大世界，找不到眞情！」、「世界多無奈，騙子何其多！」、「除了假貨是眞的，其他全是假的！」

人們的不滿、牢騷、憤懣甚至仇恨，幾乎全是衝著騙文化而來的。騙文化惡性部分成了衆矢之的，這裏自不難理解。騙文化面臨著嚴峻的挑戰，這表明人們冀望發展機智謀略，重新鑄造騙文化形象。騙文化存在的鬥爭——機智謀略與造假行騙的鬥爭，本質講是正義與邪惡的較量，一直是人類社會發展的主題。有人設想，在健康理智的社會裏，並非全部消滅騙文化，只是消除它的惡性部分，而讓良性部分繼續成長，即讓蘊涵機智的騙，得以健康發展。

通觀人類歷史，許多成功無非從兩條路上走出來：或者採用造假行騙手段，或者運用機智謀略心計，兩者都跟騙文化聯繫在一起，就是說，騙文化是人們通常所走的成功之路。

那麼，這裏所謂重新鑄造騙文化形象又是什麼？如果說要徹底消滅造假行騙，由機智謀略取而代之，那恐怕只是一種不可能的善良願望而已。這因為，社會發展過程中，人性的歸眞與張揚，人們心理結構的重建以及意識層面的更新等等，可說是高難度的變革，自不是一下子所能做到的。——將來又如何？將來發展走向，政治家看不出，歷史學家測不出，人類學家也許可估計個方向，所謂政治家看十年，歷史學家測三十年，人類學家料百年。就目前講，誰要是想避免上當受騙，最好的辦法是提高自己識假防騙意識。

第七章　防騙意識

強盜搶物行兇，氣勢洶洶，人們見了會不約而同地起來自衛，進行抵抗。而騙子行騙呢？明明要你錢財，卻說得頭頭是道，被騙者有時渾然不知，迷迷糊糊，甚至高興地被騙。就因此，有人說防盜容易，防騙難。

一般情況下，一旦社會發生重大變化或動盪，必然影響到社會風氣，這時也會增加防騙的難度。或說，社會風氣所以不好，是因爲壞人太多的緣故。其實，與其說是壞人太多，不如說是僞善的假好人太多。壞人幹壞事容易被識破，而假好人則表面裝好人，背地幹壞事，騙取人們好印象，使人們放鬆警惕。因此，防騙，某種意義講，主要是防僞善的假好人，包括冒充聖人的惡人。防假好人行騙，自不能不注意：哪些行騙術對社會人群危害最大，它是在什麼樣情況下最容易得手？什麼樣的反騙防騙措施最爲有效，如何實施？此外，應不應該，值不值得，可能不可能等，也都得加以考慮。生活需要豐富的知識，需要識假防騙知識，去邪見，存正見，知眞爲眞，見僞知僞，而識假最重要的在於通過假話假事來認識假人。

不管人們承認與否，假人、假話、假事是客觀存在的，造假行騙無所不在。

人們常說，造假行騙只是少數人所爲，不必大驚小怪。這話不夠正確。須知，作騙絕不是個別現象，而是相當一部分人經常幹的事。他們根深蒂固，枝繁葉茂，遍佈各個角落。單前面所列，已令人觸目驚心，不寒而慄，可謂騙子超過強盜。人們不可缺少防騙意識。唯有防騙意識，才是構成對造假行騙的最大威脅，並阻止其行動；也才可爲自己和他人編造安全秩序。

培養防騙意識，最重要的一環在於培養防自騙的能力。這是比防受騙更難做到的事，但也更須做到的事，否則會影響到提防受騙的意識。

科學技術的長足進步，一方面似乎給造假行騙者以更多的機會，就是造假行騙更容易了，造假行騙的範圍更廣泛了；但另一方面，也幫助人們在許多領域更有效地進行識假和防騙；而人們受騙後的冷靜，則也會通過探思求索，開拓識假防騙的新境界，最明顯的是防騙意識的樹立。

受騙給人幾多無奈，令人惱怒，令人遺憾，然而也正因爲受騙，使人懂得防騙的重要，從而培養自己的防騙意識。就因此，騙會折磨人也會鍛煉人，使人練達，催人奮進。荷因污泥而高潔，人因受騙而變得機警。一個人受騙，往往是識騙過程的一個個階梯，只有經過這些階梯，才會達到識假防騙的高峰，才有希望避免陷入騙子設下的各種騙局。

一般講，社會上造假行騙者常有，而識騙防騙者不常有，所以騙子不絕於路。他們在行騙中積累了甚爲豐富的經驗。而那些經驗，對於識假反騙防騙而言，無疑是一筆不可多得的財產。

有人愛說，我的事情很多，忙不過來，沒有時間和精力去考慮防騙的事。——這些想法很危險。須知，沒有時間和精力來培養自己防騙意識的人，最後免不了要花時間和精力來爲自己的上當受騙而苦惱而悲痛。

面對一些道德淪喪，騙子橫行的現實，那種奉行「節哀順變」的人，多要吃虧的，誰想做個強者，唯有依仗識假防騙意識，才能在這令人錯愕難寧的生活海洋中，把命運之舟撐得既穩且快。

勸君切莫多猶豫，牢記吸取諸教訓；防騙宜應在事前，勿等騙後空歎息。

一　仿眞與識假的較量

人生之可貴就在於生命最終要面對死亡，而行騙之可恨，就因爲其行爲一開始就給人帶來痛苦。死亡只可提前或推遲，無法防止，行騙呢？可以防止。防騙意識的培養正是爲了防止受騙。我們所說的騙文化，總的講包括兩方面內容：仿眞作騙和識假防騙。前面所講，基本上都屬於前者，只在個別場合稍涉及識假防騙的領域。這裏，我們則較集中探討有關識假防騙的內容。

平時，人們討厭甚至憎惡造假行騙，但造假行騙並不因此而消失。與造假行騙者講理不知如何？那與求廉於貪、問路於盲者一樣，都是白費勁的。靠道德和法律又如何？道德是「免費品」，法律乃「奢侈品」，難以制止造假行騙。道德有時會約束造假行騙，但不是什麼時候都這樣。封建統治者最講道德，可不相信道德，不然爲什麼要把宮中的宦官加以閹割呢？那是爲了防騙啊！法律更糟，有時還會幫助騙子作騙哩。這樣，人們只好時時提防他們。過去有人提出，儉嗜欲、儉酬酢、儉交遊、儉言語是提防受騙的重要法寶。有些道理，但乃是傳統社會的消極作法，在今天似不適用了。比如儉交遊、儉言語雖然會減少受騙，但也會使自己孤陋寡聞，消息閉塞，結果有可能連生活都會遇上困難，自是更難謀發展了。所以，積極有效的防騙，不是少交遊、少說話，而在於自己防騙意識的培養，在於識假能力的訓練。人說：懷疑是瞭解眞相的前奏，識假乃防騙的手段，首先的手段。事實正是如此。誰都清楚，通常是，行騙與受騙的過程，就是行騙者與受騙者雙方得失變化的過程。而行騙者的行騙得手，多半在於一種「仿眞工程」的操作。仿眞就是造假。識假呢？在於防騙意識的運用。防騙意識是建立在識假上面。這是識假防騙工程。它是一項社會工程。識假爲了認眞，而認眞在防騙。防騙必須識假，而識假的代價常常就是受騙，人說，只有嘗過，才會體會那種痛苦。同樣，只有被騙過，才會眞正明白什麼是騙。就是說，多數情況是，人們只是在受騙之後，才能有效地防騙，那是人們常說的破費買教訓，但是一旦注意防騙意識的培養，塗上思想防鏽劑，情況就不完全是這樣了。人們知道，騙與被騙二者是對立的統一。多數情況下，騙者主動，受騙者被動。對行騙者及時加以處置，除了因爲他騙了人，更重要的還在於不讓他再去騙人，這自是積極的作法，可這種作法仍是被動的。須知，用舊年代的防騙法來對付具有二十一、二十二世紀的超前行騙術，絕對要吃虧的。相反，如果重視心靈搶灘與意識超前，即注意防騙意識的培養與運用，則可使受騙者變被動爲主動，那就是，通過超前思維的培養或者叫樹立預見性，洞若觀火，明察秋毫，在受騙之前防其騙，使行騙者無法達到騙的目的，從而保護受騙者的安全，使之不受損失。騙子有術也有限。行騙者騙遍天下誰敵手？受騙對象的防騙意識。受騙不防騙，防騙不受騙。

如今社會上議論、抨擊造假行騙者，日益增多，防騙意識日見增長，升斗小民進商店商場購物買貨，多會提防上當受騙，每遇到假貨到手，多會提出退換，如遇上有意坑蒙的事，還會上訴到消費者協會，以求保障自己的權益。這自不能不說是個大進步。而這種大進步，是在全社會興起打擊假冒僞劣和造假行騙的大氣候大背景下出現的。與惡鯊出沒口岸泳者少的情形相反，如今每當有騙子作案，多有民衆群起揭其騙技。儘管目前打擊假冒僞劣和造假行騙的成效並不十分顯著，並不怎麼令人滿意（這因爲事情還剛開始，凡事開頭難），但只要民衆都行動起來，牢牢樹立防騙意識，識假防騙的成效，定會更上一層樓。識假防騙遲早會成爲人生一大快樂之事。

識假防騙意識猶如彈簧。彈簧受到的壓力越大，反彈的力也越大。同樣，造假行騙越猖獗，識假防騙、反假反騙意識也越強烈。識假防騙的種籽一經播下，收穫其果實定會不期而來。

無疑，防騙意識也有成熟與不成熟之別，後者因爲我受騙，所以我反騙，前者因爲我防騙，所以我不受騙。

有說，造假行騙早已引起衆怒和唾罵，必將在衆人罵聲中湮滅。——那是不可能的。罵歸罵，造假行騙歸造假行騙。誰大意就難免吃大虧；誰警惕就可能避免受騙。

平時，人們之所以會上當受騙，多少與智力的高低有關。

所謂智力，並非全是由先天決定的，而是由先天的素質，後天的生活環境即教育、學習以及社會實踐等諸方面的影響所造成的，就是說，人的智力多半是在改造客觀世界的鬥爭實踐中開發和積累起來的。有的人智商高，掌握的知識豐富，思想敏捷，對客觀事物的反應與理解比別人深刻、全面，對問題的觀察、思考、判斷的能力比較敏銳，等等。有的人智商低，掌握的知識較少，觀察、認識和分析事物的能力比較差。這是客觀存在的事實。多數情況是，智力高的即思想敏捷的人，頭腦清醒，分析問題的能力強，面對騙子的行騙，不那麼容易上當受騙。而智力低的即比較愚笨的人，分析問題的能力較差，若遇到智商較高且將聰明用於不正當方面的騙子，自會容易上當受騙。不過，這也不是絕對的，①一些智商高思想比較敏銳的人，也不時成爲騙子手下的敗將；而有些文化知識不多甚至還是文盲的騙子，常把具有較高文化知識的人騙了。看來，騙子是否得手，受騙者是否上當，其因素還是很複雜的。單從行騙者看，人們有時甚至可見到某些「反常」現象：聰明者多只當上小騙子，無知者卻當上了大騙子。可見不論被騙者或行騙者，都很難單從智力高低來判斷。

大體說來，騙子行騙得手原因有以下幾方面：其一，騙子的某方面知識超過受騙者，而受騙者受到

---

① 智商高的人也並不都從事高尙職業，前幾年報載，美國紐約有個二〇歲的妓女叫莉特，參加四所大學聯合舉行的智商比賽，以一九六分的成績壓倒四所大學頂尖高手，得第一名，獲一萬美元獎金，可她仍從事賤業，當妓女，那未必就是爲了行騙。

各種誤導；其二，被騙者或由於輕信和偏見，或由於自私、貪得等原因，給行騙者有機可乘；其三，騙子多在摸清並掌握了被騙者的心理狀態和生活特點後設計騙局，引誘其上鉤。以上這些，在行騙者講，多是事先做了行騙準備的，而從被騙者看，多是缺少防騙意識的。可以說，有無防騙意識，乃被騙者是否受騙的重要原因，甚至可以說是關鍵。

特別要提到的，一個人有了一定成就後便有了名氣，有了名氣，常會引人注目，引起騙子的注意，成了被騙的重要目標。從這點看，有成就從而有名氣的人，欲避免上當受騙，其防騙意識的培養，比起一般人更為重要。

有人總以為，在有頭面人物參加的場合，不致發生造假行騙的事，似乎在這樣的場合可以少些防騙意識。這恐怕是一種幼稚的想法。有時事實正好相反。《中國青年報》一九九八年二月二〇日載，廣州有四個青年人在石嘴山市成立了一個叫「天鑫經濟資訊有限責任公司」，聲稱在廣州某期貨公司代理外匯期貨和香港恒生指數期貨交易，高利潤、低風險，百分八十保證賺錢。他們很快網住了三十七名市民的二百萬元投資，並很快將這些錢全部捲走。原來這四個青年是騙子，三十幾位市民都上當受騙。——請注意，在該公司的開業典禮上，該市常務副市長、市人大副主任、市檢察院檢察長、市府秘書長等都參加了。他們自是屬於頭面人物，可騙子照騙不誤。事實表明，有時頭面人物露面，正好為行騙者所利用，因而幫了騙子的忙。

令人不可想像的，有的頭面人物本身就是騙子，直接從事或參與各種造假行騙活動。這方面的事例甚多，這裏僅舉一個例子來說明。報載，貴州江口縣黃金局長劉演明，掌管全縣金礦資源的管理、生產、審批、經營等大權，可誰想到，就是這個黃金局長，長期幫助該縣採金個體戶王擁民等三兄弟，向縣裏售賣假黃金。結果，該縣一九九六年的黃金收購量從往年的四—五萬克一下子上升到三〇萬克。因有人告發，引起有關人員的可疑，一查發現了問題，幾年來劉演明利用局長的職權，幫助個體戶向國家出售摻假黃金二十多次，重達一四萬克，欺騙國家，使國家損失一五〇〇多萬元。可謂觸目驚心。①

至於名人在場的場合可避免受騙的說法，同樣靠不住。舊社會有句名言說：「名女人多蕩婦，名男子多騙子」。雖然是句過頭的話，但值得人們警惕。

有人說，劣蹟常常爲一些人帶來榮譽，歷史從來由不公正來推動，因此，不要反對行騙，而要用騙來創造出一個新型的體制來。也有人說，騙子使用了噁心，得到了錢財和快樂等等，而受騙者，使用了善心，失去了錢財等，收回了安寧（叫「破財心安」），各有所得，似也是公平交易。多聳人聽聞！果如是，識假防騙不成了多餘了？防騙意識還有什麼意義？

事實明擺著，造假行騙使社會陷於萬劫不復之境地，給個人帶來極爲惡劣的影響。一些人造假行騙，大部分人提心吊膽，受害人常會造成心靈受傷，思想變態，那不是醫藥所能醫治好的。造假行騙擾亂社會秩序，擾亂人心，製造人與人之間的不信任，破壞團結，那是人所皆知的。對被騙者個人，其危害性就不用說了，有人因錢財被騙，增加家庭經濟困難，造成家庭矛盾，致使許多家庭瀕臨破碎。何止只是財物、金錢和榮譽等受損，有的因受騙的刺激，造成神經錯亂，也有的產生各種急性慢性的疾病，遺憾終身。有的人甚至因受騙走投無路而去自殺，造成家破人亡。就因此，對造假行騙者同情，遷就甚至搞「下不爲例」，勢必給社會帶來危害。人說，忍耐是有力量的表現，可對行騙的容忍則是對邪惡的縱容。還有，不能不看到對行騙者來說，雖然得益，可也付出了種種的代價，在騙人害人的同時也害了自己。不是嗎？行騙者在行騙過程中，不但要花時間，有的要投入資金，而更重要的，由於要動腦子，

①《法制文萃報》一九九七年九月一日。

由於害怕行騙祕密被拆穿，往往造成心理上情緒上的變化，甚至心態被扭曲，有的因此造成中樞神經系統功能紊亂，影響食欲下降和消化系統功能減弱，影響到內分泌和免疫功能，由此引發精神上肉體上的各種疾病。有人通過研究發現，那種虛僞狡詐的人，其不良心境，會通過大腦中樞神經系統的活動，影響到內分泌系統和免疫系統，導致抵抗疾病能力的降低，易罹患各種絕症。有的行騙者因秘密曝露，受到衆人唾罵，造成個人道德的毀滅，甚至犯法坐牢，有的還因此丢了性命。給別人製造痛苦的人，自己也未必全是快樂的，難道不是事實嗎？這一切不都在訴說人間因造假行騙而給人們帶來的傷痛和恥辱？造假行騙猶如酒後開車，後果難以設想！

一味玩弄造假行騙的人是沒出息的，而毫無防騙意識、對造假行騙的行爲聽之任之的人，同樣是可悲的。

而防騙意識的培養和運用，在於防止行騙於未燃，既可使受騙的對象少受甚至不受損失，同時也在挽救行騙者，讓其行騙不得手，保住天理人性，就是讓其可鄙的行騙手段不得施展，不致造成上述的種種自我傷害。把一個因行騙而造成自我毀滅的人挽救過來，雖算不上壯舉，可也稱得上義舉，其意義，並不亞於刀光劍影中匡扶正義，水深火熱中拯救災民。防騙意識的運用，結果必然是，保證人們之間的相互信任，從而社會的秩序與安寧也得以維護。

看來，建造識假防騙工程，培養防騙意識，不論對社會還是對個人，都是有益的。

揭露造假行騙的文字與造假行騙都行消亡，那是全社會之幸。如果揭露造假行騙的文字，不斷增添新內容，那說明社會仍受造假行騙的困擾。這時，人們絕不能喪失防騙的意識。俗語說：害人之心不可有，防人之心不可無。同樣可以這麼說：作騙之心不可有，防騙之心不可無。

當然，識假防騙也並非是件簡單的事。有說晉王質進山觀看賽棋花了一百年時間才看到輸贏的結局，那自是傳說。而古人說的辨材須七年，大體是經驗之談。識假防騙不等於辨材，但也得花時間，最重要的是思想上的重視，做個思想上的理智者。理智者多不輕易相信各種虛假的語言，而運用生活經驗來判斷周圍事物，排除假象，避免上當受騙。可以這麼說，防騙意識乃是人們心中的圍欄，它更勝過路邊的欄杆。路邊欄杆有用但有限，而人們心中圍杆則是騙子所攻不破鑽不進的鋼鐵欄杆。人說「籬笆圍得牢，野狗鑽不了」，可謂至理名言。

二防騙：找出受騙原因

防騙在處處：居、行、食、聽話、視物、購物、交友、求醫等等都要提防。

大致說來，造假行騙所用的語言是押韻的流行語，表面好聽；識假防騙所需的手法則是逆向思維，反其道考慮問題。這裏關鍵在於如何識破秘密。對待造假行騙與對待皇帝新裝相反：識破皇帝新裝很容易，可要說出眞相就難了；說出造假行騙的眞相似不難，可要一下子識破它則不是很容易的。這就增加防騙的難度。

防騙要找受騙原因。人說蒼蠅不叮無縫之蛋，千眞萬確。受騙者之所以會受騙，就因爲自己存在著諸多的弱點，如經不起利誘，輕信，急於求成等心理，都會被騙子所利用。

一個人看不清四周，不是因爲他站在暗處，有時恰恰因爲站在亮處；同樣，一個人受騙並不是因爲他對騙子不瞭解，有時恰恰相反，因爲過分瞭解騙子。有些人受騙，主要出於自身的弱點。

因經不起利誘而受騙大體可說是一般規律。報載，一個姓廖的打工妹於一九九七年一月一三日在深圳市遇到一「魔術師」，說能將錢變多一倍。打工妹把二萬元錢交給他，裝在一袋中，叫她拿回去五天後打開，可變爲四萬。五天後，打工妹打開一看，是一袋洗衣粉，被騙走了二萬元。①

上海《采風》月刊一九九八年六月號載，有個摩登女子，眼看只半個鐘頭便可得到三〇〇〇元，且預先付款，便答應做一男子的「臨時夫人」，陪他去會見一老外。見到老外時，男子向老外介紹說：「這是我太太。」老外將七萬澳幣交給了男子並向他要人民幣。原來他們在炒外幣。男子說，我幹爺不願見外國人，我把太太留此做人質，自己去取錢來。半小時時間到了，不見男子來，摩登女子欲離開，可老外不讓走，說你丈夫欠我錢。在她要跑時，老外把她攔腰抱住。女子叫喊。他們被送到公安部門。女子有口說不清，只好交出所得的三〇〇〇元。公安人員一看，那是假鈔。女子大呼上當受騙……類似的絕非僅有。這還只是因貪得惹來的麻煩。還有更慘的。

據傳，某賓館有一女服務員，頗有姿色，工作也認真。一次值班時來了一港客，說自己很有錢，要這女服務員陪睡一夜給二萬港元。女服務員先是紅著臉，不敢作答，但經不起二萬港元的誘惑，動了心，暗想只此一次以後絕不幹。

港客給她一片藥，她興奮得一夜不能入眠，可偏在天快亮時睡著了。清早，客人們到服務台找不到值班員，吵到經理那裏，經理一查很快發現該女服務員正睡在港客房裏，把她叫起來並通知她被解雇了。該女服務員心想，好歹還有二萬港元。誰知那港客早已不知去向了，哪裏去拿二萬港元？她連叫上當，大哭一場。如果該女服務員不貪港客許諾的二萬港元，自不會上當受騙了。

個別老教授老醫生也因抵擋不住利誘而受騙。《知音》一九九一年一二期載，五十五歲的守寡二十多年的某醫院女教授，到過西亞爲一男子治過病，後該男子多次電報電話動員她到那裏行醫。她眼看那

①《羊城晚報》一九九七年二月一四日。

裏工資高，心動了，辦了退休手續，抱著發財思想到那裏開私人診所。後來的事實告訴她，自己被當爲賺錢工具。她失望了，後悔自己上當受騙。

有的人連小利引誘也抵擋不住，自是很難避免受騙了。有個店鋪以「一元錢可吃烹大蝦」的許諾來引誘食客。有人不想一想，其中有假，入店一吃才知道，要先吃幾道價格昂貴的其他菜，然後才能吃一盤一元的烹大蝦。讓你佔便宜了？沒有的事！大蝦的錢早已計入那幾樣菜的暴利中了。

生活中，充分相信自己會增強自己的信心和勇氣，而過分相信別人，且輕信別人，則往往會受騙。因輕信而受騙的，每有所聞。國民黨元老吳稚暉，就曾經因輕信蔣介石而受蔣介石的騙。

四十年代，國民黨的國府主席林森去世後，蔣介石自己想擔任這職務，又不好明言說出，於是找到國民黨元老吳稚暉，說要吳出任這一職務，與吳客套一番。吳說，別人好當國民政府主席，只有我不好當。蔣聽了便進一步問：「既然老先生不肯當，中正也不再勉強，但老先生看，由哪一位來擔任比較適當？」吳說：「只有先生兼任最合適。」並說，由先生兼任，雖不免更加辛苦，但事權更能統一，也定有好處的。蔣氏到此才好像勉爲其難地點一下頭說：「既然老先生客氣，一定要中正擔任，我還得考慮考慮。」云。後來開中常會時，吳稚暉正式提議蔣介石兼任國民政府主席。

如果說，這一次吳稚暉看準了蔣介石的用意，那麼下一次蔣介石與他商量推薦總統的事，他卻錯了，受騙了。

一九四八年，蔣介石操縱國民黨搞總統選舉，在開會選總統之前，蔣介石實際上自己決定要當總統，但故作姿態，表示客氣一番。他先找吳稚暉談話說：自己準備不競選總統，並徵詢吳的意見，語氣好像很誠懇。吳聽了便表示了自己的看法：「很好，抗戰勝利後，先生你已成了民族的大功臣，現在的事也確實不大好辦，做了總統弄不好可能會成爲你盛名之累。不如讓別人做總統，你以國民黨總裁的名義支持他，可以留有迴旋餘地。」蔣介石聽了好像很同意的樣子。

哪知那是假的，騙人的，可吳氏看不透。因此，不久後在國民黨中常會上，在討論總統候選人的提名問題時，吳氏自認為對蔣介石的意旨早已心中有數，就首先發言，把先前對蔣講的話重複一遍。坐在吳身旁的羅家倫，這位「五四」運動中的風雲人物，以為吳乃出於蔣的授意，也繼起而表示同意吳的主張。當然，他沒料到，他的發言立刻遭到中常委們的痛罵，陳立夫、陳果夫等人罵他不讓蔣當總統是要把國民黨政權拱手讓人，這是不忠於領袖等。還有人在會後寫恐嚇信罵他是叛徒。國民黨中一些人，不好當面罵吳稚暉，羅家倫成了衆矢之的乃很自然的。

蔣介石所以要徵求吳稚暉的意見，乃虛張聲勢，無非為了假意表示自己並不想當總統，而希望他能先意承旨，出面勸駕，自己才算順天應人，出負大任。不料吳氏這回說了老實話，而且順著自己說的，這樣蔣也只好裝裝樣子了。而羅氏不知其中奧妙，不知蔣在設騙局，所以討了個沒趣。①

在日常生活中因輕信而受騙的亦每有所聞。湖南羅文、劉玉珍，自一九八九年以來，謊說劉玉珍失散在美國的母親有個金庫，內存三十億美元和四十億元人民幣，準備籌集一筆路費去尋找劉的母親，回國後借一元人民幣的還給二美元，且每人給十萬美元的紅包。幾句話打動了許多人的心，先後有四二人送來了七十餘萬元。②四八歲的福建浦城人陳占貴，偽造證件和文件，於一九九八年六月到將樂縣鄉間稱，孫中山舊部將領受孫中山囑託，要把他生前存放在二八個國家銀行的三一五〇萬美元存款解凍，要到聯合國去辦手續，領到款後，中間人可得五〇〇萬美元，願出辦事用費的，到時可分到一筆鉅款。有

① 參見《縱橫》一九九七年第二期。

② 《新民晚報》一九九八年三月二四日。

些人深信不疑，紛紛交錢，以供辦事費用。一下子被陳拿去六萬元。人們輕易上當受騙。①

另據《都市快報》二〇〇〇年七月一三日載，不久前被公安部門破獲的由徐志斌（江蘇人），鄭安良（溫州人）等組織的「華夏民族資產解凍委員會」，屬同類性質的作騙團夥。以欺騙手法發展會員，騙取會員的錢。徐、鄭等謊稱：國民黨留下美國欠中國的錢，掌握在國民黨遺老手中，一旦找到這些人並使之解凍成功，會員可得鉅額回報。入會者按等級交不同的會費。不到三年中，被騙數百萬人民幣。

最慘的可提因輕信而丟了性命的。《警壇風雲》二〇〇〇年第六期載，一九九九年八月九日，福建晉江市「恒安」公司副總裁吳世界一家四口被同村熟人吳鴻科殺害，就跟輕信有關。吳鴻科先到吳世界家殺了吳妻和二個女兒，不馬上離開。吳世界最後回到家，還不知道家中所發生的事。他進家門時見到兒子同學、同村熟人吳鴻科，便問有什麼事，吳鴻科用刀指著吳世界說，你給我錢，我不傷害你。吳世界即把身上兩千多元錢全拿出給了吳鴻科。吳鴻科又說，讓我把你綁起來，我就走，不傷害你。吳世界竟乖乖伸手讓他捆綁，綁了雙手又讓綁雙腳。這樣，吳世界完全失去了抵抗能力，結果被活活打死。這完全是由輕信造成的。

因輕信而受騙在世界各地都可見到。法國《新偵探》雜誌報導，有些從事販賣兒童的團夥，到發展中國家對生活窘迫的父母說，要帶他們的孩子到歐洲去培養成電影名星。許多父母輕信他們的話，把孩子交給他們，結果被高價賣到世界各地當妓女或當苦工。巴西的聖埃斯皮里圖州，每年被騙賣的一〇—一七歲的兒童，多達二五〇〇人。②因輕信而受騙，在歷史上也經常可見，僅舉一例。

①《廈門日報》一九九九年八月一三日。

②《海外風情》，新華出版社第一七頁。

清乾隆年間，有個考古學家叫阮元（一七六四——一八四九年），字伯元，江蘇儀徵人，官至體仁閣大學士，提倡樸學，學問淵博，但因輕信，幾次受騙。

一次，阮元的一門生進京考試時，路過北京通州，因肚子空在街頭買了幾塊燒餅充飢。吃燒餅時，這位門生發現燒餅的背面斑駁成文，像是古文字，而他自己所咬的燒餅的缺口，則像古鼎的腰部。爲此，這位門生發出奇想，將燒餅冒充古物，與老師開個玩笑。於是，他把燒餅上的紋理拓了片，而後將拓片寄給老師阮元，並說這是自己在通州發現的古鼎，但不敢肯定，還請老師鑑定。

阮元收到門生的拓片後，即邀來幾個同行共同鑑定，經反覆推敲，最後認定是北宋宣和年間的《宣和博古圖》中所收的一個鼎。阮元對於這古鼎的發現甚爲高興，專爲此拓片寫了一篇跋文，同時寫信給那位門生，叫他花些訂金，將該古鼎預先加以訂購，過後阮自己要去把它買下來，以供研究云。後來，該門生說出秘密，古鼎一事被傳爲笑料。

又一次，阮元爲了編寫一本書，托朋友汪某代爲收集有關資料。汪氏也想開個玩笑。他從河灘裏拾到一塊有紋理的石片，拿去對阮元說，自己花了一千兩銀子向古玩店買到這古代石器殘片。阮氏聽後很滿意，左看右看，看了半天，說是很難得的古代石器殘片，一千兩銀子不貴。他即給汪氏一千兩銀子並再三道謝，說他幫了大忙。過後，阮即把該石片收錄到自己所編的書中加以介紹。可等到該書出版後，汪氏向他說明了眞相。這可把阮元氣壞了，可他又無可奈何。①

阮元兩次受到的都是惡作劇的騙，都是因爲他輕信而造成的，雖然都不是惡意的謀財或爲名利的騙，可也夠令他狼狽了。這自是他缺少防騙意識所造成的，要是稍有防騙思想，自不至如此。

---

① 參見《雜文報》一九九八年三月一三日，〈燒餅與古鼎〉。

還有比這更慘的。

《夢葬記》一書載，蘇州歷史上有一姓曹的醫師，名噪一方，可驕傲自大自以爲是，結果吃了大虧。一天某富室差一僕人請他去爲其女兒診病。途中，僕人有意騙說他家小姐已嫁人並懷了孕。曹輕信其言，在爲小姐切脈時心不在焉，信口說乃孕後染疾。富翁聽了不勝驚訝，但不作聲。次日，富翁令其子入其姐床幃，伸手讓曹診脈。曹不察，以爲仍是小姐，故說：「喜中小恙。」富翁之子從幃中起，說：我乃男子何來之喜？辱我可諒，誣吾妹不可恕！說罷令僕人痛打之，還強迫他喝下糞水，之後趕回去。曹氏羞愧異常。這也是因他輕信而受騙的結果。

輕信常出於善意，但有時可看成是對作騙者的公然的邀請，因而常常幫助了存心不良的行騙者。比如，有人不識字請人代寫證明或借條，自己蓋章認可，這是出於一種信任，如果代筆者有意將所寫的內容加以改動，勢必造成蓋章者受騙而不知。所以有人說，輕信的結果是行騙的完成。這話自有道理，而行騙的完成則是輕信者的失落，即損害了自己，終不免造成信任危機，懷疑泛濫。

因輕信而受騙在負有領導職務的官員身上則可視為因失職而受騙。傳說，在年輕幹部考核和審查中，某領導看到下級中有一幹部表現異常突出，能力超群，兩袖清風，百姓口碑極佳，年年如此。對此，該領導甚爲欣賞，決定予以提拔重用，可任命書下去許久不見其人上任，一問才知道，該員已死去多年。那爲什麼把已死的幹部說得特別突出？答曰：把死人寫得突出些不威脅誰，也不會有誰反對。該領導不調查而受騙，自是失職造成的。

急於求成，信馬由繮，有時也是受騙的原因。福建安溪有一詐騙團夥，頭目陳春德（化名陳德勝），以貿易爲幌子，向全國各地寄了三萬多份業務宣傳單，還派成員們流竄各地推銷「僞品」，積極邀請各地客商到廈門洽談生意，表示能以低價弄到走私品及其他貨物並保證發貨。拿到托運貨單後，他們只收一定比例的保證金，餘款可等貨到當地後再付清。

條件十分誘人，江西、天津、四川、內蒙古等地客商紛紛中計。他們在廈門、泉州接受了騙子的熱情接待後，為急著把生意做成，交了幾萬甚至幾十萬保證金，揣著騙子所給的假貨單，回家等待驗貨，當然他們想不到，自己受騙了。①陳春德一夥用偽造的貨票，騙盡東西南北，這當中上當者既有看中誘人的條件，也有因急於把生意做成的因素。

有人因急於解決生活中某種需要而受騙。《廈門晚報》一九九八年五月一二日載，哈爾濱市三二歲的初中文化程度的女工焦某，眼看許多人急於謀求購買房子，便成立了一家房屋仲介所，以替辦進戶、貸款等手段，從鄰居、下崗女工、殘疾人等二〇多人手中騙取了近百萬元。人們怎麼也不敢相信，自己竟這麼容易受騙。

看來行騙之所以得逞相當部分在於：一半是行騙者的「功夫」，一半是受騙者的大意。

也有的因為自己有把柄被抓住，以至遭騙。

《廣州法制報》曾載湖北黃陂無業人員樂秋等人，冒充公安人員抓賭，當然是在作騙。

一天夜裏，他們來到武漢市橋口區營房三街一戶人家，那裏正有人在賭博。假公安即不說二話，把賭場上所有的錢都拿走了，叫「沒收」，令參賭者明天下午到漢水橋派出所找他們並聽候處理。

第二天下午參賭者按時到達派出所找「抓賭」公安人員，怎麼能找到他們？他們是冒充的公安人員。

另據報載，浙江泰順縣有三個人自稱市紀委幹部到該縣某局長家，稱說有幾封群眾來信舉報這局長

① 《廈門晚報》一九九六年三月二七日。

有經濟問題，局長被「傳訊」，家人拿了四萬元才把他「保」回家。後查明這三個人都是騙子。①報還載，河南有兩個騙子冒充某報社記者，打電話「急召」某鎮黨委書記。見面時假記者拿出一份材料，說：你鎮有個上訪案件弄到省裏了，材料是省委書記轉來的，讓採訪後見報。不過，我們（假記者）覺得問題不太大，可不給你們曝光。鎮黨委書記聽了誠惶誠恐，宴請了二記者，並讓他們報銷了一千多元的汽油費和飯店住宿發票。只是二記者並不滿足，還要求一．五萬元的「贊助費」。這事被稱爲「有償不新聞」。②

上述幾個騙子的敲詐行騙，自是可惡的，只是他們之所以能夠得逞，就因你這局長和鎮黨委書記本身都有問題，不然他們也行騙不成。

因貪色而受騙已見前述，這裏不妨再舉一例。第一次世界大戰前夕，世界著名賭城摩納哥蒙特卡洛來了一個自稱叫索菲婭的女子，貌若「仙女」，每天必賭，賭後便走。不多久，摩納哥統治者兼賭城老闆阿爾公爵被這位「仙女」迷住了。「仙女」趁虛而入，騙取這裏保險櫃裏的珠寶、首飾後離開摩國。受騙的公爵不甘心，花大錢請來各國警察局長共商破案之術，只是無濟於事。這是貪色引起的受騙案。

也有因糊塗而受騙的。清代當過知縣、「難得糊塗」的書畫家鄭板橋，就是因爲糊塗而受騙過。

傳說，當年揚州有個富豪，因想得到鄭板橋的書畫，絞盡腦汁，許久未得逞，原因是鄭板橋不領其情。後來該富豪打聽到鄭板橋愛吃狗肉，便計從心上來，他特地在鄭氏愛遊玩的去處開一間狗肉店，引鄭氏上鈎。人說狗肉滾三滾，神仙站不穩，甚有道理。一天，鄭板橋去瘦西湖觀賞風景，路過狗肉店，

①《雜文報》一九九七年二月二八日。

②《雜文報》一九九八年三月二四日。

聞其味流口水，便進去飽食一頓，大為開心。只是吃完狗肉要付款時才發現口袋沒帶夠付款的錢，太不好意思了。後在店主啓發之下，當場作一幅畫相贈，以示彌補未能付狗肉款之憾。這正好中計，受騙上當。過後他甚是後悔，但來不及了。

如果當時鄭板橋腦中有防騙意識，先瞭解一下該狗肉店是誰開設的，知道後不去吃它最好，非吃不可時，自應帶足應付的錢款，那樣自不會出紕漏，不會上當了。

看不清對方動作的目的，也會受騙。春秋時晉國早想呑併鄰近的虞國和虢國，一次晉侯以假途過路名義，軍臨虞國去攻打虢國，待打敗虢國後又再順路打虞國，虞公毫無準備，一下子國被攻破，自己成了亡國之君。這裏晉侯的借路就是探路，佔領是目的。虞公看不清晉侯的陰謀和騙術，不做抗敵準備，結果國被消滅。

自己受騙又不敢揭露騙子，勢必造成更多的人受騙。《香港風情》總第一四期載，小學文化程度的二九歲男小販，其貌不揚，可在香港用其一成不變的手法，通過電話，騙了一五〇多個女青年，其中有學生、家庭婦女、歌星和電影藝人等。她們被騙走上百萬港幣，失財又失身。若是稍有防騙意識，自不至這麼多姐妹受害。

經驗告訴人們，在作騙的場合，誠實一詞使用的頻率最高，而最脫銷還是誠實，眞的誠實者，往往是受騙的對象。

當然，醉漢身旁有醒者，處處都有很警惕的人。

人說，流言止於智者，騙術呢？止於不輕信不糊塗者，止於不求利不為名者，止於不好色不迷信者。

三防騙：注視作騙秘密

古人云：凡事豫則立，不豫則廢。豫即預防之意。在我們這裏所謂預防，就是設法不使自己受騙。如何才能使自己不受騙呢？大體說來，一是防他人來騙，二是防自己騙自己即自騙。所謂防騙實就是防假，要防假當然首先自己不作假。

有人提出不設防主張，認爲無害人之心，無苟且之意，無不軌之念，無非禮之思，還要防什麼？不設防是最好的自我保護，雖有吃虧時，但有所得，且得大於失。這種主張，做爲一種信條，自無不可，但在現實中，騙子太多了，騙的手段層出不窮，不防難免上當受騙吃大虧。

騙子行騙時多以動人的語言（有人稱之爲押韻的流行話）和優美的動作來進行，人們不容易一下子識破。儘管有的騙子不怎麼會寫文章，甚至連文法也不懂，可在行騙方面十分精通。對這些人說來，騙術是他們的智慧，靠著這種智慧走遍天下。

騙子行騙得手，不免得意忘形。只是受騙者多不甘心情願，除了有些人會採取報復手段外，一般總是用一兩句痛快淋漓的語言把騙子臭罵一通。這樣做雖不會叫騙子痛了肚，但可把自己那無可挽回的物質損失換成價值相當的精神補償。而更多的則是向親友、鄰居揭露其奸。人們從懷疑到確認，進而傳播開來。騙子成了社會公衆所注目、所談論，成了衆矢之的，可謂拿起石頭打自己的腳。他們再行騙就遇到了麻煩。有的人以行騙一次爲滿足，對他們說來已達到目的了，能否再騙也就無所謂，就多數人說，會另出花樣，繼續行騙。

儘管行騙者手段高明，人們仍可識破之。

防騙首先要識其騙。人說，不打不相識，未騙不知騙，確實如此。人往往因受某人打擊而瞭解或更加瞭解某人；也往往因受騙子騙而認識或更加認識騙子。

報載，北京公主墳地鐵門口有一擺殘棋者，口喊：「誰能贏我給五〇〇元！」有一外地女士路過，稍看不屑一顧地走了。擺棋者衝著她嚷道：「老土，沒見過象棋吧！」女士聽此刻薄語言，停住腳步，來到棋攤前。擺棋者要與之賭五〇〇元。二人下殘局。沒幾著，擺棋者被「將」死了，慌了手腳，跪地求饒。圍觀者不同情，起鬨著要他掏錢出來，而該贏家女士只說句：「以後別再坑騙人了！」說完走了。原來她是某省象棋冠軍。①路邊棋局不但多是賭博，而且多是陷阱，通常一般人沒有贏棋的可能。這裏，騙子找錯了對象不得手，而被騙者，由於識破騙不上當，不受其騙。這可說是特殊的情況。

而**騙子合作行騙**，尤其是聯合起來騙阿公，人們不但難防，有時連識破其騙局都不容易。報載，一九九八年三月二三日下午，杭州市退休老人吳某騎自行車經過偏僻小路時，見一女子騎車迎面而來，眼看兩車將相撞，吳某下意識地將自行車往旁邊避開，不料邊上一瘸子應聲倒地，說是被吳某撞了。隨後，兩名陌生女子趕來主動扶起瘸子，揪住吳某，要他負責。而迎面來車的女子也過來了，說她也有責任，願意與吳某共同賠償，各承擔二〇〇〇元賠給瘸子。可吳某有些爲難，因爲身上只有三〇〇元，不夠賠償。這時一男子見狀即過來搭腔，表示願意先爲吳某墊付二〇〇〇元。善良的吳老人以爲遇上了好人了，感激萬分。待將錢交給了瘸子以後，他立即與那名「好心」的男子一起回到家裏，將二〇〇〇元還了他。……當然，他絕沒想到，在這場「車禍」中，除了吳本人，其餘全是詐騙團夥中演「雙簧」者。②

合作騙人中有的還是通過苦肉計來實現的。《新民晚報》二〇〇一年三月三一日載，在一輛從廣州開往深圳的大巴士上，一個鄉下老人，手拿一瓶易拉罐，猛力一拉拉環，噴出飲料濺在三個小青年身

①《北京日報》一九九六年一〇月二四日。

②《廈門晚報》一九九八年五月九日。

上，他們不由分說對老人拳打腳踢。老人苦苦求饒。突然一個中年人出來制止。三個小青年放下老人，轉去圍攻中年人，可反被中年人制服，只好求饒。中年人說，饒你們可以，但要拿錢來將老人送到醫院治療。三個人翻了自己口袋，總共才一百來元。看老人傷勢不輕，中年人轉向全車乘客，說，可憐這位老人，大家湊點錢，好讓他治傷。說完，中年人自己拿出二百元。車上四十多人，你五十我一百，湊了不小的一筆。三個小青年連同中年人一起扶老人下車去。……開車後，車上人談開了，有位經常跑這條路的乘客說：這是一場苦肉計，他們幾個是一夥的，老人是他們從鄉下雇來的，挨打一次得二百元。騙來的錢幾個人分。全車譁然，人們大呼上當，可遲了。

這是騙子合作騙個人的，還有合作騙阿公的。前不久，《今晚報》報導一件關於原告被告串通造假作騙的事。上海閔行北橋建築公司二中隊（個體建築隊），先後向上海某金屬機電公司購買價值二三．九萬元的辦公用具，只付款七．六萬元。二中隊隊長陳某和電機公司一些人私下合謀，虛構欠款，寫下三四．三萬元的假欠條，言明等到得款後私分之。一九九四年八月，機電公司狀告北橋公司和二中隊，要求付款三四．三萬元。既有欠條，證據確鑿，法院判決兩被告應向原告支付四〇萬元。行騙甚爲容易得手。後來因爲陳某本人未分到贓款，道出眞情，騙案曝了光。①如果陳某當時如願以償，這騙局恐怕不那麼容易被識破了。

《廈門晚報》一九九九年三月三日載，河南長葛市某公司經理王建業，擔心自己被免職，決心大撈一把。他先造了假賬，再串通有關人員造了假案，有假原告、假被告、假證據、假代理、假審判，以自己公司爲被告，通過假審判，公司輸了一場官司，而他自己則得到三二萬元的國有資產。後因公司職工

①《法制文摘》一九九七年一〇月九日。

聯名上告才使假案曝了光。

有的由單位出面幫助行騙者作騙，騙阿公。報載，南京某工廠下崗工人四〇歲的王巧雲，自一九九六年至一九九七年的二年中，以其公公的名義，從該市光華衛生院、白下區中醫院虛開醫藥發票，購得香腸、板鴨、飲料、高檔煙酒及大量生活日用品，甚至由衛生院和醫院的藥劑師和醫藥公司業務人員陪同，到商場選購大彩電、影碟機、隨身聽、話筒等物品。這當中，首先由醫藥公司的貿易公司以支票付款，按百分之一五加價後，再開發票給衛生院，衛生院將其開成醫藥發票，醫院又從中拿走一部分。這樣，有關單位都有利可得。王巧雲拿到這類發票後，分期分批到其公公所在的單位報銷。這裏，衛生院、醫院等有關單位，爲了多發獎金，不惜採用一切手段爲王聯繫採購，那當然是經領導允許的。①人說，阿公是一座挖不盡的金山，誰去挖誰得利，何樂而不爲？

有些大建築的公開招標，由於各種權力的滲透以及地方、小集團之間的互相勾結，造成招標之前早有目標，早有「意中人」，但不亮底子而故意繞彎子，以騙取公正、民主、科學等美譽，結果還是騙了阿公。

如今的行騙花樣，如同夏天的蚊子和蒼蠅，多極了，常常鬧得人們眼花頭昏，有難以應付之感。不過，儘管如此，人們還是可以找到一些規律，識破之，防止之。一般說，除了氣球爆炸沒有絲毫徵兆，其他不論自然的或社會的各種變動，大多都有些跡象可循。

事實告訴人們，平時表面懼怕你的，會欺騙你，保護你的更會欺騙你。平時再好的朋友，只要坐下賭牌，騙人的原形便畢露無遺，你投我的機，我騙你的牌。那些看來最老實者，也可能最會作假最會行

①《檢察日報》一九九八年一月一三日。

騙。

一般說，爲了行騙首先要說假話、謊話。雖然，假話、瞎話、軟話、大話、空話、廢話、奉承話、模棱兩可話、風涼話等都會騙人，但總的看，作騙者多集中於假話和奉承話上，而假話也可以識破。假話有時以虛假的讚美來表現，那自是爲了討好對方，麻痹對方，目的爲了作騙。有人說，拍馬的目的爲了騎馬，正是這個道理。當然，除了拋媚弄眼和講好聽的話討好你，有的騙子也會用恐嚇、威脅手段來逼迫你就範。手段不同，目的一樣。對付不同手法的作騙關鍵在於提高個人警惕性。

或說，人在得意時說假話騙人不會有什麼害羞感，那大體是事實。通常情況是，腹有詩書言語自華，而腦存作騙神態多狡，每當一個人說假行騙時，其身體會發出一些矛盾的信號，即使有意控制，仍可發現許多細微的變化，如臉部抽搐，額頭出汗，臉紅，不敢正視你，不停地眨眼等，這是情緒影響外表，有時儘管控制住情緒和外表，但說話的模式與平時不大一樣。這在小孩子表現最明顯，有的會把手放在背後就是證明。

沒有經驗的騙子，說假話行騙時，常常會有一些控制不住的動作，通常可見到的比較明顯的有以下這些：

掩嘴巴。這是大腦在潛意識中要阻止謊話說出口。但動作也不全一樣：有的以拳頭遮嘴，有的用手指抵住嘴唇，也有的用一聲乾咳來掩飾並用手遮住嘴動。

摸鼻子。這是從遮嘴巴轉化過來的，也是一種比較隱蔽的掩飾動作。

擦眼睛。女人說謊騙人時多會在眼睛下面輕輕地擦一下，男人則多把眼睛離開說話對象而往別處看，或看地上。

其他如搔脖子，碰面頰，揉耳朵，也都是表明懷疑和不肯定的信號，也都是作騙者在行騙中偶然流露出來的。①

做事講話時，有的人表現得比別人特別：頭人喜歡的事，他（她）表現出更加喜歡的樣子，頭人討厭的事，他（她）表現出更加討厭的樣子，這些除了奉承諂媚之外，也隱含有騙人味道。在某些場合，有的人其動作不免令人發笑，會笑得你彎下腰去，那不是在向你鞠躬致意，而是在騙你。

平時互爲敵對的人們，有一天突然變得親熱起來，變得意氣相投起來，有時對某些事談論得甚爲熱烈，這有可能爲某種目的而互相讓步，也有可能爲了行騙作準備，甚至有的已經在互相作騙了。

以下幾種作法，也有可能在弄虛作假，伺機行騙，每多引人警惕：過分強調與你利害關係的一致性；對別人表現出過分的客氣、過分的恭維；一再強調與重複自己的弱點與不足之處；老是誇大別人的優點；講話老是模稜兩可，莫衷一是；其他等等。

這些旨在騙人的言語和舉動，也並非無隙可窺，有說，一個人的代謝機能是隨著人的情緒變化而變化的，若是一個人說了謊造了假，其代謝機能的變化呈反常現象：肌肉跳動、皮膚出汗、血壓升高、心跳加快。外國長期使用的「測謊器」（我國一九九一年創設）就是據此原理而製造出來的。測謊器也叫「多道心理生物記錄儀」，通過電腦將被測人的上述這些方面的變化記錄下來，加以分析判斷，至少可以觀察出一個人是否存心騙人。

還有，誰都知道，洗澡對人的健康大有益處，可洗過頭了也會出毛病，這一點不講就帶有騙的味道。有些廣告爲了推銷香皂和香水，一再宣傳洗澡的好處，單這一點講，人們也不難看到它的作騙性質。

---

①參見美國《讀者文摘》精選本。

商品廣告把某商品講得天花亂墜，可就不講價格，其本身就是一種騙，即引人上鈎，入其圈套。只要多加留心，多思考，有時不妨採用逆向思維法，儘管行騙多祕，不難找到其破綻，有可能避免受騙上當。人說最危險的地方往往就是最安全的地方。同樣，最秘密的事，常常是最公開的。就是說，儘管騙子招術多神秘，只要人們多加留心，便不難拆穿其招數，達到防騙目的。

爲有效地防騙，有必要深入到騙子規劃的騙的世界裏，瞭解一些騙子常採用的騙術秘密，即行騙手法。

看相卜卦的千和隆。看相卜卦靠嚇和頌，這嚇也叫「千」，頌也叫「隆」，所謂「十千九成，十隆十成」。關鍵是摸底。摸底也叫「摸簧」，即把握對方的底細，這些，除了靠觀察分析，也靠對方自我暴露，然後「對症下藥」，對其命運給予「結論」的評語，以達到騙的目的。

鋼針上浮。神漢巫婆在作法時，將鋼針（或硬幣）放進盛水的碗中，如會浮於水面，說是有災禍。接著做消災法，口裏念念有詞，將鋼針（或硬幣）放在燭光上燒了一會，再放入水中，下沉了，便說可保無災無禍了。如何解釋這現象呢？那是他們事先將鋼針（或硬幣）塗上蠟。蠟的浮力大，自會使鋼針（或硬幣）浮於水面（以頭垢塗針並塞針鼻孔亦可浮），當將它們放在燭光燒過之後蠟熔了，鋼針（或硬幣）再放到水中就下沉了。

「仙體」顯現。有時神漢巫婆作法會讓神靈、鬼魂顯現，是怎麼回事？且看事實。

一九八八年，河北無極縣城道村五五歲的目不識丁的婦女劉花梅，傳出「狐仙讓我給人看病」，不少人聽到後去找她開藥方治病。在治病中，有的病人要求見「仙體」。劉花梅答應了。人們只見她招喚幾聲，「仙體」恍惚顯現，身裏白紗、腳拖軟鞋，手持羽毛扇子，繞場一周後消失了。這「仙體」的出現使劉花梅名聲大振，求仙治病者紛至沓來，有時一天竟達三〇〇〇餘人。求醫者來自京、津、魯、冀和青海等八省市，其中不少還是中共黨員、幹部甚至職務較高的領導。這「仙體」是怎麼回事？原來是劉氏花錢收買定州市賈村的甄國卿幹的。甄國卿裝成「仙體」，事先躲在「黑壇」一角，等劉氏一招喚便出來，可笑的是這種作假竟愚弄了成千上萬的中共黨員、幹部等。①

鳥啄字籤。算命先生常用小雀鳥啄字片或籤牌，以此來爲人算命。常常所啄出來的字片或籤牌的內容與求算者有些相符，這是爲什麼？當然是在行騙，但怎麼做出來呢？原來算命先生常用某種浸泡過的米穀來餵小雀鳥。久了小雀鳥形成一種條件反射，聞其味而去啄。算命先生在對算命的人做了分析後，取其中某字片或某籤牌（用某種藥水浸泡過的），把浸泡過藥水的一角朝上，小雀鳥聞其味而啄之。那字片或籤牌原是算命先生早安排的。

鬼聲鬼影。鬼叫鬼影令膽小者害怕，有人用以騙人、嚇人。其實，所謂鬼叫鬼影，有的是人爲的惡作劇，也有的是自然現象。一般說，所謂鬼叫鬼影，多出現於山間墳墓附近或某種建築物邊，而那些場所多是一種磁場，牆壁上繪畫等的顏色多含有三氧化二鐵（Fe_2O_3），具有磁帶的作用，在特定條件下，會把人體和聲音射向牆壁，留住影和聲。當磁場在瞬間遭受破壞時，牆壁貯存的信號便會被放出來，出現了影和聲，這便是人們說的「鬼聲鬼影」，行騙者爲了作騙大加渲染。

斬鬼有血。神棍常表演某神附體，以爲病人去邪治病。斬殺時在劍刀和紙製的妖鬼身上會有紅血出現。這是爲什麼？原來乃化學反應，劍刀上蘸有鹹水，而紙製妖鬼多用薑黃塗過，兩者接觸會起化學反應而呈紅色。若在水中斬殺，那得在劍刀口塗上高錳酸鉀，入水後也會現出紅色。人們不察而受騙。試想妖鬼既無形體，何來紅血？

①《半月談》內部版，一九八九年第一一期。

下油鍋不受傷。神棍下到沸騰的油鍋中捉鬼，可謂驚心動魄，爲什麼不燙傷其皮肉？原來，那油鍋的油並不多，主要是醋，醋比重大沉於底部，油浮上面，人們看去好像一鍋都是油。醋的沸點甚低，稍加熱即冒出熱氣浮出油面。看去像是油鍋沸騰，其實並不熱，手伸下去如同溫湯一般，自不會燙傷。

口吐神火。神棍有時聲稱某神靈附體，含上一口血酒噴出，會把被觸物體燃燒起來，是所謂「神火」。這又是怎麼回事？原來是白磷在起作用。白磷燃點非常低，與空氣發生磨擦即可自燃。酒中放了白磷，噴射出來後不但白磷自燃，而且白酒也燃燒起來，如若碰上易燃品，即可使之發出熊熊的火焰。

天書指點。有時，迷信者求神治病或祈求某事，經神棍、巫婆作法後，即有天神賜給「天書」。指點如何治病或如何逢凶化吉，說得有聲有色，這天書是怎麼來的？來自明礬或漿糊。明礬磨粉泡上水，蘸於乾淨的毛筆上書寫於紙，看不出上面有字，當你塗上一些墨水，便可現出字跡來。用稀薄的漿糊蘸於乾淨的毛筆上書寫於紙，用碘酒往紙上一塗同樣可現出字跡。這些原是舊日搞特工者所用以秘密通訊的，神棍巫婆也用來助其行騙。

行屍還魂。以前曾有人從棺材甚至從墳墓中取出屍體加以驅趕，使之站立或行走。那是怎麼回事？是有人用一種毒藥（成份有蜘蛛毒、蛇毒、蠍毒以及曼陀羅等）使人假死而成的。這種毒藥通過口腔或皮膚可使人出現心跳緩慢，血壓下降，呼吸微弱，四肢麻木，神態不清，記憶消退等，即假死，而後放入棺材內埋入地下（留有空隙可透氣），需要時取出，不會說話，行走蹣跚，會聽指揮，被行騙者用以騙人。

口吞瓷片。有的神漢在作法時把一大把碎瓷片放入口中，然後在痛苦掙扎中吞下去，說這是神靈附體，才能做得到的。其實吞下去不是瓷片，而是目魚骨。目魚骨一捏就碎，吞下去毫無困難。神漢把目魚骨和碎瓷片混在一起，以眞瓷片讓人看，然後用目魚骨吞下去。這種騙人把戲，動作要熟練，否則也會出紕漏。

火燒「金丹」和點燃畫燭。舊日道士（通稱師公），「作法」時，取來一盆水，放進一顆「火煉金丹」，浮於水面，道士邊念經邊吹牛角，而後用火點金丹，金丹燃燒許久而不滅，稱說神明顯靈。其實金丹所以會燃燒是因爲它是由樟腦、松香、柏油等製成的。道士將以上幾樣東西搗成丸，表面塗上朱砂，便成了所謂「火煉金丹」，放在水裏會浮於表面，點火後可燃燒許久而不滅。

點燃畫燭，也是神漢、巫婆的拿手好戲，用筆在牆壁上畫一支蠟燭，然後在蠟燭上作法之後用火去點一下燃起火光。爲什麼畫的蠟燭會被點燃？那是因爲樟腦在燃燒。神漢巫婆事先將樟腦少許嵌於牆上，記住位置，將蠟燭畫在嵌有樟腦的下面，作法後用火點燃樟腦（畫蠟燭），即可燃燒起來。

墨汁書寫。據傳，以前有人借出五萬元，由對方寫了借據約好一年後歸還。被借者將借據即收條妥爲保管，一年後拿著借據向對方討錢，一看呆了，那借據上的五萬成了二萬。細看不像借據被人換過。怎麼回事？原來是借款人寫收條時動了手腳，在五字筆劃上做了假，有的筆劃用墨汁書寫。墨汁即墨魚（通稱烏賊）吐出的液體，用以書寫文字，開始時字跡鮮豔，過了半年全部褪色。舊日騙子多以此書寫契約或收據等，用以欺騙不明此術的人。

洗黑錢和藥水製造貨幣。洗黑錢是國際騙徒使用的騙局，先以傳眞信件給受騙者，以橫財爲誘餌，引對方上鉤，而後以派人聯絡爲名，到受騙者那裏拿出黑色紙張，聲稱全是百元美鈔，爲方便入境和掩人耳目，有意染黑。然後當場拿出數張加以表演，果然現出百元美鈔，受騙者以爲其他部分也全是百元美鈔，結果上當受騙。這洗黑錢的把戲，只是將化學品「碘」與含有澱粉成分的液體混合後塗在紙幣上，紙幣即變黑，若將黑色紙幣浸在硫化硫酸鈉內，又可馬上還原爲原來的紙幣。

與此相近的，在國內有所謂「藥水製造人民幣」的騙局，那是將人民幣和大小相同的白紙一同浸入高錳酸鉀中，不多久兩者均成黑色，後加入檸檬混合液，又恢復正常現象，再通過「調包」，讓白紙變成了人民幣。行騙者這麼做，爲了讓受騙者相信藥水的神奇，其目的是，要以高價出售「藥水」，即爲了騙取錢財。受騙者多是一些缺乏化學常識而又貪得者。

洗黑錢和藥水製造貨幣的騙術，其手法極其簡單，人們稍加思考，絕不致於輕易上當，問題是，有些人見錢眼開，昏了頭腦，給行騙者鑽了空子，結果眼睜睜地給騙了，是可謂利令智昏。

賭博贏家。一般講，大的賭場老闆、做莊者總是贏，很少輸，可謂「常勝將軍」。何因？講破了，也是與作騙有關。這裏的作騙，通常是在賭具上作文章。什麼「魔術麻將」、「透視麻將」、「變點麻將」、「遙控麻將」、「感應骰子」、「特製撲克」、「電腦撲克」、「記號撲克」、「化學變牌」等等，都是特別的賭具，專門用於賭博時作弊的。那些賭具都是運用現代高科技設計製作的僞品，誰運用它們，誰就掌握了整個賭場，比如「魔術麻將」，當你戴上特殊眼鏡時，你就可能看到各個麻將的符號。那是利用光學原理，與鑲嵌在麻將牌中間層的偏光片發生光學作用，使秘密躍然眼前。特別撲克則可通過背紋去認牌。這樣作賭，賭場老闆、莊主自然贏多輸少，甚至全贏而無輸。

傷痕累累。僞造傷痕，往往是打人者爲了打贏官司、爲了得到賠償而採用的一種騙人術。櫸樹葉子汁塗在人的肌膚上，染上青紅色，就像被打傷的一樣。如果把櫸樹的樹皮放在皮膚上用火熨燙，留在皮膚上的痕跡就像棒傷一樣，連水也洗不掉。

如何區別是眞傷還是假傷？眞被毆傷的傷痕有硬塊，用櫸樹皮或葉汁造假的傷痕沒有硬塊。

在行騙成風的年代，對紛紜的作騙場景保持冷靜的心，有可能觀察出一些眉目來，而細心的觀察，加上認眞分析，則可把粉墨登場的假貨加以卸妝，看到其眞面目，那不但能找到作騙的一些內在因素，查出其行騙的秘密，而且能阻止其行騙。

《羊城晚報》二〇〇一年一一月一三日載，美國物理學家羅伯特．威廉．伍德，平時在某家飯館包飯。一天，他吃了一盤烤雞後，從口袋裏取出一包粉末氯化鋰，撒在剩下的雞骨頭上。第二天，伍德在第一道菜湯上來時，將幾滴菜湯滴在酒精燈上，只見火焰變成紅色的。這就證明：今天的菜湯是用昨天吃剩下的雞骨頭煮起來的。一下子揭穿了該飯館的造假秘密。

值得一提的，一般人作騙，多只能用一個嘴巴當面騙人，而讀書人作騙，卻可用兩個嘴巴，既可當面騙人，也可背地騙人，甚至死後還可騙人——這因爲讀書人可用其筆當嘴巴說話，死後著作還會流傳。讀書人若作騙，其影響和危害，比一般人會更大些。因此，人們對讀書人的作騙更要認眞對待以防受其害。

四防騙：看別人如何反騙

諺云：一物降一物，一計破一計。這是事物運動的規律，根據這個規律，人們想出了種種反騙防騙的辦法。這裏，留心注意看別人如何反對作騙，對於自己防止上當受騙，絕不是無益的。

古今中外，反對作騙、常與作騙行爲做鬥爭的人，絕非僅有。正是他們的勇敢行動，使一些行騙者，不時暴露自己的面目，無從施展其騙技；令許多人吸取教訓，避免受騙。

文藝復興時代的義大利哲學家布魯諾（一五四八—一六〇〇年）因反對宗教騙人，被宗教裁判所判死刑，燒死於羅馬，當他被縛於羅馬鮮花廣場的火刑柱上時，仍不忘揭露宗教騙人，而至死堅持哥白尼的日心說，說地球繞著太陽轉動。那可說是最堅定的反對作騙的表現了。

在我國歷史上，反對作騙的人也可找出許多。

戰國時楚國人屈原，曾在楚國當過官，當官期間奉命回鄉通過考試選拔人才。由於有人洩密，初試結果有九十九人名列前茅，只有一名稍差一些。這樣，頭名二名合起來就有一百人，挑選哪個是好？屈原決定採用複試辦法來定人選。

爲了避免再次受騙，屈原準備複試時略施小計，他發給這百名考生每人一百粒種子，秋後交穀爲卷。穀子收穫季節，九十九個學生都讓家裏人背筐挑擔，爭先恐後多交穀子，以取得考官的歡心。原來稍差些的第二名學生，出身農家，捧來的穀子只是一小土罐。屈原看後，心中已明白了。他問出身於農家的考生：你一共收了多少穀子？該生不安地回答：您發的穀種有九十七粒不發芽，只有三粒打了糧食，總共才收九百多顆。該考生的回答引來衆人的哄笑，大概他們感到他太傻了。

這時屈原嚴肅地宣佈：我發給的種子都有九十七粒是煮熟的，你們卻交來這麼多穀子，顯然在弄虛作假，而他很誠實，他是這次錄取的唯一賢才。①

就這樣，屈原視眞爲寶，防止了上當受騙，選拔了眞才。而屈原的這種作法，一改過去的有法無法，代之的是無法有法。

說到反騙，人們很自然想到蒲松齡。

「袒腹曬書」的故事是人們都知道的，那是講清代蒲松齡反對作騙的、頗生動的故事。

據傳，清代有個官員叫洪家軍的，不愛讀書，可家裏藏了好些書，附庸文雅，講透了是在騙人耳目。某年夏天，洪氏將家裏的書攤到大路上晾曬，以此向人們顯示自己有才華。蒲松齡看了甚不順眼，從心裏鄙視這種騙人舉動，決定學《世說新語》所說郝隆曬肚皮的作法，給對方以揭露和嘲笑。蒲氏就近選擇一石板條，敞開衣服，露出肚皮，閉目躺在上面曬起太陽來。有人問他這是幹什麼的？答：「曬

① 《群衆》一九九一年第八期。

書」。在曬書的洪家軍聽了很感奇怪，上前問道：「你的書在哪裡？」蒲氏摸摸肚皮，笑著答道：「都裝在這肚子裏。」洪氏一聽，馬上意識到這是在嘲笑他，反對他作假，甚感羞愧，未等蒲氏再說什麼，便悄悄地溜走了。而蒲松齡這種譏諷作假的故事很快傳開來，並留下了「袒腹曬書」的典故。

另有以騙防騙的故事，是講古代福建的事。

讀過《閩都別記》的人都記得，書中寫了一個叫劉尚傑的福建人，爲人怪吝，被人說是得了瘋症，正言聽不進，而以哄騙爲眞，鄉鄰和親戚騙他說福建會沉到海裏，他信以爲眞，結果被這人騙去三千，被那個騙去五千。其母舅眼看外甥老是受騙，心疼得很，勸說他都沒有用，只好也用騙的辦法來幫助他，先把他的錢騙過手，存起來，到一定時候，教育他一通，使他覺悟過來，然後把錢還他。

這種爲了防騙而用騙，其目的是爲了保護受騙者，未必適合各個人。

也有人以坦然的態度反對作騙，這裏特別可舉美國的馬克·吐溫。

據傳，有一年紐約一家報紙刊載了馬克·吐溫於某日去世的消息，許多人見報後即奔去弔唁，可令人驚訝的是，人們到了馬克·吐溫家，見到馬克·吐溫還健在。「弔唁」者無不爲自己的受騙感到氣憤，不約而同地譴責那家報紙，如此惡作劇，太缺德了，不該如此騙人。可馬克·吐溫卻勸說大家：報紙登載我死了，乃千眞萬確，只是時間提早了一些，讓諸位空跑了一趟。可謂大家氣度，一笑了之，一場風波就這樣平息下來。

這可說是反對玩笑騙的一種開朗作法。

對待這類騙，還可以有其他作法，比如公開予以揭露，加以譴責，甚至狀告法庭等。那要花時間和精力，最後得到的無非是賠禮道歉，賠償精神損失，可自己首先受到一定的折磨。馬克·吐溫以一笑了之的反騙，可說是最爲乾脆的作法。

反騙，多是把自己被騙走的錢財、榮譽設法弄回來。

《山海經》一九九八年第一一期對反騙有一個生動的記述。傳說，前幾年五月的某一天，一姓田的屠戶在林東鄉農貿市場上，被一個穿黑西裝的人一下子騙走了一百多斤豬肉。他一夜難入眠，終想出了反騙的辦法。

第二天上午，距林東鄉二〇公里的林西鄉農貿市場上，來了一個戴墨鏡的年輕人。他挨個看了十幾個肉攤，最後在一個女攤主面前停步了。他問了價格後說，我是中學的，全部買下豬肉，每斤便宜二角。女攤主答應了。而後，他找來一力夫，把這一百多斤豬肉挑到中學去，並在那裏付錢。

到了中學門口，戴墨鏡的對力夫說，把肉挑到食堂去，我帶攤主到辦公室付錢。到了辦公樓前，他又對女攤主說，你在這兒等，我去取錢來。女攤主左等右等不見有人拿錢來。女攤主受騙了。原來這戴墨鏡的年輕人就是昨天受騙的屠戶，力夫是他兄弟，這女攤主則是昨天穿黑西裝人的老婆。騙人者反受騙。原來田屠戶心想，五月天氣，豬肉藏不住，最大可能隔天拿到別處轉賣。爲此，第二天一早他來到隔壁市場看個究竟，果然找到被騙的那一百多斤肉，他好不高興！他用計把豬肉全部「買」走。

反騙成功了，這是被騙者運用智謀的結果。

以騙查騙也為了反騙。一九九六年初，西安公安局偵處科長羅懷法，在偵查工作中發現，有個叫明斯的，身無分文卻成立了一個工貿公司，專以貸款形式行騙。羅發現了疑點，經過慎重考慮，決心成立專案組開展工作。他帶著助手化裝身份，以談業務名義到明斯的辦公室瞭解虛實。經過幾次較量，很快查出，明乃長安縣的明戰民，曾因詐騙事被公安部門收審過，後又行騙被勞改三年，釋放後故伎重演，再次假報年齡，僞造身份證、各種紅頭文件、協定合同，並私刻公章成立科信公司，自封總經理，欺騙工商部門的「下屬企業」營業執照二〇餘份，僞造下屬企業檔案，私刻下屬公司圖章，僞造房地產證和黑色鎢金等物，僞造假證明進行貸款擔保，欺騙政府和金融部門，在分文皆無的情況下做成四六〇〇萬元貸款擔保，騙取擔保服務費六四萬元，又以給下屬單位貸款爲名，騙取了貸款五〇〇萬元。①一個大騙案終被查了出來，這是在化裝深入調查後取得的成果，在反騙鬥爭中打了漂亮一仗。

暴露造假行騙過程的秘密，也屬於反騙。《廈門晚報》二〇〇一年一〇月二二日載，日本東北舊石器文化研究所副所長藤村新一，製造假遺跡多達四二處，遍及一道六縣，所造假石器有四〇萬年以前的，五〇萬年以前的，七〇萬年以前的，還準備「挖出」一〇〇萬年以前的。二〇〇〇年一〇月二二日清晨，當他偷偷溜進即將挖掘現場，將事先準備好的石塊埋入地下以備用時，被《每日新聞》設於現場的監視器拍下了全過程。這樣，藤村的造假行騙曝了光。

行騙時用美人計，此乃司空見慣的，而反騙時也用美人計，乃一種計謀的運用。前幾年《湖北法制報》刊載隋州市刑警隊爲捕捉騙子雷光法，就是用美人計後才抓到人的。

一九八八年，隋州市糧食局下屬幾個糧管所被個體戶雷光法騙走小麥十萬多斤，價值五萬多元，如加上騙銀行的四萬多元，雷騙走了近十萬元。作案後，雷逃跑到烏魯木齊去。

刑警隊人員，根據雷給其賭友的電報，瞭解到雷在烏魯木齊的具體地址。他們作了雷之賭友的工作後，帶他來到烏魯木齊，找個離雷住處不遠的一家旅館住下。第二天，賭友到雷住處找雷。雷早有準備，不輕易露面，讓一個中年男人接待那賭友。賭友拿出雷給他的電報，並說自己也是逃出來的，順便從西安帶來一個叫紅杏的漂亮姑娘送給雷哥。賭友大賣起關子來，把紅杏說得撩人心癢，更令人欲火難耐。雷光法甚狡詐，躲在後屋偷聽，本不想搭理這位賭友，以免節外生枝，但當他聽到給他送來漂亮的

①《法律與生活》增刊《九六要案》A

紅杏姑娘時，心裏格外興奮，竟忘了守密，衝出來對著賭友說道：「紅杏在哪兒？……」賭友見機行事，按著刑警隊的安排，把雷引到一處餐廳，守候在那裏的刑警隊人員，不費大力把雷光法逮捕了。

這可說是以美人計反騙成功的一例子。當然，反騙和行騙一樣，也是通過造假手段才能完成。

一般反騙工作，還可提到對假冒僞劣商品的處理上。把假冒僞劣商品進行展覽或出售本身也是一種反騙防騙教育。

將假冒僞劣商品拿去展覽或出售，是一種曝光。這種曝光也是治療社會疾病的一種手段，魯迅曾運用過這種「曝光療法」，收到某些成效。造假自也是一種社會疾病，同樣可用曝光療法來治療。是騾是馬，拉出來溜溜，便可現出原形。把假冒僞劣商品加以展覽，在我國和國外都進行過，也收到一定的效果，至少看過展覽的人，買那種商品時會細心些。假冒僞劣商品拿出去賣是近來才開始的，而以前多是集中起來加以銷毀。因爲假冒僞劣商品，變質的會危害人民健康的無疑應取締，加以銷毀，而一般商品假冒名牌，你把它當成一般商品處理，照樣有使用價值；那些不符合要求的次品，只要不是廢品，仍然有用，把它們標上「假冒」之類字樣，低價出售，還是有用的。報載，哈爾濱有一家商店專門出售各種假貨，一九九六年經營額達到四一萬元。這樣，出售各種假冒商品不但有收益，而且通過出售，對消費者也是一種教育，讓他們知道假在哪裡，避免上當受騙。就因此，搞假貨展覽和出售，其本身也是反騙防騙的措施之一。

世界是行騙者的，也是反騙者的，歸根結底是反騙者的。行騙者以擾亂社會的行爲來欺騙別人，反騙者則通過揭穿行騙者的騙局，使受騙者不受侵害，使社會秩序保持安定。

以騙反騙與以騙對騙不同，後者如污水洗污物，愈洗愈髒，前者則如清水沖污物，可去其污。

需要提到的，防假防騙常與歷史知識有關係。

張同，晚唐人，是個很有學問的退職官員，家居洛陽敦化里，因清理院中水井，挖出一隻古銅鼎，內壁腹部有一行銘文：「魏黃初元年春二月匠吉千」。張同一算歷時七百年，可謂古董，高興非常。鄰居們得知這喜事皆來道賀，人們連連稱羨。可張同的十二歲的兒子張策看了一下，說道：「假貨騙人」。上頭不僅有時間，連工匠名字都寫上，張策憑什麼說是假的？憑他學的歷史知識。原來漢獻帝建安二十五年正月曹操死了，這年三月，漢獻帝改年號爲延康元年。冬十月，曹操兒子曹丕迫漢獻帝讓皇位，自立爲魏國皇帝，改元黃初。就是說，魏黃初元年只有冬十月，不存在春二月的事，僞造者爲了做得像，加添僞證，沒想到留下漏洞，弄巧成拙。可見，要識破古董的造假行騙，歷史知識頗爲重要。懂得歷史，不但一下子可把什麼李白讀《三字經》、「關公戰秦瓊」和「張飛殺岳飛殺得滿天飛」等一類的笑話糾正過來，即使有意編造的假歷史也不難揭穿。

這在現實中同樣可找到例子。不久前，《人民日報》、《收藏》雜誌等報刊刊載西安發現所謂孫武親著「抄本《孫武兵法》八二篇」，引人注目，有人說它「解開了史學界、軍事學界一個千古之謎」，可也有人考諸歷史，提出各種質疑，其中有兩點與歷史知識有關。

其一，「手抄本」多處違背歷史事實。如：「抄本」多處提到「周敬王」字樣。孫武與周敬王乃同時代人，他不可能在周敬王還在位時使用「敬王」這諡號紀年，因爲周敬王這諡號是在姬丐（敬王名）死後才封的。又如：「抄本」多處談到騎兵作戰，其實孫子時代中國尚無騎兵。還講到鞋釘，其實先秦時稱鞋叫履不可能出現鞋釘這個詞。再如，「抄本」多處講到盤古的事蹟，也不符合歷史。盤古原爲苗族傳說中的始祖，到漢代後才被吸收到漢族的神話中來，因此，做爲先秦典籍的《孫武兵法》不可能有盤古的記載。至於「抄本」中孫武自稱爲「孫子」，同樣違背歷史。

其二，「手抄本」在語言、文字等方面也與歷史發展不相符，存在許多漏洞。如：「抄本」用了大量的古字，但由於抄者不瞭解古文字發展源流，因此所使用的古字反成了僞作的證據。好像「靝」字是天的古字，係天地會所造，始見於清康熙年間；而先秦的「肆」、「陸」、「柒」、「捌」、「玖」、「拾」尚無數字的含義，肆代表四，捌代表八，玖代表九，始於唐代武則天時。又如：「抄本」中使用的「四面楚歌」、「明爭暗鬥」、「民不聊生」、「國泰民安」、「國富民強」、「嘔心瀝血」、「黃道起兵」、「本朝發祥」等成語，都不是春秋時候的語言。「四面楚歌」源於秦末的楚漢相爭的「垓下之戰」，「國泰民安」則始於宋代吳自牧的《夢粱錄》一書中等等。

此外，從思想體系看「手抄本」與十三篇相徑庭，如「抄本」摻雜了大量陰陽、黃老、道教等學派的東西；「抄本」中大講「忠」、「義」、「禮」亦與孫子思想相背。①

這「抄本《孫武兵法》八二篇」，是眞是假還要進一步考證，但對歷史文物，用歷史知識來辨別其眞假，無疑是防止受騙的最好方法。這裏，熟悉歷史對防騙的意義不難看出一些。

爲有效加強反騙防騙工作，有時還得求助於法律的保護。法律是社會和秩序的最後防線，如果法律和執法的人也造假，那表明這種社會是無藥可醫的病態社會。而這種情況比較特殊。

一個民族、一個國家，就其多數人講，會識小騙而上大當，或說多可避免小騙而受大騙。這因爲，小騙多與民衆關係密切，容易覺察，而大騙則必須通過大假話大騙招來達到目的，那與一般人相距較遠，一般人不易覺察到，也不易防範。有時求諸法律也是白搭。比如，某些壟斷性的政策或個別長官意志的作騙，一旦通過一定程式加以立法，其作騙內容便成了冠冕堂皇的法律。結果，法律成了作騙的保護傘，民衆勢必受到坑害。爲使民衆不致於受大騙上大當，一般講，只有求諸法律的保護，但如果法律

①《收藏》雜誌一九九七年第四期。

無法保護大多數人，使之不受大騙不上大當，那麼，大多數人只有借助於自己團結起來進行鬥爭這條路了。那將會出現另一種局面。

反騙與作騙的鬥爭，本質講是正義與邪惡的較量。只是，在市場經濟下，靠道德感召很難期望有更多堅持正義的人湧現出來。但正義絕不會滅絕。問題是，在這種情況下，如何才能使民衆少受騙甚或不受騙？那只有求助於法律。

就通常情況講，保護民衆，懲治各種詐騙者，多要通過法律來進行。前些時候，有人研究了刑法後發現，犯詐騙罪者，高者「處十年以上有期徒刑或無期徒刑」，低者「處五年以下有期徒刑、拘役或管制」，其生命受到法律保護，服役期間，可把所騙得的鉅款放在銀行裏生利息，坐幾年牢後還可以用這筆錢去補償「失去的青春」。就因此，有人把行騙稱之爲「最科學，最實惠」的犯罪。怪不得近年在刑事犯罪中，詐騙罪呈上升趨勢。對此，有人提出要修改刑法，對詐騙鉅款又不退贓者適用死刑。①這可視爲法律上的一種反騙防騙的手段。而後來通過的新刑法適應了反騙防騙的需要。

又如，有些人爲了騙取榮譽，打著愛國爲民的幌子，公開認捐一筆或幾筆款，可就是不把錢款弄到位，人稱之爲公益的騙子，誰也奈何不得。因爲認捐是捐助的一種，屬於法律中的贈予，按照法律，一定要贈予物交付後合同才能成立。這樣，名義認捐不受法律約束。這也需要新法律來解決。

五　透過表象看本質

有人說過：「處處留心皆學問」。這話很有道理。看來還可以加上：「處處留心皆有假，皆有騙，

①《民主與法制》一九九一年第一二期。

處處有騙子」。只是，騙子往往並沒有騙子的形象，就是說，騙子想行騙時並不是一下子就會讓人看得出來。騙子並不像在陰暗角落偷生的老鼠，老是夾著尾巴，令人生厭，有時寧像是哈巴狗，倒令人感到親切。那需要知人識世的慧眼才能識破其奸。有人愛這麼說，我一看那傢伙就感覺不是好東西，一定是個騙子云云。其實這話並不確切。一下子就識別出哪個是騙子，顯然是不可能的。如果一個騙子滿臉滿嘴都會現出騙人的形象，那他一定很難行騙，至少行騙時會大打折扣。因爲人們見到這種人必然會注意起來，預防被其騙。那樣，他如何騙人呢？其實，大騙若誠，騙子多善於藏假。騙子行騙伎倆，不是一眼就能看得出來的，識破它通常要有個過程的。雖然識假防騙未必是什麼高深的學問，可要把它鑽深鑽透，也不是一件容易的事。

多數情況是，稍有一些防騙意識即警惕性較高的人，一般多會對以下幾種人加以提防。

一是甜嘴巴者。這類人與衆不同，剛跟你認識就表現得十分親熱，哄你，捧你，吹你，對你讚不絕口。這類人不乏有性格開朗者，自不會懷惡意，可也有的係騙子，引起人們的戒心乃很自然。

二是笑面虎。有的人不管見到誰都是滿面春風，老是笑嘻嘻的，從其臉上，很難看出其內心世界。人們之所以要警惕這類人，因爲當中有的是騙子裝出來的。

三是愛自吹自擂者。這類人中有的是賣瓜自誇，只是過分了些，令人看不慣。人們提防的倒是那些在兜售假貨、假感情和講假話時裝出一副理直氣壯樣子的人。

四是愛講空話、套話者。這類人之所以愛講空話、套話，多是爲騙取別人的好印象，人們要提防其作騙目的。

五是給人以高深莫測的感覺者。這類人往往有意隱瞞自己的眞面目，別人很難一下子弄清其想法。對這種人，人們警惕其行騙陰謀，自是必要的。

他如常用障眼法把別人搞得暈頭轉向者，也多引起人們的小心對付。人說，悅於口而有害於胃腸之物不可食之，表面友好而暗地謀你騙你的人不可信之。那正是爲了提防。

一般講，當一個不熟悉的人向你表示熱情時，你一定會問自己：「這個人是誰？爲什麼這樣？」不過，疑竇內蘊，大可不必表於外，即要提高警惕，可不必聲張。當你懷疑對方是個騙子或者察覺到對方會對你行騙時，你仍可與之站在一起，但不可靠得太近，你甚至可以獻出自己的心，但不可把心交給對方保管。

對以上幾種人提高警惕，不過是一般的提防，至於對具體的人和事則要透過現象進行分析，才能看到其本質，即看清其眞面目。有說，對事物看得慣不會生氣，看得透不會煩惱，看得清不會上當受騙，自是有道理的。而透過現象看本質，有時還得借助一種想像力。人說看到女人戴胸罩馬上聯繫社會上包二奶，看到造假馬上聯繫各種行騙，便可看到某些問題。

前幾年中央電視台駐武警女記者張玲將自己識破一個騙子面目的經過寫起來並出版了《女記者江湖追蹤「佛子」張小平》一書，正是透過現象的分析，拆穿騙子行騙本質的作法。

張小平，曾因偷盜、嫖娼進過監牢，出來後本性不改，繼續行騙，可他打著行善、傳功的幌子，自稱「佛子」，欺騙群衆。他收買一批吹鼓手，爲自己做宣傳廣告，於是出現種種的離奇傳說。什麼意念搬運、穿牆過壁、千里透診、能量無限……讓人聞而生畏。被稱爲有血性的女記者張玲懷著好奇的心情，對張跟蹤採訪了兩個多月，親眼看到張氏的所作所爲，先是產生懷疑，進而出現厭惡。原來這位台上滿口「善根善業」的「佛子」，私下裏卻在拼命撈錢、搞女人。一次的「帶功講課」，張氏便從那些疾病纏身的老人、婦女和小孩子身上刮走上萬元甚至幾萬元錢。這是「佛子」應有的良心？問題還在於，張氏的「功法」，全是假的，騙人的。他自稱有穿牆術，會用意念搬運東西，可當他平時用的手提包鎖在房間裏時，還得通過爬陽台翻牆入內才能把它取出來。他稱說會看透別人心靈，可他常偷別人公事包，翻看資料，瞭解對方意圖；偷藏答錄機，偷聽別人談話。哪有什麼功法？他讓徒弟爲一個二八歲的癱瘓姑娘「治療」，眼看姑娘病情惡化，他自己卻偷偷溜走，見死不救。梧州市一個氣功協會會長陪張小平及一公關小姐上山遊玩，因在山上滑倒導致喘氣困難，張小平不管他，只是讓徒弟以野蠻無知的手法進行搶救，結果使該會長死於心肌梗塞。……從這些事實中，張玲得出這樣的結論：張小平人品惡劣，功法僞做，是一個騙子。①

張玲通過張小平的「佛子」表象，看到其騙子本質，不但自己不再受騙，且使許多人避免受騙。這可說是她防騙意識具體運用的結果。

對於傳銷，人們同樣可以通過其銷售的表象看到其行騙的實質。

近年來興起的傳銷，表面看是一種商業經營手段，即商品不通過商店商場，而直接銷售給消費者，減少中間環節，傳銷人員賺取批發和零售之間的差價，似是合情合理的。可人們深入看看其具體作法，看看某些傳銷活動的發財訣竅，不難發現其奧秘。

傳銷活動是有組織的，凡參加傳銷活動的人，得先花一筆錢購買參加某種商品傳銷的「資格」，稱「入局」或「入網」，使自己成爲某個已參加傳銷活動者的同夥，在其下線，受其指揮。然後你自己去找同夥，入夥者在你下線，成爲你的墊腳者。你的下線即墊腳者愈多，你就站得愈高，所得的錢財就愈顯幾何級數增長。到了一定時候，成了一定狀態時，你就根本不用幹什麼傳銷事，而錢財可源源不斷地向

① 參涂爭鳴：《欺騙論》第三四〇頁。

你流來，那可說是天上掉下來的餡餅。為了動員人們參加傳銷活動，有的傳銷的組織者提出這樣的口號：「你想發財嗎？你想有個情婦嗎？你想有個小別墅嗎？想要，就來搞傳銷。」「這是二十世紀最後一次發財機會」。云。正是這些煽動享受欲的語言，使許多趨利主義者入其圈套，上當受騙。

關於傳銷發財的秘密，人們從廣西南寧的生威保的組織原則中不難看出一些眉目。生威保在組織傳銷活動時規定，只要選購一套一〇〇〇元的產品即可獲傳銷商資格。傳銷方式為三級制，每局三一人，從一人到一六人層，成寶塔排列。當經銷商從下到上排列至第一人層時，即可出局。如果出局前推薦人數為二並在第八人層，排滿以前至少推薦一人，即可獲獎金一．三萬元。如果在八人層排滿前沒有推薦，但出局前推薦二人，可獲獎金三五〇〇元。當推薦人數超過二人時，每超過一人，當天可領取推薦獎金五〇〇元。——正是這種獎金機制，一下子刺激了成千上萬人的暴富欲望。使成批的人跌入用欺詐挖掘的陷阱。

這是有組織的作騙。入局者先受騙，繼而騙人。騙人越多，財發越大。人說這是大騙子騙小騙子，小騙子再騙小小騙子。一九九七年廣西南寧的生威保事件中，受騙者達四千多人。有個姓朱的，先是受騙，後來騙人，連自己的兩個女兒也騙了。這類作騙，首先拿親朋好友開刀，有人稱之為「殺熟」。人們沒有想到，在作騙中，有握刀柄和抓刀刃之分。傳銷組織者是手握刀柄者，其他人是抓刀刃者。抓刀刃者因被「血」，全身「傷痕累累」。生威保組織者騙得四〇〇萬傳銷款後連夜逃跑，四千多人哭天喊地，正是抓刀刃者被「血」的明證。

在一九九七年全國查處的二十五件傳銷大案中，人們看到，參加傳銷活動者，雖然有的人有時也得到一些甜頭，但百分之九〇以上的人都受了騙，受組織者的騙。傳銷的組織者不但通過「封閉洗腦，逼人就範」的培訓班等形式，收取「潛能開發費」，而且通過走私販私、價格欺詐、偷逃稅收等，牟取暴利。受害最大的還是消費者和國家。①

全國發生的各種傳銷案，本質講就是騙案。當然，再大的騙案也很難與各種大悲劇相提並論，但只有當它與各種大悲劇一樣爲人們所牢記時，才會避免重蹈覆轍，而要做到這一點，最重要的無疑是在於培養防騙意識。

培養防騙意識自是爲了防騙，防止各種各樣的騙。防騙中最重要的在於防止一些歹徒騙權。誰都知道，權意味著主宰他人命運，可使人富，亦可使人窮，可使人貴，亦可使人賤，可使人生，亦可使人死。權與財富緊緊相聯，財富首數金錢，而金錢能辦成的事，靠權也都能辦到。權還可以換取金錢。而更重要的，有人若騙到了權，可以再用權來騙其他的。結果，民衆遭了殃，社會不安定。只有當金錢不再成爲社會主要力量，錢權再不能相交換時，騙權才會失去意義。

講到培養防騙意識，有時人們愛講反對這個反對那個，樹立這個樹立那個。其實，最先反對應是自己的貪心，最先樹立的應是自己的人格。果如是，天下亂我心不亂，可不爲別人所愚，可不被騙子所騙。騙子手段再高明，也無可奈何。

各人都樹立防騙意識，必會構築起全社會的防騙堡壘。將尚未現形的各種魔鬼，擋之於門外。這是防騙的最重要手段。防騙在某種意義講，一方面是保護自身不受損害，另一方面則是對某些人靈魂的搶救。騙子行騙是自我心靈的污損。當有人欲對自己心靈塗鴉時，你把它抵擋住，可不讓造成污損。大家都這麼做，有可能保護行騙者的靈魂。就因此，防騙意識不僅對受騙者，而且對行騙者都是有益的。

培養防騙意識，無疑可避免或減少市場上、人際間的行騙和受騙，而要杜絕各種行騙行爲，還得有

①《廣西日報》一九九八年一月六日，《廈門晚報》一九九八年一月一八日。

政策等的保證。

六科技發展與防騙

防騙意識與識假本領緊緊結合起來，其防騙的成效是不言而喻的。識假就是識辨假話、假情感和假貨等，而識別假貨在今天尤其重要。

假貨自是通過造假造出來的。隨著科技的發展，人造物越來越多，有的人造物與天然物放在一起，人們很不容易區分出來。因此，有的人造物被冒充爲天然品。人造假古董、人造絲綢、人造毛料、人造皮革、人造鑽石、人造珍珠、人造燕窩等工藝品和食品類都是巧奪天工，有的連專家也難把它從天然品中區分出來。人造品冒充天然品，多是通過市場來騙人。

就商業櫃枱講，原來用秤桿秤，經商者常以短斤缺兩欺騙顧客。後來換上精確度、透明度高的電子台秤，這是計量領域的一大進步。只是，再科學、再精確的計量工具，到了心術不正的人手中，也會「鬧鬼」。有些商販以墊角、累計、連盤出售的手法，仍可短斤缺兩，有的甚至使用電子遙控裝置，隨意增減物品重量，使許多顧客上當受騙。而更糟的是，科學技術發展更方便生活領域中的行騙。舉個例子，有些加油站，過去用迴路管向過路加油者扣克所加油的斤兩，高科技發展起來後，他們買來脈衝振蕩器安裝於暗處，當來客加油時，接通搖控器，從中行騙。表面正常加油，加油計算器正常運轉，可暗中減少油量，即加進的油比計算器所計少得多，油暗地被偷了，加油者還蒙在鼓裏。近來這事不斷被曝光，人們大吃一驚。

報載，一求職者在廈門從廣告上得知有些單位招聘公關人員，月薪萬餘，用傳呼機聯繫。應聘者不見招聘者面，只在電話裏給了一個龍卡卡號，要應聘者在銀行網點存入若干現金後再議。如數存入者受騙，未如數存入者聯繫中斷。①受騙者亦非僅有。廈門有個姓姜的，用假身份證買了三台傳呼機，印製了兩千份招聘廣告，以高薪聘用公關人員名義作騙，受騙者達九三人，被騙金額四萬多元。②通過聯網的尋呼機和移動電話，指揮行騙活動，這是借助新科技的新騙術。人稱此乃「言而無信」，即多通過電話而少用信件，從而少留下證據，增加識騙的難度，但是，那些肯動腦子的求職者，實也不難識破其騙局。可不察者則常受騙。

電話越來越普及，給人們生活提供方便。可在這當中，有些人通過採用空中截碼儀、盜碼並用機，獲取周圍一定範圍內移動電話內外碼，或直接截取郵電機站發出的信號，竊取移動電話內外碼進行併機，這樣不免給用戶和郵電部門造成損失，並影響了通話的正常進行。

台灣台中市四三歲的阮渭銘，一九九五年前後到大陸上海經商，看準國際長途電話，圖謀從中詐騙錢財。

一九九五年六月起，阮氏在上海虛設「捷信電訊服務公司」，指使公司雇員持僞造的「大千商務服務公司」、「尚品商務服務公司」印章以及「台北縣營利事業登記證」，化名「陳曉瑜」等，先後與上海鑫龍貿易公司、中恒商樓、夜光杯大酒店等九家單位，簽訂租賃商務辦公室及國際長途電話合同，然後由這些雇員在所租借的電話線路上安裝集高科技於一體的自動電話交換機。嗣後，阮渭銘指使他人以郵電部門規定的國際長途電話收費標準的百分之七五的價格，用「捷信電訊公司」的名義，大量吸收電話用戶，在收取用戶的電話費後逃離。據統計，從一九九五年六月至一〇月，由於阮氏的行騙，使九家單

①《廈門晚報》一九九八年二月一四日。

②《廈門晚報》一九九九年九月二六日。

位損失長途電話費達五一萬餘元。這僅是利用高科技行騙的一例。①

電腦的普及，特別是金融業務的電腦化、網路化，給金融管理工作帶來諸多方便，可也給騙子、竊賊以可乘之機。目前已有數十億美元被電腦騙子、竊賊所竊走。英國每年因電腦作騙、失竊而造成的損失達四〇—五〇億英鎊（占全國被竊總數的百分之五〇）。我國電腦化雖稍遲了些，可也已有黑手伸進了電腦進行騙、竊活動。而金融證、信用卡的廣泛使用，也使更多的人有了受騙機會，不少人手提數卡，一不小心便會卡卡賬目被竊走，就是有人騙竊信用卡等卡內的金錢。

複印技術普及，一方面給民衆帶來了諸多便利，這是人們都看到的，可另一方面，書法在消失，且也給造假行騙者的行騙提供方便，也頗令人感到頭痛。

人們看到，有些地方出現過這樣的事：過期的證明材料，改個日期，複印起來，變成一份新的證明材料，看不出改動的痕跡。有的個體行業者——如個體小攤販、個體行醫人員、個體照相業者的許可證，通過改換名字後複印起來，以假亂眞，應付檢查。有的人把別人的證件、證書、文章和美術作品等，改換上自己名字後複印起來，可變成自己的。將各種證明資料加以拼湊後複印起來，可變成有用的證件。有的人爲了造假行騙，將文件上甚或報刊上的有關材料剪下蓋公章的部分，貼在假造的文件上加以複印，可成爲有用的證件或文件。

複印技術對騙子行騙這麼有用，自是以前人所想象不到的。

有些科技市場，也利用新科技成果來作騙。以前有說水會變油，後來成了笑料，再沒有人相信了，而不久前又有「提高酒的品質」的把戲，所謂普通酒可變成名酒的技術，即在五〇〇克的普通酒中加入

① 《廈門日報》一九九八年二月二一日。

二—三克催化劑，可變成口感味道與名酒一樣的高級酒，無毒無副作用。這種類似江湖騙術，竟被冠以「科技」加以兜售。①新科技成了可喜又可憂的萬花筒。

有人提倡高科技高思維，就是意在防止高科技給社會帶來的各種麻煩，那自是包括防止有人利用高科技行騙這方面的內容。

當然，科技發展，也在有力揭露造假和行騙。

一九一二年，英國企業地質學家、律師查爾斯·陶遜從索塞克斯郡辟爾唐附近的一處礫石坑中搜集了一個頭蓋骨殘骸，並把它們送給世界著名人類史專家，大英博物館的阿瑟·伍德沃德博士(Arthur Woodward)進行考證。接著他們攜手合作，繼續在那裏挖掘搜集了令人驚異的大量牙齒、骨頭和史前工具。伍德沃德宣佈，他們發掘的是一種半人猿動物的頭蓋骨，那些半人猿生活於五〇萬年前，其頭蓋骨是雌性的，被命名爲「陶遜氏早期人」，被宣佈爲查爾斯——達爾文進化論的第一個有力證據，陶遜本人因而聲名大噪。陶遜的發掘工作一直到他去世（死於一九一六年，年五二歲）。

當然，開頭時誰也沒想到，那是騙人的把戲。

一九五三年，新的年齡檢驗技術被發明出來，陶氏的騙局終被揭穿，原來那頭蓋骨確是人的，但顎和牙齒是猩猩的，經過挫磨加工，看起來像人齒，頭蓋骨本是完整的，但在打碎並埋於礫石坑之前進行過技術的老化和染色處理。就是說，那是僞造的，爲了騙人。②

二十年代，法國有人宣佈自己驚人發現：發現「皮爾當人」；一九九九年一一月又有美國的《國家

①《民主與法制》一九九六年第二一期。

②《歷史大觀園》一九九二年，第一期：「欺世盗名的考古學家」。

地理雜誌》報導發現了一種新物種——中生代鳥類，這兩件事都曾轟動過。在新科技的幫助下，其造假作騙把戲都終被戳穿。所謂「皮爾當人」，乃是人頭安在猿類下頜上並塗了顏色。這事被稱爲人類學研究中的一大醜聞。而中生代鳥類，雖然長有一段像現代鳥身和一隻很典型的恐龍尾巴，實乃中國遼寧流失到美國的兩種毫無關係的化石所拼成。

這裏新科學技術對於考古學、人類學上的反騙防騙的作用，明白地表現出來。

這方面還可舉一例子。前幾年聯邦德國《明星》畫刊公佈一條消息，說該刊五十一歲的記者海德曼，獲得一部埋沒了多年的希特勒日記。這部日記長達六二卷，記述納粹元首希特勒一九三二—一九四五年的歷史，該刊將予以連載。

許多外國刊物得知這消息後，紛紛要求轉載，《明星》對版權費要價是三百萬美元。英、法、義等國都有報刊與它簽訂了連載合同。

只是《日記》眞實性很快引起國際上的懷疑，據分析，希特勒每天安排甚緊，沒有時間寫私人日記，他一向不願意記筆記，也不願意保存自己筆記。還有，他右手患有神經麻痺症，又在一九四四年受過傷，無法寫作。

這些都還只是懷疑，最後的結果還是經過專家的科學技術的鑑別，《日記》純係僞造。從對《日記》的紙張、封面、裝訂、標籤和膠水的分析，不合當年的情況；再對照當年希特勒的簽名照片，也不相像。《日記》裏有許多地方是從一本題爲《一九三二—一九四五年希特勒的演講和宣言》中剽竊來的，僞造年代約一九六四年。

海德曼受到質詢，他承認說：《日記》是一個古董商康拉德·庫喬花了兩年多時間模仿希特手跡而僞造的。一場騙局眞相大白。在科學技術幫助下，終把騙局揭開。康拉德因此坐了三年牢。①

在中國，早在二十年代也有過僞造《石達開日記》的事，那是常州人許國英根據《石達開傳》衍化出來的，經過科學鑑定，很快現出騙人秘密。

新科技也有助於人們在日常生活中的防騙。據傳某地有一官員，平時很忙，可很關心附近醫院的婦產科，每有產婦棄兒，他多加以收留撫養，人多不解其中奧秘。後通過血型檢查曝露了秘密。原來，那些棄兒多是該官員的血脈——是他在外頭包養的二奶、三奶所生，想不到在新科技面前現出原形。

在防騙反騙中，人們怎能不感謝高科技？

如今體育運動中，競技體育發展神速，頂尖運動員的水平十分接近，比如短跑，若不借助高科技計時裝置，人們很難分辨出哪個是獲勝者：容易弄虛作假，但若借助高分辨率攝像機和高速電腦，則第一名、第二名之間哪怕是一毫米差別，也能清楚顯現出來，難以弄虛作假，即難以騙人。

借助高科技反騙，不久前在西班牙破獲僞造信用卡案，也是一個令人信服的例子。

僞造信用卡，是米蓋爾·陳運用高科技手段進行的造假行騙的伎倆。

米蓋爾·陳，一九六四年出生於日本，父爲中國上海人，母日本人，陳從小在香港長大，一九七一年隨父在巴賽隆納定居，後在那裏開設一間中國餐館。一九九五年初，西班牙電視台舉辦一個《中國飲食文化》節目，陳成了這節目的主持人，被看成是中國飲食文化的代表人物，他的餐館也被捧爲「唯一正宗的中國飯店」。陳甚看重銀行信用卡，小小的一張紙片，在機器上一刷，不管多少賬務，統統一筆勾銷。銀行有取之不盡的比薩科塔（西班牙貨幣名）。他決心造出信用卡向銀行要錢。陳很快找到了合

①這是假借希特勒發財的國際騙局，與此相近的還有希特勒當年自殺時所用的手槍及證件的騙局。

作夥伴，三個西班牙人，一個瑞士人，連他自己共五人。五人各有所長：一是學電腦的大學生，能設計電腦線路，由他負責盜取別人信用卡上的電腦資料；一是銀行工作人員，能快捷提供申請信用卡者的密碼資料；一是能提供用於僞造的空白信用卡卡片；一是能負責提供銷售信用卡的市場行情。在他們的合作下，很快僞造了信用卡四〇〇〇多張（使用了二五〇〇張），騙取西班牙一二家銀行錢款達六億比薩斜塔。

面對這夥用高科技行騙的騙子，西班牙一二家銀行以重金購置設備，動用高科技進行嚴密監控，在警方配合下，佈下天羅地網，一九九七年三月終將僞造信用卡案破獲。①

在充滿騙的年代，正常人都免不了上當受騙，更不用說盲人了，可想而知他們受騙的時候更多，而隨著科技的發展，有一種可幫助盲人看清周圍事物的器具被發明出來了，那不但可減少盲人行動不便的困難，而且減少他們上當受騙的機會。不久前義大利羅馬一新技術研究所新研製出來的「皮膚視物器」，正是這種功能的新科技成果。

在高科技的幫助下，檢驗各種假冒僞劣僞品、假冒證件的機器應時而出。不久前福建有人發明了防假鈔票的魔筆，只要將魔筆在需要識別的鈔面上輕輕一劃即可判別其眞僞，眞鈔票會呈現很淺水跡，並能自動消失，對鈔票本身並無污損，而假僞鈔票則呈現深黑色的筆跡，且不易消失。這驗鈔魔筆，以碘酊反應劑、乙醇加些香精和水，按比例混合均勻使成驗鈔墨水，而後灌入不吸墨水的水彩筆中，用強力膠把它密封好便可使用。在北京、廣州等地一些城市啓用的「電碼電話防僞系統工程」，則是打擊假冒名牌產品的新舉措，當你撥通專用電話號碼一六〇一三一五（北京）、八一三一五（廣州），再輸入標識

---

①《海外文摘》一九九八年第一期。

物上的編碼，即可聽到該產品是眞的或是僞造的資訊，以此來決定是否購買。這因爲，商品標識物上的一組數字是商品標識物的編碼，其本身具有很強的保密性，即使仿造了外形，也無法僞造符合產品的防僞密碼，更無法將數碼存入全國唯一的中心資料庫，而且，每件商品的標識只能一次性使用。不久前，廈門大學物理系幾位教師發明的一種稱「隱形加密法」的新技術則更進了一步。那是利用電腦將產品名稱及相關圖案等進行編碼，產生兩種頻率相近或相同的複雜組合圖案，然後將其中一組用鐳射全息編碼方法置入所需防僞的產品標識中，另一組則製成檢測標識。消費者只要將檢測標識緊貼同類防僞標識的相應位置，防僞圖案即清晰可見。同時一併顯示出原先設計的特殊碼。這是僞造者無法仿造的，所以可有效地維護名牌正宗產品的信譽。當然，防僞系統工程剛開始，未必十全十美，是否會被騙子們進行新的假冒，那還得看事實。

過去有過被消費者寄予厚望的多種的防僞標識，結果多半自身難保，屢被假冒。北京的「大寶」、「太陽牌」鍋巴，四川五糧液酒，都花過大錢從事防僞標識技術的開發或引進，結果都無濟於事。美國一家公司在我國興起鐳射全息防僞，一連向國內銷售了三十多台生產防僞生產品的壓模機，可也很快被一些不法份子所仿造。

不法份子的假冒僞造，無所不及，可它也促使人們想辦法與之做鬥爭，因此，在新科技幫助下，新的防僞、防假、防騙措施不斷出現。

在科學面前，沒有辦不成的事，這是事情的一方面，另一方面，科學技術造福人類的同時，也給人們的生活帶來某種的麻煩，那也是鐵的事實。

這裏，人們尤其關心鈔票防假。

人們看到，科學進步，技術發展，特別是電腦的出現，對人類生活以巨大的推動。而科技進步、物質破格進化、物欲對人的誘惑助長了行騙之風。造假、作弊的行爲，比以前任何時候都增多了，那不但現場作假，考場舞弊等更加巧妙，而且那些仿製文件、資料、古玩、國庫券、鈔票、郵票等都可達到以假亂眞的程度。就是說，高精度的影印機印出的文件、鈔票、郵票等，表面看跟眞的一樣。如今任何人只要擁有一部彩色鐳射影印機或一部個人電腦、彩色掃描器和高質量印刷機，就能印製出舊日那種油墨印製的鈔票，毫釐不差。而大量的貨幣流通，給假貨幣的製作提供了方便。

就因此，近年來假鈔票不斷增多。有人統計，美國僞鈔的數量每年遞增一倍。一九七七—一九八七的十年間，世界各地僞造美鈔案達六二〇〇多起。前幾年的數字表明，在世界各國通用的美鈔僞品達八千種。美國財政部透露，一九九五年美國國內沒收的假美元總額達一・〇二億元，國外沒收的達二・九億元。這還僅是冰山的一角。而日本警察廳透露，一九九五年發現假日元一三三二張，其中一七一張面額爲一萬日元。①有說假造的僞幣以哥倫比亞爲最多，可列爲世界之冠，被稱爲「僞鈔王國」，其僞造的鈔票，除了美鈔，還有德國、義大利、委內瑞拉、古巴、秘魯、巴西等國的三十多種貨幣，假鈔造得如同眞的一樣。

在我國，僞造人民幣亦每有所聞，其僞造法，一是用假材料製作而成的假幣，二是變造幣——使眞幣變態升值形成假幣。早在一九八八年，銀行系統繳獲假幣三二・二萬元，公安系統繳獲的有五一・五萬。一九八九年兩者繳獲數超過一〇〇萬元。一九九一年銀行系統繳獲達一一三七・五萬元，公安系統繳獲爲八八七・九萬元。二〇〇〇年九月前的六個月中，全國破獲販賣假幣案件一〇〇六三起，繳獲成品半成品假人民幣四・七億元。僞造人民幣，大陸百分之八〇來自廣東陸豐，其中卓振沅等人印製假幣

①《廈門日報》一九九六年八月二三日。

面額達六・四一億元，被稱爲全國頭號假幣團夥。僞造者也有來自台灣的不法份子。一九九〇年廈門破獲一起來自台灣胡仁義爲首的運載僞人民幣案，數量達三一七萬元。一九九一年，台灣高雄破獲的僞人民幣案，數量達一〇七一萬元。一九九九年一〇月，廈門破獲一起面值百元的假人民幣案，計一九五・四萬元，有說也與台灣有關。

在我國用假貨幣作騙的犯罪活動，多是場所不定的流動作案。那些防騙意識差的中小型商場，每逢過年過節，因業務繁忙，常遭遇假貨幣。各種展銷會，營業員們忙於「降價」迎賓，不注意鈔票眞僞，也常有各種假鈔趁虛而入。

近年出現的假人民幣，多是五十元和百元的大鈔，僞造逼眞，浮水印、金屬線一樣不缺，稱「高保眞」假幣。一九九八年四月中旬，上海中山北路破獲四萬元假人民幣就屬於這種「高保眞」假幣。也有人用特殊藥水浸泡人民幣，而後可將一張眞幣揭出兩張來，經過處理便可混用。還有人將眞幣與假幣浮水印都挖出來，使個乾坤大挪移之術，將假浮水印進行調色，成了兩張比原來小的「眞幣」，手點、機器點都不易發現其假。

爲了防假防冒，我國鈔票和國庫券等多採用高科技手段進行特別處理，使之在紫光燈下有螢光反應，因此，僞造者採用了新花樣，把眞假鈔票和國券兩面揭開，對齊從中剪開或剪成數塊，然後合而爲一，成了揭幣、揭券、半眞半假幣、半眞半假券、拼湊幣、拼湊券等，用以行騙。而硬幣基本上無防僞標誌，更容易造假。《廈門日報》二〇〇一年一一月四日載，二〇〇一年浙江曾破獲兩起僞造一元硬幣案，僞造量分別爲一〇六萬枚和五〇萬枚。硬幣不但容易造假，而且獲利也高。或說，造一枚一元硬幣，成本爲一角三分，獲利超過百分之七〇〇，因此引起造假者的興趣。國際刑警組織建議各國政府，每隔五年到十五年就要改用全新設計的鈔票，其目的就是爲了防止各類的假。

新科技的發展令人歎爲觀止，行騙者可大展其騙技，反騙者也可阻止其騙技。對一個國家來講，貨幣不僅具有一般的商品流通媒介職能，而且具有國家權力的象徵，因此，擾亂金融秩序的假幣的製造和販賣，被稱爲不拿武器的對銀行搶劫，各國政府向來認眞對待。

爲了有效防止僞造假鈔票，許多國家的政府都採取一些比較有效的措施。

在加拿大，有一種面額值五〇元的新加幣，左上角有一小塊看上去像全息一樣的光學安全裝置。這塊光學安全裝置由五層氧化鋯和氧化矽（硅）薄膜組成，其厚度僅是人的頭髮直徑的百分之一，當你把紙幣傾斜觀看時，這塊光學安全裝置的顏色便會由原來的金黃色變成爲綠色。靠此，人們可鑑別出鈔票的眞假。

在美國，近來製作成一種紙幣，上面壓入一條極細的磁線，把這種紙幣放到特製的微型放聲機裏，該幣會發出一種聲音：「我是眞美鈔。」聽到這聲音便知道是眞鈔票，聽不到這聲音便是假票。

美國還有幾種防止僞造鈔票的絕招。一是，在新印刷出版的紙幣上的人物肖像周圍壓有一條看去很普通的線，可在放大鏡下可看出是一圈英文字母，組成「美利堅合衆國」字樣。這是僞造者所無法做到的。二是，將USA和鈔票面值印在一種扁平的聚酯絲上，再把這聚酯絲壓在鈔票紙中。這些字，對著光可看出，但無法複印出來，難以僞造。三是，在印刷鈔票時將「壓印全息」的新技術運用於其中，以防造假。①

他如英國在新發行的英鎊紙幣中，用高技術加入一根銀色安全線，在光線下會不斷閃亮。日本則在鈔票中注入一種特殊的「高科技墨水」。新的歐洲支票卡，利用高科技手段嵌上一個難以複印的綜合衍

①《法制文摘》一九九二年二月一八日。

射圖，它使一個貝多芬立體頭像閃閃發光。

而正在掀起的信用卡熱，對於防止假鈔票的流通，無疑是一種新的重要手段。被稱爲「電子貨幣」的信用卡——不論由銀行簽發的或由專門機構簽發的，都可以在約定的商場（店）等做爲信用憑證，先消費後付款，但不用現金。一旦普及了這種信用卡，各行各業，各家各戶消費付款，均可不用貨幣，那麼，假幣也就無從使用，騙子想在這方面行騙猶如從粗糠裏榨取食油。

當然，完全取消假幣，不是短時間內所能做到的。因此，在貨幣流通領域的識假防騙工作還得長期進行下去，在這方面的防騙意識，絲毫不能放鬆。即使將來普及了「電子貨幣」，很難說就沒有這方面的造假行騙事，就是說，培養防騙意識，看來是長期的任務。

科技的發展，尤其是高科技的出現，對於認識造假行騙，對於防假防騙，無疑起了巨大作用，然而，人們仍無法避免自己的不幸，造假行騙並不因科技的發展和高科技的出現而絕種滅跡。在網上消費中，在電子商務的交易中，時有人受騙。有人只看到網站設計美觀、時髦，不加防備，進行交易，結果上當；也有人因那裏有贈品或抽獎通知，不加思索地寄去各種費用，結果也受了騙。有些消費者在網上通訊、購物、註冊過程中，輕易將個人資料（姓名、身份證號碼、地址、電子信箱、信用卡號碼等）上網，被行騙者利用，有時受騙了還不知道。總之，人們不可不注意自己的防騙意識的培養。

七　騙文化之未來

新世紀到來了。進入新世紀後還會有造假行騙嗎？有人這樣想像：新世紀必會新鮮多多，好事多多，人類將享受想像不到的富足和舒適，造假行騙者無所施展其技。這是人們的願望，也是虛擬的世界，能否實現，自有待事實證明。只是有些事是明擺著的：所有美好的都會進入新世紀，那些醜惡也會進入新世紀，這是不以人的意志爲轉移的。那些造假行騙給人們帶來的悲劇，似不會因進入新世紀而馬上「謝幕」，還會繼續演下去。就是說，在新世紀裏還會有造假行騙，如同以往一樣，這時科學、技術方面的騙子，也會抓住一些日常常識解釋不了，而科學又未能論證的怪異現象，散佈離奇謊言，用以騙人。在騙人時，他們多在弘揚科學的幌子下「發現科學」。這類的行騙，有時因有「名人」爲之說教，顯得「神聖」，誘使許多人上當，就因此，人們的防騙意識絕不能輕易衰退。

這裏要提到的，有些指在思想、情感和道德方面的騙術，對社會最具有破壞力，應特別引起注意。那些騙術表現在：嘲笑誠實和正派，使之成爲誰也不需要的東西；頌揚鄙劣情感，毀滅人的道德，讓人忘卻崇高的理想；播種混亂種子，把有價值的東西變成爲贋品。——這類騙術，過去被使用過，如今還在使用，以後難免還會被使用。這是騙文化惡性部分的最可惡者，在培養防騙意識中，要特別認眞加以對待，不可等閒視之，更不可稍有疏忽。

善良的人們須記住：一切都在變，人類生活將變得更加美好，而各種騙子的騙術也將變得更加巧妙而熟練。誰要是能意識到造假行騙無所不在，那算是他把複雜的社會看透了，這是他一種人生境界，也是他成熟的表現，可看透了不等於要容忍，因爲容忍造假行騙就會放棄防騙意識的培養，那是會經常吃虧的；還要記住：只要騙還存在，那麼，作騙和反作騙的鬥爭，可能是馬拉松式的。只要騙子還存在，那麼，防騙意識這門課就不能結業，而要經常修讀它，加強防騙意識的培養，時時燃起認眞的火炬，把造假的把戲亮相，不斷敲響防詐的鑼鼓，將行騙的幽靈擋於門外，以保護自己和整個社會的安寧。

可以這麼設想，在將來，防騙可與打假結合起來。對於假，立足於打，主動進攻，打得假話、假貨、假榮譽、假感情等無處躲藏，打得造假者無法施展其技；對於騙，著眼於防，未亡羊先補牢，令騙子無從下手。打防結合，使造假者不敢造其假，無從造其假，行騙者不敢騙，騙也騙不到什麼。這樣，有可能最大限度減少造假行騙對社會和人民的危害。

還可以這麼設想，在將來，有骨氣的中國人，在洋奴面前表現出堂堂正正的氣魄，在暴虐面前表現出崇高的正義感。在罪惡面前表現出自己的良知，在造假行騙面前表現出誠實而高尚。這自會讓造假行騙行為被衆人所唾棄，讓機智謀略逐步取代造假行騙，豐富人們的思想和生活。

後記

《騙文化》是本人近幾年綜合整理出來的一份有關造假行騙的文字，二〇〇一年三月由國際華文出版社出了第一版，這次改由台灣商務印書館出版，對全書進行一次修訂，增補了一些新內容。書中所用材料截至二〇〇二年九月。

本人常以讀書解渴，作文消氣，平時愛讀書看報，且愛做些筆記，這《騙文化》就是本人近年讀書看報的心得，有點像是分類的資料集，只是其中加上一些個人的看法，是做爲一人之事，一家之言。

一般講，讀書看報多是各有所需的。弱水三千，只飲一瓢，可說是通門道的手法。也有是湊熱鬧、觀時髦的：前者指跟著衆人轉的，後者指如觀時裝一樣的。筆者寫騙文化，雖是有選擇的，然而何嘗不是湊熱鬧、觀時髦的呢？儘管不全是跟著衆人轉，也未必如觀時裝那樣，可因爲這騙字一直是人們談論的熱點，所以著眼於騙字的寫作，亦可算是「從衆」的作法，即把衆人言加以歸納。至於人們怎麼看它，那不是本人的事。

本書寫作和出版過程中，得到了許多摯友的關心、支持和幫助，特別要提到廈門大學圖書館周建昌副研究員爲本書做了大量工作，統此致以謝意。

騙文化 ／ 林其泉著. -- 臺灣初版. -- 臺北市
：臺灣商務， 2003[民 92]
面 ； 公分

ISBN 957-05-1811-1(平裝)

1. 騙術

548.89 92013334

騙 文 化

定價新臺幣 480 元

著 作 者 林 其 泉
責任編輯 葉幗英
校 對 者 董倩瑜 許素華
美術設計 吳郁婷
發 行 人 王 學 哲
出 版 者
印 刷 所 臺灣商務印書館股份有限公司
臺北市 10036 重慶南路 1 段 37 號
電話：(02)23116118 · 23115538
傳眞：(02)23710274 · 23701091
讀者服務專線：0800056196
E-mail：cptw@ms12.hinet.net
網址：www.commercialpress.com.tw
郵政劃撥：0000165 — 1 號
出版事業登記證：局版北市業字第 993 號

· 2001 年 3 月廈門初版
· 2003 年 9 月臺灣初版第一次印刷
本書經國際華文出版社授權出版

版權所有 · 翻印必究

ISBN 957-05-1811-1（平裝） c 70200030

廣　告　回　信
台灣北區郵政管理局登記證
第 6 5 4 0 號

100臺北市重慶南路一段37號

臺灣商務印書館　收

對摺寄回，謝謝！

傳統現代　並翼而翔

Flying with the wings of tradition and modernity.

讀者回函卡

感謝您對本館的支持，為加強對您的服務，請填妥此卡，免付郵資寄回，可隨時收到本館最新出版訊息，及享受各種優惠。

姓名：＿＿＿＿＿＿＿＿＿＿ 性別：□男 □女

出生日期：＿＿＿年＿＿＿月＿＿＿日

職業：□學生 □公務（含軍警） □家管 □服務 □金融 □製造
□資訊 □大眾傳播 □自由業 □農漁牧 □退休 □其他

學歷：□高中以下（含高中） □大專 □研究所（含以上）

地址：□□□＿＿＿＿＿＿＿＿＿＿

電話：（H）＿＿＿＿＿＿＿＿（O）＿＿＿＿＿＿＿＿

E-mail:＿＿＿＿＿＿＿＿＿＿

購買書名：＿＿＿＿＿＿＿＿＿＿

您從何處得知本書？

□書店 □報紙廣告 □報紙專欄 □雜誌廣告 □DM廣告
□傳單 □親友介紹 □電視廣播 □其他

您對本書的意見？（A/滿意 B/尚可 C/需改進）

內容＿＿＿ 編輯＿＿＿ 校對＿＿＿ 翻譯＿＿＿
封面設計＿＿＿ 價格＿＿＿ 其他＿＿＿

您的建議：＿＿＿＿＿＿＿＿＿＿

臺灣商務印書館

台北市重慶南路一段三十七號 電話：（02）23116118・23115538
讀者服務專線：0800056196 傳真：（02）23710274・23701091
郵撥：0000165-1號 E-mail：cptw@ms12.hinet.net
網址：www.commercialpress.com.tw